Herrn Prof. Wolff
mit den besten Wünschen
des Verfassers!

[Unterschrift]

Januar 2008

JUS PUBLICUM

Beiträge zum Öffentlichen Recht

Band 172

Jan Hecker

Marktoptimierende Wirtschaftsaufsicht

Öffentlich-rechtliche Probleme staatlicher
Wirtschaftsinterventionen zur Steigerung
der Funktionsfähigkeit des Marktes

Mohr Siebeck

Jan Hecker, geboren 1967; Studium der Rechtswissenschaft und der Politikwissenschaft in Freiburg i. Brsg., Grenoble, Göttingen und Cambridge (LL.M.). 1997 Promotion zum Dr.jur. an der Georg-August-Universität Göttingen. 1997–1999 Rechtsanwalt in Berlin und Köln. 1999 Eintritt in das Bundesministerium des Innern, dort seit 2006 Referatsleiter. 2005 Habilitation an der Europa-Universität Viadrina, Frankfurt (Oder).

Gedruckt mit freundlicher Unterstützung der Köhler-Osbahr-Stiftung zur Förderung von Kunst und Wissenschaft, Düsseldorf.

ISBN 978-3-16-148980-8
ISSN 0941-0503 (Jus Publicum)

Die deutsche Nationalbibliothek verzeichnet diese Publikation in der Deutschen Nationalbibliographie; detaillierte bibliographische Daten sind im Internet über *http://dnb.d-nb.de* abrufbar.

© 2007 Mohr Siebeck Tübingen.

Das Buch wurde von Gulde-Druck in Tübingen aus der Stempel Garamond gesetzt und auf alterungsbeständiges Werkdruckpapier gedruckt und von der Buchbinderei Spinner in Ottersweier gebunden.

Vorwort

Die vorliegende Arbeit wurde im Sommersemester 2005 von der Juristischen Fakultät der Europa-Universität Viadrina, Frankfurt (Oder), als Habilitationsschrift angenommen. Vor der Drucklegung wurde sie an einigen Stellen überarbeitet.

Mein Dank gilt in besonderem Maße dem Erstberichterstatter im Habilitationsverfahren, Herrn Prof. Dr. Dr. h.c. Franz-Joseph Peine. Er hat die Entstehung der Arbeit begleitet, mich durch Rat wie durch Zuspruch außerordentlich unterstützt und dafür Sorge getragen, dass ich als „Externer" in der Fakultät heimisch werden konnte. Danken möchte ich ferner Herrn Prof. Dr. Wolf Heintschel von Heinegg für die ebenso freundliche wie zügige Zweitberichterstattung sowie dem Vorstand der Köhler-Osbahr-Stiftung (namentlich Herrn Prof. Dr. Lothar Michael) für die Gewährung einer Druckbeihilfe.

Gewidmet ist dieses Buch meiner Frau Andrea.

Berlin, Juli 2007

Inhaltsübersicht

Inhaltsverzeichnis

Einleitung

1. Begriff der marktoptimierenden Wirtschaftsaufsicht

Auch in einer marktwirtschaftlichen, auf gesellschaftliche Selbststeuerung angelegten Ordnung findet wirtschaftlicher Austausch nicht in einem staats- und rechtsfreien Raum statt. Der Staat stellt den Marktakteuren zivilrechtliche Gestaltungsmittel zur Verfügung[1], die von diesen genutzt werden, um ihren Transaktionen Form, Verbindlichkeit und Durchsetzbarkeit zu verleihen. Zum zweiten setzt der Staat das Recht als Instrument ein, um öffentlichen Belangen gegenüber den Marktakteuren auf hoheitlichem Wege Geltung zu verschaffen. An dieser zweiten, auf *Intervention* in freie ökonomische Handlungszusammenhänge abzielenden Funktion des Rechts im marktwirtschaftlichen Kontext[2] setzt die vorliegende Arbeit an, wobei sie das Augenmerk speziell auf diejenigen Regelungen konzentrieren möchte, mit denen die *Funktionsfähigkeit des Marktes selbst* gesteigert werden soll. Diese werden hier als *marktoptimierend* bezeichnet. Wird marktoptimierendes Recht durch staatliche Aufsichtsbehörden vollzogen, soll von *marktoptimierender Wirtschaftsaufsicht* die Rede sein. Ihr Gegenstück soll als *marktkorrigierende* Wirtschaftsaufsicht bezeichnet werden; bei dieser intervenieren staatliche Aufsichtsbehörden nicht im ideellen Gleichklang mit dem Marktsystem, sondern wirken Marktimpulsen bewußt entgegen, beispielsweise um außerökonomische Belange (Umwelt, Gesundheit, sozialer Ausgleich) gegen die Marktkräfte durchzusetzen[3].

---

[1] V.a. Definition transaktionsfähiger Rechte („property rights"), Bereitstellung von Mechanismen zur Rechtsübertragung und Rechtsdurchsetzung. Siehe hierzu *R. Schmidt*, Öffentliches Wirtschaftsrecht – AT, S. 43.

[2] Zur damit einhergehenden Hervorhebung der Qualität des Rechts als instrumentelles Gefüge (im Unterschied zu seiner Qualität als Inbegriff materieller Ordnung) siehe *E. Schmidt-Aßmann*, Das Allgemeine Verwaltungsrecht als Ordnungsidee, S. 21. Speziell im Kontext der Beziehung zwischen Recht und Wirtschaft *L. Raiser*, Festschrift J. Gierke, S. 187.

[3] Ähnliche Schematisierung mit teilweise abweichender Terminologie bei *R. Schmidt*, Staatliche Verantwortung für die Wirtschaft, HdB StR III, S. 1142 Rn. 8 („Die eigentliche methodologische Kernfrage besteht deshalb darin, in welchem Umfang der Markt zu sichern und welche Abweichungen vom Marktprinzip zulässig, ja im Hinblick auf die Entscheidung für den Sozialstaat sogar geboten sind. Grundsätzlich sind zwei Arten von Regelungen denkbar, nämlich marktkonstituierende bzw. marktschützende einerseits und Marktergebnisse korrigierende andererseits").

Der Begriff der marktoptimierenden Wirtschaftsaufsicht geht von der Vorstellung des Marktes als eines Steuerungsmechanismus wirtschaftlicher Prozesse aus, der bestimmten Funktionsgesetzen gehorcht und dessen Steuerungseignung prinzipiell durch staatliche Eingriffe verstärkt (systemkonform übersteuert) oder abgeschwächt werden kann; diese Vorstellung wird einstweilen als Prämisse der weiteren Überlegungen vorausgesetzt[4]. Sein klassifikatorischer Ertrag liegt darin, daß er ein gemeinsames Merkmal verschieder Rechtsgebiete, unter anderem der hier als Referenzgebiete ausgewählten Felder der Kartellaufsicht, der Wertpapierhandelsaufsicht und der Telekommunikationsaufsicht, abbildet. Alle drei der vorgenannten Aufsichtsfelder sollen, wie noch näher darzulegen sein wird[5], nach der Intention des Gesetzgebers Funktionsbedingungen des Marktes schützen und dessen Steuerungseignung erhöhen; die Kartellaufsicht durch Eindämmung wettbewerbsbeschränkenden Verhaltens, die Telekommunikationsaufsicht durch Regulierung von Leistungsentgelten und Netznutzungen, die Wertpapierhandelsaufsicht durch Gewährleistung von Markttransparenz und Marktintegrität. In allen Fällen geht es dem Gesetzgeber nicht um die Förderung einzelner Personen oder Gruppen und ihrer jeweiligen individuellen (ökonomischen oder nicht-ökonomischen) Belange, sondern um das Interesse der Allgemeinheit an einer optimalen, der volkswirtschaftlichen Wohlstandsförderung dienlichen Funktionalität wirtschaftlicher Abläufe.

2. Erkenntnisinteresse

Mit dem Klassifikationsmerkmal der Marktoptimierung wird von einer jüngeren Forschungsperspektive abgewichen, welche herkömmlichen, meist ordnungsrechtlich geprägten Materien des Wirtschaftsverwaltungsrechts solche in den letzten Jahren neu entstandenen Materien gegenüberstellt, die eine „Regulierung" privatisierter bzw. liberalisierter Wirtschaftszweige anstreben. Letztere werden vielerorts als Keimzellen eines modernen „Regulierungsverwaltungsrechts" wahrgenommen und unter diesem Gesichtspunkt rechtssystematisch entfaltet[6]. Die vorliegende Arbeit zieht mit dem Kartellrecht und dem Telekommunikationsrecht Materien aus beiden Segmenten auf ein- und dieselbe Betrachtungsstufe und schließt zudem mit dem Wertpapierhandelsrecht zusätzlich ein Rechtsgebiet ein, das bislang in der Wirtschaftsverwaltungsrechtslehre nahezu keine Aufmerksamkeit gefunden, sondern – als Teil

---

[4] Eingehendere Überlegungen folgen in § 1.
[5] Unten § 2.
[6] Mit unterschiedlichen Akzentsetzungen *M. Ruffert*, AöR 124 (1999), 237 ff.; *M. Bullinger*, DVBl. 2003, 1355 ff.; *J. Masing*, Die Verwaltung 37 (2004), *Th. V. Danwitz*, DÖV 2004, 977 ff.; 1 ff., *F.-J. Säcker*, AöR 130 (2005), 180 ff.; *M. Burgi*, DVBl. 2006, 269 ff. In vielem grundlegend *G. Hermes*, Staatliche Infrastrukturverantwortung.

des Kapitalmarktrechts – weitgehend eine Domäne zivilrechtlicher Autoren bildet[7].

Untersuchungen zum „Regulierungsverwaltungsrecht" kommen zu dem Ergebnis, daß dessen Spezifika nicht auf Ebene der Handlungs- und Organisationsformen zu finden sind. Die Formenlehre des allgemeinen Verwaltungsrechts weise einen hinreichenden Abstraktionsgrad auf, um auch das rechtliche Instrumentarium der neuen Regulierungsgesetze (v. a. Telekommunikations- und Postrecht, Energierecht, Eisenbahnrecht) erfassen und abdecken zu können[8]. Besonderheiten des Regulierungsverwaltungsrechts werden vielmehr auf „mittlerer Ebene" gesehen: Die einzelnen Regulierungsgesetze seien durch bestimmte Regulierungsintentionen[9] und bestimmte Regulierungsstrukturen[10] gekennzeichnet, die als Ausgangspunkte einer verwaltungsrechtlichen Systembildung zwischen allgemeinem Verwaltungsrecht und speziellen Fachgesetzen in Betracht kämen.

Mit der „regulierungsverwaltungsrechtlichen" Perspektive verbinden sich interessante und durchaus handfeste Aussichten. So ergeben sich beispielsweise aus dem Vergleich der jeweiligen Regulierungsintentionen und -strukturen bestimmte Meßlatten, die Unterschiede im rechtlichen Entwicklungsstand zwischen den Regulierungsgesetzen sichtbar machen und so dem Gesetzgeber, vereinzelt womöglich auch der Rechtsprechung, Hinweise für die Überwindung systematischer Rückstände oder Widersprüche bei einzelnen regulierungsrechtlichen Regelungskomplexen an die Hand geben. Dennoch ist die Unterteilung in „alte" und „neue", regulierungsrechtliche Materien des Wirtschaftsverwaltungsrechts nicht schlechthin zwingend. Sie darf nicht den Blick für sonstige mögliche Klassifikationsansätze verstellen, mit denen sich – wie dem hier gewählten – andere Erkenntnisinteressen verknüpfen. Daß der „regulierungsverwaltungsrechtliche" Klassifikationsansatz keinen Exklusivitätsanspruch erheben kann, zeigt sich im Übrigen auch an den Schwierigkeiten, die Regulierungsrechte auf seiner Basis zur „alten" Materie des Kartellrechts hin abzugrenzen. So soll die staatliche Steuerung bei den Regulierungsrechten „durch eine übergreifende Sicht, bei der output- und marktbezogen Gemeinwohlbelange planvoll in den Wettbewerbsprozeß implementiert werden" gekennzeichnet sein[11]; die Regulierungrechte erfüllten eine „aktivere, hegendere Aufgabe"[12], zielten auf „gestaltende Wettbewerbsförderung" statt, wie das

---

[7] Dieser Befund gilt zunehmend auch für das Kartellrecht; vgl. *K. Schmidt*, FS Selmer, S. 500.

[8] *M. Ruffert*, AöR 124 (1999), 244 ff.

[9] *M. Ruffert*, ebda., S. 246 ff.

[10] *J. Masing*, Die Verwaltung 37 (2004), 8 ff.

[11] *J. Masing*, ebda., S. 32.

[12] *J. Masing*, ebda., S. 5.

Kartellrecht, auf eine bloße „Kontrolle von Marktergebnissen"[13]. – So plausibel diese Formeln für sich genommen klingen mögen, so offenbaren sie doch auch, daß die Unterschiede zum Kartellrecht letztlich *gradueller* Art sind, sich im Kern auf die *Intensität* der staatlichen Einwirkung beziehen. Selbst die Ausrichtung auf die Reglementierung von *Netzzugängen* stellt kein Alleinstellungsmerkmal der Regulierungsrechte dar[14]. Der Gedanke einer wettbewerblichen Neutralisierung beherrschender Einflüsse auf Schlüsselressourcen ist auch dem Kartellrecht seit langem vertraut (essential facility-Doktrin).

Das Klassifikationsmerkmal der Marktoptimierung lenkt den Blick auf vorhandene substantielle Gemeinsamkeiten zwischen den Regulierungsrechten und dem Kartellrecht, aber auch dem Wertpapierhandelsrecht: Der Gesetzgeber will in allen Fällen die *Systemrationalität des Marktes* zur Geltung bringen. Er bezieht Richtpunkt wie Richtmaß der staatlichen Intervention aus dem Markt selbst, genauer: aus einem anhand wirtschaftstheoretischer Überlegungen entwickelten idealen Funktionsmodell des Marktes. Die Inpflichtnahme der Normadressaten erfolgt nicht aus Motiven des Rechtsgüterschutzes oder in verteilungspolitischer Absicht, sondern zur Stabilisierung eines ökonomischen Ordnungsgefüges, was dem Nutzen der Allgemeinheit dienen soll. Die normativen Grundlagen des Aufsichtshandelns fußen nicht auf sozialethischen Wertungen, die sich aus weltanschaulich begründeten Positionen ableiten; vielmehr sind es kognitiv-technokratische Erwägungen, welche die Normbildung dirigieren.

Die vorliegende Arbeit versucht, aus diesen Befunden Erklärungsansätze für den rechtskonstruktiven Zuschnitt und die öffentlich-rechtliche Problemstruktur von Kartell-, Telekommunikations- und Wertpapierhandelsaufsicht zu entwickeln. Ihre These lautet, daß dem Bewirkungsziel der Marktoptimierung mehr als nur rechtsklassifikatorische Erheblichkeit zukommt: Es prägt in Teilen die rechtliche Gestalt der jeweiligen Aufsichtszweige und ist mit spezifischen verfassungs- und verwaltungsrechtlichen Problemlagen verknüpft, die aus einem übergreifenden Blickwinkel prägnanter sichtbar gemacht und tiefgehender diskutiert werden können.

Im Unterschied zum „regulierungsverwaltungsrechtlichen" Forschungsansatz, der im wesentlichen ein verwaltungsrechtssystematisches Erkenntnisinteresse verfolgt, geht es der vorliegenden Arbeit somit auch um die Lösung rechtsdogmatischer Fragen von praktischem Interesse, etwa derjenigen nach dem Eingriffscharakter marktoptimierender Normen, nach den Bedingungen, unter denen sie als verhältnismäßig angesehen werden können, nach Beurteilungsspielräumen der marktoptimierenden Aufsichtsbehörden oder nach der Tragweite des Untersuchungsgrundsatzes in Verwaltungsstreitverfahren über

---

[13] *M. Ruffert*, AöR 124 (1999), S. 279. Ähnlich *M. Burgi*, DVBl. 2006, 271.
[14] So aber wohl *J. Masing*, Die Verwaltung 37 (2004), 21 f.

behördliche Aufsichtsmaßnahmen. Müssen marktoptimierende Aufsichtsnormen als Eingriffe in Grundrechte der Normadressaten eingeordnet werden, obwohl sie doch lediglich Funktionsbedingungen eines freiheitlichen Handlungssystems absichern? Welche Anforderungen stellt das grundrechtliche Geeignetheitsgebot an die technokratisch-wissenschaftliche Qualität der legislativen Entscheidungsfindung beim Erlaß marktoptimierender Aufsichtsgesetze? Zwingt der ökonomisch-prognostische Charakter marktoptimierender Aufsichtsakte zu einer Einschränkung gerichtlicher Kontrollbefugnisse? Bedarf in Anbetracht der strukturell bedingten Informationsvorsprünge der Aufsichtsadressaten der verwaltungsgerichtliche Untersuchungsgrundsatz einer marktoptimierungsspezifischen Modifizierung? Diese und weitere Fragen zu klären, soll zur vertieften öffentlich-rechtlichen Durchdringung von Kartell-, Telekommunikations- und Wertpapierhandelsaufsicht beitragen. Es sollen hiermit auch verbreitete Deutungsmuster relativiert werden, die diese Rechtsgebiete nicht unter dem Aspekt des Funktionsschutzes, sondern rein als Ordnungen individuellen Freiheitsausgleichs behandeln und auf diese Weise zu bestimmten, insbesondere verfassungsrechtlichen Problemschichten von vornherein nicht vorstoßen. Umgekehrt ist zu erhoffen, daß die Projizierung „klassischer" öffentlich-rechtlicher Problemstellungen auf die marktoptimierende Wirtschaftsaufsicht an der einen oder anderen Stelle das allgemeine verfassungs- und verwaltungsrechtliche Argumentationsrepertoire bereichert.

3. Untersuchungsgang

Die Untersuchung beginnt in § 1 mit Klärungen zur administrativen Betätigungsform der Wirtschaftsaufsicht und mit einer zunächst modellhaften Skizze des speziellen Zwecktypus der marktoptimierenden Wirtschaftsaufsicht, der dabei auch aus Sicht der ökonomischen Theorie (Marktversagenslehre) beleuchtet werden soll. In § 2 wird dieses Modell anhand einer vorwiegend auf die Gesetzesmaterialien gestützten Zweckanalyse von GWB, TKG und WpHG empirisch erhärtet und weiter ausdifferenziert. In § 3 soll die rechtliche Gestalt der marktoptimierenden Wirtschaftsaufsicht in steuerungssystematischer, normstruktureller und rechtsgütersystematischer Hinsicht analysiert werden. In §§ 4 und 5 folgen sodann die verfassungs- und verwaltungsrechtlichen Untersuchungsabschnitte.

4. Thematische Eingrenzungen

a) Europarechtliche Problemebene

Marktoptimierende Wirtschaftsaufsicht wird in der vorliegenden Arbeit am Beispiel und Maßstab des deutschen Verfassungs- und Verwaltungsrechts untersucht. Inwiefern sie im europäischen Recht Klärungsbedarf hervorruft, bleibt außer Betracht, wenngleich an dieser Stelle hervorzuheben ist, daß auch durch Gemeinschaftsorgane vereinzelt marktoptimierende Wirtschaftsaufsicht betrieben wird (etwa durch die Kommission im Rahmen der europäischen Kartellaufsicht). Für diese thematische Eingrenzung spricht nicht nur das arbeitsökonomisch begründete Gebot einer exemplarisch angelegten Stoffbehandlung, sondern auch der Umstand, daß das europäische Recht weit geringeren Erörterungsstoff als das deutsche Recht bietet. Dies gilt insbesondere in Bezug auf die Grundrechtsprobleme der marktoptimierenden Wirtschaftsaufsicht, bei denen das deutsche Verfassungsrecht mit seiner stärker ausdifferenzierten Grundrechtsdogmatik erheblich mehr Problem- und Diskussionszonen eröffnet als das europäische Recht. Aber auch etwa die Frage nach kontrollreduzierten aufsichtsbehördlichen Beurteilungsspielräumen liegt nur im deutschen Recht nahe, da hier – im Gegensatz zum europäischen Recht – eine administrative Entscheidungsfreiheit bei der Anwendung unbestimmter Rechtsbegriffe lediglich in Ausnahmefällen in Betracht kommt, die besonderer rechtlicher Begründung bedürfen.

Die Beschränkung auf das nationale Recht als Untersuchungsmaßstab bedeutet indes nicht, daß die europäische Rechtsordnung nachfolgend vollständig ausgeklammert werden könnte. So erscheint es im wirtschaftsverfassungsrechtlichen Untersuchungsabschnitt (unten § 4 I.) sinnvoll, das gemeinschaftsrechtliche Bekenntnis zum „Grundsatz einer offenen Marktwirtschaft" (Art. 4 EGV) einzubeziehen. Ferner zwingt der europarechtliche Hintergrund zweier hier behandelter Referenzgesetze (TKG, WpHG) insofern zum Rekurs auf die europäische Ebene, als im Rahmen ihrer Zweckanalyse (unten § 2) immer wieder die einschlägigen europäischen Richtlinien einschließlich ihrer Erwägungsgründe zu berücksichtigen sein werden.

b) Ökonomische Problemebene

Marktoptimierenden Aufsichtsgesetzen liegen Annahmen des Gesetzgebers über wirtschaftliche Kausalzusammenhänge zugrunde. Mit dem Erlaß marktoptimierender Aufsichtsgesetze stellt der Gesetzgeber das Recht gezielt in den Dienst ökonomischer Gestaltungsabsichten. Er ordnet rechtliche Institutionen dergestalt, daß sie bestimmte wirtschaftliche Wirkungen erzeugen. Unter diesen Aspekten ergibt sich ein Bezug zwischen dem Untersuchungsgegenstand der vorliegenden Arbeit und der Forschungsrichtung der ökonomischen Analyse des Rechts, deren Anliegen darin besteht, rechtliche Institutionen auf ihre ökonomischen Funktionen hin zu analysieren[15]. Aus Sicht dieser Forschungs-

---

[15] Hierzu aus der deutschen Literatur *H. Eidenmüller*, Effizienz als Rechtsprinzip; *P. Behrens*, Die ökonomischen Grundlagen des Rechts; *B. Schäfer/C. Ott*, Lehrbuch der ökonomischen Analyse des Zivilrechts. *H.-D. Assmann/C. Kirchner/E. Schanze*, Ökonomische

richtung wäre zu fragen, ob die marktoptimierende Wirtschaftsaufsicht in ihren realisierten Formen die ihr zugedachten Wirkungen tatsächlich erzeugt oder ob es dem Gesetzgeber möglich wäre, durch einen anderen Zuschnitt des Aufsichtsinstrumentariums einen höheren Wirkungsgrad zu erreichen.

Diese Frage liegt außerhalb des Erkenntnisinteresses der vorliegenden Arbeit, die ihren Untersuchungsgegenstand aus einer rein juristischen Perspektive angeht. Von Interesse ist für sie, in welcher Weise die marktoptimierende Zwecksetzung der in Rede stehenden Wirtschaftsinterventionen die rechtliche Gestalt der Interventionsgesetze prägt (unten § 3) und mit welchen verfassungs- und verwaltungsrechtsdogmatischen Problemlagen diese Interventionen verbunden sind (unten §§ 4 und 5). Die vorliegende Arbeit spürt – plakativ gesagt – juristischen Reflektionen eines bestimmten, vorausgesetzten wirtschaftspolitischen Zweckkalküls nach, statt ökonomische Funktionen juristischer Institutionen zu analysieren. Die ökonomische Perspektive bezieht sie nur insoweit ein, als es zur definitorischen Klarstellung ihres Untersuchungsgegenstandes erforderlich erscheint; deshalb wird in § 1 III die Frage behandelt, in welchem Verhältnis die Kategorie der Marktoptimierung zur ökonomischen Kategorie des Marktversagens steht und wie sich also juristische und ökonomische Begriffsvorstellungen zum vorliegenden Untersuchungsgegenstand zueinander verhalten.

Die Ausklammerung der ökonomischen Problembezüge beruht gleichfalls auf einer bewußten thematischen Festlegung. Sie geschieht keinesfalls in der Vorstellung, daß Problemzugänge anderer Disziplinen weniger ertragreich wären. Wie fruchtbar gerade die ökonomisch-analytische Beschäftigung mit dem vorliegenden Themenkreis sein kann, wird durch Untersuchungen belegt, in denen – unter der weiter gespannten Perspektive der Regulierungstheorie – staatliche Eingriffe in das Marktgeschehen in Bezug auf ihre tatsächlichen Funktionsbedingungen und -grenzen analysiert werden; sie sind vor allem in der angelsächsischen Literatur anzutreffen[16], in der das instrumentelle, wirkungsorientierte Verständnis rechtlicher Institutionen seit jeher einen hohen

---

Analyse des Rechts. Speziell mit Blickrichtung auf das öffentliche Recht O. *Lepsius*, DV 32 (1999), 429; *C. Engel/M. Morlok* (Hrsg.), Öffentliches Recht als ein Gegenstand ökonomischer Forschung; *M. Bungenberg u.a.* (Hrsg.), Recht und Ökonomik. Aus der angelsächsischen Literatur (stellvertretend für viele weitere): *R. A. Posner*, Economic Analysis of Law; *A. M. Polinsky*, An introduction to Law and Economics; *R. Cooter/Th. Ulen*, Law and economics.

[16] Neben anderen *A. Ogus*, Regulation: Legal Form and Economic Theory, 1994; *ders.*, Regulation, Economics and the Law, 2001; *R. Baldwin/M. Cave*, Understanding Regulation – Theory, Strategy and Practice, 1999; *R. Posner*, Antitrust Law, 2. Aufl. 2001; *St. Breyer*, Regulation and its Reform, 1982; ders./*R. Stewart*, Administrative Law and Regulatory Policy, 1992. Aus der deutschen Literatur siehe etwa *K. Berg* (Hrsg.), Regulierte Selbstregulierung als Steuerungskonzept des Gewährleistungsstaats, 2001; *K. König/A. Benz* (Hrsg.), Privatisierung und staatliche Regulierung, 1997; *G. F. Schuppert* (Hrsg.), Jenseits von Privatisierung und schlankem Staat, 1999.

Stellenwert genießt. Die Regulierungstheorie (theory of regulation) beschäftigt sich insbesondere mit Erklärungsmodellen für die Existenz staatlicher Regulierungsmechanismen, mit Methoden zur Bewertung des Regulierungsnutzens bzw. zur Identifizierung von „regulatory failure", mit Fragen der konstruktiven Ausgestaltung von Regulierungseingriffen (einschließlich der Frage, von welcher staatlichen bzw. überstaatlichen Ebene aus ein Regulierungseingriff zweckmäßigerweise erfolgen sollte) sowie mit den Zusammenhängen zwischen Regulierung und Privatisierung.

Regulierungstheoretische Forschungserkenntnisse sind von praktischem Nutzen im Rahmen der Politikberatung. Sie vermitteln dem Gesetzgeber Hinweise darauf, wie er ein Regulierungsgesetz abfassen muß, um möglichst gute Ergebnisse zu erzielen. Diese Hinweise freilich können mittelbar auch in normativer Hinsicht relevant sein. Im Rahmen des unter § 4 folgenden verfassungsrechtlichen Untersuchungsabschnitts wird dargelegt werden, daß die Forderung nach einer *zwecktauglichen (und das heißt letztlich: regulierungstheoretisch fundierten) Ausgestaltung von Aufsichtsgesetzen* im grundrechtlichen Verhältnismäßigkeitsgrundsatz durchaus ein gewisses (gelegentlich unterschätztes) verfassungsrechtliches Fundament besitzt. Juristische und regulierungstheoretische Untersuchungsansätze zu staatlichen Wirtschaftsinterventionen erfüllen, wie sich hieran zeigt, komplementäre Funktionen: Die Analyse rechtlicher Anforderungen an den Interventionsstaat zeigt auf, welchen Stellenwert die Rechtsordnung der tatsächlichen Umsetzung regulierungstheoretischer Erkenntnisse einräumt.

§ 1 Marktoptimierende Wirtschaftsaufsicht als Modell

Marktoptimierende Wirtschaftsaufsicht ist durch eine Kombination zweier Elemente gekennzeichnet. *Wirtschaftsaufsicht* steht für einen besonderen Betätigungsmodus des Staates, *Marktoptimierung* für einen besonderen Zweck der staatlichen Betätigung. – Marktoptimierende Wirtschaftsaufsicht stellt sonach einen *speziellen Zwecktypus der Wirtschaftsaufsicht* dar. Der Staat unternimmt mit ihr den Versuch, durch Einsatz administrativer Mittel *die Funktionsfähigkeit des Marktmechanismus zu steigern.* Hierin hebt sie sich von sonstigen Zwecktypen der staatlichen Wirtschaftsaufsicht ab, namentlich solchen, bei denen nichtökonomischen Belangen (sozialer, ökologischer, kultureller usf. Art) *gegen* das Spiel der Marktkräfte Geltung verschafft werden soll.

Um der weiteren Untersuchung begrifflichen Halt zu vermitteln, sollen in diesem § 1 beide Elemente präzisiert werden. Zunächst wird das zugrundegelegte Verständnis von *Wirtschaftsaufsicht* dargelegt (unten I.). Anschließend wird der spezielle Zwecktypus der *marktoptimierenden* Wirtschaftsaufsicht modellhaft entworfen und von anderen Zwecktypen der staatlichen Wirtschaftsaufsicht abgegrenzt (unten II.), um im nächsten Schritt in Bezug zur ökonomischen Theorie des Marktversagens gesetzt zu werden (unten III.). Unter IV. folgt ein Überblick über die bisherige Wahrnehmung des Phänomens staatlicher Marktoptimierung in der rechtswissenschaftlichen Literatur.

I. Wirtschaftsaufsicht

1. Vorbemerkungen

Als Wirtschaftsaufsicht ist nach verbreiteter Definition diejenige staatliche Tätigkeit zu bezeichnen, welche die selbstverantwortliche Teilnahme am privatwirtschaftlichen Wirtschaftsverkehr mit den dafür geschaffenen Rechtsregeln in Einklang zu halten sucht[1]. Die Auffassungen darüber, welche konkreten

---

[1] *R. Schmidt*, Öffentliches Wirtschaftsrecht – AT, S. 300, 340. Ähnlich *W. Kahl*, Die Staatsaufsicht, S. 362; *P. Badura*, Wirtschaftsverwaltungsrecht, S. 272; *G. Püttner*, Wirtschaftsverwaltungsrecht, S. 26 f.; *R. Stober*, Handbuch des Wirtschaftsverwaltungs- und Umweltrechts, S. 620; *U. Battis/C. Gusy*, Öffentliches Wirtschaftsrecht, S. 196; *P. Tettinger*, Rechtsanwen-

staatlichen Betätigungsfelder im Einzelnen der Wirtschaftsaufsicht zuzurechnen sind, variieren freilich[2]. Gleiches gilt hinsichtlich ihres systematischen Standorts im Wirtschaftsverwaltungsrecht, hinsichtlich ihrer Abgrenzung zu sonstigen Formen staatlicher Einwirkung auf die Wirtschaft[3] sowie hinsichtlich ihrer rechtsdogmatischen Grundlagen[4]. Als einigermaßen gesichert können nur bestimmte Annäherungswerte angegeben werden: Es geht um einen erhöhten Grad der rechtlichen Bindung Privater, der sich in der Möglichkeit zum Erlaß zwangsweise durchsetzbarer Verhaltensbefehle manifestiert (*subordinatives Moment*); die Verhaltensbefehle richten sich gegen Wirtschaftssubjekte und somit auf einen speziellen, gemeinhin mit der Herstellung und Verteilung geldwerter (knapper) Güter umschriebenen Wirklichkeitsausschnitt[5] (*ökonomisches Moment*); für die Tätigkeit der Verwaltung spielt häufig neben der Prüfung und ggf. Beseitigung konkreter Gefahren oder Mißstände auch das Element der vorbeugenden, verdachtsunabhängigen Beobachtung eine Rolle (*Moment des speziellen Betätigungsmodus*). Mehr als ein schemenhaftes Bild ist damit freilich nicht gewonnen. *Bullingers* Feststellung aus dem Jahr 1964, ein klar ausgeformtes Institut der Staatsaufsicht existiere lediglich in Bezug auf die Aufsicht über selbständige Verwaltungsträger[6] (mit der die Wirtschaftsaufsicht im ius supremae inspectionis wohl einen gemeinsamen dog-

---

dung und gerichtliche Kontrolle im Wirtschaftsverwaltungsrecht, S. 254; *M. Bullinger*, VVDStRL 22 (1965), 286 (bezogen auf den Begriff „Staatsaufsicht in der Wirtschaft").

[2] So nimmt, um nur ein Beispiel zu nennen, *R. Gröschner*, Überwachungsrechtsverhältnis, S. 128, die Versicherungsaufsicht aus; anders insoweit *M. Bullinger*, VVDStRL 22 (1965), 266, und *H. Jarras*, Wirtschaftsverwaltungsrecht, S. 13. Weitere Beispiele für solche Variationen bei *Th. Meyer*, Staatsaufsicht über Private, S. 180 f.

[3] Vgl. z. B. einerseits *R. Schmidt*, Wirtschaftspolitik, S. 299, der die Gesamtheit staatlicher Einwirkungen auf die Wirtschaft in Maßnahmen der Wirtschaftspolitik und Maßnahmen der Wirtschaftsaufsicht unterteilt, und andererseits *G. Püttner*, Wirtschaftsverwaltungsrecht, der zwischen Wirtschaftsaufsicht, Globalsteuerung und Wirtschaftsförderung differenziert. Viele Autoren unterscheiden zwischen Wirtschaftsaufsicht und Wirtschaftslenkung, etwa *R. Stober*, Allgemeines Wirtschaftsverwaltungsrecht, S. 301; *H. Jarras*, Wirtschaftsverwaltungsrecht, S. 12; *R. Gröschner*, Überwachungsrechtsverhältnis, S. 128 f. Hierzu näheres unter 2.c.bb.

[4] Anschaulich in der scharfen Auseinandersetzung *R. Gröschners*, Überwachungsrechtsverhältnis, S. 52 ff., mit *E. Stein*, Wirtschaftsaufsicht. Gröschner will den Aufsichtsbegriff wegen seiner vermeintlich etatistischen Färbung durch den Überwachungsbegriff ersetzt sehen (S. 126). Hierzu näheres unter 2.b.

[5] Die Konsumtion durch Endverbraucher als eine weitere Dimension der Wirtschaft spielt für den Begriff der Wirtschaftsaufsicht keine wesentliche Rolle. Aufsichtsadressaten sind meist nur die Verteiler oder Hersteller (worunter hier auch die zuweilen begrifflich abgesonderte Gruppe der Erzeuger gefaßt wird) wirtschaftlicher Güter; so auch – bezogen auf den Begriff „Wirtschaftsüberwachung" – *R. Gröschner*, ThürVBl 1996, 217.

[6] VVDStRL 22 (1965), 264.

mengeschichtlichen Ursprung besitzt[7]), erscheint auch heute noch zutreffend[8].

An Gründen fallen unmittelbar ins Auge: Die Vielgestaltigkeit der einschlägigen gesetzlichen Regelungen (gerade im Vergleich zur Staatsaufsicht über selbständige Verwaltungsträger) sowie ihre historisch gestückelte, wildwüchsige Entwicklung[9]; das Fehlen prägnant vorgeformter Lebensverhältnisse[10]; die Verschiedenheit der jeweils verfolgten Interventionskonzepte; schließlich ganz allgemein die soziale Komplexität und die Sinnvariabilität der Bezugsgröße „Wirtschaft", die der präzisen juristischen Erfassung strukturell Schwierigkeiten bereiten müssen[11]. Das Recht der Wirtschaftsaufsicht steht vor demselben Problem wie das Wirtschaftsrecht insgesamt, über dessen Begriff bis heute keine Einigkeit besteht[12]: Sein Gegenstand ist wenig konturenscharf. Hinzu kommt, daß es mit dem Thema direkter staatlicher Interventionen in den „freien" wirtschaftlichen Prozeß ein Terrain betrifft, das seit jeher Schauplatz kontrovers geführter, zum Teil auch ideologisch eingefärbter Grundlagendiskussionen ist[13]. Daher ist es im erhöhten Maße abhängig von verfassungsrechtlichen und -politischen Vorverständnissen[14].

Unter methodischen Aspekten ist hinzuzufügen: Es handelt sich bei der Wirtschaftsaufsicht um eine rechtsklassifikatorische Kategorie, mithin um ein

---

[7] *Ebda.*, S. 275 ff. Ausführlich zur Dogmengeschichte *R. Gröschner*, Überwachungsrechtsverhältnis, S. 5 ff. Zur Staatsaufsicht über selbständige Verwaltungsträger grundlegend *W. Kahl*, Staatsaufsicht.

[8] Vgl. auch *R. Schmidt*, Öffentliches Wirtschaftsrecht – AT, S. 300 („gewiß kein homogenes Rechtsinstitut") im Anschluß an *E. Steindorf*, Einführung in das Wirtschaftsrecht, S. 109, sowie *P. Tettinger*, Rechtsanwendung und gerichtliche Kontrolle im Wirtschaftsverwaltungsrecht, S. 253.

[9] *M. Bullinger*, VVDStRL 22 (1965), 268. Überblick über die wesentlichen Gesetzgebungsetappen bei *H. Mösbauer*, Staatsaufsicht über die Wirtschaft, S. 16 ff.

[10] So für das öffentliche Wirtschaftsrecht insgesamt *W. Henke*, DVBl. 1983, 982.

[11] Vgl. *E. Schwark*, Anlegerschutz durch Wirtschaftsrecht, S. 68.

[12] Vgl. *H. Jarras*, Wirtschaftsverwaltungsrecht, S. 7; *R. Weimar/P. Schmikowski*, Grundzüge des Wirtschaftsrechts, S. 1 ff.; *W. Henke*, DVBl. 1983, 982; *W. Brohm*, DÖV 1979, 18; *H.-G. Koppensteiner*, Rechtstheorie 4 (1973), 1 ff.; *W. R. Schluep*, FS Hug, S. 25 ff.; *R. Stober*, FS Maurer, S. 828.

[13] Ähnlich *P. Tettinger*, Rechtsanwendung und gerichtliche Kontrolle im Wirtschaftsverwaltungsrecht, S. 254. Verfassungsrechtliche und -politische Grundlagendiskussionen über das Staat-Wirtschaft-Verhältnis sind bekanntlich vor allem in den ersten beiden Jahrzehnten der Bundesrepublik geführt worden („Streit um die Wirtschaftsverfassung"); instruktiver Überblick bei *U. Scheuner*, in: ders. (Hrsg.), Die staatliche Einwirkung auf die Wirtschaft, S. 9 ff.

[14] Exemplarisch *E. Stein*, Wirtschaftsaufsicht, dessen Aufsichtsbegriff von einem extrem weiten Verständnis staatlicher Gewährleistungsverantwortung gegenüber dem Wirtschaftsgeschehen geprägt ist und zugleich die im 3. Quartal des 20. Jahrhunderts auf einem Höhepunkt befindliche Zuversicht in das wirtschaftspolitische Steuerungsvermögen des Staates widerspiegelt.

wissenschaftliches Kunstprodukt[15]. Sie führt verstreute gesetzliche Erscheinungen durch Herausgreifen ihnen gemeinsamer Merkmale auf einem verhältnismäßig hohen Abstraktionsniveau zusammen[16]. Die Zusammenführung soll das gesetzliche Material ordnen, überschaubarer machen, idealerweise auch seine rechtswissenschaftliche Durchdringung im Sinne einer juristischen Systembildung anregen[17]. Dies alles eröffnet zwangsläufig definitorische Freiräume, macht die Begriffsbildung in gewissem Umfang zu einer – so oder so zu entscheidenden – Frage der Zweckmäßigkeit[18]. – Zum zweiten besitzt der klassifikatorische Begriff der Wirtschaftsaufsicht einen typologischen Charakter[19]. Die einzelnen Erscheinungen der Wirtschaftsaufsicht verwirklichen die einmal festgelegten Begriffsmerkmale nicht im je gleichen Umfang und Verhältnis und auch nicht in völliger Übereinstimmung der Einzelzüge. Mehr zu verlangen wäre angesichts der Heterogenität des gesetzlichen Materials, seiner Regelungsmuster und seiner Wertungsprinzipien auch illusorisch. Daher kann, selbst bei feststehender Begrifflichkeit, die Zuordnung bestimmter einzelner Erscheinungen gelegentlich zweifelhaft sein und in jeweils vertretbarer Weise unterschiedlich beurteilt werden.

Sowohl auf der Definitions- als auch auf der Subsumtionsebene sind somit Schwierigkeiten, Unschärfen und Auffassungsunterschiede letztlich unvermeidbar. Es kann daher im Folgenden nur darum gehen, unter Berücksichtigung des vorliegenden wissenschaftlichen Diskussionsstandes zu einem *nachvollziehbaren* Verständnis der Wirtschaftsaufsicht zu gelangen, mit dem das Anliegen der vorliegenden Arbeit – der Erörterung solcher administrativer In-

---

[15] Dies gilt unbeschadet des Umstands, daß der Aufsichtsbegriff häufiger in der Gesetzessprache auftaucht; Nachweise bei *D. Ehlers*, Ziele der Wirtschaftsaufsicht, S. 4.

[16] Dieses Verfahren ist „wirklichkeitswissenschaftlich" im Sinne *E. Steins* (Wirtschaftsaufsicht, S. 1 ff.) insofern, als der Objektbereich der Wirtschaftsaufsicht – die ökonomische Wirkungssphäre – unter Einsatz außerjuristischer Erkenntnisverfahren zu erschließen ist. Dies ändert aber nichts daran, daß wesentliche definitorische Elemente wie der Betätigungsmodus Aufsicht und das Verhältnis zwischen Aufsichtssubjekt und Aufsichtsadressat Produkte einer rein juristischen Konstruktion sind. Zur Kritik der „wirklichkeitswissenschaftlichen" Verfahrensweise *Steins* siehe auch *R. Gröschner*, Überwachungsrechtsverhältnis, S. 53 ff.

[17] In Anlehnung an *E. Schmidt-Aßmann*, Das allgemeine Verwaltungsrecht als Ordnungsidee, S. 4 ff., können als Ziele der Systembildung angegeben werden: Entlastung der Rechtspraxis durch Speicherung juristischer Lösungen; dogmatische Strukturierung; rechtspolitische Inspiration; Erleichterung der Rezeption europäischer Rechtsentwicklungen. Zur Vorstellung einer Systembildung auf „mittlerer Ebene" zwischen allgemeinem Verwaltungsrecht und besonderen Verwaltungsrechten, siehe *R. Wahl*, in: W. Hoffmann-Riehm/E. Schmidt-Aßmann (Hrsg.), Zur Reform des Allgemeinen Verwaltungsrechts, S. 213.

[18] Es handelt sich bei der Wirtschaftsaufsicht um eine Nominaldefinition im Unterschied zu einer Realdefinition; siehe *O. Weinberger*, Rechtslogik, S. 259 f. Siehe auch *R. Schmidt*, Öffentliches Wirtschaftsrecht – AT, S. 52.

[19] Zur typologischen Begriffsbildung allgemein *K. Larenz*, Methodenlehre der Rechtswissenschaft, S. 461 ff., 466 ff. Speziell in Bezug auf die wirtschaftsrechtliche Begriffsbildung *G. Rinck/E. Schwark*, Wirtschaftsrecht, S. 9.

terventionen, die Marktoptimierung erstreben – auf praktisch tragfähigen Grund gestellt wird, ohne daß damit alternativen Ansätzen von vorneherein jede theoretische Plausibilität abgesprochen werden soll. Für die Erörterung der gängigen Definitionsansätze bietet sich folgende gedankliche Abschichtung an:

Zum einen sollten diese Ansätze daran gemessen werden, ob sie bestimmten allgemeingültigen klassifikatorischen Mindestanforderungen genügen. Hierzu zählt: Der Begriff Wirtschaftsaufsicht sollte nicht Erscheinungen mit gänzlich verschiedener rechtlicher Struktur und Problemlage abdecken (Kriterium der juristischen Vergleichbarkeit), er sollte kompatibel mit verfassungsrechtlichen und einfachgesetzlichen Strukturentscheidungen sein (Kriterium der Rechtskompatibilität) und, vor allem, er sollte abgrenzungsscharf sein (Kriterium der Abgrenzungstauglichkeit). *Zum anderen* ist aber auch darauf zu achten, daß die Begriffsbildung – sofern nicht zwingende Gründe entgegenstehen – breit ansetzt und keine Erscheinungen ausblendet, die im Lichte des Erkenntnisinteresses der vorliegenden Arbeit relevant werden könnten; je breiter der Begriff der Wirtschaftsaufsicht ausfällt, desto umfangreicher gerät die empirische Basis für die Gegenüberstellung unterschiedlicher Zwecktypen (Kriterium des Kontrastpotentials).

2. Wesentliche Merkmale der Wirtschaftsaufsicht

a) Verwaltung als Aufsichtssubjekt

Wirtschaftsaufsicht stellt eine Betätigung der *Verwaltung* dar[20], d.h. von nationalen oder supranationalen Behörden[21]. Wirtschaftsbezogene Betätigungen des Gesetzgebers oder von Gerichten sollten nicht zur Wirtschaftsaufsicht gezählt werden[22]. Diese sind nur insofern involviert, als sie die rechtlichen Grundlagen für die Wirtschaftsaufsicht schaffen (Gesetzgeber) oder das Aufsichtshandeln kontrollieren (Gerichte). Die begriffliche Beschränkung auf die Verwaltung trägt der Funktionentrennung zwischen Exekutive, Legislative und Judikative sowie deren grundlegend verschiedenen Organisations- und Handlungsprinzipien Rechnung. Sie hat zur Konsequenz, daß Fragen der Ver-

---

[20] Auch Regierungsbehörden besitzen vereinzelt wirtschaftsaufsichtliche Befugnisse, z.B. das Bundeswirtschaftsministerium in der Fusionskontrolle (§ 42 GWB – Ministererlaubnis). Das Bundeswirtschaftsministerium handelt hierbei, auch wenn das Gesetz ihm andere Entscheidungsmaßstäbe als dem Bundeskartellamt vorgibt, als Wirtschaftsaufsichtsbehörde.

[21] Auf supranationaler Ebene ist an die Europäische Kommission zu denken, die in einigen Bereichen, beispielsweise im Kartellbereich, als Wirtschaftsaufsichtsbehörde tätig wird.

[22] Für den Einbezug der gerichtlichen Tätigkeit (auch über den Bereich der freiwilligen Gerichtsbarkeit hinaus) hingegen *M. Bullinger*, VVDStRL 22 (1965), 297 f. Hierzu sogleich.

waltungslegitimation, des Gesetzesvorbehalts, der rechtsstaatlichen Verfahrensgestaltung und der gerichtlichen Kontrolldichte als gemeinsame Themen der Wirtschaftsaufsicht erfaßt und durchdrungen werden können. Hieraus ergibt sich der wohl gewichtigste Einwand gegen *Bullingers* Ansatz[23], die Durchsetzung wirtschaftsbezogener rechtsverbindlicher Maßstäbe durch *Gerichte* mit zur Wirtschaftsaufsicht zu zählen. Zwar ist *Bullingers* Hinweis auf funktionelle Äquivalenzen administrativer und justitieller Kontrollmechanismen für sich genommen berechtigt[24]. Soll sich aber die Begriffsbildung dem Ziel unterordnen, Erscheinungsformen mit ähnlichen rechtlichen Strukturen und vergleichbaren juristischen Problemlagen zu bündeln, muß dieser Aspekt außer Betracht bleiben. Er mag in regulierungstheoretischer Hinsicht bemerkenswert sein, ändert aber nichts an den erheblichen rechtlichen Strukturunterschieden zwischen administrativem und judikativem Handeln[25].

b) Aufsichtstätigkeit

Die wirtschaftsbeaufsichtigende Tätigkeit der Verwaltung umfaßt eine Vielzahl von Gesetz zu Gesetz variierender Einzelakte, die teils regelnder und teils nicht-regelnder, teils präventiver und teil repressiver Art sind[26]. Aufsicht stellt keine spezifische Handlungsform dar, sondern einen *allgemeinen administrativen Wirkungsmodus*, der ein ganzes Spektrum behördlicher Einzelaktivitäten unterschiedlichen rechtlichen Zuschnitts umschließt. Die Aufsicht kann sich auf die laufende Geschäftätigkeit der Aufsichtsadressaten beziehen (z. B. Versicherungsaufsicht) oder erst bei der punktuellen Überschreitung gesetzlicher Toleranzgrenzen auf den Plan treten[27] (z. B. Teile der Gewerbeaufsicht), sie kann sektoralen Charakter oder querschnittlichen Charakter haben (z. B. Versicherungsaufsicht, Bankenaufsicht auf der einen, Kartellaufsicht auf der anderen Seite), wobei mit diesen oder anderen denkbaren Einteilungen nicht unbedingt bestimmte instrumentelle Spezifika einhergehen müssen.

---

[23] Ebda.

[24] *Bullinger* führt als Beispiel an, daß lauterkeitsrechtliche Pflichten in Deutschland im Straf- oder Zivilprozeß, in den USA hingegen durch eine Verwaltungsbehörde, die Federal Trade Commission, durchgesetzt werden. Als weiteres Beispiel führt er die Verhinderung gesetzwidriger Hauptversammlungsbeschlüsse von Aktiengesellschaften an, die in Deutschland früher durch das Veto eines Staatskommissars zu Fall gebracht werden konnten, heute hingegen nur noch im Zivilprozeß; ebda., S. 298.

[25] Im Ergebnis ebenso *E. Stein*, Wirtschaftsaufsicht, S. 9; *R. Gröschner*, Überwachungsrechtsverhältnis, S. 127.

[26] Siehe *R. Schmidt*, Öffentliches Wirtschaftsrecht – AT, S. 342, der die Aufsichtsmittel nach dem Grad der Eingriffsintensität wie folgt unterscheidet: Informationsmittel, Verbote mit Anzeigevorbehalt, Verbote mit Erlaubnisvorbehalt, Auflagen und Bedingungen, Versagungen und Untersagungen, Verbote mit Befreiungsvorbehalt, absolute Verbote.

[27] *M. Bullinger*, VVDStRL 22 (1965), S. 312.

Vielfach werden, anknüpfend an *Triepel*[28], im Hinblick auf die Funktion der Aufsichtsmittel ein Element der *Beobachtung* und ein Element der *Berichtigung* unterschieden[29]. Das systematische Gewicht dieser Unterscheidung ist freilich gering. Jeder Berichtigung (z. B. Verbot einer Verhaltensweise, Anordnung der Beseitigung eines Zustands) muß logisch irgendeine Beobachtung vorausgehen. Auf der anderen Seite sind bestimmte Beobachtungsmaßnahmen (z. B. die laufende Überwachung des Wertpapierhandels gemäß § 4 Abs. 2 WpHG) häufig von korrelierenden Duldungs- oder Meldepflichten der Adressaten mitsamt hierauf bezogener behördlicher Berichtigungsbefugnisse flankiert und von diesen nicht sinnvoll zu isolieren (vgl. im vorliegenden Beispiel § 9 i. V. m. § 39 Abs. 2 WpHG). Manche Einzelakte entziehen sich ganz der Einordnung in dieses Schema (z. B. fusionskontrollrechtliche Prüfung eines Zusammenschlußvorhabens – handelt es sich um eine Beobachtungsmaßnahme oder, mit Blick auf die Möglichkeit der Untersagung, um eine Berichtigungsmaßnahme?). Von Beobachtung und Berichtigung sollte daher nur zur groben Kennzeichnung typischer Etappenfolgen der Aufsichtstätigkeit gesprochen werden. Die Hervorhebung des Elements der Beobachtung mag darüber hinaus zum Ausdruck bringen, daß die Aktivität der Verwaltung sich vielfach nicht in der (reaktiven) Abarbeitung von Anträgen oder der Beseitigung manifester Gefahren erschöpft, sondern darüber hinaus auch durch Momente der Eigeninitiative, der Vorfeldkontrolle, der verdachtsunabhängigen Analyse geprägt ist.

Indem die Aufsicht typischerweise (nicht bei jeder Einzelmaßnahme!) mit Befehl und Zwang, Auflagen und Versagungen arbeitet, besitzt sie *imperativen* Charakter. Betätigungsfelder, in denen die Verwaltung ausschließlich oder überwiegend influenzierende oder indikative Mittel einsetzt (Subventionen, Appelle, Beratung, Auftragsvergabe, budgetäre Maßnahmen), sollten nicht zur Wirtschaftsaufsicht gezählt werden[30]. Das imperative Element vermittelt dem Aufsichtsbegriff Abgrenzungsschärfe (Kriterium der Abgrenzungstauglichkeit). Es sorgt dafür, daß sich in ihm nicht Erscheinungen mit ganz unterschiedlichen rechtlichen Strukturen und Problemlagen ansammeln (Kriterium der juristischen Vergleichbarkeit). Als begriffprägendem Merkmal kommt ihm damit höheres Gewicht zu als den nicht sonderlich griffigen Elementen der Berichtigung und der Beobachtung.

---

[28] Die Reichaufsicht, S. 120.

[29] *R. Scholz*, Wirtschaftsaufsicht und subjektiver Konkurrentenschutz, S. 35; *M. Bullinger*, VVDStRL 22 (1965), 268, 274. *Th. Meyer*, Staatsaufsicht über Private, S. 169, meint, die Unterteilung in Berichtigung und Beobachtung habe sich durchgesetzt. *H. Mösbauer*, Staatsaufsicht über die Wirtschaft, S. 7, unterscheidet zwischen Beobachtung und Einflußnahme, *E. Stein*, Wirtschaftsaufsicht, S. 18, zwischen Überwachung, Berichtigung und Verhängung von Sanktionen.

[30] *D. Ehlers*, Ziele der Wirtschaftsaufsicht, S. 4 f.

Gröschner hat sich unter Verweis auf die Herkunft des Aufsichtsbegriffs aus der Tradition des wohlfahrtstaatlichen Etatismus, die in *Steins* „Wirtschaftsaufsicht" (1967) gleichsam im modernen sozialstaatlichen Gewand fortgeführt werde, nachdrücklich für eine Ersetzung des Aufsichts- durch den Überwachungsbegriff ausgesprochen[31]. Hiergegen hat *Ehlers* überzeugend eingewandt, nach dieser Logik müßte zugleich von zahlreichen weiteren, ebenfalls historisch vorbelegten Begriffen des Staats- und Verwaltungsrechts Abschied genommen werden[32]. Der allgemeine Sprachgebrauch hat an dem Aufsichtsbegriff festgehalten (Bankenaufsicht, Gewerbeaufsicht, Versicherungsaufsicht, Kapitalmarktaufsicht usf.)[33], der im übrigen das die Aufsichtätigkeit prägende rechtliche Subordinationsverhältnis zwischen Aufsichtssubjekt und Aufsichtsadressat besser als der Begriff Überwachung zum Ausdruck bringt, welcher ein solches nicht zwingend voraussetzt (anschaulich im Konzept der sog. Selbst- oder Eigenüberwachung)[34]. Ein wirklich stichfestes Argument gegen den Terminus „Aufsicht" ergäbe sich nur dann, wenn man – wie in der Tat *Gröschner* – aus einer rechtsverhältnisdogmatischen Konstruktion der Staat-Bürger-Beziehung heraus („Überwachungsrechtsverhältnis") das Kriterium der Subordination generell mit der Begründung verwirft, es sei mit der aus Art. 1 Abs. 3 und Art. 20 Abs. 3 GG folgenden rechtsstrukturellen Gleichordnung zwischen staatlichen Behörden und Bürgern unvereinbar[35]. Ob man sich dieser Sicht anschließen sollte, ist freilich im Kern wiederum nur eine terminologische Frage. In der Sache kann kein Zweifel bestehen, daß die wirtschaftsaufsichtlichen wie alle behördlichen Befugnisse den Anforderungen des Gesetzesvorbehalts genügen müssen und ihre Ausübung der Grundrechtsbindung unterliegt; Subordination darf demnach nicht als Untertänigkeit im Sinne früherer Verfassungsepochen verstanden werden[36], sondern als Hinweis auf rechtstechnische Charakteristika der Rechtsbeziehungen zwischen Staat und Bürgern (Einseitigkeit der Regelung; Vollstreckung ohne gerichtlichen Titel usf.).

---

[31] Das Überwachungsrechtsverhältnis, S. 46 ff., 126. Zuvor bereits *W. Henke*, DVBl. 1983, 983.

[32] Ziele der Wirtschaftsaufsicht, S. 5. Ablehnend auch *W. Kahl*, Staatsaufsicht, S. 365.

[33] Näher zum gesetzlichen Sprachgebrauch *D. Ehlers*, Ziele der Wirtschaftsaufsicht, S. 4; *H. Mösbauer*, Staatsaufsicht über die Wirtschaft, S. 3.

[34] *Gröschners* Anmerkung, beide Begriffe ließen sich nach allgemeinem Sprachgebrauch synonym verwenden (Überwachungsrechtsverhältnis, S. 46), ist daher zweifelhaft.

[35] Zusammenfassend in Überwachungsrechtsverhältnis, S. 335. Zustimmend *R. Stober*, Allgemeines Wirtschaftsverwaltungsrecht, S. 284. Für den Überwachungsbegriff auch *U. Schließky*, Öffentliches Wirtschaftsrecht, S. 104, der indes hinsichtlich der Aufsicht über die „wirtschaftsrelevanten Tätigkeiten der dem Innenbereich des Staates zuzurechnenden Einheiten" am Begriff der Wirtschaftsaufsicht festhalten möchte.

[36] Grundlegend BVerwGE 1, 159, 161 („Der Einzelne ist zwar der öffentlichen Gewalt unterworfen, aber nicht Untertan, sondern Bürger").

c) Rechtsdurchsetzung; Verhältnis zur Wirtschaftslenkung

Das Wort Aufsicht impliziert eine Personen- und Rollenverschiedenheit und insofern eine formale Distanz zwischen Aufsichtssubjekt und Aufsichtsadressat[37]. Rolle des Aufsichtsadressaten ist die wirtschaftliche Betätigung, d. h. die selbstverantwortliche Teilnahme am Prozeß der Herstellung oder Verteilung wirtschaftlicher Güter[38]. Die Wirtschaftsaufsicht findet wirtschaftliche Betätigung vor, setzt, im Unterschied etwa zur eigenwirtschaftlichen Tätigkeit der öffentlichen Hand oder zu zentralverwaltungswirtschaftlichen Aktivitäten des Staates, deren reale Existenz voraus. Sie hat insofern Sekundärcharakter, bildet eine Intervention staatlicher Instanzen in prinzipiell selbstregulative wirtschaftliche Sphären. Bis zu diesem Punkt läßt sich Einigkeit in der Literatur konstatieren[39]. Uneinigkeit besteht vor allem bei folgenden Fragen: Ist für den Begriff der Wirtschaftsaufsicht ein bestimmter Maßstab der Intervention konstitutiv? Und: Spielen die Interventionsrichtung der Einwirkung oder ihre rechtsdogmatische Qualität eine (begriffliche) Rolle? Mit diesen Fragen sind die hauptsächlichen literarischen Kontroversen zum Begriff der Wirtschaftsaufsicht umrissen. Sie sollen daher etwas ausführlicher zur Sprache kommen.

(aa) Wirtschaftsaufsicht als Rechtsdurchsetzung

Daß von Aufsicht überhaupt nur bei Betätigungen gesprochen werden sollte, bei denen die Verwaltung an den Adressaten ihres Handelns irgendeinen Maßstab anlegt, dürfte außer Frage stehen[40]. Aufsicht ohne Aufsichtsmaßstab erscheint logisch kaum vorstellbar. *Triepel* hat diesen Konnex – bezogen auf die Staatsaufsicht – mit den Worten zum Ausdruck gebracht, bei der Aufsicht werde das Verhalten des Beaufsichtigten mit einer „gegebenen Richtschnur", einem

---

[37] In der überwiegenden Zahl der praktischen Fälle trifft zu, daß – im Gegensatz zur Staatsaufsicht über selbständige Verwaltungsträger – die Rollenverschiedenheit zwischen Aufsichtssubjekt und Aufsichtsadressat mit der verfassungsrechtlichen Distanz zwischen Staat und Gesellschaft, zwischen legitimationsbedürftigem und grundrechtlichem Wirkungsbereich gleichläuft. Zwingend ist dies allerdings nicht, wie der Fall der Kartellaufsicht oder der Bankenaufsicht gegenüber einem öffentlichen Unternehmen zeigt, dessen Ausscheidung aus dem Begriff der Wirtschaftsaufsicht indes wenig plausibel wäre. Dennoch bleibt es zur Klarstellung der substantiellen Unterschiede zur Staatsaufsicht über selbständige Verwaltungsträger angemessen, an dem Terminus „Wirtschaftsaufsicht" festzuhalten und nicht von „Staatsaufsicht über die Wirtschaft" zu sprechen; vgl. W. *Kahl*, Die Staatsaufsicht, S. 362 ff.; D. *Ehlers*, Ziele der Wirtschaftsaufsicht, S. 6.

[38] Zur näheren Bestimmung des Aufsichtsadressaten sogleich unter d.

[39] Mit unterschiedlichen Formulierungen R. *Schmidt*, Öffentliches Wirtschaftsrecht – AT, S. 339; P. *Tettinger*, Rechtsanwendung und gerichtliche Kontrolle im Wirtschaftsverwaltungsrecht, S. 254; R. *Scholz*, Wirtschaftsaufsicht und subjektiver Konkurrentenschutz, S. 17 ff.; E. *Stein*, Wirtschaftsaufsicht, S. 14 ff.; M. *Bullinger*, VVDStRL 22 (1965), 285 ff.

[40] Auch *Steins* „Wirtschaftsaufsicht", auf die sogleich näher einzugehen ist, geht entgegen ihrem eigenen Postulat von einem Maßstab des Aufsichtshandelns aus, der nur eben nicht im staatlichen Recht, sondern in der funktionellen Größe der Bedarfsdeckungsfähigkeit der Wirtschaft liegt.

„Richtmaß" oder „Maßstab" in Übereinstimmung gebracht oder erhalten[41]. Die Abfolge vom wohlfahrtstaatlichen Absolutismus mit seinen unbegrenzten, allein von der fürstlichen Gemeinwohlvorstellung geleiteten Einwirkungen auf wirtschaftliche Aktivitäten hin zum liberalen Staat des 19. Jahrhunderts, der eine kategoriale Trennung von staatlicher und gesellschaftlicher Sphäre vornimmt und die Steuerung privaten Verhaltens an die Formen des Rechts bindet, legt nahe, als Aufsichtsmaßstab alleine das staatlich gesetzte Recht für möglich zu halten. Aus dieser historischen Perspektive hat namentlich *Bullinger* argumentiert und die Wirtschaftsaufsicht als diejenige Staatstätigkeit bestimmt, die darauf abzielt, selbstverantwortliches Wirtschaftsverhalten in Einklang zu halten mit den dafür bestehenden, unmittelbar rechtsverbindlichen Maßstäben[42]. Wirtschaftsaufsicht erscheint nach dieser Formel als ein Fall *staatlicher Rechtsdurchsetzung*, das Handeln der Aufsichtsbehörden erscheint durch seine rechtliche Determinierung geprägt. Es liegt auf der Hand, daß dieses Verständnis gut mit der oben getroffenen Festlegung harmoniert, der Wirkungsmodus Aufsicht charakterisiere sich unter anderem durch seinen imperativen Charakter: Imperative Einwirkungen ohne rechtliche Determinierung sind in Anbetracht der verfassungsrechtlichen Strukturentscheidung für Rechtstaat und Gesetzesvorbehalt schwer vorstellbar (Kriterium der Rechtskompatibilität).

Entschiedene Ablehnung gegen die Formel *Bullingers*, die in ihrem Kern bis heute breite Gefolgschaft findet[43], hat *Stein* vorgebracht[44]. Stein argumentiert hierbei auf verschiedenen Ebenen: Er meint die Wirtschaftsaufsicht rein „wirklichkeitswissenschaftlich" bestimmen und vor diesem Hintergrund jegliche normative Elemente in der Begriffsbildung vermeiden zu sollen[45]. Weiterhin hebt er – direkt gegen *Bullinger* gewendet – hervor, daß Pflichten von Aufsichtsadressaten „nicht nur auf die Einhaltung bestimmter Einzelnormen gerichtet sind"[46] und verweist insoweit darauf, daß in manchen Fällen Aufsichtsbehörden auch in die Rechte „Nichtverpflichteter" eingreifen[47]. *Stein* selbst entwickelt zur Kennzeichnung der Wirtschaftsaufsicht eine eigene „Funktionsschutztheorie", die Fragmente verschiedener älterer Theorien vereint[48]. Danach schützen die Wirtschaftsaufsichtsbehörden, und zwar mitunter auch „maßstabsfrei"[49], die Funktionen der Wirtschaft, die in der Verwirklichung

---

[41] Die Reichsaufsicht, S. 111 f.
[42] VVDStRL 22 (1965), S. 286.
[43] Oben Fußn. 1.; siehe auch *S. U. Pieper*, Aufsicht, S. 146.
[44] Wirtschaftsaufsicht, S. 1 ff.
[45] Ebda., S. 1 f.
[46] Ebda., S. 6.
[47] Ebda., S. 9. Als Beispiel nennt er den Fall des ordnungsrechtlichen Notstandes.
[48] Ebda., S. 14 ff.
[49] Ebda., S. 80 ff.

der Bedarfsdeckung lägen[50]. Dies – und alleine dies – kennzeichne die Wirtschaftsaufsicht.

Die „Funktionsschutztheorie" ist augenscheinlich von dem Bemühen *Steins* geprägt, zu einer Begriffsfassung zu gelangen, die mit seinem äußerst weitgehenden *inhaltlichen* Konzept der Wirtschaftsaufsicht in Einklang steht. Dessen Kernthese lautet, den Staat treffe eine sozialstaatlich wie grundrechtlich begründete Gewährleistungsverantwortung für die allgemeine Bedarfsdeckung[51], aufgrund derer die Aufsichtsbehörden auch „über die vorhandenen Spezialnormen hinaus" zu Einwirkungen ermächtigt seien[52]. Ein restriktiver, das Moment der Rechtsbindung in den Vordergrund stellender Aufsichtsbegriff konnte unter diesen Vorzeichen für *Stein* schlecht in Frage kommen.

Daß *Steins* Aufsichtskonzept unter verfassungsrechtlichen Aspekten (Gesetzesvorbehalt) äußerst fragwürdig ist, wurde von anderer Seite bereits ausführlich dargelegt[53]. An dieser Stelle genügt der Hinweis auf die immanenten Schwächen seiner Begriffsbildung. Sie liegen zum einen in der Forderung, die Wirtschaftsaufsicht rein „wirklichkeitswissenschaftlich" zu definieren. Was immer auch „wirklichkeitswissenschaftlich" im Einzelnen heißen mag[54]: Eigentlich kann kein Zweifel bestehen, daß die Bildung einer rechtsklassifikatorischen Kategorie *auch* anhand normativer Merkmale erfolgen kann, ohne daß dies zwingend methodische Bedenken hervorrufen müßte[55]. Zum anderen leuchtet nicht ein, warum sich aus tatsächlich vorkommenden Unterschieden hinsichtlich der Steuerungsmodalität gesetzlicher Eingriffsnormen ein Argument gegen einen rechtlich gefärbten Maßstabsbegriff ergeben soll. Um das von *Stein* selbst gewählte Beispiel des (freilich über das Recht der Wirtschaftsaufsicht hinausreichenden) ordnungsrechtlichen Notstandes[56] zu nehmen: So richtig es ist, daß die Inanspruchnahme des Notstandspflichtigen keine Reaktion auf eine vorherige Rechts- oder Pflicht*verletzung* darstellt, so ist doch auch in diesem Fall das Handeln der Behörde unbestreitbar rechtlich determiniert und bildet die Inanspruchnahme ein Mittel, das Verhalten des Normadressaten mit rechtlich gesetzten Maßstäben in Übereinstimmung zu bringen. Ebenso handelt es sich um Rechtsdurchsetzung, wenn das Bundeskartellamt ein Zusammenschlußvorhaben untersagt oder die Bundesanstalt für Finanzdienstleistungsaufsicht eine Sonderprüfung vornimmt, obwohl auch in diesen Fällen gleichfalls kein Pflichtenverstoß des Aufsichtsadressaten vorliegen muß

---

[50] Ebda., S. 36, 70, 74.
[51] Ebda., S. 55 ff.
[52] Ebda., S. 90.
[53] *R. Gröschner*, Überwachungsrechtsverhältnis, S. 52 ff.; diesem weitgehend zustimmend *Chr. Koenig*, Öffentlich-rechtliche Verteilungslenkung, S. 84 ff. Früher bereits *U. Scheuner*, in: ders. (Hrsg.), Die staatliche Einwirkung auf die Wirtschaft, 1971, S. 71.
[54] Vgl. auch *R. Gröschner*, Überwachungsrechtsverhältnis, S. 53.
[55] Siehe oben Fußn. 16.
[56] Oben Fußn. 47.

bzw. ein solcher nicht notwendige Voraussetzung für das Aufsichtshandeln ist. – Drittens sind die Folgen zu bedenken, die bei einer rein materialen Begriffsdefinition auftreten. Sie lassen sich anhand *Steins* eigenen Ansatzes illustrieren, der letztlich auf die Annahme hinausläuft, hinter jeder Aufsichtsmaßnahme stehe der Schutz der Funktionsfähigkeit (im Sinne von: Bedarfsdeckungsfähigkeit) der Gesamtwirtschaft[57]. Damit wird die Differenziertheit der tatsächlich vorkommenden Aufsichtszwecke teils verzeichnet, teils überdeckt. Letztlich führt jede materiale Definition in die Gefahr einer Verzerrung der normativen Gegebenheiten, oder aber sie schraubt den Begriff in eine Abstraktionshöhe, die ihn inhaltlich schwammig werden läßt.

Erweist sich somit das herrschende Verständnis als im Grundsatz plausibel, so besteht dennoch Anlaß zu zwei Präzisierungen. Zum einen darf das Merkmal der Rechtsdurchsetzung nicht dahingehend verstanden werden, daß es notwendig bei jedem Einzelakt vorliegen muß. Dies ist eine selbstverständliche Konsequenz des bereits dargelegten Umstands, daß Wirtschaftsaufsicht nur als allgemeiner Wirkungsmodus begriffen werden kann, der eine Vielzahl unterschiedlich gearteter Einzelakte, darunter gelegentlich auch adressatenlose oder jedenfalls nicht-imperative Beobachtungstätigkeiten, einschließt. Zum anderen entfällt das Merkmal der Rechtsdurchsetzung nicht in Konstellationen, in denen die gesetzliche Handlungsermächtigung durch einen geringen Grad an Bestimmtheit gekennzeichnet ist. Dies ist vor allem gegen *Bullinger* und seine Forderung einzuwenden, solches Verwaltungshandeln, das nicht durch „*unmittelbar* rechtsverbindliche" Maßstäbe gesteuert ist, aus dem Aufsichtsbegriff auszuscheiden und einer gesonderten Kategorie der Wirtschaftslenkung zuzuschlagen[58] (Herv. v. Verf.). Denn woran sollen „unmittelbar rechtsverbindliche" Maßstäbe von sonstigen (mittelbar?) rechtsverbindlichen Maßstäben unterschieden werden[59]? Selbst wenn sich hierfür ein praktikables Kriterium finden ließe, so wäre doch die Folge, daß einheitliche behördliche Tätigkeitsspektren zerrissen und darüber ihre konzeptionellen Zusammenhänge verloren gehen würden. Dies wird bei *Bullinger* und dem Beispiel, das er zur Exemplifizierung seines eigenen Ansatzes wählt, bereits deutlich. Kartellrechtliche Eingriffsnormen, die an unbestimmte Begriffe wie „Markt" und „Wettbewerb" anknüpfen, ordnet *Bullinger* der Wirtschaftslenkung zu[60] – man darf unterstellen, daß er dies bei einer verhältnismäßig bestimmten kartellrechtlichen Norm wie § 16 Ziff. 3 GWB a. F., wonach die Kartellbehörde u. a. Vereinbarungen zwischen Unternehmen über Waren für unwirksam erklären konnte, wenn sie einen Beteiligten in der Abgabe der gelieferten Waren an einen Dritten beschränken, nicht getan hätte. Das kartellbehördliche Tätigkeits-

---

[57] So auch ausdrücklich in Wirtschaftsaufsicht, S. 26.
[58] VVDStRL 22 (1965), 287.
[59] Zweifelnd bereits *W. Brohm*, Strukturen der Wirtschaftsverwaltung, S. 207.
[60] VVDStRL 22 (1965), 293 f.

spektrum wäre demnach in einen wirtschaftslenkenden Teil (zu dem u. a. die Durchsetzung des Kartellverbots sowie die Fusionskontrolle zählen würden) und einen wirtschaftsbeaufsichtigenden Teil (zu dem Teile der Mißbrauchsaufsicht zählen würden) zerlegt, wobei sich überdies auch noch der Grenzverlauf über judikative Fallgruppenbildungen, mittels derer sich der Bestimmtheitsgrad von Normen allmählich erhöht, im Laufe der Zeit sukzessive verschieben würde[61].

Ein solchermaßen unscharf abgegrenzter, zudem in der zeitlichen Dimension variabler Begriff der Wirtschaftsaufsicht kann schwerlich klassifikatorischen Ansprüchen genügen. Dabei besteht letztlich kein zwingender Anlaß, die Frage der Bestimmtheit oder Unbestimmtheit einer Eingriffsnorm zum Kriterium der Begriffsbildung zu machen (unabhängig davon übrigens, daß *Bullinger* hier die tatsächlichen Gegebenheiten auch übermäßig zuspitzt[62]). Auch dort, wo die legislative Steuerung schwächer ist, sich unter Umständen in einer bloßen Zielvorgabe ohne „kausales Element" im Sinne *Steins*[63] erschöpft, handelt es sich der Sache nach um Rechtsdurchsetzung, setzt das Recht dem Verwaltungshandeln Maß – und sei es nur in dem Sinne, daß das gesetzliche Instrumentarium zu keinem anderen als dem vorgegebenen Ziel eingesetzt werden darf. Die durchaus gewinnbringende Systematisierung unterschiedlicher Stufen der Maßstabsdichte[64] wird dadurch nicht obsolet. Sie wird, innerhalb einer einheitlichen Kategorie Wirtschaftsaufsicht vorgenommen, sogar transparenter, kann die Spannung zwischen rechtsstaatlich geforderter Handlungseingrenzung und sachstrukturell geforderter Handlungsfreiheit deutlicher als zentralen Problemkreis *aller* wirtschaftsbezogenen administrativen Interventionen aufzeigen (Kriterium des Kontrastpotentials).

(bb) Wirtschaftsaufsicht und Wirtschaftslenkung

Die bis hierhin angestellten Überlegungen lassen sich so resümieren, daß unter Wirtschaftsaufsicht ein administrativer, imperativer Wirkungsmodus zu verstehen ist, bei dem rechtliche Maßgaben gegenüber selbstverantwortlich handelnden Wirtschaftssubjekten durchgesetzt werden. Der Schwerpunkt liegt

---

[61] Letzteres wird von *Bullinger* ausdrücklich für möglich erachtet; ebda., S. 295 f.
[62] Vgl. *P. Tettinger*, Rechtsanwendung und gerichtliche Kontrolle im Wirtschaftsverwaltungsrecht, S. 258 ff., der *Bullinger* die zahlreichen, auch aus anderen Rechtsgebieten geläufigen Möglichkeiten zur methodisch abgesicherten Konkretisierung unbestimmter Aufsichtsnormen bzw. ihrer einzelnen Elemente vorhält.
[63] Wirtschaftsaufsicht, S. 81 ff. Siehe auch unten § 3 II.3.c.
[64] Etwa bei *R. Scholz*, Wirtschaftsaufsicht und subjektiver Konkurrentenschutz, S. 21 f., der im übrigen *Bullinger* zu Recht vorhält, die von ihm monierte generalklauselartige Unbestimmtheit vieler Aufsichtsnormen sei angesichts des Erfordernisses der Offenheit und Elastizität der Wirtschaftsaufsicht gegenüber neuartigen Entwicklungen unabdingbar. Hierzu auch *R. Schmidt*, Öffentliches Wirtschaftsrecht – AT, S. 340.

bei ihr auf einem punktuellen, rechtlich determinierten Einschreiten[65]. Es geht um die Exekution eines gesetzlich vorgegebenen Final- und Handlungsprogamms, mag dieses den Aufsichtsbehörden im einzelnen auch gewisse Freiräume eröffnen. Das Aufstellen dieses Programms, der Programmiervorgang, bildet eine Maßnahme der *Wirtschaftspolitik*, die mit *Reiner Schmidt* von der Wirtschaftsaufsicht systematisch abzugrenzen ist[66]. Wirtschaftsaufsicht bedeutet Umsetzung wirtschaftspolitischer Festlegungen[67], wobei die Wirtschaftspolitik noch weitere Umsetzungsvarianten neben der Wirtschaftsaufsicht kennt, bei denen keine imperativen Mittel zum Einsatz gelangen (z.B. Strukturförderung, eigenwirtschaftliche Betätigung). Wirtschaftsaufsicht und Wirtschaftspolitik sind augenscheinlich durch je eigene rechtliche Handlungsformen und -voraussetzungen gekennzeichnet. Daher ist es sinnvoll, sie klassifikatorisch auseinanderzuhalten (Kriterium der rechtlichen Vergleichbarkeit).

(aaa) Daß neben der Wirtschaftsaufsicht noch eine weitere Kategorie imperativer administrativer Einwirkungen in Gestalt der „Wirtschaftslenkung" existiert, wird außer von *Bullinger* noch von weiteren Autoren behauptet, wobei von diesen anders als von *Bullinger* nicht auf den Grad der Bestimmtheit der einschlägigen Ermächtigungsnormen, sondern auf die sachlichen Eigenarten der Intervention abgestellt wird. *Jarras* beispielsweise sieht die Wirtschaftslenkung dadurch gekennzeichnet, daß die Einwirkung „bei den unternehmerischen Entscheidungen selbst ansetzt", etwa „Produktionsumfang und Produktionsstruktur, die Produktivität oder die Preise" gestaltet[68]. *Tettinger* grenzt danach ab, ob „eine gesetzliche Bestimmung nach ihrem Normzweck eine besondere eigene Steuerungsfinalität aufweist oder ob sie die Einhaltung rechtlich vorgegebener und methodisch konkretisierbarer Ordnungskriterien kontrollieren soll"[69]. Nach *Scholz* strebt die Wirtschaftslenkung „die aktuelle Entstehung bestimmter Wirtschaftsfunktionen an" und nimmt „eine aktive

---

[65] *R. Schmidt*, Öffentliches Wirtschaftsrecht – AT, S. 300.

[66] Öffentliches Wirtschaftsrecht – AT, S. 298ff., 339. *Schmidt* versteht unter Wirtschaftspolitik alle Maßnahmen der leitenden Staatsorgane zur Verfolgung bestimmter Ziele im Bereich der Wirtschaft; S. 298.

[67] Hiervon geht wohl auch *R. Schmidt* aus, wenn er Wirtschaftspolitik mit Normschöpfung und Wirtschaftsaufsicht mit Normanwendung gleichsetzt; Öffentliches Wirtschaftsrecht – AT, S. 224.

[68] Wirtschaftsverwaltungsrecht, S. 12. *Jarras* ordnet u.a. die (mittlerweile stärker abgebaute) energiewirtschaftsrechtliche Preiskontrolle der Wirtschaftslenkung zu, desweiteren landwirtschaftliche Marktordnungen und staatliche Bewirtschaftungsvorschriften für Krisenzeiten.

[69] Rechtsanwendung und gerichtliche Kontrolle im Wirtschaftsverwaltungsrecht, S. 258; ähnlich bereits *E. R. Huber*, Wirtschaftsverwaltungsrecht, 2. Bd., S. 199 („bestimmte Finalität der wirtschaftsadministrativen Akte"). Zur Wirtschaftslenkung rechnet *Tettinger* neben der Konjunktursteuerung den „Gesamtbereich der Wirtschaftsplanung einschließlich branchenbezogener Marktordnung, Bewirtschaftung und staatlicher Preisbildung, die Wirtschaftsförderung im weitesten Sinne, die Währungs- und Kreditpolitik, Bereiche der Zoll- und Steuerpolitik sowie die Außenwirtschaftspolitik"; ebda. S. 252.

Haltung gegenüber den privaten Wirtschaftsfreiheiten ein"[70]. Als grobe Gemeinsamkeit dieser Ansätze kann festgehalten werden, daß sie sämtlich auf einen erhöht interventionistischen Charakter der staatlichen Einwirkung abstellen, wobei *Jarras* diesen stärker an der Auswirkung beim Adressaten festmacht, während *Scholz* und *Tettinger* bei der wirtschaftspolitischen Handlungsintention der staatlichen Akteure ansetzen[71].

Ob eine solchermaßen gefaßte Kategorie der Wirtschaftslenkung insoweit sinnvoll ist, als sie sich nicht auf rein administrative Akte beschränkt und demnach mit der oben angesprochenen Kategorie der Wirtschaftspolitik überschneidet[72], braucht hier nicht entschieden zu werden[73]. Soweit es um administrative, imperative Einwirkungen auf selbstverantwortliche Wirtschaftssubjekte geht, ist jedenfalls ihr klassifikatorischer Wert zweifelhaft. Dies gilt vor allem wegen ihrer geringen Abgrenzungsschärfe[74]. *Reiner Schmidt* hat zu Recht hervorgehoben, jede staatliche Einwirkung führe zu Änderungen der Produktion und Verteilung, weshalb der Lenkungsbegriff von der Wirtschaftswissenschaft seit längerem nicht mehr diskutiert werde[75]. Zwar könnte man theoretisch danach unterscheiden, ob diese Änderungen unmittelbar beabsichtigt sind oder lediglich als Nebenfolgen in Kauf genommen werden. Eine entsprechende Feststellung wird in vielen Fällen praktisch jedoch kaum möglich sein. Klar ist überdies, daß weitere Kriterien wie die Einwirkungsintensität oder die Art der eingesetzten Instrumente keinen zusätzlichen Aufschluß vermitteln, da die zur Wirtschaftslenkung gerechneten Einwirkungsformen auch nach Eingeständnis von Anhängern dieser Kategorie insofern keine Besonderheiten gegenüber anderen Einwirkungsformen aufweisen, namentlich nicht gegenüber der Wirtschaftsaufsicht[76]. – Diesen Schwierigkeiten stehen auf der anderen Seite keine substantiellen Vorteile gegenüber. Im Gegenteil: Der oben

---

[70] Wirtschaftsaufsicht und subjektiver Konkurrentenschutz, S. 21. Beispiele nennt er nicht.

[71] Deutlich bei *P. Tettinger*, Rechtsanwendung und gerichtliche Kontrolle im Wirtschaftsverwaltungsrecht, S. 252 („Zur Wirtschaftslenkung … zählen dabei alle Maßnahmen, die von konkreten und aktuellen wirtschaftspolitischen Zielen her ihre Destination gewinnen").

[72] Deutlich bei *H. Jarras*, Wirtschaftsverwaltungsrecht, S. 12. *W. Rüfner*, Formen öffentlicher Verwaltung im Bereich der Wirtschaft, S. 135, zählt zur Wirtschaftslenkung auch Teile der zivilrechtlichen Gesetzgebung. Siehe auch *P. Badura*, Wirtschaftsverfassung und Wirtschaftsverwaltung, S. 117 (Wirtschaftslenkung durch Gesetz, Rechtsverordnung, Verwaltungsakt oder privatrechtliches Rechtsgeschäft).

[73] Ablehnend insoweit *R. Schmidt*, Öffentliches Wirtschaftsrecht – AT, S. 299.

[74] Sie wird auch von einigen Befürwortern der Kategorie Wirtschaftslenkung eingestanden; *R. Stober*, Allgemeines Wirtschaftsverwaltungsrecht, S. 301; *H. Jarras*, Wirtschaftsverwaltungsrecht, S. 13. Wie hier bereits *W. Brohm*, Strukturen der Wirtschaftsverwaltung, S. 208.

[75] Öffentliches Wirtschaftsrecht – AT, S. 299.

[76] *R. Scholz*, Wirtschaftsaufsicht und subjektiver Konkurrentenschutz, S. 15; *H. Jarras*, Wirtschaftsverwaltungsrecht, S. 13. A. A. *W. Henke*, DVBl. 1983, 982 f.

gegenüber *Bullinger* erhobene Vorwurf, sein Ansatz zerreiße einheitliche behördliche Tätigkeitsspektren und mißachte ihre jeweilige konzeptionelle Einheit, gilt gleichermaßen gegenüber den hier in Frage stehenden Ansätzen. So ist, um nur ein Beispiel zu nehmen, bei dem von *Jarras* ins Feld geführten[77] Energiewirtschaftsrecht recht eindeutig, daß hier neben „wirtschaftslenkenden" Befugnissen auch „nicht-wirtschaftslenkende" Befugnisse existieren. Auch wenn zwischen ihnen einzelne rechtskonstruktive Unterschiede erkennbar sein mögen: Ein zwingender Anlaß zur strikten klassifikatorischen Grenzziehung folgt daraus in Anbetracht der im Übrigen bestehenden Gemeinsamkeiten (hinsichtlich Handlungsakteure, Handlungsadressaten, Handlungsinstrumente) nicht.

Zur Vermeidung einer andernfalls eintretenden „klassifikatorischen Zellteilung" sollten somit die „wirtschaftslenkenden" Betätigungen von Verwaltungsbehörden, sofern sie imperativen Charakter haben, mit zur Wirtschaftsaufsicht gezählt werden[78]. Dies betrifft neben der Energiewirtschaftsaufsicht namentlich die Aufsicht im Telekommunikations- und Postsektor[79], die sonst hinsichtlich ihrer preisregulierenden Komponenten für eine Zuordnung zur Wirtschaftslenkung im Sinne der oben referierten Ansätze von *Jarras*, *Tettinger* und *Scholz* in Frage gekommen wäre.

Der Begriff der Wirtschaftsaufsicht im hier zugrundegelegten Sinne ist somit ein rein formaler. Er ist indifferent gegenüber Interventionsstruktur und -richtung, schließt demnach neben klassisch gefahrenabwehrenden Tätigkeiten (Gewerbeaufsicht) auch solche Tätigkeiten ein, die einer stärker wirtschaftsgestaltenden Zielrichtung verpflichtet sind[80]. Eine Grenzziehung könnte allenfalls gegenüber solchen Handlungsfeldern in Erwägung gezogen werden, bei denen der Staat im wesentlichen keine selbstregulativen wirtschaftlichen Abläufe mehr vorfindet, sondern das Wirtschaftsgeschehen in seinen zentralen Daten selbst plant. Beispiele hierfür finden sich etwa im Bereich landwirtschaftlicher Marktordnungen, wobei die Abgrenzung zur Wirtschaftsaufsicht

---

[77] Oben Fußn. 68.

[78] So auch *D. Ehlers*, Ziele der Wirtschaftsaufsicht, S. 42. *Ehlers* hält die Kategorie der Wirtschaftslenkung zwar für sinnvoll, aber nur als Unterform der Wirtschaftsaufsicht. Ähnlich *H. Mösbauer*, Staatsaufsicht über die Wirtschaft, S. 678, der von „Aufsichtslenkung" spricht. *R. Schmidt*, Öffentliches Wirtschaftsrecht – AT, S. 300, 339, zählt offenbar die administrativen Betätigungen mit einer besonderen wirtschaftspolitischen Interventionsrichtung mit zur Wirtschaftspolitik, was u. a. daran deutlich wird, daß er die Versicherungsaufsicht als Bereich bezeichnet, bei dem sich in der Praxis die Unterschiede zwischen Wirtschaftsaufsicht und Wirtschaftspolitik verwischen (S. 339, Fußn. 225). Mit seiner an anderer Stelle getroffenen Vorgabe, Wirtschaftspolitik sei eine Tätigkeit leitender Staatsorgane (S. 298), ist dies schwer in Einklang zu bringen.

[79] So auch *P. Badura*, Wirtschaftsverwaltungsrecht, S. 273; *M. Dreher*, in: 50 Jahre Bundesgerichtshof, Bd. II, S. 716. Für die Telekommunikationsaufsicht *L. Gramlich*, VerwArch 88 (1997), S. 605 ff.

[80] Ebenso *P. Badura*, Wirtschaftsverwaltungsrecht, S. 272.

sich dort häufig zusätzlich auch daraus ergibt, daß die Verwaltung nicht mit imperativen Mitteln arbeitet[81].

(bbb) Von einer Unterscheidung zwischen Wirtschaftsaufsicht und Wirtschaftslenkung geht ferner auch *Gröschner* aus[82], wobei dieser (wie gesagt den Aufsichts- durch den Überwachungsbegriff ersetzend) im Unterschied zu den eben genannten Autoren rechtsdogmatisch argumentiert: Die Überwachung folge dem liberalen Prinzip, die Lenkung dem sozialen Prinzip, demzufolge ziele erstere auf Freiheitsausgleich (Abwehr von Gefahren für die selbstbestimmte Freiheit des einen durch den Gebrauch der selbstbestimmten Freiheit des anderen), letztere auf die Herstellung und Erhaltung der ökonomischen und zunehmend auch ökologischen Voraussetzungen für den Gebrauch der Freiheitsrechte. In mancher Hinsicht ähnlich ist der Ansatz von *Koenig*, der (die *Gröschner*sche Terminologie aufnehmend) bei gebundenen, nur von Gesichtspunkten der Gefahrenabwehr bzw. -vorsorge getragenen staatlichen Zulassungsentscheidungen (präventives Verbot mit Erlaubnisvorbehalt) von Überwachung spricht und von Lenkung dann, wenn der Staat Nutzungs- und Marktzutrittsrechte zuteilt, die repressiven Tätigkeitsverboten mit Befreiungsvorbehalt unterstellt sind[83]. – Beide Ansätze sind analytisch stringent und, stärker vor allem als die zuvor referierten Ansätze, auch abgrenzungsscharf. Auch sie zerreißen freilich eine ganze Reihe von Aufsichtssektoren, die sowohl „liberale" als auch „sozialstaatliche" Einwirkungssegmente aufweisen (z.B. Versicherungsaufsicht, Wertpapierhandelsaufsicht) bzw. bei denen repressive Verbote mit Befreiungsvorbehalt und präventive Verbote mit Erlaubnisvorbehalt nebeneinander vorkommen (z.B. Kartellaufsicht)[84]. Sie erschweren so gleichfalls die Identifizierung und Aufarbeitung solcher juristischer Strukturen und Probleme, die quer zu diesen Dichotomien liegen. Im Lichte der von *Gröschner* und *Koenig* in ihren Arbeiten jeweils eingenommenen Untersuchungsperspektiven mag die Absonderung der Kategorie Lenkung jeweils zweckmäßig oder sogar geboten sein. Zwingende Gründe, vom hier bevorzugten Klassifikationsansatz abzuweichen, ergeben sich aus ihren Begründungen aber nicht.

(cc) Nicht aufgegriffen wird schließlich der von *Schuppert* zur Diskussion gestellte Vorschlag, der „klassischen Wirtschaftsaufsicht" einen neuen Typ der

---

[81] Dies gilt etwa im Hinblick auf das früher weitverbreitete System der landwirtschaftlichen Preisinterventionen, jedoch beispielsweise nicht im Hinblick auf Produktionskontingentierungen.

[82] Überwachungsrechtsverhältnis, S. 128. *Gröschner* nimmt das Wettbewerbsrecht sowie das Versicherungsaufsichtsrecht vom Begriff der Wirtschaftsüberwachung aus, ersteres wegen der Unklarheiten darüber, ob es Überwachungs- oder Lenkungscharakter habe, letzteres wegen seiner eigenständigen Natur.

[83] Öffentlich-rechtliche Verteilungslenkung, S. 80, 82f., 97.

[84] Zur entsprechenden Gemengelagen in einzelnen Aufsichtsgesetzen bereits *W. Brohm*, Strukturen der Wirtschaftsverwaltung, S. 102f.

„Gewährleistungsaufsicht nach Privatisierung" zur Seite zu stellen[85]. Die „Gewährleistungsaufsicht nach Privatisierung" ist eine in privatisierungstheoretischer Hinsicht zweifellos plausible Figur. Ihre *juristischen* Besonderheiten sind aber nicht so ausgeprägt, daß sie zwingend zu einer klassifikatorischen Grundunterscheidung zwischen herkömmlicher und „neuer" Wirtschaftsaufsicht führen müßten[86].

d) Adressat der Wirtschaftsaufsicht

Letztes begriffswesentliches Merkmal der Wirtschaftsaufsicht ist ihre Bezogenheit auf einzelne Wirtschaftssubjekte als Aufsichtsadressaten, d. h. auf die Hersteller oder Verteiler wirtschaftlicher Güter[87]. Hierin kommt ihr individueller Zugriffscharakter zum Ausdruck. Wie *Ehlers* zu Recht hervorgehoben hat, unterwirft das Recht nicht nur privatrechtliche, sondern auch öffentlich-rechtliche Wirtschaftssubjekte der Wirtschaftsaufsicht[88], wodurch es (etwa im Fall kommunaler Sparkassen) zu einer Kumulation staatsaufsichtlicher und wirtschaftsaufsichtlicher Einwirkungen kommen kann[89].

Mit der Bezugnahme auf Wirtschaftssubjekte ist der schwierige Versuch verbunden, den spezifisch ökonomischen Wirklichkeitsausschnitt trennscharf zu isolieren. Von vornherein eindeutige Lösungen (im negativen Sinne) ergeben sich zum einen dort, wo das Recht den Adressaten des Verwaltungshandelns (dessen *Aufsichts*charakter hier einmal beiseite gelassen) im Hinblick auf persönliche Merkmale, Verhaltensweisen oder Lebensumstände erfaßt, die ersichtlich nichts oder allenfalls höchst mittelbar mit der Herstellung oder Verteilung wirtschaftlicher Güter zu tun haben (z. B. Asylrecht, Schulrecht). Zum anderen ergeben sie sich (im positiven Sinne) dort, wo der Adressat gerade in seiner Eigenschaft als Güterproduzent oder -distributeur angesprochen und hierdurch aus dem Kreis aller Rechtssubjekte ausgesondert wird (z. B. bei Regelungen des Kartellrechts, Kapitalmarktrechts, Gewerberechts), was nicht notwendig bedeutet, daß das Recht primär wirtschaftspolitische und nicht etwa sozialpolitische, gesundheitspolitische usf. Zwecke verfolgt bzw. auf entsprechenden Wertungen beruht[90]. In einer Mittellage befinden sich Materien, die (mindestens teilweise) auf Merkmale abstellen, welche ebenso gut innerhalb wie außerhalb des Zusammenhangs ökonomischer Verrichtungen verwirklicht werden können (z. B. Baurecht, Naturschutzrecht). Sie können fraglos wirtschaftsrelevant (im gesamtwirtschaftlichen wie im einzelwirtschaftli-

---

[85] DÖV 1998, 831 ff. Kritisch auch *W. Kahl*, Staatsaufsicht, S. 382 ff.

[86] So im Ergebnis auch *W. Kahl*, ebda.

[87] Als „Gut" sind dabei Waren (einschließlich Rechte) oder Dienstleistungen zu verstehen, nicht der Faktor Arbeit.

[88] Ziele der Wirtschaftsaufsicht, S. 6.

[89] Vgl. auch *R. Schmidt*, Öffentliches Wirtschaftsrecht – AT, S. 339.

[90] Hierzu eingehend *H.-G. Koppensteiner*, Rechtstheorie 4 (1973), S. 16 ff.

chen Sinne) sein, sind aber nicht nach wirtschaftsspezifischen Gesichtspunkten konzipiert. Ihre Einordnung bildet das klassische Problem nicht nur des Rechts der Wirtschaftsaufsicht, sondern des Wirtschaftsrechts insgesamt. Eine allseits befriedigende Lösung ist bislang nicht in Sicht – und wegen der oben bereits angesprochenen sozialen Komplexität und Sinnvariabilität von „Wirtschaft" wohl auch nicht möglich.

Für die vorliegend beabsichtigte Untersuchung solcher administrativer Interventionen, die Marktoptimierung erstreben, genügt die Festlegung auf diejenigen Materien, die an Güterproduzenten oder -distributeure in ihrer spezifischen Rolle als Marktteilnehmer adressiert sind[91]. Mit dieser Festlegung ist, wie im Verlauf der Arbeit noch klarer sichtbar wird, dem hiesigen Untersuchungsinteresse vollauf Genüge getan. Die Zuordnung der betroffenen Materien zur Wirtschaftsaufsicht dürfte außer Frage stehen, denn mit der Bezugnahme auf die Marktteilnahme wird auf ein Merkmal abgestellt, das nicht außerhalb des Zusammenhangs ökonomischer Verrichtungen verwirklicht wird.

II. Marktoptimierende Wirtschaftsaufsicht

1. Zum Untersuchungswert des Aufsichtszwecks

a) Disziplinäre Perspektiven

Die Wirtschaftsaufsicht bietet nach ihren äußeren Strukturmerkmalen der wissenschaftlichen Betrachtung eine Reihe möglicher Annäherungspunkte: neben den Beteiligten (Aufsichtssubjekt und -adressat) vor allem die Aufsichtswirkung, das Aufsichtsinstrumentarium sowie den Aufsichtszweck[92]. Die Auswahl unter ihnen hängt ab vom disziplinären Erkenntnisinteresse. Eine ökonomische Betrachtung wird primär an der Aufsichts*wirkung* interessiert sein und sich beispielsweise der Frage zuwenden, auf welche Weise und in welchem Maß wirtschaftsbeaufsichtigendes Staatshandeln ökonomische Prozesse hemmt oder stimuliert. Die übrigen Merkmale werden für sie hingegen selten als solche, sondern meist nur in ihrer Wirkungsdimension von Interesse sein

---

[91] Abzulehnen ist dabei eine Beschränkung auf die gewerberechtliche Kategorie der „Gewerbetreibenden" (Ausschluß der Urproduktion und der persönlichen Dienstleistungen höherer Art), wie sie *L. Gramlich*, VerwArch 88 (1997), 600, vornimmt. Hiermit wird die sachliche Reichweite der Wirtschaftsaufsicht unnötig geschmälert. Es gibt Aufsichtsgesetze, zB das GWB, die z.T. auch auf den Bereich der Urproduktion und von Dienstleistungen höherer Art anwendbar sind.

[92] Zur Unterscheidung von Zwecken und Zielen der Wirtschaftsaufsicht *D. Ehlers*, Ziele der Wirtschaftsaufsicht, S. 8 f. (Gesetze haben Zwecke, Gesetzgeber und Verwaltung verfolgen Ziele). Zur Unterscheidung vom Begriff der Funktion, der sich auf die Einordnung eines Wirkungsfaktors in einen Gesamtzusammenhang bezieht, *E. Stein*, Wirtschaftsaufsicht, S. 1 f.

(etwa das Aufsichtsinstrumentarium unter dem Aspekt, ob Instrument *a* ökonomische Prozesse anders beeinflußt als Instrument *b*). Für die rechtswissenschaftliche und namentlich die öffentlich-rechtliche Betrachtung ist demgegenüber die Aufsichtswirkung eine für sich genommen sekundäre Größe, da ihre Analyse nicht den sozialen Sinn einer staatlichen Maßnahme freilegt. Dieser erhellt sich erst aus der Zusammenschau von Aufsichtswirkung und Aufsichtszweck. Je nach Aufsichtszweck kann ein- und dieselbe Maßnahme ein- und derselben Wirkung einen ganz unterschiedlichen sozialen Sinn ergeben (Untersagung eines Zusammenschlusses zweier Presseunternehmen aus wettbewerbspolitischen Gründen oder zur Erhaltung der Meinungsvielfalt) und parallel hierzu dann auch die rechtliche Beurteilung variieren. Erst durch seinen Zweck gewinnt Sozialverhalten unter Wertungsaspekten Kontur, so dass dementsprechend auch das Recht als Instrument zur Steuerung von Sozialverhalten nur bei Berücksichtigung des Zweckgedankens in hinreichender Differenziertheit analytisch erfasst werden kann[93].

b) Zweck als Rechtmäßigkeitsdeterminante

Im juristischen System der Zuteilung und Mäßigung staatlicher Wirkungsbefugnisse bildet die Kategorie des Maßnahmenzwecks ein zentrales Element. Auf Ebene der Verfassung kann dem Zweck kompetenzbegründende (siehe z. B. Art. 72 Abs. 2 73 Nr. 10 GG) oder auch grundrechtsbegrenzende Funktion (siehe z. B. Art. 10 Abs. 2 Satz 2, 13 Abs. 3, 14 Abs. 3 GG) zukommen. Für das Gesetz spielt der Zweck etwa über das Verhältnismäßigkeitprinzip eine wichtige Rolle in der Verfassungsmäßigkeitsprüfung: Ob eine gesetzliche Eingriffsnorm grundrechtskonform ist oder nicht, bestimmt sich im Kern nach der Relation zwischen ihrem Zweck und ihrer Eingriffsintensität[94]. D.h. die Grundrechtsbindung der legislativen Aktivitäten wird mit über die Kategorie des Zwecks gesteuert, so wie hierüber an vielen Stellen auch die Rechtsbindung der Exekutive gesteuert wird (z. B. durch eine Finalprogrammierung von Ermächtigungsnormen oder das Verbot zweckwidrigen Gesetzesvollzugs)[95]. Ganz allgemein läßt sich sagen, daß der Zweck nicht nur maßgeblicher Faktor für die Normanwendung und -auslegung ist, sondern darüber hinaus – und zwar unter verschiedenen Aspekten – eine wesentliche Rechtmäßigkeitsdeterminante staatlicher Maßnahmen bildet[96]. Gerade im Bereich staatlicher Ein-

---

[93] Zum historischen Durchbruch des Zweckdenkens im 19. Jahrhundert *G. Haverkate*, Rechtsfragen des Leistungsstaates, S. 117 ff.

[94] Vgl. *U. Kischel*, Die Begründung, S. 281 (Zweck als Bezugspunkt aller drei Aspekte des Verhältnismäßigkeitsprinzips).

[95] Hierin wird eine „Zwecksetzungsprärogative" des Gesetzgebers manifest, die auch im Verhältnis zur Judikative gilt; vgl. *R. Uerpmann*, Das öffentliche Interesse, S. 216; BVerfGE 96, 375, 395.

[96] *H. Schultze-Fielitz*, Theorie und Praxis parlamentarischer Gesetzgebung, S. 516, 522.

wirkungen auf die Wirtschaft, bei denen anders als in vielen sonstigen staatlichen Betätigungsfeldern der jeweilige Einwirkungszweck nicht durchwegs bereits durch die äußeren Gegebenheiten feststeht, ja wo er vielfach bewußt hinter plakativen politischen Formeln verschleiert wird[97], gewinnen diese Zusammenhänge eine erhöhte Bedeutung[98]. Die rechtliche Qualifizierung und Beurteilung wirtschaftsbezogenen Staatshandelns erfordert zunächst und vor allem eine sorgfältige Zweckanalyse.

c) Normzweck als gesetzgeberisch intendierte Normwirkung

Als Zweck einer Norm wird hier die vom Gesetzgeber intendierte Normwirkung verstanden[99]. Knüpft der Gesetzgeber an eine Aufsichtsnorm die Intention, durch sie die Funktionsfähigkeit des Marktmechanismus zu steigern, soll diese Norm als marktoptimierend gelten. Beim Normzweck der Marktoptimierung handelt es sich somit um etwas der Norm äußerliches[100], nämlich um eine auf sie bezogene gesetzgeberische Erwartungshaltung. Geht diese Erwartungshaltung fehl, etwa weil sie auf einem unzureichenden Verständnis von Funktionsgesetzen des Marktes beruht, berührt dies nicht die Existenz des Normzwecks, sondern stellt sich – im Hinblick auf dessen Bedeutung als Rechtmäßigkeitsdeterminante – allenfalls die Frage, ob das Gesetz als verfassungsgemäß angesehen werden kann.

Als eine an die Norm geknüpfte gesetzgeberische Erwartungshaltung ist der Normzweck vom Norm*inhalt* strikt zu unterscheiden, solange nicht der nach deutscher Gesetzgebungstradition seltene Fall einer Zweckpositivierung in Gestalt einer ausdrücklichen gesetzlichen Zweckbestimmung[101] vorliegt. Weiter ist er von den mit dem Normerlaß verbundenen politischen Absichten und Kalkülen zu unterscheiden, die mit dem Norminhalt oder der Normwirkung nicht immer oder häufig nur mittelbar etwas zu tun haben (z.B. Demonstration von politischer Entschlußkraft im Wahljahr)[102], desgleichen von allgemeineren, normübergreifenden legislativen Handlungsmaximen (z.B. Gleichbehandlung, Sachgerechtigkeit), die keinen spezifischen Bezug zu dem konkreten

---

[97] Vgl. *G. Haverkate*, Rechtsfragen des Leistungsstaates, S. 21 ff.

[98] Auch unter diesem Gesichtspunkt verdienstvoll die Arbeit von *D. Ehlers*, Ziele der Wirtschaftsaufsicht, der einleitend konstatiert, man müsse insoweit noch von einem „weißen Fleck" sprechen (S. 1).

[99] Vgl. *G. Haverkate*, Rechtsfragen des Leistungsstaates, S. 21; siehe auch *N. Luhmann*, Zweckbegriff und Systemrationalität, S. 26 (Zweck als beabsichtigte Wirkung) und *R. Wank*, Die juristische Begriffsbildung, S. 90.

[100] Allgemein *G. Haverkate*, Normtext – Begriff – Telos, S. 39.

[101] Hierzu *H. Höger*, Die Bedeutung von Zweckbestimmungen in der Gesetzgebung der Bundesrepublik Deutschland; *H. Schulte-Fielitz*, Theorie und Praxis parlamentarischer Gesetzgebung, S. 521 f.

[102] *G. Haverkate*, Rechtsfragen des Leistungsstaates, S. 21.

Sachverhalt aufweisen, der dem Normerlaß zugrunde liegt bzw. auf den dieser zielt[103].

Die Notwendigkeit einer Unterscheidung von Normzweck und Norminhalt schließt nicht aus, daß zur Ermittlung des Normzwecks dieselben Mittel eingesetzt werden wie zur Ermittlung des Norminhalts (der bekanntlich seinerseits im Falle von Unklarheiten des Wortlauts auch unter Miterücksichtigung des Normzwecks zu bestimmen ist – insoweit mag man von einer Funktion des Zwecks als Rechtsinhaltsdeterminante sprechen). Es besteht daher Einigkeit, daß der Wortlaut der Norm, ihre Stellung im Gesetz sowie die entstehungsgeschichtlichen Begebenheiten, wie sie insbesondere in Gesetzesmaterialien dokumentiert sind, auch zur Normzweckanalyse heranzuziehen sind[104]. Der Stellenwert letzterer ist dabei allerdings höher zu veranschlagen als bei der Norminhaltsanalyse. Denn der Normzweck bildet eine subjektive, aus dem Willen des Gesetzgebers abgeleitete Größe, die sich regelmäßig am eindeutigsten über die Gesetzesmaterialien erschließt[105], welche nachfolgend in § 2 denn auch als primäre Erkenntnisquellen zum Nachweis des marktoptimierenden Charakters von GWB, TKG und WpHG Verwendung finden werden. Hierzu steht nicht im Widerspruch, wenn in der Methodenlehre dem subjektiven Willen des Gesetzgebers die Figur eines objektivierten Gesetzeswillens gegenüber gestellt wird[106]. Im Kontext der Normauslegung, d.h. der Ermittlung des Norminhalts zum Zweck der Rechtsanwendung besitzt diese Figur ihren (hier nicht näher zu erörternden) Sinn. Ist hingegen wie in wesentlichen Teilen dieser Arbeit der Normzweck in seiner Bedeutung als Rechtmäßigkeitsdeterminante von Interesse, wäre seine Objektivierung in Anbetracht dessen, daß auf dieser Betrachtungsebene auch weitere subjektive Gegebenheiten beachtlich sind[107], unstimmig. Maßgeblich für die Identifizierung staatlicher Wirtschaftsaufsicht als marktoptimierend muß somit alleine die historisch manifest gewordene Vorstellung des Gesetzgebers sein.

---

[103] *R. Wank*, Die juristische Begriffsbildung, S. 93.

[104] Siehe nur *R. Uerpmann*, Das öffentliche Interesse, S. 221; *U. Kischel*, Die Begründung, S. 290.

[105] Was nicht bedeutet, daß hierbei besonders enge Maßstäbe anzulegen wären. So kann beispielsweise der Wille des Gesetzgebers durchaus anhand der Begründung von Gesetzentwürfen der Bundesregierung ermittelt werden, wenn dieser im weiteren parlamentarischen Verfahren nicht widersprochen wird; vgl. *K. Engisch*, Einführung in das juristische Denken, S. 33; enger *K. Larenz*, Methodenlehre der Rechtswissenschaft, S. 329 (Beschränkung auf Äußerungen im Verlauf der parlamentarischen Gesetzesberatungen).

[106] Siehe *K. Larenz*, Methodenlehre der Rechtswissenschaft, S. 316 ff.

[107] Beispielsweise die Frage der ordnungsgemäßen Betätigung legislatorischen Ermessens durch ausreichende Ausschöpfung des wirtschaftswissenschaftlichen Erkenntnisstandes (behandelt in § 4 II.2.c.).

d) Keine apriorische Zwecksystematik

Die Analyse der Wirtschaftsaufsicht unter dem Gesichtspunkt des Aufsichtszwecks berührt zwangsläufig die in der Theorie der Wirtschaftspolitik seit jeher virulente Problematik eines in sich kohärenten Zwecksystems staatlicher wirtschaftsbezogener Einwirkungen[108]. Die Schwierigkeit liegt weniger darin, daß Maßnahmen der Wirtschaftsaufsicht wie andere Einwirkungsmaßnahmen auch zwei oder sogar mehrere Zwecke verfolgen können, als vielmehr darin, daß Zwecke nach verschiedenen sachlichen Bezugspunkten und Abstraktionsstufen weitgehend beliebig sortierbar sind. Alle Versuche, vollständige und in sich geschlossene „Zweckpyramiden" zu bilden, führen daher allenfalls auf den obersten Stufen zu einigermaßen objektivierbaren Ergebnissen (z.B. Höchstzweck der Gemeinwohlverwirklichung, aufgegliedert in gesamtgesellschaftlichen Wohlstand, sozialen Frieden, Umweltschonung usf.)[109].

Die Konsequenz hieraus ist zum einen, daß die weiteren Überlegungen nicht von einer sachstrukturell vorgegebenen, apriorischen Zwecksystematik ausgehen müssen, in die sich die hier entwickelte Zwecktypenbildung einzufügen hätte. Der Bezugspunkt der Zwecktypenbildung kann frei und in einer Weise gewählt werden, die den unmittelbaren Zugang auf die vorliegend juristisch relevanten Fragestellungen eröffnet. Zum anderen muß jedoch im Blick gehalten werden, daß Normen aus den vorliegend interessierenden Referenzgesetzen zweckplural sein können, wobei die Verhältnisse zwischen verschiedenen vorkommenden Zwecken unterschiedlicher Art sein können (Verhältnis von Haupt- zu Nebenzweck; Verhältnis von Unterzweck zu Oberzweck)[110]. Von besonderer Bedeutung ist der Fall solcher marktoptimierender Aufsichtsnormen, die drittschützend sind, d.h. auch den individuellen Schutz anderer Wirtschaftssubjekte bezwecken sollen; unter § 2 III wird zu untersuchen sein, welche Schlußfolgerungen hieraus für die Figur der marktoptimierenden Wirtschaftsaufsicht zu ziehen sind.

2. Marktoptimierende Wirtschaftsaufsicht – Gedankliche Annäherungen

Sachlicher Bezugspunkt der hier vorgenommenen Zwecktypenbildung ist die Regelungsperspektive auf den Markt. Kennzeichen der marktoptimierenden Wirtschaftsaufsicht ist es, daß mit ihr der Staat zum Schutz des Marktes im Hinblick auf dessen eigene Funktionsbedingungen tätig wird. Ihre Strukturen

---

[108] Vgl. nur *H.-R. Peters*, Wirtschaftspolitik, S. 82 ff.
[109] Vgl. *R. Schmidt*, Öffentliches Wirtschaftsrecht – AT, S. 42.
[110] Siehe *G. Haverkate*, Rechtsfragen des Leistungsstaates, S. 26 ff.; *H. Schultze-Fielitz*, Theorie und Praxis parlamentarischer Gesetzgebung, S. 523; *R. Wank*, Die juristische Begriffsbildung, S. 93 ff.

erschließen sich vor dem Hintergrund eines dualistischen Modells, das Staat und Wirtschaft als verschiedene Bewirkungsmechanismen versteht:

a) Staat und Wirtschaft als verschiedene Bewirkungsmechanismen

Versteht man Staat und Wirtschaft als Bewirkungsmechanismen und isoliert sie gedanklich voneinander, so ergibt sich, daß der Staat Gemeinwohlziele wie die Gewährleistung von physischer Sicherheit, sozialer Gerechtigkeit, Umweltschutz, Kulturbildung und andere mehr verwirklicht, während die Wirtschaft die Deckung des Bedarfs an wirtschaftlichen Gütern (materiellen Wohlstand) verwirklicht. Steuerungsinstrumente des Staates sind neben dem Recht die – teils rechtsdurchsetzenden, teils ohne unmittelbare rechtliche Zielprogrammierung agierenden – staatlichen Institutionen. In der Wirtschaft, sofern diese marktwirtschaftlich verfaßt ist, steuert sich die Deckung des Bedarfs an wirtschaftlichen Gütern über den Markt. Der Markt ermöglicht mittels des Preismechanismus eine dezentral verlaufende Koordination wirtschaftlicher Einzelleistungen außerstaatlicher Wirtschaftssubjekte[111]. Die vom Markt gesetzten Impulse beeinflussen die Dispositionen der Güterproduzenten und -verteiler in einem umfassenden Sinne: im Hinblick auf Umfang, Qualität und Modalitäten der eigenen Leistungserstellung, im Hinblick auf die eigene personalwirtschaftliche und finanzwirtschaftliche Organisation, im Hinblick auf die Gestaltung des Verhältnisses zu Wettbewerbern usf.

Die Deckung des Bedarfs an wirtschaftlichen Gütern ist dem Bewirkungsmechanismus Wirtschaft vom Staat überlassen, teils aufgrund verfassungsrechtlicher Vorgaben, teils aufgrund freier politischer Entscheidung. Dennoch läßt sich auch die Deckung des Bedarfs an wirtschaftlichen Gütern als Bestandteil der Gemeinwohlverwirklichung *insgesamt* auffassen, so daß gesagt werden kann, die Gemeinwohlverwirklichung erfolge in einem arbeitsteiligen Prozeß zwischen Wirtschaft (zuständig für die materielle Bedarfsdeckung) und Staat (zuständig für die Verwirklichung der übrigen Gemeinwohlziele), welcher die Überlassung der Bedarfsdeckung an die Wirtschaft als gemeinwohlverträglich einstuft[112].

---

[111] Die Rolle des Staates als selbst am Markt wirtschaftlich tätig werdendes Subjekt wird hier ausgeklammert.

[112] Zugrunde liegt hier das Verteilungsschema, welches *R. Schmidt*, Öffentliches Wirtschaftsrecht – AT, S. 37, skizziert: die Übernahme des wirtschaftlichen Geschehens in die staatliche Gesamtverantwortung, wie sie den modernen liberalen und sozialen Verfassungsstaat kennzeichnet, bei gleichzeitiger Entscheidung für den Markt als zentrales volkswirtschaftliches Steuerungsinstrument. – Aussagen über das Maß der verfassungsrechtlichen Aufgegebenheit der Verantwortungsübernahme sind damit selbstverständlich nicht verbunden.

b) Charakteristika der Wirtschaftsaufsicht

Nach der Logik dieses Ausgangsmodells ist die Wirtschaftsaufsicht, mit der die wechselseitige Isolierung von Staat und Wirtschaft punktuell aufgehoben wird, kein Ersetzen des Wirkungsmechanismus Wirtschaft durch den Wirkungsmechanismus Staat – denn der Staat verwirklicht mit der Wirtschaftsaufsicht nicht selbst die Deckung des Bedarfs an wirtschaftlichen Gütern. Sondern sie ist ein Einsatz staatlicher Steuerungsinstrumente innerhalb des Bereichs der Wirtschaft. Hiermit einhergehend wird das Steuerungsmonopol des Marktes durchbrochen. Der Markt ist nicht länger alleiniger Impulsgeber für die Dispositionen der Wirtschaftssubjekte. Neben ihm bilden die (aktuellen oder potentiellen) administrativen Aufsichtsakte eine zweite (in ihrem Fall imperative) Orientierungsebene für einzelwirtschaftliches Handeln.

Für die partielle Zurückdrängung des Steuerungsmechanismus Markt ist maßgeblich, daß aus Sicht des Staates ohne einen Einsatz der staatlichen Steuerungsinstrumente ein Zustand eintreten könnte, der sich nicht mit konkreten Gemeinwohlvorstellungen verträgt[113]. In Frage kommt zum einen eine drohende Diskrepranz zu Gemeinwohlzielen, die auf außerökonomischen Wertungen beruhen (z. B. soziale Gerechtigkeit, physische Sicherheit, ökologisches Gleichgewicht; in der Zuständigkeit des Wirkungsmechanismus Staat gelegen), zum anderen eine drohende Diskrepanz zum ökonomischen Gemeinwohlziel der Deckung des Bedarfs an wirtschaftlichen Gütern (in der Zuständigkeit des Wirkungsmechanismus Wirtschaft gelegen). Im erstgenannten Fall lautet die staatliche Einschätzung, daß ein staatlich unbeeinflußtes Wirtschaften nichtwirtschaftliche Werte gefährden würde, denen mittels staatlicher Steuerungsinstrumente gegen die Impulse des Marktes Geltung verschafft werden muß. Im letztgenannten Fall lautet die Einschätzung, daß der Einsatz staatlicher Steuerungsinstrumente die Deckung des Bedarfs an wirtschaftlichen Gütern verbessert, die Impulsgebung durch den Markt also gemessen am eigenem Bewirkungsziel ungenügend ist. – Das eine soll als *außerökonomisch begründete Marktkorrektur* bezeichnet werden, das andere als *Marktoptimierung* – sofern die Aufsicht sich auf eine Verbesserung der marktlichen Impulsgebung richtet – oder als *ökonomisch begründete Marktkorrektur* - sofern der Staat wirtschaftliche Prozesse marktfremden Funktionsprinzipien unterwirft (z. B. staatliche Investitionssteuerung)[114].

---

[113] Vgl. *E.-J. Mestmäcker*, in: FS Zacher, S. 635 („Zuordnung wirtschaftlicher Tätigkeiten zu einem öffentlichen Interesse, das nicht oder nicht ausschließlich über den Markt vermittelt werden soll").

[114] Hierzu näheres in § 2 II.1.

c) Charakteristika der marktoptimierenden Wirtschaftsaufsicht

Diese Deutung der Wirtschaftsaufsicht aus dem Ausgangsmodell läßt unterschiedliche Wertungsmuster bezüglich des Steuerungsmechanismus Markt hervortreten. Signifikant sind insbesondere die Unterschiede zwischen Marktoptimierung und außerökonomisch begründeter Marktkorrektur. Bei letzterer sieht der Staat durch ein Steuerungsmonopol des Marktes verbindliche Umwelt-, Sozial-, Gesundheits-, Verbraucherschutzstandards usw. bedroht. Er geht von zwangsläufigen Kollisionen mit außerökonomischen Zielen aus, in deren Interesse er eine Einschränkung der Dispositionsfreiheit einzelner Wirtschaftssubjekte oder sogar eine Herabsetzung der volkswirtschaftlichen Gesamtleistung für prinzipiell gerechtfertigt hält. Er führt einen kompromißhaften Ausgleich zwischen außerökonomischen und ökonomischen Sozialwerten herbei. Die marktoptimierende Wirtschaftsaufsicht ist hingegen gegenüber den vorgenannten Standards indifferent und nimmt sich des Marktes nur unter dem Gesichtspunkt seiner rein nach ökonomischen Kriterien bewerteten Steuerungstauglichkeit an. Soweit sie in das Marktgeschehen eingreift, geschieht dies gewissermaßen zum eigenen Schutz des Marktes. Sie verharrt ideell innerhalb der ökonomischen Sozialsphäre.

Schon an dieser Stelle deuten sich erste grobe Anhaltspunkte für jeweils verschiedene juristische Problemstrukturen an. Hinter der außerökonomisch begründeten Marktkorrektur stehen politische Abwägungen zwischen inkommensurablen Größen. Der Ausgleich zwischen ökonomischer und außerökonomischer Sozialsphäre ist nur begrenzt objektivierbar. Das Maß der Inpflichtnahme des Aufsichtsadressaten bestimmt sich nach einer im Kern volitiv geprägten Abwägung zwischen konkurrierenden ökonomischen und außerökonomischen Positionen. – Bei der marktoptimierenden Wirtschaftsaufsicht unterstellen sich Gesetzgeber und Verwaltung vollauf der Systemrationalität des Marktes. Die Inpflichtnahme des Aufsichtsadressaten erfolgt auf Grundlage einer kognitiven Analyse ökonomischer Kausalgesetzlichkeiten. Sie erfolgt im Interesse einer allgemeinen Kategorie (Funktionsfähigkeit des Marktes), die keinen Bezug zu spezifischen Personen oder Personengruppen aufweist.

Hingegen verharrt die ökonomisch begründete Marktkorrektur wie die Marktoptimierung innerhalb der wirtschaftlichen Sphäre. Auch hier sind es im Wesentlichen eindimensional angelegte ökonomische Erwägungen, die das staatliche Interventionskonzept begründen. Der Unterschied zwischen ihnen liegt in der Interventionstendenz dem Markt gegenüber. Während die Markoptimierung auf Marktschutz zielt, wendet sich die ökonomisch begründete Marktkorrektur bewußt vom Marktprinzip ab. Die marktoptimierende Wirtschaftsaufsicht geht von einer generellen Steuerungseignung des Marktes aus, die sie nur punktuell in Gefahr sieht, und orientiert die Einwirkung an der

Funktionsgesetzlichkeit des Marktes; sie denkt gewissermaßen *marktimmanent*, interveniert auf *marktkonforme* Weise[115].

d) Präzisierungen

Bevor der Zwecktypus der marktoptimierenden Wirtschaftsaufsicht im anschließenden Abschnitt III. aus wirtschaftswissenschaftlicher Perspektive beleuchtet wird, ist auf mögliche Einwände gegen das Ausgangsmodell einzugehen und hierüber sein Aussagegehalt zu präzisieren:

(aa) Die Isolierbarkeit von Staat und Wirtschaft ist augenscheinlich nur in dem mechanistischen, steuerungsbezogenen Sinne, in dem das Modell sie postuliert, plausibel. Ungeachtet dessen wird sie jedoch durch den Befund in Frage gestellt, daß die Wirkungsfähigkeit der Wirtschaft notwendig von der Existenz einer staatlich bereitgestellten juristischen Infrastruktur abhängt, ohne die Austauschprozesse nicht oder nur eingeschränkt funktionieren können (z. B. Definition von Rechten und Transaktionsformen, Angebot von Verfahren zur Rechtsdurchsetzung)[116]. Die Annahme eines selbstregulativen Wirkungsmechanismus (Markt-)Wirtschaft kann demnach ebensowenig wie die aus ihm abgeleitete Vorstellung, der Einsatz staatlicher Steuerungsinstrumente sei als Setzung von Gegenimpulsen zu *präexistent* gedachten Marktimpulsen zu deuten, Allgemeingültigkeit beanspruchen. Erwiesen ist damit freilich nur, daß das Ausgangsmodell reduktionistischen Charakter hat und das Staat-Wirtschafts-Verhältnis nicht in allen seinen realen Wirkungsbeziehungen abbildet[117]. Speziell in Ansehung der Wirtschaftsaufsicht ist die Isolierbarkeit beider Sphären aber weiterhin plausibel, was auch dadurch belegt wird, daß ihre Realerscheinungen erst mit der Zeit – viele von ihnen erst in allerjüngster Zeit – historisch überhaupt existent bzw. ausgebaut geworden sind (Telekommunikationsaufsicht, Wertpapierhandelsaufsicht)[118]. Die Wirtschaftsaufsicht bildet, wie hierdurch belegt wird, keine apriorische Funktionsvoraussetzung der (Markt-)Wirtschaft, sondern ist Ausdruck staatlicher Entscheidung zur Feinsteuerung vorgefundenen wirtschaftlichen Geschehens, das theoretisch auch sich selbst überlassen bleiben könnte.

---

[115] Hierzu näheres unter § 2 II.1.

[116] *R. Schmidt*, Öffentliches Wirtschaftsrecht – AT, S. 43.

[117] Dies gilt ferner auch im Hinblick auf die gleichfalls ausgeblendeten institutionellen Arrangements nach Art des Tarifrechts (vgl. *P. Behrens*, Die ökonomischen Grundlagen des Rechts, S. 246 ff.), die sich in das hier zugrundegelegte dualistische Erklärungsmuster auch nicht bruchlos einfügen. Vgl. zu weiteren strukturellen Verflechtungen *G. Püttner*, Wirtschaftsverwaltungsrecht, S. 25, der das dualistische Erklärungsmuster dennoch als einen insgesamt „geeigneten Ansatz für die Erkenntnis der Grundzusammenhänge im Spannungsfeld von Staat und Wirtschaft" bezeichnet.

[118] Siehe auch *M. Bullinger*, VVDStRL 22 (1965), 266 ff.; *E. Stein*, Wirtschaftsaufsicht, S. 20 ff.

(bb) Als möglicher Einwand könnte weiter vorgebracht werden, die gedankliche Absonderung eines ökonomischen Gemeinwohlziels der optimalen
Bedarfsdeckung werde der sozialen Realität in ihrer Vielschichtigkeit und
Komplexität nicht gerecht. Soweit hiermit auf das Problem verwiesen ist, in
methodisch konsistenter Weise die tatsächliche Zwecksetzung staatlicher Aufsichtsmaßnahmen zu ermitteln und ihrer etwaigen Multifinalität gerecht zu
werden, ist der Einwand ernst zu nehmen und muß sich die Untersuchung in
ihrem weiteren Verlauf mit ihm auseinandersetzen. Darüber hinaus kann er
indes nicht akzeptiert werden. Zwar ist nicht bestreitbar, daß marktoptimierende Maßnahmen meist auch andere Gemeinwohlwerte günstig beeinflussen
müssen (den Gemeinwohlwert soziale Sicherheit z. B. dadurch, daß mit der
Marktoptimierung das „Verteilungsvolumen" gesteigert wird). Auch ist die
Kategorie „Gemeinwohl" für sich genommen unter verschiedenen Gesichtspunkten zweifellos hinterfragbar und differenzierungsfähig[119]. Entscheidend
ist aber letztlich, daß das vorliegende Modell Regelungsmuster abbildet, mit
denen sich Gesetzgeber und Verwaltung jeweils verschiedenen Rationalitäts-
anforderungen unterstellen – und zwar solchen, die zumindest prima facie ein
je eigenes juristisches Problemprofil aufweisen. Daß damit eine komplexe soziale Realität reduziert wird (worauf alles juristische Denken angewiesen ist)
und ideelle Zusammenhänge zum Teil ausgeblendet werden, stellt die innere
Plausibilität der Figur der marktoptimierenden Wirtschaftsaufsicht nicht
durchgreifend in Frage.

(cc) Das Ausgangsmodell wird ferner nicht dadurch in Frage gestellt, daß der
Staat in bestimmten Wirtschaftssektoren die Güterproduktion und -verteilung
selbst in die Hand nimmt (z. B. staatliche Bereitstellung öffentlicher Verkehrs-
wege[120]). Solche Fälle sind nach den Kategorien des Ausgangsmodells als voll-
ständiges Ersetzen des Wirkungsmechanismus Wirtschaft durch den Wirkungsmechanismus Staat, statt als Einsatz staatlicher Steuerungsinstrumente
innerhalb des wirtschaftlichen Bereichs aufzufassen. Demzufolge stellt die
staatliche Aktivität hier keine Wirtschaftsaufsicht dar. Das Modell fängt damit
solche Fälle nicht nur bruchlos ein, sondern harmoniert auch mit der oben getroffenen Festlegung, wonach für den Begriff der Wirtschaftsaufsicht eine
funktionelle Rollenverschiedenheit zwischen Aufsichtssubjekt und Aufsichtsadressat konstitutiv ist.

---

[119] Siehe *W. Brugger*, in: FS Quaritsch, S. 45 ff.; *P. Koller*, in: P. Siller/B. Keller (Hrsg.),
Rechtsphilosophische Kontroversen der Gegenwart, S. 115 ff.; *G. F. Schuppert*, GewArch
2004, 441 ff.
[120] Wiewohl auch insoweit die Dinge im Fluß sind, wie etwa durch das sog. Fernstraßen-
bauprivatfinanzierungsgesetz vom 30. August 1994 (BGBl. I S. 2243) belegt wird.

III. Marktoptimierende Wirtschaftsaufsicht aus Sicht der ökonomischen Theorie des Marktversagens

Marktoptimierende Wirtschaftsaufsicht liegt im Schnittfeld der Forschungsinteressen von Rechtswissenschaft und Wirtschaftswissenschaft. Erkenntnisziele und Methoden beider Disziplinen unterscheiden sich in vielerlei Hinsicht. Der Wirtschaftswissenschaft als empirischer Sozialwissenschaft geht es um eine Analyse von Gesetzmäßigkeiten menschlichen Verhaltens vor dem Hintergrund auftretender Knappheitsprobleme, um ihre Erfassung in theoretischen, nach Möglichkeit quantitative Zusammenhänge abbildenden Erklärungsmodellen. Staatliche Eingriffe in private Austauschprozesse gilt es ihr primär unter dem Blickwinkel ihrer Auswirkungen auf die wirtschaftliche Wertschöpfung zu untersuchen und anhand dieses Maßstabs zu beurteilen. Die Rechtswissenschaft als Normwissenschaft interessiert sich für staatliche Eingriffe im Hinblick auf ihre Regelungsstrukturen, die zugrundeliegenden Wertungsprinzipien, auf die Impulse höherrangigen Rechts und ihren Standort in der Rechtsdogmatik. Ökonomische und rechtswissenschaftliche Perspektive treten in engeren Bezug zueinander in der Forschungsrichtung der ökonomischen Analyse des Rechts, die rechtliche Institutionen auf ihre ökonomischen Funktionen hin analysiert[121].

Die vorliegende Arbeit verfolgt einen rein rechtswissenschaftlichen Forschungsansatz. Grundsätzlich liegt die wirtschaftstheoretische Qualifizierung der marktoptimierenden Wirtschaftsaufsicht außerhalb ihres Erkenntnisinteresses. Dennoch ist es zweckmäßig, die wirtschaftswissenschaftliche Perspektive eingangs zumindest grob auszuleuchten. Was ein Markt ist, unter welchen Bedingungen von einem Funktionsdefizit des Marktes gesprochen werden kann, welche staatlichen Gegenmaßnahmen in Frage kommen – sämtliche dieser tatsächlichen Koordinaten der marktoptimierenden Wirtschaftsaufsicht können durch Einbezug wirtschaftswissenschaftlicher Erkenntnisstände präzisiert werden. Die Beleuchtung aus wirtschaftswissenschaftlicher Sicht lässt aber auch die Spezifika der juristischen Herangehensweise an den Untersuchungsgegenstand schärfer hervortreten. Sie ermöglicht es – im Interesse geordneter interdisziplinärer Verständigung[122] –, die jeweiligen disziplinären Blickwinkel und Grundannahmen sauber gegeneinander abzustecken.

Von Interesse ist demnach zweierlei: Welches ist die wirtschaftswissenschaftliche Erkenntnislage zum hiesigen Thema? Welche Gemeinsamkeiten

---

[121] Hierzu bereits oben in der Einleitung Ziff. 4 b.
[122] Zu dieser Forderung *M. Morlok* in: Chr. Engel/ders. (Hrsg.), Öffentliches Recht als Gegenstand ökonomischer Forschung, S. 1 f.; *F. Böhm*, SJZ 1946, 142.

und Unterschiede ergeben sich zwischen dem wirtschaftswissenschaftlichen und dem hier eingenommenen rechtswissenschaftlichen Betrachtungsansatz?

1. Wirtschaftswissenschaftliche Erkenntnislage

Die Wirtschaftswissenschaft legt keinen speziellen Fokus auf den Wirkungs-modus Wirtschaftsaufsicht. Der Bezug zum hiesigen Thema ergibt sich über das Element der Marktoptimierung, das – völlig losgelöst von seiner Verknüp-fung zur Wirtschaftsaufsicht – in der Wirtschaftswissenschaft meist unter dem Stichwort des „Marktversagens" behandelt wird[123]. Es sind drei Segmente der Marktversagenstheorie auseinanderzuhalten: das zugrundeliegende Verständ-nis der Institution Markt, der eingesetzte Referenzmaßstab für die Beurteilung von Marktfunktionalität sowie die Identifizierung und Erklärung von Markt-zuständen, die nach diesem Maßstab als funktionsdefizitär und folglich opti-mierungsbedürftig einzustufen sind. Außen vor bleiben können an dieser Stel-le solche (makroökonomischen) Varianten der Marktversagenstheorie, die das Problem der Stabilität oder Instabilität des privaten Sektors insgesamt sowie die daraus zu ermittelnde Notwendigkeit staatlicher Eingriffe (z.B. geldpoliti-scher Art) zur Sicherung des gesamtwirtschaftlichen Gleichgewichts behan-deln. Aus ihnen ergeben sich keine Bezüge zum Wirkungsmodus Wirtschafts-aufsicht, dessen Erscheinungsformen der mikroökonomischen Einwirkungs-ebene zuzuordnen sind.

a) Markt

Unter den Begriff des Marktes werden in der Wirtschaftswissenschaft die Aus-tauschprozesse zusammengefaßt, die aus dem Zusammentreffen von Anbie-tern und Nachfragern (Marktakteuren) erwachsen[124]. Nach moderner Termi-nologie werden die Gegenstände der Austauschprozesse als Verfügungsrechte (property rights) bezeichnet[125]. Konstitutiv für den Marktbegriff ist die Dis-positionsfreiheit der Marktakteure. Von einem Markt ist nur dann zu spre-chen, wenn Angebot und Nachfrage als Umsetzung individuell getroffener Nutzenkalküle eigennützig handelnder, in Konkurrenz zueinander stehender Marktakteure gelten können. Demgemäß ist kennzeichnend für die marktwirt-schaftliche Ordnung der Wirtschaft, daß über die Verwendung von Produkti-

---

[123] Siehe Art. „Marktversagen" in *Gabler* Wirtschaftslexikon; *M. Fritsch/T. Wein/H.-J. Ewers*, Marktversagen und Wirtschaftspolitik; *E. Wille*, in: T. Ellwein/J.J. Hesse (Hrsg.), Staatswissenschaften: Vergessene Disziplin oder neue Herausforderung?, S. 251; *N. Eickhoff*, Wirtschaftsdienst 66 (1986), 468.
[124] Siehe Art. „Markt" in *Gabler* Wirtschaftslexikon.
[125] *M. Fritsch/T. Wein/H.-J. Ewers*, Marktversagen und Wirtschaftspolitik, S. 8 ff. Zum Verhältnis zwischen Property Rights-Lehre und verfassungsrechtlichem Eigentumsbegriff *P. Häberle*, AöR 109 (1984), 36.

onsfaktoren, über die mittels dieser Faktoren bereitzustellenden Güter sowie über die Verteilung der Güter auf die Nachfrager dezentral durch freie Individuen statt durch eine zentrale Planungsinstanz entschieden wird[126]. Die Bewirkungsfunktion des Marktes besteht darin, diese Entscheidungen und mit ihnen die Einzelwirtschaftspläne der Individuen zu koordinieren. Koordinationsinstrument bildet dabei der Preis, über den Angebot und Nachfrage zum Ausgleich gebracht werden und sich Knappheitsrelationen zwischen verschiedenen Verfügungsrechten herausbilden[127].

Die Bezugnahme auf Verfügungsrechte als Gegenstände des marktlichen Austauschs darf nicht darüber hinwegtäuschen, daß nach modernem ökonomischem Verständnis Marktprozesse keineswegs auf die (im überkommenen Sinne des Wortes) wirtschaftliche Sphäre des Daseins beschränkt sind. Aus wirtschaftswissenschaftlicher Sicht ist es durchaus möglich und sinnvoll, soziale Phänomene außerhalb des im engeren Sinne wirtschaftlichen Bereichs als Austauschprozesse rational eigennütziger Akteure zu interpretieren[128]. Der Markt erscheint dann nicht lediglich als Funktionsmechanismus für wirtschaftliche Aktivität, sondern als Funktionsmechanismus für soziales Verhalten schlechthin. Insoweit die ökonomische Theorie solche Interpretationen vornimmt, wird sie zur allgemeinen Sozialtheorie (Ökonomik). Der Begriff des Marktversagens erhält dann, worauf sogleich zurückzukommen sein wird, automatisch eine andere Färbung, als wenn er auf die rein wirtschaftliche Daseinssphäre bezogen wird.

b) Referenzmaßstab zur Beurteilung der Marktfunktionalität

Die Identifizierung realer Funktionsdefizite von Märkten setzt ein ideales Funktionsmodell des Marktes als Referenzmaßstab voraus. Als diesbezügliches Standardmodell[129] gilt in der ökonomischen Theorie das neoklassische Modell der vollständigen Konkurrenz. Dieses Modell umschreibt Bedingungen, die erfüllt sein müssen, damit ein Markt als optimal funktionierend nachgewiesen werden kann. Als solche Bedingungen werden genannt[130]: gegebene Ressourcenausstattung, konstante Produktionstechnik und Produktpaletten, formale Freiheit der Wahl zwischen Alternativen, Homogenität der Güter, atomistische Marktstruktur, vollständige Markttransparenz, unbegrenzte Teil-

---

[126] *U. Gruber/M. Kleber*, Grundlagen der Volkswirtschaftslehre, S. 41 f.

[127] Ebda., S. 42 f.

[128] *G. Kirchgässner*, Homo Oeconomicus, S. 98 ff. Siehe auch *O. Lepsius*, DV 32 (1999), 437.

[129] Siehe Art. Marktversagen, *Gablers* Wirtschaftslexikon; *E. Wille*, in: T. Ellwein/J. J. Hesse (Hrsg.), Staatswissenschaften: Vergessene Disziplin oder neue Herausforderung?, S. 251.

[130] Zugrundegelegt wird hier die Übersicht von *M. Fritsch/T. Wein/H.-J. Ewers*, Marktversagen und Wirtschaftspolitik, S. 33 ff.

barkeit sowie unbegrenzte Mobilität der Produktionsfaktoren und Güter, unendliche Reaktionsgeschwindigkeit der Marktakteure. Das Modell der vollständigen Konkurrenz baut auf zwei Annahmen auf: Zum einen darauf, daß ein Marktzustand dann als optimal zu bewerten ist, wenn kein Marktakteur besser gestellt werden kann, ohne die Nutzenposition eines anderen Marktakteurs zu verschlechtern (sog. wohlfahrtsökonomisches Pareto-Kriterium)[131]; zum anderen darauf, daß bestimmte Leistungsparameter des Marktes feststehen (und zwar: Verteilung der Markteinkommen nach Leistung; Erstellung und Verteilung der Güter entsprechend der Konsumentenpräferenzen; Lenkung der Produktionsfaktoren in die produktivsten Verwendungsmöglichkeiten; Anpassungsflexibilität).

Die Anziehungskraft des Modells der vollständigen Konkurrenz und des umschließenden Theoriegebäudes der paretianischen Wohlfahrtsökonomik beruhen darauf, daß sie einige formallogisch verifizierbare Aussagen ermöglichen. Insbesondere kann nachgewiesen werden, daß bei Geltung der Bedingungen des Modells der vollständigen Konkurrenz eine pareto-optimale Faktor- und Güterallokation sowie eine pareto-optimale Verteilung entsprechend der Marktleistung eintreten[132]. Da die paretianische Wohlfahrtsökonomik von der Unmöglichkeit kardinaler Nutzenmessung bzw. interindividueller Nutzenvergleiche ausgeht[133], ist überdies dieser Nachweis unter Ausklammerung des Problems der Verteilungsgerechtigkeit möglich. Das Modell der vollständigen Konkurrenz und die paretianische Wohlfahrtsökonomik liefern so ein Analyseraster für eine rationale und zugleich konzentrierte, d.h. von sozialethischen Wertungsgesichtspunkten gereinigte Untersuchung des Phänomens des Marktversagens. Dies gilt unbeschadet einiger immanenter Schwächen wie insbesondere der unzureichenden Berücksichtigung der Dynamik wirtschaftlicher Prozesse (Leistungsparameter der Anpassungsflexibilität und der Förderung des technischen Fortschritts), die infolge des statischen Modellansatzes nicht vollauf befriedigend abgebildet werden kann[134].

Die erkenntnistheoretische Problematik des Modells der vollständigen Konkurrenz und der paretianischen Wohlfahrtsökonomik liegt (wie bei allen ceteris paribus-Betrachtungen) darin, daß einige der zugrundegelegten Annahmen ganz offensichtlich entweder wirklichkeitsfremd sind und/oder ihre innere Plausibilität zumindest bestreitbar ist. Dies gilt im Hinblick auf die dem Markt

---

[131] E. Wille, in: T. Ellwein/J.J. Hesse (Hrsg.), Staatswissenschaften: Vergessene Disziplin oder neue Herausforderung?, S. 251, 252.

[132] M. Fritsch/T. Wein/H.-J. Ewers, Marktversagen und Wirtschaftspolitik, S. 36 ff.; S. 70.

[133] M. Fritsch/T. Wein/H.-J. Ewers, Marktversagen und Wirtschaftspolitik, S. 32. Der paretianischen Wohlfahrtsökonomik liegt insoweit die Prämisse zugrunde, daß eigennütziges Handeln das gesamtgesellschaftliche Wohlfahrt erhöht.

[134] K. Herdzina, Wettbewerbspolitik, 5. Aufl., 1999, S. 20 ff.; M. Fritsch/T. Wein/H.-J. Ewers, Marktversagen und Wirtschaftspolitik, S. 73 f.

zugewiesenen Leistungsparameter, auf einzelne Bedingungen des Modells der vollständigen Konkurrenz oder auch auf die seitens der paretianischen Wohlfahrtsökonomie vorausgesetzten sozialtheoretischen und -anthropologischen Prämissen (v. a.: methodologischer Individualismus; Eigennützigkeit und Rationalität individuellen Handelns). Die hier ansetzende Kritik (z. B. Nirwana-Vorwurf, Theorie des second best[135]) hat dazu geführt, daß in der heute herrschenden ökonomischen Theorie das Modell der vollständigen Konkurrenz zwar nicht prinzipiell verworfen, wohl aber ein differenzierter Gebrauch von ihm gemacht wird. Insbesondere besteht Einigkeit, daß nicht jede tatsächlich auftretende Abweichung von den Bedingungen des Modells ohne weiteres als Indiz für Marktversagen zu werten ist, unter Umständen einzelne Abweichungen sogar als effizienzfördernd anzusehen sind oder die staatliche Herbeiführung weiterer Abweichungen als zweckmäßig erscheinen lassen[136].

Diese notwendige Relativierung des Modells bedeutet im Ergebnis einen Verlust an Erkenntnissicherheit, überantwortet Identifizierung wie Therapierung von Marktversagen einem Trial-and-Error-Verfahren und provoziert eine Vielzahl wirtschaftswissenschaftlicher Auffassungsunterschiede[137]. Ein allseits akzeptiertes Kriterium, mit dessen Hilfe sich die Grenze des Marktversagens mit vollständiger Exaktheit bestimmen ließe, kann von der Wirtschaftswissenschaft nicht angegeben werden. Es sind stets wertende Entscheidungen darüber erforderlich, inwieweit ein Markt funktionsfähig ist oder ein Ausmaß an Marktversagen vorliegt, das wirtschaftspolitisches Handeln erfordert[138], wobei diese Entscheidungen auch von der Einschätzung der Kosten und der ihrerseits möglicherweise allokationsverzerrenden Wirkungen staatlicher Eingriffsmaßnahmen beeinflußt werden. Hinzu kommt, daß Marktversagen keine statische Größe ist, sondern abhängig von Faktoren (z. B. technologischen Möglichkeiten) sein kann, die sich im Zeitablauf verändern[139]. Damit kann sich auch der staatliche Handlungsbedarf wandeln.

c) Typen funktionsdefizitärer Marktzustände

Der (in vielem uneinheitliche) wirtschaftswissenschaftliche Meinungsstand zu den Typen funktionsdefizitärer Marktzustände muß hier nicht en detail refe-

---

[135] Überblick bei *I. Schmidt*, Wettbewerbspolitik und Kartellrecht, S. 6 ff.; *N. Eickhof*, Wirtschaftsdienst 66 (1986), 468 f.

[136] Siehe *Ch. B. Blankart*, Öffentliche Finanzen in der Demokratie, S. 53 ff.; *M. Fritsch/T. Wein/H.-J. Ewers*, Marktversagen und Wirtschaftspolitik, S. 74 f.; *N. Eickhof*, Wirtschaftsdienst 66 (1986), 468, 469 f.

[137] *E. Wille*, in: T. Ellwein/J. J. Hesse (Hrsg.), Staatswissenschaften: Vergessene Disziplin oder neue Herausforderung?, S. 251, 252.

[138] *M. Fritsch/T. Wein/H.-J. Ewers*, Marktversagen und Wirtschaftspolitik, S. 89.

[139] Siehe am Beispiel des Telekommunikationssektors *M. Fritsch/T. Wein/H.-J. Ewers*, Marktversagen und Wirtschaftspolitik, S. 258 f.

riert werden. Ausreichend zum Verständnis der ökonomischen Betrachtungs-weise ist eine grobe Skizze derjenigen Typen, die im Zentrum der Diskussion stehen, wobei die Klassifizierung von *Fritsch/Wein/Ewers* zugrundegelegt wird[140].

Zu nennen sind erstens die sog. *externen Effekte*, die darin liegen, daß entge-gen dem Zustand im idealen Markt realiter nicht jeder Marktakteur für die von ihm verursachten Nachteile Dritter aufkommt bzw. für die von ihm bei Drit-ten verursachten Vorteile eine Vergütung erhält. Aus ökonomischer Sicht sind solche Zustände als Abweichung der privaten Kosten/Nutzen von den gesamt-gesellschaftlichen Kosten/Nutzen zu interpretieren, mit der Konsequenz, daß die Marktpreise die tatsächlichen Knappheitsrelationen nur verzerrt wider-spiegeln und es hierüber zu Fehlallokationen kommt. Vielfach hängt das Aus-maß externer Effekte vom Zuschnitt der property-rights ab (z. B.: Verhinde-rung positiver externer Effekte durch Patentierbarkeit von Forschungsergeb-nissen). Beispiele für mögliche staatliche Gegenmaßnahmen sind (zur Vermeidung negativer externer Effekte) Verbote, Steuern, Haftungsregeln oder (zur Vermeidung positiver externer Effekte) Subventionen, staatliche Bereit-stellung, Definition von Schutzrechten. – Zum zweiten sind die sog. *Unteilbar-keiten* zu nennen, die entgegen der Bedingung des Modells der vollständigen Konkurrenz zu einer allokationsverzerrenden *Konzentration* (v. a. der Anbie-terseiter) auf Märkten führen. Die Ursache liegt zumeist darin, daß die Kapa-zität bestimmter Ressourcen aufgrund technischer (finanzieller) oder geo-graphischer Gegebenheiten nur in größeren Sprüngen variiert werden kann, wodurch die Entstehung monopolistischer oder oligopolistischer (absprachen-anfälliger) Marktstrukturen begünstigt wird. Mögliche staatliche Gegenmaß-nahmen sind etwa Preisregulierung, Verhaltens- und Zusammenschlußkon-trolle, Herabsenken von Marktzutrittsschranken. – Drittens sind *Informati-onsmängel bzw. -asymmetrien* (Marktintransparenz) zu nennen. Kann sich eine Marktseite nicht bzw. nur unvollständig über die Qualität und Konditio-nen von Angeboten informieren, tendiert ihr Bewertungsverhalten nach un-ten, mit der Folge, daß Anbieter guter Produkte ihre Zusatzkosten nicht reali-sieren und so systematisch vom Markt verdrängt werden. Der Markt tendiert zur Ausschußware („market for lemons"). Informationsmängeln bzw. -assy-metrien kann durch Einführung von Informationspflichten, durch öffentliche Bereitstellung von Information oder etwa durch Erlaß von Mindeststandards staatlicherseits entgegengewirkt werden kann. – Viertens sind *Anpassungs-mängel* zu nennen (z. B. bei geringer Preiselastizität von Angebot und Nach-frage, etwa im Agrarbereich), denen durch stabilisierende staatliche Interven-

---

[140] Marktversagen und Wirtschaftspolitik, S. 95 ff. Überblick über weitere Klassifizierun-gen bei *N. Eickhof*, Wirtschaftsdienst 66 (1986), 468; *E. Wille*, in: T. Ellwein/J. J. Hesse (Hrsg.), Staatswissenschaften: Vergessene Disziplin oder neue Herausforderung?, S. 251, 255 ff.; *U. Gruber/M. Kleber*, Grundlagen der Volkswirtschaftslehre, S. 43 ff.

tionen, Setzung von Mindestpreisen oder kurzfristige Handelsaussetzung entgegengewirkt werden kann.

2. Gemeinsamkeiten und Unterschiede zwischen wirtschaftswissenschaftlichem und rechtswissenschaftlichem Betrachtungsansatz

Zwischen dem wirtschaftswissenschaftlichen und dem hier eingenommenen rechtswissenschaftlichen Betrachtungsansatz ergibt sich eine grundlegende Gemeinsamkeit. Die wirtschaftswissenschaftliche Figur des Marktversagens bildet eine rein funktionale Kategorie, die nicht die sozialethische Werthaftigkeit (z. B. Verteilungsgerechtigkeit) bestimmter realer Marktzustände problematisiert[141]. Die Marktversagenstheorie fragt nach der funktionellen Leistungsfähigkeit des Marktes am Maßstab seines ideellen Funktionsoptimums. Dabei geht sie davon aus, *daß* die Funktionsfähigkeit des Marktes unter bestimmten Bedingungen tatsächlich gestört und in diesem Fall (entgegen der Vorstellung einer natürlichen Selbstheilungsfähigkeit des Marktes) eine funktionsoptimierende staatliche Einwirkung sinnvoll sein kann. Insoweit läßt sich konstatieren, daß der oben entworfene Zwecktypus der marktoptimierenden Wirtschaftsaufsicht in seinen Grundzügen wirtschaftswissenschaftlich plausibel ist, sich nicht an ökonomischen Grundannahmen reibt.

Andererseits treten auch wesentliche Abweichungen zum wirtschaftswissenschaftlichen Betrachtungsansatz zu Tage. Keinesfalls darf das hier zugrundegelegte juristische Konzept der Marktoptimierung oder darf gar speziell die marktoptimierende Wirtschaftsaufsicht als deckungsgleiches Korrelat zur Marktversagenstheorie verstanden werden. Die marktoptimierende Wirtschaftsaufsicht stellt nur *eine* staatliche Wirkungsmodalität gegen Marktversagen neben anderen dar (z. B. Definition von property rights durch Zivilrechtssetzung; Zuteilung von Begünstigungen durch Subventionsvergabe). Vor allem aber ist das wirtschaftswissenschaftliche Konzept gegenständlich weiter gefaßt. Als Ausdruck von Marktversagen werden in der Wirtschaftswissenschaft auch Konstellationen erörtert, in denen nichtökonomische Gemeinwohlziele auf dem Spiel stehen oder in denen strukturelle Voraussetzungen für den Einsatz des Marktmechanismus ganz fehlen. So wird es beispielsweise als Marktversagen gedeutet, wenn Informationen über mögliche Nebenwirkungen eines Medikaments zwischen Anbieter und Nachfrager asymmetrisch verteilt sind und daher der Nachfrager nicht das medizinisch optimal geeignete Produkt erwirbt[142]. Oder es wird die staatlich-zentrale Organisation der Landesverteidigung als Gegenmaßnahme gegen Marktversagen interpretiert, welches sich

---

[141] *U. Gruber/M. Kleber*, Grundlagen der Volkswirtschaftslehre, S. 46.
[142] *M. Fritsch/T. Wein/H.-J. Ewers*, Marktversagen und Wirtschaftspolitik, S. 97 ff., 305.

in diesem Zusammenhang darin manifestiere, daß Einzelne von der Nutzung des „Gutes" äußere Sicherheit nicht ausgeschlossen werden können, obgleich sie zu seiner „Produktion" nichts beigetragen haben (positive externe Effekte)[143]. – Die Marktversagenstheorie betrachtet, wie diese Beispiele zeigen, den Markt nicht nur als Koordinationsmechanismus zur Deckung des Bedarfs an wirtschaftlichen Gütern. Sie erstreckt die marktfunktionale Deutung auf soziale Tatbestände jeglicher Art, analysiert sie unter dem Gesichtspunkt, ob ihre marktmäßige Ordnung zu einem Nutzenoptimum nach Maßgabe des pareto-Kriteriums führen kann. Sie verfolgt damit einen allgemein sozialtheoretischen Untersuchungsansatz.

Ein solches, die ökonomische Sphäre im engeren Sinne transzendierendes Verständnis des Marktversagens wäre im juristischen Untersuchungskontext nicht handhabbar, weil es die unterschiedlichen Zwecksetzungen staatlicher Maßnahmen nicht abbildet und damit – hält man sich die Bedeutung des Maßnahmenzwecks als Rechtmäßigkeitsdeterminante vor Augen[144] – juristisch relevante Unterscheidungen nicht freilegt. So ist es, um den Fall der staatlichen Intervention in den Arzneimittelmarkt aufzugreifen, unter (verfassungs-)rechtlichen Aspekten durchaus erheblich, ob diese zu Zwecken des Gesundheitsschutzes oder mit dem Ziel der Erhaltung eines wirtschaftlichen Wettbewerbs zwischen verschiedenen Anbietern erfolgt. Mag auch aus wirtschaftswissenschaftlicher Sicht die Intervention in beiden Situationen als Reaktion auf ein Marktversagen interpretierbar sein: Die rechtlichen Anforderungen an das staatliche Handeln sind doch in ihnen jeweils andere, insbesondere im Hinblick auf die grundrechtliche Interessens- und Güterabwägung.

Das mit dieser Arbeit verfolgte Erkenntnisinteresse zwingt daher zu einer begrifflichen Eingrenzung. Der zugrundegelegte Marktbegriff muß enger als der Marktbegriff der Marktversagenstheorie gefaßt und auf die im strikten Sinne ökonomische Sozialsphäre (Deckung des Bedarfs an wirtschaftlichen Gütern) beschränkt werden. Weiter darf die staatliche Einwirkung nicht losgelöst von ihrem Bezug zu bestimmten materialen Zielwerten (Steigerung der Bedarfsdeckung, Herstellung sozialer Gerechtigkeit, Schutz natürlicher Lebensgrundlagen usf.) betrachtet werden.

---

[143] *M. Fritsch / T. Wein / H.-J. Ewers*, Marktversagen und Wirtschaftspolitik, S. 121. Siehe auch *N. G. Mankiw*, Grundzüge der Volkswirtschaftslehre, S. 247.

[144] Oben 1. b).

IV. Marktoptimierung als Betrachtungsgegenstand der rechtswissenschaftlichen Literatur

1. Die Einteilung wirtschaftsrelevanter Rechtsnormen unter dem Aspekt der Marktfunktionalität

Die Einteilung wirtschaftsrelevanter Rechtsnormen unter dem Apekt der Marktfunktionalität ist in der *Wirtschaftsverwaltungsrechtswissenschaft* kaum verbreitet. Typischerweise kreisen die literarischen Klassifikationsbemühungen um das Kriterium der *Interventionsintensität*, aus dem manche Autoren die Unterscheidung zwischen *Aufsichts- und Lenkungsnormen* ableiten[145], ohne hierbei jedoch einen marktfunktionalen Zusammenhang herzustellen. Einzig in *Reiner Schmidts* Beitrag über die „Staatliche Verantwortung für die Wirtschaft" im Handbuch des Staatsrechts tritt ein marktfunktionaler Klassifikationsansatz zutage, wenn dort als „methodologische Kernfrage" bezeichnet wird, „in welchem Umfang der Markt zu sichern und welche Abweichungen vom Marktprinzip zulässig, ja im Hinblick auf die Entscheidung für den Sozialstaat sogar geboten sind"[146]. Grundsätzlich seien, so *Schmidt*, zwei Arten von rechtlichen Regelungen denkbar, nämlich „marktkonstituierende bzw. marktschützende einerseits und Marktergebnisse korrigierende andererseits"[147].

Demgegenüber nimmt die marktfunktionale Perspektive in der Zivilrechtswissenschaft jedenfalls in jüngerer Zeit breiteren Raum ein. Beispielhaft für diese Tendenz steht *Stefan Grundmann*[148], der in seinen Arbeiten zwischen Normen, die eine funktionierende Vertragsordnung verbürgen sollen („marktunterstützende Normen"), sowie Normen, die Informationsassymetrien und Wettbewerbsmängel zurückdrängen sollen („markterhaltende Normen"), unterscheidet. Die gleiche Klassifizierung findet sich in *Christoph Engels* Abhandlung über „Zivilrecht als Fortsetzung des Wirtschaftsrechts mit anderen Mitteln"[149]. *Engel* unterscheidet Normen, die die für das Funktionieren einer Marktwirtschaft notwendigen Institutionen bereitstellen (Vertrag, Haftung usf.), von solchen Normen, „mit denen der Staat die Steuerung des Wirtschaftsgeschehens gegen den Markt betreibt". Zu letzterem fühlt der Staat sich nach *Engel* vor allem aufgerufen, „wenn er (wirkliches oder vermeintliches) Marktversagen diagnostiziert"[150]. Wiewohl *Engel* von einer Steuerung „gegen" den

---

[145] Siehe die Nachweise oben in I., 2. c).

[146] Siehe auch noch *M. Herdegen*, ZRP 1999, 63 ff., der die Verfassungsbestimmungen zur Postregulierung unter dem Gesichtspunkt behandelt, daß sie der Verhinderung eines Marktversagens dienen.

[147] HStR III, S. 1142.

[148] ZHR 163 (1999), 652 ff.; JZ 2000, 1133 ff.

[149] JZ 1995, 213 ff.

[150] Ebda., S. 214.

Markt spricht, wird aus dem Kontext seiner Ausführungen doch deutlich, daß er dabei Vorschriften zur Sicherung der Marktfunktionalität und somit exakt denjenigen Normenbestand vor Augen hat, für den *Grundmann* den Begriff „markterhaltend" verwendet und der in der vorliegenden Arbeit als „marktoptimierend" bezeichnet wird.

Sowohl *Engel* als auch *Grundmann* erkennen somit neben der staatlichen Aufgabe, eine „juristische Infrastruktur" für wirtschaftliche Transaktionen bereit zu stellen, eine weitergehende Aufgabenstellung darin, das Marktgeschehen durch Verhinderung bestimmter Funktionsstörungen im ökonomischen Sinne zu verbessern. Ob auch *Reiner Schmidt* von dieser Aufgabenabschichtung ausgeht, wenn er von „marktkonstituierenden *bzw.* marktschützenden" Normen spricht (Herv. v. Verf.), wird in seinem Beitrag nicht vollends deutlich. Sein Ansatz ist indes prononcierter im Hinblick auf die Abgrenzung gegenüber nicht-marktbezogen begründeten Regelungen („Marktergebnisse korrigierende" Vorschriften), womit zugleich der Blick darauf gelenkt wird, daß die Kategorie der Marktoptimierung auf einer Differenzierung zweier Marktbegriffe beruht. Auch im Falle der Marktoptimierung *interveniert* der Staat in die Abläufe des Marktes – „Markt" insoweit verstanden als Inbegriff eines realen wirtschaftlichen Geschehens –, jedoch orientiert er sich hierbei an einem idealen Funktionsmodell des Marktes statt an marktfremden („marktkorrigierenden") Zielmustern. Wenn *Engel* im Hinblick auf marktfunktionssichernde staatliche Interventionen von einer Steuerung „gegen" den Markt spricht, liegt dem gleichfalls ein solcher rein empirischer, auf das tatsächliche – in der Realität zuweilen eben funktionsgestörte – Marktgeschehen abstellender Begriff zugrunde[151].

Als weitere Autoren, die zivilrechtliche Themen aus einer marktfunktionalen Perspektive her erörtert haben, sind etwa *Hein Kötz, Jürgen Basedow, Gerhard Spindler* und *Wernhard Möschel* zu nennen[152]. Während diese Autoren durchwegs vom Begriff des „Marktversagens" in seiner wirtschaftswissenschaftlichen Bedeutung ausgehen, kehrt *Friedrich Kübler* in seiner Untersuchung über „Marktversagen und Meinungsfreiheit"[153] die disziplinären Vorzeichen um. Mit „Marktversagen" meint *Kübler* einen Zustand des Marktes (in diesem Fall des Rundfunkmarktes), der nicht den rechtlichen Vorgaben entspricht, wie sie aus Sicht der Verfassung (in diesem Fall der Meinungsfreiheit) bestehen. Das Marktgeschehen wird bei ihm also nicht an einem wirtschaftstheoretischen Funktionsmodell, sondern an bestimmten (verfassungs-)normativen Erwartungen gemessen.

---

[151] Näheres hierzu in § 2 II.3.a.
[152] *H. Kötz*, JuS 2003, 209 ff.; *J. Basedow*, AcP 200 (2000), 445 ff.; *G. Spindler*, AG 1998, 53 ff. *W. Möschel*, WuW 1995, 704 ff.
[153] In: FS Mestmäcker, S. 243 ff.

2. Marktoptimierung als Gegenstand zivilrechtlicher Grundlagenuntersuchungen

Die marktfunktionale Perspektive wird in der Zivilrechtswissenschaft vor allem eingesetzt, um Konsequenzen der Europäisierung der nationalen Rechtsordnungen theoretisch faßbar zu machen. So wird von *Grundmann* in mehreren Untersuchungen zum europäischen Schuld- und Handelsrecht[154] herausgearbeitet, daß den einschlägigen gemeinschaftsrechtlichen Richtlinien weitenteils eine marktoptimierende („markterhaltende") Zwecksetzung zugrundeliegt, die über die mitgliedstaatliche Umsetzungslegislation in die nationalen Privatrechtssysteme – deren herkömmlicher Normenbestand nicht oder kaum auf ökonomischen Ordnungsmotiven fuße – einfließt. Europäisierung bedeutet folglich für *Grundmann* eine Verschiebung privatrechtstheoretischer Grundkoordinaten im Sinne der Entstehung und zunehmenden Ausbreitung marktfunktionaler Zweckbestimmungen in der Zivilgesetzgebung, wobei diese sich weniger in zwingenden Inhaltsbestimmungen, sondern überwiegend im Erlaß von Informationsregeln niederschlagen, die zum Abbau ineffizienter Informationsassymetrien zwischen Marktteilnehmern führen sollen.

Daß mit der Ausbreitung marktfunktionaler Zweckbestimmungen im Zivilrecht ein für die kontinentalen Systeme historisch neuartiger *Steuerungsansatz* hervortritt, ist schon vorher von *Christoph Engel* eingehender thematisiert worden[155]. Werde der Staat in der Zivilrechtssetzung zum Schutz von Marktfunktionen tätig, so *Engel*, dann entferne er sich von der traditionellen Bestimmung dieses Rechtsgebiets, Gerechtigkeit im Verhältnis der Bürger untereinander zu gewährleisten; er nutze das Zivilrecht als wirtschaftspolitisches Steuerungsinstrument („Zivilrecht als Fortsetzung des Wirtschaftsrechts mit anderen Mitteln"). Damit rückt naturgemäß die Frage nach der *steuerungstechnischen Eignung* marktschützender Regelungen in den Vordergrund, die *Engels* insbesondere unter dem Gesichtspunkt abhandelt, unter welchen Voraussetzungen der Einsatz zivilrechtlicher Steuerungsmittel Effizienzvorteile gegenüber alternativen, namentlich öffentlich-rechtlichen Steuerungsmitteln bietet[156].

Bei *Gerhard Spindler*[157] wird, bezogen auf das Aktienrecht, die steuerungstechnische Betrachtungsweise auf den Aspekt vorverlagert, wann überhaupt ein staatlich betriebener Marktschutz mit den Mitteln des (Zivil-)Rechts vonnöten ist. *Spindler* erörtert die Frage, ob die Kapital- und Informationsmärkte nicht bereits von sich aus in der Lage sind, ineffiziente Informationsassysme-

---

[154] In *ders.* (Hrsg.), Systembildung und Systemlücken in Kerngebieten des Europäischen Privatrechts, S. 1 ff.; ZHR 163 (1999), 635 ff.; JZ 2000, 1133 ff.

[155] JZ 1995, 21 ff. Siehe auch die die diesbezügliche staatsphilosophische Abstraktion bei *E. J. Mestmäcker*, in St. Grundmann (Hrsg.), Systembildung und Systemlücken in Kerngebieten des Europäischen Privatrechts, S. 53 ff.

[156] JZ 1995, S. 214 f.

[157] AG 1998, 53 ff.

trien zwischen Anteilseignern und Management abzubauen, so daß marktfunktional begründete Einschränkungen der aktienrechtlichen Satzungsauto-
nomie entbehrlich wären. Er gelangt dabei zu der „Tendenzaussage"[158], daß
durch die Ausdifferenzierung der Kapitalmärkte sowie durch die Tätigkeit
professioneller Marktintermediäre mittlerweile ein hoher Grad an Informati-
onseffizienz vorherrsche; die Fähigkeit der Anleger zur selbständigen Bewertung bestimmter Satzungsgestaltungen habe derart zugenommen, daß die
„rechtspolitische Legitimation des deutschen Systems zwingender Regeln im
Schwinden begriffen" sei[159]. Diesem Befund mißt *Spindler* nicht zuletzt vor
dem Hintergrund des internationalen Wettbewerbs aktienrechtlicher Systeme
Gewicht bei[160]. Auch von *Spindler* wird betont, daß die marktfunktionale Instrumentalisierung des Rechts auf einen Bruch mit überlieferten Dogmen der
deutschen Privatrechtstheorie hinausläuft. Eine marktfunktional begründete
Deregulierung des Aktienrechts würde nach *Spindler* den Übergang zu einem
stärker kontraktuellen Verständnis des Gesellschaftsstatuts bedeuten, mit der
man sich vom traditionellen Verständnis des Verbandes als eigenständiger,
auch gegen die Gründer zu schützende „Person" entferne[161].

Als noch tiefgreifender erscheint der mit der marktfunktionalen Instrumentalisierung des Zivilrechts verknüpfte Traditionsbruch in *Jürgen Basedows*
Abhandlung über das „BGB im künftigen europäischen Privatrecht"[162]. *Basedow* erörtert hierin zunächst den inneren Zusammenhang zwischen Vertragsfreiheit und Wettbewerb, den er darin ausmacht, daß in bestimmten Fällen von
Wettbewerbsstörungen (von ihm als „Zonen des Marktversagens" bezeichnet)
„der Vertragsfreiheit der Boden entzogen und eine Intervention durch zwin-
gendes staatliches Recht gerechtfertigt ist"[163]. Es sei allerdings zu beobachten,
so *Basedow*, daß marktfunktional begründete Einschränkungen der Vertragsfreiheit meist an die spezifischen Bedingungen einzelner, durch atypische
Merkmale gekennzeichnete Teilmärkte anknüpfen (z.B. Versorgung mit Was-
ser oder Fernwärme). Das zum Schutz der Marktfunktionalität erlassene zwingende Recht bilde daher ein sektoral beschränktes Sonderrecht, das sich „gerade nicht mit den allgemeineren Kategorien des Zivilrechts deckt"[164] und folglich Spannungen zur *Kodifikationsidee* als einem zentralen Traditionsbestand
der kontinentalen Privatrechtsentwicklung hervorrufe; das BGB befinde sich
so auf dem Weg zum „hybriden Kodex"[165].

---

[158] Ebda., S. 69
[159] Ebda., S. 74
[160] Ebda., S. 53 f.
[161] Ebda., S. 74.
[162] AcP 200 (2000), 445 ff.
[163] Ebda., S. 486.
[164] Ebda., S. 488
[165] So im Titel seiner Untersuchung.

3. Marktoptimierung als juristische Argumentationsreferenz

Die vorskizzierten Beispiele belegen, daß die Zivilrechtslehre marktoptimierendes Recht als ein (neuartiges) Phänomen begreift, welches zu Modifizierungen oder gar Umorientierungen auf rechtsdogmatischer und -theoretischer Grundlagenebene zwingt. Die Bereitschaft der Zivilrechtslehre, Marktoptimierung als eine *rechtlich* signifikante Kategorie wahrzunehmen und auf ihre Auswirkungen für das herkömmliche Rechtsdenken hin zu analysieren, dürften durch die starke Öffnung der Zivilrechtswissenschaft hin zur Ökonomie (ökonomische Analyse des Rechts) wie auch durch das verstärkte juristische Interesse an der soziologischen Steuerungsdiskussion wesentlich befördert worden sein. Die marktfunktionale Perspektive ist in der Zivilrechtswissenschaft freilich nicht auf Grundlagenuntersuchungen begrenzt, sondern findet sich zunehmend auch in stärker anwendungsorientierten bzw. auf konkrete Teilrechtsgebiete bezogenen Untersuchungen. Ein Beispiel hierfür liefert neben der oben bereits erwähnten aktienrechtlichen Arbeit von *Spindler* die von *Kötz* veröffentlichte Studie zum „Schutzzweck der AGB-Kontrolle"[166]; *Kötz* wendet sich in ihr gegen die herrschende sozialpolitische Deutung des AGB-Rechts (Schutz sozial schwächerer Vertragspartner), dessen Regelungsintention er vielmehr darin sehen will, daß es Informationsassymetrien zwischen Vertragspartnern ausgleiche und so einem Marktversagen vorbeuge. Eine vergleichbare Interpretation hatte vor ihm bereits *Grundmann* bezogen auf das Verbraucherschutzrecht insgesamt vorgetragen[167] (wobei ihm gegenüber wie auch etwa gegenüber *Kötz* kritisch anzumerken ist, daß die marktfunktionale Zweckdeutung der untersuchten Rechtsvorschriften nicht durch eine präzise Analyse der einschlägigen Gesetzesmaterialien unterlegt worden ist, wie sie in dieser Arbeit im folgenden § 2 unternommen werden soll).

Geht man davon aus, daß der Gesetzgeber mit bestimmten Regelungsbeständen marktoptimierende Zwecke verfolgt, so stellt sich naturgemäß die Frage, welche Konsequenzen hieraus für den Prozeß der Rechtsanwendung und -fortbildung erwachsen. Bei *Kötz* wird hierauf die eindeutige Antwort gegeben, daß der Schutzzweck der Verhinderung von Marktversagen die *Auslegung* unbestimmter AGB-rechtlicher Begriffe, namentlich der AGB-rechtlichen Generalklausel leiten müsse[168]. Marktoptimierung bildet demnach für *Kötz* nicht lediglich eine analytisch-heuristische Kategorie, die zur systematischen Erfassung und Einordnung des geltenden Rechts eingesetzt wird. Sondern sie besitzt bei ihm auch eine praktische Funktion im Rahmen der Rechtsanwendung,

---

[166] JuS 2003, 209 ff.
[167] JZ 2000, 1137 ff.
[168] JuS 2003, 213.

wird zur *Argumentationsreferenz* im Rahmen der Gesetzesauslegung und - konkretisierung[169].

Gängig ist zum zweiten der Rückgriff auf den Gesichtspunkt der Marktoptimierung als *rechtspolitische* Argumentationsreferenz, d. h. als Maßstab zur Bewertung der ökonomischen Effizienz rechtlicher Regelungen mit dem Ziel, legislative Verbesserungsmöglichkeiten aufzuzeigen oder aber auch legislative Reformforderungen abzuwehren. Ein Beispiel für ersteres liefert in Bezug auf das kollektive Arbeitsrecht *Möschel*, der durch die geltenden Regelungen über das Tarifsystem negative externe Effekte verursacht sieht, die zu Allokationsverzerrungen auf dem Arbeitsmarkt führen[170]. Ein Beispiel für letzteres liefert *H.-G. Vogel*, der die rechtlichen Bestimmungen über das öffentliche Sparkassenwesen damit verteidigt, daß sie einem drohenden Marktversagen auf dem Kreditmarkt entgegenwirken würden[171].

Anders als *Vogel* verbindet *Möschel* seinen rechtspolitischen Argumentationsansatz allerdings mit *verfassungsnormativen* Erwägungen, indem er ausführt, daß die rechtliche Zulässigkeit von Tarifkartellen wegen der von ihr ausgehenden negativen externen Effekte in Freiheitsrechte Dritter (der Arbeitslosen) eingreift[172]. Dies weist perspektivisch in Richtung eines (von *Möschel* selbst zu dieser Konsequenz nicht vorangetriebenen) Konnexes von Marktversagenslehre und verfassungsrechtlichen Freiheitsgewährleistungen, wonach der Staat grundrechtswidrig handeln würde, sofern er in seiner Rechtssetzung Funktionsprinzipien des Marktes mißachtet. Eben hiervon scheinen *A. Huber* und *M. v. Mayerhofen* auszugehen, wenn sie behaupten, die Bekämpfung von Marktversagen bilde „die einzige Rechtfertigung für einen Regulierungseingriff in einen Wettbewerbsmarkt"[173]. Damit wird die ökonomische Marktversagenslehre gleichsam konstitutionalisiert[174].

---

169 So auch *J. Jickeli*, JZ 1997, 964 f. in Bezug auf die kartellrechtliche Buchpreisbindung sowie *J. J. Modlich*, GewArch 1996, 227 ff. in Bezug auf Ausnahmetatbestände zum europäischen Beihilfenrecht.

170 WuW 1995, 704 ff. Strukturell ähnlicher Ansatz bei *M. Adams/T. Tolkemitt*, ZRP 2001, 511 ff. (Verursachung von Marktversagen in Gestalt von Informationsassymetrien durch das rechtliche Arrangement im Bereich des Lotteriewesens).

171 ZBB 2001, 103 ff.

172 WuW 1995, 708.

173 MMR 1999, 593 ff.

174 Vgl. auch – allerdings beschränkt auf die Verfassungsbestimmungen zur Postregulierung – *M. Herdegen*, ZRP 1999, 63 ff.

§ 2 Marktoptimierende Wirtschaftsaufsicht als empirischer Befund

Das in § 1 entworfene Modell der marktoptimierenden Wirtschaftsaufsicht soll in diesem § 2 mit rechtstatsächlichen Gegebenheiten konfrontiert werden. Zu untersuchen ist, ob die Zwecke der für diese Arbeit ausgewählten Referenzgesetze (GWB, TKG, WpHG) bzw. bestimmter ihrer Regelungsbestände sich als marktoptimierend im Sinne der in § 1 erarbeiteten Bedeutung dieses Begriffs einstufen lassen. Die Frage ist mithin, *ob das Modell real vorkommende normative Zwecksetzungen aus dem Bereich der Wirtschaftsaufsicht zutreffend abbildet.* Nur wenn dies der Fall ist, kann ihm inhaltliche Plausibilität attestiert werden.

Herangezogen werden sollen für diese Prüfung (unten I.) vor allem die jeweiligen Materialien der Referenzgesetze (Entwurfsbegründungen, Ausschuß-berichte, stenographische Protokolle der Plenardebatten). Aus ihnen läßt sich auf methodisch abgesicherte Weise ablesen, welche Zweckvorstellungen den Gesetzgeber beim Erlaß dieser Gesetze tatsächlich geleitet haben[1]. Am ausführlichsten wird das Kartellrecht besprochen, insbesondere das parlamentarische Verfahren zum Erlaß des GWB in den Jahren 1954 bis 1957, dessen konzeptioneller Hintergrund durch die dort angefallenen, überdurchschnittlich gehaltvollen Gesetzesmaterialien als besonders gut ausgeleuchtet gelten kann.

Die empirische Bestandsaufnahme in diesem § 2 dient aber nicht nur der *Verifizierung*, sondern auch der *Verfeinerung* des Ausgangsmodells. Das Verständnis der marktoptimierenden Wirtschaftsaufsicht soll unter Nutzung des durch GWB, TKG und WpHG sowie ihre jeweiligen Entstehungsprozesse gebotenen Anschauungsmaterials weiter geschärft werden. Es geht mithin in § 2 auch um eine – nunmehr empirisch unterfütterte – Fortsetzung und Abrundung der in § 1 eingeleiteten Definitionsbemühungen (unten II.).

Unter III. werden die Zusammenhänge zwischen Marktoptimierung und Drittschutz erörtert, was dadurch veranlaßt ist, daß einigen Aufsichtsnormen

---

[1] Damit ist keine Aussage zu der Frage getroffen, welcher Stellenwert den Gesetzesmaterialien oder überhaupt dem subjektiven Willen des Gesetzgebers bei der Bestimmung von Norm*inhalten* zukommen soll. Diese Frage zielt auf die Bedeutung der genetischen Auslegungsmethode für die Rechtserkenntnis, während es vorliegend um die Einordnung von Gesetzen anhand eines zu wissenschaftlichen Zwecken entwickelten Zweckschemas geht. Siehe bereits oben § 1 1. c).

aus den Referenzgesetzen in Rechtsprechung und Literatur drittschützender Charakter zuerkannt wird. Es wird darzulegen sein, daß der drittschützende Charakter einer Norm ihrer Einstufung als „marktoptimierend" nicht entgegensteht und sich von daher kein konzeptioneller Widerspruch zwischen Marktoptimierung und Drittschutz auftut, der die Plausibilität des Ausgangsmodells in Zweifel ziehen müsste.

I. Analyse der Gesetzgebungsverfahren bei GWB, TKG und WpHG

1. Gesetz gegen Wettbewerbsbeschränkungen (GWB)

a) Erlaß des GWB in den Jahren 1954–1957

In den Materialien des parlamentarischen Verfahrens zum Erlaß des Gesetzes gegen Wettbewerbsbeschränkungen[2] zwischen Februar 1954 und Juli 1957[3] finden sich zahlreiche Belege dafür, daß der Gesetzgeber bei Gründung der deutschen Kartellaufsicht[4] Zwecke im Auge gehabt hat, die als marktoptimierend im hier zugrundegelegten Sinne des Begriffs eingeordnet werden können.

(aa) Begründung des Regierungsentwurfs

Aufschlußreich in dieser Hinsicht ist vor allem die umfangreiche Begründung des Regierungsentwurfs[5], die zunächst in ihren wesentlichen Argumentationsschritten des einleitenden Abschnitts A.[6] nachgezeichnet (1) und anschließend

---

[2] Gesetz vom 27. Juli 1957, BGBl. 1957 I, 1081.

[3] Überblick zu den Etappen des Gesetzgebungsverfahrens im Sachregister des Deutschen Bundestages zur 2. Wahlperiode, S. 920 f. Bereits in der ersten Wahlperiode des Deutschen Bundestages hatte die Bundesregierung einen Gesetzentwurf vorgelegt (am 13. Juni 1952), dessen Beratung nicht zu Ende geführt werden konnte; siehe hierzu den Bericht des Ausschusses für Wirtschaftspolitik (2. Wahlperiode) zum Regierungsentwurf des GWB, zu BT-Drs. 2/3644, S. 1. Der in der 2. Wahlperiode von der Bundesregierung eingebrachte Gesetzentwurf war nahezu identisch mit dem Entwurf aus der 1. Wahlperiode.

[4] Der Begriff „Kartellaufsicht" im hier gemeinten Sinne deckt im Einklang mit vielfach gängigem Sprachgebrauch das gesamte Aufsichtsspektrum der Kartellbehörden ab, nicht nur die Aufsicht über Kartelle im Sinne des § 1 ff. GWB bzw. des Art. 81 EGV. Erfaßt sind somit insbesondere auch die kartellbehördliche Mißbrauchsaufsicht und die – in Deutschland mit der 2. GWB-Novelle und in der EG vollumfänglich erst mit der FKVO eingeführte – Zusammenschlußkontrolle. Zu den Frühformen deutscher Kartellaufsicht vor Erlaß des GWB siehe V. Emmerich, Kartellrecht, S. 30 ff.

[5] BT-Drs. 2/1158, S. 21 ff. Die Begründung füllt mit ihren allgemeinen Abschnitten über acht, mit ihren Erläuterungen zu Einzelvorschriften über 28 dicht und zweispaltig bedruckte DIN-A-4-Seiten.

[6] Der vierseitige Abschnitt A. erläutert in allgemeiner Form die Zweckrichtung des vor-

als Ausdruck einer marktoptimierenden Regelungsintention interpretiert wird (2):

(1) Die Entwurfsbegründung charakterisiert in einem ersten Argumentationsschritt die *Marktwirtschaft als überlegene Wirtschaftsordnung* und rückt damit das Kartellgesetz von vorneherein in einen *wirtschaftstheoretischen* Kontext. Das Kartellgesetz soll, wie es in der Einleitung heißt, eine „der wichtigsten Grundlagen zur Förderung und Erhaltung der Marktwirtschaft"[7] bilden – es soll also einer bestimmten, nämlich der marktwirtschaftlichen Ordnungsform der Wirtschaft verpflichtet sein. Die „Überlegenheit" der Marktwirtschaft wird zum einen retrospektiv unter Verweis auf die „erstarrte Zunftordnung" des 18. Jhdt. begründet. Während die Zunftordnung mit der Zeit zum „Hemmschuh" für den „wirtschaftlichen Fortschritt" geworden sei, habe das im 19. Jahrhundert zum Durchbruch gelangte „kapitalistische" Prinzip des „laisser faire" zur Entfaltung „ungeahnter Wirtschaftskräfte" geführt[8]. Zum anderen streicht die Entwurfsbegründung die Vorzüge der Marktwirtschaft gegenüber der Ordnungsform der Zentralverwaltungswirtschaft herausstreicht. Bei letzterer werde „die unternehmerische Initiative verschüttet und damit die Leistungsfähigkeit der Wirtschaft beeinträchtigt", ferner dem Konsumenten die Möglichkeit genommen, „Lenker des Wirtschaftsgeschehens" zu sein.

In einem zweiten Argumentationsschritt geht die Entwurfsbegründung auf die *Schutzbedürftigkeit der marktwirtschaftlichen Ordnung* ein. Den Ausgangspunkt bildet eine Analyse der gegen Ende des 19. Jhdt. aufgetretenen „Monopolisierungstendenzen", die zur „Beeinträchtigung des Wettbewerbsmechanismus" und so zur Gefahr der „Hemmung oder gar Erstarrung des wirtschaftlichen Fortschritts" geführt hätten[9]. Diese Monopolisierungstendenzen werden von der Entwurfsbegründung als „Problem der wirtschaftlichen Macht", als „Störungsfaktor der marktwirtschaftlichen Gleichgewichtstendenz" verstanden und in ihren verschiedenen Enstehungs- und Erscheinungsformen näher beschrieben (Verhaltenskoordination, Zusammenschluß, marktbeherrschende Stellung von Unternehmen)[10]. Durch wirtschaftliche Macht könne der „Marktpreis ... willkürlich verändert" und damit der „normale Marktablauf" gestört werden: „Der so gelenkte Preis ist für die monopolistisch organisierte Marktleistung kein ‚Datum' mehr, an das sich die Einzelsubjekte zur Erhaltung ihrer Wettbewerbsfähigkeit anpassen müssen". Daraus ergebe sich die „Gefahr volkswirtschaftlicher Fehlinvestitionen und die Mög-

---

geschlagenen Gesetzes. Abschnitt B enthält einen Überblick über Aufbau und Inhalt des Gesetzes, Abschnitt C. Begründungen zu Einzelbestimmungen.

[7] BT-Drs. 2/1158, S. 21
[8] Ebda.
[9] Ebda.
[10] Ebda., S. 22.

lichkeit der Beeinträchtigung des technischen und wirtschaftlichen Fortschritts"[11]. Der Gesetzgeber müsse, so die Entwurfsbegründung, dem Problem der wirtschaftlichen Macht seine besondere Aufmerksamkeit zuwenden und sicherstellen, daß „die Funktion des Angebots und der Nachfrage und damit der Marktpreis als Steuerungsfaktor des Wirtschaftsablaufs keine Erstarrung erfährt"[12]. Als übergreifende Zielvorstellung skizziert die Entwurfsbegründung das klassisch ordoliberale Bild der „Marktwirtschaft, jedoch nicht im Sinne einer sich selbst überlassenen liberalen Wirtschaft, sondern einer durch bewußte Ordnung des Wettbewerbs und durch marktkonforme staatliche Mittel (Steuern, Geld und Kredit) gesteuerten Wirtschaft"[13].

Das im dritten Argumentationsschritt entfaltete *legislative Programm* des neuen GWB wird mit drei Leitaufgaben umrissen: (1) Ausschluß von „Störungsfaktoren im Marktablauf" dadurch, daß „die vollständige Konkurrenz in einem möglichst großen Umfang" erhalten wird; (2) Verhinderung der „mißbräuchlichen Ausnutzung der Marktstellung" auf solchen Märkten, „auf denen die Marktform des vollständigen Wettbewerbs nicht hergestellt werden kann"; (3) Schaffung eines staatlichen Organs „zur Überwachung und, wenn nötig, zur Lenkung des Marktgeschehens"[14]. – Den beiden erstgenannten Leitaufgaben ordnet die Entwurfsbegründung verschiedene konkrete Aufsichtsarten zu (Aufsicht über wettbewerbsbeschränkende Vereinbarungen, Mißbrauchsaufsicht sowie Konzentrationskontrolle[15]), um sich anschließend den zahlreichen für das Kartellgesetz vorgesehenen Ausnahmetatbeständen und Bereichsausnahmen zuzuwenden und diese näher zu begründen.

(2) In dieser Argumentationsfolge zeichnen sich deutliche Bezüge zur Marktoptimierung in ihrem in § 1 definierten Sinn ab:

– *Markt als ökonomisches Wirkungsgefüge*: Die Entwurfsbegründung betrachtet den Markt im Hinblick auf seine wirtschaftliche Steuerungswirkung, nicht im Hinblick auf seine sozialen, moralischen oder kulturellen Dimensionen. „Markt" steht für einen Mechanismus zur Koordinierung wirtschaftlichen Verhaltens, der bestimmten Gesetzmäßigkeiten unterliegt und bestimmte Kausalabläufe auslöst („Treffpunkt aller wirtschaftlichen Interessen", der „über den durch Angebot und Nachfrage entstandenen Marktpreis die Produktion und den Verbrauch … steuert"[16]). Der Betrachtungswinkel ist sonach *ökonomisch*; d.h. der Markt wird als *Phänomen der wirtschaftlichen Daseins-*

---

[11] Ebda.
[12] Ebda.
[13] Ebda., S. 21.
[14] Ebda., S. 22.
[15] Letzteres erwies sich im weiteren Verlauf der Gesetzesberatungen als nicht durchsetzbar und wurde erst später mit der 2. GWB-Novelle eingeführt (Gesetz vom 3. August 1973, BGBl. I, S. 917).
[16] Ebda., S. 21. Beinahe identische Wendung auf S. 22.

sphäre und gerade in seiner Bedeutung für diese Sphäre wahrgenommen. Zum anderen ist er *funktionsbezogen*, d. h. im Vordergrund steht der Markt *unter dem spezifischen Aspekt seiner Funktionsweise, als Inbegriff eines Wirkungsgefüges* („Marktautomatismus"[17]). Den an verschiedenen Stellen hervorgehobenen und in geradezu lehrbuchhaften Wendungen beschriebenen Angelpunkt dieses Wirkungsgefüges bildet nach Feststellung der Entwurfsbegründung der im Wechselspiel von Angebot und Nachfrage entstehende *Marktpreis*: Er determiniere das Verhalten der Wirtschaftssubjekte und hierüber die Richtung des gesamten Wirtschaftsgeschehens (Preis als „Datum", an das sich die „Einzelsubjekte...anpassen müssen"; Preis als „Steuerungsfaktor des Marktablaufs"[18]). Auch das Phänomen wirtschaftlicher Macht wird speziell unter dem Gesichtspunkt seiner Bedeutung für die Marktfunktionalität thematisiert. Die Entwurfsbegründung belegt die Notwendigkeit der staatlichen Eindämmung wirtschaftlicher Macht gerade damit, daß diese die determinierende Kraft des Marktpreises als Steuerungsfaktor des wirtschaftlichen Geschehens herabsetzt, indem sie die Marktfunktionalität (negativ) beeinflußt.

– *Wirtschaftliche Effizienz als Richtpunkt der Beurteilung*: Die Funktionsweise des Marktes wie auch die möglichen Einflüsse wirtschaftlicher Macht werden von der Entwurfsbegründung mit dem Aspekt der *wirtschaftlichen Effizienz* verbunden. Dies klingt bereits in den einleitenden Worten an, wo es heißt, wirtschaftliche Macht müsse dort beseitigt werden, wo „sie die Wirksamkeit des Wettbewerbs und die ihm innewohnenden Tendenzen zur *Leistungssteigerung* beeinträchtigt"[19] (Herv.v.Verf.). Noch deutlicher tritt dies bei der oben bereits wiedergegebenen Aussage zutage, wonach bei einer Beeinträchtigung der Steuerungsfunktion des Preises (als Folge wirtschaftlicher Macht) die „Gefahr volkswirtschaftlicher Fehlinvestititionen und die Möglichkeit der Beeinträchtigung des technischen und wirtschaftlichen Fortschritts" bestehe[20]. Die Ungestörtheit der Marktfunktionalität wird von der Entwurfsbegründung demnach als Bedingung wirtschaftlicher Leistungsfähigkeit aufgefaßt: Je ungestörter die Marktfunktionalität sei, desto effizienter verlaufe das Wirtschaftsgeschehen.

– *Optimierungsbedürftigkeit des Marktes*: Die Entwurfsbegründung operiert mit unterschiedlichen Marktbegriffen. Markt steht zum einen für einen *tatsächlichen* Geschehensablaufs, der in verschiedenen Zuständen auftreten kann (Markt als empirische Kategorie). Soweit dieser Geschehensablauf durch wirtschaftliche Macht beeinflußt wird, verwendet die Entwurfsbegründung hierfür die Bezeichnung „Marktform des unvollständigen Wettbewerbs"; bei realer Abwesenheit wirtschaftlicher Macht spricht sie von der Marktform des

---

[17] Ebda., S.23.
[18] Ebda., S.22.
[19] Ebda., S.21.
[20] Ebda., S.22.

„vollkommenen" oder „vollständigen" Wettbewerbs[21]. Der Begriff des vollkommenen oder vollständigen Wettbewerbs wird darüber hinaus aber auch in einem *normativ-idealen Sinne* gebraucht (Macht als ideelle Kategorie). Vollkommener oder vollständiger Wettbewerb gilt der Entwurfsbegründung als ein optimaler und daher anzustrebender Zustand – ersichtlich daran, daß das vorgeschlagene Aufsichtsinstrumenarium dazu führen soll, die tatsächlichen Marktabläufe auf diesen Zustand hin zu orientieren[22]. Der von der Entwurfsbegründung hierfür veranschlagte Grund ist folgender: Bei vollkommenem oder vollständigen Wettbewerb ist die Funktionsweise des Marktes ungestört[23] und damit die Gewähr größtmöglicher wirtschaftlicher Effizienz gegeben. – Mit alledem impliziert die Entwurfsbegründung, daß die natürlichen Steuerungsimpulse des Marktes (als Inbegriff eines tatsächlichen Geschehensablaufs) nicht durchwegs ausreichen, um ihn von selbst im Zustand vollkommenen oder ungestörten Wettbewerbs zu halten. Sie geht also von einer Diskrepanz zwischen dem tatsächlichen Funktionieren des Marktes auf der einen und seiner idealen Funktionsweise auf der anderen Seite aus. Damit erteilt sie der Vorstellung einer „natürlichen Selbstheilungsfähigkeit" des Marktes eine Absage. Der Markt – als Inbegriff eines tatsächlichen Geschehensablaufs – erscheint ihr als optimierungsbedürftig, wobei sie den Optimierungsbedarf anhand der eigenen Funktionslogik des Marktes – als Inbegriff eines normativ-idealen Modells[24] – bestimmt. Sie denkt insofern *marktimmanent*.

– *Ziel der allgemeine Wohlstandsförderung*: Ökonomische Effizienz wird von der Entwurfsbegründung in einen gesamtwirtschaftlichen Bezug gesetzt. Durch den Schutz des Marktfunktionalität soll der volkswirtschaftlichen Gesamtleistung gedient werden („Verhinderung *volkswirtschaftlicher* Fehlinvestitionen"[25] – an anderen Stellen spricht die Entwurfsbegründung von „allgemeiner Wohlstandsförderung"[26] sowie vom „Nutzen aller"[27]). Verteilungspolitische oder branchenspezifische Zielwerte spielen keine Rolle. Lediglich an

---

[21] Ebda., S. 22, dort an verschiedenen Stellen.

[22] Siehe Ebda., S. 22: „Soweit diese Voraussetzung zutrifft bzw. herstellbar ist, muß der Gesetzgeber dafür Sorge tragen, daß der vollständige Wettbewerb nicht durch beschränkende Maßnahmen beeinträchtigt wird"; „Es obliegt ihm …, auf Märkten mit unvollständigem Wettbewerb die gesetzliche Festlegung für zulässige Marktbindungen und für das Verhalten der Beteiligten auf dem Markte zu treffen".

[23] Vgl. ebda, S. 22: „Es darf als sichere wissenschaftliche Erkenntnis angesehen werden, daß die Marktverfassung des freien Wettbewerbs das Vorhandensein der Marktform des vollkommenen Wettbewerbs als wirtschaftliche Voraussetzung hat, d.h. *die Zahl der Marktteilnehmer auf beiden Seiten muß so groß sein, daß der Marktpreis für den Unternehmer eine von seinem Verhalten im wesentlichen unabhängige Größe ist*" (Herv. v. Verf.).

[24] Vgl. in diesem Zusammenhang auch ebda. S. 25, wo von dem „wirtschaftstheoretischen Ausgangspunkt des Gesetzes" gesprochen wird.

[25] Ebda., S. 22.

[26] Ebda.

[27] Ebda.

zwei Stellen wird der Bezug ausgeweitet. Die Entwurfsbegründung spricht zum einen davon, daß das Gesetz auch der „Übervorteilung der Verbraucher" entgegenwirke[28] (also ein sozialpolitisches Petitum erfüllt). Zum anderen stellt sie das Leitbild der ungestörten Wettbewerbsordnung in einen Zusammenhang mit fundamentalen verfassungspolitischen Freiheitsvorstellungen[29]. Beide Aspekte sind aber ersichtlich nicht tragend für den Begründungsgang. Sie werden weder als zentrale Motive für den Gesetzesvorschlag, noch als prägend für dessen konkrete inhaltliche Ausgestaltung dargestellt. Die Entwurfsbegründung erwähnt sie lediglich als positive Begleiterscheinungen des aus (gesamt-)wirtschaftlichen Gründen erstrebten Marktschutzes. In ihrem gedanklichen Kern verhält sich die Entwurfsbegründung somit *indifferent gegenüber außer-ökonomischen Wertungsskalen*. Sie gewinnt hierdurch ein *kognitiv-technokratisches Gepräge*. Eine materiale Wertanbindung findet ihr Argumentationsgang erst darin, daß sie auf die allgemeine Wohlstandsoptimierung als wohlfahrtstaatlichen Zielwert verweist, der durch das vorgeschlagene Gesetz verfolgt werden soll.

– *Sekundärer Charakter der staatlichen Aufsichtsaktivität*: Die Entwurfsbegründung stellt die Nutzung des Aufsichtsinstrumentariums als *Voraussetzung* für ein hohes Maß an Wohlstandserzielung dar, läßt aber die Primärzuständigkeit und -verantwortung der privaten Wirtschaftssubjekte für das Wirtschaftsgeschehen unangetastet[30]. Die Distanz zwischen staatlicher und wirtschaftlicher Sphäre wird nicht aufgehoben, sondern im Gegenteil ausdrücklich betont (Konsument als „Lenker des Wirtschaftsgeschehens"[31]). Es wird keine konkrete staatliche Ergebnisverantwortung beansprucht. Angestrebt wird lediglich, die Chancen zur produktiven Selbstentfaltung des ökonomischen Sektors zu verbessern.

(bb) Parlamentarische Beratungen des GWB

Bei den (überdurchschnittlich lange währenden[32]) parlamentarischen Beratungen des GWB standen naturgemäß die wirtschaftstheoretischen Grundlagen

---

[28] Ebda., S. 22.

[29] Ebda.: „Eine derart geordnete Wirtschaftsverfassung bildet das wirtschaftspolitische Gegenstück zur politischen Demokratie. Während deren Inhalt als das politische Mitbestimmungsrecht jeden Staatsbürgers anzusehen ist, stellt die Wettbewerbsordnung die wirtschaftlichen ‚Grundrechte' der Freiheit der Arbeit und der Verbrauchswahl sicher".

[30] Vgl. ebda, S. 21: „Das Gesetz gegen Wettbewerbsbeschränkungen stellt eine der wichtigsten *Grundlagen* zur Erhaltung und Förderung der Marktwirtschaft dar" (Herv. v. Verf.).

[31] Ebda.

[32] Zu dem am 17. Februar 1954 vom Kabinett beschlossenen Regierungsentwurf nahm der Bundesrat am 21. Mai 1954 gemäß Art. 76 Abs. 2 Satz 2 GG Stellung. Die Bundesregierung legte den Entwurf nebst einer eigenen Gegenäußerung zur Stellungnahme des Bundesrates am 22. Januar 1955 (also acht Monate später!) dem Bundestag vor. Die erste Lesung fand am 24. und 31. März 1955 statt. Die anschließenden Ausschußberatungen dauerten bis zum Juni

des Gesetzentwurfs nicht im Vordergrund des Interesses. Insbesondere die Plenardebatten konzentrierten sich weitgehend auf konkrete politische Brennpunkte wie die Alternative zwischen Verbots- und Mißbrauchsprinzip, die hiermit zusammenhängende Reichweite von Ausnahmetatbeständen zum Kartellverbot sowie die vorgesehene Regelung zur Preisbindung der zweiten Hand. Bei diesen Fragen stand eine Reihe gruppenspezifischer Interessen auf dem Spiel; die Meinungsfronten verliefen quer zu den Fraktionsgrenzen[33]. Am Ende wurde die wettbewerbspolitische Rigidität des Regierungsentwurfs ein Stück aufgeweicht. Das Gesetz in seiner endgültig verabschiedeten Fassung sah zusätzliche Kartellverbotsausnahmen vor und enthielt schließlich auch nicht die vom Regierungsentwurf vorgesehenen Regelungen zur Zusammenschlußkontrolle[34]. Insoweit folgte das Bundestagsplenum den Empfehlungen des Wirtschaftsausschusses, der sich nach 82 Sitzungen (!) für eine „mittlere Linie" in der Kartellgesetzgebung ausgesprochen hatte[35]. Hiermit erschien das Gesetz für den Bundesrat, der in seiner ersten Stellungnahme den Entwurf an zahlreichen Stellen kritisiert hatte[36], zustimmungsfähig.

Auch wenn wirtschaftstheoretische Grundfragen während der parlamentarischen Verhandlungen kaum systematisch zur Sprache kamen[37], so trat doch

---

1957 (also mehr als zwei Jahre!). Zweite und dritte Lesung fanden am 3. und am 4. Juli 1957 statt. Der Bundesrat stimmte am 19. Juli 1957 dem Gesetz zu.

[33] Besonders anschaulich daran, daß aus dem Regierungslager zwei alternative Gesetzentwürfe eingebracht wurden, von denen sich einer für das Mißbrauchsprinzip aussprach, den Regierungsentwurf also abmilderte (Antrag der Abgeordneten Höcherl, Stücklen, Seidl u. a. – BT-Drs. 2/1253), der andere hingegen das vom Regierungsentwurf verfolgte Verbotsprinzip noch zusätzlich verschärfen wollte (Antrag der Abgeordneten Dr. Böhm, Dresbach, Ruf u. a. – BT-Drs. 2/1269). Auch in den Plenardebatten spiegelte sich dies wieder; vgl. auf der einen Seite den Beitrag des Abg. Elbrächter, Verhandlungen des Deutschen Bundestages, 2. Wahlperiode, Sten. Ber., Bd. 24, S. 4250 ff. (für Mißbrauchsprinzip), und auf der anderen Seite den Beitrag des Abg. Lenz, Verhandlungen des Deutschen Bundestages, 2. Wahlperiode, Sten. Ber., Bd. 24, S. 4279 f. (für Verbotsprinzip). Vermittelnd der Beitrag des Abg. Scheel, Verhandlungen des Deutschen Bundestages, 2. Wahlperiode, Sten. Ber., Bd. 24, S. 4256 (es komme nicht auf die rechtstechnische Ausgestaltung an, sondern darauf, „nützliche Kartelle" von „schädlichen Kartellen" abzugrenzen).

[34] Die Fraktion der SPD versagte am Ende mit Hinweis auf die „Durchlöcherungen" des ursprünglichen Entwurfs, die als Kniefall vor der Industrielobby gewertet wurden, dem Gesetz ihre Zustimmung; siehe den Beitrag des Abg. Kurlbaum in der dritten Lesung am 4. 7. 1957, Verhandlungen des Deutschen Bundestages, 2. Wahlperiode, Sten. Ber., Bd. 38, S. 13246.

[35] Schriftlicher Bericht des Ausschusses für Wirtschaftsfragen vom 28. Juni 1957, zu BT-Dr. 2/3644, S. 14.

[36] Siehe vor allem die (allerdings vom Plenum anschließend wieder etwas entschärfte) Beschlußempfehlung des BR-Wirtschaftsausschusses vom 14. Mai 1955, BR-Drucks. 53/1/54.

[37] Eine bemerkenswerte Ausnahme bildete die über weite Strecken in akademischem Duktus gehaltene Rede des Bundeswirtschaftsministers Ludwig Erhard in der ersten Lesung des Gesetzentwurfs: „(...) Die Harmonie einer freien Marktwirtschaft beruht auf der freien Funktion der tendenziell zum Ausgleich und zum Gleichgewicht drängenden Kräfte. Auf diese Weise wird die quantitative und qualitative Übereinstimmung von Bedarf und Dek-

zutage, daß der konzeptionelle Ansatz des Regierungsentwurfs von den Abgeordneten verinnerlicht und akzeptiert worden war[38]. Die parlamentarische Diskussion hielt sich ausnahmslos innerhalb des theoretischen Rahmens, den der Regierungsentwurf gezogen hatte. Im Einzelnen:

(1) Wiederholt nahmen Abgeordnete explizit Bezug auf die Funktionsgesetzlichkeit des Marktes, auf mögliche Funktionsbeeinträchtigungen durch wettbewerbswidrige Verhaltensweisen sowie auf die daraus abzuleitende Notwendigkeit staatlicher Schutzmaßnahmen[39]. Der prinzipielle Bedarf an einer

---

kung herbeigeführt. Während in anderen Staaten dieses Ziel durch kollektive Lenkungsmaßnahmen zu erreichen versucht wird, erzielt die Marktwirtschaft diesen Effekt über die Funktion des freien Preises. Von einem solchen kann allerdings nur so lange gesprochen werden, als ein freier Leistungswettbewerb und eine freie Preisbildung Motor und Steuerungsmittel der Wirtschaft sind (…). Kartelle sind in einer Marktwirtschaft nach der inneren Logik dieses Systems artwidrige Fremdkörper. (…) Historisch gesehen, wurde das Phänomen Kartell entweder vom rein juristischen Standpunkt aus oder vornehmlich auch unter branchen- und privatwirtschaftlichen Aspekten gewürdigt, während demgegenüber die volks- und gesellschaftswirtschaftliche Problematik völlig in den Hintergrund trat. (…) Der Mißbrauch liegt … nicht in dem Handeln und Verhalten der Kartelle, sondern er liegt bereits in ihrer Existenz und beruht darauf, daß mit der Einrichtung des Kartells der Wettbewerb eingeschränkt oder unterbunden, daß mit der Preisbindung aber die volkswirtschaftliche Funktion des Preises außer Kraft gesetzt und die Volkswirtschaft ihres unentbehrlichen Steuerungsmittels beraubt wird. (…) Sozial aber kann sich eine Wirtschaftspolitik nur dann nennen, wenn sie den wirtschaftlichen Fortschritt, die höhere Leistungsergiebigkeit und die steigende Produktivität wesentlich dem Verbraucher zugute kommen läßt. Dieses Ziel wird vornehmlich durch den freien Leistungswettbewerb erreicht, der die … Dynamik der Wirtschaft in Gang hält (…)"; Verhandlungen des Deutschen Bundestages, 2. Wahlperiode, Sten. Ber., Bd. 24, S. 4207 ff.

[38] Vgl. auch die zusammenfassende Darstellung der ersten Lesung durch den Bericht des Ausschusses für Wirtschaftsfragen vom 28. Juni 1957, zu BT-Dr. 2/3644, S. 7: „In der Aussprache … wurden von verschiedenen Sprechern sowohl eine strenge Verbotsgesetzgebung als auch eine Mißbrauchsregelung gefordert. Im Ganzen wurde aber schon in dieser Aussprache deutlich, daß der Regierungsentwurf, von Ausnahmen abgesehen, als die Grundlage des angestrebten Gesetzes bejaht wurde".

[39] Vgl. etwa die folgende Passage aus dem Schriftlichen Bericht des Ausschusses für Wirtschaftsfragen vom 28. Juni 1957, zu BT-Dr. 2/3644, S. 7/8: „Bei den Beratungen über ein deutsches Gesetz gegen Wettbewerbsbeschränkungen wurde wiederholt die Frage erörtert, welcher Erscheinungsform bei vielgestaltigem wettbewerbsmäßigen Verhalten der Vorrang für den Schutz gegen Beschränkungen gebührt. Von der Marktform der vollständigen Konkurrenz ausgehend, stand der Preiswettbewerb im Vordergrund. Seiner in der Marktwirtschaft unentbehrlichen Steuerungsfunktion wegen wurde der Preis als das bei weitem wichtigste Wettbewerbselement bezeichnet. Gegenüber dem Preiswettbewerb gewährleisten andere, insbesondere die häufig auftretenden Surrogat- und Nebenformen des Wettbewerbs …. nicht oder nur in geringerem Maße die Ausrichtung aller ökonomischen Tätigkeit nach dem ökonomischen Prinzip. (…) Der Ausschuß hatte ebenso wie der Regierungsvorlage der Tatsache Rechnung zu tragen, daß in der wirtschaftlichen Wirklichkeit die Marktform der vollständigen Konkurrenz, wie sie dem wirtschaftspolitischen Leibild von der freien Marktwirtschaft entspricht, sehr häufig nicht gegeben oder nicht realisierbar ist." Vgl. ferner die Debattenbeiträge der Abgeordneten Böhm (Verhandlungen des Deutschen Bundestages, 2. Wahlperiode, Sten. Ber., Bd. 24, S. 4213 ff.) und Schöne (Verhandlungen des Deutschen Bundestages, 2. Wahlperiode, Sten. Ber., Bd. 24, S. 4267 ff.) sowie die Ausführungen des Bericht-

Kartellaufsicht, mittels derer bestimmten „Entartungen" wirtschaftlicher Abläufe entgegenzuwirken sei, wurde von keiner Seite auch nur ansatzweise in Frage gestellt.

(2) Ferner bestand Konsens, daß mit dem GWB eine bestimmte *gesamtwirtschaftliche Wirkung* erzeugt werden soll und demzufolge ökonomische Funktionsanalysen am Ausgangspunkt aller Überlegungen zu stehen hätten („die Frage, die wir als Gesetzgeber zu lösen haben, ist die theoretische Frage der gesamtwirtschaftlichen Wirkung von Kartellen"[40]; „Das allgemeine Ziel ist die Sicherung eines bestmöglichen Funktionierens der Wirtschaft"[41]). Der im Regierungsentwurf hergestellte Bezug zwischen Wettbewerbsschutz und Wohlstandsförderung wurde in verschiedenen Beiträgen zu den Plenardebatten ausdrücklich aufgegriffen. So führte der Abgeordnete *Schöne* aus: „Die Wirtschaftspolitik muß in den einzelnen Wirtschaftsbereichen diejenige Marktform setzen bzw. ihre Herausbildung förden – zugleich die Herausbildung unerwünschter Formen hemmen –, die nach menschlichem Ermessen am vollkommensten die an die Wirtschaft hinsichtlich Produktivität und bestmögliche Versorgung gestellten Anforderungen erfüllt"[42]. Der Abgeordnete *Höcherl* sprach von der „angemessenen Versorgung der Verbraucher"[43] als Ziel des Gesetzes. Der Abgeordnete *Böhm* sprach davon, daß bei einer Monopolisierung der Wirtschaft „unser Sozialkuchen im ganzen kleiner (wird)"[44].

(3) Die Verfechter einer weniger rigiden wettbewerbspolitischen Linie sahen sich verschiedentlich zu der Beteuerung veranlaßt, sie würden hiermit die grundsätzliche Konzeption des angestrebten Gesetzes nicht verlassen. So führte etwa der Abgeordnete *Höcherl*, Mitverfasser des auf dem Mißbrauchsprinzip aufbauenden Alternativentwurfs[45], aus,

„auch uns, den Unterzeichnern dieses Antrags liegt das Interesse an der angemessenen Versorgung der Verbraucherschaft durchaus am Herzen (....) und ich bin sogar der Meinung, daß wir auch in der Wettbewerbsfrage denselben Standpunkt vertreten, wenn wir den Dingen auf den Grund gehen. Wir wollen auch nichts anderes als einen Leistungswettbewerb"[46].

---

erstatters des Bundesratswirtschaftsausschusses in der ersten Plenardebatte des Bundesrats vom 21. 5. 1954 (Verhandlungen des Bundesrats, 123. Sitzung, S. 143).

[40] Abg. Böhm, Verhandlungen des Deutschen Bundestages, 2. Wahlperiode, Sten. Ber., Bd. 24, S. 4264.

[41] Abg. Samwer, ebda., S. 4244.

[42] Ebda., S. 4270.

[43] Ebda., S. 4213.

[44] Ebda., S. 4217. Siehe auch die Ausführung des Wirtschaftssenator Luigs in der ersten Plenardebatte des Bundesrats am 21. Mai 1954: Monopole führen zur „Gefährdung des freien Marktes ... zum Nachteil des Verbrauchers" (Verhandlungen des Bundesrats, 123. Sitzung, S. 143).

[45] BT-Drs. 2/1253.

[46] Verhandlungen des Deutschen Bundestages, 2. Wahlperiode, Sten. Ber., Bd. 24, S. 4211.

Das Ringen zwischen Mißbrauchs- und Verbotsprinzip wurde von *Höcherl* als ein Streit um „rechtstechnische Vorgänge", um „eine bessere Methode" dargestellt[47]. Ähnlich ließ sich der Abgeordnete *Samwer* ein:

> „Aus allen diesen Unterlagen habe ich den Eindruck gewonnen, daß keiner den Machtmißbrauch von Kartellen will und daß man sich nur über die beste Methode und den besten Weg streitet, wie gerade der Mißbrauch weitestgehend verhindert werden kann"[48].

Es gehe, so der Abgeordnete *Scheel*, lediglich darum, die „richtige Grenzlinie zwischen zweckmäßigen und unzweckmäßigen Erscheinungen wirtschaftlicher Macht zu ziehen"[49].

(4) Die allgemeine Akzeptanz des konzeptionellen Grundansatzes des Regierungsentwurfs kam schließlich auch darin zum Ausdruck, daß die Urheber von Änderungsvorschlägen sich hierbei vielfach ausdrücklich auf die eigenen Zielsetzungen des Regierungsentwurfs beriefen. So wurde beispielsweise in der ersten Plenardebatte des Bundesrats die Ablehnung des kartellrechtlichen Verbotsprinzips durch den Bundesratswirtschaftsausschuß vor allem damit verteidigt, daß „Kartelle sich oft genug als Ordnungsfaktoren in der Wirtschaft erwiesen haben"; sie würden „in einer hochdifferenzierten und technisierten Wirtschaft mit ihren häufigen Konjunkturschwankungen ein störungsfreies Funktionieren" gewährleisten und „oft zur Vereinfachung wirtschaftlicher Vorgänge und damit zur Leistungssteigerung" führen[50] (mit anderen Worten: Kartelle könnten nicht nur marktstörend wirken, sondern zuweilen auch die Marktfunktionalität und hierüber den gesamtwirtschaftlichen Ertrag steigern). Auf derselben Linie lag die Begründung des Wirtschaftsausschusses des Bundestags für seinen Vorschlag, abweichend vom Regierungsentwurf einen zusätzlichen Ausnahmetatbestand für Rabattvereinbarungen einzuführen. Solche Vereinbarungen dienten, so der Ausschußbericht, der „Markttrans-

---

[47] Ebda.

[48] Verhandlungen des Deutschen Bundestages, 2. Wahlperiode, Sten. Ber., Bd. 24, S. 4245. Vgl. auch die Feststellung des Abgeordneten Elbrächter, ebda, S. 4250 („Zunächst darf ich feststellen, daß ... insofern Übereinstimmung herrscht, als jede Seite den Wettbewerb als solchen begrüßt") sowie die folgende Aussage des Berichterstatter des – gleichfalls dem Mißbrauchsprinzip zuneigenden – Wirtschaftsausschusses des Bundesrats in der Bundesratsplenarsitzung vom 21. Mai 1954: „Der Ausschuß befindet dabei in voller Übereinstimmung mit der Bundesregierung, daß Entartungen und mißbräuchliche Maßnahmen von Kartellen und eine Ausweitung des Einflusses von marktbeherrschenden Unternehmen von Staats wegen verhindert werden müssen"; Verhandlungen des Bundesrats, 123. Sitzung, 21. Mai 1954, S. 138.

[49] Verhandlungen des Deutschen Bundestages, 2. Wahlperiode, Sten. Ber., Bd. 24, S. 4254. Ähnlich der Abgeordnete Schöne, ebda., S. 4273: „Nach unserer Auffassung ist allein die volkswirtschaftliche Zweckmäßigkeit das entscheidende Kriterium für die Frage, ob und in welchem Umfang Kartelle anerkannt werden".

[50] Wortbeitrag des Berichterstatters Seidel, Verhandlungen des Bundesrats, 123. Sitzung, S. 138.

parenz"[51] (mit anderen Worten: Sie wirken nicht wettbewerbsstörend, sondern im Gegenteil wettbewerbsfördernd). Umgekehrt wurde die vorgeschlagene Streichung des Ausnahmetatbestands für Krisenkartelle damit begründet, daß solche Kartelle „kein geeignetes Mittel zur Erleichterung der Anpassungsvorgänge" darstellten; „eine fehlende Übereinstimmung zwischen Angebot und Nachfrage kann in zahlreichen Fällen durch einen Preisausgleich erzielt werden"[52]. Seinen Vorschlag zur Streichung der präventiven Zusammenschlußkontrolle begründete der Wirtschaftsausschuß des Bundestags damit, daß dieses Institut „möglicherweise die vom volkswirtschaftlichen Standpunkt aus begrüßenswerte Tendenz zur optimalen Betriebsgröße an ihrer vollen Entfaltung hindern könnte"[53] – auch hier also keine *prinzipielle* Gegenargumentation, sondern ein Verharren innerhalb des wirtschaftstheoretischen Argumentationshorizonts des Regierungsentwurfs.

b) 2. GWB-Novelle im Jahr 1973

Die Materialien zu den späteren Novellierungen des GWB ergeben in vielem ein ähnliches Bild. Dies kann beispielhaft anhand des Verfahrens zum Erlaß der 2. GWB-Novelle von 1973 illustriert werden, mit der die beim Erlaß des GWB noch gescheiterte Zusammenschlußkontrolle eingeführt wurde:

Bereits in der Begründung des Gesetzentwurfs[54] finden sich deutliche Bezüge zum Gedanken der Marktoptimierung. Den gesetzgeberischen Handlungsbedarf führt die Entwurfsbegründung darauf zurück, daß das geltende GWB „nicht ausreichende Handhaben (gebe), um die Voraussetzungen für einen funktionsfähigen Wettbewerb in allen Bereichen der gewerblichen Wirtschaft zu sichern"; das „wettbewerbspolitische Problem Nummer eins ist heute nicht mehr die Kartellierung, sondern die Unternehmenskonzentration"; diese könne

„den Wettbewerb ebenso beeinträchtigen wie die Kartellierung. Auch sie kann den Ansporn zur Leistung und zur Verwirklichung des Fortschritts vermindern. In der Marktwirtschaft garantiert ohne wirksamen Wettbewerb nichts dafür, daß erzielbare Größenvorteile auch realisiert und an die Verbraucher weitergegeben werden"[55].

Wiederum ist es demnach die ökonomische „Funktionsfähigkeit", die mithilfe des vorgeschlagenen Aufsichtsinstrumentariums gesichert, vor „Beeinträchti-

---

[51] Schriftlicher Bericht des Ausschusses für Wirtschaftsfragen vom 28. Juni 1957, zu BT-Dr. 2/3644, S. 16.
[52] Ebda.
[53] Ebda., S. 27.
[54] Gesetzentwurf der Fraktionen der SPD und FDP vom 25. 1. 1973; BT-Drs. 7/76, S. 1. Die Einbringung durch die Fraktionen statt die durch die Bundesregierung erfolgte aus Zeitgründen (siehe ebda., S. 17).
[55] Ebda., S. 14.

gungen" geschützt werden soll. Wiederum wird mit dem Maßstab der ökonomischen Effizienz operiert („Ansporn zur Leistung und zur Verwirklichung des Fortschritts"), wird ein Zusammenhang zur allgemeinen Wohlstandsförderung hergestellt (Weitergabe an die Verbraucher) und wird auf ökonomische Ablaufgesetzlichkeiten verwiesen (keine Realisierung von Größenvorteilen ohne wirksamen Wettbewerb)[56]. Die Zusammenschlußkontrolle wird, wie die Kartellaufsicht insgesamt, als Beitrag zur „Erhaltung der Marktwirtschaft" im Sinne einer Ordnung, die „ein möglichst gutes ökonomisches Ergebnis und eine preisgünstige Versorgung der Verbraucher" verspricht[57], dargestellt.

In den nachfolgenden parlamentarischen Verhandlungen wurde gleichfalls wiederholt auf die „Funktionsfähigkeit" des Marktes Bezug genommen („Wir sind bereit, die Marktwirtschaft funktionsfähiger zu machen"[58]; das Gesetz solle die „Voraussetzungen für einen funktionsfähigen Wettbewerb in der Wirtschaft sichern"[59]; „Motiv des Gesetzes und insbesondere des § 22 ist es, die Voraussetzungen für einen funktionierenden Wettbewerb zu sichern"[60]). Ferner betonte man auch hier den Zusammenhang zur Wohlstandsförderung („Stärkung des Wettbewerbs und der marktwirtschaftlichen Ordnung zugunsten einer leistungsfähigen Wirtschaft und der bestmöglichen und preisgünstigsten Verbraucherversorgung"[61]). Es gehe um die Sicherung von „Marktstrukturen"[62], die Gewährleistung des Wettbewerbs als „Lenkungsinstrument der Wirtschaft"[63]. Die kartellrechtlichen Aufsichtsinstrumente wurden als „systemimmanente Kontrollen und Schranken zur Sicherung der marktwirtschaftlichen Ordnung" dargestellt, mithilfe derer Gefährdungen der „marktwirtschaftlichen Eigenlenkung" entgegengewirkt werde[64].

---

[56] Siehe auch S. 16 der Entwurfsbegründung, wo auf eine frühere wissenschaftliche Untersuchung über die Zusammenhänge zwischen „Unternehmensgröße, Effizienz, technischen Fortschritt und Exportfähigkeit" Bezug genommen wird.

[57] Ebda., S. 14.

[58] Abg. Jens, Verhandlungen des Deutschen Bundestages, 7. Wahlperiode, Sten. Ber., Bd. 12, S. 419.

[59] Unterrichtung des Wirtschaftsausschusses vom 13. 6. 1973, BT-Drs. 7/765, S. 2.

[60] Abg. Alber, Verhandlungen des Deutschen Bundestages, 7. Wahlperiode, Sten. Ber., Bd 42, S. 2324.

[61] Abg. Frerichs, Verhandlungen des Deutschen Bundestages, 7. Wahlperiode, Sten. Ber., Bd. 42, S. 2316.

[62] Unterrichtung des Wirtschaftsausschusses vom 13. 6. 1973, BT-Drs. 7/765, S. 2. Ähnlich Abg. Frerichs, Verhandlungen des Deutschen Bundestages, 7. Wahlperiode, Sten. Ber., Bd. 42, S. 2308.

[63] Abg. Jens, Verhandlungen des Deutschen Bundestages, 7. Wahlperiode, Sten. Ber., Bd. 42, S. 2313.

[64] Abg. Alber, Verhandlungen des Deutschen Bundestages, 7. Wahlperiode, Sten. Ber., Bd 42, S. 2324.

2. Telekommunikationsgesetz (TKG)

a) Wettbewerbliche Zwecksetzung des TKG

Veranlassung, die Telekommunikationsaufsicht als ein Beispiel marktoptimierender Wirtschaftsaufsicht in Betracht zu ziehen, bietet bereits § 1 TKG, der als einen Zweck des Gesetzes angibt, „den Wettbewerb zu fördern". Die ursprüngliche Fassung von § 2 Abs. 2 Nr. 2 TKG gab in Einklang hiermit als eines der gesetzlichen Regulierungsziele „die Sicherstellung eines chancengleichen und funktionsfähigen Wettbewerbs, auch in der Fläche, auf den Märkten der Telekommunikation" an. Die Entstehung eines „funktionsfähigen" Wettbewerbs im Telekommunikationsbereich wurde in der Begründung des Gesetzentwurfs sogar als *„zentrales* Ziel des Gesetzes" bezeichnet[65] (Herv. v. Verf.).

Diese wettbewerblichen Zwecksetzung des TKG, die eine häufig betonte Gemeinsamkeit mit dem GWB darstellt[66], markiert einen bedeutsamen Wandel des staatlichen Interventionsansatzes. Bis in die achtziger Jahre des 20. Jahrhunderts herrschte das Verständnis vor, die Erbringung von Telekommunikationsdienstleistungen sei Bestandteil der Daseinsvorsorge und liege – modern gesprochen – in staatlicher Erfüllungsverantwortung[67]. Der Telekommunikationssektor wurde dementsprechend durch ein Staatsunternehmen (Deutsche Bundespost) bewirtschaftet, das (als Ausfluß eines Verwaltungsmonopols) Ausschließlichkeitsrechte hinsichtlich der Übertragungswege wie der Diensteerbringung besaß. Hierbei spielte maßgeblich die ökonomische Einschätzung eine Rolle, die Telekommunikation zähle zu den sog. natürlichen Monopolen, d.h. sie bilde einen Wirtschaftssektor, dessen strukturelle Eigenarten einer marktmäßigen Organisation entgegenstehen und der am effizientesten durch einen einzigen Anbieter abgedeckt werden könne[68].

Der Erlaß des TKG markiert den vorläufigen Schluß einer in mehreren Schritten verlaufenen Absatzbewegung von diesen Ausgangspunkten, bei der

---

[65] BT-Drs. 13/3609, S. 36. Der Gesetzentwurf wurde von den Fraktionen der CDU/CSU, FDP und SPD vorgelegt. Kurze Zeit später legte die Bundesregierung einen in Inhalt und Begründung identischen Gesetzentwurf vor (BT-Drs. 13/4438), der später mit dem Fraktionsentwurf verbunden wurde.

[66] *M. Geppert/E.-O. Ruhle/F. Schuster*, Handbuch Recht und Praxis der Telekommunikation, S. 48. Die Gesetzesbegründung bezeichnet die Bestimmungen des TKG als „sektorspezifische Regelungen als Ergänzung zum allgemeinen Wettbewerbsrecht"; BT-Drs. 13/3609, S. 1.

[67] *B. Holznagel/Ch. Enaux/Ch. Nienhaus*, Grundzüge des Telekommunikationsrechts, S. 3 f.

[68] Näher *M. Fehling*, AöR 121 (1996), 60; *B. Holznagel/Ch. Enaux/Ch. Nienhaus*, Grundzüge des Telekommunikationsrechts, S. 3 f. Eingehend zur Kategorie des natürlichen Monopols aus wirtschaftswissenschaftlicher Sicht *M. Fritsch/Th. Wein/H.-J. Evers*, Marktversagen und Wirtschaftspolitik, S. 186 ff.

europarechtliche Vorgaben[69], bestimmte technische Innovationen[70] sowie ein allmählicher Wandel der ökonomischen Problemsicht zusammengewirkt haben. Das TKG hebt die verbliebenen Ausschließlichkeitsrechte des (zunächst organisationsprivatisierten, sodann partiell in privates Anteilseigentum überführten) vormaligen Staatsmonopolisten (Deutsche Telekom AG) auf. Die Erbringung von Telekommunikationsdienstleistungen ist nunmehr im Grundsatz lediglich meldepflichtig (§ 6 TKG). Aufbau und Vermarktung von Übertragungswegen (Netzen) ebenso wie der Netzbetrieb (Erbringung von Telekommunikationsdienstleistungen) sind jedermann zugänglich. Der Telekommunikationssektor ist – um die oben in § 1 eingeführte Begrifflichkeit[71] aufzugreifen – aus dem Wirkungsmechanismus Staat in den Wirkungsmechanismus Wirtschaft überführt. Dem Staat verbleibt eine verfassungsrechtlich unterlegte (Art. 87 f Abs. 1 GG) Gewährleistungsverantwortung dahingehend, daß ein angemessenes und flächendeckendes Versorgungsniveau erreicht wird.

b) Marktöffnung – Wettbewerbsförderung

Was den besonderen Betrachtungswert des TKG im vorliegenden Zusammenhang ausmacht, ist der Umstand, daß das Gesetz über die bloße Markt*öffnung* hinausgeht. Das TKG erfüllt seine wettbewerbliche Zwecksetzung ganz wesentlich dadurch, daß es zusätzlich spezielle staatliche Regulierungsmechanismen etabliert, die den *tatsächlichen Aufbau von funktionsfähigen Marktstrukturen absichern sollen.* Die Begründung des Gesetzentwurfs deutet diesen Zweischritt mit den Worten an, der Gesetzgeber sei „aufgefordert, im Bereich der Telekommunikation Wettbewerb *zuzulassen und zu fördern*"[72] (Herv. V.

---

[69] Näher hierzu *R. Hallenga*, ArchPT 1996, 239 ff.; *W. Hoffmann-Riem*, DVBl. 1999, 125 ff.

[70] Digitale Übertragungstechnik, neue Übertragungswege (Glasfaser), Möglichkeit intelligenter Netze (IN); siehe *W. Spoerr/M. Deutsch*, DVBl. 1997, 300 f. sowie die Gesetzesbegründung (BT-Drs. 13/3609), die auf S. 33 als „wesentliche Ursache" dafür, daß das staatliche Monopol „überholt" sei, „Entwicklungen im Technologiebereich" angibt und insoweit auch darauf verweist, daß „ein einzelnes mit besonderen und ausschließlichen Rechten ausgestattetes Unternehmen heute auch nicht mehr annähernd in der Lage ist, das Innovationspotential bei kommunikations- und informationstechnischen Anwendungen auszuschöpfen". Siehe in diesem Zusammenhang auch die Entschließung des Rates vom 22. 7. 1993 (Abl. C 213/1), derzufolge die Liberalisierung ein unumgängliches Ergebnis der Technologie- und Marktentwicklung darstelle.

[71] Oben § 1 II. 2. a).

[72] BT-Drs. 13/3609, S. 33. Wesentliche Inspirationsquellen hierfür bildeten die – im Gesetzentwurf mehrfach in Bezug genommenen – telekommunikationspolitischen Entschließungen des Rates vom 17. 12. 1992 (Abl. C 002/5), vom 22. 7. 1993 (Abl. C 213/1), vom 7. 2. 1994 (Abl. C 048/1), vom 22. 12. 1994 (Abl. C 379/4) sowie vom 3. 10. 1995 (Abl. C 258/1). Siehe auch die beiden Grünbücher der Kommission von 1994 über die „Liberalisierung der Telekommunikationsinfrastruktur und der Kabelfernsehnetze" (KOM/94/0040/end.; KOM/94/0682/endg.).

Verf.). Dahinter steht die Einsicht, daß die bloße Marktöffnung, d. h. die Aufhebung der Marktzugangssperren, nicht ausreicht, um dem Marktprinzip im Telekommunikationssektor (jedenfalls im Hinblick auf die herkömmlichen Übertragungswege und Dienste[73]) zur vollen praktischen Wirksamkeit zu verhelfen. Die Telekommunikationsaufsicht durch die Bundesnetzagentur (vormals Regulierungsbehörde für Telekommunikation und Post) soll ein Doppeltes leisten: einerseits den aus der Marktöffnung folgenden Ordnungsbedarf administrativ abarbeiten – andererseits durch Einwirkungen auf das Marktgeschehen die neu entstehenden Marktstrukturen stabilisieren. Als Prämisse der letztgenannten, *marktoptimierenden* Aufgabenstellung fungiert dabei wie bei der Kartellaufsicht die ökonomische Einschätzung, daß ohne staatliche Intervention die Funktionsfähigkeit des Marktes unvollkommen wäre bzw. bliebe. Wie die Kartellaufsicht zielt also auch die Telekommunikationsaufsicht auf eine (in diesem Fall: sektoriell beschränkte) Steigerung der Funktionsfähigkeit des (in diesem Fall: sich erst allmählich herausbildenden) Marktes.

c) Telekommunikationsaufsicht als marktoptimierende Wirtschaftsaufsicht

Der Interventionsbedarf wird vom Gesetzgeber konkret aus der Befürchtung abgeleitet, der vormalige Staatsmonopolist könne aufgrund verschiedener Gegebenheiten (Eigentum am bis dato einzigen öffentlichen Übertragungsnetz, hoher Marktanteil in den meisten Märkten, Know How, Kapitalstärke) eine Dominanz entfalten, die den Markteintritt bzw. eine Marktbehauptung konkurrierender Anbieter erheblich erschweren oder sogar vereiteln würde[74]. Die Begründung des Gesetzentwurfs bringt dies folgendermaßen zum Ausdruck:

„Die Bundesregierung geht davon aus, daß der Markt für Telekommunikationsdienstleistungen auch nach Wegfall der Monopole noch für längere Zeit von der Deutschen Telekom AG bestimmt sein wird. Das Unternehmen wird bei den wesentlichen Telekommunikationsdienstleistungen mit einem Marktanteil von 100% in den Wettbewerb entlassen. Es verfügt zudem als einziges Unternehmen in der Bundesrepublik auf dem Telekommunikationsmarkt über ein flächendeckendes modernes Telefonnetz mit fast 40 Mio. Kunden und über flächendeckende Netzinfrastrukturen für Mietleitungsangebote. (…) Internationale Erfahrungen zeigen, daß sich wettbewerbliche Strukturen und Verhaltensweisen in diesen Märkten nicht allein durch die Aufhebung von Monopolrechten entwickeln. Potentielle Anbieter haben ohne besondere regulatorische Vorkehrungen keine Chance gegenüber dem dominanten Anbieter"[75].

---

[73] *B. Stamm*, Die Entgeltregulierung im Telekommunikationsgesetz, S. 55 ff.
[74] *M. Geppert/E.-O. Ruhle/F. Schuster*, Handbuch Recht und Praxis der Telekommunikation, S. 193 ff.; *B. Stamm*, Die Entgeltregulierung im Telekommunikationsgesetz, S. 55 ff. Siehe auch den Erwägungsgrund 6 der Richtlinie 2002/19/EG vom 7. 3. 2002 (Abl. 2002 L 108).
[75] BT-Drs. 13/3609, S. 33 f.

Die Entwurfsbegründung hebt auch hervor, dass der durch das GWB gewährleistete allgemeine Wettbewerbsschutz nicht ausreicht, um den mit der Marktdominanz der Deutschen Telekom AG verbundenen Gefahren für die Funktionsfähigkeit des Telekommunikationsmarktes zu begegnen:

„Die bestehenden wettbewerbsrechtlichen Bestimmungen des Gesetzes gegen Wettbewerbsbeschränkungen, die grundsätzlich die Existenz eines funktionsfähigen Wettbewerbs unterstellen und verhaltenskontrollierende Eingriffe und Vorgaben nur bei Vorliegen von Mißbräuchen marktbeherrschender Unternehmen vorsehen, sind für die Umwandlung eines traditionell monopolistisch geprägten Marktes unzureichend. Um potentiellen Wettbewerbern den Einstieg in den Markt tatsächlich zu ermöglichen, sind spezifische zusätzliche Regelungen erforderlich"[76].

Was an den diesen Stellen wie auch andernorts in der Entwurfsbegründung nicht im einzelnen präzisiert, sondern vorausgesetzt wird, sind die konkreten ökonomischen Erklärungen dafür, dass das allgemeine kartellrechtliche Mißbrauchsverbot unzureichend erscheint. Das Erfordernis „spezifischer zusätzlicher Regelungen" ist aus ökonomischer Sicht darauf zurückzuführen, daß im Telekommunikationssektor überdurchschnittlich hohe Marktzutrittsbarrieren bestehen (wegen des hohen Investitionsbedarfs für den Netzaufbau sowie wegen der Irreversibilität und fehlenden alternativen Verwertbarkeit der getätigten Investitionen, sog. sunk costs[77]) und daß ferner der Marktbeherrscher in diesem Sektor von überdurchschnittlich hohen Größenvorteilen profitiert (Netzwerkexternalitäten, sinkende Kosten bei Anschluß zusätzlicher Nutzer[78]). Diese Faktoren gewinnen bei vertikaler Integration des Marktbeherrschers (Unterhaltung von Übertragungswegen *und* Nutzung der Übertragungswege für die Erbringung von Telekommunikationsdienstleistungen) noch zusätzliches Gewicht[79].

Ein Blick auf die einzelnen gesetzlichen Regulierungsinstrumente des TKG zeigt, daß der Gesetzgeber sich an exakt diesen ökonomischen Gegebenheiten des Telekommunikationssektors orientiert hat. So liegt der Sinn des offenen Netzzugangs (§§ 16 ff. TKG) darin, das Eigentum an der Netzinfrastruktur als einen Wettbewerbsfaktor, der besonders zugunsten des Marktbeherrschers wirkt, zu neutralisieren. Das TKG schleift durch die Zugangsansprüche konkurrierender Anbieter von Telekommunikationsdienstleistungen, die auch Zusammenschaltungsansprüche einschließen (durch die sektortypische Größenvorteile abgebaut werden), ein wichtiges potentielles Hemmnis für die Heraus-

---

[76] BT-Drs. 13/3609, S. 34. Siehe aucg den Erwägungsgrund 29 der Richtlinie 90/388/EWG vom 28. 6. 1990 (Abl. L 192/12).

[77] *B. Holznagel/Ch. Enaux/Ch. Nienhaus*, Grundzüge des Telekommunikationsrechts, S. 5; *P. Reinke*, Der Zweck des Telekommunikationsgesetzes, S. 33 ff.

[78] *H.-H. Trute* in ders./W. Spoerr/W. Bosch, Telekommunikationsgesetz, § 33 Rn. 8.

[79] *H.-H. Trute*, in ders./W. Spoerr/W. Bosch, Telekommunikationsgesetz, § 33 Rn. 8.

bildung eines funktionsfähigen Wettbewerbs ab[80]. Das TKG stellt über das Institut der Entgeltregulierung (§§ 27 ff. TKG) auch sicher, daß der marktbeherrschende Netzeigentümer die Zugangsansprüche konkurrierender Anbieter nicht etwa durch überhöhte Zugangspreise unterlaufen kann. Die Entgeltregulierung wirkt darüber hinaus auch der Wettbewerbsbeinträchtigung durch systematische Preisunterbietung, die durch überhöhte Entgelte in verbleibenden Monopolmärkten quersubventioniert werden könnte, entgegen[81]. Sie erreicht dies, indem sie dem Marktbeherrscher die Orientierung an den Kosten der effizienten Leistungsbereitstellung zur Pflicht macht (§ 31 Abs. 1 TKG) – ein Maßstab der Preisbildung, wie er bei Fehlen einer Marktbeherrschung durch die Marktkräfte auf natürliche Weise aufgezwungen würde und der somit besonders anschaulich illustriert, daß die Regulierungsmechanismen des TKG die fehlende „vollkommene Konkurrenz" im Wettbewerbsprozeß ausgleichen sollen[82].

Unter dem Strich tritt damit klar hervor, daß die Telekommunikationsaufsicht neben der allgemeinen Kartellaufsicht als ein weiteres Beispiel für marktoptimierende Wirtschaftsaufsicht eingestuft werden kann. Die oben am Beispiel des GWB-Erlasses hervorgetretenen Elemente lassen sich auch hier nachweisen: Der Gesetzgeber zielt mit dem TKG auf die Steigerung der Marktfunktionalität; er geht hierbei von einer ökonomischen Analyse der realen Marktgegebenheiten und -gefährdungen aus; die gesetzlichen Instrumente sind – wie gerade an dem zuletzt erwähnten Preisbildungsmaßstab für die Entgeltregulierung besonders deutlich wird – darauf zugeschnitten, die tatsächlichen Marktabläufe auf ein ideales Marktmodell hin zu orientieren; der Schutz der Marktfunktionalität bezweckt die optimale Entfaltung der produktiven Kräfte privater Wirtschaftssubjekte, wodurch sich wohlstandsfördernde Effekte einstellen sollen, im Telekommunikationssektor und darüber hinaus[83]. Die durch das Gesetz intendierte Absicherung eines funktionsfähigen Wettbewerbs wird vom Gesetzgeber als ein Mittel zur allgemeinen Wohlstandsförderung[84] verstanden.

---

[80] *M. Fehling*, AöR 121 (1996), 60 f.; *H.-P. Schwintowski*, CR 1997, 634.

[81] BT-Drs. 13/3609, S. 43 („es ist erforderlich, den dominanten Anbieter daran zu hindern, die Nachfrager auf Teilmärkten mit niedriger Preiselastizität der Nachfrage durch hohe Preise auszubeuten, um auf anderen Teilmärkten durch systematische Preisunterbietung Wettbewerb zu beeinträchtigen". Siehe auch *B. Stamm*, Die Entgeltregulierung im Telekommunikationsgesetz, S. 60; *J. Scherer*, NJW 1996, 2959 f. Kritisch zur präventiven Entgeltregulierung aus ordnungspolitischer Sicht *H.-P. Schwintowski* in: U. Immenga/N. Lübben/ders. ,Telekommunikation, S. 33 (staatliche Anmaßung von Wissen).

[82] So bezogen auf die Entgeltregulierung insgesamt *W. Spoerr* in: H.-H. Trute/ders./W. Bosch, Telekommunikationsgesetz, § 24 Rn. 2.

[83] Siehe S. 33 der Gesetzesbegründung (BT-Drs. 13/3609), wo die Bedeutung von Telekommunikationsdienstleistungen für andere Sektoren hervorgehoben wird.

[84] Siehe S. 38 der Gesetzesbegründung, BT-Drs. 13/3609 („die Versorgung im Bereich der Telekommunikation durch Herstellen eines funktionsfähigen Wettbewerbs sicherzustel-

3. Wertpapierhandelsgesetz (WpHG)

a) Kapitalmarktrechtlicher Regelungsansatz

Das Wertpapierhandelsgesetz vom 26. Juli 1994[85] markiert eine bedeutsame Fortentwicklung des kapitalmarktrelevanten deutschen Rechts. Dieses bestand in Deutschland bis dahin aus rechtsform- und institutionenorientierten Regelungsbeständen, die beim Tatbestand der Beteiligung an einer Aktiengesellschaft (Aktienrecht) oder bei den Institutionen Börse und Bank ansetzten (Börsenrecht, Bankrecht)[86]. Das im wesentlichen auf europäischen Richtlinien fußende WpHG läßt diese rechtsform- und institutionenorientierten Materien unangetastet, stellt ihnen aber einen neuen Komplex zur Seite[87], der unmittelbar auf die Reglementierung von Markt*prozessen* gerichtet und daher als im engeren Sinne kapitalmarktrechtlich einzuordnen ist[88].

Mit der Ausrichtung auf Marktprozesse geht einher, daß stärkeres Augenmerk auf die Interessens- und Motivationslage des *Anlegers* gelegt wird[89]. Zudem läuft der kapitalmarktrechtliche Ansatz – und dies speziell erhellt seine Bedeutung im vorliegenden Untersuchungskontext – auf eine gezielte Indienstnahme des Rechts zum Schutz des Marktmechanismus, auf die systematische Absicherung der Voraussetzungen eines effizienten und funktionsfähigen Kapitalmarktes hinaus[90]. Gängig ist in diesem Zusammenhang die Unterscheidung zwischen verschiedenen Funktionsebenen, nämlich der *Allokationseffizienz* des Kapitalmarkts (Steuerung des Anlagekapitals dorthin, wo es am nutzbringendsten eingesetzt wird), seiner *operationalen Effizienz* (Minimierung der Transaktionskosten) sowie seiner *institutionellen Effizienz* (Erhaltung und Festigung des Vertrauens der Anleger in die Stabilität und Integrität des Marktes; hierdurch Gewährleistung eines ausreichenden Zuflusses von Anlagekapital)[91]. Das WpHG fördert, wie nachfolgend anhand seiner Materi-

---

len"). Vgl. ferner *L. Gramlich*, VerwArch 88 (1997), 641; *H.-H. Trute* in: ders./W. Bosch, Telekommunikationsgesetz, § 2 Rn. 12 („Entfaltung des Wettbewerbs in allen seinen wohlstandsfördernden Funktionen").

[85] Verkündet als Art. 1 des Zweiten Finanzmarktförderungsgesetzes vom 26.7. 1994, BGBl. I S. 1749. Neugefaßt durch Bekanntmachung vom 9. 9. 1998, BGBl. I S. 2708.

[86] *H.-D. Assmann* in ders./U.H. Schneider, Wertpapierhandelsgesetz, Einleitung, Rn. 41.

[87] *H.-D. Assmann* in ders./U.H. Schneider, Wertpapierhandelsgesetz, Einleitung, Rn. 45. Zur Vorbildwirkung des amerikanischen Rechts *ders.*, in ders./R.A. Schütze, Handbuch des Kapitalanlagerechts, S. 15.

[88] Zum systematischen Gehalt dieser Einordnung noch immer grundlegend *K. Hopt*, ZHR 140 (1976), 201 ff.; 141 (1977), 389 ff.

[89] Hierzu bereits *E. Schwark*, ZGR 1976, 274.

[90] Allgemein *H.-D. Assmann* in ders./R.A. Schütze, Handbuch des Kapitalanlagerechts, S. 13. Bezogen auf die amerikanischen securities regulations *H. Wiedemann*, BB 1975, 1591.

[91] Siehe nur *H.-D. Assmann* in ders./R.A. Schütze, Handbuch des Kapitalanlagerechts, S. 14; *D. Bliesener*, Aufsichtsrechtliche Verhaltenspflichten beim Wertpapierhandel, S. 43 ff.

alien wie auch der Erwägungsgründe der zugrundeliegenden europäischen Richtlinien näher dargelegt wird, die Funktionsfähigkeit des Kapitalmarkts auf allen diesen Ebenen, indem es für informationelle Gleichbehandlung der Marktteilnehmer sorgt und die Transparenz des Marktes erhöht[92].

Der Marktbezug des WpHG tritt bereits in der tatbestandlichen Konstruktion der wichtigsten aufsichtsgesetzlichen Verbote bzw. Gebote hervor, am auffälligsten beim Gebot zur Ad hoc-Publizität nach § 15 WpHG. Die in dieser Vorschrift begründete Veröffentlichungspflicht erstreckt sich auf Umstände, die geeignet sind, den Börsenpreis oder Marktpreis von zugelassenen Wertpapieren erheblich zu beeinflussen (§ 15 Abs. 1 Satz 1 i. V. m. § 13 Abs. 1). Gefordert ist damit ein Verhalten, dessen Charakteristikum gerade darin liegt, daß es die Marktentwicklung in eine bestimmte Richtung beeinflussen kann. Es ist die *Wirkung auf den Markt*, die zum Ansatzpunkt der Pflichtendefinition gewählt wird. Auch mit der durch das Insiderhandelsverbot (§ 14 WpHG) untersagten Verwertung von Tatsachen, die geeignet sind, im Falle ihres öffentlichen Bekanntwerdens den Kurs der Insiderpapiere erheblich zu beeinflussen, wird auf ein Verhalten abgestellt, das gerade wegen seiner Auswirkung auf das Marktgeschehen regelungsbedürftig erscheint[93]; konsequenterweise ist nach dem Gesetz auch unerheblich, ob der Informationsträger einer spezifischen Treuepflicht unterliegt[94]. Auch im Falle des dritten wesentlichen Regelungskomplexes im WpHG, der Mitteilungspflichten bei Beteiligungswechseln (§§ 21 ff. WpHG), legt schon die tatbestandliche Konstruktion ein marktfunktionales Regelungsmotiv nahe (v. a. im Hinblick auf die Publizitätsvorschrift in § 25 Abs. 1 WpHG). Lediglich bei den Wohlverhaltensregeln nach §§ 31 ff. WpHG, dem vierten wesentlichen Regelungskomplex des Gesetzes, drängt sich ein Marktbezug zumindest nicht auf den ersten Blick auf.

b) Ökonomische Zwecke der WpHG-Regelungen

(aa) Insiderhandelsverbot (§ 14 WpHG)

Das *Insiderhandelsverbot* dient ausweislich der Gesetzesmaterialien dem Erhalt des Anlegervertrauens, welches leiden könnte, wenn einzelne Kapitalmarktakteure ihre Informationsvorsprünge exklusiv verwerten dürften. Dies

---

[92] Vgl. zu diesem „Kernziel" des WpHG *H. Merkt* in K. Hopt/B. Rudolph/H. Baum, Börsenreform, S. 132.

[93] Daß ein Regelungsbedarf nicht aus sozialethischen Wertungen abgeleitet werden kann, folgt schon daraus, daß es sich beim Insiderhandel um ein „victimless crime" handelt: Der jeweilige Geschäftspartner des Insiders hätte so oder so kontrahiert; siehe *K. Hopt*, AG 1995, 355.

[94] Siehe *H.-D. Assmann* in ders./U. H. Schneider, Wertpapierhandelsgesetz, vor § 12 Rn. 42.

wird bereits in den Erwägungsgründen 5 und 6 der EG-Insiderrichtlinie[95] herausgestellt, die der deutsche Gesetzgeber mit den §§ 12 ff. WpHG umgesetzt hat:

(5) „Dieses Vertrauen beruht unter anderem auf der den Anlegern gegebenen Zusicherung, daß sie gleichgestellt sind und daß sie gegen die unrechtmäßige Verwendung einer Insider-Information geschützt werden".

(6) „Da die Insidergeschäfte für bestimmte Anleger mit Vorteilen gegenüber anderen Anlegern verbunden sind, können sie dieses Vertrauen gefährden ...".

Beinahe wortgleich lautet die nachstehende Passage aus der Begründung des Gesetzentwurfs der Bundesregierung zum WpHG[96]:

„Das Vertrauen der Anleger beruht insbesondere auf der Zusicherung, daß sie gleichbehandelt und gegen die unrechtmäßige Verwendung einer Information geschützt werden. Da Insidergeschäfte für bestimmte Anleger mit Vorteilen gegenüber anderen Anlegern verbunden sind, gefährden sie dieses Vertrauen ...".

Im Erwägungsgrund 4 der EG-Insiderrichtlinie wird klargestellt, daß der Schutz des Anlegervertrauens deshalb erfolgt, weil es sich hierbei um eine *Funktionsbedingung* des Kapitalmarktes handelt:

(4) „Das reibungslose Funktionieren dieses Marktes hängt weitgehend von dem Vertrauen der Anleger ab".

Gefährdungen des Anlegervertrauens führen, wie sowohl die EG-Insiderrichtlinie (im Erwägungsgrund 6) als auch die deutsche Entwurfsbegründung (auf S. 33) hervorheben, zu einer „Beeinträchtigung" des „reibungslosen Funktionierens des Marktes". Warum dies der Fall ist, wird weder von den Erwägungsgründen der EG-Insiderrichtlinie, noch in den Materialien zum WpHG im einzelnen ausgeführt: Bei einer Zulässigkeit von Insidergeschäften könnte Anlagekapital dem – dann von vielen Marktteilnehmern für nicht ausreichend integer gehaltenen – Kapitalmarkt fernbleiben, mit der Folge, daß dieser illiquide werden und somit seine institutionelle Funktionsfähigkeit einbüßen würde[97]. Desweiteren könnte die erwartete Vorabverwertung positiver Nachrichten durch Insider seitens der übrigen Marktteilnehmer mit Preisaufschlägen beantwortet werden, mit der Folge, daß die Eigenkapitalkosten der Emittenten sich erhöhen würden[98].

---

[95] Richtlinie 89/592/EWG des Rates vom 13. 11. 1989 zur Koordinierung der Vorschriften betreffend Insider-Geschäfte, ABl. 1989 L 334/30.

[96] BT-Drs. 12/6679, S. 33.

[97] *H.-D. Assmann* in ders./*U. H. Schneider*, Wertpapierhandelsgesetz, vor § 12 Rn. 38; *F. Schäfer* in ders., Wertpapierhandelsgesetz, vor § 12 Rn. 12; *B. Rudolph/H. Röhrl* in K. Hopt/B. Rudolph/H. Baum (Hrsg.), Börsenreform, S. 185 ff.; *E. Schwark*, ZGR 1976, 304.

[98] *K. Hopt*, ZGR 1991, 25; *ders.*, AG 1995, 358.

(bb) Ad hoc-Publizität (§ 15 WpHG)

Die Verpflichtung der Emittenten zur unverzüglichen Veröffentlichung von Tatsachen, die den Börsenpreis der eigenen Wertpapiere erheblich beeinflussen könnten (§ 15 i. V. m. § 13 Abs. 1), soll zum einen das Insiderhandelsverbot flankieren; durch den Zwang zur frühzeitigen Informationsveröffentlichung wird Insidergeschäften der Nährboden entzogen[99]. Zum anderen dient die Ad hoc-Publizität ganz allgemein der Erhöhung der Markttransparenz. Letzteres wird – anders als in den einschlägigen europäischen Richtlinien[100] – in den Materialien zum WpHG ausdrücklich angesprochen. So heißt es in der Begründung des Gesetzentwurfs der Bundesregierung zum WpHG[101]:

„Die Chancen des gleichberechtigten, schnellen Zugangs zu öffentlichen Informationen über die Gegenstände der Wertpapiermarktes sollen verbessert und der Umfang der zu veröffentlichenden Informationen erweitert werden. Dies sind entscheidende Vorbedingungen für ein gerechtes und effizientes Marktergebnis".

Konkretere Gründe, warum die Erhöhung der Markttransparenz (durch Vergrößerung des Umfangs verfügbarer Marktdaten und Verringerung von Informationsdefiziten) zu einem „effizienten" Marktergebnis führt, benennt der Bericht des Finanzausschusses des Bundestags[102]. Dort heißt es zur Ad hoc-Publizität:

„Sie trägt auch dazu bei, das Entstehen von unzutreffenden Börsen- oder Marktpreisen von Wertpapieren durch fehlerhafte oder unvollständige Information des Marktes zu verhindern".

Es geht mithin darum, durch Verbesserung der Information über anlagewesentliche Marktdaten die *Orientierungskraft des Preises* zu erhöhen[103] – wodurch sichergestellt wird, daß das Anlagekapital dorthin fließt, wo es am nutzbringendsten verwendet wird. Die Ad hoc-Publizität ist somit als ein Instrument zur Steigerung der *Allokationseffizienz* des Kapitalmarkts gedacht. Daß daneben auch an den Schutz der *institutionellen* Markteffizienz durch Ge-

---

[99] Bericht des Finanzausschusses zum Gesetzentwurf der Bundesregierung, BT-Drs. 12/7918, S. 96; *J. Ekkenga*, ZGR 1999, 170; *G. Wittich*, AG 1997, 2; *J. Franke* in H.-D. Assmann/R. Schütze, Handbuch des Kapitalanlagerechts, S. 57 ff.

[100] Weder in den Erwägungsgründen der Richtlinie 79/279/EWG des Rates vom 5. März 1979 zur Koordinierung der Bedingungen für die Zulassung von Wertpapieren zur amtlichen Notierung an einer Wertpapierbörse, Abl. L 66, S. 21 (umgesetzt durch die Vorgängerregelung des § 15 WpHG in § 44 a BörsenG), noch in denjenigen der Richtlinie 2001/34/EG des EP und des Rates vom 28. 5. 2001 über die Zulassung von Wertpapieren zur amtlichen Börsennotierung und über die hinsichtlich dieser Wertpapiere zu veröffentlichenden Informationen („EG-Wertpapierdienstleistungsrichtlinie"), Abl. L 184/1 (die an die Stelle der vorgenannten Richtlinie von 1979 getreten ist), finden sich Hinweise zum Zweck der Ad hoc-Publizität.

[101] BT-Drs. 12/6679, S. 33.

[102] BT-Drs. 12/7918, S. 96.

[103] *K. Hopt*, ZHR 159 (1995), 147.

währleistung des Anlegervertrauens gedacht ist, bringt die Entwurfsbegründung folgendermaßen zum Ausdruck[104]:

„Darüber hinaus will das Gesetz das Vertrauen der Anleger durch konkrete Verbesserungen im Bereich des Anlegerschutzes erhöhen".

Auch der Bericht des Finanzausschusses[105] erwähnt, dass § 15 WpHG eine

„Bedeutung ... für das Vertrauen der Anleger in die Funktionsfähigkeit des Kapitalmarkts hat".

Der ökonomische Mechanismus, den Entwurfsbegründung und Ausschußbericht hierbei im Auge haben, ist oben bereits am Beispiel des Insiderhandelsverbots angesprochen worden: Die Erhöhung der Markttransparenz baut integritätssenkende Informationsassymetrien ab, ermöglicht fundiertere Kaufentscheidungen und setzt so den Anlegern Anreize, sich am Kapitalmarkt zu engagieren bzw. dort zu verbleiben[106].

Schließlich schützt § 15 WpHG auch die *operationale* Markteffizienz. Denn die Regelung erspart Marktteilnehmern Aufwendungen für eigene Informationsbeschaffung, wodurch die Transaktionskosten für Kapitalmarktgeschäfte sinken[107].

Somit kann, sogar in mehrfacher Hinsicht, auch der Regelung in § 15 WpHG attestiert werden, daß sie den Schutz der Funktionsfähigkeit des Kapitalmarkts bezweckt[108]. Die Begründung des Gesetzentwurfs der Bundesregierung zum WpHG spricht dies auch wörtlich aus[109].

(cc) Mitteilungspflichten bei Beteiligungswechseln (§§ 21 ff. WpHG)

Der Gesetzgeber betrachtet ferner auch das mit den §§ 21 ff. WpHG geschaffene Regularium zur Beteiligungspublizität börsennotierter Aktiengesellschaften als ein Mittel zur Erhöhung der Markttransparenz und knüpft daran vergleichbare ökonomische Erwartungen wie an die Regelung zur Ad hoc-Publizität in § 15 WpHG. Er geht ausweislich der Begründung des Regierungsentwurfs zum WpHG davon aus, daß Zusammensetzung und Veränderungen des Aktionärskreises „wichtige Kriterien für Anlagedispositionen der Investoren"

---

[104] BT-Drs. 12/6679, S. 33.

[105] BT-Drs. 12/7918, S. 96

[106] Siehe *S. Kümpel* in H.-D. Assmann/U.H. Schneider, Wertpapierhandelsgesetz, § 15 Rn. 2; *S. Geibel* in F. Schäfer, Wertpapierhandelsgesetz, § 15 Rn. 2.

[107] *S. Kümpel* in H.-D. Assmann/U.H. Schneider, Wertpapierhandelsgesetz, § 15 Rn. 2.

[108] So auch *H.-D. Assmann/P. Cramer*, in H.-D. Assmann/U.H. Schneider, Wertpapierhandelsgesetz, § 14 Rn. 4 b; *S. Kümpel* in H.-D. Assmann/U.H. Schneider, Wertpapierhandelsgesetz, § 15 Rn. 2; *S. Geibel* in F. Schäfer, Wertpapierhandelsgesetz, § 15 Rn. 1; *J. Ekkenga*, ZGR 1999, 170/171.

[109] BT-Drs. 12/6679, S. 48 (§ 15 WpHG als eine Regelung, die „die Transparenz und damit die Funktionsfähigkeit der Finanzmärkte verbessert").

sind[110]. Indem sie dem Anleger umfassende und aktuelle Informationen über diese Kriterien verschaffen, stärken die §§ 21 ff. WpHG nach Auffassung des Gesetzgebers weiterhin auch das Anlegervertrauen[111] als zentrale Funktionsbedingung des Kapitalmarkts[112].

(dd) Wohlverhaltenspflichten (§§ 31 ff. WpHG)

Schließlich sind auch die in §§ 31 ff. WpHG statuierten Wohlverhaltenspflichten der Wertpapierdienstleistungsunternehmen, die man auf den ersten Blick als Ausfluß sozialpolitisch motivierten Konsumentenschutzes zu deuten versucht ist, vom Gesetzgeber als Mittel zur Förderung der Funktionsfähigkeit des Kapitalmarkts gedacht. Die EG-Wertpapierdienstleistungsrichtlinie[113], die mit den §§ 31 ff. WpHG umgesetzt worden ist, spricht in ihrem Erwägungsgrund 42 ausdrücklich von der „Gewährleistung eines reibungslosen Funktionierens der Wertpapiermärkte" als Zweck der Wohlverhaltenspflichten. Im

---

[110] BT-Drs. 12/6679, S. 52. Vgl. auch die folgende Passage auf S. 33: „Um die Art und Weise der Ausführung seines Auftrags und der Preisbildung verfolgen zu können, ist für den Anleger die Transparenz des Marktgeschehens von Bedeutung. Zur Transparenz gehört auch, daß den Anlegern die Eigentümerstruktur der börsennotierten Gesellschaften bekannt ist. Sie läßt Rückschlüsse auf die weitere Entwicklung des Unternehmens zu und ist ein Faktor im Anlagekalkül".

[111] Begründung des Gesetzentwurfs der Bundesregierung zum WpHG, BT-Drs. 12/6679, S. 52. Siehe auch die Erwägungsgründe 1 und 3 der EG-Transparenzrichtlinie (Richtlinie 88/627/EWG des Rates vom 12. Dezember 1988 über die bei Erwerb und Veräußerung einer bedeutenden Beteiligung an einer börsennotierten Gesellschaft zu veröffentlichenden Informationen), die durch §§ 21 ff. WpHG umgesetzt wird: „Eine Politik der angemessenen Unterrichtung der Anleger im Wertpapierbereich verbessert deren Schutz, stärkt das Vertrauen der Anleger in die Wertpapiermärkte …" (EG 1); „Deshalb ist es angebracht, die Anleger über bedeutende Beteiligungen und über Änderungen dieser Beteiligungen … zu unterrichten … (EG 3). Die EG-Transparenzrichtlinie ist mittlerweile, ebenso wie die oben bereits erwähnte Richtlinie 79/279/EWG des Rates vom 5. März 1979 zur Koordinierung der Bedingungen für die Zulassung von Wertpapieren zur amtlichen Notierung an einer Wertpapierbörse, ersetzt worden durch die EG-Wertpapierdienstleistungsrichtlinie (Richtlinie 2001/34/EG des EP und des Rates vom 28. 5. 2001 über die Zulassung von Wertpapieren zur amtlichen Börsennotierung und über die hinsichtlich dieser Wertpapiere zu veröffentlichenden Informationen, Abl. L 184/1). Deren Erwägungsgründe 31 und 33 entsprechen wörtlich den vorzitierten Erwägungsgründen 1 und 3 der EG-Transparenzrichtlinie.

[112] Siehe die Begründung des Gesetzregierung zum WpHG, BT-Drs. 12/6679, S. 52 („…sein Vertrauen in die Funktionsfähigkeit des Kapitalmarkts zu stärken und damit die Funktionsfähigkeit des Kapitalmarkts insgesamt zu fördern"). Sieher ferner die abschließende Wendung im Erwägungsgrund 1 der vorzitierten Transparenzrichtlinie (= Erwägungsgrund 33 der Richtlinie 2001/34/EG): „… und trägt auf diese Weise zu deren [d. i. die Wertpapiermärkte – Anm. d. Verf.] reibungslosen Funktionieren bei". Aus der Literatur *U. H. Schneider* in H.-D. Assmann/U. H. Schneider, Wertpapierhandelsgesetz, vor § 21, Rn. 12; *A. Cahn*, ZHR 162 (1998), 2; *P. Opitz* in F. Schäfer, Wertpapierhandelsgesetz, vor § 21, Rn. 12.

[113] Richtlinie 2001/34/EG des EP und des Rates vom 28. 5. 2001 über die Zulassung von Wertpapieren zur amtlichen Börsennotierung und über die hinsichtlich dieser Wertpapiere zu veröffentlichenden Informationen, Abl. L 184/1.

Bericht des Finanzausschusses zum Regierungsentwurf des WpHG heißt es hierzu[114]:

„Die Festlegung von Verhaltensregeln für die gewerbsmäßigen Erbringer von Wertpapierdienstleistungsunternehmen über die Art und Weise, wie diese Wertpapierdienstleistungen zu erbringen haben, ist von großer Bedeutung für das Vertrauen der Anleger in das ordnungsgemäße Funktionieren der Wertpapiermärkte. (…) Mit der Aufstellung und Überwachung von Verhaltensregeln wird den aus diesen Bedingungen des Wertpapierhandels für Anleger resultierenden Risiken entgegengewirkt (…) Wegen der großen Bedeutung funktionierender Wertpapiermärkte für die gesamte Volkswirtschaft besteht vor diesem Hintergrund ein öffentliches Interesse an der Schaffung und Durchsetzung dieser Regeln".

Auch an dieser Stelle stand dem Finanzausschuss also der oben bereits angesprochene Zusammenhang zwischen Markttransparenz und Anlegervertrauen vor Augen: Indem die §§ 31 ff. WpHG den Informationsgrad der Marktteilnehmer erhöhen, sie zur besseren Abmessung des Risikos und damit der Tragweite ihrer Anlageentscheidung befähigen[115], stärken sie das Anlegervertrauen und tragen so zur Liquidität des Kapitalmarkts bei[116].

c) Wertpapierhandelsaufsicht als marktoptimierende Wirtschaftsaufsicht

Die Ausrichtung der Kernregelungen des WpHG auf den Funktionsschutz des Kapitalmarkts, die übrigens auch in den Plenardebatten des Bundestags zur Sprache kam[117], weist die Wertpapierhandelsaufsicht als ein Beispiel marktoptimierender Wirtschaftsaufsicht aus: Der erstrebte Funktionsschutz soll die ökonomische Effizienz des Kapitalmarkts erhöhen, die vom Gesetzgeber grundsätzlich als optimierungbedürftig angesehen wird[118]. Wiederum tritt

---

[114] BT-Drs. 12/7918, S. 97. In der Begründung des Regierungsentwurfs finden sich keine Erläuterungen, da die §§ 31 ff. erst im Zuge der Ausschußberatungen Eingang in den Entwurf gefunden haben. Aus der Literatur *I. Koller* in H.-D. Assmann/U. H. Schneider, Wertpapierhandelsgesetz, vor § 31, Rn. 9.

[115] Siehe den Bericht des Finanzausschusses, BT-Drs. 12/7918, S. 103: „Durch die Erfüllung der Verhaltensregeln soll der Kunde eines Wertpapierdienstleistungsunternehmens in die Lage versetzt werden, die Tragweite und Risiken seiner Anlageentscheidung einschätzen … zu können".

[116] Vgl. *I. Koller* in H.-D. Assmann/U.H. Schneider, Wertpapierhandelsgesetz, vor § 31, Rn. 9; *F. Schäfer* in ders., Wertpapierhandelsgesetz, vor § 31 Rn. 3; *A. Cahn*, ZHR 162 (1998), 2; *D. Bliesener*, Verhaltenspflichten beim Wertpapierhandel, S. 43 ff.

[117] Z.B. Wortbeitrag des Abg. Ebert, Verhandlungen des Deutschen Bundestages, 12. Wahlperiode, Sten. Ber. S. 20497 (WpHG schaffe Voraussetzungen für „Sicherheit und Funktionsfähigkeit" des Kapitalmarktes); Wortbeitrag des Abg. Graf Lambsdorff, Verhandlungen des Deutschen Bundestages, 12. Wahlperiode, Sten. Ber., S. 20499 (zur vorgesehenen ad-hoc-Publizität: „Nur so bietet der Markt Chancengleichheit. Nur so kann er funktionieren"). Siehe auch die Stellungnahme des Bundesrats zum Gesetzentwurf (1. Durchlauf) vom 17. 12. 1993, BR-Drs. 793/93, S. 8 (Thematisierung der Gefahren, die von Insiderverstößen „für die Funktionsfähigkeit der Wertpapiermärkte" ausgehen).

[118] In diesem Zusammenhang erwähnenswert ist der Umstand, daß die ökonomische

hier die Unterscheidung zwischen dem Markt als einem idealen Funktionsmodell und dem vorgefundenen, durch Funktionsdefizite oder -gefährdungen geprägten „realen" Markt zutage. Die diversen gesetzlichen Instrumente sollen diese Defizite bzw. Gefährdungen ausschalten und so den „realen" Kapitalmarkt auf ein ideales Funktionsmodell hin ausrichten. Der Zuschnitt des gesetzlichen Instrumentariums orientiert sich an einer öknomischen Analyse der tatsächlichen Marktlage, der maßgeblichen Funktionsgesetze des Marktes und der vor ihrem Hintergrund vermuteten Auswirkungen des staatlichen Eingriffs. Daß der Gesetzgeber als übergreifendes Ziel die Steigerung der gesamtwirtschaftlichen Ertragschancen vor Augen hat, geht aus der Begründung des Regierungsentwurfs zum WpHG[119] und auch aus Äußerungen im weiteren parlamentarischen Verfahren[120] deutlich hervor.

II. Einordnung und Vertiefung der Analyseergebnisse

1. Verifizierung und Präzisierung des Ausgangsmodells

Die vorstehende Analyse bestätigt die Plausibilität des in § 1 entworfenen Ausgangsmodells. Kartellaufsicht, Telekommunikationsaufsicht und Wertpapierhandelsaufsicht erfüllen, wie anhand der Gesetzgebungsmaterialien belegt werden konnte, die Merkmale marktoptimierender Wirtschaftsaufsicht im Sinne der in § 1 festgelegten Bedeutung. Es erweist sich damit, daß das Ausgangsmodell *realitätsgerecht* ist, d. h. in der Lage, tatsächlich vorkommende Aufsichtszwecke zutreffend zu erfassen und abzubilden. Somit kann es als Basis für weiterführende juristische Untersuchungen genutzt werden, wie sie in späteren Abschnitten dieser Arbeit (§§ 3 ff.) unternommen werden sollen.

Plausibilität des Insiderhandelsverbots von einigen wirtschaftswissenschaftlichen Autoren angzeweifelt wird; vgl. hierzu die Darstellungen bei *B. Rudolph*, FS Moxter, S. 1333 ff.; *F. Immenga*, ZBB 1995, 197 ff., *C. Ott/H.-B. Schäfer*, ZBB 1991, 220 ff.; *K. Hopt*, AG 1995, 353 ff.; *H.-D. Assmann*, AG 1994, 201 ff.; *D. Schneider*, DB 1993, 1429 ff.

[119] BT-Drs. 12/6679, S. 33. Hier wird – allgemein bezogen auf das 2. Finanzmarktförderungsgesetz – die gesamtwirtschaftliche Bedeutung des Gesetzes wie folgt herausgestellt: „Die internationale Wettbewerbsfähigkeit einer Volkswirtschaft hängt im entscheidenden Maße von der Funktionsfähigkeit ihrer Finanzmärkte ab. Die Finanzmärkte gewährleisten eine effiziente Ressourcenallokation und sind damit ein Motor für Wachstum und Strukturwandel."

[120] Beschlußempfehlung und Bericht des Finanzausschusses, BT-Drs. 12/7918, S. 97 („wegen der großen Bedeutung funktionierender Wertpapiermärkte für die gesamte Volkswirtschaft..."); Wortbeitrag des Abg. Ebert, Verhandlungen des Deutschen Bundestages, 12. Wahlperiode, Sten. Ber., S. 20497 („Funktionsfähige Kapitalmärkte sind die Voraussetzung für wirtschaftliches Wachstum und für den Erfolg einer Volkswirtschaft").

Die Analyse hat auch ergeben, daß das Ausgangsmodell auf einer *abstrahierenden* Sichtweise beruht, die ein *einzelnes Charakteristikum herausgreift* und zum maßgebenden Klassifikationskriterium erhebt. Wirtschaftsaufsicht zur Sicherung und Förderung des Wettbewerbs (Kartellaufsicht, Telekommunikationsaufsicht) bildet ebenso wie Wirtschaftsaufsicht zur Gewährleistung der Funktionsfähigkeit des Kapitalmarkts (Wertpapierhandelsaufsicht) jeweils eine *bereichsspezifische Ausprägung* marktoptimierender Wirtschaftsaufsicht. Das Modell bringt die Zwecke dieser Aufsichtszweige auf einen *gemeinsamen Nenner,* sondert eine ihnen gemeinsame Eigenschaft aus – nämlich eine bestimmte Regelungsperspektive auf den Markt, die nunmehr folgendermaßen präzisiert werden kann:

– Mit der Etablierung marktoptimierender Wirtschaftsaufsicht reagiert der Gesetzgeber auf eine von ihm angenommene Optimimierungsbedürftigkeit des Marktes. Die Annahme der Optimierungsbedürftigkeit basiert auf einem Vergleich zwischen dem empirisch ermittelten Ist-Zustand des Marktes (Markt als Inbegriff eines tatsächlichen Geschehensablaufs) und einem anhand wirtschaftstheoretischer Überlegungen ermittelten Soll-Zustand des Marktes (Markt als Inbegriff eines idealen Geschehensablaufs).

– Der Soll-Zustand des Marktes, der als Richtmaß der gesetzlichen Ausgestaltung fungiert, ist dadurch gekennzeichnet, daß in ihm bestimmte, vom Gesetzgeber als Funktionsbedingungen des (idealen) Marktes identifizierte Merkmale erfüllt sind. Die Nichterfüllung bzw. nicht vollständige Erfüllung dieser Merkmale im Ist-Zustand des Marktes ist es, woraus sich die gesetzgeberische Annahme der Optimierungsbedürftigkeit des Marktes ableitet.

– Marktoptimierende Wirtschaftsaufsicht zielt darauf ab, durch Veränderung der tatsächlich vorherrschenden Funktionsweise des Marktes diesen in seinen Soll-Zustand zu überführen. Der Staat interveniert, um den Markt auf sein eigenes Idealbild hin zu orientieren.

– Beabsichtigte Folge der marktoptimierenden Wirtschaftsaufsicht ist eine Erhöhung der ökonomischen Leistungsfähigkeit des Marktes (im Hinblick auf die durch ihn bewerkstelligte Versorgung an Gütern bzw. Dienstleistungen), wodurch eine gesamtwirtschaftliche Wohlstandserhöhung ermöglicht werden soll. Der Soll-Zustand des Marktes ist ein Zustand, in dem die ökonomische Leistungsfähigkeit des Marktes und damit sein Wohlstandsbeitrag höher sind. Hierbei wird vom Gesetzgeber nicht danach differenziert, inwiefern einzelne Gruppen oder Individuen von der Wohlstandserhöhung über- oder unterdurchschnittlich profitieren. Marktoptimierende Wirtschaftsaufsicht ist verteilungsindifferent, richtet sich darauf, den „Sozialkuchen" im Ganzen möglichst groß zu machen.

– Die Zwecktauglichkeit eines marktoptimierenden Aufsichtsgesetzes hängt davon ab, daß ihm zutreffende ökonomische Analysen und Folgerungen zugrundeliegen (zutreffende Analyse des Ist-Zustands des Marktes, zutreffende

Ermittlung des Soll-Zustands des Marktes und der hier geltenden Funktionsbedingungen, Wahl von tauglichen Aufsichtsmitteln). Die Entscheidung über
das „ob" und „wie" der Aufsichtsgesetzgebung ist eine Entscheidung für oder
gegen bestimmte ökonomische Problemaufassungen und Problemlösungen.
Der Gesetzgebungsprozeß ist so in erster Linie ein Prozeß der Auswertung
und Umsetzung kognitiver Erkenntnisse, kein Prozeß der volitiven Gewichtung und Abwägung konkurrierender sozialethischer Werte.

2. Unterschiedliche Typen marktoptimierender Wirtschaftsaufsicht

Es kann zwischen folgenden Typen marktoptimierender Wirtschaftsaufsicht
unterschieden werden:

– Marktoptimierende Wirtschaftsaufsicht kann *querschnittlich* angelegt
sein und sich auf sämtliche Wirtschaftssektoren erstrecken. Ein Beispiel hierfür bietet die Kartellaufsicht, die auf den Schutz einer Funktionsbedingung
gerichtet ist (Wettbewerb), die für alle Wirtschaftssektoren Bedeutung hat.
Demgegenüber sind Telekommunikationsaufsicht sowie Wertpapierhandelsaufsicht *speziell auf einzelne Wirtschaftssektoren* (Telekommunikation, Wertpapierhandel) und den Schutz solcher Funktionsbedingungen zugeschnitten,
die in diesen Sektoren besonders bedeutsam sind (Markttransparenz und
Marktintegrität im Falle des WpHG) oder dort überdurchschnittlich gefährdet
und folglich überdurchschnittlich schutzbedürftig sind (Wettbewerb im Falle
des TKG).

– Im Falle des TKG zielt die Aufsicht auf die Absicherung der *erstmaligen
Herausbildung* von Marktstrukturen, während im Falle des GWB sowie des
WpHG der Gesetzgeber von *bereits vollständig etablierten* Marktstrukturen
ausgeht und diese gegen bestimmte Entartungsgefahren absichern will. Man
kann im ersten Fall von marktkonstituierender Marktoptimierung, im letzten
Fall von marktkonservierender Marktoptimierung sprechen. Hinsichtlich der
Telekommunikationsaufsicht als marktkonstituierender und daher auch bereichsweise besonders *eingriffsintensiver*[121] Marktoptimierung ist vorstellbar,
daß sie bei einer Verfestigung der anfänglich fragilen Marktstrukturen sukzessive abgebaut und in die allgemeine marktkonservierende Kartellaufsicht überführt werden kann.

– Unterscheidet man nach dem Verhalten der Aufsichtsadressaten, an das
sich jeweils aufsichtsgesetzliche Verpflichtungen knüpfen, so liegt eine Gemeinsamkeit zwischen Kartellaufsicht und Telekommunikationsaufsicht darin, daß sie beide zumeist an den (entweder vollzogenen oder zumindest von
einer Seite in Aussicht genommenen) Abschluß von Verträgen, d. h. an die Be-

---

[121] V.a. im Hinblick auf die präventive Entgeltregulierung.

gründung von Austauschbeziehungen ansetzen, während die Wertpapierhandelsaufsicht dies bereichsweise (nämlich bei der Ad hoc-Publizität) nicht tut.

– Das WpHG zielt bereichsweise auf *vorbeugende Marktoptimierung im Vorfeld konkreter Funktionsgefährdungen*. Insbesondere die Ad hoc-Publizität nach § 15 WpHG sowie die Beteiligungspublizität nach §§ 21 ff. WpHG dienen der präventiven Ausschaltung bzw. Entschärfung abstrakt funktionsgefährlicher Störungsquellen. Demgegenüber treten die Kartellaufsicht sowie die Telekommunikationsaufsicht meist erst bei bereits manifest gewordenen Störungen oder jedenfalls Störungsgefahren auf den Plan.

– Schließlich ist hervorzuheben, daß die Wertpapierhandelsaufsicht sowie die Telekommunikationsaufsicht in weiten Teilen europarechtlich determiniert sind. Demgegenüber handelt es sich beim GWB um ein genuin nationales, nicht durch Europarecht inhaltlich vorgegebenes Gesetz[122]. Allerdings findet Kartellaufsicht auch auf europäischer Ebene durch die Kommission statt, und zwar auf Grundlage einschlägigen europäischen Rechts. Im Kartellrecht herrscht somit eine legislative wie administrative Arbeitsteilung zwischen den Ebenen der Gemeinschaft und des Mitgliedstaats, während im Wertpapierhandelsrecht sowie im Telekommunikationsrecht die administrative Implementierung alleine dem Mitgliedstaat obliegt, dessen Gesetzgebung allerdings europarechtlich vorgeformt ist.

3. Marktoptimierung und Marktkorrektur

Ferner ermöglicht die vorausgegangene Analyse nunmehr eine noch präzisere Abgrenzung zur Figur der Marktkorrektur, die gleichfalls durch die Art ihrer Regelungsperspektive auf den Markt charakterisiert ist.

a) *Interventionscharakter der Marktoptimierung*

Ausgangspunkt für diese Abgrenzung ist zunächst der Befund, daß auch Marktoptimierung als *Intervention* einzustufen ist, d. h. als staatlicher Eingriff „von außen" in ein „natürlich" ablaufendes wirtschaftliches Geschehen. Ablauf und Richtung des Marktgeschehens werden durch marktoptimierende Aufsichtsaktivität des Staates von außen *beeinflußt*, d. h. das Marktgeschehen nimmt durch marktoptimierende Aufsichtsaktivität einen anderen Verlauf als bei Ausbleiben dieser Aktivität. Marktoptimierung bedeutet, bestimmte tatsächliche Erscheinungen im Marktgeschehen zu unterdrücken (z. B. Kartellbildung) oder hervorzurufen (z. B. wertpapierhandelsrechtliche ad-hoc-Meldung). Der Unterschied zwischen Marktoptimierung und Marktkorrektur

---

[122] Womit nicht in Abrede gestellt werden soll, daß von den Lösungsmodellen des europäischen Kartellrechts durchaus eine Vorbildwirkung für die nationale Rechtssetzung und Rechtsanwendung ausgehen kann.

darf also nicht darin gewähnt werden, daß letztere das Marktgeschehen in eine bestimmte Richtung lenken, während erstere ihm gleichsam freie Bahn verschaffen, ihm zur unbeeinflußten Entfaltung verhelfen würde. Auch im Falle der Marktoptimierung wird eine „künstliche" Abänderung des Marktgeschehens vorgenommen, indem der Staat den Marktteilnehmern Verhaltensweisen auferlegt, die durch „natürliche" Marktimpulse nicht angereizt werden.

b) Interventionsrichtung als maßgebliches Abgrenzungskriterium

Der maßgebliche Unterschied liegt vielmehr in der Interventionsrichtung. Die marktoptimierende Intervention zielt darauf, das tatsächliche Marktgeschehen auf ein ökonomisches Idealbild des Marktes hin zu orientieren. Sie ist insofern *marktimmanent*, leitet ihren Richtpunkt und ihre Handlungsmaßstäbe aus dem Markt selbst ab (Markt im Sinne eines idealen Geschehensablaufs). Der Markt wird nicht gegen seine eigenen Funktionsprinzipien, sondern zu deren eigenem Schutz, zu deren Durchsetzung, zur Gewährleistung ihrer höheren praktischen Wirksamkeit beeinflußt.

c) Ökonomisch begründete Marktkorrektur

Hinsichtlich der Interventionsrichtung der Markt*korrektur* ist zu differenzieren. Zum einen kann die marktkorrigierende Intervention auf ökonomischen Motiven beruhen und ihr Ziel darin bestehen, den Markt *gegen* seine eigenen Funktionsprinzipien zu beeinflussen, genauer: diese Funktionsprinzipien auszuschalten und wirtschaftliche Prozesse ganz oder teilweise anderen, *marktfremden* Funktionsprinzipien zu unterwerfen (ökonomisch begründete Marktkorrektur). Ein Beispiel für diesen Ansatz bieten solche staatliche Einwirkungen, die Steuerungsmechanismen des Marktes durch marktfremde Steuerungsmechanismen ersetzen. Sie kamen bis vor kurzem im Bereich der Telekommunikationswirtschaft und der Energiewirtschaft vor (staatliches Leistungsmonopol im Bereich der Telekommunikationswirtschaft; staatliche Absicherung von Gebietsmonopolen im Bereich der Energiewirtschaft). Nunmehr hat die Energiewirtschaft mit dem neuen Energiewirtschaftsgesetz von 1998[123] ähnlich wie die Telekommunikationswirtschaft mit dem neuen TKG einen grundlegenden rechtlichen Systemwechsel hin zur Marktöffnung (Abschaffung der rechtlichen Absicherung von Gebietsmonopolen) und zur staatlichen Absicherung der Herausbildung von Wettbewerbsstrukturen erfahren[124].

---

[123] Gesetz über die Elektrizitäts- und Gasversorgung (Energiewirtschaftsgesetz – EnWG) vom 24.4.1998, BGBl. I 730.
[124] Siehe die Begründung des Gesetzentwurfs der Bundesregierung, BT-Drs. 13/7274, S. 9ff.; *U. Büdenbender*, Schwerpunkte der Energierechtsreform, 1998; *ders.*, DVBl. 2001, 952ff.; *Ch. Nell-Theobald/Ch. Theobald*, Grundzüge des Energiewirtschaftsrechts, S. 19ff.

Bei der ökonomisch begründeten Marktkorrektur werden bewußt fundamentale „Spielregeln" des Marktes außer Kraft gesetzt. Der Markt wird gerade auch in seiner ideellen Dimension (Markt im Sinne eines idealen Geschehensablaufs) in Frage gestellt – und zwar deshalb, weil er für einen bestimmten Sektor (aufgrund von dessen strukturellen Besonderheiten) nicht als hinreichend geeigneter Mechanismus zur Steuerung wirtschaftlicher Prozesse angesehen wird[125]. Durch die Etablierung alternativer, marktfremder Steuerungsmechanismen verspricht sich der Gesetzgeber bessere ökonomische Ergebnisse, letztlich ein höheres allgemeines Wohlstandsniveau. Ökonomisch begründete Marktkorrektur stellt eine Reaktion auf angenommene, sektorspezifische ökonomische Leistungsdefizite des Marktes dar, von denen der Gesetzgeber annimmt, daß sie mit *marktkonformen* Interventionen nicht zu beheben sind.

d) Außerökonomisch begründete Marktkorrektur

Den Fällen ökonomisch begründeter Marktkorrektur stehen Fälle gegenüber, in denen die Intervention damit begründet wird, daß der Markt strukturell ungeeignet sei, bestimmte andere Gemeinwohlwerte als denjenigen eines höchstmöglichen allgemeinen Wohlstandsniveaus zu verwirklichen (außerökonomisch begründete Marktkorrektur). Hierzu zählen beispielsweise die Marktkorrektur aus sozialpolitischen Gründen (z.B. Verpflichtung zur einkommensbezogenen Staffelung von Leistungsentgelten), die Marktkorrektur aus umweltpolitischen Gründen (z.B. Verbot bestimmter umweltschädlicher Produkte oder Produktionsweisen), die Marktkorrektur aus ordnungsrechtlichen Gründen (z.B. Auflagen zur Produktionssicherheit) oder die Marktkorrektur aus außen- und sicherheitspolitischen Gründen (z.B. Waffenexportbeschränkungen); viele andere ließen sich anfügen. Es geht bei der außerökonomisch begründeten Marktkorrektur darum, Defizite auszugleichen, die darauf beruhen, daß bestimmte Gemeinwohlwerte im Rahmen des Marktmechanismus nicht zur Geltung kommen, nicht „marktgängig" sind. Die Eignung des Marktes zur Erzeugung eines höchstmöglichen Wohlstandsniveaus, d.h. als geeigneter Mechanismus zur Steuerung ökonomischer Prozesse, wird dadurch nicht in Frage gestellt.

Zuweilen nimmt der Gesetzgeber mit der Einführung außerökonomisch begründeter Marktkorrektur in Kauf, daß hierdurch die ökonomische Leistungsfähigkeit des Marktes herabgesetzt wird. Beispielsweise ist dies bei außenpoli-

---

[125] Ein Beispiel für diese Sichtweise bietet die Begründung des Regierungsentwurfs zum GWB (BT-Drs. 2/1158, S. 23), wo hinsichtlich der Landwirtschaft ausgeführt wird, bei ihr könne „auf Grund ihrer natürlichen Gegebenheiten" der „Marktautomatismus nicht zur Wirkung kommen". Die Entwurfsbegründung stützt sich insoweit darauf, daß „die Funktion des Preises als eines Steuerungselementes des Marktablaufs für einen erheblichen Teil der landwirtschaftlichen Produktion keine Geltung" hat. Dies wiederum wird auf die geringe Umstellungsflexibilität der landwirtschaftlichen Produktion zurückgeführt.

tisch motivierten Beschränkungen von Rüstungsexporten der Fall, die im Extremfall ganze Teilmärkte zum Erliegen bringen können. Hier entscheidet der Gesetzgeber sich im Angesicht eines nicht behebbaren Zielkonfliktes für das Zurücktreten des ökonomischen Gemeinwohlwerts eines höchstmöglichen Wohlstandsniveaus. Es ist aber durchaus auch möglich, daß die erstrebte Förderung eines bestimmten außerökonomischen Gemeinwohlwerts mit dem Ziel eines höchstmöglichen Wohlstandsniveaus kompatibel ist, ja sogar das eine das andere geradezu bedingt. Als Beispiel sei auf die Wertpapierhandelsaufsicht verwiesen, wo der Funktionsschutz des Marktes nach dem oben Gesagten zum Teil auch darüber erfolgt, daß die Individualanliegen unerfahrener Anleger geschützt werden (deutlich v.a. im Bereich der Wohlverhaltenspflichten nach §§ 31 ff. WpHG). Die Förderung eines außerökonomischen, in diesem Falle sozialpolitischen Gemeinwohlwerts (Individualanlegerschutz) fungiert hier als Mittel zur Marktoptimierung. Ähnliche Zusammenhänge zeigen sich bei der Bankenaufsicht sowie bei der Versicherungsaufsicht, die nach heute herrschender Auffassung sowohl sozialpolitisch motivierten Einlegerschutz bzw. Versichertenschutz als auch den Schutz der Funktionsfähigkeit der betreffenden Wirtschaftszweige intendieren[126] und das eine gerade über die Verwirklichung des anderen bewerkstelligen[127].

III. Marktoptimierende Wirtschaftsaufsicht und drittschützende Aufsichtsnormen

1. Fragestellung

Die Durchsetzung marktoptimierender Aufsichtsnormen gegenüber den Aufsichtsadressaten liegt nicht ausschließlich in der Hand staatlicher Aufsichtsbehörden. Sie liegt vielfach zusätzlich auch in der Hand privater Dritter (etwa Konkurrenten der Aufsichtsadressaten), denen hierfür neben privatrechtlichen Instrumenten z.T. auch – soweit die Aufsichtsnorm als drittschützend gelten kann – öffentlich-rechtliche Instrumente zur Verfügung stehen.

Das Thema des öffentlich-rechtlichen Drittschutzes interessiert hier nicht im Hinblick auf die genaue Zahl oder den genauen Inhalt drittschützender Normen in den Aufsichtsgesetzen. Sondern es soll im folgenden der Frage der *inhaltlichen Kompatibilität von marktoptimierender Wirtschaftsaufsicht und Drittschutz* nachgegangen werden, die deshalb zu stellen ist, weil sich insoweit

---

[126] *L. Gramlich*, Recht der Bankenaufsicht, S. 469 f.; *H. Beck/C.-Th. Samm*, Gesetz über das Kreditwesen, § 6 Rn. 3; *R. Scholz*, ZGVersW 73 (1984), 13; *G. Bähr*, Das Generalklausel- und Aufsichtssystem des VAG im Strukturwandel, S. 63 ff.; *E. Prölls*, Versicherungsaufsichtsgesetz, Vorbem., Rn. 110 f.;

[127] Für die Bankenaufsicht *H.-P. Burghof/B. Rudolph*, Bankenaufsicht, S. 18.

logische Widersprüche anzudeuten scheinen: Das Konzept der marktoptimierenden Wirtschaftsaufsicht abstrahiert vom einzelnen Marktteilnehmer, der durch die Maßnahme gegenüber einem Aufsichtsadressaten als Dritter betroffen wird; es nimmt als Konsequenz seiner Ausrichtung auf ein allgemeines Ordnungsziel (Verbesserung der Marktfunktionalität, hierdurch Steigerung des gesamtwirtschaftlichen Ertrags) Dritte nicht als individuelle Rechtspersonen in den Blick. Demgegenüber stellt das Konzept des Drittschutzes, zumindest nach deutscher verwaltungsrechtlicher Tradition (Theorie des subjektiven öffentlichen Rechts), bewußt das Individuum und seine personalen Interessen in den Mittelpunkt[128], wobei diese Interessen im Falle drittschützender Aufsichtsnormen sich (qualitativ wie quantitativ) durchaus nicht zu dem Gesamtinteresse addieren müssen, das durch Marktoptimierung geschützt wird. Daher ergibt sich grundsätzlicher Klärungsbedarf: Kann eine Norm, die drittschützend und als solche nach üblicher Definition[129] zumindest auch den Interessen einzelner Personen zu dienen bestimmt ist, überhaupt noch als marktoptimierende Aufsichtsnorm eingestuft werden? Besteht zwischen Marktoptimierung und Drittschutz nicht eine kategoriale Unverträglichkeit dergestalt, daß die Existenz drittschützender Normen in den Aufsichtsgesetzen für die Figur der marktoptimierenden Wirtschaftsaufsicht keinen Raum mehr läßt?

2. Drittschützende Normen in TKG, GWB und WpHG

In Bezug auf das *TKG*, bei dem eine Reihe von Normen – auch in den als marktoptimierend einzuordnenden Regelungsfeldern der Entgeltregulierung und des Netzzugangs – als drittschützend angesehen werden[130], ist die Frage nach der inhaltlichen Vereinbarkeit dieses Befundes mit den objektiven Schutzzwecken des Gesetzes bislang nicht näher erörtert worden. Anders liegen die Dinge in Bezug auf das *GWB*[131]. Vor allem § 1 GWB (Kartellverbot) hat von Beginn an Diskussionen darüber ausgelöst, ob die Kartellaufsicht insoweit dem Schutz des Wettbewerbs als Institution oder dem Freiheitsschutz der individuellen Wettbewerber zu dienen bestimmt ist[132]. Vielfach sind diese beiden

---

[128] Siehe nur *H.-U. Erichsen*, in: ders. (Hrsg.), Allgemeines Verwaltungsrecht, S. 243 f.

[129] Sog. Schutznormlehre; *Wolff-Bachof-Stober*, Verwaltungsrecht I, S. 564, 570; M/D-*Schmidt-Aßmann*, Art. 19 Abs. IV, Rn. 128.

[130] Siehe *K.-H. Ladeur*, CR 2000, 433 ff.; *R. Heine/A. Neun*, MMR 2001, 352 ff.

[131] Zum Drittschutz im Kartellverfahren grundlegend *K. Schmidt*, Kartellverfahrensrecht, S. 289 ff.; ders., Drittschutz, Akteneinsicht und Geheimnisschutz im Kartellverfahren.

[132] Etwa *H. Würdinger*, WuW 1953, 721 ff.; *W. Benisch*, WuW 1961, 764 ff.; *E. Hoppmann*, in: E.-J. Mestmäcker (Hrsg.), Wettbewerb als Aufgabe, S. 61 ff. *E.-J. Mestmäcker*, DB 1968, 787 ff.; *Lukes*, Der Kartellvertrag, S. 185 ff. *W. Möschel*, FS Pfeiffer, S. 707 ff. Aus der Rechtsprechung BGHZ 29, 344, 350; 38, 90, 102; 68, 6, 11; WuW/E BGH 1299, 1300.

Regelungszwecke als einander zwingend ausschließende Alternativen aufgefaßt worden[133] – ganz im Sinne der hier in Frageform erwogenen konzeptionellen Unverträglichkeit zwischen Individualschutz und Marktoptimierung.
Auch bei der kartellrechtlichen Zusammenschlußkontrolle ist über lange Zeit
die Existenz subjektiver öffentlicher Konkurrentenrechte auf Untersagung bestimmter Unternehmensverbindungen mit der Begründung verneint worden,
die einschlägigen Normen des GWB dienten der Aufrechterhaltung eines
funktionsfähigen Wettbewerbs und damit einer objektiven Marktstruktur-
kontrolle[134]. Die Einführung einer Drittklagebefugnis im Recht der Zusammenschlußkontrolle im Zuge der 6. GWB-Novelle[135] hat nunmehr freilich dieser Auffassung den Boden entzogen.

Auf den ersten Blick keinen Anlass zur Erörterung des Spannungsfeldes
zwischen marktoptimierender Wirtschaftsaufsicht und Drittschutz bietet das
WpHG. Nach § 4 Abs. 2 WpHG a. F. (nunmehr § 4 Abs. 4 FinDAG) nimmt die
Bundesanstalt für Finanzdienstleistungsaufsicht (BAFin) ihre gesetzlichen
Aufsichtsaufgaben nur im öffentlichen Interesse wahr. Allgemein wird dies als
Ausschluß eines drittschützenden Charakters der Vorschriften des WpHG
verstanden[136]. Der Bericht des Finanzausschusses des Bundestages, auf dessen
Vorschlag § 4 Abs. 2 WpHG zurückgeht, führt zu der Vorschrift aus:

„Die Aufsichtstätigkeit erfolgt zum Schutz der Funktionsfähigkeit der Wertpapiermärkte. Der Schutz des einzelnen Anlegers ist ein bloßer Rechtsreflex. Unberührt
bleibt die Pflicht zu rechtmäßigem Verhalten in bezug auf die von Aufsichtsmaßnahmen unmittelbar betroffenen Personen und Unternehmen. Soweit ihnen gegenüber
schuldhaft Amtspflichten verletzt werden, gelten die allgemeinen Grundsätze"[137].

Diese Passage verdeutlicht, daß es zuvorderst der Wunsch nach Ausschluß einer Staatshaftung war, welcher der Vorschrift Pate gestanden hat[138]. Auffällig
und im vorliegenden Kontxt von besonderem Interesse ist aber auch, dass die
ersten beiden Sätze so verstanden werden können, als sei in den Augen des
Gesetzgebers der Ausschluß des Drittschutzes die logische Konsequenz dessen, daß das Gesetz auf den „Schutz der Funktionsfähigkeit der Wertpapiermärkte" gerichtet ist. Insofern unterstreicht indirekt auch das WpHG die
Dringlichkeit der hier augeworfenen Frage.

---

[133] Etwa unter den in der vorherigen Fußnote Genannten *H. Würdinger*, WuW 1953, 721 ff.
und *W. Benisch*, WuW 1961, 764 ff.

[134] Nachweise bei *M.-G. Kremer*, Kartellverwaltungsrechtliche Beschwerde, S. 120.

[135] Hierzu *U. Dormann*, Drittklagen im Recht der Zusammenschlußkontrolle, S. 22 ff.

[136] Siehe nur *G. Dreyling* in: Assmann/Schneider, WpHG, § 4 Rn. 25.

[137] BT-Drs. 12/7918, S. 100.

[138] *Geibel* in: Schäfer, WpHG, § 4 Rn. 24. Die Parallelregelungen in §§ 81 Abs. 1 Satz 3
VAG, 6 Abs. 4 KWG und 1 Abs. 4 BörsG beruhen gleichfalls auf dem Motiv des Haftungs-
ausschlusses.

Im übrigen illustriert der Ausschluß des Drittschutzes durch § 4 Abs. 2 WpHG (§ 4 Abs. 4 FinDAG) eine wichtige Eckmarke für die weitere Problembetrachtung, nämlich die grundsätzliche Freiheit des Gesetzgebers, auch in Feldern möglicher privater Interessenskollisionen von der Zuteilung von Rechtsdurchsetzungsbefugnissen an Drittbetroffene abzusehen. Ungeachtet der im einzelnen noch immer nicht abschließend geklärten Reichweite grundrechtlicher Determinierung subjektiver öffentlicher Rechte[139] ist bereits an dieser Stelle festzuhalten, daß die Verfassung jedenfalls sehr weitgehend, oberhalb eines grundrechtlich geforderten Mindestniveaus, die Begründung von Drittschutz in das Belieben des Gesetzgebers stellt[140].

3. Perspektive einer funktionalen Deutung des subjektiven öffentlichen Rechts

Würde man das subjektive öffentliche Recht funktional als gesetzlich zugewiesene Rechtsdurchsetzungsmacht verstehen, die sich nicht auf den Gedanken des individuellen Interessensschutzes gründet und keine zusätzlichen inhaltlichen Konnotationen aufweist, so entzöge dies der hier gestellten Kompatibilitätsfrage den Boden. Die aufsichtsgesetzlich begründeten Rechte Dritter wären dann in materiell-inhaltlicher Hinsicht indifferente Größen und folglich von vornherein außerstande, Bedenken im Hinblick auf ihre konzeptionellen Verträglichkeit mit dem gesetzlichen Schutzzweck der Marktoptimierung zu wecken. Freilich kann die funktionale Deutung des subjektiven öffentlichen Rechts ungeachtet der zunehmend intensiver in ihre Richtung wirkenden europarechtlichen Impulse und ungeachtet auch des Fortfalls mancher historischer Wurzeln der traditionellen Doktrin[141] nicht für sich beanspruchen, dem deutschen Verwaltungsrecht in seinem gegenwärtigen Entwicklungsstand zu entsprechen[142]. Das subjektive öffentliche Recht als dogmatische Kategorie ist in Deutschland nach wie vor auf den Privatschutz fixiert und wird, wie gerade das zuvor erwähnte Beispiel des § 4 Abs. 2 WpHG bzw. § 4 Abs. 4 FinDAG deutlich macht, in diesem Sinne auch vom Gesetzgeber verstanden. Größere

---

[139] Siehe aus der neueren Literatur *M. Schmidt-Preuß*, Kollidierende Privatinteressen im Verwaltungsrecht, S. 37 ff.; *P.-M. Huber*, Konkurrenzschutz im Verwaltungsrecht, S. 174 ff., 284 ff.; *R. Wahl*, DVBl. 1996, 641 ff.; *P. Preu*, Subjektivrechtliche Grundlagen des öffentlich-rechtlichen Drittschutzes, S. 129 ff.

[140] *M. Schmidt-Preuß*, Kollidierende Privatinteressen im Verwaltungsrecht, S. 37 ff. (auf S. 40: Grundrechte statuieren lediglich ein „Mindestniveau subjektiv-rechtlich verfaßter Konfliktschlichtung"). Siehe auch BVerfGE 83, 182, 195 und *R. Wahl* in: Schoch/Schmidt-Aßmann/Pietzner, Verwaltungsgerichtsordnung, Vorb. § 42 Abs. 2, Rn. 77.

[141] *J. Masing*, Die Mobilisierung des Bürgers für die Durchsetzung des Rechts, S. 19 ff., 55 ff.; zur geschichtlichen Entwicklung eingehend *H. Bauer*, Geschichtliche Grundlagen der Lehre vom subjektiven öffentlichen Recht.

[142] Vgl. *J. Masing*, Die Mobilisierung des Bürgers für die Durchsetzung des Rechts, S. 17.

dogmatische Kontroversen kreisen derzeit (und schon seit langem) allein um die Voraussetzungen, unter denen eine Norm als drittschützend angesehen werden darf, nicht im Hinblick auf seine inhaltliche Kennzeichnung als Instrument zum rechtlichen Schutz individueller Belange[143]. Der Weg zu einer prinzipiellen gedanklichen Trennung zwischen Rechtsinhalt und Rechtsdurchsetzungsbefugnis, mit der unsere Fragestellung obsolet würde, ist damit (noch) nicht gangbar.

4. Marktoptimierung und drittschützende Aufsichtsnormen auf dem Boden der traditionellen Drittschutzkonzeption

Nähert man sich dem Verhältnis zwischen Marktoptimierung und Drittschutz vom Boden der traditionellen Drittschutzkonzeption aus, so ist zunächst eine Vorklärung zu den konkreten *Wirkungen* der Anwendung marktoptimierender Aufsichtsnormen angebracht: Aufsichtsmaßnahmen beeinflussen vielfach Individualbelange *und* Allgemeinbelange zugleich, ohne daß sich hierbei zwingend Wirkungskonflikte auftun. Beispielsweise erweitert die Untersagung eines Kartells die zvor infolge dieses Kartells beschränkten Geschäftsmöglichkeiten von Mitgliedern der Marktgegenseite; zugleich und automatisch wird damit aber auch die Steuerungsfunktion des Preises gestärkt und hierüber die volkswirtschaftliche Faktorenallokation optimiert. Damit ist keinesfalls gesagt, daß die im Spiel stehenden Interessen stoffgleich wären. Im Falle etwa des § 1 GWB kann das volkswirtschaftliche Interesse an einer optimalen Faktorenallokation sicher nicht als Summe der durch diese Norm geschützten Einzelinteressen der Mitglieder der Marktgegenseite verstanden werden. Jedoch ergibt sich aus diesem Beispiel, daß der Schutz des einen mit dem Schutz des anderen faktisch verträglich sein kann, der Zuerkennung eines subjektiven öffentlichen Rechts an die Mitglieder der Marktgegenseite also nicht entgegengehalten werden kann, es würde hierdurch der funktionsschützende Charakter der Vorschrift negiert. Vor diesem Hintergrund ist der oben erwähnte frühere Dissens zur Schutzrichtung von § 1 GWB (Funktionsschutz vs. Individualschutz) mittlerweile auch beigelegt[144].

---

[143] Die beiden Habilitationsschriften zum subjektiven öffentlichen Recht von *P.-M. Huber* (Konkurrenzschutz im Verwaltungsrecht, 1991) und *M. Schmidt-Preuß* (Kollidierende Privatinteressen im Verwaltungsrecht, 1992) setzen beide die herkömmliche inhaltliche Definition voraus und beschränken sich im wesentlichen auf die Erörterung von Kriterien zur Identifizierung drittschützender subjektiver öffentlicher Rechte. Die inhaltliche Dimension des subjektiven öffentlichen Rechts wird in neuerer Zeit erstmals wieder von *J. Masing*, Die Mobilisierung des Bürgers für die Durchsetzung des Rechts, in grundsätzlicher Weise thematisiert.

[144] *D. Zimmer* in Immenga/Mestmäcker, GWB, § 1 Rn. 8 m. w. N.; *K. Schmidt*, Kartellverfahrensrecht S. 63.

Zum zweiten ist zu vergegenwärtigen, daß mit der Feststellung, eine bestimmte Norm diene dem Schutz der Interessen konkreter Dritter, noch nichts über die inhaltliche Qualität des intendierten Interessensschutzes und seinen Stellenwert innerhalb des Regelungsprogramms der Norm gesagt ist[145]. Insbesondere darf aus dem drittschützenden Charakter einer Norm nicht ohne weiteres gefolgert werden, der Schutz der Interessen des Dritten sei deshalb der alleinige oder auch nur der vorrangige Regelungszweck, den der Gesetzgeber bei Erlaß der Norm vor Augen gehabt und anhand dessen er die Norm inhaltlich gestaltet habe. Eine solche Folgerung würde die Kategorien von Normzweck, Norminhalt und Rechtsdurchsetzungsbefugnis vermischen und die dogmatische Struktur des subjektiven öffentlichen Rechts verkennen[146]. Dies kann am eingängigsten anhand des historischen Prototyps eines subjektiven öffentlichen Rechts, nämlich der Individualberechtigung des negativ in eigenen Belangen betroffenen Direktadressaten einer staatlichen Maßnahme veranschaulicht werden: Wenn zu seinen Gunsten ein subjektives öffentliches Abwehrrecht (Klagerecht) besteht, kann dies evidentermaßen nicht bedeuten, daß der Schutz seiner Interessen automatisch auch den Regelungszweck der Ermächtigungsnorm bildet. Mit der Zuerkennung einer Klageberechtigung beherzigt der Gesetzgeber lediglich die Einsicht, daß im Rechtsstaat des Grundgesetzes der Adressat belastender Maßnahmen über die Möglichkeit verfügen muß, die Rechtmäßigkeit der Maßnahme zur gerichtlichen Überprüfung zu bringen; Derjenige, den eine Norm des objektiven Rechts unmittelbar negativ in eigenen Belangen berührt, soll über eine Klagebefugnis verfügen, andernfalls er zum bloßen Objekt staatlicher Aktivität herabgestuft und in seiner personalen (Subjekts-)Qualität mißachtet würde[147]. In erster Linie *inhaltlich* kennzeichnend für das subjektive öffentliche Recht ist damit nicht, daß die einschlägige Sachnorm in irgendeiner Weise die materiellen Belange des Berechtigten fördert oder zu seinen Gunsten bestimmte Handlungsmöglichkeiten begründet oder erweitert. Sondern kennzeichnend ist, daß die Sachnorm ihn in seinen Belangen *berührt*, wobei es sich – wie regelmäßig im Falle des subjektiven öffentlichen Abwehrrechts des Maßnahmeadressaten – durchaus auch um ein nachteiliges Berührtsein handeln kann, das *Begleiterscheinung eines auf ganz andere Zwecke fixierten Regelungsprogramms* ist[148]. Subjektiver

---

[145] *R. Scholz*, Wirtschaftsaufsicht und subjektiver Konkurrentenschutz, S. 92, 126 f.; *K. Schmidt*, Kartellverfahrensrecht S. 63/64, 320. Ähnlich am Beispiel von § 22 BImSchG *P.-M. Huber*, Konkurrenzschutz im Verwaltungsrecht, S. 106.

[146] Wie hier für eine strikte Trennung der Fragen nach dem Normzweck und nach dem objektiv-rechtlichen oder subjektiv-rechtlichen Verfaßtsein der Norm *R. Scholz*, Wirtschaftsaufsicht und subjektiver Konkurrentenschutz, S. 90 ff.; *K. Schmidt*, Kartellverfahrensrecht, S. 63 f.

[147] *R. Wahl* in: *Schoch/Schmidt-Aßmann/Pietzner*, Verwaltungsgerichtsordnung, Vorb. § 42 Abs. 2, Rn. 60, 63.

[148] Um allen Mißverständnissen vorzubeugen: Die Aussage, es komme auf das inhaltliche

Interessensschutz durch Zuerkennung subjektiver öffentlicher Rechte bedeutet sonach zunächst einmal nur Zuerkennung einer Subjektstellung im Rechtsdurchsetzungsprozeß, damit der Betroffene der Verwirklichung einer ihn – positiv oder negativ – berührenden Regelung nicht von außen als passiver Beobachter beiwohnen muß. Die Fragen nach dem konkreten inhaltlichen Gehalt der Regelung, nach der Gewichtung und Einordnung der materiellen Betroffenenbelange durch die Regelung, nach dem jeweiligen *inhaltlichen* Stellenwert von Individual- und Allgemeinbelangen im Regelungsprogramm siedeln auf einer systematisch anderen Ebene.

Übertragen auf Regelungen in multipolaren Interessenskonstellationen (wie sie im Falle marktoptimierender Aufsichtsnormen regelmäßig gegeben sind) bedeutet dies, daß prinzipiell zwischen zwei Möglichkeiten zu differenzieren ist: Eine Rechtsnorm kann drittschützend sein, weil sie eine Förderung, Begrenzung oder Ausgleichung der materiellen Interessen des Dritten im Verhältnis zu den Adressateninteressen intendiert (oder, in Anlehnung an *Schmidt-Preuß*[149]: eine Wertung, Begrenzung und wechselseitige Gewichtung der kollidierenden Privatinteressen in ihrer Gegensätzlichkeit und Verflochtenheit vornehmen sowie sie in ein normatives Konfliktschlichtungsprogramm einordnen will); eine Norm kann aber auch dann drittschützend sein, wenn die Verfolgung ihres (objektiv-abstrakten) Regelungszwecks es automatisch mit sich bringt, daß materielle Individualinteressen gefördert, begrenzt oder ausgeglichen werden, *und* der Gesetzgeber vor diesem Hintergrund die beteiligten Interessensträger zu Subjekten des Rechtsdurchsetzungsprozesses machen wollte, statt sie in einer passiven, außenstehenden Position zu belassen. Im einen Fall ist die Aufstellung eines normativen Konfliktschlichtungsprogramms und sind damit normative Ausgestaltung und Schutz der im Spiel stehenden Privatinteressen dezidiert Regelungszweck, im anderen Fall handelt es sich hingegen um nicht mehr als eine bloße Nebenintention im Rahmen der Verfolgung eines ganz anderen Regelungszwecks[150].

Berührtsein in eigenen Belangen ein, bezieht sich lediglich auf die inhaltliche Kennzeichnung des subjektiven öffentlichen Rechts, nicht auf dessen Voraussetzungen. Daß maßgeblich für die Bestimmung des Vorliegens eines subjektiven öffentlichen Rechts die legislatorische Zuweisung statt das faktische Betroffensein ist, soll hier nicht in Frage gestellt werden.

[149] Kollidierende Privatinteressen im Verwaltungsrecht, S. 247/248.

[150] Das Interesse des Dritten, welches hier nach dem Willen des Gesetzes geschützt werden soll, ist im Kern lediglich dasjenige an der Einhaltung der objektiv-rechtlichen Pflicht des Staates (vgl. *A. Scherzberg*, DVBl. 1988, 134). Der Sache nach verlagert sich hier das Schwergewicht der Betrachtung weg von der (ohnehin oft nur schwer durchführbaren) Interessensqualifizierung (soll ein öffentliches oder privates Interesse geschützt werden?) hin zur Analyse der legislatorischen Zuweisungsentscheidung (soll ein durch die Regelung in seinen Interessen betroffener Privater nach dem Willen des Gesetzes die Rechtmäßigkeit der Rechtsanwendung einfordern können?); vgl. hierzu *H.-U. Erichsen*, in: ders. (Hrsg.), Allgemeines Verwaltungsrecht, S. 251.

Der zuletzt skizzierte Typ drittschützender Normen wird zuweilen in Abhandlungen zur Theorie des subjektiven öffentlichen Rechts nicht hinreichend klar herausgearbeitet, wofür mit ausschlaggebend sein dürfte, daß die Drittschutztheorie gelegentlich die Gegebenheiten dichotomisch überspannt: Zwischen Drittschutz als primärem Normzweck und Drittschutz als Begleiterscheinung im Rahmen einer objektiven Interessen dienenden Regelung wird vielfach kein Zwischenraum wahrgenommen, mit der Folge, daß bei Vorliegen einer legislatorischen Versubjektivierung die Vorzeichen unversehens in ihr Gegenteil verkehrt und das allgemeine Anliegen des Gesetzes im Normverständnis zum bloßen Reflex der Individualbegünstigung degradiert wird[151]. Demgegenüber ist festzuhalten, daß Zwischenräume existieren (bewußte Versubjektivierung eines individualbegünstigenden Reflexes, ohne hierdurch die Ausrichtung der Norm auf einen objektiv-abstrakten Regelungszweck in Frage zu stellen) und vom Gesetzgeber aufgrund seiner Gestaltungsfreiheit auch genutzt werden können. Daß sie im Bereich des öffentlichen Wirtschaftsrechts eine größere Rolle spielen als im Bereich etwa des öffentlichen Baurechts (dem klassischen Referenzgebiet der Drittschutztheorie), in dem die staatliche Rechtssetzungsintention sich an vielen Stellen in der Zuordnung kollidierender Privatinteressen erschöpft[152], liegt auf der Hand. Gerade im öffentlichen Wirtschaftsrecht darf nicht jede Norm, die Regelungen zu multipolaren Interessenskonstellationen trifft, automatisch dahingehend gedeutet werden, in dem Ausgleich der kollidierenden Interessen liege auch ihr eigentlicher oder hauptsächlicher Zweck.

5. Einordnung von WpHG, TKG und GWB

Die Qualifizierung einzelner aufsichtsgesetzlicher Normen als drittschützend bzw. nicht-drittschützend darf nicht unter Verweis auf die oben erwähnte grundsätzliche Wirkungskompatibilität von Markt- und Drittschutz für von vornehrein überflüssig erklärt werden. Zum einen kann nicht in allen Fällen ausgeschlossen werden, daß in Ausnahmekonstellationen bei Akzentuierung des einen oder des anderen Zwecks doch leichte Wirkungsdivergenzen auftreten, die Entscheidungsbedarf auslösen[153]. Zum anderen ist die Frage, ob eine objektiv-abstrakte oder eine individualschützende Zwecksetzung inhaltlich

---

[151] Vgl. *J. Masing*, Die Mobilisierung des Bürgers für die Durchsetzung des Rechts, S. 188 f.

[152] Siehe *P.-M. Huber*, Konkurrenzschutz im Verwaltungsrecht, S. 197 f., wo zwischen Normen mit ausschließlich kollisionslösendem Regelungsgehalt und Normen, die darüber hinaus noch ein öffentliches Interesse verfolgen, unterschieden wird.

[153] Beispielsweise kann eine einschränkende Auslegung von Ermächtigungsnormen dergestalt, daß sie in Fällen geringfügiger Marktbetroffenheit keine Anwendung finden, auf dem Boden eines marktoptimierenden Regelungszwecks sehr viel leichter begründet werden als auf dem Boden eines individualschützenden Regelungszwecks.

dominiert, von praktischer Bedeutung für die verfassungsrechtliche Beurteilung der aufsichtsgesetzlich den Aufsichtsadressaten auferlegten Pflichten. Das Maß der verfassungsrechtlich noch zulässigen Inpflichtnahme kann durchaus mit der jeweiligen Zwecksetzung variieren; beispielsweise macht es für die Rechtfertigung des mit dem Kartellverbot verbundenen Eingriffs in die Vertragsfreiheit der Kartellmitglieder gewiss einen Unterschied, ob mit dem Schutz vor den volkswirtschaftlich schädlichen Folgen der Kartellbildung oder mit dem Schutz der Unternehmen der Marktgegenseite bzw. dem Schutz der Konkurrenten der Kartellanten argumentiert wird, ob mit anderen Worten das Kartellrecht als *Funktionsordnung* oder als *Freiheitsordnung* verstanden wird.

Diese Frage kann sich für das WpHG nicht stellen, da – wie oben ausgeführt – seinen Normen kraft einer entsprechenden gesetzgberischen Festlegung kein drittschützender Charakter zukommt. Im Falle von GWB und TKG sprechen die Gesetzesmaterialien bei der ganz überwiegenden Zahl der Aufsichtsnormen dafür, daß der objektive Zweck der Marktoptimierung dominiert und der mit einzelnen Normen zusätzlich begründete Interessensschutz Dritter (Schutz der wettbewerblichen Entfaltungsfreiheit einzelner weiterer Marktakteure) lediglich eine zwar gewollte, indes *zwecksystematisch* der Marktoptimierung nachgeordnete Begleiterscheinung darstellen soll. Der Gedanke der Freiheitsordnung wird in den Materialien beider Gesetze (anders als der breit entfaltete Gedanke der Funktionsordnung) nur ganz am Rande intoniert, übrigens meist in eher kollektiven denn in individuellen Anklängen (Schutz des freiheitlichen Verfaßtseins der „Gesellschaft"[154]). Von einer Gleichrangigkeit oder gar Dominanz der individualschützenden Zwecksetzung kann lediglich in Bezug auf einzelne, klientelpolitisch motivierte Verbotsausnahmen die Rede sein[155].

---

[154] So heißt es beispielsweise in der Begründung des Regierungsentwurfs zum GWB, eine wetbbewerblich geordnete Wirtschaftsverfassung „bildet das wirtschaftspolitische Gegenstück zur Demokratie", BT-Drs. 2/1158, S. 22; siehe auch ebda. S. 21 (Wettbewerbswirtschaft als „demokratischste Form der Wirtschaftsordnung").

[155] Beispielsweise wurde die Einfügung einer Ausnahmevorschrift zugunsten von Rationalisierungskartellen durch die 2. GWB-Novelle im Jahre 1973 (§ 5 b GWB a. F.; nunmehr in geänderter Fassung § 5 GWB) im wesentlichen mit dem Schutz kleinerer und mittlerer Unternehmen begründet; siehe hierzu den Bericht des BT-Wirtschaftsausschusses, BT-Drs. 7/765, S. 3.

§ 3 Rechtliche Gestalt der marktoptimierenden Wirtschaftsaufsicht

Die rechtliche Gestalt der marktoptimierenden Wirtschaftsaufsicht soll in diesem § 3 aus drei verschiedenen Blickwinkeln betrachtet werden; einem steuerungssystematischen (unten I.), einem normstrukturellen (unten II.) sowie einem rechtsgütersystematischen (unten III.). Die steuerungssystematische Untersuchung richtet sich auf die vom Gesetzgeber eingesetzten *rechtlichen Instrumente*; sie versucht, Zusammenhänge zwischen dem Aufsichtsinstrumentarium, dessen Steuerungseigenschaften und den Aufgabenspezifika der marktoptimierenden Wirtschaftsaufsicht herzustellen. Die normstrukturelle Untersuchung richtet sich auf die *tatbestandliche Ausgestaltung* marktoptimierender Aufsichtsnormen; sie befasst sich mit Fragen der Normbestimmtheit, mit der Rezeption ökonomischer Erkenntnisstände durch Aufsichtsnormen sowie mit prognostischen Tatbestandsmerkmalen in Aufsichtsnormen. Im Rahmen der abschließenden rechtsgütersystematischen Untersuchung sollen die *Schutzrichtungen* marktoptimierender Aufsichtsnormen präzisiert werden.

Die Festlegung auf die vorgenannten Themenkreise erklärt sich aus dem Anliegen dieses § 3, zu einem differenzierteren Bild der rechtskonstruktiven Eigenheiten des Untersuchungsgegenstands zu gelangen und zugleich Anschauungsmaterial und Diskussionsstoff für die nachfolgenden verfassungs- und verwaltungsrechtlichen Erörterungen in den §§ 4 und 5 zu gewinnen. Alle drei Themenkreise rücken Merkmale in den Vordergrund, anhand derer sich die marktoptimierende Wirtschaftsaufsicht von anderen administrativen Einwirkungen abhebt und die in der Summe ihre rechtliche Gestalt prägen, ihr eigenständige, für sie typische juristische Konturen verleihen. Zugleich leiten sie auf bestimmte verfassungs- und verwaltungsrechtliche Problemlagen hin und ermöglichen Vorklärungen, die im Kontext der weiter unten zu untersuchenden Anforderungen an Aufsichtsgesetzgebung und Aufsichtsverwaltung verschiedentlich zum Tragen kommen werden.

I. Steuerungssystematische Charakteristika

Die nachfolgende Erörterung steuerungssystematischer Charakteristika wird auf einer *rechtsimmanenten* Ebene geführt. D.h. die politische Entscheidung des Gesetzgebers für das Recht als Steuerungsmittel wird nicht weiter problematisiert, sondern ungefragt hingenommen. Die Gründe für diese Entscheidung, ihre sachliche Stimmigkeit im Lichte möglicher Alternativen (Marktoptimierung durch außerrechtliche Steuerungsmittel) bleiben außer Betracht. Die thematische Spannbreite der allgemeinen Steuerungsdiskussion[1], die sich auch mit Wirkungszusammenhängen und -unterschieden zwischen rechtlichen und außerrechtlichen Steuerungsmitteln befaßt, wird so nur in Teilen ausgeschöpft.

Marktoptimierende Wirtschaftsaufsicht in steuerungssystematischer Hinsicht zu analysieren, heißt demnach im vorliegenden Zusammenhang, sich auf rein juristischen Bahnen zu bewegen, hierbei jedoch den Blick nicht auf rechtsdogmatische Prinzipien oder rechtsethische Wertungen zu richten, sondern auf *rechtsinstrumentelle Begebenheiten*. Es geht darum, die marktoptimierende Wirtschaftsaufsicht als einen auf die Realisierung bestimmter Steuerungsziele orientierten und hierauf instrumentell abgestimmten *Bewirkungsmechanismus* zu erfassen, mittels dessen vom Gesetzgeber eine aufgabenadäquate „Bereitstellungsfunktion"[2] erfüllt wird[3]. Geklärt werden soll, nach welchen Mustern und aus welchen Beweggründen der Gesetzgeber öffentlich-rechtliche Aufsichtsinstrumente und zivilrechtliche Instrumente kombiniert bzw. den eingesetzten öffentlich-rechtlichen Instrumenten denjenigen speziellen Zuschnitt verliehen hat, der ihnen durch die Aufsichtsgesetze zuteil geworden ist (unten 1. und 2.). Weiter ist der Einsatz von Organisations- und Verfahrensrecht als komplementären Steuerungsressourcen anzusprechen (unten 3.).

---

[1] Aus juristischer Perspektive *G. F. Schuppert*, in: W. Hoffmann-Riem/E. Schmidt-Aßmann/ders., Reform des Verwaltungsrechts, S. 65 ff.; *E. Schmidt-Aßmann*, Das allgemeine Verwaltungsrecht als Ordnungsidee, S. 18 ff.; *A. Voßkuhle*, VerwArch 92 (2001), 194. Siehe auch die Beiträge in *D. Grimm* (Hrsg.), Wachsende Staatsaufgaben – sinkende Steuerungsfähigkeit des Rechts.

[2] *G. F. Schuppert*, ebda., S. 96.

[3] Die steuerungssystematische Betrachtungsweise des Rechts stellt nicht in Frage, daß das Recht mehr als nur ein Bewirkungsinstrument, nämlich auch Verkörperung materieller Ordnung ist (*E. Schmidt-Aßmann*, Das allgemeine Verwaltungsrecht als Ordnungsidee, S. 21). Noch ist mit ihr zwingend die Option für eine bestimmte rechtssoziologische Denkschule verbunden (so überzeugend *A. Voßkuhle*, VerwArch 92 (2001), 194, gegen *O. Lepsius*, Systemtheorie und Parlamentarismuskritik).

1. Verzahnungen ins Privatrecht

a) Vorbemerkungen

Am Beispiel der marktoptimierenden Wirtschaftsaufsicht bestätigt sich in eindrucksvoller Weise die von *Stolleis* getätigte Beobachtung, wonach sich der moderne Interventionsstaat in seiner instrumentellen Grundorientierung problem- statt prinzipienbezogen ausrichtet[4]. Marktoptimierung wird vom Staat mittels eines Steuerungsverbundes betrieben, der die Trennlinie zwischen öffentlichem Recht und Privatrecht überspannt und Instrumente beider Teilrechtsordnungen aufgabengerecht kombiniert. Für die marktoptimierende Wirtschaftsaufsicht ist eine intensive, auf mehreren Ebenen realisierte Verzahnung ins Privatrecht kennzeichnend. Die Verzahnungsformen reichen von tatbestandlichen Inkorporationen privatrechtlicher Begriffe bis hin zu bewußt kalkulierten Synergien und wechselseitigen Ergänzungen bei der Normimplementierung.

Die steuerungssystematische Analyse der marktoptimierenden Wirtschaftsaufsicht bestätigt so – wie im folgenden näher darzustellen sein wird – eine Reihe von Befunden, die in jüngerer Zeit durch die Forschungsdebatte über das Verhältnis von öffentlichem Recht und Privatrecht als „wechselseitige Auffangordnungen"[5] gewonnen worden sind. Es ist zentrales Anliegen dieser Debatte gewesen, die jeweiligen Steuerungsprinzipien und -rationalitäten beider Teilrechtsordnungen sichtbar zu machen und von dieser Basis aus Wechselbezüglichkeiten, Schnittstellen, funktionelle Äquivalenzen, Substitutionen, Austauschbeziehungen, Vernetzungen und dergleichen mehr aufzuzeigen[6]. Hierdurch soll das „Denken in funktionalen Bezügen statt in normativen Aus- und Abgrenzungen"[7] gefördert und ein „Gegenakzent zu allen Segmentierungsten-

---

[4] *M. Stolleis*, ZNR 11 (1989), S. 129, 136 ff. Ihm folgend *H.-H. Trute* in: W. Hoffmann-Riem/E. Schmidt-Aßmann (Hrsg.), Öffentliches Recht und Privatrecht als wechselseitige Auffangordnungen, S. 167, 169. Ähnlich auch *E. Schmidt-Aßmann*, ebda., S. 7, 8/9; *M. Bullinger* in FS Rittner, S. 74 ff.

[5] Eingeleitet durch *W. Hoffmann-Riem*, DVBl. 1994, 1381 ff.; *ders.*, AöR 119 (1994), 590 ff., 609 ff. Entfaltet in dem Sammelband von *W. Hoffmann-Riem/E. Schmidt-Aßmann*, Öffentliches Recht und Privatrecht als wechselseitige Auffangordnungen. Am Beispiel des Baunachbarrechts *Chr. Callies*, Die Verwaltung 34 (2001), S. 179 ff. Der Zusammenhang zur allgemeinen Steuerungsdiskussion wird betont von *R. Schmidt*, VerwArch 91 (2000), 149 ff., 153, von *H.-H. Trute* in: W. Hoffmann-Riem/E. Schmidt-Aßmann (Hrsg.), Öffentliches Recht und Privatrecht als wechselseitige Auffangordnungen, S. 176 sowie von *E. Schmidt-Aßmann*, ebda., S. 24 („Die Auffangidee stellt den Dualismus von öffentlichem und privatem Recht und die ihm zugeordneten Institute in den Rahmen sozialwissenschaftlicher Steuerungsüberlegungen").

[6] *H.-H. Trute* in: W. Hoffmann-Riem/E. Schmidt-Aßmann (Hrsg.), Öffentliches Recht und Privatrecht als wechselseitige Auffangordnungen, S. 167, 171 ff.; *E. Schmidt-Aßmann*, ebda., S. 23 ff.; *ders.*, Das Allgemeine Verwaltungsrecht als Ordnungsidee, S. 240 ff.

[7] *W. Hoffmann-Riem* in: ders./E. Schmidt-Aßmann (Hrsg.), Öffentliches Recht und Privatrecht als wechselseitige Auffangordnungen, S. 272.

denzen der juristischen Systembildung"[8] gesetzt werden. – Im Rahmen der vorliegenden Arbeit wird auf diese Debatte nicht in ihrer vollen Bandbreite Bezug genommen und werden die hier untersuchten Referenzgebiete nicht enzyklopädisch auf *sämtliche* in ihnen zu Trage tretende „Auffangrelationen" durchgesehen. Den hiesigen Zwecken genügt eine exemplarisch angelegte Darstellung, die sich auf die Ermittlung derjenigen steuerungssystematischen Gegebenheiten konzentriert, die den Griff des Gesetzgebers gerade zur Wirtschaftsaufsicht als einem öffentlich-rechtlichen Steuerungsmechanismus plausibel machen, andererseits aber auch verdeutlichen, weshalb die öffentlich-rechtlichen Instrumente in den Aufsichtsgesetzen von einer Reihe privatrechtlicher Instrumente flankiert werden.

Diese Fragestellungen dürfen nicht mit dem allfälligen Hinweis für obsolet erklärt werden, mit der Marktoptimierung werde dem Allgemeininteresse gedient, wodurch sich der Griff zu Instrumenten der öffentlich-rechtlichen Teilrechtsordnung bereits von selbst erkläre. Es ist ein Verdienst gerade der erwähnten „Auffang"-Debatte, ins Bewußtsein gerückt zu haben, dass öffentlich-rechtlichen und privatrechtliche Steuerungsinstrumenten bis zu einem gewissen Grad funktionell äquivalent und gegeneinander austauschbar sein können. Das Privatrecht ist für öffentliche Zwecke instrumentalisierbar, so wie umgekehrt das öffentliche Recht zum Ausgleich kollidierender Privatinteressen eingesetzt werden kann[9]. Die Gleichsetzungen von öffentlichem Recht und Allgemeininteresse, privatem Recht und Individualinteresse sind in alle Richtungen verkürzend.

b) Formen der Verzahnung der marktoptimierenden Wirtschaftsaufsicht ins Privatrecht

Von einer Verzahnung ins Privatrecht kann bereits im Hinblick auf den Bezugspunkt der marktoptimierenden Wirtschaftsaufsicht gesprochen werden. Beaufsichtigt wird die *Marktteilnahme* von Wirtschaftssubjekten und somit ein Bündel von Betätigungen, die in privatrechtlichen Fomen stattfinden[10]. Dementsprechend knüpfen aufsichtsgesetzliche Normen vielfach unmittelbar

---

[8] *E. Schmidt-Aßmann* in W. Hoffmann-Riem/ders. (Hrsg.), Öffentliches Recht und Privatrecht als wechselseitige Auffangordnungen, S. 9.

[9] *H.-H. Trute* in W. Hoffmann-Riem/E. Schmidt-Aßmann., Öffentliches Recht und Privatrecht als wechselseitige Auffangordnungen, S. 171; *W. Hoffmann-Riem*, ebda., S. 269; *C. Kirchner*, ebda. S. 65. Zu diesem Themenkreis auch *J. Masing*, Die Mobilisierung des Bürgers für die Durchsetzung des Rechts; *M. Schmidt-Preuß*, Kollidierende Privatinteressen im Verwaltungsrecht. Früher bereits *W. Brohm*, Strukturen der Wirtschaftsverwaltung, S. 41; *R. Scholz*, Wirtschaftsaufsicht und subjektiver Konkurrentenschutz, S. 87 ff.

[10] Zur Qualifizierung des Privatrechts als der Teilrechtsordnung, die die Ausgleichsmechanismen des Marktes rechtlich in Form bringt, *E. Schmidt-Aßmann*, Das Allgemeine Verwaltungsrecht als Ordnungsidee, S. 240 ff. Siehe auch bereits *E. Stein*, Wirtschaftsaufsicht, S. 200.

an privatrechtliche Akte an. So bezieht sich beispielsweise § 1 GWB (Kartell-verbot) u. a. auf den Abschluß von privatrechtlichen Verträgen (Austauschver-trägen), der von dieser Vorschrift insoweit untersagt wird, als mit ihm eine Verhinderung, Einschränkung oder Verfälschung des Wettbewerbs bezweckt oder bewirkt wird. Unmittelbare Bezugnahmen auf privatrechtsförmliche Verhaltensweisen finden sich etwa auch in § 19 Abs. 4 Ziff. 2, 3 GWB (Verbot bestimmter Entgeltgestaltungen, also bestimmter Vertragsinhalte) oder in §§ 35 ff. GWB (Zusammenschlußkontrolle). Auch aus dem Wertpapierhandels-recht sowie dem Telekommunikationsrecht lassen sich Beispiele anführen, so etwa § 14 Abs. 1 Ziff. 1 WpHG (Verbot der Veräußerung oder des Erwerbs von Insiderpapieren unter Ausnutzung der Kenntnis von Insidertatsachen), § 21 WpHG (Mitteilungspflichten bei Erwerb oder Veräußerung bestimmter Stimmrechtsanteile an börsennotierten Gesellschaften), §§ 27 ff. TKG (Regu-lierung des Entgelts – also wiederum von Vertragsinhalten – bei bestimmten Telekommunikationsdienstleistungen). Die Nutzung des durch die Privat-rechtsordnung bereitgestellten Handlungsinstrumentariums wird durch auf-sichtsgesetzliche Normen der vorgenannten Art entweder eingeschränkt (Ver-bot des Abschlusses bestimmter Verträge bzw. der Vereinbarung bestimmter Vertragsinhalte) oder fungiert als Auslöser für die Begründung von speziellen öffentlich-rechtlichen Pflichten.

Mit der Bezugsrichtung auf privatrechtsförmliches Verhalten geht einher, daß die Aufsichtsgesetze Tatbestandsmerkmale privatrechtlicher Herkunft verwenden (Beispiele: „veräußern" in § 14 WpHG; „Stimmrechte" in § 21 WpHG; „verbundene Unternehmen" in § 36 GWB). Diese *inkorporierten pri-vatrechtlichen Rechtsbegriffe*[11] treten zu den sonstigen, nicht privatrechtlich vorgeformten Rechtsbegriffen der Aufsichtsgesetze hinzu (z. B. „marktbeherr-schende Stellung" in § 19 GWB; „gleichwertiger Zugang" in § 19 TKG; Eig-nung zur „erheblichen Beeinflussung" des Börsenpreises in § 13 WpHG). Hier zeigt sich eine Verzahnung der Teilrechtsordnungen auf *Tatbestandsebene*.

Zum zweiten geht mit der Bezugsrichtung auf privatrechtsförmliches Ver-halten einher, daß Vorschriften aus Aufsichtsgesetzen oder auf sie gestützte Akte der Aufsichtsbehörden häufig *privatrechtsgestaltend* wirken, d. h. unmit-telbar das Entstehen, den Bestand oder den Inhalt privatrechtlicher Rechte oder Pflichten beeinflussen[12]. So bestehen beispielsweise die Rechte aus Ak-tien, deren Erwerb oder Veräußerung nach § 21 WpHG meldepflichtig war,

---

[11] Hierzu allgemein *H.-H. Trute* in W. Hoffmann-Riem/E. Schmidt-Aßmann (Hrsg.), Öffentliches Recht und Privatrecht als wechselseitige Auffangordnungen, S. 180 f.; *E. Schmidt-Aßmann*, ebda., S. 10.

[12] Zu dieser Verzahnungsform allgemein *W. Hoffmann-Riem* in: ders./E. Schmidt-Aß-mann (Hrsg.), Öffentliches Recht und Privatrecht als wechselseitige Auffangordnungen, S. 275 f.; *A. Tschentscher*, DVBl. 2003, 1424 ff. Grundlegend *G. Manssen*, Privatrechtsgestal-tung durch Hoheitsakt.

nicht für die Zeit, für welche die Meldepflicht nicht erfüllt ist (§ 28 WpHG). Bei Verträgen über Telekommunikationsdienstleistungen, die andere als genehmigte Entgelte enthalten, tritt an die Stelle des vereinbarten das genehmigte Entgelt (§ 37 TKG). In diesen Beispielen zeigt sich eine Verzahnung der Teilrechtsrechtordnungen auf *Rechtsfolgenebene*: Die Verwirklichung gesetzlicher Tatbestände aus den Aufsichtsgesetzen löst zusätzlich auch privatrechtliche Rechtsfolgen aus.

Verzahnungen auf Tatbestandsebene sind logisch zwingende Merkmale von Aufsichtsgesetzen, deren Aufgabe in der Reglementierung von Marktgeschehen liegt[13]. Mittels ihrer gelingt überhaupt erst der Zugriff des Aufsichtsrechts auf die reglementierungsbedürftigen Marktvorgänge, die – insofern sie privatrechtsförmlich ablaufen – nur über die Verwendung privatrechtlicher Begriffe regelungstechnisch eingefangen werden können[14]. Demgegenüber ist die Verzahnung auf Rechtsfolgenebene nicht automatisch durch die Eigenart der Regelungsaufgabe vorgezeichnet. Der Gesetzgeber wäre logisch nicht gehindert, es bei der Einführung öffentlich-rechtlicher Durchsetzungsmechanismen zu belassen und auf die Anordnung privatrechtlicher Rechtsfolgen zu verzichten. Er kann allerdings über sie – und dies erklärt ihre Verwendungen in den Aufsichtsgesetzen – die praktische Durchschlagskraft der aufsichtsgesetzlichen Ge- bzw. Verbote erhöhen kann. Er kann mit ihnen die Steuerungskräfte beider Teilrechtsordnungen kumulieren, um die Effektivität des Aufsichtsrechts zu erhöhen[15]. Dieser steuerungssystematisch besonders interessante Befund, der mit *Hoffmann-Riem*[16] auch als „Verzahnung der Normimplementierung" bezeichnet werden kann, soll im folgenden noch etwas näher beleuchtet werden.

c) *Verzahnung der Normimplementierung*

Verzahnungen der Normimplementierung finden sich, wie bereits aus den vorherigen Beispielen deutlich wurde, in allen dreien der hier betrachteten Referenzmaterien. Die wichtigsten Verzahnungsinstrumente neben unmittelbar privatrechtsgestaltenden Bestimmungen wie den oben erwähnten § 28 WpHG oder § 37 Abs. 2 TKG bilden Vorschriften wie § 134 BGB und § 823 Abs. 2 BGB, die für den Fall von Verstößen gegen aufsichtsgesetzliche Normen des GWB, des TKG oder des WpHG den Rückgriff auf allgemeine privatrechtliche

---

[13] So auch, bezogen auf die Wirtschaftsaufsicht allgemein, *E. Stein*, Wirtschaftsaufsicht, S. 180.

[14] Insofern ergibt sich eine Parallele zum Steuerrecht, das aus ähnlichen Gründen an zahlreichen Stellen an privatrechtliche Begriffe anknüpfen muß; siehe hierzu *L. Osterloh*, JuS 1994, 993 ff.

[15] Hierzu allgemein *W. Hoffmann-Riem* in: ders./E. Schmidt-Aßmann (Hrsg.), Öffentliches Recht und Privatrecht als wechselseitige Auffangordnungen, S. 278.

[16] Ebda.

Sanktionsmechanismen eröffnen (privatrechtliche Nichtigkeit; Schadensersatz- und Unterlassungsansprüche)[17]. Vermittelt durch diese Vorschriften ziehen Verstöße gegen öffentlich-rechtliche Normen der Aufsichtsgesetze automatisch Konsequenzen auch auf privatrechtlichem Feld nach sich. Ein Vorgehen gegen solche Verstöße wird durch diese Vorschriften auch auf Initiative Privater hin, also unabhängig von einem Vorgehen der Aufsichtsbehörde, möglich. Beispielsweise kann Forderungen aus kartellrechtswidrigen, unter Verstoß gegen § 1 GWB geschlossenen Verträgen vom Vertragspartner der Einwand der Nichtigkeit aus § 134 BGB entgegengehalten werden; Verstöße gegen die Verhaltensregeln für Wertpapierdienstleistungsunternehmen aus §§ 31 ff. WpHG oder wettbewerbswidrige Praktiken können zu Schadensersatzansprüchen Geschädigter aus § 823 Abs. 2 BGB führen[18]. Die allgemeinen privatrechtlichen Vorschriften der §§ 134, 823 Abs. 2 BGB werden durch einige spezielle aufsichtsgesetzliche Vorschriften ergänzt bzw. wiederholt, so etwa durch § 33 GWB (Unterlassungs- und Schadensersatzanspruch bei Verstoß gegen individualschützende Kartellrechtsvorschriften bzw. Verfügungen der Kartellbehörde).

Die Scharnierwirkung der vorgenannten Vorschriften reicht freilich nicht so weit, daß die *Gesamtheit* der aufsichtsgesetzlichen Ge- bzw. Verbote einer privatrechtlichen Implementierung zugänglich würde. Vielmehr ist jeweils nur ein Teil von diesen erfaßt[19]. Im Falle der praktisch sehr bedeutsamen Schadensersatzvorschriften (§§ 823 Abs. 2 BGB, 33 GWB, 44 TKG) kommt es darauf an, ob die verletzte aufsichtsgesetzliche Norm zusätzlich auch eine *individualschützende* Zwecksetzung aufweist[20]. Hieran zeigt sich, daß die Mobilisierung privatrechtlicher Durchsetzungsmechanismen nur bei einer multiplen Zwecksetzung der jeweiligen aufsichtsgesetzlichen Vorschriften möglich ist. Normen, die *ausschließlich* Marktoptimierung bezwecken, sind nach der Struktur der vorgenannten „Scharniervorschriften" der privatrechtlichen Implementierung unzugänglich. Dementsprechend bilden diejenigen aufsichtsgesetzlichen Normen aus GWB, WpHG und TKG, die ausschließlich dem objektiven Institutionenschutz (GWB), dem Schutz der Funktionsfähigkeit des Kapitalmarkts (WpHG) bzw. der Herstellung/Erhaltung eines funktionsfähigen Wettbewerbs auf dem TK-Markt dienen (TKG), keine Schutzgesetze im Sinne von § 823 Abs. 2 (bzw. § 33 GWB oder § 44 TKG)[21]. Der Gesetzgeber muß, will er

---

[17] Hierzu allgemein *H.-H. Trute* in W. Hoffmann-Riem/E. Schmidt-Aßmann (Hrsg.), Öffentliches Recht und Privatrecht als wechselseitige Auffangordnungen, S. 180 f.; *E. Schmidt-Aßmann*, ebda., S. 10.

[18] Vgl. *J. Topel* in G. Wiedemann (Hrsg.), Handbuch des Kartellrechts, S. 1478; *Koller* in Assmann/Schneider, Wertpapierhandelsgesetz, Vor § 31 Rn. 17.

[19] Siehe auch sogleich (dd) (1).

[20] Im Falle der §§ 33 GWB, 40 TKG geht dies schon aus dem Gesetzeswortlaut hervor. Zu § 823 Abs. 2 BGB siehe *Schiemann* in Erman, BGB, § 823 Rn. 157.

[21] Siehe *Emmerich* in Immenga/Mestmäcker, GWB, § 33 Rn. 31; *Assmann/Cramer* in Ass-

die Steuerungskräfte beider Teilrechtsordnungen kumulieren, marktoptimierenden aufsichtsgesetzlichen Normen *zusätzlich* auch eine individualschützende Zwecksetzung beigeben. Ein Mehr an marktlichem Funktionsschutz bedingt also ein Mehr an Individualschutz[22], woraus sich wiederum Rückeffekte in öffentlich-rechtlicher Hinsicht ergeben: Denn die individualschützende Zwecksetzung einer Norm führt nach der Schutznormtheorie auch zur Begründung subjektiver *öffentlicher* Rechte Dritter, mindestens in Gestalt eines Anspruch auf fehlerfreie Ermessensausübung durch die Aufsichtsbehörde.

Eine zusätzlich individualschützende Zwecksetzung marktoptimierender Normen muß, wie diese Zusammenhänge verdeutlichen, nicht notwendig auf Erwägungen des Rechtsgüterschutzes zurückgehen, sondern kann auch auf der rein steuerungssystematisch motivierten Absicht beruhen, die Effektivität der Marktoptimierung zu erhöhen (worin erneut hervortritt, daß Drittschutz und Marktoptimierung untereinander kompatible Zwecksetzungen bilden[23]). In den Gesetzesmaterialien der Aufsichtsgesetze finden sich Hinweise darauf, daß der Gesetzgeber zuweilen tatsächlich entsprechende Kalkulationen anstellt[24], so wie er generell im Hinblick auf die steuerungssystematischen Implikationen der Wahl zwischen Instrumenten beider Teilrechtsordnungen eine hohe Sensibilität an den Tag legt[25]. Auch die Literatur spricht hinsichtlich der aufsichtsgesetzlichen „Scharniervorschriften" unbefangen aus, daß diese nicht nur dem individuellen Rechtsgüterschutz dienen, sondern auch die Effektivität der aufsichtsgesetzlichen Normen erhöhen (sprich: den Schutz der aufsichtsgesetzlich normierten kollektiven Schutzgüter verstärken) sollen[26].

An spezifisch *aufgabenbezogenen* Gründen für einen zuätzlichen Einsatz privatrechtlicher Instrumente lassen sich folgende anführen:

---

mann/Schneider, WpHG, § 14 Rn. 107, 46; *Büchner* in Beckscher TKG-Kommentar, § 40 Rn. 6.

[22] Vgl. auch *H.-H. Trute* in W. Hoffmann-Riem/E. Schmidt-Aßmann (Hrsg.)., Öffentliches Recht und Privatrecht als wechselseitige Auffangordnungen, S. 193: Erweiterung des drittschützenden Charakters erhöhe das zivilrechtliche Sanktionspotential.

[23] Siehe bereits oben § 2 III.

[24] Siehe etwa den Diskussionsbeitrag des Abg. Böhm aus der 1. Lesung des Regierungsentwurfs des GWB, in dem er als Vorteil des Verbotsprinzips darstellt, daß dieses – anders als das Mißbrauchsprinzip – private Klagen gegen Kartellbildungen ermögliche und so eine Überforderung des Kartellamts verhindere (Verhandlungen des Deutschen Bundestages, 2. Wahlperiode, Sten. Ber., S. 4218). Siehe auch die Begründung zu § 40 TKG im Regierungsentwurf, BT-Drs. 13/3609, S. 47.

[25] Siehe als Beispiel die Erwägungen zur „zivilrechtlichen und verwaltungsrechtlichen Seite" der Behandlung des „Monopolproblems" in der Begründung des Regierungsentwurfs des GWB, BT-Drs. 2/1158, S. 27. Siehe ferner die Erwägungen zum Ausschluß privatrechtlichen Schadensersatzes durch § 15 Abs. 6 WpHG im Bericht des Finanzausschusses zum Entwurf des WpHG, BT-Drs. 12/7918, S. 102.

[26] Vgl. etwa für § 33 GWB *Emmerich* in Immenga/Mestmäcker, GWB, § 33 Rn. 7. Allgemein für das Kartellrecht *K. Schmidt* in FS Benisch, S. 296f. Siehe hierzu auch die Bemerkungen bei *W. Benisch* in FS Hartmann, S. 37ff.

– Zum einen ist der Umstand zu nennen, daß die Aufsichtsbehörden in besonderem Maße darauf angewiesen sind, durch privat initiierte Rechtsdurchsetzung *entlastet* zu werden. In Anbetracht der schieren Masse ökonomischer Transaktionen, ihrer Vielgestaltigkeit sowie der hohen Zahl hierbei anfallender Informationen würde eine Monopolisierung der Rechtsdurchsetzung beim Staat leicht zu einer Überforderung der Aufsichtsbehörden führen[27]. Die Aktivierung einer weiteren Implementierungsebene trägt der besonderen Komplexität und dem hohen quantitativen Umfang der Aufgabe Marktoptimierung Rechnung. Sie ermöglicht funktionelle Abschichtungen derart, daß die Aufsichtsbehörden ihre Ressourcen zielgerichtet auf besonders gravierende Funktionsstörungen konzentrieren und die weniger gravierenden, die öffentlichen Interessen nicht vergleichbar tangierenden Fälle der privatrechtlichen Rechtsdurchsetzung überlassen[28].

– Zweitens können wegen der zusätzlichen Möglichkeit privater Rechtsdurchsetzung Gesetzgeber und Regierung die *administrativen Aufsichtsstrukturen schlank gestalten*, ohne hierdurch die Gefahr einzugehen, die Effektivität der Aufsicht über Gebühr abzusenken. Die Schaffung einer privatrechtlichen Implementierungsebene wirkt der Ausbildung hypertropher Überwachungsapparate entgegen, die zu ökonomischen Lähmungen führen und sich im Lichte der Zwecksetzung der Aufsichtsgesetze sogar als kontraproduktiv erweisen könnten.

– Schließlich ist die Ergänzung durch eine zusätzliche, privatrechtliche Implementierungsebene auch insofern aufgabenadäquat, als sie eine enge Anbindung an die Marktprozesse gewährleistet. Privatrechtliche Rechtsdurchsetzung bedeutet dezentrale Rechtsdurchsetzung durch diejenigen, die dem Marktgeschehen am nächsten sind und die Marktvorgänge am besten beurteilen können[29]. In ihr bildet sich die eigene Funktionslogik des Marktes ab. Die Aufsichtsbehörden ihrerseits können durch Beobachtung der Aktivitäten dezentraler Rechtsdurchsetzung seitens der Marktteilnehmer wertvolle Hinweise auf Störungsquellen und -arten erlangen und hieraus Konsequenzen für die

---

[27] Vgl. den oben bereits erwähnten Diskussionsbeitrag des Abg. Böhm, Verhandlungen des Deutschen Bundestages, 2. Wahlperiode, Sten. Ber., S. 4218.

[28] Vgl. am Beispiel des Kartellrechts *J. Topel* in G. Wiedemann (Hrsg.), Handbuch des Kartellrechts, S. 1496. Siehe auch *H.-H. Trute* in W. Hoffmann-Riem/E. Schmidt-Aßmann (Hrsg.)., Öffentliches Recht und Privatrecht als wechselseitige Auffangordnungen, S. 193, welcher der Auffangrelation der funktionellen Abschichtung, wie sie hier zu Tage tritt, ein Modell der parallelen Zuordnung entgegensetzt, wie es sich beispielsweise im Verhältnis zwischen Umweltrecht privatem Nachbarrecht verkörpert, wo das Privatrecht auf eine bloße „Vorordnung" durch das öffentliche Recht stößt und jenseits dieser eine eigenständige, öffentlich-rechtlich nicht determinierte Feinsteuerung vornimmt (*H.H. Trute*, ebda., S. 183 ff.).

[29] Vgl. *H.-H. Trute* in W. Hoffmann-Riem/E. Schmidt-Aßmann (Hrsg.)., Öffentliches Recht und Privatrecht als wechselseitige Auffangordnungen, S. 193.

eigene Aufsichtstätigkeit ableiten. So wird ihrer Abkoppelung vom Marktgeschehen vorgebeugt.

d) Steuerungsvorteile öffentlich-rechtlicher Instrumente im Verhältnis zu privatrechtlichen Instrumenten

Die Frage nach der Aufgabenadäquanz der öffentlich-rechtlichen Aufsichtsinstrumente ist, ohne der an späterer Stelle anstehenden verfassungsrechtlichen Erörterung vorgreifen zu wollen, insofern von Interesse, als sie mit Aufschluß über die grundrechtliche *Erforderlichkeit* dieser Mittel im Vergleich zu den meist weniger eingriffsintensiven privatrechtlichen Implementierungsmitteln verschaffen kann[30]. Sie stellt sich unter diesem Blickwinkel freilich nur in voller Schärfe, soweit privatrechtliche und öffentlich-rechtliche Implementierungsmittel überhaupt vollwertige Alternativen darstellen. Dies ist nicht der Fall, wenn Marktoptimierung durch privatrechtliche Implementierungsmittel in bestimmten Konstellationen ausscheidet (unten aa) oder zumindest öffentlich-rechtliche Implementierungsmittel spezifische Steuerungsvorteile bieten (unten bb).

(aa) Bestimmte steuerungssystematische Grenzen der Indienstnahme des Privatrechts zum Zwecke der Marktoptimierung lassen sich am Beispiel einiger Vorschriften aus dem GWB, dem WpHG und dem TKG verdeutlichen:
– Gelegentlich fehlt mangels einer Koinzidenz von Normverstoß und Individualbeeinträchtigung bereits ein geeigneter rechtstechnischer Ansatzpunkt für eine privatrechtliche Implementierung der marktoptimierenden Norm[31]. Ein Beispiel hierfür bietet § 14 WpHG (Insiderhandelsverbot). Das gesetzwidrige Verhalten des Insiders führt typischerweise nicht zu einem individuellen Nachteil eines Dritten[32]; Insidergeschäfte schädigen nicht den Kontrahenten des Insiders. Damit existiert kein privates Implementierungsinteresse, das zugunsten des durch § 14 WpHG geschützten Kollektivgutes (Marktintegrität als Voraussetzung der Funktionsfähigkeit des Kapitalmarktes) rechtstechnisch instrumentalisiert werden könnte[33].

---

[30] Vgl. auch *Chr. Callies*, DV 34 (2001), 185, der – ohne sich unmittelbar auf den grundrechtlichen Erforderlichkeitsgrundsatz zu beziehen – den Griff zu öffentlich-rechtlichen Instrumenten dann als entbehrlich ansieht, wenn ein Steuerungsziel hinreichend effektiv und differenziert durch Einsatz privatrechtlicher Instrumente erreicht werden kann. Ähnlich bereits *W. Hoffmann-Riem*, DVBl. 1994, 1387.

[31] Hierzu allgemein *H.-H. Trute* in W. Hoffmann-Riem/E. Schmidt-Aßmann (Hrsg.), Öffentliches Recht und Privatrecht als wechselseitige Auffangordnungen, S. 189.

[32] *Assmann/Cramer* in Assmann/Schneider, WpHG, § 14 Rn. 108 ff.

[33] Vgl. *H.-H. Trute* in W. Hoffmann-Riem/E. Schmidt-Aßmann (Hrsg.)., Öffentliches Recht und Privatrecht als wechselseitige Auffangordnungen, S. 174, der die Handlungsbereitschaft der Akteure als eine Bedingung für die Einsatztauglichkeit des Privatrechts heraushebt.

– Im Falle der kartellrechtlichen Zusammenschlußkontrolle scheidet eine privatrechtliche Implementierung deshalb aus, weil sie nicht zu der nötigen Stabilisierung der Rechtslage führen würde[34]. Eine zivilgerichtliche Klage könnte die Rechtmäßigkeit eines Zusammenschlusses nur im Verhältnis zwischen den Prozeßparteien und auch dies häufig nur zu einem relativ späten Zeitpunkt klären, bis zu dem die rechtliche Situation in der Schwebe bliebe. Dem schützenswerten Interesse der Zusammenschlußbeteiligten (und bestimmter außenstehender Dritter) an möglichst frühzeitiger und allseitiger Rechtssicherheit hinsichtlich der Zulässigkeit unternehmerischer Strukturmaßnahmen wäre hiermit nicht hinreichend gedient.

– Eine privatrechtliche Implementierung scheidet, wie sowohl am Beispiel der kartellrechtlichen Zusammenschlußkontrolle wie anhand des Insiderverbots verdeutlicht werden kann, zuweilen aus Gründen der Beschränktheit privater Ressourcen aus. Die Sammlung der für die Normimplementierung erforderlichen Daten kann in beiden Fällen nur Behörden (hinreichend effektiv) gelingen und würde Private regelmäßig überfordern[35].

– Schließlich könnte, wie das Beispiel des § 15 WpHG zeigt, die privatrechtliche Implementierbarkeit einer aufsichtsgesetzlichen Norm im Einzelfall zur Konterkarierung des Aufsichtszwecks führen. Eine (unbegrenzte) privatrechtliche Haftung für Verstöße gegen die in § 15 WpHG angeordnete ad-hoc-Meldepflicht würde wegen der teilweisen Unkalkulierbarkeit des Haftungsrisikos Emittenten von einem Gang an den Kapitalmarkt abschrecken und so dem aufsichtsgesetzlichen Anliegen, die Funktionsfähigkeit des Kapitalmarkts zu verbessern, nachgerade zuwiderlaufen[36].

(bb) Ein genereller *Steuerungsvorteil des öffentlichen Rechts*, aus dem sich der Einsatz öffentlich-rechtlicher Implementierungsmittel zur Marktoptimierung trotz an sich bestehender Möglichkeiten zum Einsatz privatrechtlicher Implementierungsmittel erklärt, liegt auf der Hand: Die öffentlich-rechtliche Rechtsdurchsetzung kann, da sie bürokratisch-zentralistisch erfolgt, besser auf bestimmte strategische Ziele hin orientiert und in ihrer Intensität genauer dosiert werden. Sie läßt sich präziser auf Umfang und Qualität des Interventionsbedarfs hin abstimmen. Im Vergleich zur privatrechtlichen Rechtsdurch-

---

[34] Zur Stabilisierungsfunktion des öffentlichen Rechts *E. Schmidt-Aßmann* in W. Hoffmann-Riem/ders. (Hrsg.), Öffentliches Recht und Privatrecht als wechselseitige Auffangordnungen, S. 26.

[35] Im Falle der Aufsicht über das Insiderhandelsverbot verfügt nur die BAFin als Empfängerin der Meldungen nach § 9 WpHG über die Möglichkeit, Anhaltspunkte für Insiderverstöße zu ermitteln. Im Falle der kartellrechtlichen Zusammenschlußkontrolle sind regelmäßig Marktprüfungen in einem Umfang erforderlich, mit denen Private (die im Zivilprozeß in der Darlegungspflicht stehen) überfordert wären.

[36] Genau diese Erwägung lag auch der Einfügung von § 15 Abs. 6 WpHG a.F. zugrunde, der die privatrechtliche Implementierbarkeit der Vorschrift ausdrücklich ausschloss (siehe BT-Drs. 12/7918, S. 102). Vgl. nunmehr § 15 Abs. 6 i.V.m. §§ 37 b, 37 c WpHG.

setzung ist sie vielfach treffgenauer und erlaubt Abschichtungen nach Maßgabe aufgabenbezogen definierter Prioritäten.

An komparativen Steuerungsvorteilen des öffentlichen Rechts, die im Kontext der Marktoptimierung eine besondere Rolle spielen, sind im übrigen anzuführen:

– Öffentlich-rechtliche Implementierungsmittel ermöglichen aufgrund ihrer instrumentellen Attribute (Einseitigkeit der Regelung; Vollstreckungsfähigkeit von Verwaltungsakten; Möglichkeit der Anordnung des Sofortvollzugs sowie des Einsatzes von Zwangsmitteln) eine zügigere Rechtsdurchsetzung. Irreversible Funktionsschäden infolge normwidrigen Verhaltens lassen sich durch sie besser ausschließen als über die Mobilisierung der privatrechtlichen Teilrechtsordnung, die im Gegensatz zum öffentlichen Recht weniger und schwächere Mechanismen präventiver Steuerung bereitstellt[37]. Wegen der hohen zeitlichen Dynamik von Marktprozessen, denen gegenüber repressive Steuerungsmittel häufig keine ausreichende Wirkung erzeugen[38], ist dies von besonderem Gewicht.

– Öffentlich-rechtliche Rechtsdurchsetzung ist dort vorteilhaft, wo andere Marktakteure durch die Marktmacht des Aufsichtsadressaten von der Einlegung zivilrechtlicher Rechtsmittel abgeschreckt werden könnten.

– Die Verwendung öffentlich-rechtlicher Implementierungsmittel ist ferner dann vorteilhaft, wenn erst anhand von konkreten Umständen des Einzelfalls feststellbar ist, ob sich bestimmte Verhaltensweisen tatsächlich funktionsstörend auswirken. Das öffentliche Recht kennt Flexibilisierungsinstrumente (z.B. Einräumung von Entschließungsermessen), die in solchen Konstellationen eine Prüfung des Einzelfalls daraufhin erlauben, ob ein Eingriff in das Marktgeschehen überhaupt vom Gesetzeszweck gedeckt ist.

2. Steuerungssystematische Betrachtung des öffentlich-rechtlichen Aufsichtsinstrumentariums

a) Vorbemerkungen

Auch in Bezug auf das öffentlich-rechtliche Aufsichtsinstrumentarium kann privaten Dritten eine Rolle bei der Rechtsdurchsetzung zukommen. Soweit Normen der Aufsichtsgesetze drittschützend sind, erwachsen aus ihnen Ansprüche Privater auf aufsichtsbehördliches Einschreiten (bzw. auf eine ermes-

---

[37] Vgl. *E. Schmidt-Aßmann* in W. Hoffmann-Riem/ders. (Hrsg.), Öffentliches Recht und Privatrecht als wechselseitige Auffangordnungen, S. 22 (Gegenüberstellung von öffentlichem Recht als Handlungsrecht, Privatrecht als Haftungsrecht).
[38] So würde beispielsweise die Effektivität einer privatrechtlichen Implementierung der tarifrechtlichen Bestimmungen des TKG wegen der langen Dauer zivilgerichtlicher Verfahren, die sich viele Unternehmen in diesem Sektor buchstäblich nicht leisten könnten, gering sein.

sensfehlerfreie Entscheidung über entsprechende Anträge)[39]. Für den Adressaten aufsichtsbehördlicher Maßnahmen bedeutet es freilich keinen erheblichen Unterschied, ob ein Einschreiten der Behörde privat initiiert wird oder auf behördliche Eigeninitiative zurückgeht. Die Wirkungen ihm gegenüber sind in beiden Fällen gleich. Dies rückt die Mobilisierung privater Initiative für den Einsatz des öffentlich-rechtlichen Aufsichtsinstrumentariums grundrechtlich, speziell unter Aspekten der Erforderlichkeit, in ein anderes Licht als die Schaffung privatrechtlicher Implementierungsmittel mit ihrer im Vergleich meist milderen Wirkungsweise (kein einseitiger Erlaß von Verwaltungsakten, keine Vollstreckung ohne gerichtlichen Vollstreckungstitel usf.). Für die steuerungssystematische Betrachtung des öffentlich-rechtlichen Aufsichtsinstrumentariums ist daher weniger das Verhältnis zwischen privaten und behördlichen Initiativanteilen als vielmehr der konkrete Zuschnitt der verschiedenen Einzelinstrumente von Interesse, die den Aufsichtsbehörden durch die Aufsichtsgesetze zur Verfügung gestellt werden. Die Frage ist zunächst, ob bei der marktoptimierenden Wirtschaftsaufsicht bestimmte instrumentelle Besonderheiten im Vergleich zu anderen Bereichen des Verwaltungshandelns hervortreten (a.). Soweit dies der Fall ist, sollen hierfür Erklärungen gefunden werden (b.).

b) Instrumentelle Besonderheiten

Der Aufsichtsgesetzgeber hat sich bei der instrumentellen Ausgestaltung der hier in Rede stehenden Referenzmaterien sämtlicher gängiger verwaltungsrechtlicher Regelungsformen bedient. Es kommen insbesondere vor: Präventive Verbote mit Erlaubnisvorbehalt (Kontrollerlaubnisse)[40], Verbote bzw. Gebote mit Befreiungsvorbehalt[41], repressive Instrumente unterschiedlichen Zuschnitts (u.a. Untersagungsbefugnisse, Ahndungsbefugnisse[42]), flankierende Ermittlungsbefugnisse[43] und Zwangsbefugnisse[44]. Hinzu kommen spezielle, die herkömmlichen Kategorien verlassende Instrumente wie etwa die telekommunikationsrechtlichen Entgeltregulierungsbefugnisse[45].

Auf den ersten Blick bietet sich so ein ähnliches Bild wie bei anderen Bereichen des Wirtschaftsverwaltungshandelns[46]. Namentlich im Hinblick auf die Gewichtverteilung zwischen präventiven und repressiven Instrumenten erge-

---

[39] Vgl. allgemein *E. Stein*, Die Wirtschaftsaufsicht, S. 185 ff.
[40] Z. B. §§ 35 ff. GWB.
[41] Z. B. § 25 Abs. 4 WpHG.
[42] Z. B. §§ 32, 81 GWB, § 126 TKG, § 4 Abs. 1 Satz 3 WpHG.
[43] Z. B. § 57 GWB, § 128 TKG.
[44] Z. B. § 129 TKG, § 58 GWB.
[45] §§ 27 ff. TKG.
[46] Hierzu die Übersichten bei *E. Stein*, Die Wirtschaftsaufsicht, S, 141 ff., 194 ff., 222 ff.; *R. Schmidt*, Öffentliches Wirtschaftsrecht – AT, S. 342; *R. Stober*, Allgemeines Wirtschaftsverwaltungsrecht, S. 287 ff.; *H. Mösbauer*, Staatsaufsicht über die Wirtschaft, S. 676 ff.

ben sich keine größeren Auffälligkeiten. In den Aufsichtsgesetzen findet sich ein üblicher Mix präventiver und repressiver Instrumente. Bei detaillierterer Betrachtung lassen sich aber doch einige Besonderheiten aufdecken, die in ihrer Kombination eine eigene instrumentelle Typik der marktoptimierenden Wirtschaftsaufsicht ergeben. *Erstens* kommt den behördlichen Befugnissen zur Verhängung von Bußgeldern ein überdurchschnittliches Gewicht zu. Die hier betrachteten Aufsichtsgesetze weisen Bußgeldtatbestände in sehr hoher Zahl auf; es sind nahezu sämtliche aufsichtsgesetzlichen Pflichten bußgeldbewehrt[47]. *Zweitens* ist festzustellen, daß die Entscheidung über ein Einschreiten gegen gesetzwidriges Handeln der Aufsichtsadressaten ganz überwiegend im Entschließungsermessen der Aufsichtsbehörden steht, mithin das Opportunitätsprinzip quantitativ stark dominiert[48]. *Drittens* sind die Aufsichtsbefugnisse meist punktuell zugeschnitten: Sie beziehen sich jeweils auf einen einzelnen, klar abgegrenzten ökonomischen Verhaltenskontext und sind damit nicht der Kategorie der sog. Unternehmensaufsicht[49] zuzurechnen, die sich pauschal auf die gesamte Geschäftätigkeit eines Wirtschaftssubjekts richtet[50]. *Viertens* spielen konsensuale administrative Handlungsformen praktisch keine Rolle[51]. *Fünftens* ist hervorzuheben, daß die Aufsichtsadressaten durch die Aufsichtsgesetze in einem relativ großen Umfang mit zur Informationsgewinnung herangezogen werden. Am weitesten geht hierbei das Wertpapierhandelsgesetz, das in seinem § 9 die Aufsichtsadressaten verpflichtet, der BAFin auf elektronischem Wege (Absatz 2) jedes (!) Geschäft in Wertpapieren oder Derivaten, die zum Handel an einem organisierten Markt innerhalb der EU bzw. des EWR zugelassen oder in den Freiverkehr einer inländischen Börse zugelassen sind, bis zum Ablauf des nächsten Werktags zu melden. *Sechstens* fällt auf, daß die Aufsichtsbehörden überwiegend darauf beschränkt sind, gesetzeswidrige Praktiken zu untersagen, und ihnen meist verwehrt ist, bestimmte Handlungen der Aufsichtsadressaten positiv anzuordnen[52]. *Siebtens* sehen die Aufsichtsgesetze umfangreiche Möglichkeiten vor, einstweilige Anordnungen zu treffen oder die sofortige Vollziehbarkeit aufsichtsbehördlicher Verfügungen anzuordnen[53].

---

[47] Siehe §§ 81 GWB, 39 WpHG, 149 TKG.

[48] Nur bei den Entscheidungen über Kontrollerlaubnisse (kartellrechtliche Zusammenschlußkontrolle, telekommunikationsrechtliche Entgeltregulierung) besteht (naturgemäß) eine strikte rechtliche Bindung.

[49] Hierzu *M. Bullinger*, VVDStRL 22 (1965), 311/312; *R. Schmidt*, Öffentliches Wirtschaftsrecht – AT, S. 343.

[50] Siehe etwa § 81 Abs. 1 VAG, §§ 6, 44 Abs. 1 KWG.

[51] Auch die vormals im Bereich des Kartellrechts verbreitete Praxis öffentlich-rechtlicher Verträge über Zusagen in der Zusammenschlußkontrolle ist durch den im Zuge der 6. GWB-Novelle eingeführten § 40 Abs. 3 GWB (Freigabe unter Bedingungen und Auflagen) obsolet geworden.

[52] Siehe etwa § 32 GWB.

[53] Siehe z.B. §§ 60, 65 GWB, 130 TKG.

c) Aufgabenspezifische Gründe

Für diese instrumentellen Besonderheiten der marktoptimierenden Wirtschaftsaufsicht lassen sich einige aufgabenspezifische Gründe anführen:

– Die aufsichtsgesetzlich geforderten Tätigkeiten der Beobachtung von Marktgeschehnissen sowie der Identifizierung und Berichtigung gesetzwidriger Verhaltensweisen bringen in Anbetracht der Komplexität und der hohen Zahl ökonomischer Abläufe die staatlichen Aufsichtsbehörden zwangsläufig in eine Gefahr der Überforderung (s. o.)[54]. Einige der instrumentellen Besonderheiten lassen sich als Ausfluß von *Entlastungsstrategien* interpretieren, mittels denen dieser Gefahr begegnet werden soll. So kann beispielsweise die hohe Anzahl aufsichtsgesetzlicher Bußgeldandrohungen damit erklärt werden, daß die von ihnen ausgehende Abschreckungswirkung nötig ist, um die (faktische) Begrenztheit der „normalen", verwaltungsrechtlichen Interventionsmöglichkeiten der Aufsichtsbehörden auszugleichen. Das erhöhte Gewicht des Opportunitätsprinzips kann gleichfalls aus diesem Blickwinkel gedeutet werden. Es erlaubt den Aufsichtsbehörden, mit ihren begrenzten Ressourcen zu haushalten, sie auf die wichtigsten Fälle zu konzentrieren[55] und so eine „Verzettelung" der Aufsichtstätigkeit zu vermeiden. Auch die umfangreiche Inpflichtnahme der Aufsichtsadressaten zu Zwecken der behördlichen Informationsgewinnung kann als Mittel zur aufsichtsbehördlichen Entlastung verstanden werden, desgleichen der fehlende gesetzliche Zwang, konsensuale – und damit zeitraubende – Handlungsformen einsetzen zu müssen. Als Reaktion auf das Komplexitätsproblem läßt sich ferner auch die Verwendung vage formulierter Mißbrauchstatbestände deuten, mit denen normative Definitionsmacht auf die administrative Ebene verlagert und so dem Umstand Rechnung getragen wird, daß der Aufsichtsgesetzgeber selbst den Interventionsbedarf vielfach nicht präzise antizipieren kann.

– Ein zweiter Erklärungsansatz bezieht sich auf den Umstand, daß die marktoptimierende Intervention auf ein prinzipiell selbstregulatives, zum inneren Gleichgewicht tendierendes soziales Wirkungsgefüge trifft. Die Wahrscheinlichkeit unkalkulierter, möglicherweise kontraproduktiver Neben- bzw. Folgewirkungen[56] ist bei ihr entsprechend hoch. Daher ist es von entscheidender Bedeutung, daß die marktoptimierenden Interventionen maßvoll vorgenommen werden. Eben diesem Erfordernis wird durch die Zuerkennung von Entschließungsermessen entsprochen. Sie ermöglicht eine Feindosierung der

---

[54] Diese Gefahr wird auch vom Gesetzgeber gesehen. Vgl. etwa aus dem Verfahren zum Erlaß des GWB den Debattenbeitrag des Abg. Höcherl, Verhandlungen des Deutschen Bundestages, 2. Wahlperiode, Sten. Ber., Bd. 24, S. 4212.

[55] Hierzu allgemein *E. Stein*, Wirtschaftsaufsicht, S. 183 f.; *R. Scholz*, Wirtschaftsaufsicht und subjektiver Konkurrentenschutz, S. 37.

[56] Hierzu allgemein *E. Stein*, Wirtschaftsaufsicht, S. 181; *M. Bullinger*, Staatsaufsicht in der Wirtschaft, VVDStRL 22 (1965), 399/310.

Interventionen unter spezieller Berücksichtigung der Gegebenheiten des Einzelfalls. Die weitgehende Beschränkung auf Untersagungsbefugnisse (Ausschluß von Befugnissen zur Anordnung der Vornahme positiver Handlungen) begrenzt gleichfalls den behördlichen Aktionsradius und verhindert so ein interventionistisches Übermaß.

– Schließlich ist der Zeitfaktor hervorzuheben, dem im Kontext der marktoptimierenden Wirtschaftsaufsicht eine überdurchschnittliche Bedeutung zukommt. Die tatsächliche Durchschlagskraft marktoptimierender Wirtschaftsaufsicht hängt entscheidend davon ab, daß behördlicherseits umgehend auf gesetzeswidrige Praktiken reagiert werden kann. Die Gefahr von faits accomplis in Gestalt irreparabler Funktionsstörungen ist in Anbetracht der hohen Geschwindigkeit ökonomischer Abläufe und des auf den Marktakteuren lastenden Zwangs zu zügiger Anpassung hoch. Dementsprechend wichtig ist es, daß die Aufsichtsbehörden durch Erlaß einstweiliger Anordnungen bzw. die Anordnung sofortiger Vollziehbarkeit von Verfügungen für eine schnelle (vorläufige) Rechtsdurchsetzung sorgen können.

3. Steuerungssystematische Betrachtung des Organisations- und Verfahrensrechts der marktoptimierenden Wirtschaftsaufsicht

a) Vorbemerkungen

Daß sich rechtliche Steuerung nicht alleine über materiell-rechtliche Regelungsprogramme, sondern auch über die Gestaltung von prozeduralen Bedingungen der Rechtsanwendung vollzieht, ist ein von der Verfassungs- und Verwaltungsrechtslehre schon seit längerem – etwa unter dem Stichwort des Grundrechtsschutzes durch Verfahren – verinnerlichter Befund. Hingegen findet die steuerungssystematische Funktion, die gleichermaßen auch dem Verwaltungsorganisationsrecht zukommt[57], erst in jüngerer Zeit stärkere Beachtung[58]. Es soll Aufgabe des nachfolgenden Abschnitts sein, organisations- und verfahrensrechtliche Besonderheiten der marktoptimierenden Wirt-

---

[57] Siehe *E. Schmidt-Aßmann* in ders./W. Hoffmann-Riem (Hrsg.), Verwaltungsorganisationsrecht als Steuerungsressource, S. 19ff. Dort auch zu den steuerungssystematischen Unterschieden im Verhältnis zur direkten Steuerung durch materiell-rechtliche Legislativprogramme (geringere Steuerungspräzision, höhere Breitenwirkung).

[58] Wesentlich angestoßen durch *E. Schmidt-Aßmann/W. Hoffmann-Riem* (Hrsg.), Verwaltungsorganisationsrecht als Steuerungsressource, 1997. Zur Notwendigkeit einer steuerungssystematischen Gesamtschau von Organisations- und Verfahrensrecht siehe *E. Schmidt-Aßmann* in ders./W. Hoffmann-Riem (Hrsg.), Verwaltungsorganisationsrecht als Steuerungsressource, S. 20; *ders.*, Das Allgemeine Verwaltungsrecht als Ordnungsidee, S. 211. Ferner *W. Hoffmann-Riem*, DVBl. 1994, 1283; *G.F. Schuppert* in *W. Hoffmann-Riem/E. Schmidt-Aßmann* (Hrsg.), Reform des Allgemeinen Verwaltungsrechts, S. 83.

schaftsaufsicht aufzuzeigen (unten b) und sie in einen Zusammenhang zu Aufgabenspezifika der Marktoptimierung zu bringen[59] (unten c).

b) Organisations- und verfahrensrechtliche Besonderheiten der marktoptimierenden Wirtschaftsaufsicht

Zum *Verfahren* der Aufsichtsbehörden finden sich weniger im WpHG[60], dafür aber im GWB sowie im TKG umfängliche Sonderregelungen, die über die Regelungen des VwVfG hinausgehen. Beide Gesetze weisen eigene Abschnitte mit verfahrensrechtlichen Bestimmungen auf[61]. Diese enthalten Vorschriften über die Verfahrenseinleitung und die Beteiligten, über Anhörungen und mündliche Verhandlungen, über Ermittlungen und Beweiserhebungen, Beschlagnahmen sowie den Verfahrensabschluß. Das Verfahren der Aufsichtsbehörden gewinnt durch sie, unter Abkehr vom Grundsatz des § 10 VwVfG, einen stark förmlichen, justizähnlichen Charakter[62]. Dies gilt vor allem in Ansehung der Regelungen über die Durchführung einer mündlichen Verhandlung (§§ 56 Abs. 3 GWB, 135 Abs. 3 TKG), ferner in Ansehung der Regelungen zur Beweiserhebung und -würdigung (§§ 57 GWB, 128 Abs. 2 TKG) sowie zur Entscheidungsbegründung (§§ 61 Abs. 1 GWB, 131 Abs. 1 TKG).

Als *organisationsrechtliche* Besonderheit der drei Aufsichtsgesetze fällt zunächst ins Auge, daß die Gesetzesausführung jeweils spezialisierten Bundesoberbehörden im Sinne von Art. 87 Abs. 3 Satz 1 GG zugewiesen ist[63]. Sämtliche dieser Behörden (Bundeskartellamt – BKartA, Bundesanstalt für Finanzdienstleistungsaufsicht – BAFin, Bundesnetzagentur) besitzen sowohl Ermittlungs- als auch Entscheidungskompetenzen. Eine Beschränkung des Bundeskartellamts auf Ermittlungskompetenzen nach dem Vorbild Großbritanniens und der Vereinigten Staaten, wo die verfahrensabschließende Untersagung bzw. Sanktionierung wettbewerbswidriger Praktiken in größerem Umfang den Gerichten obliegt, wurde bei Erlaß des GWB zwar erwogen, jedoch am Ende unter Verweis auf den „wirtschaftspolitischen Einschlag" der zu treffenden Entscheidungen sowie den Zwang zu fortlaufenden Anpassungen der Entscheidungstätigkeit an die „dynamische Wirtschaftsentwicklung" ver-

---

[59] Allgemein zur Korrelation zwischen Aufgabenspezifika auf der einen sowie Ausgestaltung des Verfahrens- und Organisationsrechts auf der anderen Seite *E. Schmidt-Aßmann*, Das Allgemeine Verwaltungsrecht als Ordnungsidee, S. 213; *W. Hoffmann-Riem* in E. Schmidt-Aßmann/ders. (Hrsg.), Verwaltungsorganisationsrecht als Steuerungsressource, S. 377.

[60] Siehe aber vereinzelte Regelungen in §§ 8, 35 WpHG.

[61] GWB – Dritter Teil (§§ 54 ff.); TKG – Achter Teil, Dritter Abschnitt (§§ 132 ff.).

[62] So auch, bezogen auf das Kartellverfahrensrecht, *G. F. Schuppert*, Die Erfüllung öffentlicher Aufgaben durch verselbständigte Verwaltungseinheiten, S. 18.

[63] Im Falle des GWB besteht zusätzlich auch eine – freilich vergleichsweise bescheidene – Verwaltungszuständigkeit von Landesbehörden; siehe § 48 Abs. 2 GWB.

worfen[64]. Gerichtliche anstelle von aufsichtsbehördlichen (Erst-)Entscheidungszuständigkeiten existieren bis heute in Deutschland nur dort, wo eine Sanktion strafrechtlichen Charakter hat[65].

Die Zuweisung der Aufsichtszuständigkeit an Bundesoberbehörden, die zwar nicht rechtlich, wohl aber organisatorisch und funktionell verselbständigt sind[66], deutet auf eine Absicht des Gesetzgebers hin, die Unabhängigkeit und Sachbezogenheit der behördlichen Entscheidungsfindung institutionell besonders abzusichern. Eine klare Trennung zwischen Aufsichtstätigkeit und politischem Prozeß kommt, was speziell das GWB betrifft, auch in der Schaffung spezieller Ministergenehmigungsverfahren (§ 42 GWB, früher auch § 8 GWB a.F.) mit gesonderten, stärker politisch eingefärbten Entscheidungsmaßstäben zum Ausdruck.

Hinsichtlich des GWB sowie des TKG ist weiter bemerkenswert, daß die Entscheidungszuständigkeit innerhalb der Aufsichtsbehörden vollständig (GWB) bzw. zu einem erheblichen Teil (TKG) bei kollegial verfaßten Beschlußkörpern liegt (§§ 51 Abs. 2 GWB, 132 Abs. 1 TKG)[67]. Die kartellamtlichen Beschlußabteilungen und die Beschlußkammern der Bundesnetzagentur weisen einen justizähnlichen Charakter auf[68], nicht nur im Hinblick auf ihre Bezeichnung, sondern auch im Hinblick auf ihre innere Struktur und das Verfahren der Entscheidungsfindung. Sie entscheiden in der Besetzung mit einem Vorsitzenden und zwei Beisitzern (§§ 51 Abs. 3 GWB, 132 Abs. 2); die Entscheidung wird durch die Mehrheit gefällt, notfalls auch gegen die Stimme des Vorsitzenden[69]. Die Abteilungen bzw. Kammern unterliegen bei ihren Entscheidungen

---

[64] Schriftlicher Bericht des Ausschusses für Wirtschaftspolitik über den Entwurf eines Gesetzes gegen Wettbewerbsbeschränkungen, BT-Drs. 2/zu 3644, S. 12 f. Die Begründung zum Gesetzesentwurf der Bundesregierung hebt an zwei Stellen hervor, daß es sich beim Bundeskartellamt um eine Behörde und nicht um ein Gericht handelt; BT-Drs. 2/1158, S. 28, 49.

[65] Z.B. Insiderstraftaten nach § 38 WpHG.

[66] Vgl. *D. Traumann*, Die Organisationsgewalt im Bereich der bundeseigenen Verwaltung, S. 130.

[67] Zur Vorbildwirkung der kartellamtlichen Beschlußabteilungen für die Einrichtung der regulierungsbehördlichen Beschlußkammern *Kerkhof* in Beck'scher TKG-Kommentar, § 73 Rn. 2.

[68] *G.F. Schuppert*, Die Erfüllung öffentlicher Aufgaben durch verselbständigte Verwaltungseinheiten, S. 18 ff.; *Nägele* in Frankfurter Kommentar zum Kartellrecht, § 51 Rn. 6; *W. Möschel*, Recht der Wettbewerbsbeschränkungen, S. 688; *H.-R. Ebel*, Kartellrecht, § 51 Rn. 2; *Spoerr* in Trute/ders./Bosch, Telekommunikationsgesetz, § 73 Rn. 2; *Th. Gross*, Das Kollegialprinzip in der Verwaltungsorganisation, S. 95 f.

[69] *Kerkhof* in Beck'scher TKG-Kommentar, § 73 Rn. 17; *Spoerr* in Trute/ders./Bosch, Telekommunikationsgesetz, § 73 Rn. 11; *K. Oertel*, Die Unabhängigkeit der Regulierungsbehörde nach §§ 66 ff. TKG, S. 399; *M. Paulweber*, Regulierungszuständigkeiten in der Telekommunikation, S. 106; *Nägele* in Frankfurter Kommentar zum Kartellrecht, § 51 Rn. 10; *R. Bechtold*, Gesetz gegen Wettbewerbsbeschränkungen, § 51 Rn. 3; *Schultz* in Langen/Bunte, GWB, § 48 Rn. 5.

keinen Weisungen der Behördenleitungen[70]. Dies entspricht auch der Logik des Kollegialprinzips, welches auf Beratung, Diskussion und Überzeugung, kurz: auf Koordination statt auf Subordination ausgelegt ist[71]. Bei der Bundesanstalt für Finanzdienstleistungsaufsicht, die keine kollegialen Einrichtungen nach Art der Beschlußabteilungen bzw. -kammern kennt, ist die Weisungsgewalt der Behördenleitung nicht beschränkt.

In der Logik des Kollegialprinzips läge gewiß auch eine Weisungsfreiheit der Beschlußabteilungen bzw. -kammern im Verhältnis zur vorgesetzten Behörde, dem Bundeswirtschaftsministerium. Eine solche Weisungsfreiheit, mit der eine verfassungsrechtlich zumindest gewagte Ausdünnung der demokratischen Legitimation der Aufsichtstätigkeit verbunden wäre[72], wird den beiden Aufsichtsgesetzen überwiegend indes nicht entnommen[73]; sie käme beim Bundeskartellamt wegen § 52 GWB (allgemeine Weisungen des Bundeswirtschaftsministeriums) auch nur für Einzelweisungen in konkreten Verfahren in Betracht. Jedoch kann davon ausgegangen werden, daß ministerielle Weisungen gegenüber den Beschlußabteilungen bzw. -kammern in der Aufsichtspraxis kaum eine Rolle spielen[74]. Genau dies dürfte auch der Intention des Gesetzgebers entsprechen, der von einer weitgehenden Weisungsfreiheit als zumindest faktischer Konsequenz der Kollegialstruktur ausgehen durfte[75].

Der letztgenannte Befund wird, was die kartellamtlichen Beschlußabteilungen betrifft, durch die Entstehungsgeschichte des GWB zusätzlich erhärtet. Die Begründung des Wirtschaftsausschusses des Bundestags zu § 40 des Ge-

---

[70] *M. Paulweber*, Regulierungszuständigkeiten in der Telekommunikation, S. 106; *Nägele* in Frankfurter Kommentar zum Kartellrecht, § 51 Rn. 10, 14; *R. Bechtold*, Gesetz gegen Wettbewerbsbeschränkungen, § 51 Rn. 3; *W. Möschel*, Recht der Wettbewerbsbeschränkungen, S. 689.

[71] Vgl. *Th. Gross*, Das Kollegialprinzip in der Verwaltungsorganisation, S. 45.

[72] Hierzu *M. Jestaedt*, Demokratieprinzip und Kondominialverwaltung, S. 265 ff. Umfassend zur verfassungsrechtlichen Zulässigkeit des sog. ministerialfreien Raums *H. Sodan*, Kollegiale Funktionsträger als Verfassungsproblem, S. 359 ff. Siehe auch *Th. Mayen*, DÖV 2004, 45 ff.

[73] *Nägele* in Frankfurter Kommentar zum Kartellrecht, § 51 Rn. 5; *R. Bechtold*, Gesetz gegen Wettbewerbsbeschränkungen, § 51 Rn. 2; *M. Paulweber*, Regulierungszuständigkeiten in der Telekommunikation, S. 94 ff. Differenzierend *Klaue* in Immenga/Mestmäcker, GWB, § 51 Rn. 11 f. Für eine Weisungsfreiheit demgegenüber *Schultz* in Langen/Bunte, GWB, § 48 Rn. 1; *Spoerr* in Trute/ders./Bosch, Telekommunikationsgesetz, § 73 Rn. 2. Hinsichtlich der BAFin ist die Zulässigkeit ministerieller Weisungen gänzlich unstreitig; siehe *Geibel* in Schäfer, Wertpapierhandelsgesetz, § 3 Rn. 4; *Dreyling* in Assmann/Schneider, Wertpapierhandelsgesetz, § 3 R. 4.

[74] *G. F. Schuppert*, Die Erfüllung öffentlicher Aufgaben durch verselbständigte Verwaltungseinheiten, S. 19; *Schultz* in Langen/Bunte, GWB, § 48 Rn. 5; *Junge* in Benisch, Gesetz gegen Wettbewerbsbeschränkungen, Gemeinschaftskommentar, § 48 Rn. 2.

[75] So überzeugend *K. Oertel*, Die Unabhängigkeit der Regulierungsbehörde nach §§ 66 ff. TKG, S. 399 f. Ähnlich *D. Traumann*, Die Organisationsgewalt im Bereich der bundeseigenen Verwaltung, S. 245; *J. Oebbecke*, Weisungs- und unterrichtungsfreie Räume in der Verwaltung, S. 55.

setzentwurfs[76] (= § 51 GWB heutiger Fassung) führt unter Bezugnahme auf die oben erwähnte Absage an eine gerichtliche (Erst-)Entscheidungszuständigkeit wörtlich aus: „Nachdem die Entscheidung zu Gunsten der Beibehaltung der Entscheidungskompetenz der Kartellbehörden gefallen war, lag es nahe, das Verfahren vor den Kartellbehörden justizähnlich zu gestalten und die bürokratische Entscheidungspraxis durch die Einrichtung von Beschluß- und Einspruchsabteilungen zu ersetzen (...)"[77]. Die Gerichtsähnlichkeit der Beschlußabteilungen war also vom Kartellgesetzgeber eindeutig gewollt. Sie erschien ihm gleichsam als Ersatz für die ursprünglich erwogene Lösung, die verfahrensabschließende Entscheidung nicht dem Bundeskartellamt, sondern den Gerichten anzuvertrauen.

In den Materialen zum Erlaß des TKG finden sich ähnliche Äußerungen in Bezug auf die Beschlußkammern. So wird in der Begründung des Gesetzentwurfs zu § 70 (= § 73 der endgültigen Fassung des Gesetzes, heute § 132) ausgeführt: „Das Verfahren vor den Beschlußkammern ist justizähnlich ausgestaltet (...)"[78]. In der Gegenäußerung der Bundesregierung zur Stellungnahme des Bundesrats (1. Durchlauf) heißt es: „Die Einrichtung von Beschlußkammern als Kollegialspruchkörpern sichert gerade bei der Organisationsform einer oberen Bundesbehörde eine politisch weitgehend unabhängige Entscheidung der Regulierungsbehörde"[79]. Der Bericht des federführenden Ausschusses für Post und Telekommunikation thematisiert gleich mehrfach die Unabhängigkeit der Beschlußkammern bzw. der Regulierungsbehörde („Die Organisation muß ferner gewährleisten, daß die Regulierungsentscheidungen unabhängig von tagespolitischen Einflüssen getroffen werden können"[80]; „... wurde die Bedeutung einer unabhängigen Regulierungsbehörde unterstrichen"[81]; „Für den Status und die Unabhängigkeit der Regulierungsbehörde ist es erforderlich, daß nicht jede Entscheidung durch das zuständige Bundesministerium kassiert werden kann. Gerade aus diesem Grunde sind die unabhängigen Beschlußkammern eingeführt worden"[82]).

Die vorgenannten Zitatstellen belegen, daß mit der organisatorischen Ausgestaltung der aufsichtsbehördlichen Beschlußkörper ihre politische Unabhängigkeit im Sinne einer Immunisierung gegen Einflüsse oder gar Pressionen

---

[76] BT-Drs. 2/zu 3644, S. 12 f.

[77] Ebda., S. 34.

[78] BR-Drs. 80/96, S. 51.

[79] BT-Drs. 13/4438, S. 38.

[80] BT-Drs. 13/4864, S. 72; es handelt sich bei der zitierten Äußerung um die Wiedergabe einer Forderung des mitberatenden Wirtschaftsausschusses.

[81] Ebda., S. 74; es handelt sich hier um die Wiedergabe des Ergebnisses einer am 13. 3. 1996 vom Ausschuß veranstalteten öffentlichen Anhörung.

[82] Ebda., S. 82; es handelt sich hier um die Begründung des Ausschusses dafür, das im Regierungsentwurf noch vorgesehene Widerspruchsverfahren auszuschließen.

aus dem politischen Raum gesichert werden soll[83]. Fachfremde oder fachwidrige Erwägungen sollen im behördlichen Entscheidungsprozeß keine Rolle spielen (Gewährleistung der *Sachbezogenheit und Unabhängigkeit der Entscheidungsfindung*)[84]. Weiter soll sie auch die *Unparteilichkeit der Entscheidungsfindung* im Verhältnis zu den privaten Verfahrensbeteiligten gewährleisten[85]. Auch hierfür finden sich Belege in den Gesetzesmaterialen, sowohl in denjenigen zum GWB[86], als auch in denjenigen zum TKG (die vorgeschlagenen Regelungen trügen „dem Umstand Rechnung, daß die Regulierungsbehörde in diesen Fällen u. a. als Schlichtungsstelle im Streit zweier Unternehmen tätig wird"[87]; der Zuständigkeitskatalog nach § 70 beziehe sich „vornehmlich auf solche Regulierungssachverhalte, bei denen mehrere Parteien beteiligt sind"[88]). Als dritter Zweck der Zuweisung der Entscheidungszuständigkeit an kollegiale, justizähnlich verfahrende Beschlußkörper läßt sich die Gewährleistung einer erhöhten *fachlichen Qualität der Entscheidungsfindung* anführen[89]. Die Beteiligung mehrer gleichberechtigter Personen an Beratung und Beschlußfassung sowie die Durchführung mündlicher Verhandlungen bürgen für eine größere Genauigkeit und Ausgewogenheit sowie für einen höheren Grad an gedanklicher Durchdringung der zu entscheidenden Sachverhalte. Sie begründet damit eine erhöhte Richtigkeitsgewähr der aufsichtsbehördlichen Entscheidungen[90]. Daß auch dieser Gesichtspunkt dem Gesetzgeber vor Augen stand,

---

[83] Zu dieser Immunität als typischem Attribut kollegialer Beschlußeinrichtungen *P. Dagtoglou*, Kollegialorgane und Kollegialakte der Verwaltung, S. 23; *H. Sodan*, Kollegiale Funktionsträger als Verfassungsproblem, S. 56.

[84] So mit ausdrücklichem Bezug auf die kartellamtlichen Beschlußabteilungen und die regulierungsbehördlichen Beschlußkammern *Th. Gross*, Das Kollegialprinzip in der Verwaltungsorganisation, S. 152.

[85] Zur Unparteilichkeitsgewähr der kollegialen Ausgestaltung der Entscheidungsfindung *P. Dagtoglou*, Kollegialorgane und Kollegialakte der Verwaltung, S. 23. Vgl. auch *K. Oertel*, Die Unabhängigkeit der Regulierungsbehörde nach §§ 66 ff. TKG, S. 399 (Akzeptanzsteigerung).

[86] Siehe folgende Stelle aus dem Bericht des Wirtschaftsausschusses: „Bei dem Machtkampf zwischen Verwaltung und Wirtschaft schien es erforderlich, diejenige Instanz mit der Entscheidung zu betrauen, bei der am ehesten Gewähr dafür gegeben erscheint, daß sie unabhängig von rechtlichen Maßstäben die Konflikte entscheidet"; BT-Drs. 2/zu 3644, S. 13.

[87] Begründung des Regierungsentwurfs, BR-Drs. 80/96, S. 51. Eine besondere Rolle spielt in diesem Zusammenhang auch die Anteilseignerschaft des Bundes an der Deutschen Telekom AG als dem hauptsächlich von der Regulierung betroffenen Unternehmen; siehe zur notwendigen Trennung der hoheitlichen von den betrieblichen Funktionen in Bezug auf den TK-Sektor auch Erwägungsgrund 11 sowie Art. 3 Abs. 2 der RiLi 2002/21/EG vom 7. 3. 2002 (Abl. L 108/33).

[88] Bericht des Ausschusses für Post und Telekommunikation, BT-Drs. 13/4864, S. 82.

[89] Zu dieser Korrelation allgemein *P. Dagtoglou*, Kollegialorgane und Kollegialakte der Verwaltung, S. 22; *H. Sodan*, Kollegiale Funktionsträger als Verfassungsproblem, S. 49.

[90] Ähnlich auch *Nägele* in Frankfurter Kommentar zum Kartellrecht,§ 51 Rn. 6; *Spoerr* in Trute/ders./Bosch, Telekommunikationsgesetz, § 73 Rn. 2; *Th. Gross*, Das Kollegialprinzip in der Verwaltungsorganisation, S. 204 f.

kommt in denjenigen Passagen der Gesetzesmaterialien von GWB und TKG zum Ausdruck, in denen es um die Qualifikationen der Mitglieder der Beschlußabteilungen bzw. -kammern geht[91] (v. a. Erfordernis der Befähigung zum Richteramt bzw. zum höheren Verwaltungsdienst, §§ 51 Abs. 4 GWB, 132 Abs. 2 TKG).

c) Korrelation zwischen Aufgabenspezifika und verfahrens- bzw. organisationsrechtlichen Besonderheiten

Der Gesetzgeber wollte, wie die vorstehende Betrachtung belegt, mit der Ausgestaltung des Verfahrens- und Organisationsrechts bei Kartell- sowie Telekommunikationsaufsicht bestimmte steuerungssystematische Effekte erzielen. Die Förmlichkeit des Aufsichtsverfahrens sowie der Kollegialcharakter der Beschlußkörper sollen fachliche Qualität, Sachbezogenheit, Unabhängigkeit und Unparteilichkeit der Entscheidungsfindung gewährleisten. Hierfür können verschiedene aufgabenspezifische Gründe angegeben werden, aus denen sich zugleich die Unterschiede zu den Verfahrens- und Organisationsstrukturen bei der Wertpapierhandelsaufsicht erklären:

– Marktoptimierende Wirtschaftsaufsicht bedeutet Reglementierung der Marktteilnahme Privater. Die durch die Aufsichtsbehörden getroffenen Maßnahmen tangieren in aller Regel auch Dritte, und zwar dergestalt, daß die Belastung des Aufsichtsadressaten zu einer Drittbegünstigung führt und umgekehrt. Die aufsichtsbehördlichen Maßnahmen entscheiden somit zugleich private Interessenskonflikte im Marktgeschehen. Dies erklärt, warum der *Unparteilichkeit* der Entscheidungsinstanz ein besonderer Stellenwert zukommt, der umso höher sein muß, je unbestimmter die Entscheidungsnormen ausfallen und je mehr Spielraum daher bestünde, parteiliche Entscheidungen zu fällen. Dort, wo ausnahmsweise die marktoptimierende Aufsichtsbehörde keine privaten Interessenskonflikte vorfindet (wie z. B. im Falle der Aufsicht der BAFin über die Einhaltung der Insiderregeln oder der ad-hoc-Meldepflichten) oder aber die aufsichtsgesetzlichen Normierungen einen hohen Grad an Bestimmtheit aufweisen (wie z. B. im Falle der Aufsicht der BAFin über die Wohlverhaltenspflichten), ist das Bedürfnis nach Unparteilichkeit nicht im selben Maße gegeben und sind die Entscheidungsinstanzen bezeichnenderweise auch nicht kollegial organisiert.

– Das Bedürfnis nach einer *Immunisierung der Entscheidungsinstanzen gegen politische, an sachfremden Kriterien orientierte Einflußnahmen* ist im Fal-

---

[91] Siehe die Begründung des Regierungsentwurfs zum TKG, BR-Drs. 80/96, S. 51 (durch die Besetzungsregeln für die Beschlußkammern sei „sichergestellt, daß an den Entscheidungen Kräfte mitwirken, die über die notwendige Fachkompetenz...verfügen"); siehe auch den Bericht des Wirtschaftsausschusses zum GWB-Entwurf, BT-Drs. 2/zu 3644, S. 34 (die Besoldung für die Mitglieder der Beschlußabteilungen solle so gestaltet sein, daß sie „die Gewinnung hochqualifizierter Kräfte möglich machen muß").

le der marktoptimierenden Wirtschaftsaufsicht gleichfalls überdurchschnittlich hoch. Hierbei kommt mehreres zusammen: Im Falle des Telekommunikationsrechts der eher zufällige Umstand der momentanen Anteilseignerschaft des Bundes am marktbeherrschenden Anbieter von Telekommunikationsdienstleistungen; im Falle von sowohl Telekommunikations- als auch Kartellrecht die unter Umständen gravierenden industrie-, regional- und/oder arbeitsmarktpolitischen Konsequenzen aufsichtsbehördlicher Entscheidungen, die zu Einflußversuchen aus dem politischen Raum anreizen (bezeichnenderweise führen Entscheidungen der BAFin in aller Regel nicht zu solchen Konsequenzen). Die Aufgabe der Marktoptimierung verlangt institutionelle Abschirmungen gegenüber dem politischen Tagesbetrieb mit seinen vielfach kurzfristigen und gruppenegoistischen Handlungsrationalitäten. Dies gilt umso mehr, als die Unbestimmtheit vieler aufsichtsgesetzlicher Normen ein bequemes Einfallstor für das Vorbringen sachfremd motivierter Anliegen von politischen Akteuren bilden könnte.

– Auch das Bedürfnis nach einer erhöhten *Absicherung der fachlichen Qualität und Richtigkeit der aufsichtsbehördlichen Entscheidungen* läßt sich mit Aufgabenspezifika der marktoptimierenden Wirtschaftsaufsicht erklären. Die zu entscheidenden Sachverhalte sind bei ihr häufig besonders komplex und verlangen anspruchsvolle Prüfungen und Abwägungen (bezeichnenderweise sind sie bei der Wertpapierhandelsaufsicht stärker eindimensional und ist hier die Gesetzesanwendung weniger anspruchsvoll). Das Risiko von Fehlentscheidungen ist dementsprechend hoch. Es kommt hinzu, daß aufsichtsbehördliche Fehlentscheidungen eine relativ hohe Breitenwirkung im Markt entfalten können und wegen der hohen Ablaufgeschwindigkeit ökonomischer Anpassungsprozesse vielfach auch irreversibel sind. Über die Gestaltung des materiellen aufsichtsgesetzlichen Rechts können kontraproduktive, und unter Umständen irreversible aufsichtsbehördlichen Entscheidungen nur begrenzt verhindert werden, da die Aufsichtsnormen meist unbestimmt sind und daher nur relativ schwache Steuerungswirkungen entfalten. Indem der Gesetzgeber sich auf die Steuerung mittels des Verfahrens- und Organisationsrechts verlegt, gleicht er diese Steuerungsschwäche des materiellen Aufsichtsrechts aus.

II. Normstrukturelle Charakteristika

Die nachfolgende Analyse normstruktureller Charakteristika der marktoptimierenden Wirtschaftsaufsicht faßt die *materiellen* aufsichtsgesetzlichen Gebote und Verbote ins Auge, die den Aufsichtsadressaten bestimmte Verhaltenspflichten auferlegen und zugleich die Aufsichtsbehörden zur Vornahme belastender aufsichtsbehördlicher Maßnahmen ermächtigen. Wie im vorausgegangenen steuerungssystematischen Untersuchungsabschnitt gilt ein besonderes Augenmerk der Frage, inwieweit die rechtlichen Befunde auf aufgabenspezifische Erfordernisse zurückgeführt werden können.

1. Faktizität und Normativität in marktoptimierenden Aufsichtsnormen

a) Privatautonome Funktionsentstehung und aufsichtsrechtlicher Funktionsschutz

Ein wesentliches Kennzeichen der marktoptimierenden Wirtschaftsaufsicht besteht darin, daß der Gesetzgeber sich bei ihr nicht auf die Erreichung eines meßbaren Endresultats festlegt. Während etwa die Immissionsschutzaufsicht auf die Einhaltung numerisch bestimmter Belastungsgrenzen zielt oder die Bauaufsicht auf die Verwirklichung konkreter ordnungsrechtlicher und städteplanerischer Zielwerte, erstrebt die marktoptimierende Wirtschaftsaufsicht den Schutz von Wirtschafts*funktionen*. Erst aufgrund dieser Funktionen (z. B. Wettbewerb) entsteht im Zuge eines komplexen, arbeitsteiligen Wirtschaftsprozesses ein Ergebnis (z. B. Produktion von Gütermengen, Herausbildung eines Wohlstandsniveaus), das indes selbst keinen Bestandteil der gesetzlichen Zielprogrammierung bildet. Die marktoptimierende Wirtschaftsaufsicht ist so gesehen ergebnisabstinent. Ihre Steuerungsrationalität ist prozedural, da sie lediglich *Bedingungen* schützt, unter denen sich bestimmte gewollte Ergebnisse einstellen können.

Auch die *Entstehung* der von ihr geschützten Funktionen liegt außerhalb der gesetzlichen Programmierung und damit auch außerhalb des objektiven Gewährleistungsgehalts der Aufsichtsgesetze. Der Wettbewerb, dessen allgemeiner Schutz das GWB und dessen sektorspezifischer Schutz das TKG anstrebt, soll nicht durch die Regelungen der beiden Gesetze erst in Gang gesetzt werden. Auch ein funktionsfähiger, vom Anlegervertrauen getragener Kapitalmarkt soll nicht erst durch das WpHG entstehen. Die Aufsichtsgesetze zielen lediglich auf die *Absicherung* der betreffenden Funktionen, deren Existenz vorausgesetzt, genauer gesagt privater Initiative überlassen wird. Die Funktionsentstehung ist Sache privatautonomer Freiheitsbetätigung, nicht Sache hoheitlicher Bewirkung. *Rupert Scholz*, der diesen Befund schon vor längerer Zeit am Beispiel des Kartellrechts skizziert hat, spricht in diesem Zusammenhang von einem „Nebeneinander von aufgabenbegrenzender Aufsichtsvoraussetzung und voraussetzungsstützender Aufsichtsaufgabe"[92], an anderer Stelle von einer „Divergenz zwischen rechtlicher Sicherung und gesellschaftsautonomen Sicherungsgegenstand"[93].

---

[92] Wirtschaftsaufsicht und subjektiver Konkurrentenschutz, S. 19.
[93] Ebda., S. 23.

b) Tatbestandliche Offenheit

Scholz hat auch bereits die normstrukturellen Konsequenzen angedeutet, die mit dieser regulatorischen Ausgangslage verbunden sind[94]: Da sich die Sicherungsgegenstände der Aufsichtsgesetze wie auch ihre jeweiligen Gefährdungen in der Faktizität des Wirtschaftens ausbilden, ist bei den Aufsichtsnormen eine besonders weit gehende tatbestandliche Öffnung ins Tatsächliche festzustellen. Der Gesetzgeber bezieht die Impulse für die Rechtssetzung, für die Festlegung der Sicherungsgegenstände und der auf sie bezogenen Schutzvorkehrungen aus den realen Wirtschaftsabläufen. Deren gedankliche Durchdringung – will sagen: die Identifizierung der jeweiligen Wirtschaftsfunktion, ihrer Funktionsgesetzlichkeit, der sie bedrohenden Gefährdungen – bildet den Ausgangspunkt des Normierungsvorgangs, nicht die abstrakte Definition eines bestimmten Schutzbedarfs für ein bestimmtes Rechtsgut. Die Grundtendenz des Normierungsvorgangs ist insofern induktiv. Eine von der Faktizität wirtschaftlicher Prozesse losgelöste, deduktiv entwickelte normative Begrifflichkeit ist für die marktoptimierende Wirtschaftsaufsicht nicht denkbar. Entsprechendes gilt auch für den Normvollzug. Dieser erfordert in besonderem Maße einen Einbezug der Wirklichkeit in die Fallnormbildung[95]. Anwendung der Aufsichtsgesetze bedeutet Rechtskonkretisierung unter besonders eingehender Anpassung und Angleichung des jeweiligen gesetzlichen Verbots oder Gebots an die Gegebenheiten des in Rede stehenden Lebenssachverhalts.

Die Abhängigkeit der aufsichtsgesetzlichen Norm von der Faktizität des Sicherungsgegenstandes erfordert eine tatbestandliche Öffnung auch in der zeitlichen Dimension. Die zu schützenden Wirtschaftsfunktionen befinden sich in ständiger Entwicklung und fortlaufendem Wandel, ausgelöst durch technischen und wissenschaftlichen Fortschritt sowie den permanenten Wechsel politischer, rechtlicher und volkswirtschaftlicher Rahmenparameter. Entsprechend ändern sich im Lauf der Zeit auch Zuschnitt und Anzahl der Funktionsgefährdungen[96]. Die Veränderungen des Sicherungsgegenstandes sowie des Gefährdungsspektrums wirken zwangsläufig auf die aufsichtsgesetzlichen Normen zurück. Diese müssen entweder über Gesetzesänderungen angepaßt werden oder, häufiger noch, erfahren bei gleichbleibendem Gesetzeswortlaut einen Bedeutungswechsel oder eine Bedeutungserweiterung[97].

---

[94] Ebda., S. 19 ff.
[95] Allgemein hierzu *K. Larenz*, Methodenlehre, S. 278 ff.
[96] Allgemein zur Wirtschaftsaufsicht *E. Stein*, Wirtschaftsaufsicht, S. 83.
[97] Am Beispiel des Kartellrechts *R. Scholz*, Wirtschaftsaufsicht und subjektiver Konkurrentenschutz, S. 19.

c) Normative Abstraktion

Die Mannigfaltigkeit realer Wirtschaftsfunktionen und ihrer Gefährdungen zwingen, erst Recht vor dem Hintergrund ihres ständigen Wandels im Zeitablauf, zu einer allgemeinen Fassung der aufsichtsgesetzlichen Tatbestandsmerkmale. GWB, TKG und WpHG spiegeln dies wieder[98]. Die allgemein gefaßten Tatbestandsmerkmale halten das Aufsichtsrecht elastisch, innovationsoffen, anpassungsfähig, kurz: in der Lage, auf unvorhergesehene bzw. unvorhersehbare Gefährdungen und plötzlich auftretende Schutzbedürfnisse angemessen und zielgerichtet zu reagieren. Ein effektiver Funktionsschutz wäre bei einer konkreteren und damit starreren Fassung der aufsichtsgesetzlichen Tatbestände nur schwer möglich. Hierdurch würden Schutzlücken aufgerissen oder, nicht weniger gravierend, überholten oder in Ansehung bestimmter Umstände des Einzelfalls möglicherweise inadäquaten Ordnungsaussagen Wirksamkeit verliehen werden[99]. Die Wahl einer allgemeinen Begrifflichkeit gewährleistet die notwendige aufsichtsgesetzliche Effizienz und Durchschlagskraft. Die Kehrseite besteht in einer hohen Abstraktion des gesetzlichen Normbefehls: Was den Aufsichtsadressaten geboten bzw. verboten ist und unter welchen Voraussetzungen dementsprechend die Aufsichtsbehörden ihnen gegenüber zum Einschreiten ermächtigt sind, wird in den aufsichtsgesetzlichen Normen weitenteils nur in sehr allgemeiner Weise formuliert[100].

---

[98] Beispiele: „Wettbewerb" (§ 1 GWB), „mißbräuchliche Ausnutzung einer marktbeherrschenden Stellung" (§ 19 Abs. 1 GWB), „Kosten der effizienten Leistungsbereitstellung" (§ 31 Abs. 1 TKG), „Beeinträchtigung von Wettbewerbsmöglichkeiten anderer Unternehmen" (§ 42 TKG), „Mißstände, welche die ordnungsgemäße Durchführung des Wertpapierhandels beeinträchtigen" (§ 4 Abs. 1 WpHG), „geeignet ist, den Börsenpreis der zugelassenen Wertpapiere erheblich zu beeinflussen" (§ 15 Abs. 1 WpHG; ähnlich § 13 Abs. 1 WpHG).

[99] Vgl. *E. Stein*, Wirtschaftsaufsicht, S. 83 f.; *R. Scholz*, Wirtschaftsaufsicht und subjektiver Konkurrentenschutz, S. 22. Allgemein zur notwendigen Flexibilität und Innovationsoffenheit des Verwaltungsrechts *E. Schmidt-Aßmann*, Das allgemeine Verwaltungsrecht als Ordnungsidee, S. 171. Siehe in diesem Zusammenhang auch BVerfGE 31, 33, 42 (gerade im Bereich des Wirtschaftsrechts komme der Gesetzgeber nicht ohne Generalklauseln und unbestimmte Rechtsbegriffe aus).

[100] Nur vereinzelt gelingt die Verdichtung zu konkreten Regelbeispielen (z. B. § 19 Abs. 4 GWB), die allerdings fast stets durch Auffangklauseln („catch all clauses") ergänzt werden müssen (im Beispiel: § 19 Abs. 1 GWB). Zu solchen Typisierungsmöglichkeiten auch *R. Scholz*, Wirtschaftsaufsicht und subjektiver Konkurrentenschutz, S. 22; *E. Stein*, Wirtschaftsaufsicht, S. 97.

2. Marktoptimierende Aufsichtsnormen als verrechtlichte ökonomische Lehrsätze

a) Rezeption wirtschaftswissenschaftlicher Erkenntnisstände

Die Aufgabe des Schutzes bestimmter Wirtschaftsfunktionen gegen funktions-immanente Gefährdungen erfordert ein Regulierungskonzept, das mit ökono-mischem Sachverstand erstellt wird. Die Identifizierung einer Funktion bzw. Funktionsvoraussetzung (zB Wettbewerb, zB Anlegervertrauen) als schüt-zenswert, die Identifizierung von Funktionsgefährdungen, die Abschichtung derjenigen Funktionsgefährdungen, die bereits durch marktwirtschaftliche Selbstregulierungsmechanismen gebannt werden, die Fixierung einzelner Ver-haltensreglementierungen, die funktionsschützend wirken: Sämtliche dieser der eigentlichen Normsetzung vorausgehenden gedanklichen Vorarbeiten fu-ßen auf ökonomischen Analysen. Aufsichtsgesetzgebung erfordert empirische Beobachtung, theoretische Verarbeitung der empirischen Befunde, Modellbil-dung, Modellanwendung, kurz: die Durchführung bzw. Anwendung aller möglichen wirtschaftswissenschaftlichen Prüfungen und Methoden (was sich verschiedentlich in Materialien zu den Aufsichtsgesetzen auch niederschlägt[101]). Auch die Gesetzesanwendung erfordert häufig eine Zuhilfenahme wirtschafts-wissenschaftlicher Erkenntnismittel[102].

Den Aufsichtsnormen ist dieser Hintergrund nicht ohne weiteres anzuse-hen. Zwar ist ihre Begrifflichkeit in Teilen ökonomischer Herkunft und inso-weit nur unter Inanspruchnahme wirtschaftswissenschaftlicher Erklärungs-hilfe erfaßbar („Markt", „Wettbewerb", „marktbeherrschend", „effiziente Lei-stungsbereitstellung", „allgemeiner Geschäftsverlauf", „Kursbeeinflussung"). Hingegen erschließt sich das den Normen zugrundeliegende Gerüst wirt-schaftswissenschaftlicher Zusammenhänge, Annahmen, Folgerungen, er-schließt sich das ganze ökonomische Kalkül des Regulierungskonzepts erst im Rahmen einer Gesamtbetrachtung, die namentlich auch die entstehungsge-schichtlichen Materialien und die dort vermerkten Zweckvorstellungen mit

---

[101] Siehe beispielsweise die Begründung des Regierungsentwurfs zum GWB mit ihren zahlreichen wirtschaftstheoretischen Ausführungen, insbesondere im einleitenden Teil A, BT-Drs. 2/1158, S. 21 ff. (auf S. 25 spricht die Entwurfsbegründung selbst von „der in Teil A der Begründung dargelegten wirtschaftstheoretischen Auffassung"); Passagen mit vergleich-bar wirtschaftstheoretischem Charakter auch im Bericht des Ausschusses für Wirtschafts-politik zum Entwurf des GWB, zu Drs. 2/3644, S. 7 ff. Siehe ferner die häufigen Bezugnah-men auf Sachverständigenanhörungen im Rahmen des parlamentarischen Verfahrens (zB BT-Drs. 7/765, S. 24 – Beratungen des BT-Wirtschaftsausschusses zur 2. GWB-Novelle) oder auf im Vorfeld des parlamentarischen Verfahrens angefertigte wissenschaftliche Studi-en (zB Begründung des Entwurfs zur 2. GWB-Novelle, BT-Drs. 7/76, S. 16). Selbst in den Beiträgen zu den Plenardebatten finden sich gelegentlich Bezugnahmen auf wissenschaftli-che Erkenntnisstände.

[102] Vgl. allgemein *P. Tettinger*, Rechtsanwendung und gerichtliche Kontrolle im Wirt-schaftsverwaltungsrecht, S. 171 ff.

einbezieht. In jedem Fall ist die Feststellung gerechtfertigt, daß es dem Aufsichtsgesetzgeber um die *Rezeption* ökonomischer Erkenntnisstände durch das Recht geht. Die marktoptimierenden Aufsichtsnormen können daher als *Rezeptionsnormen*, das Aufsichtsrecht als *Rezeptionsrecht* bezeichnet werden – was im Hinblick auf die disziplinäre Zuordnung der Interpretationshoheit[103] nicht folgenlos bleiben kann: Die Auslegung der aufsichtsgesetzlichen Gebote und Verbote muß an demjenigen ökonomischen Kalkül orientiert werden, das der Normsetzung zugrundeliegt. Sie setzt demzufolge ökonomische Expertise der Rechtsanwender voraus.

b) Aufsichtsgesetzgebung als kognitiver Prozeß

Die Übernahme und Verrechtlichung von Erkenntnissen aus fremden Wissenschaftsdisziplinen ist zwar kein Spezifikum der marktoptimierenden Wirtschaftsaufsicht oder des Wirtschaftsrechts allgemein. Dennoch ist es gerechtfertigt, die rezeptive Funktion marktoptimierender Aufsichtsnormen besonders herauszustreichen und als eine ihrer Besonderheiten festzuhalten. Denn die marktoptimierenden Aufsichtsnormen *erschöpfen* sich im Gegensatz zu Rezeptionsnormen aus vielen anderen Bereichen in dieser rezeptiven Funktion. Während etwa Normen des Umweltrechts, des Baurechts, des Sozialrechts – alles Bereiche, in denen gleichfalls Erkenntnisse außerjuristischer Disziplinen verrechtlicht werden – immer auch sozialethische Wertentscheidungen beinhalten, gehen marktoptimierende Aufsichtsnormen über die Verrechtlichung ökonomischer Lehrsätze bzw. aus ihnen abgeleiteter, rein zweckrational begründeter Verhaltenspostulate nicht hinaus. Die für die vorgenannten Rechtsgebiete kennzeichnende Definition von Schutzpositionen aufgrund wertorientierter, rational nicht oder nur begrenzt unterlegter Überlegungen (*Angemessenheit* eines bestimmten Lärmpegels, eines bestimmten Grenzabstands, einer bestimmten Zuwendungshöhe) ist ihnen fremd. Marktoptimierende Wirtschaftsaufsicht zielt nicht auf den Ausgleich kollidierender (inkommensurabler) Werte, nicht auf die gerechte Verteilung von Lasten, Nutzen oder Risiken, sondern auf die Verwirklichung eines wirtschaftswissenschaftlichen Lösungskonzepts. Für den Aufsichtsgesetzgeber fungiert das Recht rein als Steuerungsinstrument, nicht als Instrument zur Verwirklichung materieller Ordnung[104]. Ein Wertbezug der marktoptimierenden Wirtschaftsaufsicht tritt erst

---

[103] Allgemein zur Frage, inwieweit ökonomische Tatbestandsmerkmale wirtschaftsverwaltungsrechtlicher Normen nach Maßgabe wirtschaftswissenschaftlicher Lehrsätze auszulegen sind, siehe *P. Tettinger*, Rechtsanwendung und gerichtliche Kontrolle im Wirtschaftsverwaltungsrecht, S. 144 ff. Zur damit zusammenhängenden Frage nach der Existenz einer spezifisch wirtschaftsrechtlichen Methode *W. Brohm*, DÖV 1979, 20; *R. Schmidt*, Öffentliches Wirtschaftsrecht-AT, S. 50.

[104] Zu dieser Entgegensetzung *E. Schmidt-Aßmann*, Das allgemeine Verwaltungsrechts als Ordnungsidee, S. 21.

auf einer den aufsichtsgesetzlichen Normen und ihrem Regelungsprogramm übergeordneten Ebene auf (Schutz von Wirtschaftsfunktionen wegen ihrer Bedeutung für die allgemeine Wohlstandsförderung). Determinante der Normkonstruktion im engeren Sinne ist hingegen alleine die wirtschaftswissenschaftliche Problemsicht[105]. Insofern handelt es sich bei der Aufsichtsrechtssetzung um einen *kognitiv* geprägten Prozeß, dessen Ergebnis im Grunde keiner Beurteilung aus dem Blickwinkel weltanschaulicher Grundüberzeugungen heraus zugänglich ist. Marktoptimierende Aufsichtsnormen sind nur als richtig oder falsch – nicht als gerecht oder ungerecht – qualifizierbar, je nachdem, ob sie auf zutreffenden oder unzutreffenden wirtschaftswissenschaftlichen Erkenntnissen aufbauen bzw. diese (gesetzestechnisch) richtig oder falsch umsetzen.

Dies darf nicht dahin mißverstanden werden, daß der Erlaß marktoptimierender Aufsichtsgesetze gleichsam eine automatisch ablaufende und von selbst zum Ziel führende kognitive Operation darstellen würde, frei von kategorialen Unsicherheiten oder von politischen Konflikten. Zum einen ist alles wirtschaftswissenschaftliche Kausalwissen begrenzt. Wirtschaftswissenschaftliche Lehrsätze fußen auf mehr oder minder unvollständigen empirischen Grundlagen, in der Regel auf bewußt vereinfachten Annahmen, sind häufig unter Fachvertretern umstritten[106]. Wie in allen Fällen der Verrechtlichung wissenschaftlicher Erkenntnisstände kommen daher kognitive Unsicherheiten und Auffassungsunterschiede vor. Erkenntnisdefizite dieser Art werden vom Gesetzgeber zuweilen auch offen eingeräumt; Aufsichtsgesetzgebung wird häufig bewußt als experimentelle Gesetzgebung betrieben[107]. Zum zweiten verfolgen, wie oben gesehen[108], einzelne aufsichtsgesetzliche Bestimmungen zuweilen auch weitere, individualschützende Zwecksetzungen; die diesbezüglich auftretenden Kontroversen können auf die marktoptimierenden Anteile der Aufsichtsgesetze übergreifen. Drittens gilt es zu bedenken, daß annähernd

---

[105] Bezeichnend in diesem Zusammenhang die diversen aufsichtsgesetzlichen Bestimmungen über die Erschließung wissenschaftlichen Sachverstands: § 125 TKG (wissenschaftliche Beratung der Regulierungsbehörde für Telekommunikation und Post), § 44 GWB (gutachterliche Tätigkeit der Monopolkommission), § 5 Abs. 1 Satz 4 und Absatz 2 WpHG (Sachverständigenanhörungen durch den Wertpapierrat; Beratungs- und Vorschlagtätigkeit des Wertpapierrates).

[106] Vgl. *M. Bullinger*, VVDStRL 22 (1965), 293; *P. Tettinger*, Rechtsanwendung und gerichtliche Kontrolle im Wirtschaftsverwaltungsrecht, S. 158 ff.

[107] Siehe als ein Beispiel die Begründung des Regierungsentwurfs zum GWB, BT-Drs. 2/1158, S. 22 (bezüglich vertraglicher Wettbewerbsbeschränkungen lägen ausreichend Erfahrungen vor; bezüglich der zusätzlich im Entwurf vorgesehenen „Monopolaufsicht" – nach heutiger Terminologie: Mißbrauchsaufsicht über marktbeherrschende Unternehmen – müsse die Zukunft erweisen, ob sie erfolgversprechend sei). Zur experimentellen Gesetzgebung im Wirtschaftsverwaltungsrecht allgemein *P. Tettinger*, Rechtsanwendung und gerichtliche Kontrolle im Wirtschaftsverwaltungsrecht, S. 298.

[108] Siehe oben § 2 III.

jede marktoptimierende ökonomische „Rezeptur" bestimmte Vor- oder Nachteile für einzelne Wirtschaftsakteure bzw. Interessensgruppen mit sich bringt. Die diversen aufsichtsgesetzlichen Pflichten belasten regelmäßig einige Akteure bzw. Gruppen stärker als andere[109]. Aufsichtsgesetzgebung ist daher durchaus anfällig für interessenspolitischen Streit.

3. Maßstabsgehalt

a) Fragestellung

Die oben bereits angesprochene Unbestimmtheit der marktoptimierenden Aufsichtsnormen führt zu einer Minderung der gesetzlichen Direktionskraft und einer hiermit korrespondierenden Vergrößerung der Entscheidungsspielräume der rechtsanwendenden Instanzen. Dies gibt Anlaß zu der Frage, inwieweit das Verhältnis zwischen Gesetzgebung und Gesetzesanwendung im Bereich der marktoptimierenden Wirtschaftsaufsicht mit dem traditionellen Erklärungsmuster, wonach das Gesetz als verbindliche Maßstabsbestimmung für die Ausübung öffentlicher Gewalt sowie als verläßliche Orientierungsmarke für das Verhalten der Gesetzesadressaten fungiert[110], noch zutreffend erfaßt werden kann.

Diese Frage wird durch die oben gleichfalls bereits aufgezeigte rezeptive Funktion der marktoptimierenden Aufsichtsnormen nicht etwa entschärft. Die ökonomischen Lehrsätze, die über einige der unbestimmten Tatbestandsmerkmale Eingang in das Aufsichtsrecht finden, bilden kein Bindungssurrogat, keinen Ersatzmaßstab, der das Handeln der Aufsichtsbehörden im Einzelfall präzise anleiten und so die Unbestimmtheit vieler Aufsichtsnormen ausgleichen könnte. Sie entheben die Aufsichtsbehörden nicht des Zwangs, in eigener Verantwortung über die Auslegung der aufsichtsgesetzlichen Verbote und Gebote in konkreten Einzelfällen zu entscheiden. Eher verbreitern sie zusätzlich die Entscheidungsspielräume, die auf Ebene der Rechtsanwendung bestehen: Die legislative Entscheidung für die Verrechtlichung wirtschaftswissenschaftlicher Erkenntnisstände wird regelmäßig dahingehend auszulegen sein, daß sie automatisch auch für zukünftig gewonnene Erkenntnisse gilt, also dynamischer Natur ist, und folglich den Bindungsgehalt des Gesetzes weiter absenkt. Viele aufsichtsgesetzliche Tatbestände sind elastisch genug gefaßt, um solche durch Fortschritt oder Wandel in den (herrschenden) wissenschaftli-

---

[109] Beispiele: Die Einführung der kartellrechtlichen Zusammenschlußkontrolle belastet Großunternehmen (die jeden Unternehmenskauf bzw. -verkauf anmelden müssen) stärker als Mittelständler; die Einführung einer ad-hoc Meldepflicht belastet börsennotierte Publikumsgesellschaften stärker als andere Gesellschaften; die Einführung einer Entgeltregulierung für marktbeherrschende Anbieter von Telekommunikationsdienstleistungen belastet diese stärker als nicht-marktbeherrschende Anbieter usw.

[110] *Wolff/Bachof/Stober*, Verwaltungsrecht I, S. 251, 346 ff.

chen Anschauungen stimulierte Veränderungen des Norminhalts auffangen zu können.

b) These der positivierten Maßstabsfreiheit

Ekkehart Stein hat – bezogen auf die Wirtschaftsaufsicht insgesamt – die Extremauffassung eingenommen, den Aufsichtsgesetzen gehe ihrer Unbestimmtheit wegen vielfach die Eignung ab, den Aufsichtsbehörden als Maßstab für das Verwaltungshandeln zu dienen[111]; er spricht insoweit von positivierter Maßstabsfreiheit[112]. Grundlage dieses Urteils bildet seine Differenzierung zwischen „finalen" Tatbestandselementen, die Aufsichtsziele angeben, und „kausalen" Tatbestandselementen, die Aussagen über die Gesetzlichkeit von Kausalabläufen treffen[113]. Soweit letztere in einer Norm fehlten und der Gesetzgeber damit die Auskunft schuldig bleibe, unter welchen Voraussetzungen im einzelnen ein bestimmtes Verhalten des Aufsichtsadressaten zur Verwirklichung oder Verletzung des Aufsichtsziels führe, vollziehe sich das Aufsichtshandeln maßstabsfrei. Von einer Maßstäblichkeit der Aufsichtsgesetze könne nur dort die Rede sein, wo die aufsichtsgesetzlichen Ermächtigungstatbestände neben einem finalen auch ein kausales Element enthielten[114]. Als Beispiel für eine Norm mit ausschließlich finalem Gehalt nennt er § 13 PBefG; aus dieser Vorschrift werde nicht ersichtlich, in welchen Fällen die Zulassung eines bestimmten Unternehmens eine Beeinträchtigung der „öffentlichen Verkehrsinteressen" (Abs. 2 Nr. 2) zur Folge habe und in welchen nicht[115].

c) Nebeneinander finaler und konditionaler Programmierelemente

Man wird *Stein* entgegenhalten müssen, daß sein Ansatz recht holzschnittartig ist, da er die Relativität der Elemente „final" und „kausal", d.h. die Möglichkeit unbestimmter „Kausalelemente" sowie bestimmter „Finalelemente" außer acht läßt[116]. *Stein* unterstellt eine strenge Dichtomie von maßstabsgebundener und maßstabsfreier Aufsicht, womit die fließenden Übergänge, die in Wirklichkeit bestehenden graduellen Abstufungen zwischen beiden Alterntiven un-

---

[111] *E. Stein*, Wirtschaftsaufsicht, S. 80 ff.
[112] Ebda., S. 88.
[113] Ebda., S. 81.
[114] Ebda., S. 81, 88 ff.
[115] Ebda., S. 89.
[116] Die Qualifizierung als Kausal- oder als Finalelement ist im übrigen auch eine Frage der Perspektive, denn die Verwirklichung eines Ziels kann zugleich ein Mittel zur Verwirklichung eines übergeordneten Ziels bilden. Diese Einsicht läßt sich gerade anhand der marktoptimierenden Wirtschaftsaufsicht demonstrieren. So dient § 14 WpHG dem Ziel, den Insiderhandel zu unterbinden. Hierdurch soll das Anlegervertrauen erhalten werden. Die Erhaltung des Anlegervertrauens ist wiederum ein Mittel, ein bestimmtes Marktvolumen zu erhalten, was seinerseits dazu dient, die Funktionsfähigkeit des Kapitalmarkts zu bewahren.

terschlagen werden. Dies tritt gerade auch zutage, wenn man seinen Ansatz speziell auf die marktoptimierende Wirtschaftsaufsicht projiziert. Marktoptimierende Aufsichtsnormen lassen sich häufig in das Schema kausal-final nicht bruchlos einfügen, da sie einerseits meist handlungs- statt zielorientiert konstruiert sind, andererseits aber die normierten Handlungen meist von ihrer *Wirkung* her definieren und sich hierüber im Ergebnis doch wieder auf eine Zielprogrammierung zubewegen. So enthält beispielsweise § 15 Abs. 1 i. V. m. § 13 Abs. 1 WpHG eine Handlungsdefinition (Veröffentlichung von Tatsachen, die geeignet sind, den Börsenpreis der Wertpapiere des Emittenten erheblich zu beeinflussen). Diese gibt aber keinen Aufschluß über die gesetzgeberisch ins Auge gefaßten Kausalgesetzlichkeiten (keine Spezifizierung, *unter welchen Bedingungen* Tatsachen zur erheblichen Kursbeeinflussung geeignet sind). Das Herausfiltern der relevanten Kausalfaktoren im Sinne eines konditionalen Schemas (*wenn* die Bedingungen X, Y und/oder Z vorliegen, *dann* sind die Tatsachen zur erheblichen Kursbeeinflussung geeignet und müssen daher vom Normadressaten veröffentlicht werden) bleibt den rechtsanwendenden Instanzen überlassen. Ähnlich verhält es sich etwa mit § 1 GWB[117] oder mit § 36 GWB[118], bei denen gleichfalls Kausalzusammenhänge weitgehend ausgeblendet bleiben. Hier wie bei § 15 Abs. 1 WpHG müssen die rechtsanwendenden Instanzen die Normkonkretisierung zwangsläufig am jeweiligen Normziel orientieren, das so – wenn auch in geringerem Maße als bei einer ausschließlich final programmierten Norm – zu einem gewichtigen Faktor für die Normkonkretisierung wird. Zu einem Einfließen einzelner finaler Programmierelemente gleichsam durch die Hintertür kommt es auch bei einer Norm wie § 31 TKG. Sie gibt in Absatz 1 den rechtsanwendenden Instanzen mit den „Kosten der effizienten Leistungsbereitstellung" zunächst einen konditional gefaßten Aufsichtsmaßstab an die Hand. § 28 TKG stellt noch zusätzliche Entgeltmaßstäbe auf, von denen einige als ähnlich krypto-final einzustufen sind wie die in §§ 15 WpHG, 1, 36 GWB enthaltenen (etwa Abs. 1 Ziff. 2: Verbot von Abschlägen, die die Wettbewerbsmöglichkeiten anderer Unternehmen beeinträchtigen). Eine Kombination beider Elemente, in einem allerdings wiederum anderen Zuordnungsverhältnis, findet sich auch bei § 19 GWB, der in Absatz 1 die mißbräuchliche Ausnutzung einer marktbeherrschenden Stellung verbietet (krypto-finale Programmierung) und in Absatz 4 bestimmte Mißbräuche typisiert, wobei einige Typisierungsvarianten konditional programmiert sind (z. B. Nr. 3,

---

[117] Verbot von Vereinbarungen mit wettbewerbsverhindernden, -einschränkenden oder -verfälschenden Wirkungen, ohne daß die Bedingungen, unter denen diese Wirkungen eintreten, gesetzlich spezifiziert werden.

[118] Untersagung von Zusammenschlüssen, von denen zu erwarten ist, daß sie eine marktbeherrschende Stellung begründen oder verstärken, wobei die Bedingungen, unter denen eine solche Wirkung des Zusammenschlusses eintritt, gesetzlich nur vage (in § 19 Abs. 2 GWB) spezifiziert werden.

Forderung ungünstigerer Entgelte, als sie das marktbeherrschende Unternehmen selbst auf vergleichbaren Märkten von gleichartigen Abnehmern fordert), übrigens ohne daß hiermit durchwegs ein hoher Bestimmtheitsgrad einherginge (im selben Beispiel: Unbestimmtheit von „vergleichbaren Märkten" und von „gleichartigen Abnehmern").

Diese Beispiele zeigen ein differenziertes Nebeneinander jeweils unterschiedlicher Maßstabsstrukturen und Bestimmtheitsgrade. Die Frage nach dem Verhältnis zwischen Rechtssetzung und (konkretisierender) Rechtsanwendung, zwischen Direktionskraft des Gesetzes und Entscheidungsspielräumen der rechtsanwendenden Instanzen kann nicht pauschal und nicht für alle Bereiche der marktoptimierenden Wirtschaftsaufsicht einheitlich beantwortet werden. Im Sinne einer allgemeinen Richtungsangabe kann allenfalls festgehalten werden, daß über weite Strecken die Direktionskraft des Gesetzes vergleichsweise gering und somit die Entscheidungsspielräume der rechtsanwendenden Instanzen groß sind. Verwaltung und Gerichte fungieren noch weniger als andernorts als reine Subsumtionsapparate. Sondern sie werden in hohem Umfang rechtskonkretisierend tätig und besitzen weitreichenden Einfluß auf die Rechtsentwicklung, durch rechtskonkretisierende Fallgruppenbildung ebenso wie durch rechtsfortbildende oder rechtsschöpferische Entscheidungen[119]. Dabei muß betont werden, daß die vergleichsweise geringe Direktionskraft des Gesetzes durchaus aufgabengerecht ist: Das Bedürfnis nach Flexibilität gegenüber unvorhergesehenen Sachverhaltskonstellationen, nach Offenheit gegenüber Wandlungen der zu schützenden Wirtschaftsfunktionen und ihrer jeweiligen Bedrohungen, gegenüber wirtschaftswissenschaftlichem Erkenntnisfortschritt und -wandel könnte durch Aufsichtsnormen mit hohem Bestimmtheitsgrad und durchgängig konditionaler Programmierung regelmäßig nicht erfüllt werden (s. o.). Die geringe Direktionskraft des Gesetzes im Bereich der marktoptimierenden Wirtschaftsaufsicht ist als unabweisbare Konzession an die Eigenheiten der betroffenen Verwaltungsaufgabe aufzufassen, nicht als Ausweis gesetzgeberischer Entscheidungsschwäche oder -unwilligkeit.

d) Begrenzungswirkung des Gesetzes;
Kompensation gesetzlicher Direktionsschwächen

Unter dem Strich ergeben sich somit – mit Blick auf die Wirtschaftsaufsicht im Ganzen wie auch mit Blick auf speziell die marktoptimierende Wirtschaftsaufsicht – erhebliche Bedenken gegen *Ekkehard Steins* These von der maßstabsfreien Aufsicht. Dies gilt übrigens auch in Anbetracht des Umstands, daß das Gesetz für aufsichtsbehördliche Maßnahmen gegenüber den Aufsichtsadressa-

---

[119] Siehe am Beispiel des Kartellrechts *R. Scholz*, Wirtschaftsaufsicht und subjektiver Konkurrentenschutz, S. 21.

ten trotz allem ermächtigungs*begrenzend* wirkt. Die historische Überwindung der gesetzesfreien, alleine an den subjektiven behördlichen Gemeinwohlvorstellungen orientierten Wirtschaftsaufsicht[120] ist nicht in Frage gestellt. Soweit aufsichtsbehördliche Entscheidungsfreiheit gegeben ist, besteht sie im Rahmen der Gesetze und als Folge einer bestimmten gesetzlichen Normstruktur. Sie ist vom Willen des Gesetzgebers getragen. Von einer aufsichtsbehördlichen Entscheidungsfreiheit contra oder praeter legem kann keine Rede sein.

Zum anderen muß im Falle der marktoptimierenden Wirtschaftsaufsicht eine Reihe von legislativen Mechanismen berücksichtigt werden, die den Mangel an Direktionskraft der aufsichtsgesetzlichen Gebote und Verbote partiell ausgleichen oder in seinen jeweiligen praktischen Auswirkungen abmildern. Hierzu zählt die bereits erwähnte Fallgruppenbildung durch die aufsichtsbehördliche bzw. gerichtliche Entscheidungspraxis, die dazu führt, daß unbestimmte Aufsichtsnormen mit der Zeit schärfere Konturen gewinnen[121]. Weiter zählt hierzu die aufsichtsgesetzliche Einrichtung präventiver Genehmigungsverfahren, die es den Aufsichtsadressaten für bestimmte Fälle ermöglichen, frühzeitig (noch vor Umsetzung einer in Aussicht genommenen unternehmerischen Maßnahme) Rechtssicherheit hinsichtlich der Zulässigkeit eines beabsichtigten unternehmerischen Vorhabens zu erlangen[122]. Schließlich zählen hierzu zwei weitere Phänomene, nämlich die Praxis aufsichtsbehördlicher Bekanntmachungen von Anwendungsgrundsätzen, Verwaltungsgrundsätzen, Auslegungsgrundsätzen o.ä.[123] (die Terminologie ist hier uneinheitlich) sowie die (gesetzlich vorgeschrieben[124]) periodischen Tätigkeitsberichte der Aufsichtsbehörden. Bei den bekanntgemachten Anwendungsgrundsätzen, Verwaltungsgrundsätzen usf. handelt es sich teils um Kompendien behördlicher und gerichtlicher Präjudizien mit überwiegend referierendem Charakter, teils um servicefreundlich aufbereitete Erklärungen gesetzlicher Vorschriften, teils aber auch um Zusammenstellungen behördlicherseits in Aussicht genommener Auslegungsmaximen und Entscheidungsmaßstäbe, die nicht oder zumindest nur partiell auf Präjudizien gestützt sind und die so (ungeachtet ihrer grundsätzlichen rechtlichen Unverbindlichkeit[125]) eine gewisse rechtskonkretisierende oder gar rechtsschöpferische Wirkung erzeugen. Ihr Zweck besteht darin, die Rechtsanwendung verständlich, transparent sowie für die Aufsichtsadressaten berechenbar zu machen, mithin die Unbestimmtheit des gesetzli-

---

[120] *M. Bullinger*, VVDStRL 22 (1965), S. 275.
[121] Allgemein für das Wirtschaftsverwaltungsrecht *R. Stober*, Allgemeines Wirtschaftsverwaltungsrecht, S. 97.
[122] Allgemein für die Wirtschaftsaufsicht *E. Stein*, Wirtschaftsaufsicht, S. 96.
[123] Jeweils abzurufen auf den Internet-Homepages der Aufsichtsbehörden.
[124] § 53 Abs. 1 GWB; § 121 Abs. 1 TKG; § 5 Abs. 2 Satz 4 WpHG.
[125] Außer Betracht bleibt hierbei die Frage, inwieweit eine indirekte rechtliche Bindung der Aufsichtsbehörden aus dem Gleichbehandlungsgebot des Art. 3 GG folgt.

chen Aufsichtsrechts ein Stück auszugleichen und die aus ihr folgenden Unwägbarkeiten abzubauen[126]. Dabei sollen sie, wie seitens der Aufsichtsbehörden häufig auch ausdrücklich betont wird, die weitere Rechtsentwicklung nicht hemmen und neuen Interpretationen der Rechtslage nicht im Wege stehen. Es handelt sich mithin um besonders flexible Instrumente, die das – aufgabenbedingt – niedrige Niveau an Rechtsbestimmtheit anheben, ohne die – gleichfalls aufgabenbedingt – notwendige Elastizität des Aufsichtsrechts übermäßig einzuschränken. Ihre Aufgabenadäquanz ist so regelmäßig höher als diejenige des starreren Instruments der Rechtsverordnung, das bezeichnenderweise im Bereich der marktoptimierenden Wirtschaftsaufsicht keine größere Rolle spielt. Der Gesetzgeber hat verschiedentlich Bekanntmachungen der vorskizzierten Art ausdrücklich vorgeschrieben[127].

Was die periodischen Tätigkeitsberichte der Aufsichtsbehörden betrifft, so kommt ihnen vor allem Bedeutung als Informationsquelle für den Gesetzgeber zu. Besonders deutlich tritt dies beim GWB sowie beim TKG zutage, die eine Zuleitung der Berichte an den Bundestag (53 Abs. 2 GWB) bzw. beide gesetzgebende Körperschaften des Bundes (§ 121 Abs. 1 TKG) ausdrücklich anordnen. Die Berichte führen dem Gesetzgeber die aufsichtsbehördliche sowie die gerichtliche Entscheidungspraxis vor Augen, unterrichten ihn über die praktische Auswirkung gesetzlicher Regelungen, über Probleme und Gefahren für die Rechtsanwendung sowie über behördliche Rechtsinterpretationen. Z.T. identifizieren sie ausdrücklich Normierungs- oder Normänderungsbedarf[128]. Sie verschaffen dem Gesetzgeber Gelegenheit, möglichen Bedarf an neuen ge-

---

[126] Allgemein zu dieser Zwecksetzung *E. Stein*, Wirtschaftsaufsicht, S. 117; *M. Bullinger*, VVDStRL 22 (1965), 294. Siehe hierzu auch folgende Passage aus der Bekanntmachung Nr. 147/2000 des Bundeskartellamts zu § 20 Abs. 4 Satz 2 GWB – Verkauf unter Einstandspreis –, aufrufbar unter www.bundeskartellamt.de: „Vor dem Hintergrund der bisherigen Rechtspraxis zum Verkauf unter Einstandspreisen war es auch dem Gesetzgeber der 6. GWB-Novelle klar, daß die neue Vorschrift mit ihren unbestimmten Rechtsbegriffen erhebliche Auslegungs- und Anwendungsprobleme aufwirft, deren Lösung bewußt der Verwaltungspraxis und Rechtsprechung überlassen wurde. Trotz dieser Probleme macht es die dem fortschreitenden Konzentrationsprozess … innewohnende Gefahr der Verdrängung auch kleinerer und mittlerer Unternehmen erforderlich, *im Interesse der Rechtsklarheit die Grenzen zulässigen (Preis-)Wettbewerbs aufzuzeigen*, … Auch im Hinblick darauf, daß es sich bei der Vorschrift um ein (bußgeldbewehrtes) Verbot handelt, muß *für den Normadressaten erkennbar sein*, welcher Preissetzungsspielraum ihm zur Verfügung steht" (Herv. V. Verf.).

[127] § 53 Abs. 1 Satz 3 GWB, § 122 Abs. 3 TKG, § 29 WpHG.

[128] Am Beispiel des Tätigkeitsberichts des Bundeskartellamts 1999/2000, BT-Drs. 14/6300: Referierung der Entscheidungspraxis auf S. 8 ff. (gegliedert nach Aufsichtstypen) und S. 89 ff. (gegliedert nach Wirtschaftssektoren); Hinweis auf praktische Auswirkung von Regelungen z. B. auf S. 44 („Erste Erfahrungen mit § 7"); Hinweis auf Probleme/Gefahren auf S. 50 (mögliche divergierende Rechtsprechungen zwischen Sozialgerichten und Kartellgerichten infolge der neuen Bereichsausnahme des § 69 SGB V); Hinweise auf behördliche Rechtsinterpretationen auf S. 17 (Auslegung des neuen § 35 Abs. 2 Satz 1 GWB) und S. 22 (Auslegung des neuen § 40 Abs. 3 Satz 1 GWB), Identifizierung von Normierungs- bzw. Normänderungsbedarf auf S. 38 (Notwendigkeit der Schaffung eines Netzzugangsanspruchs im Gasbereich)

setzlichen Regelungen oder, bezogen auf die existenten Vorschriften, Feinjustierungs- und Korrekturbedarf zu erkennen[129] – eine Funktion, die übrigens auch den wettbewerblichen Gutachten der Monopolkommission (§ 44 GWB) sowie den Stellungnahmen der Monopolkommission nach § 121 Abs. 2 TKG zukommt, die gleichfalls dem Parlament zuzuleiten sind. Die Berichte gewährleisten, daß die aufsichtsbehördliche und gerichtliche Entscheidungsaktivität legislativ übersteuerbar bleibt.

4. Prognostische Elemente

Unter normstrukturellen Gesichtspunkten weiter erwähnenswert sind die prognostischen Elemente marktoptimierender Aufsichtsnormen. Marktoptimierende Wirtschaftsaufsicht bedingt häufig Vorhersagen künftiger Entwicklungen, wobei dieser Bezug je nachdem, ob er sich auf die Ebene der Gesetzgebung oder die der Gesetzesanwendung bezieht, anders in Erscheinung tritt.

a) Ebene der Gesetzgebung

Auf Ebene der Gesetzgebung manifestiert sich das Element der Prognose darin, daß dem Erlaß marktoptimierender Aufsichtsnormen Vorhersagen über wirtschaftliche Entwicklungen, wie sie ohne marktoptimierende Wirtschaftsaufsicht eintreten würden, zugrundeliegen. Der Gesetzgeber stellt diese Vorhersagen vor dem Normerlaß an und verwertet ihre Ergebnisse bei der Gestaltung des Norminhalts. Die marktoptimierenden Aufsichtsnormen reflektieren durch ihren jeweiligen Inhalt diese Vorhersagen. Dabei können grob unterschieden werden: Vorhersagen darüber, daß ein bestimmtes Verhalten von Marktakteuren Funktionsbedingungen des Marktes beeinträchtigen würde; Vorhersagen darüber, daß infolge dieser Beeinträchtigungen die Tauglichkeit des Marktes als Steuerungsmechanismus sinken würde; Vorhersagen darüber, daß das ins Auge gefaßte aufsichtsgesetzliche Verhaltensgebot oder -verbot die Beeinträchtigung der Funktionsbedingungen des Marktes zu vermeiden und so die Leistungsfähigkeit des Marktes als Steuerungsmechanismus zu erhalten helfen wird.

---

und S. 37 (Notwendigkeit der gesetzlichen Anordnung sofortiger Vollziehbarkeit von Verfügungen nach § 19 Abs. 4 Nr. 4 GWB).

[129] Hierzu folgende Passage aus dem Wortbeitrag des Abg. Dr. Hoffmann zur 2./3. Lesung des GWB (Verhandlungen des Deutschen Bundestages, 2. WP, Sten. Ber., S. 13243): „Wir haben deshalb auch so großen Wert darauf gelegt, daß sich die Arbeit des Bundeskartellamts möglichst großer Publizität erfreut. Sie haben ja gestern auch unseren Antrag angenommen, wonach der Bericht, den die Kartellbehörde alljährlich hat, durch die Bundesregierung auch diesem Haus vorgelegt werden muß. Das Haus wird dann zu prüfen haben, welche Maßnahmen, eventuell auch welche Novellierungen des Gesetzes auf Grund der Erfahrungen der Kartellbehörde erforderlich erscheinen."

Sämtliche solcher Vorhersagen werden auf der Grundlage wirtschaftswissenschaftlicher Erkenntnisse über die Gestalt und Funktionsweise von Märkten, über individuelles wirtschaftliches Handeln, über typische ökonomische Reaktionsmuster usw. getroffen. Das Einfließen von Prognosen in die Normierung aufsichtsgesetzlicher Gebote und Verbote bildet insofern einen Aspekt des oben bereits angesprochenen Vorgangs der Verrechtlichung ökonomischer Lehrsätze. Durch den Rückgriff auf wirtschaftswissenschaftliche Erkenntnisse steigt die Prognosesicherheit, werden die Prognosen jedenfalls in Ansätzen erfahrungs- und theoriegestützt. Allerdings ist im Falle marktoptimierender Aufsichtsnormen die Ungewißheit darüber, ob die zugrundeliegenden Vorhersagen über künftige Entwicklungen wirklich zutreffend sind, höher als bei Normen vieler anderer Verwaltungsbereiche. Eine Ursache hierfür liegt darin, daß Prognosen im Bereich der marktoptimierenden Wirtschaftsaufsicht *soziale Gesetzmäßigkeiten* betreffen, deren Erkenntnis nicht mit einem ähnlich hohen Exaktheitsgrad möglich ist wie die Erkenntnis von Naturgesetzmäßigkeiten, die beispielsweise im Bereich des Umweltrechts, des Lebensmittelrechts und des Technikrechts eine wichtige Rolle spielen. Eine weitere Ursache liegt darin, daß die sozialen Handlungszusammenhänge, die Gegenstand der Prognosen sind, im Bereich der marktoptimierenden Wirtschaftsaufsicht außerordentlich komplex sind.

b) Ebene der Gesetzesanwendung

Mit dem Erlaß eines marktoptimierenden Aufsichtsgesetzes legt sich der Gesetzgeber auf bestimmte Prognosen fest. Die Aufsichtsbehörde kann diese Prognosen nunmehr als verbindlich und nicht weiter überprüfungsbedürftig behandeln – sie muß es sogar tun, denn jedes Infragestellen der den Aufsichtsnormen zugrundeliegenden Prognosen wäre ein Infragestellen des Gesetzesinhalts. So ist die Erwägung, ob eine nicht an den Kosten der effizienten Leistungsbereitstellung orientierte Entgeltgestaltung eines marktbeherrschenden Anbieters von Telekommunikationsdienstleistungen in einem bestimmten Einzelfall nach den dort vorherrschenden Gegebenheiten tatsächlich geeignet ist, den Wettbewerb im Telekommunikationssektor zu beeinträchtigen, eine für die Bundesnetzagentur unzulässige Erwägung. Gleichermaßen ist es dem Bundeskartellamt verwehrt, in Anbetracht einer konkret vorliegenden Preisbindung die Frage zu problematisieren, ob hiervon eine allokationsverzerrende Wirkung ausgeht. In beiden Fällen ist die Prognose über die Wirkung des inkriminierten Verhaltens durch den Gesetzgeber abschließend getroffen worden. In der Verantwortung der Aufsichtsbehörden liegt es lediglich, die Normen, die Ausfluß dieser Prognose sind, gegenüber den Aufsichtsadressaten durchzusetzen.

Freilich kann auch bei der Anwendung marktoptimierender Aufsichtsnormen ein Anstellen von Prognosen gefordert sein. Ein Beispiel hierfür bietet § 15 WpHG, der von der BAFin eine (hypothetische) Vorhersage darüber verlangt, ob eine Tatsache wegen ihrer Auswirkungen auf die Vermögens- oder Finanzlage oder auf den allgemeinen Geschäftsverlauf des Emittenten geeignet ist, den Börsenpreis erheblich zu beeinflussen. Diese Prognose ist aber zu unterscheiden von der dem § 15 WpHG zugrundeliegenden Prognose, wonach ein Unterlassen der Veröffentlichung von Tatsachen der fraglichen Art die Transparenz des Kapitalmarkts herabsetzt und letztlich dazu führt, daß eine in diesem Sektor besonders wichtige Funktionsbedingung des Marktes beeinträchtigt wird. Wie in den zuvor geschilderten Fällen ist es nicht Sache der Aufsichtsbehörde, diese bereits abschließend vom Gesetzgeber getroffene Prognose nachzuvollziehen oder gar zu problematisieren. Die Aufsichtsbehörde darf und muß sich auf die nachgelagerte, aufgrund des konkreten Zuschnitts der Tatbestandsmerkmale des § 15 WpHG geforderte Prognose der hypothetischen Folgen der Nichtveröffentlichung auf den Verlauf des Börsenkurses des Emittenten beschränken.

III. Rechtsgütersystematische Charakteristika

1. Abgestufte Schutzgüterstruktur

Schutzgut der marktoptimierenden Wirtschaftsaufsicht ist die Funktionsfähigkeit des Marktes, d. h. seine Eignung als Steuerungsmechanismus für wirtschaftliche Interaktionen. Marktoptimierende Wirtschaftsaufsicht dient dazu, diese Eignung abzusichern, indem sie wichtige Funktionsbedingungen des Marktes gewährleistet (Wettbewerb im Falle der Kartellaufsicht, Transparenz im Falle der Wertpapierhandelsaufsicht usw.). Die Steigerung der Funktionsfähigkeit des Marktes bildet jedoch keinen Selbstzweck. Sie ist nicht um ihrer selbst willen schützenswert[130], sondern weil sie *wohlstandsrelevant* ist. Sie ist Voraussetzung für das Zustandekommen eines hohen gesamtwirtschaftlichen Niveaus der Versorgung mit Gütern und Dienstleistungen. Es ist diese – je nach Aufsichtszweig unterschiedlich geartete – Wohlstandsrelevanz des Marktes, die den Gesetzgeber zum Erlaß marktoptimierender Aufsichtsgesetze motiviert.

Zu differenzieren ist sonach zwischen der Steigerung der Funktionsfähigkeit des Marktes als *unmittelbarem Schutzgut* der marktoptimierenden Wirtschaftsaufsicht sowie der (zwar primär von den Wirtschaftssubjekten betriebenen, durch die marktoptimierende Wirtschaftsaufsicht aber flankierend abge-

---

[130] So auch, bezogen auf den Wettbewerb, *R. Scholz*, Wirtschaftsaufsicht und subjektiver Konkurrentenschutz, S. 25.

sicherten) Wohlstandserzeugung als ihrem *mittelbarem Schutzgut*. In dieser abgestuften Schutzgüterstruktur zeigt sich von Ferne eine gewisse Ähnlichkeit zur strafrechtlichen Figur der abstrakten Gefährdungsdelikte, für die die Unterscheidung zwischen unmittelbar intendierten, für sich genommen aber sozial unerheblichen Normwirkungen sowie mittelbar intendierten Normwirkungen, welche sozial erheblich und die eigentlichen Triebfedern der Normsetzung sind, vergleichbar prägend ist[131].

2. Sozialethische Offenheit der Schutzgüter

Während bei vielen Zweigen der Wirtschaftsaufsicht aufsichtsgesetzliche Schutzgüter bestimmte Rechte oder Rechtsgüter sind oder zumindest solchen direkt zugeordnet werden können[132], sind die Schutzgüter der marktoptimierenden Wirtschaftsaufsicht durch ihre sozialethische Offenheit geprägt[133]. Was ihr unmittelbares Schutzgut, die Funktionsfähigkeit des Marktes, betrifft, so stellt diese eine rein tatsächliche Kategorie dar, die für sich genommen keine sozialethischen Bezüge aufweist. Aber auch bei der Wohlstanderzeugung als mittelbarem Schutzgut der marktoptimierenden Wirtschaftsaufsicht handelt es sich um eine in sozialethischer Hinsicht diffuse Größe. Sie betrifft eine unbestimmte Vielzahl von Individuen und Gruppen in jeweils verschiedenem Umfang (einige profitieren stärker, andere weniger; einige sind schutzbedürftig, andere nicht) und in jeweils verschiedenen Interessenslagen (z. B. materielle Versorgungsmöglichkeiten, berufliche Betätigungsmöglichkeiten). Zudem wird mit der Wohlstandserzeugung nicht nur ein Bestand bereits vorhandener Positionen, sondern auch das Entstehen zukünftiger Positionen geschützt.

Mit dieser sozialethischen Offenheit der Schutzgüter koinzidiert, daß die Schädigungswirkung des funktionswidrigen, aufsichtsgesetzlich untersagten Verhaltens der Aufsichtsadressaten nur abstrakt-generell bestimmbar ist (eben als funktionswidrig und damit tendenziell wohlstandsminimierend). Eine Individualschädigung als „Durchgangsstation" ist zwar denkbar (zB Schädigung der Marktgegenseite eines Kartells), aber nicht zwingend (zB Insiderhandel als „victimless crime") und kann schon von daher nicht als konzeptionell konstitutiv angesehen werden. Wesentlich für die aufsichtsgesetzliche Untersagung

---

[131] So stellt beispielsweise § 323 a StGB den Vollrausch unter Strafe, nicht weil er als solcher ein strafwürdiges Unrecht bilden würde, sondern weil die Gefahr rechtsgutsschädlicher Handlungen begründet (*Cramer/Sternberg-Lieben* in Schönke-Schröder, Strafgesetzbuch, § 323 a, Rn. 1). Siehe hierzu *C. Roxin*, Strafrecht – Allgemeiner Teil, S. 358.

[132] Beispiele: Die mit dem Arzneimittelgesetz erstrebte Arzneimittelsicherheit dient der Gesundheit und körperlichen Unversehrtheit der Bürger, die mit dem Bundesimmissionsschutzgesetz u. a. erstrebte Luftreinhaltung dient gleichfalls Gesundheit und körperlicher Unversehrtheit, die Gewerbeordnung dient überwiegend dem Vermögensschutz.

[133] Vgl. *R. Scholz*, Wirtschaftsaufsicht und subjektiver Konkurrentenschutz, S. 17 (zur Wirtschaftsaufsicht allgemein).

eines Verhalten ist seine ökonomische Breiten- und Tiefenwirkung. Am Beispiel von Kartellen dargestellt: Die von ihnen verursachten Wettbewerbsbeschränkungen führen zu Fehlallokationen, die sich in einer unbestimmbaren Vielzahl von ökonomischen Sachverhalten gegenüber einer unbestimmten Vielzahl von Wirtschaftssubjekten wohlstandsminimierend auswirken können. Am Beispiel der Verletzung der Pflicht zu ad-hoc-Meldungen nach § 15 WpHG dargestellt: Sie kann in einem nicht quantifizierbaren Umfang zum Verlust des Anlegervertrauens in den Kapitalmarkt führen, aufgrunddessen in einem – gleichfalls nicht quantifizierbaren Umfang – Kapital anderen Anlageformen zufließt, wodurch es wiederum zu Fehlallokationen mit den zuvor beschriebenen, nicht individualisierbaren Auswirkungen kommt.

3. Begünstigte

Da eine Zuordnung der Schutzgüter marktoptimierender Wirtschaftsaufsicht zu konkret-individuellen Positionen nicht möglich ist, kann als ihr Begünstigter nur die Allgemeinheit angegeben werden. Eine Aussonderung einzelner Individuen bzw. Gruppen, die sich nach bestimmten Merkmalen von der Allgemeinheit abheben, ist nicht möglich. Namentlich kann auch nicht die Gruppe der „Verbraucher" als primär oder jedenfalls überdurchschnittlich begünstigt angesehen werden. Die Absicherung der Wohlstandserzeugung mit Mitteln marktoptimierender Wirtschaftsaufsicht kommt auch der Gruppe der „Anbieter" zugute. Nicht einmal eine Eingrenzung auf diejenigen, die sich aktiv an Markttransaktionen beteiligen, wäre plausibel, da von Wohlstandserzeugung auch Außenstehende, an Markttransaktionen selbst nicht Beteiligte profitieren.

4. Charakter der Pflichtigkeit der Aufsichtsadressaten

Da als Begünstigter marktoptimierender Wirtschaftsaufsicht nur die Allgemeinheit angegeben werden kann, zählen auch die Aufsichtsadressaten als Teil der Allgemeinheit mit zu den Begünstigten. Eine Schematisierung dahingehend, marktoptimierende Wirtschaftsaufsicht schlage sich als einseitige Belastung speziell einer soziologischen Gruppe nieder, die anderen Gruppen ein Opfer erbringe, ist nicht möglich. Auch die Gruppe der Aufsichtsadressaten profitiert von den wohlstandssichernden Effekten der Aufsichtsaktivität. Lediglich in einem konkreten Einzelfall der Anwendung aufsichtsgesetzlicher Normen (Verbot eines Kartells, Ablehnung eines Antrags auf ein Netzzugangsentgelt usw.) wird der betroffene einzelne Aufsichtsadressat sonderbelastet und bringt dadurch, daß speziell ihm ein bestimmtes selbstnütziges Verhalten untersagt wird, der Allgemeinheit ein „Opfer". Allerdings muß selbst dies in einer Hinsicht relativiert werden. Sein „Opfer" weist einen engen funktionalen Bezug zu dem lebensweltlichen Kontext auf, in dem es erbracht wird (Marktteilnahme). Marktoptimierende Wirtschaftsaufsicht dient der Erhaltung und Entfaltung funktionierender Marktstrukturen, ohne die Marktteilnahme – auch die des betroffenen einzelnen Aufsichtsadressaten – nicht oder nur mit schlechteren Ertragchancen möglich wäre. Sie sichert immanente Bedingungen ökonomischen Freiheitsgebrauchs, statt (wie die marktkorrigierende Wirtschaftsaufsicht) die Marktakteure für marktexterne politische Zielwerte in die Pflicht zu nehmen.

§ 4 Verfassungsrechtliche Fragen der marktoptimierenden Wirtschaftsaufsicht

Verfassungsrechtliche Problemfelder der marktoptimierenden Wirtschaftsaufsicht zu erschließen, erfordert zunächst die Sichtung der verfassungsrechtlichen Rahmendaten zum Staat-Wirtschaft-Verhältnis, die gemeinhin unter dem Begriff der „Wirtschaftsverfassung" firmieren. Die „Wirtschaftsverfassung" des Grundgesetzes, auf die nachfolgend unter I. eingegangen wird, kommt nicht nur als mögliche Quelle verfassungsrechtlicher Vorgaben gegenüber dem Aufsichtsgesetzgeber in Betracht. Denkbar wäre auch, daß sie auf die Auslegung und Anwendung weiterer Verfassungsbestimmungen einwirkt, an denen sich die Aufsichtsgesetze messen lassen müssen. Als solche Verfassungsbestimmungen werden in diesem § 4 die Grundrechte des Grundgesetzes (unten II.) sowie der verfassungsrechtliche Bestimmtheitsgrundsatz (unten III.) behandelt, mit denen sich die in praktischer Hinsicht bedeutsamsten verfassungsrechtlichen Probleme der marktoptimierenden Wirtschaftsaufsicht verbinden

I. Marktoptimierende Wirtschaftsaufsicht im Lichte der Wirtschaftsverfassung des Grundgesetzes

1. Fragestellung

Die in den fünfziger Jahren des letzten Jahrhunderts eingesetzte Diskussion um die grundgesetzliche „Wirtschaftsverfassung"[1] spitzte sich anfänglich auf die Frage zu, ob der Verfassung eine „wirtschaftssystemkonstituierende Gesamtentscheidung" zugrunde liegt, die „den Staat auf ein bestimmtes Ordnungsmodell verpflichtet"[2] und einen *normativ verselbständigten* verfassungs-

---

[1] Meinungsführer in den fünfziger und sechziger Jahren: *H. C. Nipperdey*, Soziale Marktwirtschaft und Grundgesetz (1. Aufl. 1954 unter dem Titel „Die soziale Marktwirtschaft in der Verfassung der Bundesrepublik"); *H. Krüger*, DVBl. 1951, 361 ff.; *E. R. Huber*, DÖV 1954, 97 ff., 135 ff., 172 ff., 200 ff.; *L. Raiser*, FS J. Gierke, 181 ff.

[2] Formulierungen von *H.-J. Papier*, HdbVerfR, S. 800, der selbst gegen den mit ihnen zum Ausdruck gebrachten Standpunkt eintritt. Die Übertragung des von *Carl Schmitt* geprägten Begriffs der „Gesamtentscheidung" auf das wirtschaftsverfassungsrechtliche Problemfeld geht zurück auf *F. Böhm*, Wettbewerb und Monopolkampf, S. 107; ihm folgend *W. Eucken*, Grundlagen der Nationalökonomie, S. 52.

rechtlichen Prüfungsmaßstab gegenüber wirtschaftspolitischem Staatshandeln abgibt. Mehrere verfassungsgerichtliche Entscheidungen, die der entsprechenden These in denkbar eindeutiger Weise eine Absage erteilten[3], haben die Diskussion um die Wirtschaftsverfassung nicht zum Versiegen gebracht, sondern lediglich in andere Bahnen gelenkt[4]. Ihre Leitfrage lautet seitdem (und bis heute), inwiefern zumindest von den *Grundrechten*, die das Bundesverfassungsgerichts in erster Linie zur Verfassungskontrolle wirtschaftspolitischen Staatshandelns heranzieht, bestimmte ökonomische Ordnungswirkungen ausgehen, ob aus ihrer „systematischen Gesamtschau" gar einzelne ökonomische Funktionsvorstellungen abzuleiten sind, denen auf diese Weise doch Verfassungsrang zuwachsen würde[5]. Auch dieser grundrechtliche Argumentationsansatz tendiert dazu, dem Begriff der Wirtschaftsverfassung normative Substanz zuzuerkennen, statt ihn – wie es die Rechtsprechung des Bundesverfassungsgerichts an sich nahelegen würde – als rein deskriptiven Sammelbegriff für die durch das Grundgesetz verstreuten wirtschaftsrelevanten Einzelnormen zu verstehen[6].

Die ungebrochene Attraktivität eines normativ aufgeladenen Begriffs der Wirtschaftsverfassung dürfte maßgeblich damit zusammenhängen, daß er Schutz gegen ökonomisch inkonsistente wirtschaftspolitische Maßnahmen von Gesetzgeber und Regierung zu versprechen scheint. Er eröffnet die Aussicht, die Verfassung als Instrument nutzen zu können, um den politischen Akteuren ein Mindestmaß an ökonomischer Rationalität aufzuzwingen. Unter rein juristischen Gesichtspunkten sprechen für ihn gewisse problematische Konsequenzen eines rein deskriptiven Begriffsverständnisses: Als bloßer Sammelbegriff bliebe die „Wirtschaftsverfassung" rechtsdogmatisch ohne weiter-

---

[3] Leading cases: BVerfGE 4, 7ff. (Investitionshilfeurteil), BVerfGE 50, 290ff. (Mitbestimmungsurteil). Näheres unter 3. b).

[4] Wirtschaftsverfassungsrechtliche Beiträge aus den letzten Jahren: *P. Badura*, FS Stern, 409ff.; *J. Basedow*, Von der deutschen zur europäischen Wirtschaftsverfassung, 1992; *A. Bleckmann*, JuS 1991, 537ff.; *G. Erbel*, RiA 1991, 18ff.; *P. Häberle*, ZRP 1993, 383ff.; *M. Schmidt-Preuß*, DVBl. 1993, 236ff.; *G. Seyfarth*, Die Wirtschaftsordnung unter dem Grundgesetz; *H. Sodan*, DÖV 2000, 361ff.; *P. Tettinger*, DVBl. 1999, 679ff. Zu erwähnen sind ferner die Handbuchbeiträge von *H.-J. Papier* (HdbVerfR, S. 799ff.), *R. Schmidt* (HdbStR III, S. 1141ff.) und *H.-H. Rupp* (HdbStR IX, S. 129ff.).

[5] Beispielhaft *M. Schmidt-Preuß*, DVBl. 1993, 236ff. Dieser lehnt zwar die Existenz eines normativ verselbständigten Ordnungspostulats der Verfassung ab (S. 241: „Prüfungsmaßstab bleiben die Grundrechte oder andere einschlägige Verfassungsbestimmungen"), geht aber dennoch davon aus, daß die wirtschaftsrelevanten Grundrechtsbestimmungen ein „stimmiges normatives Gesamtgefüge" bilden, welches es rechtfertige, von einem „Verfassungsprinzip freiheitlich-sozialer Wirtschaftsordnung" zu sprechen (a.a.O.).

[6] Vgl. *R. Gröschner*, ThürVBl. 1996, 246, Fn. 32: „Wirtschaftsverfassung" kann „nur die Sammelbezeichnung für wirtschaftlich bedeutsame Bestimmungen des Verfassungsrechts sein, kein Begriff also, der mehr bezeichnet als die Summe seiner Teile". Siehe zu den begrifflichen Fragen auch *H. Hollmann*, Rechtsstaatliche Kontrolle der Globalsteuerung, S. 79ff.; *R. Zuck*, BB 1967, 806.

gehende Funktion, wodurch die Anwendung der Grundrechtsbestimmungen auf wirtschaftliche Sachverhalte zwangsläufig mit Unsicherheiten behaftet würde. Grundrechtliche Vor- und Querschnittsfragen wie diejenige nach dem Eingriffs- oder Ausgestaltungscharakter wirtschaftspolitischer Interventionen, nach der verfassungsgerichtlichen Kontrolldichte gegenüber wirtschaftlichen Prognosen des Gesetzgebers oder nach der Plausibilität bestimmter grundrechtstheoretischer Prämissen im wirtschaftspolitischen Kontext fänden keinen übergeordneten Richt- und Leitpunkt, von dem aus sich einheitliche, für verschiedene wirtschaftsbezogene Fallkonstellationen gleichermaßen gültige Aussagen entwickeln ließen.

Der oben erwähnte grundrechtliche Argumentationsansatz vermag dieses dogmatische Orientierungsbedürfnis, das sich naturgemäß auch in Bezug auf die verfassungsrechtliche Beurteilung der marktoptimierenden Wirtschaftsaufsicht ergeben muß, zwar zu befriedigen. Dennoch sind ihm gegenüber Zweifel angebracht. Da die Grundrechte – schon ihrem historischen Ursprung nach – gegenüber wirtschaftlichen Funktionserwägungen indifferent sind[7], setzt er sich unweigerlich dem Vorwurf aus, auf schwachem juristischem Fundament zu stehen. Zudem vollzieht er eine dichotomische Überspitzung mit, unter der die wirtschaftsverfassungsrechtliche Diskussion von Beginn an gelitten hat: Er geht von der Annahme aus, die Ebene *oberhalb* der Grundrechte komme als Ort der Vorstrukturierung verfassungsrechtlicher Aussagen zu Wirtschaftsfragen von vornherein nicht in Betracht, wenn man die *Nipperdey*sche These einer „wirtschaftssystemkonstituierenden Gesamtentscheidung" erst einmal verworfen habe. Diese Annahme schränkt die verfassungsrechtlichen Argumentationsmöglichkeiten jedoch ohne Not ein. Sie versperrt den Weg, aus dem Ganzen der Verfassung, aus der *Charakteristik ihres regulatorischen Zugriffs auf das Themenfeld Wirtschaft* Erkenntnisse zu gewinnen, die zwar aus sich heraus keine unmittelbaren Rechtsfolgen zeitigen, die aber gleichwohl zur Klärung grundrechtlicher Vor- und Querschnittsfragen beitragen können.

„Wirtschaftsverfassung" könnte, wie die letztgenannte Erwägung andeutet, als Chiffre für ein *analytisches Konzept der allgemeinen regulatorischen Einstellung des Grundgesetzes zum Themenfeld Wirtschaft* verstanden werden, mit dessen Hilfe Rechtsauslegung und -anwendung doch „von oben" her, d. h. über deduktive Ableitungszusammenhänge vorstrukturiert und rationalisiert werden. Die im Folgenden nach Sichtung der textlichen und entstehungsgeschichtlichen Prämissen (unten 2.) vorgenommene Rekonstruktion wesentlicher Eckpunkte des wirtschaftsverfassungsrechtlichen Diskussionsverlaufs (unten 3.) wird darin münden, ein solches analytisches Konzept zu präsentieren (unten 4.), wobei sich zeigen wird, daß dieses mit der Linie des Bundesver-

---

[7] Siehe *F. Ossenbühl*, AöR 115 (1990), 2.

fassungsgerichts in Einklang gebracht werden kann, ja sogar einen entscheidenden Schlüssel zum Verständnis der wirtschaftsverfassungsrechtlichen Leitentscheidungen des Gerichts bildet. Anschließend werden hieraus Folgerungen für den verfassungsrechtlichen Standort der marktoptimierenden Wirtschaftsaufsicht abgeleitet sowie die wirtschaftsverfassungsrechtlichen Besonderheiten angesprochen, die aus Art. 87 f GG für den Telekommunikations- und Postsektor folgen. Im nachfolgenden Abschnitt II. werden dann konkrete grundrechtliche Einzelfragen der marktoptimierenden Wirtschaftsaufsicht erörtert, bei denen das in diesem Abschnitt I. entwickelte analytische Konzept der Wirtschaftsverfassung verschiedentlich zum Tragen kommen wird.

2. Textliche und entstehungsgeschichtliche Prämissen

Der Verfassungsgeber hegte selbstverständlich die Erwartung, daß Regierung und Parlament wirtschaftspolitische Aktivitäten entfalten. Dies belegt etwa die Regelungen in Art. 74 Abs. 1 Nr. 11 GG. Von einer vollständigen Ausklammerung der Wirtschaft durch das Verfassungsrecht kann somit nicht die Rede sein[8], zumal auch keinerlei Anzeichen dafür bestehen, daß die querschnittlich angelegten verfassungsrechtlichen Fundamentalgewährleistungen und -prinzipien (Grundrechte, Rechtstaatsprinzip, Demokratieprinzip usw.) im wirtschaftlichen Kontext – in dem sie fraglos rechtliche Relevanz entfalten und auch systemtendenziöse Effekte erzeugen können – nicht oder nur in reduziertem Umfang gelten sollen.

Obwohl somit vom Grundgesetz Ermächtigungs- wie auch Bindungswirkungen für die staatliche Wirtschaftspolitik ausgehen, enthält es sich im Gegensatz zur Weimarer Reichsverfassung sowie zu einzelnen Landesverfassungen expliziter Festlegungen zur *strukturellen Ordnung* der Wirtschaft. Von einer Verpflichtung der staatlichen Politik oder gar privater Wirtschaftssubjekte auf bestimmte wirtschaftliche Zielgrößen, Organisations- oder Verfahrensprinzipien ist nirgends zu lesen. Es fehlt der Verfassung eine spezifische, nach ökonomischen Kategorien formulierte Wirtschaftsprogrammatik. Das Grundgesetz erstreckt seinen Geltungsanspruch in ökonomische Regelungszusammenhänge hinein, schweigt sich aber zu deren materiellen Ordnungsproblemen aus.

Die Literatur führt diesen verfassungstextlichen Befund auf die Entstehungsgeschichte der Verfassung zurück. Angesichts des ursprünglich gedachten provisorischen Charakters des Grundgesetzes sei die Aufnahme spezieller Wirtschaftsvorschriften vom Verfassungsgeber als nicht vordringlich eingestuft worden; vor allem aber habe die Heterogenität der im Parlamentarischen Rat vertretenen Wirtschaftskonzeptionen die Einigung auf eine verfassungs-

---

[8] *G. Seyfarth*, Die Wirtschaftsordnung unter dem Grundgesetz, S. 242.

rechtliche Wirtschaftsprogrammatik auch gar nicht zugelassen[9]. Das Schweigen des Grundgesetzes müsse daher als Zeichen eines Verfassungskompromisses gedeutet werden, den betreffenden Fragenkreis bewußt auf sich beruhen zu lassen und dem künftigen (Wechsel-)Spiel der politischen Kräfte und parlamentarischen Mehrheiten zu überantworten[10].

Besondere Symbolkraft kommt in diesem Zusammenhang dem unverbundenen Nebeneinander der Artikel 14 und 15 GG zu, mit denen der Verfassungsgeber weitgehend konträre Gestaltungsoptionen im Grundgesetz verankert hat[11]. Zwar wird die Spannung zwischen beiden Vorschriften bekanntlich dadurch relativiert, daß die Sozialisierungsermächtigung des Art. 15 GG nicht die (abstrakt-generelle) Abschaffung des durch Art. 14 GG als Institut gewährleisteten Privateigentums tragen würde; auf die zusätzliche faktische Sperrwirkung des in Art. 15 GG niedergelegten Entschädigungsgebots kommt es insoweit gar nicht an[12]. Dennoch spiegelt sich im Nebeneinander beider Vorschriften ein tiefgreifender sachlicher Dissens innerhalb des Parlamentarischen Rats wieder, der nur durch Offenhaltung und Vertagung der eigentlichen Entscheidung zu überbrücken war[13].

Vor diesem Hintergrund sollte ein Umstand herausgestellt werden, der in der Literatur kaum Beachtung findet, obwohl er die Tragweite des grundgesetzlichen Schweigens zu wirtschaftlichen Ordnungsfragen zusätzlich akzentuiert: Der verfassungsändernde Gesetzgeber hat sich bis zum heutigen Tag nicht veranlaßt gesehen, das Grundgesetz doch noch um spezielle Wirtschaftsvorschriften anzureichern und so die vom Parlamentarischen Rat hinterlassene Lücke aufzufüllen[14]. Dabei stehen spätestens seit dem Godesberger Programm

---

[9] *E. Benda*, Wirtschaftsordnung und Grundgesetz, S. 187; *H. Jarras*, Wirtschaftsverwaltungsrecht, S. 20; *H.-J. Papier*, HdBVerfR, S. 801; *F.-J. Peine*, in: D. Grimm/H.-J. Papier (Hrsg.), Nordrhein-Westfälisches Staats- und Verwaltungsrecht, S. 569; *F. Rittner*, Die wirtschaftsrechtliche Ordnung des Grundgesetzes, S. 26; *Seyfarth*, Die Wirtschaftsordnung unter dem Grundgesetz, S. 242; *E. Stein/G. Frank*, Staatsrecht, S. 369. Unter Hervorhebung insbesondere des politisch-strategischen Kalküls der Sozialdemokratie *V. Schockenhoff*, Wirtschaftsverfassung und Grundgesetz, S. 149 ff. Als zeitgenössische Quelle wird häufig *H. v. Mangoldt*, AöR 75 (1949), 275 herangezogen.

[10] *U. Karpen*, Soziale Marktwirtschaft und Grundgesetz, S. 40; ähnlich *R. Schmidt*, Öffentliches Wirtschaftsrecht AT, S. 70.

[11] *H. Bäumler*, DÖV 1979, 328 f.; *G. Erbel*, RiA 1991, 23.

[12] Siehe nur *H.-J. Papier*, HdBVerfR, S. 807 f.

[13] Es ist das Verdienst der oben angeführten Schrift von *V. Schockenhoff*, Wirtschaftsverfassung und Grundgesetz, herausgearbeitet zu haben, daß die Vorstellungen im Parlamentarischen Rat nicht dahin gingen, mit dem Schweigen zu Fragen Wirtschaftsordnung bei gleichzeitiger Gewährung klassischer Freiheitsrechte habe man das überkommene Sozialmodell indirekt doch gegen Umgestaltungen durch neue politische Mehrheiten sichern wollen.

[14] Ausgenommen die allerdings sektoral beschränkten Bestimmungen in Art. 87 d und 87 f GG. Auf ihren wirtschaftsverfassungsrechtlichen Bedeutungsgehalt wird weiter unten eingegangen (6.).

der SPD die ordnungsstrukturellen Grundfragen der Wirtschaftspolitik nicht mehr prinzipiell im Parteienstreit; selbst bei einfachen Gesetze mit spezifisch ökonomischem Ordnungsgehalt (beispielsweise GWB, StabG) beschränken sich die parteipolitischen Auseinandersetzungen in aller Regel auf Detailfragen. Zum anderen kann zumindest seit der deutschen Einheit und der ihr nachfolgenden Verfassungsrevision das Grundgesetz nicht länger als ein Provisorium verstanden werden, ist also auch die zweite der beiden oben angeführten entstehungsgeschichtlichen Prämissen mittlerweile überholt.

Die bewusste Aufrechterhaltung des Verzichts auf die Aufnahme einer grundgesetzlichen Wirtschaftsprogrammatik trotz Fortfalls der hierfür ursprünglich maßgeblichen Gründe darf für sich genommen nicht zu überzogenen Schlüssen verleiten. Wirtschaftsverfassungsrechtliche Diskussionsansätze allerdings, die ihrer Tendenz nach die wirtschaftspolitischen Spielräume im politischen Prozeß einengen und den Wirtschaftsgesetzgeber direkt oder indirekt an ökonomische Maßstäbe binden wollen, sind hierdurch wohl einer erhöhten Argumentationslast ausgesetzt.

3. Zur Entwicklung der wirtschaftsverfassungsrechtlichen Diskussion

a) Ausgangspositionen

Gerade in Anbetracht der grundgesetzlichen Entstehungsgeschichte war der über lange Zeit diskussionsprägende Ansatz *Nipperdeys*, wonach dem Grundgesetz eine „institutionelle Garantie" der sozialen Marktwirtschaft zu entnehmen sei[15], äußerst gewagt. *Nipperdey* wird bis heute dahingehend verstanden, er habe die Frage der Marktkonformität staatlicher Einwirkungen auf die Wirtschaft zu einem selbständigen verfassungsrechtlichen Prüfungsmaßstab erheben wollen[16]. In Anbetracht seiner Wortwahl (*institutionelle* Garantie) wie auch weiterer von ihm gezogener Konsequenzen (z. B. Deutung des Kartellverbots als „Konkretisierung der verfassungsmäßigen Ordnung", mit dessen Statuierung der Gesetzgeber eine verfassungsrechtliche *Verpflichtung* erfülle[17]) ist diese Lesart seiner Beiträge in der Tat plausibel[18]. Die Behauptung einer institutionellen Garantie der sozialen Marktwirtschaft lief unzweideutig darauf hinaus, in das Grundgesetz eine speziell auf die Wirtschaft bezogene, deren materielle Ordnungsfragen aufgreifende, gegenüber den Grundrechten ver-

---

[15] V.a. Soziale Marktwirtschaft und Grundgesetz, S. 21 ff. Auf S. 39 spricht Nipperdey von der institutionellen Garantie der marktwirtschaftlichen Verfassung durch das Grundgesetz, ein weiteres Mal auf S. 64.

[16] Statt aller *R. Schmidt*, HdbStR III, S. 1149.

[17] Soziale Marktwirtschaft und Grundgesetz, S. 63 f.

[18] Vgl. hierzu aber auch die nuancierenden Einschätzungen bei *H. Hablitzel*, BayVbl. 1981, 69; *P.-Chr. Müller-Graff*, Unternehmensinvestitition und Investitionssteuerung im Marktrecht, S. 253 f.

selbständigte Normaussage hineinzulesen. In methodischer Hinsicht weist sein Ansatz so bemerkenswerte Parallelen zu demjenigen seines Antipoden *Krüger* auf. *Krüger* stand ihm zwar inhaltlich denkbar fern, indem er nicht nur die verfassungsrechtliche Verankerung der Marktwirtschaft bestritt, sondern aus dem Grundgesetz sogar ein regelrechtes Gebot ordnungspolitischer Abstinenz ableiten wollte (Verbot einer „Wirtschaftspolitik als Verwirklichung eines wirtschaftspolitischen Systems")[19]. Aber hiermit unterstellte *Krüger* letztlich auch nichts anderes als die Existenz einer grundgesetzlichen Wirtschaftsverfassung, deren normativer Gehalt mehr als die Summe der wirtschaftsrelevanten Einzelnormen bildet – nur dass sie bei ihm auf ein Ordnungs*verbot* statt auf ein Ordnungs*gebot* hinauslief. Daß *Krüger* im Gegensatz zu *Nipperdey* sich nicht auf die Grundrechte, sondern auf eine Mischung aus verfassungstheoretischen Spekulationen (relativistischer Charakter der Demokratie, den das Grundgesetz lediglich im politischen Teil abgelegt habe) und (überinterpretierten[20]) entstehungsgeschichtlichen Gegebenheiten stützte (Umdeutung des Verzichts auf die Entscheidung ökonomischer Ordnungsfragen in ein in die Zukunft gerichtetes Entscheidungsverbot), ändert nichts an der methodischen Ähnlichkeit beider Ansätze[21]. Auch die von *E. R. Huber* entwickelte Lehre der „gemischten Wirtschaftsverfassung"[22] ging von einer über die Einzelvorschriften des Grundgesetzes hinausreichenden Normaussage aus, die aus der „wirtschaftsverfassungsrechtlichen Ordnungsfunktion" der Grundrechte entwickelt wurde und insofern der Lehre *Nipperdeys* ähnelte[23], allerdings prononcierter als diese den Gedanken der Sozialbindung herausstrich.

b) Die Linie des Bundesverfassungsgerichts

(aa) Ordnungsstrukturelle Indeterminiertheit des Grundgesetzes

Das Bundesverfassungsgericht hat in seinem Investitionshilfeurteil wie später in seinem Mitbestimmungsurteil sämtlichen dieser literarischen Ansätze eine deutliche Absage erteilt. Bereits im Investitionshilfeurteil heißt es mit deutlicher Blickwendung gegen *Nipperdey*, das Grundgesetz garantiere *nicht* „eine nur mit marktkonformen Mitteln zu steuernde soziale Marktwirtschaft"[24]. Der Verfassungsgeber habe sich „nicht ausdrücklich für ein bestimmtes Wirtschaftssystem entschieden"; die „gegenwärtige Wirtschafts- und Sozialord-

---

[19] DVBl. 1951, 361 ff. Zitat auf S. 363.
[20] So auch *G. Seyfarth*, Die Wirtschaftsordnung unter dem Grundgesetz, S. 245 f.
[21] So auch Hablitzel, BayVBl. 1981, 68.
[22] Wirtschaftsverwaltungsrecht I, S. 18 f.; 30 f.; ausführlicher in DÖV 1957, 97 ff., 135 ff., 172 ff., 200 ff.
[23] So auch bereits *H. Ehmke*, Wirtschaft und Verfassung, S. 27.
[24] BVerfGE 4, 7, 17.

nung" sei zwar „eine nach dem Grundgesetz mögliche Ordnung", „keineswegs aber die allein mögliche"; verfassungsrechtlich sei demnach „ohne Bedeutung", „ob das Investitionshilfegesetz im Einklang mit der bisherigen Wirtschafts- und Sozialordnung steht"[25]. Im Mitbestimmungsurteil hielt das Gericht fest, „das Grundgesetz enthält keine unmittelbare Festlegung und Gewährleistung einer bestimmten Wirtschaftsordnung" und normiere im Unterschied zur WRV auch nicht „konkrete verfassungsrechtliche Grundsätze der Gestaltung des Wirtschaftslebens"[26].

War damit jedem Anflug einer konstitutionellen Verfestigung marktwirtschaftlicher Ordnungsprinzipien der Boden entzogen[27], so hat das Bundesverfassungsgericht andererseits aber auch die Freiheit der politischen Gewalten, Fragen der Wirtschaftsordnung auf einfachgesetzlichem Wege zu entscheiden und eine dezidiert prinzipiengeleitete Wirtschaftspolitik zu betreiben, außer jeden Zweifel gestellt: Das Grundgesetz garantiere keine „wirtschaftspolitische Neutralität der Regierungs- und Gesetzgebungsgewalt"; es ermögliche dem Gesetzgeber, „die ihm jeweils sachgemäß erscheinende Wirtschaftspolitik zu verfolgen[28]. Hiermit wie auch mit der bereits erwähnten Bemerkung, die „gegenwärtige Wirtschafts- und Sozialordnung" sei lediglich eine „nach dem Grundgesetz *mögliche* Ordnung" (Herv. v. Verf.), stellte das Gericht klar, daß es die Position *Krügers*, welcher die politischen Akteure auf rein pragmatische und okkasionelle Eingriffe beschränken wollte[29], ebensowenig teilte wie diejenige *Nipperdeys*. Auch auf *Krügers* Forderung, eine staatliche Ordnungspolitik dürfe wenigstens keine faktisch irreversiblen Strukturen schaffen[30], ist das Gericht niemals eingegangen.

Die Verfassungsauslegung des Gerichts[31], die gängigerweise mit den Worten „wirtschaftspolitische Neutralität" oder „ordnungspolitische Neutralität" umschrieben wird, noch präziser aber mit „ordnungsstruktureller Indeterminiertheit" bezeichnet werden könnte, vereint sonach zwei Aussagen: Die Ver-

---

[25] BVerfGE 4, 7, 18.

[26] BVerfGE 50, 290, 337.

[27] Siehe *H.-J. Papier*, FS Link, S. 462.

[28] BVerfGE 4, 7, 17f.; ähnlich in BVerfGE 50, 290, 337f., wo auch die „weitgehende Gestaltungsfreiheit" des Gesetzgebers betont wird (S. 338).

[29] Vgl. *P. Badura*, Wirtschaftsverwaltungsrecht, S. 235; *H. Hablitzel*, BayVbl. 1981, 66. Plastisch wird diese Konsequenz der Position Krügers etwa bei seiner Feststellung, die Verfassung lasse kein Kartellverbot, sondern lediglich eine Erlaubnis mit Verbotsvorhalt zu (DVBl. 1951, 363).

[30] DVBl. 1951, 363.

[31] Soweit verschiedentlich Entscheidungen wie BVerfGE 18, 315 und BVerfGE 32, 311 entgegengehalten werden, die vom „System einer grundsätzlich freien Wirtschaft" oder von der „bestehenden Wirtschaftsverfassung" des „grundsätzlich freien Wettbewerbs" sprechen, ist anzumerken, daß die fraglichen Passagen jeweils auf die in Deutschland tatsächlich etablierte Wirtschaftsordnung Bezug nehmen, nicht aber eine verfassungsrechtliche Forderung zum Ausdruck bringen sollen.

fassung fordert keine bestimmte Wirtschaftsordnung. Sie steht aber auch nicht einer auf die Realisierung einer solchen Ordnung zielenden einfachgesetzlichen Politik entgegen. Im positiven wie im negativen bleibt die Ordnungsstruktur der Wirtschaft verfassungsrechtlich unentschieden und der politischen Gestaltungsfreiheit von Gesetzgeber und Regierung überlassen. Dies bedeutet freilich nicht, daß die staatliche Wirtschaftspolitik von verfassungsrechtlichen Bindungen schlechthin freigestellt wäre. Daß im Gegenteil der Geltungsanspruch der querschnittlich angelegten verfassungsrechtlichen Prinzipien und Gewährleistungen den ökonomischen Sektor nicht ausspart, hat das Gericht stets ausdrücklich betont. Bereits im Investitionshilfeurteil ist die Bekräftigung ordnungspolitischer Gestaltungsfreiheit des Gesetzgebers mit dem einschränkenden Zusatz versehen: „sofern er dabei das Grundgesetz beachtet"[32]. Noch deutlicher sind die entsprechenden Passagen des Mitbestimmungsurteils („der hierüber innerhalb der ihm durch das Grundgesetz gezogenen Grenzen frei zu entscheiden hat"; „sofern er dabei das Grundgesetz, insbesondere die Grundrechte beachtet")[33].

(bb) Trennung juristischer und ökonomischer Bewertungskriterien

Das Gericht hat sich mit der letztgenannten Festlegung klar gegen eine vollständige oder auch nur teilweise Rücknahme der Verfassung gegenüber wirtschaftsgestaltenden Maßnahmen ausgesprochen. Hierin liegt kein Widerspruch zu der gleichzeitig von ihm getroffenen Festlegung, die Verfassung sei hinsichtlich ordnungsstruktureller Fragen indeterminiert. Vielmehr tritt zum Vorschein, betrachtet man beide Festlegungen im Zusammenhang, daß das Gericht auf eine strikte *Trennung der disziplinären Blickwinkel* hinaus will. Die ordnungsstrukturelle Indeterminiertheit des Grundgesetzes versteht das Gericht als Maßgabe, bei der verfassungsrechtlichen Beurteilung wirtschaftspolitischer Maßnahmen *ökonomische Beurteilungsskalen* aus dem Spiel zu lassen. Wirtschaftspolitische Maßnahmen sollen nicht aus ökonomischem Blickwinkel, nicht anhand ökonomischer Ordnungsvorstellungen, sondern nur anhand des Verfassungsrechts geprüft werden – wobei dem Verfassungsrecht keine ökonomischen Ordnungsmodelle unterlegt werden dürfen, andernfalls sich durch die Hintertür doch wieder ökonomische Beurteilungsskalen in die Verfassungskontrolle wirtschaftspolitischer Maßnahmen einschleichen würden[34]. Wenn das Gericht von den „durch das Grundgesetz gezogenen Grenzen" spricht, die der Wirtschaftsgesetzgeber zu beachten habe, meint es *recht-*

---

[32] BVerfGE 4, 7, 18.
[33] BVerfGE 50, 290, 337 f. Der gesonderte Hinweis auf die Grundrechte findet sich im Investitionshilfe-Urteil noch nicht.
[34] Vgl. *P. Badura*, JuS 1976, 208: „Indem das BVerfG die ‚Neutralität' der Verfassung gegenüber bestimmten ‚Wirtschaftssystemen' hervorhebt, will es die legislatorische Gestaltungsvollmacht bei der Erfüllung der Staatsaufgaben im Bereich der Wirtschaft dagegen si-

liche Grenzen, die losgelöst von wirtschaftlichen Funktionserwägungen zu bestimmen sind.

Soweit das Verfassungsrecht das Wirtschaftsleben und dessen Gestaltung durch Gesetzgeber und Regierung reglementiert, tut es dies also nach Auffassung des Gerichts ohne wirtschaftstheoretisches Vorverständnis, ohne Rücksicht auf die möglichen wirtschaftlichen Bezüge und Folgen seiner Normgehalte. Daher ist aus Sicht des Gerichts die etwaige ökonomische Untauglichkeit eines Wirtschaftsgesetzes unter verfassungsrechtlichen Gesichtspunkten für sich genommen belanglos[35], so wie umgekehrt der Vorwurf der Verfassungswidrigkeit eines Wirtschaftsgesetzes nicht durch den Nachweis aus der Welt geräumt werden könnte, daß es sich in ökonomischer Hinsicht als sinnvoll erweisen würde. Etwaige Parallelen zwischen juristischen und ökonomischen Beurteilungsskalen sind durch dieses verfassungsgerichtliche Trennungspostulat nicht prinzipiell ausgeschlossen, wären aber als zufällige Koinzidenz statt als Ausdruck bewußter verfassungsrechtlicher Verknüpfung anzusehen; hierauf wird zurückzukommen sein (unten dd.).

Am deutlichsten treten diese Zusammenhänge im *Mitbestimmungsurteil* zutage. So heißt es hier, die „Frage der Verfassungsmäßigkeit" wirtschaftsordnender Gesetze „ist unter dem Gesichtspunkt der Grundrechte primär eine solche der Wahrung der Freiheit des einzelnen Bürgers, die der Gesetzgeber auch bei der Ordnung der Wirtschaft zu respektieren hat. Nicht ist sie Frage eines ‚institutionellen Zusammenhangs der Wirtschaftsverfassung', der durch verselbständigte, den individualrechtlichen Gehalt der Grundrechte überhöhende Objektivierungen begründet wird"[36]. Die Essenz des Trennungspostulats – Ausschluß jeglicher ökonomischer Funktionalisierung des Verfassungsrechts – ist hiermit klar auf den Punkt gebracht. Wenn das Gericht an anderer Stelle von der „Aufgabe" spricht, „die grundsätzliche Freiheit wirtschafts- und sozialpolitischer Gestaltung, die dem Gesetzgeber gewahrt bleiben muß, mit dem Freiheitsschutz zu vereinbaren, auf den der einzelne Bürger gerade auch dem Gesetzgeber gegenüber einen verfassungsrechtlichen Anspruch hat", so wird auch damit nicht einer Konkordanz zwischen rechtlichen und ökonomischen Zielwerten das Wort geredet, sondern auf den notwendigen Ausgleich zweier *rechtlicher* Zielgrößen verwiesen (Gestaltungsfreiheit des Gesetzgebers als Ausfluß des grundgesetzlichen Demokratieprinzips versus Grundrechts-

---

chern, durch die verfassungsrechtliche Umkleidung der gegebenen Wirtschaftsordnung oder bestimmter wirtschaftspolitischer Modellvorstellungen … einseitig besetzt zu werden."

[35] Siehe BVerfGE E 7, 377, 400: Ein Gesetz dürfe nicht deshalb beanstandet werden, „weil es mit einer bestimmten…volkswirtschaftlichen Lehrmeinung nicht im Einklang steht".

[36] BVerfGE 50, 290, 337/338. Siehe auch BVerfGE 18, 315, 327 und BVerfGE 37, 1, 20, wo das Gericht marktfremde Steuerungsmittel (Milch-Ausgleichsabgabe; Stabilisierungsfonds für Wein) strikt als Freiheitsproblem thematisierte und sich aller ordnungstheoretischen Überlegungen enthielt.

schutz des Einzelnen). Eben ein solcher – rechtsimmanenter – Ausgleich stand dem Gericht auch vor Augen, als es im Mitbestimmungsurteil von der *„relativen* Offenheit" der Verfassungsordnung sprach[37]. „Relativ" offen, so muß diese Stelle verstanden werden, ist das Grundgesetz insofern, als die grundrechtlich begründeten Begrenzungen der demokratischen Handlungsfreiheit den Gesetzgeber nicht positiv auf eine konkrete inhaltliche Richtung seiner Maßnahmen festlegen, sondern ihm eine breite Palette unterschiedlicher Gestaltungsoptionen belassen. Gemeint ist Offenheit im Sinne von begrenzter Freiheit von *rechtlicher* Determinierung. Nicht gemeint ist Offenheit im Sinne von begrenzter Freiheit von ordnungstruktureller Determinierung – denn *diese* Freiheit ist mangels entsprechender verfassungsrechtlicher Vorgaben von vornherein unbegrenzt.

(cc) Grundrechtsdogmatische Präzisierungen

Der von den Gegnern des Mitbestimmungsgesetzes im sog. Kölner Gutachten unternommene Versuch, einen „Schutz- und Ordnungszusammenhang" der Grundrechte zu konstruieren, der sich „zu einzelnen Prinzipien zugunsten der Privatwirtschaft und der Marktwirtschaft (verdichtet)"[38], war mit dem bereits im Investitionshilfeurteil grundgelegten verfassungsgerichtlichen Trennungspostulat zwangsläufig nicht in Einklang zu bringen. Auch wenn das Kölner Gutachten direkte Anklänge an die *Nipperdeysche* These einer institutionellen Garantie der Marktwirtschaft vermied[39]: Die Aussicht, daß die „Verdichtung" grundgesetzlicher Einzelgewährleistungen zu veritablen „Prinzipien" der Privatwirtschaft und der Marktwirtschaft wenigstens zum Teil auf genuin ökonomische Ordnungsvorstellungen zurückführt, die auf diese Weise indirekt doch zu Verfassungsrecht erstarken, war allzu offenkundig. Auf dem Umweg über die Grundrechte und ihre objektivrechtliche Gewährleistungsdimension[40] zielte das Kölner Gutachten deutlich auf eine Bindung des Gesetzgebers an marktwirtschaftliche Grundsätze[41]. Das Gutachten stand so, war es auch in

---

[37] BVerfGE 50, 290, 338 (Herv. v. Verf.).

[38] *P. Badura/F. Rittner/B. Rüthers*, Mitbestimmungsgesetz und Grundgesetz, S. 196, 249/250.

[39] Ebda., S. 186: „Allgemeine Vorstellungen oder nach einer vorgefaßten Meinung als Grundgedanken oder ‚Voraussetzungen' der Verfassung oder des Verfassungsrechts angenommene Normen können nicht Maßstab der verfassungsrechtlichen Bindung und der verfassungsgerichtlichen Kontrolle des gesetzgebenden Parlaments sein". Deutliche Distanz gegenüber Nipperdey auch auf S. 248.

[40] Siehe ebda., S. 246 ff.

[41] Nach Darlegung des Gutachtens (ebda., S. 249/250) sollen die „Prinzipien zugunsten der Privatwirtschaft und der Marktwirtschaft" zur Folge haben, daß „der eingreifende und gestaltende Gesetzgeber einer definierten und hinreichenden Rechtfertigung durch das öffentliche Interesse bedarf und daß ihm eine grundsätzliche Abkehr von der privatwirtschaftlichen und marktwirtschaftlichen Ordnung, vorbehaltlich der vom Sozialisierungsartikel erfaßten Sachbereiche, verwehrt ist".

modernes methodisches Gewand gehüllt, dem *Nipperdeyschen* Ansatz letztlich sehr viel näher als es dies selbst vorgab[42].

Das Bundesverfassungsgericht hat demgegenüber im Mitbestimmungsurteil ausdrücklich betont, daß die dogmatische Figur der objektivrechtlichen Gewährleistungsgehalte keinen Nährboden für einen „mehr als seine grundgesetzlichen Elemente gewährleistenden Ordnungs- und Schutzzusammenhang der Grundrechte" bietet[43]. Damit trat das Gericht dezidiert der Ansicht des Kölner Gutachtens entgegen, wegen der „Interdependenz des Wirtschaftszusammenhangs und dessen rechtlicher Regelungen" verbiete sich eine verfassungsrechtliche Betrachtung, „die von dem Schutz des Individuums als isoliert gesehen einzelnen bestimmt wird". Wohl zu Recht ist angemerkt worden, daß der abwehrrechtliche Purismus, von dem das Mitbestimmungsurteil hier getragen ist, durchaus mit der Haltung des Gerichts in anderen Feldern seiner Rechtsprechung kontrastiert, in denen es von objektivrechtlichen Gewährleistungsgehalten der Grundrechte einen deutlich verschwenderischen Gebrauch gemacht hat[44]. Vor dem Hintergrund des wirtschaftsverfassungsrechtlichen Trennungspostulats erscheint das Vorgehen des Gerichts freilich plausibel. Ein Ausgriff über die grundrechtliche Abwehrdimension hinaus würde in letzter Konsequenz Forderungen nach einem optimierenden staatlichen Einwirken auf das Wirtschaftsleben einen verfassungsrechtlichen Ansatzpunkt verschaffen und hierüber – weil ein verfassungsrechtliches Optimierungsgebot nur mithilfe ökonomischer Ordnungsvorstellungen normativ operabel gemacht werden könnte – die vom Trennungspostulat geforderte „disziplinäre Reinheit" des Verfassungsrechts aushöhlen.

(dd) Begrenzte Parallelität ökonomischer und rechtlicher Bewertungskriterien

In der Auseinandersetzung mit dem Kölner Gutachten erhärtete sich so die Linie des Verfassungsgerichts, konsequent auf eine Konstitutionalisierung ökonomischer Ordnungsvorstellungen zu verzichten. Diese Linie bedeutet indes nicht, daß bei der Auslegung und Anwendung der Grundrechte Parallelen zwischen rechtlicher und ökonomischer Beurteilung schlechthin ausgeschlossen wären. Um es an einem Beispiel zu verdeutlichen: Die aus ökonomischer Sicht sich stellende Frage nach der instrumentellen Tauglichkeit eines abgabenfinanzierten Ausgleichsfonds zur Stabilisierung eines bestimmten Produktmarktes findet im Verfassungsrecht – gleichsam zufällig – ein Äquivalent: Dort stellt sich im Rahmen der grundrechtlichen Verhältnismäßigkeitsprüfung

---

[42] Vgl. auch *R. Schmidt*, Öffentliches Wirtschaftsrecht-AT, S. 76/77; *G. Seyfarth*, Die Wirtschaftsordnung unter dem Grundgesetz, S. 249.

[43] BVerfGE 50, 290, 337/338. Hierzu eingehend *R. Schmidt*, Der Staat 19 (1980), 246 f.

[44] Etwa *H. H. Rupp*, HdbStR IX, S. 143/144 unter Verweis auf die verfassungsgerichtliche Rechtsprechung zu Art. 5 GG; *R. Schmidt*, Der Staat 19 (1980), 247.

die Frage nach der *Geeignetheit* des Fonds zur Erreichung des mit ihm verfolgten Zwecks[45], die ohne Rückgriff auf ökonomische Erfahrungssätze nicht beantwortet werden kann. Schon bei der Frage nach möglichen alternativen Stabilisierungsinstrumenten (Erforderlichkeit) klaffen dann aber die Perspektiven auseinander. Das Verfassungsrecht interessiert nur, ob den Einzelnen weniger belastende Alternativen bestehen. Ob funktionsoptimalere Alternativen bestehen, ist für die grundrechtliche Erforderlichkeitsprüfung ohne Belang.

Der stark begrenzte Parallellauf ökonomischer und rechtlicher Beurteilungsskalen wird vom Verfassungsgericht durch die extensive Zuerkennung legislatorischer Einschätzungsprärogativen weiter verkürzt. So würde es beispielsweise bei der Prüfung der Geeignetheit eines Stabilisierungsfonds größte Zurückhaltung gegenüber den diesbezüglich getroffenen ökonomischen Prognosen des Gesetzgebers an den Tag legen – was nichts anderes bedeutet, als sich einer eigenen ökonomische Beurteilung weitgehend zu enthalten. Die Lehre von der legislatorischen Einschätzungsprärogative flankiert so gesehen das verfassungsgerichtliche Trennungspostulat.

(ee) Grenzen des Trennungsdenkens

Das Trennungspostulat trägt dem Befund Rechnung, daß das Grundgesetz und insbesondere sein Grundrechteteil nicht über eine nach genuin ökonomischen Gesichtspunkten konzipierte Wirtschaftsprogrammatik verfügen. Hieraus zieht das Bundesverfassungsgericht die Konsequenz, daß ökonomische Beurteilungsskalen bei der Auslegung und Anwendung des Verfassungsrechts prinzipiell außen vor zu bleiben haben. Die einzelnen Verfassungsbestimmungen sollen aus sich heraus und nur nach Maßgabe der in ihnen enthaltenen personal-freiheitlichen Wertungen zur Geltung gebracht werden.

Damit wird vom Gericht nicht in Abrede gestellt, daß ein ideengeschichtlich greifbarer Bedingungszusammenhang zwischen freiheitlichem Verfassungsstaat und freiheitlicher Wirtschaftsordnung existiert[46]. Ebensowenig wird in Abrede gestellt, daß bei der grundrechtlichen Sachverhaltsanalyse (z. B. der Bemessung der Eingriffsintensität einer staatlichen Maßnahme) gelegentlich auf ökonomische Erklärungshilfe zurückzugreifen ist und bei der Auslegung wirtschaftsrelevanter Grundrechte auf etwaige Verflechtungen und wechselseitigen Bedingtheiten geachtet werden muß[47]. Das Bundesverfassungsgericht hat letzteres im Mitbestimmungsurteil auch eigens hervorgehoben und davon gesprochen, bei der Auslegung der Grundrechte seien Überschneidungen, Ergänzungen und Zusammenhänge zwischen ihren Schutzbereichen zu berück-

---

[45] Vgl. BVerfGE 18, 315 ff.

[46] *J. Isensee* in: J. H. Müller/ders. (Hrsg.), Wirtschaftsethik – Wirtschaftsstrafrecht, S. 89. Ähnlich *H.-J. Papier*, HdbVerfR, S. 809. Siehe auch *F. Böhm*, Wirtschaftsordnung und Staatsverfassung, S. 7f.

[47] Vgl. *G. Seyfarth*, Die Wirtschaftsordnung unter dem Grundgesetz, S. 247.

sichtigen[48]. Daß etwa aus dem Nebeneinander von Art. 12 und 14 GG im wirtschaftlichen Kontext eine freiheitliche Synergie erwachsen kann, die verfassungsinterpretatorischer Entfaltung bedarf, steht außer Frage.

Schließlich ergeben sich aus dem Trennungspostulat auch keine Bedenken dagegen, indirekte wirtschaftliche „Systemwirkungen"[49] zu analysieren, die aus den Grundrechten hervorgehen[50], vereinzelt aber auch aus objektiven Verfassungsnormen[51]. Es versteht sich von selbst, daß auf dem Boden einer freiheitlich ausgestalteten Verfassungsordnung, die Berufsfreiheit, Vereinigungsfreiheit und Koalitionsfreiheit gewährleistet sowie das Privateigentum garantiert – und zwar jeweils auch in Bezug auf unternehmerische Betätigungsmodalitäten – keine Wirtschaftsordnung entstehen kann, die wirtschaftliche Dispositionen prinzipiell nur unter der Voraussetzung ihrer Plankonformität zuläßt[52]. Mit den vorgenannten Grundrechten stehen zugleich gewisse Eckpfeiler des verkehrswirtschaftlichen Ordnungsmodells unter verfassungsrechtlichem Schutz, werden Fixpunkte gesetzt, die der Gesetzgeber bei der Wirtschaftsrechtssetzung nicht überschreiten darf[53]. – Jedoch ist in diesem Zusammenhang vor überschießenden Tendenzen[54] zu warnen. Eckpfeiler des verkehrswirtschaftlichen Ordnungsmodells werden durch die Grundrechte und weitere Verfassungsbestimmungen nur *reflexweise* gesetzt[55]. Die Etablierung eines marktwirtschaftlichen Systems ist Folge und nicht normatives Leitbild der Grundrechte. Dementsprechend ist die von diesen ausgehende Schutzwirkung zugunsten des marktwirtschaftlichen Ordnungsmodells löchrig, variabel, thematisch inkonsistent und im übrigen auch – da nicht am Ganzen der Wirtschaftsordnung, sondern am einzelnen Grundrechtsträger orientiert – zur Ableitung quantitativer Aussagen über die Staatsquote, den Grad zulässiger gesellschaftlicher Umverteilung u.ä. ungeeignet. „Grundrechtliche Systemwirkungen" bilden eine analytisch-heuristische, keine normative Kategorie.

---

[48] BVerfGE 50, 290, 336.

[49] *H.-J. Papier*, HdbVerfR, S. 810.

[50] So (in unterschiedlicher Terminologie) *U. Karpen*, Wirtschaftsverfassung und Grundgesetz, S. 41; *F. Ossenbühl*, AöR 115 (1990), 3; *H.-J. Papier*, HdbVerfR, S. 805 ff.; M/D-*Scholz*, Art. 12, Rn. 78.

[51] *H.-J. Papier*, HdbVerfR, S. 808 f. unter Verweis darauf, daß föderative Staatsstruktur, kommunale Selbstverwaltung und das Fehlen einer verfassungsrechtlichen Regelung des Ordnungsinstruments „Plan" einer zentralisierten Wirtschaftsplanung entgegenstehen.

[52] *U. Di Fabio*, FS Vogel, S. 6; *W. Frotscher*, Wirtschaftsverwaltungsrecht, S. 19; *H.-J. Papier*, HdbVerfR, S. 805/806; *ders.*, FS Selmer, S. 466 f.

[53] *J. Basedow*, Von der deutschen zur europäischen Wirtschaftsverfassung, S. 25; *M. Schmidt-Preuß*, DVBl. 1993, 240; *W. Rüfner*, DVBl. 1976, 689.

[54] Als mittlerweile klassisches Beispiel hierfür sei auf *R. Scholz*, Paritätische Mitbestimmung und Grundgesetz, S. 31 ff., 41 ff. verwiesen.

[55] *H.-J. Papier*, HdbVerfR, S. 809; *ders.*, FS Selmer, S. 468. Ähnlich *F. Ossenbühl*, AöR 115 (1990), 3.

c) Aktuelle Diskussionsbeiträge

Die Linie des Bundesverfassungsgerichts wird in mehreren aktuellen Diskussionsbeiträgen aus den letzten Jahren kritisch hinterfragt. Hierbei lassen sich verschiedene Argumentationsmuster unterscheiden[56]. Auf sie soll an dieser Stelle kurz eingegangen werden, bevor anschließend unter 4. die konzeptionellen Hintergründe des verfassungsgerichtlichen Trennungspostulats herausgearbeitet werden, auf deren Grundlage dann eine Reihe analytischer Aussagen über die grundgesetzliche Einstellung zum Staat-Wirtschaft-Verhältnis getroffen werden kann.

(aa) Argumentation bezüglich Art. 109 Abs. 2 GG

Ein Argumentationsmuster, das von *Bleckmann* im Jahr 1991 vorgestellt wurde, setzt bei der in *Art. 109 Abs. 2 GG* festgeschriebenen Verpflichtung der Haushaltswirtschaft des Bundes und der Länder auf die Erfordernisse des „gesamtwirtschaftlichen Gleichgewichts" an. *Bleckmann* will aus Art. 109 Abs. 2 GG ableiten, daß „der Staat verfassungsrechtlich auf marktkonforme Maßnahmen beschränkt ist"[57]. Er schreibt der Vorschrift mithin eine über den Haushaltsbereich hinausweisende, allgemein-wirtschaftsverfassungsrechtliche Tragweite zu[58]. Die Verbindung des Begriffs des „gesamtwirtschaftlichen Gleichgewichts" mit dem marktwirtschaftlichen Ordnungsmodell folgt für *Bleckmann* daraus, daß der verfassungsändernde Gesetzgeber beim Erlaß von Art. 109 GG im Jahr 1967 die Ziele des sog. magischen Vierecks, wie sie einfachgesetzlich in § 1 StabG normiert worden sind, vor Augen gehabt habe; er habe damit „ganz bewußt auf einen Begriff zurückgegriffen, der in der politischen und vor allem in der Entwicklung der Volkswirtschaftslehre seit dem 16. Jahrhundert einen ganz bestimmten Inhalt gewonnen hat"[59].

Ob der von *Bleckmann* bejahte Ausgriff von Art. 109 Abs. 2 GG über den engeren Bereich der Haushaltswirtschaft hinaus verfassungssystematisch plausibel ist, kann hier dahinstehen[60], desgleichen die Frage, ob nicht in Ansehung

---

[56] Außen vor bleiben hier Beiträge, die lediglich den Diskussionsstand resümieren oder mit einer eher rechtspolitischen Zielsetzung verfaßt wurden; als Beispiel für letzteres wird hier der Beitrag von *G. Seyfarth*, Die Wirtschaftsordnung unter dem Grundgesetz, aufgefaßt, dem es darum geht, das Grundgesetz auf legitimitäts- und konsenstiftende Orientierungspunkte hin zu untersuchen, die einen „Maßstab für eine ,gute' Wirtschafts- und Sozialpolitik" (ebda., S. 240) ergeben.

[57] JuS 1991, 537 ff., 539. Siehe auch bereits *R. Zuck*, BB 1967, 805 ff.; *ders.*, Wirtschaftsverfassung und Stabilitätsgesetz.

[58] Deutlich ebda., S. 541: Art. 109 Abs. 2 GG verlange, daß die „gesamte politische Tätigkeit des Staates am gesamtwirtschaftlichen Gleichgewicht ausgerichtet wird."

[59] Ebda., S. 540.

[60] Kritisch hierzu etwa *G. Erbel*, RiA 1991, 23; *Müller-Graff*, Unternehmensinvestition und Investitionssteuerung im Marktrecht, S. 249/250; *F. Rittner*, Die wirtschaftliche Ordnung des Grundgesetzes, S. 27.

der Unbestimmtheit des Begriffs des „gesamtwirtschaftlichen Gleichgewichts"
generelle Zweifel hinsichtlich der normativen Orientierungskraft der Vorschrift und damit auch hinsichtlich ihrer Tauglichkeit als Trägerin eines allgemeinen wirtschaftsverfassungsrechtlichen Regelungsgehalts angebracht sind[61].
Denn jedenfalls ist *Bleckmann* entgegenzuhalten, daß die Globalsteuerungsmaßnahmen, welche die Vorschrift vorsieht, nicht auf eine bestimmte marktwirtschaftliche Systemumgebung angewiesen sind. Sie sind durchaus auch in
Mischsystemen mit starken planwirtschaftlichen Anteilen möglich und sinnvoll[62]. Art. 109 Abs. 2 GG muß daher – jedenfalls in nicht minderem Maße als
das Grundgesetz im übrigen – als ordnungsstrukturell offen angesehen werden
und kann schon von daher dem Gesetzgeber nicht eine Verpflichtung auf
marktkonforme Maßnahmen auferlegen.

(bb) Ableitung eines wirtschaftsverfassungsrechtlichen
Subsidiaritätsgrundsatzes aus den Grundrechten

Im Gegensatz zu *Bleckmann* bewegen sich *Rupp* (1997) und *Sodan* (2000), die
hier als Vertreter eines zweiten Argumentationsmusters zusammengefaßt werden können, auf den herkömmlichen, grundrechtlichen Diskussionsbahnen.
Sodan faßt die wirtschaftsrelevanten Grundrechte aus Art. 12, 14 und 9 GG als
„Elemente einer sozialen Marktwirtschaft" auf, aus denen sich ein „Grundsatz
des Vorrangs der Privatheit" ableiten lasse, der wiederum die Auslegung und
Anwendung der Grundrechte beeinflussen müsse[63]; der „Grundsatz des Vorrangs der Privatheit" begrenze „die Staatlichkeit der Lebensbewältigung überhaupt" und habe zur Folge, daß an die Prüfung der Notwendigkeit staatlicher
Aufgabenwahrnehmung im wirtschaftlichen Bereich ein „strenger Maßstab"
anzulegen ist[64]. *Rupps* Ansatz ist gleichfalls von dem Bestreben geleitet, hinter
den wirtschaftsrelevanten Grundrechtsbestimmungen einen bestimmten inhaltlichen Zusammenhang aufzuzeigen, und zwar einen „gegenseitigen Funktions- und Bedingungszusammenhang"[65], der eine Schutzwirkung zugunsten
der Sozialen Marktwirtschaft entfalte, welche als ein „lebendiger und dynamischer komplexer Prozeß" einer spezifisch „system- und prozeßbezogenen Si-

---

[61] Vgl. *G. Seyfarth*, Die Wirtschaftsordnung unter dem Grundgesetz, S. 244/245. Vermindert man die Unbestimmtheit durch einen Rekurs auf die in § 1 StabG normativierten Zielwerte, würde man sich den Vorwurf einhandeln, die verfassungsrechtliche mit der einfachgesetzlichen Ebene zu vermischen; vgl. hierzu *M. Wallerath*, Öffentliche Bedarfsdeckung,
S. 208/209.

[62] So auch *G. Erbel*, RiA 1991, 23; *F. Rittner*, Die wirtschaftliche Ordnung des Grundgesetzes, S. 27. Vgl. auch *W. Frotscher*, Wirtschaftsverfassungs- und Wirtschaftsverwaltungsrecht, S. 19.

[63] DÖV 2000, 365, 368.

[64] Ebda., S. 369.

[65] HdbStR IX, S. 143.

cherung des Verfassungsrechts" bedürfe[66]. Konkret soll der verfassungsrechtliche „Systemschutz" durch das Subsidiaritätsprinzip geleistet werden, welches
Rupp als Quelle folgender Forderungen ausmacht: Grundsätzliche Vorrangig-
keit der privatwirtschaftlichen Leistungserbringung; möglichst wenige Eingriffe in die Freiheit wirtschaftlicher Betätigung; staatliche Preisfestsetzungen
nur aus zwingenden gesamtwirtschaftlichen Gründen[67].

Was die methodische Grundlegung beider Ansätze betrifft, nämlich die Interpretation der einzelnen Grundrechte als Verankerungen eines sie übergreifenden, in ihre Auslegung dann jedoch wieder zurückwirkenden Ordnungsbe-
kenntnisses der Verfassung, so ist das Notwendige bereits oben ausgeführt
worden: Ein wirklich griffiger Ansatzpunkt für dieses bereits von den Gegnern des Mitbestimmungsgesetzes eingesetzte „Induktionsverfahren", das
Text und Entstehungsgeschichte des Grundgesetzes gegen sich hat, ist nicht
erkennbar. Eine generalisierende Subsidiaritätsregel oder besser -faustregel der
Art, wie sie *Rupp* und *Sodan* vorschwebt, muß sich aber auch dem Einwand
aussetzen, sie überspiele die Differenziertheit des grundrechtlichen Schran-
kensystems, aus dem sich je nach Grundrecht unterschiedliche Grenzverläufe
zwischen privaten Schutz- und staatlichen Interventionssektoren ergeben. Sie
wird ferner dem Umstand nicht gerecht, daß dem Grundgesetz in Gestalt des
Sozialstaatsprinzips eine querschnittlich angelegte Interventionsrechtferti-
gung auf gewissermaßen gleicher systematischer Augenhöhe innewohnt[68]. Mit
der verfassungsgerichtlichen Linie ordnungsstruktureller Indeterminiertheit
sind die beiden Ansätze, insofern sie dem Grundgesetz eine eindeutige ordnungsstrukturelle Präferenz unterstellen, nicht in Einklang zu bringen.

(cc) Prinzip freiheitlich-sozialer Wirtschaftsordnung (Schmidt-Preuß)

Ein drittes Argumentationsmuster wurde, angeregt durch das Bekenntnis zur
sozialen Marktwirtschaft in Art. 1 Abs. 3 des Staatsvertrags zur Währungs-,
Wirtschafts- und Sozialunion vom 18.5.1990[69], im Jahr 1993 von *Schmidt-
Preuß* entwickelt. *Schmidt-Preuß* geht im Sinne der oben angesprochenen These der grundrechtlichen Systemwirkungen davon aus, daß die „Kernbestand-
teile einer freiheitlich-sozialen Wirtschaftsordnung – dessen, was ordnungs-
theoretisch als Soziale Marktwirtschaft bezeichnet werden kann – ... durchaus
vom Grundgesetz garantiert (sind)"[70] („Die Einzelbausteine der Sozialen
Marktwirtschaft sind ... grundgesetzlich normiert"[71]). Allerdings wendet er
sich gegen normative Überhöhungen der Art, wie sie später bei den oben refe-

---

[66] Ebda., S. 145.
[67] Ebda., S. 145 f.
[68] Zu letzterem bereits *R. Schmidt*, Wirtschaftspolitik und Verfassung, S. 133.
[69] BGBl. II S. 537.
[70] DVBl. 1993, 239.
[71] Ebda., S. 240.

rierten Ansätzen von *Rupp* und *Sodan* aufgetreten sind. Das Grundgesetz zie-
he „aus diesen Einzelelementen nicht die wirtschaftsverfassungsrechtliche
Summe durch ausdrückliche – wenn man so will: tatbestandliche – Fixierung
der Sozialen Marktwirtschaft"; aus der Garantie der isolierten Einzelelemente
könne nicht mehr gewonnen werden, als diese je für sich gewährten; „geben die
Einzelgrundrechte die Soziale Marktwirtschaft als eigenständigen Prüfungsmaßstab nicht her, ist auch auf den Kunstgriff zu verzichten, ihnen gleichsam
auf höherer Ebene ein gemeinsames Ganzes zu entnehmen, das dann wieder
auf die Einzelgrundrechte abstrahlen und ihren Bedeutungsgehalt erweitern
könnte".

Andererseits hebt *Schmidt-Preuß* hervor, daß die wirtschaftsrelevanten Bestimmungen der Verfassung vielfältig aufeinander bezogen seien; sie „bilden
ein in sich stimmiges normatives Gesamtgefüge, das die Intedependenzen ökonomischer Abläufe wiederspiegelt" und es rechtfertige, bei einer „methodolo-
gisch-systematisierenden Gesamtschau" von einem „Verfassungsprinzip freiheitlich-sozialer Wirtschaftsordnung" zu sprechen[72]. Die praktische Bedeutung dieses Prinzips erblickt *Schmidt-Preuß* darin, daß es die Effektivität der
Grundrechte in ökonomisch interdependenten Konfliktlagen erhöhe. Weiter
fungiere es als Gestaltungsdirektive für den Gesetzgeber sowie als Leitlinie bei
der Auslegung einfachen Rechts. Das Verfassungsprinzip freiheitlich-sozialer
Wirtschaftsordnung unterteilt *Schmidt-Preuß* in eine tatsächliche und eine
normative Komponente: In tatsächlicher Hinsicht schreibt *Schmidt-Preuß* ihm
die Funktion zu, den Blick für ökonomische Interdependenzen und die komplexen Auswirkungen staatlicher Eingriffe in den Wirtschaftsablauf zu schär-
fen. In normativer Hinsicht erweitere die „methodisch-systematische Sicht des
Komplementärverhältnisses der Art. 12, 14 und 9 Abs. 3 Satz 1 GG" den
Schutzbereich dieser Grundrechte auch gegenüber mittelbaren Wechsel- und
Rückwirkungen staatlicher Interventionen; „die Erkenntnis des notwendig interdependenten normativen Wirkungszusammenhangs der wirtschaftsbezogenen Grundrechte … verschafft ihnen – auch im Wege gegenseitiger Ergänzung und Verstärkung – ein Höchstmaß an Effektivität", führe zu einer „Prä-
zisierung und Stärkung der Einzelgrundrechte".

Der Ansatz *Schmidt-Preuß* verlangt eine differenzierte Würdigung. Was die
tatsächliche Komponente seines Prinzips freiheitlich-sozialer Wirtschaftsordnung betrifft, so verfolgt *Schmidt-Preuß* mit der Forderung nach grundrechtlicher Berücksichtigung ökonomischer Folge- und Fernwirkungen staatlicher
Interventionen ein durchaus plausibles Anliegen, das keinen Widerspruch auslösen dürfte. Allenfalls mag man fragen, ob ihm durch die Grundrechtsdogmatik in ihrem aktuellen Entwicklungsstand, insbesondere durch die Ausweitung
des Eingriffsbegriffs auf mittelbare und rein faktische Belastungen, nicht be-

---

[72] Ebda., S. 241.

reits Rechnung getragen ist, so daß es nicht unbedingt der Ableitung eines eigenen wirtschaftsverfassungsrechtlichen „Prinzips" bedarf, um ihm ein verfassungsrechtliches Fundament zu verschaffen. – Was die normative Komponente des *Schmidt-Preußschen* Prinzips freiheitlich-sozialer Wirtschaftsordnung betrifft, so gibt sie insofern keinen Anlaß zum Widerspruch, als *Schmidt-Preuß* mit ihr die Bedeutung einer sachadäquaten Schutzbereichsdefinition hervorhebt und unter diesem Aspekt einer konsequenten Verwertung ökonomischer Erkenntnishilfen bei der Aufbereitung und Fixierung der grundrechtlichen Abwehransprüche das Wort redet. Ferner erheben sich keine Einwände dagegen, bei der Zuordnung wirtschaftlicher Freiheitsräume zu den verschiedenen Einzelgrundrechten ein ökonomisch plausibles „Verteilungsprinzip" zugrunde zu legen und auf die Vermeidung von Schutzlücken zu achten. Schließlich ist auch einsichtig, daß sich aus dem Nebeneinander der verschiedenen wirtschaftsrelevanten Grundrechte Verstärkungseffekte ergeben. Etwa sollte bei Auslegung von Art. 14 GG durchaus mit in Rechnung gestellt werden können, daß die Zuordnung bestimmter Verwertungsmodalitäten zu den Eigentümerbefugnissen zugleich die durch Art. 12 GG verfassungsrechtlich geschützte unternehmerische Betätigungsfreiheit schützt.

Bedenken lösen hingegen einige der von *Schmidt-Preuß* illustrativ aufgeführten Wirkungsweisen seines Verfassungsprinzips freiheitlich-sozialer Wirtschaftsordnung aus (deren Zuordnung zu den beiden erwähnten Einzelkomponenten zum Teil etwas im Dunkeln bleibt). Dies gilt etwa für seine Anmerkungen zum Ladenöffnungsbeschluß des BVerfG aus dem Jahre 1985[73], in dem das Gericht eine Verfassungsbeschwerde nicht zur Entscheidung angenommen hatte, welche die Instrumentalisierung betriebsverfassungsrechtlicher Mittel gegen Arbeitszeitregelungen eines Kaufhauses betraf. *Schmidt-Preuß* problematisiert diesen Beschluß unter dem Gesichtspunkt, daß das Gericht nicht die Konsequenzen einbezogen habe, die von der Entscheidung dieses Sachverhalts für den Interessensausgleich auf anderen betriebsverfassungsrechtlichen Konfliktfeldern ausgehen. Er verweist insofern auf einen kurze Zeit nach dem Ladenöffnungsbeschluß ergangenen Beschluß des BAG, in welchem einem Betriebsrat unter Berufung auf den Ladenöffnungsbeschluß die Befugnis zugestanden wurde, über die Einigungsstelle die Einführung von Kurzarbeit zu erzwingen[74]. *Schmidt-Preuß* ist der Auffassung, das BVerfG hätte derartige Fernwirkungen bereits beim Ladenöffnungsbeschluß in Rechnung stellen müssen, so wie er an anderer Stelle fordert, daß bei der verfassungsrechtlichen Beurteilung kartellbehördlicher Preishöhenkontrollen nicht nur die Folgen für die jeweiligen Normadressaten, sondern auch „die Folgewirkungen für die unternehmerische Preisgestaltungsfreiheit gem. Art. 12

---

[73] NJW 1986, 1601.
[74] DVBl. 1993, 242.

Abs. 1 GG in ihrer Bedeutung für die freiheitlich-soziale Wirtschaftsordnung insgesamt" berücksichtigt werden müßten[75].

An diesen Beispielen wird deutlich, daß *Schmidt-Preuß* mehr fordert als nur eine größere ökonomische Expertise und Kohärenz in Fragen der wirtschaftsbezogenen Grundrechtsauslegung und -anwendung. Sein Prinzip freiheitlich-sozialer Wirtschaftsordnung bildet letztlich ein Vehikel, um die möglichen *gesamtwirtschaftlichen* Folgen einzelner Eingriffe zum Maßstab der grundrechtlichen Prüfung zu erheben. Damit indes nähert sich *Schmidt-Preuß* selbst den von ihm kritisierten Ansätzen an, welche in die Grundrechte allgemeine verfassungsrechtliche Ordnungsaussagen hineinlesen wollen. Denn die Forderung nach Berücksichtigung der überindividuellen „Gesamtwirkung" staatlicher Eingriffe wäre nur unter der Prämisse plausibel, daß das Grundgesetz eine gewisse ganzheitliche Vorstellung der Wirtschaftsordnung besitzt und ihr auch Verpflichtungskraft beimißt. Daß *Schmidt-Preuß* eben dies unterstellt, wird durch ein weiteres von ihm angeführtes Beispiel für die Wirkungsweise des Prinzips freiheitlich-sozialer Wirtschaftsordnung bestätigt: Er zieht das Prinzip nämlich auch für die Forderung heran, bei der Anwendung und Auslegung kapazitätsbezogener Genehmigungsvorschriften wie § 13 Abs. 4, 5 PBefG oder § 10 Abs. 3 GüKG das „wirtschaftsverfassungsrechtliche Leitbild des Wettbewerbs" zu beachten[76]. Die Existenz eines solchen „Leitbildes" kann nur behaupten, wer dem Grundgesetz einen wirtschaftsverfassungsrechtlichen Normierungsgehalt oberhalb des abwehrrechtlichen, individualschützenden Gehalts der Grundrechte zuspricht.

(dd) Wirtschaftsverfassungsrechtliche Bedeutung des Staatsvertrags zur Währungs-, Wirtschafts- und Sozialunion vom 18. 5. 1990

Von Seiten einiger Autoren hat es schließlich – was hier der Vollständigkeit halber zu erwähnen ist – Bestrebungen gegeben, Art. 1 Abs. 3 des Staatsvertrags zwischen der Bundesrepublik und der DDR vom 18. 5. 1990, der die soziale Marktwirtschaft als gemeinsame Wirtschaftsordnung beider Vertragsparteien zur Grundlage der mit dem Vertrag errichteten Wirtschaftsunion erklärt, eine wirtschaftsverfassungsrechtliche Bedeutung zuzusprechen[77]. Ein gewisser Anlaß, Überlegungen in diese Richtung anzustellen, ergibt sich zum einen aus Art. 40 Abs. 1 Einigungsvertrag, der die Fortgeltung der Verpflichtungen aus dem Staatsvertrag vom 18. 5. 1990 anordnet, und zum anderen aus dem Umstand, daß die beiden (damaligen) deutschen Parlamente dem Vertrag je-

---

[75] Ebda.

[76] Ebda., S. 243.

[77] V.a. *H. H. Rupp*, HdbStR IX, S. 134, der von einer „verfassungsgestaltenden Entscheidung über die Wirtschaftsordnung" spricht; zu erwähnen ist weiter *P. Badura*, Staatsrecht, S. 193 („in gewisser Weise eine authentische Interpretation der wirtschaftsverfassungsrechtlichen Staatsziele und Garantien des Grundgesetzes").

weils mit verfassungsändernder Mehrheit zugestimmt haben[78]. Durchsetzen können hat sich dieser Ansatz jedoch zu Recht nicht[79]. Denn das Fehlen einer Textänderung im Grundgesetz entzieht ihm die Grundlage (Art. 79 Abs. 1 Abs. 1 GG).

4. Konzeptionelle Untermauerung der verfassungsgerichtlichen Linie

Die mit dem verfassungsgerichtlichen Trennungspostulat verbundene Absage an eine Konstitutionalisierung ökonomischer Ordnungsvorstellungen – sei es in Gestalt eines ganzheitlichen Systembekenntnisses zur Marktwirtschaft im Sinne *Nipperdeys* oder des Kölner Gutachtens, sei es in Gestalt einer begrenzten ökonomischen Funktionalisierung der Grundrechte im Sinne von *Rupp, Sodan* und *Schmidt-Preuß* - läßt sich mit einem theoretischen Konzept untermauern, welches die Frage der grundgesetzlichen „Wirtschaftsverfassung" in einen Zusammenhang mit *übergeordneten Strukturentscheidungen und -merkmalen der Verfassung* bringt. Kern des Konzeptes ist die Feststellung, daß das Trennungspostulat Handhabe bietet, um die Normativität der Verfassung zu schützen, um die Überschreitung funktioneller Grenzen der Verfassungsgerichtsbarkeit zu verhindern sowie um unzulässige Übergriffe auf die vom Grundgesetz garantierte Freiheit des politischen Prozesses abzuwehren. Die vorliegende Rechtsprechung des Bundesverfassungsgerichts, an ihrer Spitze das Mitbestimmungsurteil, enthält verschiedene Andeutungen darauf, daß das Gericht das Trennungspostulat maßgeblich auf eben diese drei, untereinander verwobenen Gesichtspunkte gründet. Im einzelnen:

a) Schutz der Normativität der Verfassung

Eine Konstitutionalisierung ökonomischer Ordnungsvorstellungen würde weitreichende praktische Konsequenzen nach sich ziehen. Jede wirtschaftspolitische Maßnahme müßte sich daran messen lassen, ob sie mit diesen Ordnungsvorstellungen inhaltlich kompatibel ist. Die Verfassungskontrolle staatlicher Wirtschaftspolitik liefe letztlich auf eine Prüfung ihrer ökonomischen Systemkonformität hinaus. Sie geriete in die Nähe eines wirtschaftswissenschaftlichen Begutachtungsverfahrens, sowohl was die Prüfungsmaßstäbe, als auch was die Prüfungsmethoden betrifft[80]. Da wirtschaftsverfassungsrechtliche Ordnungsnormen zwangsläufig einen hohen Abstraktionsgrad aufweisen

---

[78] Hervorgehoben von *H. H. Rupp*, ebda., S. 135.

[79] Ablehnend: *W. Frotscher*, Wirtschaftsverfassungs- und Wirtschaftsverwaltungsrecht, S. 20/21; *H. Maurer*, Staatsrecht, S. 253/254; *I. v. Münch*, Staatsrecht II, S. 383; *R. Stober*, DZWir 1996, 134; *P. Tettinger*, DVBl. 1999, 680. Ablehnend auch *M. Schmidt-Preuß*, DVBl. 1993, 238, der der Festlegung in Art. 1 des Staatsvertrages jedoch eine „wirtschaftsverfassungsrechtliche Signalwirkung" zuerkennt.

[80] Ähnlich *H.-J. Papier*, HdbVerfR, S. 800.

würden, müßte die Entscheidungsfindung in konkreten Einzelfällen auf ein vielstufiges Gerüst ökonomischer Zwischenannahmen gestützt werden, die aus der Verfassung selbst nicht abzuleiten wären.

Man mag einwenden, daß sich in alledem nichts anderes offenbare als eine gerade für das Verfassungsrecht typische inhaltliche Vagheit und Offenheit der Rechtsnormen, die dem Rechtsanwender breite Auslegungsspielräume läßt und der Normkonkretisierung mindestens teilweise dezisionären Charakter verleiht. Zu bedenken sind hierbei jedoch die Besonderheiten der ökonomischen Urteilsfindung. Diese ist durch ein hohes Maß an Unsicherheit der theoretischen Erkenntnis geprägt, auf Grundlagenebene ebenso wie in stärker detailbezogenen Zusammenhängen. Keine ökonomische Theorie erlaubt eine präzise, allgemeingültige Abgrenzung marktkonformer von marktinkonformen Maßnahmen[81]. Die Einverleibung ökonomischer Ordnungsvorstellungen durch das Grundgesetz hieße daher in letzter Konsequenz, die Verfassung zum Spielball wirtschaftswissenschaftlicher Meinungsstreitigkeiten zu machen[82]. Die Verfassung geriete in Abhängigkeit zur Sozialtheorie mit allen daraus folgenden Ungewißheiten[83].

Es liegt auf der Hand, daß im Angesicht eines solchen Szenariums die normative Kraft der Verfassung bedroht wäre. Normative Unwägbarkeiten, wie sie aus der Verrechtlichung ökonomischer Maßstäbe resultieren, mögen auf einfachgesetzlicher Ebene hinnehmbar oder sogar – will man auf das Recht als Instrument der Wirtschaftspolitik nicht verzichten – unvermeidlich sein. Auf Ebene der Verfassung mit ihren weit höheren Orientierungs- und Integrationsansprüchen liegen die Dinge anders. Die Aussicht, daß das Verfassungsrecht zwischen die Fronten wirtschaftswissenschaftlicher Theoriedispute gerät und zur allfälligen Berufungsinstanz im wirtschaftspolitischen Meinungskampf wird, verträgt sich nicht mit den Geltungsansprüchen des Grundgesetzes als einer auf praktische Wirksamkeit angelegten und dadurch besonders akzeptanzbedürftigen rechtlichen Ordnung.

Auf eine Gefährdung der normativen Kraft der Verfassung laufen auch diejenigen literarischen Ansätze hinaus, die über grundrechtliche Ableitungszusammenhänge jedenfalls einzelnen ökonomischen Funktionserwägungen Verfassungsrang zusprechen oder sie als Abwägungsfaktoren in die Verfassungsanwendung einbeziehen wollen. So würde etwa die von *Schmidt-Preuß*[84] erhobene Forderung nach Berücksichtigung der gesamtwirtschaftlichen Wir-

---

[81] *R. Schmidt*, HdbStR III, S. 1149; *J. Basedow*, Von der deutschen zur europäischen Wirtschaftsverfassung, S. 20.

[82] Ähnlich *R. Gröschner*, ThürVBl. 1996, 247.

[83] *J. Basedow*, Von der deutschen zur europäischen Wirtschaftsverfassung, ebda. Vgl. auch *G. Seyfahrth*, Die Wirtschaftsordnung unter dem Grundgesetz, S. 251/252. Früher bereits *H. Ehmke*, Wirtschaft und Verfassung, S. 13.

[84] Siehe oben § 4 I. 3. c) (cc).

kungen staatlicher Interventionen bedeuten, daß bei der Grundrechtsprüfung hochdifferenzierte ökonomische Folgeanalysen vorzunehmen sind, bei denen volkswirtschaftliche Vorannahmen eine entscheidende Rolle spielen (denn die Feststellung, welche Folge- und Fernwirkungen eine Intervention hervorruft und wie diese ökonomisch einzuordnen sind, kann rational nur auf Grundlage volkswirtschaftlicher Bewertungsraster vorgenommen werden). Auch die von *Rupp* und *Sodan* propagierten[85] Subsidiaritätsprüfungen erzwängen umfangreiche Ausflüge auf wirtschaftswissenschaftliches Terrain, etwa im Rahmen der Überlegung, ob eine staatliche Preisfestsetzung aus „zwingenden gesamtwirtschaftlichen Gründen" auch wirklich erforderlich ist.

Im Mitbestimmungsurteil findet sich eine in der Literatur zumeist nicht näher beachtete Passage[86], aus der deutlich hervorgeht, daß für das Bundesverfassungsgericht diese Zusammenhänge einen zentralen Stellenwert einnehmen. In Bezug auf die wirtschaftspolitische Handlungsfreiheit des Gesetzgebers führte das Gericht hier aus, diese sei „notwendig, um einerseits dem geschichtlichen Wandel Rechnung zu tragen, der im besonderen Maße das wirtschaftliche Leben kennzeichnet, andererseits *die normierende Kraft der Verfassung nicht aufs Spiel zu setzen*"[87] (Herv. v. Verf.). – Der Konnex zwischen Trennungspostulat und Normativität der Verfassung wurde damit vom Gericht ganz offen zum Ausdruck gebracht. Mit der Bezugnahme auf den „geschichtlichen Wandel" lenkte das Bundesverfassungsgericht zudem den Blick auf eine weitere drohende Konsequenz einer Konstitutionalisierung ökonomischer Ordnungsvorstellungen: Die Verfassung würde hierdurch einen bestimmten wirtschaftswissenschaftlichen Erkenntnisstand zementieren und so der besonderen Dynamik des ökonomischen Lebensbereichs nicht gerecht werden[88] (oder aber, so wäre hinzuzufügen, ihr nur um den Preis einer Dynamisierung auch des verfassungsrechtlichen Normgehalts gerecht werden können, was indes eine zusätzliche Schwächung ihrer Normativität zur Folge hätte).

b) Verhinderung einer Überschreitung funktioneller Grenzen der Verfassungsgerichtsbarkeit

Die Ausklammerung ökonomischer Funktionserwägungen aus dem Verfassungsrecht enthebt zum zweiten das Bundesverfassungsgericht der Gefahr, zu einer Instanz wirtschaftswissenschaftlicher Streitentscheidung zu werden, wodurch es seine institutionelle Autorität aufs Spiel setzen würde und wozu

---

[85] Siehe oben § 4 I. 3. c) (bb).
[86] Siehe beispielhaft die zeitgenössischen Urteilsrezensionen: *H. Bäumler*, DÖV 1979, 325 ff.; *Ch. Heinze*, BB 1979, 1796 ff.; *K. Meessen*, NJW 1979, 833 ff.; *R. Schmidt*, Der Staat 19 (1980), 235 ff.; *Th. Schramm*, DVBl. 1979, 413 f.; *H. Weber*, JuS 1979, 897 ff.
[87] BVerfGE 50, 290, 338.
[88] Vgl. *P. Badura*, Paritätische Mitbestimmung und Verfassung, S. 35; *R. Stober*, Allgemeines Wirtschaftsverwaltungsrecht, S. 73; *R. Scholz*, Entflechtung und Verfassung, S. 86.

ihm naturgemäß auch die nötigen Ressourcen fehlen[89]. Bereits seine Doktrin der legislatorischen Einschätzungsprärogative kann als Strategie zur Verhinderung eigener institutioneller Überforderungen aufgefaßt werden. Sie reduziert den Zwang zu ökonomischen Fachurteilen, auch dort übrigens, wo er selbst auf Basis des Trennungspostulats noch besteht, nämlich auf Ebene der grundrechtlichen Geeignetheitsprüfung, auf der verfassungsrechtliche und ökonomische Beurteilungsskalen (zufällig) koinzidieren[90].

In einigen Urteilen zu wirtschaftsbezogenen Sachverhalten finden sich Äußerungen, die indirekt belegen, daß das Bundesverfassungsgericht den vorgenanten Gesichtspunkten Bedeutung zumisst. So führte es etwa im Apothekerurteil aus:

„Ein Gesetz kann also nicht deshalb beanstandet werden, weil es etwa der sonstigen staatlichen Wirtschaftspolitik widerspricht oder weil es mit einer bestimmten dieser allgemeinen Wirtschaftspolitik etwa zugrundeliegenden volkswirtschaftlichen Lehrmeinung nicht im Einklang steht; *noch weniger selbstverständlich deshalb, weil die in dem Gesetz zutage tretende wirtschaftspolitische Auffassung vom Richter nicht gebilligt wird*"[91] (Herv. v. Verf.).

Bei der Prüfung der Verfassungsmäßigkeit des VW-Privatisierungsgesetzes von 1960 hob es hervor:

„*Jedenfalls kann nicht einem Gericht die Verantwortung dafür auferlegt sein*, für die Allgemeinheit festzustellen, daß die Privatisierung des Volkswagenwerks dem Gemeinwohl keineswegs dienen könne"[92] (Herv. v. Verf.).

c) Wahrung der Freiheit des politischen Prozesses

Konsequenz einer Konstitutionalisierung ökonomischer Ordnungsvorstellungen wäre schließlich die Einengung des Aktionsradius der politischen Gewalten. Gesetzgeber und Regierung würden in ihrer wirtschaftspolitischen Gestaltungsfreiheit beschnitten, tendenziell zu bloßen Vollzugsinstanzen ökonomischer Verfassungsvorgaben herabgestuft[93]. Dies stünde im Widerspruch zum Charakter des Grundgesetzes als einer Rahmenordnung[94], die den politischen Prozeß nicht vorherbestimmen möchte, sondern sich – im Interesse demokratischer Vitalität als eines gerade auch verfassungsrechtlich fundierten Zielwertes – darauf beschränkt, ihm formale Regeln vorzugeben, und inhaltliche Bindungen nur punktuell, in begrenztem Ausmaß sowie in ausgewählten

---

[89] Vgl. *J. Basedow*, Von der deutschen zur europäischen Wirtschaftsverfassung, S. 20.
[90] Siehe hierzu oben § 4 I. 3. b) (cc).
[91] BVerfGE 7, 377, 400.
[92] BVerfGE 12, 154, 364.
[93] Vgl. *J. Basedow*, Von der deutschen zur europäischen Wirtschaftsverfassung, S. 20.
[94] Zu diesem Verfassungsverständnis *E.-W. Böckenförde*, NJW 1976, 2091, 2099; *K. Hesse*, Grundzüge des Verfassungsrechts, S. 11 f.; *P. Badura*, in: Handbuch der Grundrechte, S. 790 f.

thematischen Feldern begründet[95]. Das Bundesverfassungsgericht hat diese Zusammenhänge im Mitbestimmungsurteil offen angesprochen[96]:

„Es überlässt dessen Ordnung [d.i.: des Wirtschaftslebens – Anm. d. Verf.] vielmehr dem Gesetzgeber, der hierüber innerhalb der ihm durch das Grundgesetz gezogenen Grenzen frei zu entscheiden hat, ohne dazu einer weiteren als seiner allgemeinen demokratischen Legitimation zu bedürfen. Da diese gesetzgeberische Gestaltungsaufgabe ebenso wie die Gewährleistung von Grundrechten zu den konstituierenden Elementen der demokratischen Verfassung gehört, kann sie nicht im Wege einer Grundrechtsinterpretation weiter eingeschränkt werden, als die Einzelgrundrechte es gebieten."

Das Gericht entwirft hiermit das Bild eines demokratiestaatlich begründeten[97] *economic self restraint* des Grundgesetzes, einer Entscheidungszuweisung an den politischen Prozeß, dessen Ergebnisse die Verfassung nicht auf ökonomische Konsistenz, sondern nur auf ihre individuelle Freiheitsverträglichkeit hin messen möchte[98]. Daß dieses Bild nahtlos mit dem Text der Verfassung und ihren – im späteren Verlauf bewußt nicht revidierten – entstehungsgeschichtlichen Prämissen harmoniert, ist oben bereits dargelegt worden. Mit ihm wird die politische Gestaltungsfreiheit von Gesetzgeber und Regierung als Essenz der demokratiestaatlichen Strukturentscheidung der Verfassung gewahrt[99].

Eine zusätzliche Fundierung erfährt die Forderung nach Offenheit des (wirtschafts-)politischen Prozesses unter dem Aspekt, daß es häufig kaum oder gar nicht rationalisierbare sozialethische Wertungen sind, auf denen wirtschaftspolitische Entscheidungen des Gesetzgebers oder der Regierung beruhen. Wirtschaftspolitik in westlichen Demokratien besteht bekanntlich zum guten Teil in Kompromissen zwischen Verteilungsgerechtigkeit und ökonomischer Effizienz, zwischen ökonomischen und nicht-ökonomischen Zielwerten. Selbst wenn es gelänge, mit der zur Wahrung der Normativität der Verfassung erforderlichen theoretischen Präzision ökonomisch konsistente von ökonomisch inkonsistenten Maßnahmen zu unterscheiden: In Anbetracht der üblichen Verquickung im engeren Sinne wirtschaftspolitischer mit sozialpoliti-

---

[95] *P. Badura*, FS Stern, S. 415; *ders.* in: Brennpunkte des Arbeitsrechts 1997, S. 19; *K. Hesse*, Grundzüge des Verfassungsrechts, S. 12 (beide speziell auf die grundgesetzliche Wirtschaftsverfassung bezogen).

[96] BVerfGE 50, 290, 338.

[97] Hervorgehoben von *G. Erbel*, RiA 1991, 23.

[98] Siehe in diesem Zusammenhang auch die Warnung *R. Gröschners*, ThürVBl. 1996, 247 vor einer Verkürzung des kritischen Dialogs über ökonomische Theoriegehalte durch den politischen Prozeß.

[99] Vgl. *P. Badura*, JuS 1976, 208: „Ausgangspunkt des Wirtschaftsverfassungsrechts…ist – dem Prinzip der parlamentarischen Demokratie entsprechend – die politische Gestaltungsfreiheit des gesetzgebenden Parlaments". Vgl. auch bereits *ders.*, AöR 92 (1967), 391 (die wirtschaftsverfassungsrechtliche Judikatur des BVerfG sei zugleich von herrschaftssoziologischem Realismus und von demokratischem Idealismus getragen; sie wende sich gegen die in der liberalen Ideologie wurzelnde Vorstellung, der politische Prozeß lasse sich weitgehend verrechtlichen).

schen, gesundheitspolitischen, umweltpolitischen usf. Zielen wäre damit kaum etwas gewonnen. Eine Schwäche aller wirtschaftsverfassungsrechtlichen Ansätze, die zur Konstitutionalisierung ökonomischer Funktionserwägungen tendieren, besteht daher auch darin, daß sie dem Phänomen der Einmischung „sozialer" oder „ökologischer" Elemente in die „Marktwirtschaft" nicht Rechnung tragen[100]. Dadurch, daß die Verfassung solche Mischungen akzeptiert (was niemand in Abrede stellt), akzeptiert sie automatisch auch politische Lösungen, die bei rein ökonomischer Betrachtung als dysfunktional einzustufen sind. Das Trennungspostulat zieht hieraus die überzeugende Konsequenz, ökonomische Beurteilungsskalen von vorneherein aus dem Spiel zu lassen und so die Gefahr einer verfassungsrechtlichen Intervention in kaum oder gar nicht rationalisierbare politische Wertungsfragen gar nicht erst aufkommen zu lassen.

d) Folgerungen

Das Trennungspostulat zieht nicht nur die notwendige Konsequenz aus dem Verzicht des Verfassungsgebers auf eine grundgesetzliche Wirtschaftsprogrammatik, sondern steht darüber hinaus in einem systematischen Begründungszusammenhang zu zentralen verfassungsrechtlichen Strukturentscheidungen und -merkmalen. Versucht man es unter dieser Prämisse fortzudenken und zu generalisieren, so ergeben sich die nachstehenden Aussagen zur regulatorischen Einstellung der Verfassung gegenüber wirtschaftspolitischen Staatshandeln, die in ihrer Summe ein analytisches Konzept der grundgesetzlichen Wirtschaftsverfassung bilden. Keine Auslegung und Anwendung des Verfassungsrechts – auch nicht der Grundrechte – in wirtschaftsbezogenen Sachverhalten darf sich hierzu in Widerspruch setzen. Im einzelnen:

– Das Grundgesetz nimmt seiner grundsätzlichen Regelungsperspektive nach die Wirtschaft nicht als eine bestimmten eigenen Funktions- und Organisationsprinzipien gehorchende Lebensordnung in den Blick. Es reglementiert die Wirtschaft nicht im Hinblick auf ihre genuinen Ordnungsstrukturen. Einwirkungen des Staates auf die Wirtschaft werden von der Verfassung nicht unter dem Aspekt ihrer Bedeutung für eben diese Ordnungsstrukturen bewertet. Die ordnungsstrukturellen Aspekte der Wirtschaft (wenn man so will: die „wirtschaftlichen Seiten der Wirtschaft") werden vom Grundgesetz rein als Angelegenheit des politischen Prozesses angesehen. Diese Abschichtung erklärt sich maßgeblich daraus, daß diese Aspekte nur anhand ökonomischer Wertungsskalen zu beurteilen sind, deren Einverleibung durch das Verfas-

---

[100] Vgl. *U. Everling*, FS Mestmäcker, S. 367: Die Haltung des BVerfG sei schon deshalb verständlich, weil es in der Wirtschaftspolitik darum gehe, ökonomische Effizienz mit sozialer Gerechtigkeit zu vereinen.

sungsrecht die Normativität der Verfassung schwächen und die Verfassungsgerichtsbarkeit institutionell überfordern würde.

– Die verfassungsrechtliche Steuerung wirtschaftspolitischen Staatshandelns erfolgt ausschließlich unter dem Gesichtspunkt, daß es sich bei der Wirtschaft um ein Feld individueller Freiheitsverwirklichung handelt. Da das
Grundgesetz individuelle Freiheit als Universalwert behandelt und sie in sämtlichen ihrer lebensweltlichen Bezüge schützt, gewährleistet sie auch wirtschaftliche Freiheit. Staatliche Einwirkungen auf die Wirtschaft rufen daher das Verfassungsrecht auf den Plan, wenn und soweit sie Individualfreiheiten einschränken. Darin liegt eine bedeutsame „Systemwirkung" der Grundrechte,
und zwar auch insofern, als auf diese Weise staatliche Interventionen in wirtschaftliche Abläufe in aller Regel rechtfertigungsbedürftig werden – rechtfertigungsbedürftig allerdings am Maßstab der grundrechtlichen (individual-per-
sonal gedachten und entfalteten) Freiheitsgewährleistungen und nicht am
Maßstab ökonomischer Ordnungs- und Funktionsvorstellungen.

– Die verfassungsnormative Trennung zwischen „Wirtschaft als Freiheitsproblem"[101] und „Wirtschaft als Ordnungsproblem" darf nicht auf Ebene der
Grundrechte wieder verwischt werden, indem ökonomische Bewertungsele-
mente in den grundrechtlichen Prüfungsmaßstab eingeflochten werden. Die
grundrechtliche Freiheitsgewährleistung muß, auch im wirtschaftlichen Kontext, aus ihren individual-personalen Bezügen heraus entfaltet werden[102]. Das
Grundgesetz gewährt Wirtschaftsfreiheit nicht nach Maßgabe eines bestimmten Ordnungssystems, sondern völlig ungeachtet ihrer ordnungsstrukturellen
Bezüge. Jede andere Sichtweise würde die Verfassungskontrolle in letzter Konsequenz auf das Feld wirtschaftswissenschaftlicher Streitentscheidung führen.
Nicht ausgeschlossen ist hingegen eine zufällige Koinzidenz zwischen verfassungsrechtlichen (grundrechtlichen) und ökonomischen Beurteilungsskalen,
wie sie namentlich im Rahmen der grundrechtlichen Geeignetheitsprüfung
auftreten kann.

– Die freiheitszentrierte Regelungsperspektive der Verfassung hat zur Folge, daß ihr Gesichtspunkte der ökonomischen Funktionalität, der ökonomischen Effizienz, der ökonomischen Zweckmäßigkeit kategorial fremd sind.
Das Grundgesetz vertraut – als Ausfluß der demokratischen Strukturentscheidung der Verfassung – auf die Fähigkeit des politischen Prozesses, konsistente
ökonomische Entscheidungen zu treffen. Es verzichtet bewusst auf entsprechende konstitutionelle Inhaltskontrolle. Nur darüber, daß sich vereinzelt (v. a.
auf Ebene der grundrechtlichen Geeignetheitsprüfung) Koinzidenzen zwischen grundrechtlichen und ökonomischen Beurteilungsskalen ergeben, er-

---

[101] Siehe auch *P. Häberle*, ZRP 1993, S. 389, der von der „Grundrechts-Seite des Verfas-
sungsproblems Markt" spricht.
[102] *R. Schmidt*, Öffentliches Wirtschaftsrecht-AT, S. 78 f.; *P. Badura*, Paritätische Mitbestimmung und Verfassung, S. 35 f.

folgt indirekt eine (höchst lückenhafte) konstitutionelle Inhaltskontrolle der Wirtschaftspolitik.

5. Konsequenzen für den verfassungsrechtlichen Standort der marktoptimierenden Wirtschaftsaufsicht

Die Indifferenz der Verfassung gegenüber wirtschaftlichen Verfahrens- und Organisationsfragen bedeutet in ihrer praktischen Konsequenz, daß dem Grundgesetz keine *ökonomisch-konzeptionellen* Vorgaben entnommen werden können, denen sich die marktoptimierende Wirtschaftsaufsicht zu fügen hätte. Der Markt als ökonomischer Steuerungsmechanismus bildet für sich genommen eine verfassungsrechtlich insignifikante Größe. Folglich kann sich der Gesetzgeber nicht darauf berufen, er komme durch den Erlaß oder die inhaltliche Ausgestaltung marktoptimierender Aufsichtsgesetze einem wirtschaftsverfassungsrechtlichen Gebot nach. Ein Optimierungsgebot dieser Art gibt die Verfassung nicht vor. Sie stellt die Sicherung der Funktionalität wirtschaftlicher Abläufe ebenso wie die Abwägung gegen außerökonomische Gemeinschaftswerte prinzipiell ins Belieben des politischen Prozesses.

So wenig es ein wirtschaftsverfassungsrechtliches Gebot zur Marktoptimierung gibt, so wenig stellt sich das Grundgesetz einer hierauf gerichteten und mit systematischem Impetus betriebenen Wirtschaftspolitik entgegen. Die auf verfassungsrechtlicher Ebene bestehende Indifferenz gegenüber wirtschaftlichen Verfahrens- und Organisationsfragen muß von Verfassungs wegen einfachgesetzlich nicht fortgesetzt werden. Der Gesetzgeber ist frei, den Markt als prinzipiell tauglichen Mechanismus zur Steuerung des Wirtschaftsgeschehens einzustufen und seine Steuerungseignung gegen Gefährdungen zu schützen. Er wird hierbei konzeptionell in keiner Weise durch ein spezielles Wirtschaftsverfassungsrecht eingeengt. Die Bestimmung der Einwirkungsintensität steht ebenso wie die Wahl der Einwirkungsinstrumente in seinem Ermessen, solange er sich grundrechtskonform verhält. Desgleichen steht es prinzipiell in seinem Ermessen, eine einmal eingeschlagene Optimierungsstrategie beizubehalten oder aber sie wieder aufzugeben bzw. zu ändern.

Verfassungsrechtlichen Problemgehalt besitzt die marktoptimierende Wirtschaftsaufsicht sonach zuvorderst in grundrechtlicher Hinsicht, und zwar insofern, als sie Freiheiten der Aufsichtsadressaten beschränkt. Die Grundrechtsbestimmungen begrenzen die politische Gestaltungsfreiheit des Aufsichtsgesetzgebers und stellen ihn unter verfassungsrechtlichen Rechtfertigungszwang. Die grundrechtlichen Begrenzungen dürfen freilich nicht losgelöst davon bestimmt werden, daß die marktoptimierende Wirtschaftsaufsicht als eine Modalität wirtschaftspolitischen Staatshandelns in demjenigen normativen Bezugsfeld steht, wie es in diesem Untersuchungsabschnitt herausgearbeitet worden ist. Die „Wirtschaftsverfassung" des Grundgesetzes – verstan-

den als regulatorische Grundeinstellung der Verfassung gegenüber wirtschaftspolitischem Staatshandeln – beeinflußt, was nachfolgend unter II. schärfer
hervortreten wird, in verschiedener Hinsicht die Auslegung und Anwendung
verfassungsrechtlicher Einzelnormen.

6. Einwirkungen der europäischen Wirtschaftsverfassung?

Anders als im Grundgesetz wird im europäischen Primärrecht ausdrücklich
ein ordnungsstrukturelles Ziel formuliert. Nach Art. 4 EGV umfasst die Tätigkeit der Mitgliedstaaten und der Gemeinschaft „nach Maßgabe dieses Vertrages und der darin vorgesehenen Zeitfolge die Einführung einer Wirtschaftspolitik, die … dem *Grundsatz einer offenen Marktwirtschaft mit freiem Wettbewerb* verpflichtet ist". Hierin zeigt sich auf den ersten Blick ein deutlicher
Kontrast zum deutschen Verfassungsrecht mit seiner schon textlich markanten
Indifferenz gegenüber Fragen der Wirtschaftsgestaltung. Art. 4 EGV findet in
Arbeiten zum Wirtschaftsverfassungsrecht zunehmend Beachtung[103]. Ungeachtet der thematischen Eingrenzung dieser Arbeit auf das nationale Recht[104]
soll die Vorschrift im vorliegenden Zusammenhang nicht unerwähnt bleiben.
Vor dem Hintergrund des Anwendungsvorrangs des Gemeinschaftsrechts
wäre immerhin vorstellbar, *daß die nach deutschem Verfassungsrecht gegebene
Freiheit des Wirtschaftsgesetzgebers von ordnungsstrukturellen Bindungen, die
nach dem bisher Gesagten auch für den Erlaß marktoptimierender Aufsichtsgesetze gilt, durch Art. 4 EGV modifiziert* wird. Diese Vorstellung wäre freilich
nur insoweit tragfähig, als der Wirtschaftsgesetzgeber sich im *Anwendungsbereich des Gemeinschaftsrechts* bewegt. Einer *vollständigen* Übersteuerung des
deutschen Wirtschaftsverfassungsrechts durch europarechtliche Vorgaben
stünde entgegen, daß das Gemeinschaftsrecht die Mitgliedstaaten vom Prinzip
her nur punktuell bindet; das Gemeinschaftsrecht errichtet – im Gegensatz zu
den nationalen Verfassungen – keine allumfassende rechtliche Grundordnung
des Staatslebens, welche sich gleichsam lückenlos über das mitgliedstaatliche
Verfassungsrecht schöbe. Bindungen der Mitgliedstaaten außerhalb solcher
Regelungszusammenhänge, hinsichtlich derer das europäische Primärrecht
Normierungen vornimmt oder die Gemeinschaftsorgane (enumerativ) zu Normierungen ermächtigt, sind nach dem derzeitigen Stand der europäischen Ver-

---

[103] *H. Sodan*, DÖV 2000, 367; *P. Tettinger*, DVBl. 1999, 680; *P. Badura*, FS Stern, S. 412 ff.;
M. Schmidt-Preuß, DVBl. 1993, 243 ff.; *H.-J. Papier*, HdBVerfR, S. 812; *U. Everling*, FS
Mestmäcker, S. 376; *R. Schmidt*, HdBStR III, S. 1155 f.; ders., Öffentliches Wirtschaftsrecht-
AT, S. 80 ff.; *R. Stober*, Allgemeines Wirtschaftsverwaltungsrecht, S. 55; *U. Schließky*, Öffentliches Wirtschaftsrecht, S. 20 f.; *W. Frotscher*, Wirtschaftsverfassungs- und Wirtschaftsverwaltungsrecht, S. 21; *J. Basedow*, Von der deutschen zur europäischen Wirtschaftsverfassung.
[104] Siehe oben in Ziff. 3 a. der Einleitung.

fassungsentwicklung nicht denkbar. Dies wird indirekt auch durch Art. 4 EGV mit den Worten bestätigt, daß die durch ihn begründeten Verpflichtungen „nach Maßgabe dieses Vertrages" gelten sollen. Mit dieser Wendung ist klargestellt, dass die allgemeinen Regelungen des Primärrechts über das Verhältnis zwischen Gemeinschaftsrecht und nationalem Recht (einschließlich des Prinzips der begrenzten Einzelzuständigkeit der Gemeinschaft) durch das Bekenntnis zur „offenen Marktwirtschaft" nicht tangiert werden können.

Selbst unter dieser einschränkenden Prämisse ist Art. 4 EGV bei näherer Betrachtung indes keine Regelungswirkung zuzumessen, die den oben herausgearbeiteten wirtschaftsverfassungsrechtlichen Befund in Frage stellen könnte. Zu Recht wurde in der Literatur hervorgehoben, daß eine marktwirtschaftliche Systemgarantie des Gemeinschaftsrechts schon deshalb schwer konstruierbar ist, weil die Verträge zugleich zahlreiche Interventionen vorsehen (z.B. Montanbereich, Landwirtschaft, Transport), deren Instrumentarien (Preisfestsetzungen, Investititionskontrollen) dem Marktprinzip z.T. diametral zuwiderlaufen[105]. Auch durch die Grundfreiheiten des Vertrages ergeben sich allenfalls indirekte marktwirtschaftliche Systemwirkungen (vergleichbar denjenigen, die von den Grundrechten des Grundgesetzes ausgehen[106]), hingegen keine festen ordnungsstrukturellen Vorgaben für die nationale Rechtssetzung, mittels derer nationale Gesetze einer Kontrolle anhand ökononomischer Bewertungsmaßstäbe zugeführt werden könnten. Die Mitgliedstaaten bleiben nach dem Gemeinschaftsrecht zu Beschränkungen der Grundfreiheiten aus wichtigen Gründen des Allgemeininteresses befugt, selbst wenn die Beschränkungsmaßnahmen nicht marktkonform strukturiert sind[107]. Vergleichbares gilt im Hinblick auf die (für sich gleichfalls systemtendenziösen) Regelungen des europäischen Beihilfen- und Wettbewerbsregimes. Ähnlich wie das Grundgesetz beläßt das Gemeinschaftsrecht dem Gesetzgeber somit weite Gestaltungsspielräume[108] und legt ihn nicht direkt auf ordnungstheoretische Konzepte fest[109]. Mag Art. 4 EGV auch für sich genommen eine „mustergültige Gesamtentscheidung Böhmscher Prägung" darstellen[110], so wird die normative Tragweite der Vorschrift doch durch die (systematisch vorrangigen[111]) Ein-

---

[105] *R. Schmidt*, Öffentliches Wirtschaftsrecht-AT, S. 82; *W. Frotscher*, Wirtschaftsverfassungs- und Wirtschaftsverwaltungsrecht, S. 21; *R. Stober*, Allgemeines Wirtschaftsverwaltungsrecht, S. 55.

[106] Siehe oben 3. a) (ee).

[107] Siehe *H. Sodan*, DÖV 2000, 367; *U. Everling*, FS Mestmäcker, S. 376. Vgl. auch *P. Tettinger*, DVBl. 1999, 680.

[108] *U. Schließky*, Öffentliches Wirtschaftsrecht, S. 21; *R. Schmidt*, Öffentliches Wirtschaftsrecht-AT, S. 83.

[109] *W. Frotscher*, Wirtschaftsverfassungs- und Wirtschaftsverwaltungsrecht, S. 21.

[110] *J. Basedow*, Von der deutschen zur europäischen Wirtschaftsverfassung, S. 32.

[111] *U. Everling*, FS Mestmäcker, S. 376.

zelnormierungen des Vertrages relativiert[112]. In der Gesamtschau weist die Wirtschaftsverfassung der Gemeinschaft so einen ähnlich offenen Anstrich wie diejenige des Grundgesetzes auf[113].

Zu diesen Ergebnissen steht nicht im Widerspruch, daß die Wirtschaftsordnungen der Mitgliedstaaten tatsächlich sehr weitgehend durch europarechtliche Vorgaben geprägt sind[114] und als ein Merkmal dieser Prägung ein Anwachsen marktoptimierender Regelungsbestände in der Wirtschaftsrechtssetzung zu verzeichnen ist. Gerade die in dieser Arbeit behandelten Gesetze zum Telekommunikationssektor sowie zum Wertpapierhandel, die auf europäischen Richtlinien fußen, belegen diese Tendenz. Der Erlaß marktoptimierender Richtlinien der Gemeinschaft entspringt jedoch keinem zwingenden wirtschaftsverfassungsrechtlichen Gebot des Primärrechts, sondern einer freien politischen Entscheidung der Gemeinschaftsorgane. Der nationale Gesetzgeber steht in der Verpflichtung, sie in nationales Recht umzusetzen, unterliegt dabei aber keinen Bindungen, die über den Richtlinieninhalt hinausgingen.

7. Das wirtschaftsverfassungsrechtliche Sonderregime für den Telekommunikations- und Postsektor in Art. 87 f GG

Eine gerade für den hiesigen Untersuchungsgegenstand bedeutsame Durchbrechung der ordnungsstrukturellen Indeterminiertheit des Grundgesetzes nimmt für den Telekommunikations- und Postsektor Art. 87 f GG vor, der 1994 im Zuge der sog. Postreform II eingefügt wurde. Art. 87 f GG enthält gleich mehrere ordnungsstrukturelle Festlegungen auf einmal, wobei die Erklärung für diese bemerkenswerte Abkehr von der allgemeinen grundgesetzlichen Zurückhaltung in wirtschaftlichen Organisations- und Verfahrensfragen nicht darin liegt, daß die Verfassung andernfalls der Verwirklichung der Reformziele entgegengestanden hätte[115]. Vielmehr hängt die Aufnahme der Vorschrift in das Grundgesetz mit der jüngeren Tendenz zur Konstitutionalisierung politischer Kompromisse zusammen, wie sie auch andernorts im Verfas-

---

[112] So im Ergebnis auch *J. Basedow*, Von der deutschen zur europäischen Wirtschaftsverfassung, S. 52, 62. Siehe auch *U. Everling*, FS Mestmäcker, S. 376, der das Bekenntnis zur „offenen Marktwirtschaft" als unklar charakterisiert.

[113] Ebenso *R. Schmidt*, HdBStR III, S. 1155 („weitgehende Systemkongruenz"); *R. Stober*, Allgemeines Wirtschaftsverwaltungsrecht, S. 55 *W. Frotscher*, Wirtschaftsverfassungs- und Wirtschaftsverwaltungsrecht, S. 21. Anders wohl *M. Schmidt-Preuß*, DVBl. 1993, S. 244; *H. Sodan*, DÖV 2000, 367.

[114] *H.-J. Papier*, HdBVerfR, S. 802.

[115] Ausreichend wäre die Aufhebung bzw. Änderung des alten Art. 87 I 1 GG gewesen, wonach die Bundespost in bundeseigener Verwaltung mit eigenem Verwaltungsunterbau zu führen war. Diese Bestimmung wurde mehrheitlich dahingehend verstanden, sie stehe einer formellen wie einer materiellen Privatisierung entgegen (vgl. die Nachweise bei *J. Wieland* in Dreier, Grundgesetz-Kommentar, Art. 87 f, Fn. 11.). So auch *Windthorst* in Sachs, Grundgesetz-Kommentar, Art. 87 f, Rn. 3.

sungstext Spuren hinterlassen hat (etwa Art. 16 a, Art. 87 e GG). Dies mindert nicht die praktische Bedeutung der Vorschrift als Trägerin eines sektoriellen wirtschaftsverfassungsrechtlichen Sonderregimes – ein Aspekt, der in der bisherigen staatsrechtlichen Diskussion, die sie überwiegend im Lichte der leistungsstaatlichen Transformation von der Daseinsvorsorge zur „Gewährleistungsverantwortung" ausdeutet, noch nicht näher gewürdigt worden ist.

In wirtschaftsverfassungsrechtlicher Hinsicht ist zunächst festzuhalten, daß die zentrale Norm[116] des Absatzes 2 Satz 1 dem Gesetzgeber vorgibt, den Telekommunikations- und Postsektor *marktmäßig* zu organisieren. Verlangt wird eine materielle (Aufgaben-)Privatisierung im Sinne einer Öffnung für privatwirtschaftliche Leistungserbringung und privatwirtschaftlichen Wettbewerb unter Verbot von Monopol- oder sonstigen Sonderrechten des Staates, staatlicher Unternehmen oder staatlich priviligierter Privatunternehmen (dieses Verbot wird nur durch den befristeten Vorbehalt der früheren Aussschließlichkeitsrechte der Deutschen Bundespost nach Art. 143 b GG übergangsweise durchbrochen)[117]. Damit wird in umfassender Weise[118] eine *verfassungsrechtliche Garantie marktwirtschaftlicher Strukturen in diesem Wirtschaftssektor* begründet[119], mit der eine Rückkehr zu den früheren staatswirtschaftlichen Strukturen, aber wohl auch eine Vergesellschaftung im Sinne von Art. 15 GG ausgeschlossen ist. Auch eine neuerliche staatliche Eigenbetätigung in verwaltungsmäßiger Weise neben den privaten Anbietern wird für unzulässig gehalten[120]. Ferner wird – mit guten Gründen – ein Verbot solcher staatlicher Interventionen angenommen, mit denen das Privatisierungsgebot faktisch ausgehöhlt würde[121].

Im Ergebnis folgt so aus Art. 87 f Absatz 2 Satz 1 GG dreierlei: Eine umfassende Marktgarantie, eine Beschränkung eigenwirtschaftlicher Betätigung der öffentlichen Hand sowie eine staatliche Interventionsbeschränkung. In allen drei Fällen handelt es sich um positive Normierungen wirtschaftlicher Ord-

---

[116] Es war unter Aspekten der systematischen Konsistenz angreifbar, sie nicht an die Spitze der Vorschrift zu setzen; vgl. M/D-*Lerche*, Art. 87 f, Rn. 2; *K. Windthorst* in Sachs, Grundgesetz-Kommentar, Art. 87 f, Rn. 7; *ders.*, Der Universaldienst im Bereich der Telekommunikation, S. 192.

[117] *K. Stern*, DVBl. 1993, 310.; *J. Wieland* in Dreier, Grundgesetz-Kommentar, Art. 87 f, Rn. 16; *K. Windthorst* in Sachs, Grundgesetz-Kommentar, Art. 87 f, Rn. 22 ff.

[118] Die von Absatz 2 Satz 1 in Bezug genommenen Dienstleistungen sind nicht auf die Universaldienstleistungen des Absatz 1 beschränkt; *H. Gersdorf* in v. Mangoldt/Klein/Starck, Das Bonner Grundgesetz, Art. 87 f, Rn. 68; M/D-*Lerche*, Art. 87 f, Rn. 54.

[119] Vgl. *K. Stern*, DVBl. 1993, 310.

[120] *K. Stern*, DVBl. 1993, 311; *J. Wieland* in Dreier, Grundgesetz-Kommentar, Art. 87 f, Rn. 8; *K. Windthorst* in Sachs, Grundgesetz-Kommentar, Art. 87 f, Rn. 22.

[121] *K. Stern*, DVBl. 1993, 311 unter Verweis auf weitreichende Beförderungsvorbehalte, Versorgungspflichten, Ausgleichsabgaben usf. Siehe auch M/D-*Lerche*, Art. 87 f, Rn. 55 (Beschränkungen jenseits des allgemeinen Wettbewerbsrechts bedürften der besonderen verfassungsrechtlichen Rechtfertigung).

nungsbelange – anders als bei der Nachbarvorschrift des Art. 87 e GG, die sich weitgehend auf die Regelung von Organisations-, Funktions- und Kompetenzfragen der Bundeseisenbahnen beschränkt und somit, gemessen am Ganzen des fraglichen Wirtschaftssektors, ein stark fragmentarisches Regelungskonzept verfolgt[122]. Das Grundgesetz, das an anderen Stellen den Zugang zur Wirtschaft nur über das Freiheitsthema findet, begibt sich mit Art. 87 f GG unmittelbar und zielgerichtet auf ökonomisches Terrain, so wie auch die Beweggründe des verfassungsändernden Gesetzgebers ökonomischer Natur waren und auf einer bestimmten ökonomischen Beurteilung der Verhältnisse des fraglichen Sektors beruhten; treibende Kraft der Verfassungsreform war vor allem die Einschätzung, daß eine verwaltungsmäßige Erbringung von Post- und Telekommunikationsdienstleistungen wirtschaftlich ineffizient sei und nur eine Marktöffnung den Anforderungen des internationalen Wettbewerbs entsprechen würde[123].

Eine weitere, in wirtschaftsverfassungsrechtlicher Hinsicht ebenso bedeutsame Durchbrechung der allgemeinen ordnungsstrukturellen Indeterminiertheit des Grundgesetzes bildet der durch Art. 87 f GG erteilte Auftrag, *durch Einwirkungen auf das Marktgeschehen die Funktionsfähigkeit des Marktes zu sichern* und hierüber der Strukturgarantie aus Absatz 2 Satz 1 nachhaltige praktische Wirksamkeit zu sichern. Dieser Auftrag ist zum einen als Ausfluß der in Absatz 1 festgeschriebenen staatlichen Gewährleistungsverantwortung zu verstehen. Indem die Verfassung dem Staat die Verantwortung zuteilt, für ein Mindestversorgungsniveau (Universaldienst) zu sorgen, dabei aber zugleich (durch Absatz 2 Satz 1) klarstellt, daß die Versorgung im und durch Wettbewerb zu erfolgen hat[124], erlegt sie Gesetzgeber und Regierung zwangsläufig auch fördernde Einwirkungen auf das Marktgeschehen auf. Die Sicherung der Funktionsfähigkeit des Marktes wird gleichsam zum Mittel der Erfüllung der Verfassungspflicht aus Art. 87 f Abs. 1 GG[125]. Zum anderen folgt eine Einwirkungspflicht aber auch direkt aus Absatz 2 Satz 1, da in Anbetracht der tatsächlichen Marktverhältnisse (Dominanz der Nachfolgeunternehmen der Deutschen Bundespost) die mit dieser Norm begründete Marktstrukturgarantie ohne positive Maßnahmen zur Förderung und Sicherung des Wettbe-

---

[122] *H. Gersdorf* in v. Mangoldt/Klein/Starck, Das Bonner Grundgesetz, Art. 87 e, Rn. 37.

[123] *H. Gersdorf* in v. Mangoldt/Klein/Starck, Das Bonner Grundgesetz, Art. 87 f, Rn. 68.

[124] *P. Badura*, in Bonner Kommentar zum Grundgesetz, Art. 87 f, Rn. 20; *H. Gersdorf* in v. Mangoldt/Klein/Starck, Das Bonner Grundgesetz, Art. 87 f, Rn. 53; *K. Windthorst* in Sachs, Grundgesetz-Kommentar, Art. 87 f, Rn. 15.

[125] Vgl. *K. Windthorst* in Sachs, Grundgesetz-Kommentar, Art. 87 f, Rn. 16 („... vorgesehenes Mittel zur Ausfüllung der Pflicht zur Universaldienstgewährleistung ist insbesondere hoheitliche Regulierung, die folgerichtig insoweit auch auf Förderung und Sicherung eines funktionsfähigen Wettbewerbs abzielt"). Siehe auch *H. Gersdorf* in v. Mangoldt/Klein/Starck, Das Bonner Grundgesetz, Art. 87 f, Rn. 63 f.

werbs Makulatur bleiben müßte[126]. Die staatliche Funktionssicherungspflicht findet so auch unabhängig von dem erstgenannten, eher sozialstaatlichen Ableitungszusammenhang eine verfassungsrechtliche Stütze, wobei die systematische Gegenüberstellung zu Absatz 1 dafür spricht, daß Abs. 2 Satz 1 sie sogar inhaltlich weiter als Absatz 1 spannt.

Im Ergebnis begründet Art. 87 f GG also nicht nur eine Garantie marktwirtschaftlicher Strukturen, sondern auch eine *konstitutionelle Pflicht zur Marktoptimierung*, welcher der Gesetzgeber durch den Erlaß von TKG und PostG nachgekommen ist. Die Kategorien der ökonomischen Funktionalität und Effizienz gewinnen hierdurch bereichsweise verfassungsnormative Substanz. Dem politischen Prozeß wird von Verfassungs wegen und mit einer konkreten inhaltlichen Zielrichtung wirtschaftspolititsche Aktivität vorgeben; die maßgebenden wirtschaftlichen Wertungen – im vorliegenden Zusammenhang: Einschätzung der Marktstrukturen als fragil und als optimierungsbedürftig – sind bereits durch den Verfassungsgeber (verfassungsändernden Gesetzgeber) vorgetroffen.

Da Art. 87 f GG einen vormals staatsmonopolisierten Wirtschaftsbereich der privatwirtschaftlichen Betätigung öffnet, geht von der Vorschrift allgemein eine freiheitsfördernde Tendenz aus. Sie wandelt einen Sektor öffentlich-rechtlich gebundener Staatsverwaltung in einen Sektor grundrechtsberechtigter, an den Prinzipien der Privatautonomie und des freien Wettbewerbs ausgerichteter Wirtschaftstätigkeit. Insofern fügt sie sich bruchlos in den freiheitlichen Grundtenor der Verfassung ein. Was indes speziell die konstitutionelle Pflicht zur Marktoptimierung betrifft, so muß diese differenzierter beurteilt werden, führt sie doch potentiell auch zu grundrechtlichen Belastungen einzelner Aufsichtsadressaten. Ihnen gegenüber kann sich Art. 87 f GG freiheitsbeschränkend auswirken. Diese *grundrechtliche* Problematik der auf Art. 87 f GG gestützten staatlichen Marktoptimierungsaktivität ist hier nicht zu vertiefen. Art. 87 f GG selbst enthält keine detaillierten Maßstäbe für die rechtliche Behandlung von Konflikten zwischen individuellen grundrechtlichen Freiheitsinteressen der Aufsichtsadressaten und dem öffentlichen Funktionssicherungsinteresse, sondern verweist unausgesprochen auf die allgemeinen Entscheidungsregeln, wie sie Rechtsprechung und Literatur über Jahrzehnte aus dem Grundrechteteil der Verfassung heraus entwickelt haben. Allerdings ist durch ihn außer Frage gestellt, *daß* die Sicherung der Funktionsfähigkeit des Post- und Telekommunikationsmarkts ein legitimes staatliches Handlungsziel darstellt, welches im Grundsatz geeignet ist, Eingriffe in wirtschaftsrelevante Grundrechte zu rechtfertigen. Der in Absatz 1 der Vorschrift enthaltene Gesetzesvorbehalt unterstreicht dies[127].

---

[126] Ähnlich *K. Windthorst* in Sachs, Grundgesetz-Kommentar, Art. 87 f, Rn. 16.
[127] *H. Gersdorf* in v. Mangoldt/Klein/Starck, Das Bonner Grundgesetz, Art. 87 f, Rn. 56.

Soweit im übrigen Art. 87f GG dem Gesetzgeber eine Einwirkungs*pflicht* auferlegt, darf diese nicht mehr im Rahmen der Grundrechtsprüfung zur Disposition gestellt werden. Maßnahmen zur Gewährleistung des von Art. 87f GG geforderten Funktionsniveaus des Marktes kann daher nur entgegengehalten werden, sie würden ihr Ziel nicht erreichen (fehlende Eignung) oder es gebe mildere Mittel zur Zielerreichung (fehlende Erforderlichkeit). Für eine Prüfung der „Verhältnismäßigkeit im engeren Sinne", die das Gewicht des durch Art. 87f GG normierten Funktionszieles gegen die Individualschutzinteressen der Aufsichtsadressaten abwägt, ist hingegen erst dann Raum, wenn die staatliche Maßnahme durch Art. 87f GG nicht zwingend vorgegeben ist, weil sie ein höheres als das in dieser Bestimmung geforderte (Mindest-)Funktionsniveau anvisiert. Für den darunter liegenden, „obligatorischen" Einwirkungsbereich darf die verfassungsrechtliche Funktionsgarantie zur Vermeidung von Wertungswidersprüchen nicht auf grundrechtlichem Wege wieder überspielt werden.

II. Grundrechtsfragen der marktoptimierenden Wirtschaftsaufsicht

1. Thematische Annäherung

a) Überblick über den rechtswissenschaftlichen Forschungsstand

In der rechtswissenschaftlichen Literatur sind bislang die Grundrechtsfragen von Kartell-, Telekommunikations- und Wertpapierhandelsaufsicht in unterschiedlichem Maße auf Beachtung gestoßen. Der in diesem Abschnitt II. unternommene Versuch, auf der höheren Abstraktionsebene der marktoptimierenden Wirtschaftsaufsicht einige ihrer charakteristischen grundrechtlichen Problemstrukturen freizulegen, findet daher verschieden weit gediehene Diskussionsstränge vor.

Als in grundrechtlicher Hinsicht unterbelichtet ist vor allem die *Wertpapierhandelsaufsicht* anzusehen. Die aufsichtsrechtlichen Pflichten, die das WpHG begründet hat, sind bislang nicht intensiv aus grundrechtlichem Blickwinkel untersucht worden. Soweit ersichtlich, wurden auch die verschiedentlich geäußerten Zweifel an der ökonomischen Konsistenz des Insiderrechts[128] nirgends auf ihre grundrechtlichen Implikationen hin befragt (Geeignetheit der insiderrechtlichen Beschränkungen zur Erreichung des mit ihnen verfolgten wirtschaftlichen Zwecks?).

Der Erlaß des *TKG* rief lebhaftere grundrechtliche Diskussionen vornehmlich im Hinblick auf das Universaldienstregime (ursprünglich §§ 17ff. TKG,

---

[128] Oben § 2 I.3.c.

nunmehr §§ 78 ff. TKG) hervor. Von mehreren Seiten wurde dessen Vereinbarkeit mit den Grundsätzen der Sonderabgaben-Judikatur des Bundesverfassungsgerichts in Frage gestellt[129]. Hingegen sind die telekommunikationsrechtlichen Kernpflichten aus §§ 27 ff. TKG (Entgeltregulierung) und §§ 16 ff. TKG (Offener Netzzugang und Zusammenschaltungen) nur recht spärlich unter grundrechtlichen Aspekten thematisiert worden[130]. Angesichts des Umstands, daß sie (noch weiter als das allgemeine Kartellrecht) in die Kernzone unternehmerischer Selbstbestimmung des Aufsichtsadressaten einschneiden, ist dies ein überraschender Befund. Er läßt sich – zieht man den Vergleich zu den lebhaften Erörterungen über die in mancher Hinsicht ähnlich gelagerten energiewirtschaftlichen Durchleitungspflichten[131] – wohl nur damit erklären, daß die Deutsche Telekom AG als das hauptsächlich durch das Aufsichtsregime belastete Unternehmen ihrer staatswirtschaftlichen Historie wegen als grundrechtlich nicht sonderlich schützenswert angesehen wird.

Ein völlig anderes Bild bietet demgegenüber die *Kartellaufsicht*. Bereits vor Erlaß des GWB hatte die Frage der grundrechtlichen Zulässigkeit des mit dem Regierungsentwurf vorgeschlagenen Kartellverbots eine intensive literarische Diskussion hervorgerufen[132]. Eine Reihe von Autoren hielt nur eine nach dem Mißbrauchsprinzip konstruierte gesetzliche Regelung für grundrechtlich unbedenklich[133]. Im Bericht des Wirtschaftsausschusses des Bundestags zum GWB-Entwurf wurde zwar der Wahl zwischen Verbots- und Mißbrauchsprinzip eine rein „rechtstechnische" Bedeutung beigemessen. Allgemein gestand der Bericht aber ein, daß die Frage der Grundrechtskonformität des Gesetzentwurfs eine „ernste" sei[134].

---

[129] Grundlegend *K. Windthorst*, Der Universaldienst im Bereich der Telekommunikation. Ferner *J. Lege*, DÖV 2001, 969 ff.; *Th. v. Danwitz*, NVwZ 2000, 615 ff.; *R. Schütz/M. Cornils*, DVBl. 1997, 1146 ff. Zu den europarechtlichen Fragen *E.-J. Mestmäcker*, FS Zacher, S. 635 ff.

[130] Siehe aber BVerwG NVwZ 2001, 1399 mit Ausführungen zur Vereinbarkeit der aus § 33 TKG abgeleiteten Verpflichtung marktbeherrschender Unternehmen zur Gewährung entbündelten Zugangs zu Teilnehmeranschlußleitungen mit Art. 12 und 14 GG. Dazu *U. Schließky*, JA 2002, 373 ff.

[131] Etwa *U. Büdenbender*, WuW 2000, 119 ff.; *H.-J. Papier*, BB 1997, 1213 ff.; *M. Schmidt-Preuß*, RdE 1996, 1 ff.

[132] *F. Böhm*, WuW 1956, 173 ff.; *K. Biedenkopf*, BB 1956, 473 ff.; *G. Dürig*, NJW 1955, 729 ff.; *W. Fikentscher*, WuW 1955, 205 ff.; *H. Rasch*, WuW 1955, 667 ff.; *G. Stickrodt*, NJW 1955, 1697 ff.; *W. Geiger*, Grundgesetzliche Schranken für eine Kartellgesetzgebung; *R. Isay*, WuW 1954, 557 ff.; *H. C. Nipperdey*, WuW 1954, 211 ff.; *E. R. Huber*, Wirtschaftsverwaltungsrecht I, S. 387 ff.; *H. Müller*, WuW 1953, 734 ff., *H. Würdinger*, WuW 1953, 721 ff.; *F. Giese*, Grundrechtliche Freiheit zum Abschluß wettbewerbsbeschränkender Vereinbarungen, S. 9 ff.; *ders.*, NJW 1950, 336; *H. Krüger*, Grundgesetz und Kartellgesetzgebung.

[133] *W. Geiger*, Grundrechtliche Schranken für eine Kartellgesetzgebung, S. 11; *F. Giese*, NJW 1950, 336; *H. Krüger*, Grundgesetz und Kartellgesetzgebung, S. 22; von *G. Dürig*, NJW 1955, 729 als herrschende Auffassung gekennzeichnet (Dürig selbst hielt demgegenüber ein Kartellverbot im Sinne des Regierungsentwurfs für zulässig).

[134] BT-Drs. 2/3644, S. 12.

Nach dem Erlaß des GWB ebbte die kartellverfassungsrechtliche Diskussion zunächst ab[135], um dann später jeweils begleitend zur Einführung der Fusionskontrolle[136], zu den nachträglichen Verschärfungen der Mißbrauchsaufsicht[137] sowie zu den Ende der siebziger Jahre regierungsseitig angestellten Überlegungen zur Einführung einer kartellrechtlichen Entflechtungsermächtigung[138] jeweils wieder schubweise anzuschwellen. In den letzten zwanzig Jahren hat die verfassungsrechts- und insbesondere die grundrechtswissenschaftliche Aufmerksamkeit zwar nachgelassen[139]. Insgesamt aber muß der seit den frühen fünfziger Jahren gewachsene Fundus grundrechtlicher und sonstiger[140] verfassungsrechtlicher Beiträge als durchaus ansehnlich bezeichnet werden.

Von einem „konstitutionellen Dornröschenschlaf des GWB"[141] zu sprechen, erscheint allenfalls im Hinblick auf die *verfassungsgerichtliche Judikatur* vertretbar. Das Bundesverfassungsgericht hat sich bislang in zwei Nichtannahmebeschlüssen mit Verfassungsfragen des Kartellrechts beschäftigt[142]. In beiden Fällen prüfte das Gericht die Vereinbarkeit der in Rede stehenden kartellrechtlichen Vorschrift (jeweils § 26 Abs. 2 GWB a. F. = § 20 Abs. 1 GWB n. F.) mit Art. 12 GG und bejahte ihre Verhältnismäßigkeit mit wenigen Worten, die sich weitenteils in der Paraphrasierung des Normtextes erschöpften[143]

---

[135] Siehe aber noch zur grundrechtlichen Zulässigkeit des Kartellverbots *E. Günther*, DB 1969, 25 ff.; *H.-H. Rupp*, Verfassungsrecht und Kartelle, S. 187 ff.; *H. Merz*, FS Böhm, S. 229 f.

[136] *J. H. Kaiser*, WuW 1978, 352 ff.; *H.-H. Rupp*, Fusionskontrolle als Verfassungsauftrag, S. 91 ff.; *R. Scholz*, Konzentrationskontrolle und Grundgesetz; *H.-Chr. Leo*, WRP 1970, 197 ff.

[137] *U. Büdenbender*, BB 1978, 1073 ff.; *J. Gotthold*, WRP 1978, 601 ff.; *R. Scholz*, ZHR 141 (1977), 520 ff.; *W. Thiele*, JR 1977, 359 ff.; *H. P. Ipsen*, Kartellrechtliche Preiskontrolle als Verfassungsfrage; *A. Süsterhenn*, Unternehmensfreiheit und Mißbrauchsaufsicht.

[138] *B. Schlichter*, Die Beseitigung von Konzentration in der Wirtschaft durch Unternehmensentflechtungen als Verfassungsfrage; *R. Scholz*, Entflechtung und Verfassung; *P. Selmer*, Unternehmensentflechtung und Grundgesetz. Früher bereits *K. Duden*, FS Böhm, S. 3 ff.

[139] Siehe aber etwa *M. Cornils*, NJW 2001, 3758 ff.; *Ch. Tsiliotis*, Der verfassungsrechtliche Schutz der Wettbewerbsfreiheit; *G. Michael*, Verfassungsrechtliche Fragen des kartellrechtlichen Aufnahmezwangs; *E. Grabitz*, ZHR 149 (1985), 263 ff.

[140] Zu erwähnen sind insbesondere noch die Untersuchungen zur Bestimmtheitsproblematik, von denen diejenigen von *R. Knöpfle*, BB 1970, 717 ff. und *E. Steindorff*, BB 1970, 824 ff. hervorgehoben seien.

[141] *E. Grabitz*, ZHR 149 (1985), 264.

[142] Beschluß vom 12. 7. 1982–1 BvR 1239/81, WuW/E VG 293; Beschluß vom 9. 10. 2000–1 BvR 1627/95, GRUR 2001, 266.

[143] Im Beschluß vom 12. 7. 1982, WuW/E VG 293 lautete die einschlägige Passage: „Sie [die Vorschrift des § 26 Abs. 2 GWB a. F. – J.H.] trägt dem Verhältnismäßigkeitsgrundsatz dadurch Rechnung, daß eine wettbewerbswidrige Diskriminierung nur im Falle einer unbilligen Behinderung oder einer unterschiedlichen Behandlung anderer Unternehmen ohne sachlich gerechtfertigten Grund angenommen werden kann". Beinahe wortgleich lautet die entsprechende Passage im Beschluß vom 9. 10. 2000, GRUR 2001, 266: „Dadurch, daß eine

und daher in rechtsdogmatischer Hinsicht keinen wesentlichen Ertrag abwarfen[144].

b) Diskussionslinien im Kartellverfassungsrecht

Die seit den fünfziger Jahren entstandene kartellverfassungsrechtliche Literatur, auf die im folgenden etwas näher eingegangen werden soll, vermittelt naturgemäß nicht in voller Breite weiterführende Anstöße für die Untersuchung der Grundrechtsfragen der marktoptimierenden Wirtschaftsaufsicht. Einige Untersuchungen sind durch Fortfall ihrer grundrechtsdogmatischen Prämissen mittlerweile überholt[145], andere ganz in regulatorischen Details verfangen und so im generelleren Zusammenhang dieser Arbeit kaum verwertbar[146]. Eine ganze Reihe von Beiträgen betrifft indes unvermindert aktuelle grundrechtliche Problemfelder und liefert so wertvolle Anregungen für Themenauswahl und sachlichen Klärungsbedarf im vorliegenden Abschnitt II. Im einzelnen:

(aa) Was die kartellverfassungsrechtliche Literatur der fünfziger Jahre betrifft, so muß diese als am stärksten überholt gelten. Dies hängt zum Teil mit der zu dieser Zeit vorherrschenden dogmatischen Sichtweise der Grundrechtsschranke der „verfassungsmäßigen Ordnung" aus Art. 2 Abs. 1 GG zusammen. Diese wurde noch nicht als Chiffre für alle verfassungsmäßig zustande gekommenen einfachen Gesetze[147], sondern als Sammelbegriff für grundlegende materielle Verfassungsprinzipien verstanden[148]. Von diesem Ausgangspunkt aus lag es nahe, die legislative Untersagung einer Kartellbildung nur in eng umrissenen Ausnahmefällen für vereinbar mit Art. 2 Abs. 1 GG zu halten[149]. Zu ei-

---

wettbewerbswidrige Diskriminierung nur im Falle einer unbilligen Behinderung oder einer sachlich nicht gerechtfertigten Ungleichbehandlung angenommen werden kann, wird auch dem Verhältnismäßigkeitsgrundsatz Rechnung getragen" (Rn. 30).

[144] Siehe hierzu die Kritik von *M. Cornils*, NJW 2001, 3759f. bezüglich des Beschlusses vom 9. 10. 2000, GRUR 2001, 266.

[145] Hierzu sogleich unter b. aa).

[146] Dies gilt beispielsweise für manche Stellen der oben nachgewiesenen Untersuchungen zur kartellrechtlichen Entflechtungsproblematik.

[147] BVerfGE 6, 32, 38ff.; seitdem st. Rspr.

[148] Beispielhaft: *G. Dürig*, NJW 1955, 729ff.; *E. R. Huber*, Wirtschaftsverwaltungsrecht I, S. 388f. *H. Krüger*, Grundgesetz und Kartellgesetzgebung, S. 22. Gegenbeispiel *H. Rasch*, WuW 1955, 667ff.

[149] *W. Geiger*, Grundrechtliche Schranken für eine Kartellgesetzgebung, S. 11; *E. R. Huber*, Wirtschaftsverwaltungsrecht I, S. 388f.; *H. Krüger*, Grundgesetz und Kartellgesetzgebung, S. 22. Zum selben Ergebnis gelangten diejenigen, die die „Kartellfreiheit" in Art. 9 Abs. 1 GG verorteten (etwa *F. Giese*, Grundrechtliche Freiheit, S. 13ff.). Zwar hat die restriktive Deutung der auch dort bestehenden Grundrechtsschranke der „verfassungsmäßigen Ordnung" (Art. 9 Abs. 2 GG) anders als bei Art. 2 Abs. 1 GG bis heute Bestand (*Sachs-Höfling*, Art. 9, Rn. 44). Die Möglichkeit einer Überwindung dieser (hohen) Hürde durch die Figur „kollidierenden Verfassungsrechts" als außertextliche Grundrechtsschranke (ebda., Rn. 40 unter beispielhaftem Verweis auf gesetzliche Fusionsverbote!) ist indes in den fünfziger Jahren noch nicht gesehen worden.

nem anderen Ergebnis gelangten diejenigen, die so weit gingen, unternehmerische Kartellbildungen als Verstoß gegen die „verfassungsmäßige Ordnung"
anzusehen, was sich indes nur unter Rekurs auf die wirtschaftsverfassungsrechtlichen Thesen *Nipperdeys* tragfähig begründen ließ (Kartelle als Gefährdung der Funktionsprinzipien der – als verfassungsrechtlich gewährleistet an-
zusehenden – marktwirtschaftlichen Ordnung)[150]. Dieser letztgenannte Ansatz mußte dann aber gleich zu der Konsequenz führen, ein Kartellverbot nicht
nur für verfassungsrechtlich zulässig, sondern sogar für verfassungsrechtlich
geboten zu halten[151].

Diese dichothomische Überspanntheit der verfassungsrechtlichen Diskussion[152] wäre durch einen Wechsel des grundrechtlichen Standorts hin zu Art. 12
GG leicht zu vermeiden gewesen[153]. Dessen Schrankenregelung (einfacher Gesetzesvorbehalt) hätte die Überlegungen von Beginn an in die passenden Bahnen lenken können (*Zulässigkeit* eines gesetzlichen Kartellverbots *unter bestimmten, von der Verfassungsrechtswissenschaft im einzelnen zu klärenden
Bedingungen*). Indes stand dem entgegen, daß die Deutung von Art. 12 GG als
umfassende Spezialgewährleistung wirtschaftlicher Betätigungsfreiheit noch
vorauslag. Erst die durch das Elfes-Urteil[154] initiierte Neubestimmung von
Gewährleistungsgehalt, Schranken und systematischer Funktion der allgemeinen Handlungsfreiheit des Art. 2 Abs. 1 GG löste die kartellverfassungsrechtliche Diskussion von ihrer Fixierung auf die „verfassungsmäßige Ordnung",
führte zu einer differenzierteren grundrechtstatbestandlichen Einordnung
von Kartellen und sonstigem wettbewerbsbeschränkenden Verhalten und ver-
lagerte so das Augenmerk schließlich auf die eigentlich relevanten Problemfelder der Bestimmtheit und der Verhältnismäßigkeit kartellrechtlicher Ein-
griffsermächtigungen[155]. Damit war die Diskussion bei Fragestellungen ange-
langt, die nach wie vor aktuell sind und auf die – unter der weiter gezogenen

---

[150] Beispielhaft *H. C. Nipperdey*, WuW 1954, 223. Ähnlich *F. Böhm*, WuW 1956, 176ff.

[151] *H. C. Nipperdey*, WuW 1954, 223/224 („Ein gesetzliches Kartellverbot, also das Verbotsprinzip in einer künftigen Kartellgesetzgebung ist also nicht nur nicht verfassungswid-
rig, ... sondern erfüllt vielmehr konkretisierend die verfassungsmäßige Ordnung"). Vgl.
auch *G. Dürig*, NJW 1955, 732f., der zwar Kartelle nur in Bezug auf Ausnahmekonstellationen als Verstöße gegen die Schrankengüter des Art. 9 Abs. 2 GG ansah, für diese Ausnahmefälle jedoch eine staatliche Verbotspflicht annahm.

[152] Bezeichnenderweise ist sie als erstem einem Zivilrechtler bewußt geworden; *W. Fikentscher*, WuW 1955, 213 („Die Debatte zur Verfassungsmäßigkeit eines Kartellverbots
zeigt also das seltsame Bild, daß zwei etwa gleichgewichtige Meinungen einerseits das Kartellverbot für grundgesetzwidrig, andererseits für vom Grundgesetz und der ihm zugrundeliegenden materiellen Verfassung geradezu gefordert halten").

[153] Zur weiteren Möglichkeit einer Aussonderung der „Kartellfreiheit" aus den einschlägigen grundrechtlichen Schutzbereichen siehe sogleich unter bb).

[154] BVerfGE 6, 32ff.

[155] Als Wegbereiter sind hier zu nennen: *R. Scholz*, Konzentrationskontrolle und Grundgesetz; *A. Süsterhenn*, Unternehmensfreiheit und Mißbrauchsaufsicht; *K. Duden*, Entflechtung und Grundgesetz; *H.-H. Rupp*, Verfassungsrecht und Kartelle.

Perspektive der marktoptimierenden Wirtschaftsaufsicht – in diesem Abschnitt II. (Verhältnismäßigkeit – Ziff. II.6) sowie im nachfolgenden Abschnitt III. (Bestimmtheit) zurückzukommen sein wird.

(bb) Ein weiterer bereits an dieser Stelle zu erwähnender Anknüpfungspunkt für die nachfolgende Erörterung von Grundrechtsfragen der marktoptimierenden Wirtschaftsaufsicht betrifft die *inhaltliche Qualität der durch ein gesetzliches Kartellverbot hervorgerufenen Freiheitsbeeinträchtigung*. Insoweit sind wichtige Gesichtspunkte bereits durch das kartellverfassungsrechtliche Schrifttum der fünfziger Jahre freigelegt worden. Ihm bot sich an dieser Stelle ein – freilich nur von wenigen Autoren genutzter – Ansatzpunkt, um die Vereinbarkeit des GWB-Entwurfs mit Art. 2 Abs. 1 GG ungeachtet dessen vermeintlich eng gezogener Schrankenregelung doch noch bejahen zu können, und zwar ohne hierfür wie *Nipperdey* Rückgriff auf die wirtschaftsverfassungsrechtliche Grundlagenebene nehmen zu müssen. Dieser Ansatzpunkt bestand darin, die Freiheit zur Kartellbildung („Kartellfreiheit“) unter Hinweis auf ihre drohenden wirtschaftsfunktionalen Folgen von vornherein aus dem grundrechtlichen *Gewährleistungsbereich auszuscheiden*.

Als Vertreter dieser Richtung kann *Helmut Müller* genannt werden[156]. Er vertrat die Auffassung, ein Kartellverbot schränke zwar die „Handlungsmöglichkeiten eines Unternehmers“ ein, greife aber nicht in seine „Eigenständigkeit“ ein, da seine Befugnis unangetastet bleibe, „eigene Wirtschaftspläne aufzustellen und durchzuführen und dabei sein privates Gewinnstreben zur Richtschnur seines Handelns zu machen“[157]. Auch wenn diese Differenzierung erkennbar durch die später durch das Elfes-Urteil verworfene Persönlichkeitskerntheorie mitinspiriert wurde[158], so hat *Müller* sie doch auch auf eine Analyse der Funktionsprinzipien einer „freien Verkehrswirtschaft“ gestützt, die in der Schlußfolgerung gipfelt, das „private Ertrags- und Gewinnstreben kann nur insoweit dem einzelnen Unternehmer gewährleistet werden, als der freie Leistungswettbewerb die Form des wirtschaftlichen Verhaltens darstellt, … wozu man ihn im Interesse einer Aufrechterhaltung der Wirtschaftsordnung gegebenenfalls zwingen können muß“[159]. Das Kartellverbot erschien so bei *Müller* als unabwendbares Erfordernis ökonomischer Systemfunktionalität, letztlich nicht als Freiheits*beschneidung*, sondern als Freiheits*bedingung*, ohne die unternehmerische Aktivität von vornherein nicht zugelassen werden dürfe. Bezeichnenderweise brachte *Müller* die Kartellgesetzgebung denn auch mit dem ordoliberalen Bild einer staatlichen Gestaltung von „Spielregeln“ für den

---

[156] WuW 1953, 734 ff.
[157] Ebda., S. 741.
[158] Ebda., S. 738 (Art. 2 Abs. 1 als Manifestation einer „betonten Anerkennung des Persönlichkeitswertes“).
[159] Ebda., S. 739/740.

Wirtschaftsprozeß[160] in Verbindung und hob ihre Parallelen zur zivilrechtlichen Rahmensetzung hervor[161].

Im Unterschied zu diesem betont ökonomisch-funktionalistischen Ansatz, der – unter allerdings anderen grundrechtsdogmatischen Vorzeichen – etwa auch von *Franz Böhm* vertreten wurde[162], argumentierten andere Autoren aus stärker sozialstaatlichen Zusammenhängen heraus, kamen dabei aber zu vergleichbaren Ergebnissen. Zu erwähnen ist insbesondere *Ludwig Raiser*, der das Kartellgesetz als Mittel gegen die Entstehung privater Machtgefälle, als Schutzinstrument zugunsten schwächerer Vertragspartner verstand, welches den Erhalt von Verhandlungsparität sichere[163]. Hieraus gelangte *Raiser* zu der Feststellung, daß das Gesetz die „Vertragsfreiheit als Rechtsinstitut"[164] der „von dem Spannungsverhältnis zwischen Freiheit und sozialer Gerechtigkeit"[165] beherrschten Privatrechtsordnung inhaltlich überhaupt erst definiere. Übertragen in grundrechtliche Zusammenhänge bedeutete dies für ihn, „daß sich das Verhältnis des Gesetzes zum GG nicht nur unter dem Gesichtspunkt beurteilen läßt, daß es die Vertragsfreiheit beschränkt"[166]. Damit war gleichfalls das Kartellverbot in die Nähe einer bloßen Freiheits*bedingung* gerückt oder, wie von anderer Seite formuliert wurde, einer „Grenze", die der Vertragsfreiheit von vorneherein „immanent" ist[167].

(cc) Schließlich ist auf die in der kartellverfassungsrechtlichen Literatur bis heute verbreiteten Ansätze aufmerksam zu machen, die *Position Dritter* in die grundrechtliche Betrachtung einzubeziehen. Diese Weiterung des Blickwinkels über die vertikale Beziehung zwischen Aufsichtsbehörde und Aufsichtsadressat hinaus erfolgt dabei meist weniger wegen etwaiger Drittbelastungen, wie sie als (mittelbare) Folge belastender Maßnahmen gegenüber Aufsichtsadressaten vereinzelt auftreten können[168]. Vielmehr wird vor allem die Konstellation der *Interessensgegnerschaft* zwischen Aufsichtsadressat und Drittem

---

[160]　Ebda., S. 738.

[161]　Ebda., S. 736f.

[162]　*F. Böhm*, WuW 1956, 176ff. Böhm argumentierte auf Rechtfertigungsebene statt auf Schutzbereichsebene und zog die funktionsstörenden Wirkungen der Kartellbildung zur Begründung dafür heran, daß das Kartellverbot dem Schutz der „verfassungsmäßigen Ordnung" diene.

[163]　JZ 1958, 1ff. Raiser spricht auf S. 2 allerdings zusätzlich auch kurz wirtschaftsfunktionale Zusammenhänge an.

[164]　Ebda., S. 4.

[165]　Ebda., S. 8.

[166]　Ebda., S. 6 Fn. 36.

[167]　*E. Günther*, DB 1969, 25; *H. Rasch*, WuW 1956, 670.

[168]　Vgl. *R. Scholz*, Entflechtung und Verfassung, S. 225ff. Umfassend zu dieser Konstellation in allgemein grundrechtsdogmatischer Hinsicht nunmehr *Th. Koch*, Grundrechtsschutz des Drittbetroffenen.

(z. B. dem Konkurrenten) ins Auge gefaßt[169], bei der sich die Frage stellt, inwiefern den Aufsichtsadressaten belastende Aufsichtsmaßnahmen durch ihre positiven Drittschutzeffekte gerechtfertigt werden können. Ohne hierzu bereits an dieser Stelle in Einzelheiten vorzudringen, ist festzuhalten, daß eine Reihe namhafter Autoren, die von einem Grundverständnis des Kartellrechts als Ordnung individuellen Freiheits*ausgleichs* ausgehen, die Multipolarität der kartellrechtlichen Interessengeflechte ganz in den Mittelpunkt ihrer grundrechtlichen Analyse rückt. Kartellgesetzgebung wird von ihnen als „interessengerechter Ausgleich zwischen den Freiheitssphären übermächtiger Wettbewerber und unterlegener bzw. allzu schwacher Wettbewerber" verstanden. Die primäre Aufgabe des Gesetzgebers wird von ihnen darin gesehen, eine „grundrechtliche Kollisionslösung" zu finden, die über die Herstellung „praktischer Konkordanz" für eine „insgesamt grundrechtsoptimale Wahrnehmung und Ausübung wettbewerblicher Freiheiten für alle aktuellen und potentiellen Wettbewerber zu sorgen hat"[170].

c) Fragestellungen für die weitere Untersuchung

Die weitere grundrechtliche Untersuchung strebt keine enzyklopädische Vollständigkeit an. Sie soll sich auf Aspekte konzentrieren, die in erhöhtem Maße problemträchtig sind, wofür die kartellverfassungsrechtliche Diskussion in ihrem bisherigen Verlauf wichtige Stichworte liefert. Fragen der Schutzbereichszuordnung sowie der Grundrechtsträgerschaft, bei denen sich – jedenfalls mit speziellem Bezug auf die marktoptimierende Wirtschaftsaufsicht – keine dogmatischen Probleme grundsätzlicher Natur ergeben, können nachfolgend relativ knapp behandelt werden (unten 2., 3.). Verstärkte Aufmerksamkeit muß demgegenüber der Eingriffsqualität marktoptimierender Aufsichtsnormen (unten 4.), ihrer Verhältnismäßigkeit (unten 6.) sowie denjenigen grundrechtsdogmatischen Fragen zugewandt werden, die sich an den multipolaren Zuschnitt der von aufsichtsbehördlichen Interventionen berührten Interessensgeflechte knüpfen (unten 5.). Auf allen diesen Untersuchungsschritten sind dabei die oben unter I. herausgearbeiteten wirtschaftsverfassungsrechtlichen Rahmendaten im Auge zu behalten, die an verschiedenen Stellen der grundrechtlichen Betrachtung relevant werden können.

(aa) Die Frage nach der *Eingriffsqualität* marktoptimierender Aufsichtsakte greift die oben referierten Überlegungen zur zwitterhaften Natur der durch das Kartellverbot hervorgerufenen Freiheitsbeeinträchtigung auf. Übersetzt

---

[169] Nach der Terminologie von *M. Schmidt-Preuß*, Kollidierende Privatinteressen im Verwaltungsrecht, S. 30 ff. handelt es sich hier um „kehrseitige Interessenskonflikte".
[170] *R. Scholz*, Entflechtung und Verfassung, S. 102/103. Siehe auch *ders.*, Konzentrationskontrolle und Grundgesetz, S. 38 ff.; *E. Grabitz*, ZHR 149 (1985), S. 271 f.; *H.-H. Rupp*, Fusionskontrolle als Verfassungsauftrag, S. 95 ff.

man die von *Ludwig Raiser*, indirekt aber auch von *Helmut Müller* thematisierte Wirkungsambivalenz des GWB – eines Gesetzes, das die Vertragsfreiheit einschränkt, ihr in einem übergeordneten Sinne aber auch dient[171] – in die Sprache der modernen Grundrechtsdogmatik, so ist hiermit auf die Alternative zwischen *Eingriff* und *Ausgestaltung* verwiesen. Der letztgenannte Terminus soll dabei vorläufig für alle diejenigen Wirkungen staatlicher Tätigkeit auf Grundrechtspositionen stehen, die nicht als Schmälerung grundrechtlicher Gewährleistungssubstanz einzustufen sind, sondern diese überhaupt erst konkretisieren, prägen oder operationalisieren[172]. Die Figur der Ausgestaltung bringt gerade in Bezug auf die marktoptimierende Wirtschaftsaufsicht interessante Perspektiven zum Vorschein. Die Vorstellung, bei den im Interesse der Funktionsfähigkeit des Marktes den Marktakteuren auferlegten Verhaltenspflichten handle es sich nicht um Freiheitsbeschneidungen, sondern um die Aktualisierung sachnotwendiger Freiheits*voraussetzungen*, findet in dieser Figur augenscheinlich eine grundrechtsdogmatische Referenz, die näher ausgelotet werden muß. Daß das Bundesverfassungsgericht in seinen beiden erwähnten Beschlüssen zu § 26 Absatz 2 a. F. GWB[173] ohne erkennbares Problembewußtsein von der Eingriffsqualität der in Rede stehenden Maßnahmen ausging, nimmt der Frage nichts von ihrer Dringlichkeit. *Matthias Cornils* hat in seiner Besprechung des zweiten dieser Beschlüsse zutreffend angemerkt, „das Zentralproblem des Verhältnisses des Eingriffsabwehrrechts zum die Vertragskompetenz ausgestaltenden Gesetzgeber" werde durch ihn nicht gelöst[174]. Nicht ohne Grund wird daher auch in einer Reihe neuerer kartellverfassungsrechtlicher Arbeiten der Eingriffscharakter kartellbehördlicher Ermächtigungsnormen kritisch hinterfragt[175].

---

[171] Siehe *L. Raiser*, JZ 1958, 6: „Für das Schicksal der Vertragsfreiheit ist das Gesetz in doppelter Hinsicht bedeutsam; *es dient ihr*, insofern es darauf ausgeht, das wirtschaftliche Gleichgewicht der Marktteilnehmer auf den von Vermachtung bedrohten Märkten wiederherzustellen oder zu sichern und dadurch die Voraussetzungen für eine nicht bloß formale, sondern wirkliche Freiheit aller Marktteilnehmer beim Abschluß privater Austauschverträge zu schaffen. *Aber es schränkt zu diesem Zweck die Freiheit wirtschaftlicher Unternehmen* im Abschluß von Kartellverträgen (§§ 1 ff.) oder sonstigen, der Sicherung wirtschaftlicher Macht auf Kosten der Freiheit anderer dienenden Verträgen (§§ 15 ff., 22 ff.) *erheblich ein*" (Herv. v. Verf.).

[172] Insoweit kann auf *M. Gellermann*, Grundrechte im einfachgesetzlichen Gewand, S. 32 ff., 49 ff., verwiesen werden, ohne daß damit zum Ausdruck gebracht sei, daß auch dessen Maximen für die Zuordnung konkreter legislativer Akte zu den beiden Segmenten Eingriff oder Ausgestaltung in vollem Umfang für überzeugend gehalten werden.

[173] Beschluß vom 12. 7. 1982–1 BvR 1239/81, WuW/E VG 293; Beschluß vom 9. 10. 2000–1 BvR 1627/95, GRUR 2001, 266.

[174] NJW 2001, 3758.

[175] Vgl. einerseits *G. Michel*, Verfassungsrechtliche Fragen des kartellrechtlichen Aufnahmezwangs, S. 185 ff., der erörtert, ob der Aufnahmezwang eine „immanente Schutzbereichsrestriktion" darstellt, und andererseits *Ch. Tsiliotis*, Der verfassungsrechtliche Schutz der

Letzteres hängt freilich auch damit zusammen, daß sich noch immer kein abschließend konsentiertes dogmatisches Verständnis zur Figur des Eingriffs sowie zu seiner Abgrenzung gegenüber alternativen Wirkungsbeziehungen zwischen Gesetz und Grundrechten herausgebildet hat. Es ist im Gegenteil zu konstatieren, daß es sich hier um einen gerade in jüngerer Zeit stark in Bewegung geratenen Abschnitt der Grundrechtsdogmatik handelt[176]. Für die nachfolgenden Überlegungen bedeutet dies, daß sie von teilweise schwankendem Grund ausgehen müssen, wobei sich aber zeigen wird, daß die Untersuchung dennoch ohne allzu große Ausflüge auf vorgreifliches, allgemein-grundrechtsdogmatisches Terrain auskommen wird.

Als weiterer problematischer Umstand tritt allerdings hinzu, daß die Frage der Eingriffsqualität marktoptimierender Wirtschaftsaufsicht auch mit Fragen der Grundrechts*theorie* verquickt ist[177]. So liegt etwa auf der Hand, daß die These einer freiheits*bedingenden* Natur der marktoptimierenden Wirtschaftsaufsicht an Überzeugungskraft gewinnt, wenn man sie auf dem Boden einer Anschauung vertritt, die die *institutionelle* Funktion der Grundrechte betont[178]. Die nachstehende Untersuchung wird an diesem Punkt insbesondere auf die Frage zulaufen, inwiefern die institutionellen und anderen über die traditionell liberalen (individuell-negatorischen) Grundrechtsfunktionen hinaus-

---

Wettbewerbsfreiheit, S. 183 ff., der die GWB-Bestimmungen unter der Fragestellung durchgeht, ob sie sich der Figur der Ausgestaltung zuordnen lassen.

[176] Siehe neben *M. Gellermann*, Grundrechte im einfachgesetzlichen Gewand insbesondere *R. Poscher*, Grundrechte als Abwehrrechte; *U. Mager*, Einrichtungsgarantien; *W. Cremer*, Freiheitsgrundrechte; *M. Cornils*, Die Ausgestaltung der Grundrechte; *H. Bethge*, VVDStrL 57 (1998), *R. Wahl/J. Masing*, JZ 1990, 553 ff.; S. 7 ff.; *R. Eckhoff*, Der Grundrechtseingriff; *G. Lübbe-Wolff*, Die Grundrechte als Eingriffsabwehrrechte; *R. Herzog*, FS Zeidler II, S. 1415 ff.; *B. Schlink*, EuGRZ 1984, 457 ff.; *J. Schwabe*, Probleme der Grundrechtsdogmatik.

[177] Zugrundegelegt wird insoweit das bei *M. Jestaedt*, Grundrechtsentfaltung im Gesetz, S. 3, vertretene Verständnis von Grundrechtstheorie (Gesamtheit der Basisannahmen über Funktion und Struktur, Gehalt und Reichweite der Grundrechte). Siehe ferner *dens.*, S. 2 zum Verständnis von Grundrechtsdogmatik (Gesamtheit der rechtswissenschaftlichen Speicherbegriffe, deren Gegenstand die Grundrechte des Grundgesetzs darstellen und die insofern über unmittelbaren Anwendungsbezug verfügt, als sie Sichtung, Ordnung und Bearbeitung der Auslegungsergebnisse leistet und darüber hinaus Rechtserkenntnis wie Rechtsetzung dadurch leitet, daß sie mögliche Auslegungsantworten und -zusammenhänge sowie mögliche Rechtsetzungsentscheidungen und deren juristische Konsequenzen aufzuzeigen imstande ist). Vgl. auch *W. Cremer*, Freiheitsgrundrechte, S. 17 ff.

[178] Vgl. in diesem Zusammenhang insbesondere die Charakterisierung wettbewerbsrechtlicher Gesetze und der hierdurch herbeigeführten „Grundrechtsbegrenzungen" bei *P. Häberle*, Die Wesensgehaltgarantie des Art. 19 Abs. 2 GG, S. 118: „Die Vertrags- und Wettbewerbsfreiheit wird als Institut gerettet. Der durch die Vertrags- und Wettbewerbsfreiheit konstituierte Lebensbereich wird als freiheitlicher erhalten." Siehe auch *G. Morgenthaler*, Freiheit durch Gesetz, der – auf dem Boden seines in bewußter Abkehr vom liberalen Grundrechtsverständnis entwickelten wertorientierten Ordnungsdenkens – von einer Pflicht des Gesetzgebers spricht, alle Märkte „freiheitlich so zu ordnen, daß sie als Institutionen das Bewußtsein prägen zu können" (S. 297).

weisenden Grundrechtstheorien mit der grundgesetzlichen Wirtschaftsverfassung in ihrem oben unter I. entwickelten Sinn in Einklang zu bringen sind.

(bb) Was das grundrechtliche Prinzip der *Verhältnismäßigkeit* betrifft, so steht die Untersuchung vor dem Befund, daß das kartellverfassungsrechtliche Schrifttum – soweit es sich auf eingriffsdogmatischen Bahnen bewegt – stark unterschiedliche Auffassungen zur aus ihm abzuleitenden Intensität der normativen Bindung des Aufsichtsgesetzgebers vertritt. Für ein hohes Maß an Bindungsfreiheit spricht sich etwa *Rupert Scholz*[179] aus, der (mit speziellem Blick auf die kartellrechtliche Fusionskontrolle und das zeitweise in der rechtspolitischen Diskussion gestandene Institut der Entflechtung) dem Gesetzgeber zugesteht, nach eigenem „Ermessen" über die „wirtschaftspolitische Zweckmäßigkeit" staatlicher Maßnahmen entscheiden zu dürfen. *Scholz* erklärt in diesem Zusammenhang „wirtschaftswissenschaftliche Kategorien und Zielvorstellungen" für „prinzipiell unverbindlich" und will die verfassungsrechtliche Kontrolle auf das Aufspüren „von vornherein fehlerhafter Prognosen" oder „von vornherein irrigen Einschätzungen" beschränken[180]. Ausreichend sei es, wenn die ins Auge gefaßte Maßnahme „die gute Chance zu mehr (funktionsfähigem) Wettbewerb" eröffnet[181]. Einen Gegenpol bilden Autoren wie *Peter Selmer*[182], *Hans Peter Ipsen*[183] und früher *Adolf Süsterhenn*[184], die den Gesetzgeber deutlich weitergehend als *Scholz* in einer Pflicht zum Nachweis der ökonomischen Plausibilität kartellrechtlicher Interventionen sehen. So fordert *Selmer*, „daß durch den eingriffsbereiten Staat in überzeugender Weise darzulegen ist, daß das ins Auge gefaßte Gemeinwohlgut ‚Wettbewerb' in einer Weise gefährdet ist, die sein gesetzgeberisches Einschreiten notwendig macht"[185]. Die ökonomische Notwendigkeit sei „transparent und durch überzeugendes Sachmaterial spezifizierend deutlich" zu machen[186].

Es ist kaum überraschend und bestätigt nochmals den Bedarf an grundsätzlichen Erörterungen auf einer den einzelnen kartellgesetzlichen Bestimmungen übergeordneten Ebene, daß sich alle der vorgenannten Autoren sowohl auf die Rechtsprechung des Bundesverfassungsgerichts als auch auf allgemeine wirtschaftsverfassungsrechtliche Rahmendaten berufen. Die oben wiedergegebenen Äußerungen legen im übrigen nahe, einen gewissen Schwerpunkt der weiteren Überlegungen auf die Ebene der *Geeignetheit* des Grundrechtseingriffs zu legen. Insbesondere hier ist Auskunft darüber zu erwarten, inwieweit

---

[179] V.a. Konzentrationskontrolle und Grundgesetz, S. 26 ff.; Entflechtung und Verfassung, S. 99 ff., 115 ff.
[180] Konzentrationskontrolle und Grundgesetz, S. 27, 28, 35, 36.
[181] Entflechtung und Verfassung, S. 116.
[182] Unternehmensentflechtung und Grundgesetz, S. 34 ff.
[183] Kartellrechtliche Preiskontrolle als Verfassungsfrage, S. 73 ff.
[184] Unternehmensfreiheit und Mißbrauchsfreiheit, S. 30 ff.
[185] Unternehmensentflechtung und Grundgesetz, S. 38.
[186] Ebda., S. 39.

die marktoptimierende Wirtschaftsaufsicht von Verfassungs wegen einer wirtschaftstheoretischen Begründungspflicht unterliegt und wie sich diesbezüglich die Beurteilungszuständigkeit zwischen Gesetzgeber und Verfassungsgericht verteilt.

(cc) Das dritte Schwerpunktthema der grundrechtlichen Analyse ist ähnlich wie das Thema der Eingriffsqualität marktoptimierender Aufsichtsakte mit allgemeinen, teilweise in reger Diskussion befindlichen dogmatischen Grundlagenproblemen verquickt. Die *Bestimmung der grundrechtlichen Position Dritter und ihres Einflusses auf die grundrechtliche Beziehung zwischen Aufsichtsbehörde und Aufsichtsadressat* erfordert ein Eingehen auf die Figuren der Grundrechtskollision und der grundrechtlichen Schutzpflichten[187]. Mit ihnen steht in Frage, inwiefern die Grundrechte den Gesetzgeber nicht nur zur Beachtung privater Freiheitsreservate anhalten, sondern ihm darüber hinaus auch die Regulierung privater Interessenskonflikte auftragen. Naturgemäß würde es den Rahmen dieser Arbeit sprengen, hierauf in prinzipieller Weise Antworten zu geben. Stattdessen kann es nur darum gehen, auf dem Boden ausgewählter Grundannahmen und unter Verarbeitung der durch die grundgesetzliche Wirtschaftsverfassung gesetzten bereichsspezifischen Prämissen zu einigen speziellen, auf die marktoptimierende Wirtschaftsaufsicht hin abgepaßten Präzisierungen zu gelangen. Gerade die marktoptimierende Wirtschaftsaufsicht bietet freilich Anlaß, die unter Freiheitsgesichtspunkten zweischneidigen Auswirkungen des Schutzpflichten- und Kollisionsdenkens, ja überhaupt seine generelle Tragfähigkeit im wirtschaftsregulatorischen Kontext kritisch zu beleuchten[188].

2. Betroffene grundrechtliche Schutzbereiche

a) Berufsfreiheit, Eigentumsgarantie, weitere Grundrechte

Maßnahmen der Aufsichtsbehörden können die Aufsichtsadressaten in unterschiedlichen Handlungs- und Interessenszusammenhängen berühren. Dementsprechend betrifft die marktoptimierende Wirtschaftsaufsicht gleich mehrere grundrechtliche Gewährleistungstatbestände:

---

[187] Hierzu etwa neuere Beiträge von *P. Unruh*, Zur Dogmatik der grundrechtlichen Schutzpflichten; *J. Dietlein*, Die Lehre von den grundrechtlichen Schutzpflichten; *R. Hermes*, Grundrecht auf Schutz von Leben und Gesundheit. Siehe ferner *M. Gellermann*, Grundrechte im einfachgesetzlichen Gewand, S. 177 ff., 230 ff.; *Th. Koch*, Der Grundrechtsschutz des Drittbetroffenen, S. 304 ff.

[188] Vgl. hierzu *P. Selmer*, Unternehmensentflechtung und Grundgesetz, S. 30, der anmahnt, die Einsicht in die zuweilen drittfördernden Wirkungen kartellrechtlicher Maßnahmen dürfe „nicht dazu führen, diesen Förderungsaspekt als eingriffslegitimierend zu überdehnen". Ähnlich *G. Michael*, Verfassungsrechtliche Fragen des kartellrechtlichen Aufnahmezwangs, S. 199 ff.

An erster Stelle ist die *Berufsfreiheit* gemäß Art. 12 GG zu nennen. Sie umgreift als „Hauptgrundrecht der freien wirtschaftlichen Betätigung"[189] unternehmerische Aktivität unter allen denkbaren Aspekten[190]. Der Schutz des Art. 12 GG erstreckt sich insbesondere auch auf das Wettbewerbsverhalten der Unternehmen als Nachfrager oder Anbieter auf dem Markt[191] sowie auf die Gründung und den Betrieb von Unternehmen[192]. Nahezu jede unternehmerische Disposition, sei sie der betrieblichen Binnensphäre oder dem äußeren unternehmerischen Wirkungskreis zuzuordnen, fällt in den Schutzbereich der Berufsfreiheit und löst im Falle der Beschränkung durch staatliche Maßnahmen grundrechtlichen Rechtfertigungsbedarf aus[193]. Dies gilt auch bei bloß mittelbarer Beschränkung[194], sofern nicht eine vollkommen berufsneutrale Zwecksetzung vorliegt[195], was indes bei marktoptimierenden staatlichen Maßnahmen praktisch nicht vorstellbar ist. Für die Regelung in § 26 Abs. 2 GWB a. F. (= § 20 Abs. 1 GWB n.F) hat das Bundesverfassungsgericht die Zuordnung zum Schutzbereich der Berufsfreiheit positiv festgestellt[196]. Ebenso hat das Bundesverwaltungsgericht sie für die Regelung in § 33 TKG a. F. bejaht[197]. Es bedarf keiner näheren Darlegung, daß auch zahlreiche weitere Regelungen im GWB, im TKG sowie im WpHG unternehmerische Aktivitäten beschränken, die Art. 12 GG unterfallen.

Marktoptimierende Wirtschaftsaufsicht kann zum zweiten den grundrechtlichen Gewährleistungsbereich des *Art. 14 GG* berühren. Dies erscheint zunächst weniger evident als im Falle des Art. 12 GG, schützt doch die Eigentumsgarantie nach gängiger Formel den – durch marktoptimierende Aufsichtsmaßnahmen nur in seltenen Ausnahmefällen betroffenen[198] – (vermögensrechtlichen) Bestand des Unternehmens als materielle Basis unternehmerischen Handelns, nicht das unternehmerische Handeln als solches[199]. Allerdings erstreckt sich die verfassungsrechtliche Eigentumsgarantie grundsätzlich auch auf die Disposition über das von ihr geschützte Eigentum sowie auf weitere Modalitäten des Eigentumgebrauchs[200]. Hinzu kommt das gerade im Falle der marktoptimierenden Wirtschaftsaufsicht häufig einschlägige, wenn auch in

---

[189] *F. Ossenbühl*, AöR 115 (1990), 5. Siehe auch *P. Axer*, in: Hommage Isensee, S. 121 ff., 122.

[190] Siehe nur *Sachs-Tettinger*, Art. 12 Rn. 57 ff.

[191] BVerfGE 46, 120, 37.

[192] BVerfGE 50, 290, 363 f.

[193] Vgl. *R. Schmidt*, HStR III, S. 1155.

[194] *Sachs-Tettinger*, Art. 12, Rn. 10.

[195] *Sachs-Tettinger*, Art. 12, Rn. 74 m. w. N.

[196] Beschluß vom 9. 10. 2000–1 BvR 1627/95, GRUR 2001, 266.

[197] NVwZ 2001, 1399.

[198] Etwa im Falle kartellrechtlicher Entflechtungsmaßnahmen.

[199] Vgl. *F. Ossenbühl*, AöR 115 (1990), 3.

[200] *M/D-Papier*, Art. 14 Rn. 8, 14; *Sachs-Wendt*, Art. 14 Rn. 6, 41 f. Siehe aber nunmehr *U. Hösch*, Eigentum und Freiheit.

seiner verfassungsgerichtlichen Akzeptanz unsicher gewordene Gewährleistungskonstrukt des Rechts am eingerichteten und ausgeübten Gewerbebetrieb[201]. Insgesamt ist so auch bei Art. 14 GG eine Reihe möglicher Berührungspunkte zur marktoptimierenden Wirtschaftsaufsicht gegeben. In der Literatur sind denn auch einzelne marktoptimierende Normengefüge eingehend auf ihre Vereinbarkeit mit Art. 14 GG hin untersucht worden, beispielsweise die kartellrechtliche Fusionskontrolle[202].

Als mögliche betroffene Grundrechte fallen weiter *Art. 9 Abs. 1*[203], *Art. 11*[204] sowie vor allem die allgemeine Handlungsfreiheit gemäß *Art. 2 Abs. 1 GG* ins Auge. Art. 2 Abs. 1 GG wurde früher sogar als zentrale Schutzvorschrift für „wirtschaftliche Entfaltungsfreiheit", Wettbewerbsfreiheit und auch Vertragsfreiheit angesehen[205]. Heute herrscht die Einsicht vor, daß diese Gewährleistungen primär bei den speziellen Freiheitsrechten, insbesondere bei Art. 12 GG und Art. 14 GG anzusiedeln sind, so daß Art. 2 Abs. 1 GG nur Bedeutung als subsidiäres Auffanggrundrecht verbleibt[206]. Die Freiheit zum Abschluß und zur inhaltlichen Ausgestaltung von Verträgen etwa ist als Bestandteil der Berufsfreiheit von Art. 12 GG geschützt, soweit der Vertragsschluß im konkreten Fall Mittel oder Begleiterscheinung unternehmerischen Handelns ist[207]. Diese Linie liegt auch den erwähnten bundesverfassungsgerichtlichen Beschlüssen zu § 26 Abs. 2 GWB a. F. (= § 20 Abs. 1 GWB n.F) zugrunde[208].

---

[201] Hierzu unter Nachweis der einschlägigen verfassungsgerichtlichen Judikate *M/D-Papier*, Art. 14 Rn. 95 ff.

[202] Etwa *H. H. Rupp*, Fusionskontrolle als Verfassungsauftrag, S. 102 ff. Weiter wurde in der kartellverfassungsrechtlichen Literatur vereinzelt auch das kartellrechtliche Mißbrauchsverbot dem Schutzbereich des Art. 14 GG zugeordnet (*U. Büdenbender*, BB 1978, 1078 f.). Aus dem Instrumentarium des TKG sind vor allem die Vorschriften über offenen Netzzugang und Zusammenschaltung betroffen.

[203] Betroffen etwa bei Fusionsbeschränkungen (*R. Scholz*, Konzentrationskontrolle und Grundgesetz, S. 40 f.) und beim kartellrechtlichen Aufnahmezwang nach § 20 Abs. 6 GWB (*G. Michael*, Verfassungsrechtliche Fragen des kartellrechtlichen Aufnahmezwangs, S. 170 ff.). Nicht einschlägig ist Art. 9 Abs. 3 GG; so bereits *F. Böhm*, WuW 1956, 173 f.

[204] Betroffen bei Einschränkungen der freien Standortwahl; *F. Ossenbühl*, AöR 115 (1990), 4.

[205] So beispielsweise noch *H. P. Ipsen*, Kartellrechtliche Preiskontrolle als Verfassungsfrage, S. 79 f. Ferner aus der kartellverfassungsrechtlichen Literatur der fünfziger Jahre u. a. *K. Biedenkopf*, BB 1956, 473 f.; *W. Geiger*, Grundgesetzliche Schranken für eine Kartellgesetzgebung, S. 7.

[206] *M. Cornils*, NJW 2001, 3758; *P. Tettinger*, AöR 108 (1983), 130 m. w. N.

[207] *R. Breuer*, HStR VI, S. 923; *H. Lecheler*, VVDStRL 43 (1985), 55; *H.-P. Schneider*, VVDStRL 43 (1985), 39.

[208] Beschluß vom 12. 7. 1982–1 BvR 1239/81, WuW/E VG 293; Beschluß vom 9. 10. 2000–1 BvR 1627/95, GRUR 2001, 266.

b) Ökonomische Teilfreiheiten

Im Zusammenhang mit der grundrechtlichen Analyse der marktoptimierenden Wirtschaftsaufsicht nicht unerwähnt bleiben dürfen die in der Literatur und vereinzelt auch in der Rechtsprechung thematisierten ökonomischen Teilfreiheiten[209]. Zu nennen sind hier zum einen Freiheiten, die sich pauschal auf das Unternehmen beziehen (Unternehmensfreiheit), dessen zentrale Aktivitätsfelder betreffen (Wettbewerbsfreiheit, Marktfreiheit) oder gar die ökonomische Lebenssphäre ganz allgemein in Bezug nehmen (Wirtschaftsfreiheit). Zu ihnen gesellen sich zweitens Freiheiten, die auf unternehmerische Einzelverrichtungen bzw. einzelne, nach betriebswirtschaftlichen Kriterien klassifizierte Unternehmensbereiche abheben: Vertriebsfreiheit, Produktionsfreiheit, Organisationsfreiheit, Preisbildungsfreiheit, Investitionsfreiheit, Werbefreiheit, Entwicklungsfreiheit usf. Nahezu alle dieser Freiheiten können von marktoptimierenden aufsichtsbehördlichen Maßnahmen tangiert werden. Gelegentlich werden zwei oder mehrere Freiheiten gleichzeitig betroffen sein.

Zu beachten ist indes, daß keine von ihnen eine normativ verselbständigte Kategorie bildet. Unternehmensfreiheit, Marktfreiheit, Vertriebsfreiheit usf. stehen nicht für eigenständige grundrechtliche Gewährleistungen mit anderem oder gar weitergehendem Schutzgehalt als die oben aufgeführten Grundrechte der Berufsfreiheit, der Eigentumsgarantie oder der allgemeinen Handlungsfreiheit. Vielmehr werden mit ihnen Bestandteile der Gewährleistungen aus Art. 12, 14 oder 2 GG in rein deskriptiver Absicht herausgestrichen. Sie verdeutlichen grundrechtliche Schutzbereiche unter speziellen Aspekten[210], beschreiben typische Ausübungsformen grundrechtlicher Freiheiten[211] und verharren so auf der tatsächlichen statt der normativen Ebene[212]. Von daher ginge namentlich auch die Annahme fehl, die Verfassung gewährleiste eine spezielle Marktfreiheit oder Transaktionsfreiheit, die als exklusiver Maßstab für die Prüfung marktoptimierenden Aufsichtsrechts fungieren und einen Rückgriff auf die Grundrechte der Berufsfreiheit und der Eigentumsgarantie obsolet machen könnte[213]. Sie würde auch dem oben unter I. getroffenen Befund widersprechen, daß die verfassungsnormative Steuerung und Begrenzung der Aufsichtsgesetzgebung über Vorschriften erfolgt, die vom Verfassungsgeber nicht nicht aus einer ökonomischen Vorstellung heraus entworfen worden sind. Das Grundgesetz füllt die Begriffe Unternehmen, Markt, Wettbewerb und erst recht die Begriffe Investition, Produktion usf. nicht mit einem eigenen norma-

---

[209] Siehe hierzu und zum folgenden die Aufzählungen bei *Sachs-Tettinger*, Art. 12 Rn. 57 ff.; *F. Ossenbühl*, AöR 115 (1990), 18 ff.; *M/D-Scholz*, Art. 12 Rn. 79.

[210] *Sachs-Tettinger*, Art. 12 Rn. 57.

[211] *M/D-Scholz*, Art. 12 Rn. 130.

[212] Ähnlich *E. Grabitz*, ZHR 149 (1985), S. 269. Differenzierend – bezogen auf die „Wettbewerbsfreiheit" – *F. J. Lindner*, JZ 2003, 185 ff.

[213] So aber *A. Süsterhenn*, Unternehmensfreiheit und Mißbrauchsaufsicht, S. 27 f.

tiven Gehalt. Ihr verfassungsrechtlicher Status erschließt sich nur dann, wenn man an die sie konstituierenden Einzelfaktoren wie Personen, Tätigkeiten, Vermögenswerte usf. anknüpft[214].

Hieraus darf freilich nicht der Schluß gezogen werden, daß die funktionalen Zusammenhänge, die mit den ökonomischen Teilfreiheiten zum Ausdruck gebracht werden, in grundrechtlicher Hinsicht irrelevant wären. Daß etwa das tatsächliche Gewicht einer aufsichtsbehördlichen Maßnahme, wie es im Rahmen der Verhältnismäßigkeitsprüfung zu bestimmen ist, unter Einbeziehung auch der Rückwirkungen bemessen werden muß, die diese Maßnahme auf die Fähigkeit der Marktbehauptung (Marktfreiheit), die Konkurrenzfähigkeit (Wettbewerbsfreiheit), die Möglichkeiten zur Absatzgestaltung (Vertriebsfreiheit) usf. hat, versteht sich von selbst. Bei der Identifizierung und Beurteilung solcher Zusammenhänge können die ökonomischen Teilfreiheiten sowie die ihnen zugrundeliegenden Erkenntnisraster praktische Hilfestellungen leisten.

c) Grundrechtskonkurrenzen

Fragen der Grundrechtskonkurrenzen stellen sich bei der marktoptimierenden Wirtschaftsaufsicht wie bei anderen wirtschaftsbezogenen staatlichen Maßnahmen vornehmlich in Bezug auf das Verhältnis zwischen Art. 12 GG und Art. 14 GG. Infolge der Ausdehnung des Schutzbereichs von Art. 14 GG auf bestimmte Modalitäten des Eigentums*gebrauchs* (s. o.) ergibt sich ein Schnittbereich zwischen Eigentumsgarantie und Berufsfreiheit. An Versuchen, diesen durch bündige Abgrenzungsformeln möglichst klein zu halten, hat es nicht gefehlt. Das Bundesverfassungsgericht hat die Maßgabe entwickelt, stärker „personenbezoge" und „zukunftsbezogene" Maßnahmen seien Art. 12 GG zuzuordnen, stärkere „objektbezogene" Maßnahmen unterfielen hingegen Art. 14 GG, der überdies im Gegensatz zu Art. 12 GG das Ergebnis einer Betätigung statt diese selbst schütze[215]. Soweit durch solche oder andere Formeln[216] die grundrechtliche Prüfung nicht auf einen der beiden Gewährleistungstatbestände konzentriert werden kann, ist die fragliche Maßnahme an beiden Normen zu messen[217]. Wegen ihrer weitgehenden schrankenrechtlichen Identität[218] dürften divergierende Prüfungsresultate freilich kaum je vorkommen. Anderes wäre rechtspolitisch gerade im Hinblick auf die marktoptimie-

---

[214] *P. Saladin*, VVDStrL 35 (1977), 10.

[215] BVerfGE 30, 292, 334 f.

[216] Siehe etwa *M/D-Scholz*, Art. 12 Rn. 113; *H.-P. Schneider*, VVDStRL 43 (1985), S. 39.

[217] *R. Breuer*, HStR VI, S. 951; *F. Ossenbühl*, AöR 115 (1990), S. 26.

[218] *M. Cornils*, NJW 2001, 3758; *E. Grabitz*, ZHR 149 (1985), S. 267. Wohl auch *P. Selmer*, Unternehmensentflechtung und Grundgesetz, S. 27. Nennenswerte schrankenrechtliche Gefälle bestehen vielmehr *innerhalb* beider Grundrechte, so zwischen Enteignung und Inhalts- bzw. Schrankenbestimmung (Art. 14 GG) sowie zwischen Maßnahmen mit und ohne Bezug zum Aspekt der Berufs*wahl* (Art. 12 GG).

rende Wirtschaftsaufsicht auch wenig befriedigend, hält man sich vor Augen, daß die Zuordnung einer Aufsichtsmaßnahme zu Art. 12 GG oder zu Art. 14 GG von regulierungs*technischen* Zufälligkeiten abhängen kann.

3. Aufsichtsadressaten als Grundrechtsträger (insbesondere im Hinblick auf den grundrechtlichen Status großer unternehmenstragender Gesellschaften)

a) Erörterungsbedarf

Die durch marktoptimierende Aufsichtsmaßnahmen belasteten Aufsichtsadressaten fallen in den persönlichen Schutzbereich von Art. 12 und 14 GG als der hauptsächlich einschlägigen Grundrechte. Dies gilt unabhängig davon, ob es sich bei ihnen um natürliche (einzelne) Personen, um Personengesellschaften oder um Unternehmen handelt, die durch eine juristische Person (Kapitalgesellschaft) getragen werden. Aufgrund der Bestimmung des Art. 19 Abs. 3 GG gelten die menschenrechtlich verfaßten Gewährleistungen der Berufsfreiheit sowie der Eigentumsgarantie auch zugunsten von juristischen Personen sowie Personengesellschaften. Die dogmatischen Einzelheiten dieser Konstruktion sind im vorliegenden Zusammenhang ebensowenig von näherem Interesse wie die in mancherlei Hinsicht problemträchtige Frage der Einstufung ausländischer juristischer Personen. Im Rahmen einer Untersuchung zur marktoptimierenden Wirtschaftsaufsicht speziell erörterungsbedürftig erscheint hingegen der grundrechtliche Status *großer unternehmenstragender Gesellschaften* (Großunternehmen), spielt doch die Unternehmensgröße bei ihr eine zentrale Rolle. Zahlreiche marktoptimierende Aufsichtsnormen knüpfen unmittelbar oder mittelbar an die Unternehmensgröße an, so etwa die kartellrechtliche Zusammenschlußkontrolle (Umsatzschwellenwerte des § 35 GWB), die kartellrechtliche Mißbrauchsaufsicht der §§ 19 ff. GWB (Beschränkung auf marktbeherrschende Unternehmen) sowie die telekommunikationsrechtlichen Vorschriften zur Entgeltregulierung und zum offenen Netzzugang (§§ 27 ff., 16 ff. TKG; gleichfalls Beschränkung auf marktbeherrschende Unternehmen). Soweit Aufsichtsnormen nicht an Größenmerkmale anknüpfen, werden es dennoch de facto häufig Großunternehmen sein, gegen die sich aufsichtsbehördliche Maßnahmen richten, da von ihnen im Durchschnitt stärkere Funktionsgefahren ausgehen und sich die Aufsichtsbehörden daher in ihrer Verwaltungspraxis auf sie konzentrieren.

b) Prinzipieller Einbezug von Großunternehmen in den Grundrechtsschutz

Es dürfte heutzutage nicht mehr in Abrede zu stellen sein, daß ein *prinzipieller* Ausschluß von Großunternehmen aus dem Grundrechtsschutz verfassungsrechtlich unhaltbar wäre. Das Bundesverfassungsgericht hat Großunternehmen im Mitbestimmungsurteil den Grundrechtsschutz des Art. 12 GG ausdrücklich sowie denjenigen aus Art. 14 GG zumindest implizit zuerkannt[219]. Daß es diesen aus heutiger Sicht selbstverständlichen Umstand überhaupt herausstellen mußte, hängt zum einen mit seiner sogleich unter c) näher zu betrachtenden Deutung des personalen Bezugs beider Grundrechte zusammen, die ohne eine entsprechende Klarstellung auch zu gegenteiligen Schlüssen hätte verleiten können. Zum anderen ist auf den allgemeinen zeitgenössischen Hintergrund des Mitbestimmungsurteils hinzuweisen, der durch Bestrebungen gekennzeichnet war, dem sog. „Wirtschaftseigentum" einen quasi-öffentlichen – und das bedeutet in letzter Konsequenz: grundrechtslosen – Status zuzusprechen, sowohl seiner politisch-sozialen Tragweite wegen wie auch im Hinblick auf die vermeintliche Mediatisierung der in großen Kapitalgesellschaften faktisch zu (Obligationen-)Gläubigern herabgestuften Anteilseigner[220].

Es dient der besseren Durchdringung der sogleich zu erörternden Frage der *Intensität* des Grundrechtsschutzes von Großunternehmen, wenn man sich die wesentlichen dogmatischen Zusammenhänge vor Augen führt, die Deutungen der letztgenannten Art entgegenstehen. Sie sind vor allem von *Hans-Jürgen Papier* herausgearbeitet worden[221]. *Papier* hat überzeugend dargelegt, daß die Wirtschaftsfreiheiten nicht auf die (bei Großunternehmen zwangsläufig meist in den Hintergrund tretenden) Funktionen der persönlichen Existenzsicherung und einer rein individuellen Wirkungskreis verharrenden Persönlichkeitsentfaltung reduziert werden dürfen. Der grundrechtliche Schutzzusammenhang ist vielmehr weiter und zugleich abstrakter zu ziehen. Er umfaßt im Sinne eines partizipatorischen Elements auch die selbstbestimmte *Mitwirkung* Einzelner an der Wirtschafts- und Sozialgestaltung. Diese sieht sich unter den ökonomischen Gegebenheiten der Gegenwart regelmäßig auf den Weg *assoziativer Freiheitsbetätigung* verwiesen und wird gerade auch in dieser Ausübungsmodalität vom Grundgesetz geschützt.

Ausgehend von diesen Prämissen erhellt sich nicht nur die eminente Verfassungsrelevanz der unternehmerischen Binnenstruktur (die beim Mitbestimmungsurteil primär auf dem Prüfstand lag). Es erschließt sich so auch ohne weiteres, warum die Verblassung des personellen (konkret-individuell verstandenen) Substrats, wie sie bei großen, rechtlich verselbständigten Publikumsgesellschaften im Streubesitz („sociétés anonymes"!) in der Tat nicht zu leugnen

---

[219] BVerfGE 50, 290, 364 (zu Art. 12 GG); ebda. S. 351 f. i. V. m. 342 ff. (zu Art. 14 GG). Siehe auch bereits BVerfGE 14, 262, 282.

[220] Siehe etwa *P. Saladin*, VVDStrL 35 (1977), S. 15 ff.; *H. H. Rupp*, Fusionskontrolle als Verfassungsauftrag, S. 97 ff. Weitere Nachweise bei *H.-J. Papier*, VVDStrL 35 (1977), S. 59 ff.

[221] VVDStrL 35 (1977), S. 59 ff., 81 ff.; DVBl. 1984, 801 ff.; M/D, Art. 14, Rn. 4 ff., 503.

ist, für sich genommen am grundrechtlichen Schutzniveau nichts zu ändern vermag. Im Ergebnis ist daher der Weg versperrt, Großunternehmen als vermeintliche „pouvoirs intermédiaires" aus der Sphäre freier gesellschaftlicher Assoziation auszusondern – und hierüber die für die rechtsstaatliche Verfassungsordnung konstitutive Trennung von Staat und Gesellschaft in ihren machtverteilenden und freiheitssichernden Funktionen[222] an einer bedeutsamen Stelle aufzuweichen[223]. Der Staat steht beim Zugriff auf Großunternehmen im Prinzip nicht weniger unter grundrechtlichem Legitimationszwang als beim Zugriff auf den einzelnen Bürger.

c) Intensität des Grundrechtsschutzes von Großunternehmen

Aus dem Mitbestimmungsurteil[224] tritt demgegenüber zunächst ein engeres Verständnis der Wirtschaftsfreiheiten zutage. Das Gericht geht in ihm, was speziell die Berufsfreiheit betrifft, davon aus, daß ihr „personaler Grundzug" sich nur in der Gründung und Führung von Klein- und Mittelbetrieben voll verwirkliche, während er bei Großunternehmen „nahezu gänzlich verloren" sei. Unternehmerfreiheit bilde bei Großunternehmen „nicht Element der Ausformung der Persönlichkeit des Menschen", sondern Gewährleistung eines Verhaltens, „dessen Wirkungen weit über das wirtschaftliche Schicksal des eigenen Unternehmens hinausreichen". Einer Nuancierung dieses Befunds anhand des Gedankens der assoziativen Freiheitsbetätigung verschließt sich das Gericht. Dabei erkennt es als eine Funktion des Berufs durchaus an, daß der Einzelne „seinen Beitrag zur gesellschaftlichen Gesamtleistung erbringt". Offensichtlich stuft es jedoch die gleichfalls aufgeführte Berufsfunktion, dem Einzelnen „Lebensaufgabe und Lebensgrundlage" zu bieten, als vorrangig ein.

Das Gericht zieht wie erwähnt hieraus nicht die Konsequenz, Großunternehmen den Grundrechtsschutz aus Art. 12 GG gänzlich zu versagen. Jedoch sieht es in der Schwäche des personalen Bezugs einen Faktor, der „für den Umfang der Regelungsbefugnis von Bedeutung" ist, *sprich: weitergehende Beschränkungen als bei kleineren und mittleren Unternehmen rechtfertigt*. In ganz ähnlicher Weise argumentiert das Gericht auch bei der Eigentumsgarantie des Art. 14[225]: Je weniger das Eigentum als Element der Sicherung der persönlichen Freiheit des Einzelnen fungiere (was mit zunehmender Unternehmensgröße immer stärker der Fall sei), je mehr es „in einem sozialen Bezug und einer sozialen Funktion" stehe, umso größer sei die Gestaltungsfreiheit des Gesetzgebers.

---

[222] Statt aller: *E. W. Böckenförde*, FS W. Hefermehl, S. 11 ff.
[223] Siehe v. a. *H.-J. Papier*, DVBl. 1984, 807.
[224] BVerfGE 50, 290, 362 ff.; dort auch die nachfolgend zitierten Passagen.
[225] Ebda., 340 ff.

Eine entscheidende Schwäche dieses Ansatzes liegt darin, daß er bei der Frage in Schwierigkeiten geraten muß, warum überhaupt Großunternehmen Grundrechtsschutz genießen sollen. Das Gericht liefert hierzu im Mitbestimmungsurteil lediglich die Begründung, Großunternehmen seien „wesentliche Elemente einer hochentwickelten und leistungsfähigen Volkswirtschaft". – Dies wirkt im gegebenen Zusammenhang sachlich nicht sonderlich stimmig (warum sollte der Aspekt volkswirtschaftlicher Nützlichkeit schutzbegründend wirken?) und ist darüber hinaus auch mit der Indifferenz des Grundgesetzes gegenüber ökonomischen Effizienzerwägungen, wie sie das Gericht sonst selbst stets betont, kaum in Einklang zu bringen. Zudem eröffnet sich, was noch schwerer wiegt, mit dieser Argumentation die rechtstaatlich bedenkliche Perspektive einer ökonomischen Funktionalisierung der Grundrechte, einer Abstufung des Grundrechtsschutzes nach dem Grad volkswirtschaftlicher Nützlichkeit. Großunternehmen werden so tendenziell zu Grundrechtsträgern minderen, rein aus ökonomischen Meßdaten abgeleiteten Rechts. Lauten diese Meßdaten ungünstig, vergrößern sich nach der Logik des verfassungsgerichtlichen Ansatzes automatisch die staatlichen Interventionsmöglichkeiten. Letztlich wird hierdurch das allgemeine grundrechtliche Legitimationsschema in wesentlichen Eckpunkten verrückt, wenn nicht auf den Kopf gestellt[226].

Konsequenzen dieser Art lassen sich nur vermeiden, wenn mit *Papier* der personale Bezug der Wirtschaftsfreiheiten aus einem abstrakteren, eben den Aspekt der assoziativen Freiheitsbetätigung aufgreifenden Blickwinkel erfaßt wird. Auf diese Weise tritt zu Recht in den Hintergrund, inwieweit ein Unternehmen der jeweiligen Zahl seiner Anteilseigner und der Ausgestaltung seiner Unternehmensverfassung nach als personalistisch gelten kann. Dies sind Faktoren, die das Bundesverfassungsgericht zu Unrecht als beachtlich ansieht[227], denn sie führen letztlich zu dem unhaltbaren Ergebnis, daß der Umfang des Grundrechtsschutzes und damit auch das Maß noch zulässiger Eingriffsintensität mit der jeweiligen Gesellschafterstruktur und Rechtsform des Grundrechtsträgers variieren müßte. Nur am Rande sei erwähnt, daß sich insoweit auch Widersprüche zu der vom Bundesverfassungsgericht selbst ins Spiel gebrachten volkswirtschaftlichen Betrachtungsweise auftun, in deren Lichte Differenzierungen nach solchen rechtstechnischen Merkmalen unplausibel sind.

---

[226] Kritisch auch *M/D-Scholz*, Art. 12 Rn. 35; *P. Badura*, FS Herschel, S. 26; *H.-J. Papier*, DVBl. 1984, 807; *Sachs-Wendt*, Art. 14 Rn. 89 ff.

[227] BVerfGE 50, 290, 363 („er [der personale Grundzug des Art. 12 – J. H.] mag sich noch bei einem maßgebenden Anteilseigner finden, vor allem wenn dieser, wie bei der Gesellschaft mit beschränkter Haftung möglich, zugleich in der Leitung des Unternehmens tätig ist").

Nur ein Verzicht auf ein allzu verengtes Verständnis des „personalen Grundzugs" der Wirtschaftsfreiheiten bietet volle Gewähr dafür, daß Belastungen von Großunternehmen nicht auf allfällige, unsubstantiierte Verweise auf ihre angeblich geringere grundrechtliche Schutzwürdigkeit gestützt werden können. Er lenkt den Blick dorthin, wo er nach der Anlage des grundrechtlichen Schutzsystems hingehört, nämlich auf die staatliche Intervention und die Frage, inwieweit diese ihrem Zweck und ihrer Ausgestaltung nach den verfassungsrechtlichen Forderungen der Legitimität des Beschränkungszwecks und der Verhältnismäßigkeit genügt. Er zwingt zur Konzentration auf die Ebene der Rechtfertigung staatlichen Handelns, statt vom Interventionsstaat von vorneherein ein Stück grundrechtlichen Begründungsdrucks zu nehmen. Damit muß im Ergebnis keinesfalls ein Verlust an notwendigem Freiraum zur Sozialgestaltung einhergehen. Die Inpflichtnahme von Großunternehmen bleibt weiterhin möglich – auch eine stärkere Inpflichtnahme als bei kleinen und mittleren Unternehmen. Das grundrechtliche System bietet ausreichend Raum, um dem vom Bundesverfassungsgericht betonten besonderen „sozialen Bezug" bzw. der „sozialen Funktion" von Großunternehmen Rechnung zu tragen. Dies zeigt sich gerade im Kontext der Marktoptimierung. Von Großunternehmen gehen infolge ihrer größeren Wirkungsreichweite im Durchschnitt größere Funktionsgefahren für den Markt aus – und deshalb ist es auch grundrechtlich unbedenklich (verhältnismäßig), sie stärker in die Pflicht zu nehmen und ihnen Belastungen aufzuerlegen (z. B. Fusionsbeschränkungen), die kleineren oder mittleren Unternehmen gegenüber unterbleiben (und dort eben auch unverhältnismäßig wären).

d) Speziell zur Grundrechtsträgerschaft gemischtwirtschaftlicher Unternehmen

In den Vordergrund treten die personalen Gegebenheiten freilich dort, wo die Trägerschaft des Unternehmens nicht alleine bei Privaten liegt, sondern der Staat bzw. eine juristische Person des öffentlichen Rechts mit zum Kreis der Unternehmensinhaber (Anteilseigner) zählt (gemischtwirtschaftliche Unternehmen). Einen solchen Umstand für unbeachtlich zu halten, hieße an der Staatsgerichtetheit als einem grundlegenden Strukturmerkmal des Grundrechtsschutzes vorbeizusehen. Im Bereich der marktoptimierenden Wirtschaftsaufsicht spielt die Grundrechtsträgerschaft gemischtwirtschaftlicher Unternehmen im Hinblick auf die Deutsche Telekom AG als Adressatin zahlreicher Aufsichtspflichten aus dem TKG eine besondere Rolle[228]. Das Bundesverwaltungsgericht hat ihre Grundrechtsfähigkeit bejaht und hierbei auf den verfassungsrechtlich (Art. 87 f GG) vorgegebenen privatwirtschaftlichen Cha-

---

[228] Hierzu allgemein *K. Windthorst*, VerwArch 95 (2004), 377 ff.

rakter ihrer Tätigkeit und Aufgabenstellung verwiesen[229]. Vom Ergebnis leuchtet dies ein, die Begründung erscheint indes fragwürdig, da sie konsequenterweise dazu führen müßte, die Grundrechtsfähigkeit der Deutsche Telekom AG oder anderer Kapitalgesellschaften auch für den Falle einer Alleingesellschafterstellung der öffentlichen Hand, die an der Privatwirtschaftlichkeit von Tätigkeit und Aufgabenstellung ja nichts ändern muß, zu bejahen.

Ist die Grundrechtsfähigkeit eines gemischtwirtschaftlichen Unternehmens zu bejahen, darf dieses nicht anders behandelt werden als andere Grundrechtsträger. Namentlich gilt dann wieder die Maßgabe, daß die grundrechtliche Schutzintensität nicht mit mehr oder weniger freihändigen, vom Interventionstatbestand losgelösten Verweisen auf eine vermeintlich geringere subjektive Schutzwürdigkeit des Grundrechtsträgers abgesenkt werden darf. Daher kann dem Bundesverwaltungsgericht nicht gefolgt werden, wenn es im Falle der Deutschen Telekom AG zu ihren Ungunsten in die grundrechtliche Betrachtung einfließen läßt, daß sie in der Vergangenheit ihr Netz unter dem Schutz eines staatlichen Monopols und unter Verwendung öffentlicher Mittel errichtet hat[230]. Von Belang darf ausschließlich sein, inwieweit von der Deutschen Telekom AG als marktbeherrschendem Unternehmen Funktionsgefahren für den Telekommunikationsmarkt ausgehen. Soweit dies der Fall ist, kann hierüber die Auferlegung von Aufsichtspflichten grundrechtlich gerechtfertigt werden, ohne daß es des Verweises auf die Vergangenheit noch bedürfte. Liegt hingegen keine Funktionsgefahr vor, kann die Grundrechtswidrigkeit der Inpflichtnahme auch durch einen Verweis auf die staatswirtschaftliche Vergangenheit nicht aus der Welt geschafft werden.

4. Marktoptimierende Aufsichtsnormen als Grundrechtseingriff

a) Problemaufriß

In den wenigen gerichtlichen Entscheidungen, in denen Grundrechtsfragen marktoptimierender Aufsichtsnormen eine Rolle spielen, werden, wie oben bereits dargelegt, keinerlei Zweifel an deren Eingriffscharakter geäußert[231]. So führt das Bundesverfassungsgericht in seinem bereits angesprochenen Be-

---

[229] BVerwG NVwZ 2001, 1399, 1406.

[230] BVerwG NVwZ 2001, 1399, 1407. Vergleichbare Erwägungen für das Netzeigentum des vormaligen Gebietsmonopolisten im Energiewirtschaftsrecht bei *H.-J. Papier*, BB 1997, 1215 ff.

[231] Dazu, daß sich der Eingriffsbegriff auf Akte sämtlicher drei Staatsfunktionen erstreckt, siehe nur *H. Bethge*, VVDStrL 57 (1998), S. 13; *K. Stern*, Staatsrecht III/2, S. 127. Die folgenden Ausführungen beschränken sich auf die Erörterung der Eingriffsqualität marktoptimierender Aufsichts*normen*. Daß daneben auch die auf ihrer Grundlage getroffenen einzelnen Aufsichtsakte als Eingriffe in Betracht zu ziehen sind, kann außen vor bleiben, da sich hieraus keine im hiesigen Untersuchungszusammenhang weiterführenden Fragestellungen ergeben.

schluß vom 9. 10. 2000[232] im Hinblick auf § 26 Abs. 2 GWB a. F. lapidar aus: „Allerdings liegt ein Eingriff in den Schutzbereich des Art. 12 Abs. 1 GG vor". In seinem Beschluß vom 12. Juli 1982[233], der ebenfalls § 26 Abs. 2 GWB a.F betraf, hatte das Bundesverfassungsgericht noch die etwas weniger eindeutige Aussage getroffen, die Vorschrift sei „als eine zulässige Regelung der Berufsausübung zu beurteilen". Das Gericht führte aber auch hier eine Verhältnismäßigkeitsprüfung durch, löste den Fall also nach eingriffsdogmatischen Regeln. Das Bundesverwaltungsgericht schließlich stuft in seinem Urteil vom 25. 4. 2001[234] die aus § 33 TKG a. F. folgende Verpflichtung der Deutsche Telekom AG, ihren Wettbewerbern ein nachfragegerechtes Angebot auf Zugang zu Teilnehmeranschlußleitungen zu unterbreiten, ausdrücklich als Eingriff in den Schutzbereich des Art. 12 Abs. 1 GG ein. Lediglich für den Fall der bloßen Information öffentlicher Stellen über marktrelevante Umstände verneint die Rechtsprechung einen Eingriff, sofern die Information sachlich zutreffend ist und zuständigkeitshalber erteilt wird[235].

Daß die Literatur in dieser Frage ein durchmischtes Bild abgibt, wurde gleichfalls schon weiter oben[236] anhand von Äußerungen aus den fünfziger Jahren (*Helmut Müller, Ludwig Raiser*) sowie unter Verweis auf *Matthias Cornils* dargelegt, der in seiner Besprechung[237] des verfassungsgerichtlichen Beschlusses vom 9. 10. 2000 mit der Figur der *Ausgestaltung* zugleich auch eine denkbare dogmatische Alternative zur Annahme eines *Eingriffs* benannt hat. Weitere Autoren lassen sich anfügen. So wird in einer neueren Untersuchung von *Tsiliotis* zum verfassungsrechtlichen Schutz der Wettbewerbsfreiheit die Kartellaufsicht als Instrument zur „Ausgestaltung und Förderung eines insgesamt möglichst freiheitlichen Wettbewerbssystems" angesehen; soweit der Mißbrauch wirtschaftlicher Macht untersagt wird, der „der grundgesetzlichen Wertordnung widerspricht", handle es sich um einen Fall der „Grundrechtsoptimierung"[238]. *Tsiliotis* beruft sich hierbei auf *Rupert Scholz*, der für qualifizierte Mißbrauchsverbote das Vorliegen eines Eingriffs in die Berufsfreiheit ausdrücklich ausgeschlossen hat[239]. *Rüdiger Breuer* äußert im Handbuch des Staatsrechts, das Verbot von Kartellen und kartellähnlichen Verhaltensweisen „dient dem institutionellen Schutz des Wettbewerbs und somit der wirtschaftlichen Freiheit vor innerer Aushöhlung, Zweckentfremdung und Mißbrauch von seiten der beteiligten Unternehmer. ... Alle diese Verbote des allgemeinen

---

[232] GRUR 2001, 266.
[233] WuW/E VG 293.
[234] NVwZ 2001, 1399, 1406.
[235] BVerfGE 105, 252, 265 ff.
[236] 1.b. bb); 2. c. aa).
[237] NJW 2001, 3758.
[238] Der verfassungsrechtliche Schutz der Wettbewerbsfreiheit, S. 184.
[239] *M/D-Scholz*, Art. 12 Rn. 385.

Wettbewerbsrechts tragen ihre grundrechtliche Legitimation in sich selbst"[240]. Anderes gilt laut *Breuer* nur für solche „Werbe- und Vertriebsverbote, die für bestimmte Güter oder Leistungen zum Schutz kollidierender Gemeinwohlbelange normiert werden"; diese sollen „echte Eingriffe in die Wettbewerbsfreiheit" darstellen[241]. *Peter Häberle* schließlich, der hier als letzter Autor genannt werden soll, hat folgende Sicht eingenommen: „Gesetze, die sich gegen Mißbrauch wirtschaftlicher Machtstellungen richten, beschränken – freilich nur in einem sehr vordergründigen Sinne – u.a. die individuelle Vertragsfreiheit. Denjenigen, die aufgrund ihrer tatächlichen Überlegenheit ihren Rechtsgenossen Verträge diktieren können, wird der Vertrag als Instrument hierzu entzogen. Ihre individuelle Vertragsfreiheit wird beschränkt (richtiger: begrenzt). Fragt man jedoch nach Sinn und Zweck dieser Grundrechtsbegrenzung und überblickt man deren Auswirkung auf das soziale Leben im ganzen, so fällt eines alsbald auf: Die Vertrags- und Wettbewerbsfreiheit wird als Institut gerettet. Der durch die Vertrags- und Wettbewerbsfreiheit konstituierte Lebensbereich wird als freiheitlicher erhalten"[242].

Der Eingriffscharakter marktoptimierender Aufsichtsnormen stellt sich im Lichte dieser Äußerungen keineswegs als so zweifelsfrei dar, wie es die Rechtsprechung in ihrer apodiktischen Kürze suggeriert. Wie die Worte *Häberles* belegen, ergeben sich zum einen aufgrund der (fördernden) Drittwirkungen staatlicher Aufsichtsmaßnahmen ernstzunehmende Hinweise, daß bestimmte Aufsichtsnormen zu komplex sein könnten, um mit den Kategorien der Eingriffsdogmatik hinreichend erfaßt werden zu können; diesen Hinweisen soll nachfolgend unter 5. näher nachgegangen werden. Gegen die Eingriffsthese läßt sich aber auch der in allen vorzitierten Äußerungen anklingende Umstand anführen, daß es dem Aufsichtsgesetzgeber primär um die Stabilisierung eines freiheitlichen Handlungssystems geht, in dem sich die Aufsichtsadressaten zum eigenen Vorteil bewegen und das durch Normengefüge nach Art des Kartellrechts lediglich im Hinblick auf seine immanenten „Spielregeln" geschützt wird. Aus dieser Perspektive betrachtet erscheint es nicht völlig fernliegend, die aufsichtsrechtlich auferlegten Belastungen als natürliche Hypothek einer allgemeinen Freiheitsgewähr zu bewerten – in der sich lediglich wiederspiegeln würde, daß der Markt von staatlichen Konstituierungsbeiträgen abhängig und „Marktfreiheit" somit eine staatlich vermittelte, ausgestaltungsbedürftige Freiheit darstellt. Führt man sich die oben in den §§ 1 und 2 aufgezeigten Unterschiede zwischen marktoptimierender und (außerökonomisch begründeter) marktkorrigierender Wirtschaftsaufsicht vor Augen, gewinnt diese Überlegung zusätzlich an Schärfe. Während mit marktoptimierenden Aufsichtsnor-

---

[240] HStR VI, S. 977.
[241] Ebda., S. 978.
[242] Die Wesensgehaltgarantie des Art. 19 Abs. 2 GG, S. 121 f.

men lediglich Tribut an Funktionsgesetze des Marktmechanismus gezollt wird, nimmt der Staat die Adressaten marktkorrigierender Aufsichtsnormen für politische Ziele in Anspruch, die keinen inneren Zusammenhang zum Tatbestand der Marktteilnahme aufweisen, mit dieser nicht vergleichbar eng sachkontextuell verknüpft sind. Die (außerökonomisch begründete) marktkorrigierende Inpflichtnahme läßt sich daher ungezwungener als echtes Opfer auf dem Altar des Gemeinwohls deuten, das einer eingriffsdogmatischen Kontrolle bedarf, um nicht ins Übermaß abzuleiten.

Juristische Anknüpfungspunkte für einen solche Sichtweise finden sich naturgemäß am ehesten auf *grundrechtstheoretischer Ebene.* Auf Basis der Grundrechtstheorie *Häberles,* der (besonders nachdrücklich in seinen frühen Schriften[243]) von einem institutionellen Freiheitsbegriff des Grundgesetzes ausgeht, muß sich die Beurteilung marktoptimierender Aufsichtspflichten als ihrer marktstabilisierenden Wirkungen wegen *freiheitskonstituierend* geradezu aufdrängen[244]. Von Autoren, die wie *Gerd Morgenthaler* einem kommunitaristisch-wertbestimmten Freiheitsbegriff anhängen[245], kann gleichfalls schon auf Anhieb entsprechendes vermutet werden. Juristische Anknüpfungspunkte ergeben sich naturgemäß aber auch auf Ebene der *Grundrechtsdogmatik,* die in den letzten Jahren durch eine Reihe neuer eingriffs- wie ausgestaltungsdogmatischer Konzeptionen bereichert worden ist, mit denen sich das Bewußtsein für die freiheitliche Ambivalenz staatlicher Gesetzgebung beträchtlich geschärft hat[246].

Zur Klärung der Frage nach der Eingriffsqualität marktoptimierender Normen soll zunächst eine Durchsicht des allgemeinen grundrechtstheoretischen und grundrechtsdogmatischen Problemhintergrunds vorgenommen werden (unten b.), um auf diese Weise einen geeigneten Diskussionsrahmen für den hier vertretenen, speziell auf die marktoptimierende Wirtschaftsaufsicht und ihre normativen Besonderheiten hin abgestimmten Lösungsansatz (unten c.) zu gewinnen.

---

[243] Siehe die abschwächende Bemerkung im Vorwort zur 2. Auflage seiner Arbeit über die „Wesensgehaltgarantie des Art. 19 Abs. 2 GG", S. VI. Hierzu *K. Stern,* Staatsrecht III/2, S. 16.

[244] Näher hierzu unten b. dd) (1).

[245] Freiheit durch Gesetz, S. 30 ff., 64 ff.

[246] An vorderster Stelle sind insoweit die Habilitationsschriften von *G. Lübbe Wolff,* Die Grundrechte als Eingriffsabwehrrechte (1988) und von *M. Gellermann,* Grundrechte im einfachgesetzlichen Gewand (2000) zu nennen. Hierzu unten b. aa) (3), bb). Aus jüngster Zeit *R. Poscher,* Grundrechte als Abwehrrechte; *U. Mager,* Einrichtungsgarantien; *W. Cremer,* Freiheitsgrundrechte; *M. Cornils,* Die Ausgestaltung der Grundrechte.

b) Allgemeiner grundrechtsdogmatischer und grundrechtstheoretischer Problemhintergrund

(aa) Zur Entwicklung der Ausgestaltungsdogmatik

(1) Institutsgarantien. Die sog. Institutsgarantie stellt die älteste verfassungsdogmatische Manifestation der Einsicht dar, daß staatliche Aktivität im Grundrechtsbereich nicht durchwegs als Eingriff wahrgenommen werden darf[247]. Indem die Institutsgarantie einen bestimmten einfachgesetzlichen Normenkomplex zum grundrechtlichen Schutzgut erhebt, erweist sich an ihr, daß staatliche Gesetzgebung, die dieses Schutzgut ja erst schafft, auch freiheitskonstituierend wirken kann. Die Institutsgarantie verweist so auf einen besonderen Typus grundrechtsrelevanter Legislativakte neben dem Eingriffsakt als klassischem Typus „staatlich verantworteter Freiheitsverkürzung"[248]. Die freiheitskonstituierende Wirkung institutsbildender Gesetze ist in einem strikt normativen Sinne zu verstehen, der über die allgemeine, philosophisch gemeinte Aussage hinausweist, daß jegliche menschliche Freiheit zu ihrer Entfaltung der staatlichen (Friedens-)Ordnung bedarf. Das grundrechtliche Freiheitsversprechen kann im Falle der Institutsgarantie ohne vorherige staatliche Gesetzgebungsaktivität überhaupt nicht eingelöst werden. Das Gesetz ist im rechtlichen Sinne Freiheits*voraussetzung*, womit zugleich die Regel durchbrochen wird, daß Grundrechte ihrer „normativen Funktion nach self-executing"[249] sind.

Die marktoptimierende Wirtschaftsaufsicht bewegt sich im Bezugsfeld der Institutsgarantie, soweit ihre gesetzlichen Grundlagen Regelungen zum Eigentumsgebrauch enthalten. Hier ist die Eigentumsgarantie des Art. 14 GG als klassisches Beispiel einer Institutsgarantie betroffen. Art. 14 GG hält mit der Inhaltsbestimmung i. S. v. Abs. 1 Satz 2 eine Figur bereit, die dem Gedanken der freiheitskonstituierenden Wirkung institutsbildender Gesetze unmittelbaren Ausdruck verleiht. So kann etwa auch hinsichtlich der im GWB enthaltenen fusionskontrollrechtlichen Verfügungsbeschränkungen gefragt werden, ob der Gesetzgeber mit ihnen entsprechend Art. 14 Abs. 1 Satz 2 GG den Inhalt des verfassungsrechtlich garantierten Eigentums (mit) bestimmt hat, was ihre Deutung als Grundrechtsrechtseingriff zweifelhaft erscheinen ließe.

---

[247] Zur systematischen Grundlegung bei *Carl Schmitt* und später v. a. bei *Friedrich Klein, Heinhard Steiger* und *Edzard Schmidt-Jortzig* siehe *A. Bleckmann*, Staatsrecht II, S. 272 ff. und *K. Stern*, Staatsrecht III/1, S. 754 ff. Die terminolgischen Variationen (Institutsgarantie – institutionelle Garantie – Einrichtungsgarantie) bedürfen im vorliegenden Zusammenhang keiner Vertiefung.

[248] *H. Bethge*, VVDStRL 57 (1998), 10. Vgl. bereits *P. Lerche*, Übermaß und Verfassungsrecht, S. 98 ff., mit der Unterscheidung zwischen grundrechtsprägendem, grundrechtsverdeutlichendem und grundrechtseingreifendem Handeln.

[249] *J. Isensee*, HStR V, S. 424.

Über die verfassungsrechtliche Eigentumsgarantie hinaus ergeben sich jedoch keine Bezüge der marktoptimierenden Wirtschaftsaufsicht zur grundrechtlichen Institutsgarantie. Die Lehre von der Institutsgarantie beschränkt sich gegenständlich auf einen abgeschlossenen Kreis historisch überkommener, von der Verfassung vorgefundener einfachgesetzlicher Normenkomplexe bzw. normativ verfestigter Sozialgefüge[250], zu denen neben dem Eigentum beispielsweise die Ehe, die Familie und das Erbrecht gehören[251]. Die Frage nach der Eingriffsqualität marktoptimierender Aufsichtsnormen, die in ihrer Mehrzahl keine Eigentumsregelungen darstellen, kann schon von daher nur in größerem dogmatischen Rahmen geklärt werden.

(2) Rechtserzeugte oder normgeprägte Grundrechte, insbesondere die Vertragsfreiheit. Als ein weiteres dogmatisches Konstrukt, das den unter Freiheitsaspekten ambivalenten Charakter staatlicher Gesetzgebung zum Vorschein bringt, ist das sog. normgeprägte oder rechtserzeugte Grundrecht zu nennen. Es wird in der Literatur nicht immer strikt von der grundrechtlichen Institutsgarantie unterschieden[252], von der es sich seiner Struktur nach auch nicht prinzipiell unterscheidet. Jedoch wird zumeist sein Anwendungsbereich weiter gesteckt und findet man ihm mehr normative Phämomene als der Institutsgarantie zugeordnet. Namentlich wird die Vertragsfreiheit als rechtserzeugtes Grundrecht eingestuft[253], wobei von ihr mit Rücksicht auf die Vielzahl ihrer grundrechtlichen Standorte strenggenommen nicht als *einem* Grundrecht, sondern mit *Höfling* als einem „terminologischen Substrat" unterschiedlicher grundrechtlicher Gewährleistungen die Rede sein sollte[254]. Der Vertragsfreiheit kommt im Kontext der marktoptimierenden Wirtschaftsaufsicht augenscheinlich eine erhebliche Bedeutung zu. Viele marktoptimierende Aufsichtsnormen enthalten Regelungen, die den Abschluß oder Inhalt von Verträgen betreffen[255], so etwa § 1 GWB (Kartellverbot), § 31 TKG (Entgeltmaßstäbe), § 14 WpHG (Insiderhandelsverbot).

Vertragsfreiheit ist staatlich konstituierte Freiheit insofern, als die rechtliche Verbindlichkeit und Durchsetzbarkeit des Vertrages auf einer entsprechenden Anordnung staatlichen Rechts beruhen. Als vorstaatliche Freiheit ist allenfalls eine natürliche Versprechensfreiheit denkbar. Vertragsfreiheit führt im Vergleich zur Versprechensfreiheit zu einer Vermehrung nicht des Dürfens, son-

---

[250] *H. de Wall*, Der Staat 38 (1999), S. 380 f.; *M. Ruffert*, Vorrang der Verfassung und Eigenständigkeit des Privatrechts, S. 79; *K. Stern*, Staatsrecht III/1, S. 791. Siehe aber *K. Korinek/E. Dujmovits*, in: Handbuch der Grundrechte, S. 935 f.

[251] Hierzu und zu weiteren Anwendungsfällen siehe *K. Stern*, Staatsrecht III/1, S. 795 ff.

[252] Siehe etwa *M. Nierhaus*, AöR 116 (1991), 84, der das Eigentumsgrundrecht als rechtserzeugtes Grundrecht ansieht.

[253] Vgl. nur *M. Nierhaus*, ebda.

[254] *W. Höfling*, Vertragsfreiheit, S. 9.

[255] Hierzu bereits oben § 3 I 1. b.

dern des Könnens. Sie ist *kompetentielle* Freiheit[256], die – was im vorliegenden Zusammenhang von besonderem Interesse ist – auch den ökonomischen Aktionsradius des Einzelnen tatsächlich vergrößert. Dieser kann mithilfe des staatlich bereitgestellten Instruments Vertrag seine Austauschbeziehungen auf eine verbindliche, effiziente Basis stellen, damit höhere Transaktionskosten vermeiden und so Kapital anderen, produktiveren Verwendungen zuführen.

Diejenigen staatlichen Legislativakte, die Regelungen über den Abschluß oder den Inhalt von Verträgen enthalten, können folglich nicht *ohne weiteres* als Eingriff gewertet werden. Dies gilt auch im Hinblick auf die eben genannten marktoptimierenden Aufsichtsnormen in §§ 1 GWB, 31 TKG und 14 WpHG. Deren grundrechtliche Qualifizierung ist allerdings mit der besonderen Schwierigkeit konfrontiert, daß die Vertragsfreiheit zugleich auch für die prinzipielle Möglichkeit steht, daß konstituierte Freiheitspositionen – ist die Konstituierung erst einmal abgeschlossen – ungeachtet der staatlichen „Geburtshilfe" in den negatorischen Grundrechtsschutz einrücken können. Hiervon geht auch die Rechtsprechung des Bundesverfassungsgerichts aus, die verschiedentlich „Eingriffe" in die Vertragsfreiheit bejaht hat[257]. Der Einbezug konstituierter Positionen in den negatorischen Grundrechtsschutz verstärkt die verfassungsrechtliche Freiheitsgewährleistung. Er läßt den konstituierten Freiheiten denselben Schutz angedeihen, wie sie natürliche Freiheitspositionen (z. B. Meinungsfreiheit) genießen. Im modernen Gemeinwesen, in dem zunehmend mehr Freiheiten von staatlichen Konstituierungs- und Vermittlungsbeiträgen abhängig sind, ist dies von eminenter Bedeutung für den allgemeinen Freiheitsschutz. Nur so kann verhindert werden, daß der in ökonomisch und technologisch komplexen Ordnungssystemen stetig voranschreitende Verlust „natürlicher" Handlungsräume automatisch zum Schrumpfen des grundrechtlichen Eingriffsschutzes führt. Dieser Gedanke hat auch im Kontext des Ordnungssystems Markt Gewicht, der in geradezu idealtypischer Weise belegt, daß auch Felder freier gesellschaftlicher Selbststeuerung von staatlichen Steuerungsaktivitäten durchsetzt werden, die – wie gerade die marktoptimierende Wirtschaftsaufsicht zeigt – in einem übergeordneten Sinn nicht freiheitsverkürzend gemeint sind, aber doch zu realen Belastungen einzelner Normadressaten führen.

Die Vertragsfreiheit könnte somit, wie auch andere rechtserzeugte Grundrechte, sowohl eingriffs- als auch ausgestaltungsdogmatisch in Beschlag genommen werden oder auch sich in ein eingriffsdogmatisches *und* ein ausgestaltungsdogmatisches Segment aufteilen[258].

---

[256] *W. Höfling*, Vertragsfreiheit, S. 20 ff.; *M. Bäuerle*, Vertragsfreiheit und Grundgesetz., S. 329 f. Ähnlich bereits *W. Leisner*, Grundrechte und Privatrecht, S. 329.

[257] Nachweise bei *M. Gellermann*, Grundrechte im einfachgesetzlichen Gewand, S. 132.

[258] Vgl. *U. Mager*, Einrichtungsgarantien, S. 435 ff.; *M. Cornils*, Die Ausgestaltung der Grundrechte, S. 165 ff.

(3) Die Ausgestaltungsdogmatik Gellermanns. Die Einsicht in die ambivalente Qualität staatlicher Gesetzgebung wird in der Habilitationsschrift von *Martin Gellermann*[259] aus dem Jahr 1999 und mit der darin entfalteten Ausgestaltungsdogmatik auf den denkbar allgemeinsten grundrechtsdogmatischen Nenner gebracht. Die Lehre *Gellermanns* soll hier als der bislang umfassendste Komplementäransatz zum eingriffsdogmatischen Denken[260] etwas ausführlicher referiert und hinsichtlich ihres Aussagewerts für die grundrechtliche Einordnung der marktoptimierenden Wirtschaftsaufsicht analysiert werden.

Der Begriff der Grundrechtsausgestaltung[261], der ohne vergleichbar systematischen Impetus auch in der Verfassungsjudikatur vorkommt[262], fungiert bei *Gellermann* als Chiffre für sämtliche nicht-konfliktuellen Modalitäten des Verhältnisses von Gesetz und Grundrecht. Diese zeichnen sich dadurch aus, daß der Gesetzgeber Grundrechtsgehalte nicht mindert, sondern konkretisiert, aktualisiert, vermittelt, fördert etc[263]. Ausgestaltung bildet so den zentralen Gegenbegriff zum Eingriff[264] und umschließt neben den oben angesprochenen Figuren der Institutsgarantie bzw. der rechtserzeugten Grundrechte, die bei *Gellermann* im Begriff der „normativen Konstituierung" generalisiert werden[265], sämtliche weiteren objektiv-rechtlichen Grundrechtsfunktionen (grundrechtliche Schutzpflichten, Kollisionslösungen, Grundrechtsschutz durch Verfahren usw.).

Die Ausgestaltungsdogmatik *Gellermanns* fußt auf Vorarbeiten anderer Autoren[266], geht aber über diese hinaus, sowohl was die dogmatische Grundlegung der Figur[267], als auch was ihre systematische Reichweite und die ihr zu-

---

[259] Grundrechte im einfachgesetzlichen Gewand.

[260] Ähnliche Einschätzung bei *M. Cornils*, Die Ausgestaltung der Grundrechte, S. 20.

[261] Zu anderen in der Literatur verbreiteten Begriffen siehe *M. Gellermann*, ebda., S. 15 f. Hervorzuheben ist der von *P. Lerche* eingeführte Begriff der „Grundrechtsprägung" (siehe HStR V, S. 739 ff.). *Lerche* verwendet zusätzlich auch den Begriff der Ausgestaltung, allerdings mit einem im Vergleich zu *Gellermann* abweichenden Bedeutungsgehalt (ebda., S. 746, FN. 21).

[262] Nachweise bei *M. Gellermann*, Grundrechte im einfachgesetzlichen Gewand, S. 8 f.; *H. H. Rupp*, JZ 1998, 920; *H. Jarras*, AöR 120 (1995), 354; *ders.*, AöR 110 (1985), 390 ff.

[263] *M. Gellermann*, Grundrechte im einfachgesetzlichen Gewand, S. 32 ff., v. a. S. 49 ff.

[264] Ebda., S. 55: „Entweder verfügt die Norm über Eingriffsqualität … oder sie ist von ausgestaltender Qualität".

[265] Ebda., S. 90 ff. Siehe bereits *P. Lerche*, HStR V, S. 762 ff.

[266] Insbesondere *H. Jarras*, AöR 120 (1995), 354; *ders.*, AöR 110 (1985), 390 ff.; *M. Nierhaus*, AöR 116 (1991), 72 ff.; *P. Lerche*, HStR V, S. 739 ff.; *R. Herzog*, FS Zeidler II, S. 1415 ff.

[267] Siehe v. a. Grundrechte im einfachgesetzlichen Gewand, S. 73 ff. Dort wird als normativer Kern eines jeden Grundrechts eine systematisch übergeordnete „Wertentscheidung" postuliert, aus der sich einerseits Abwehrrechte und andererseits die über objektive Schutzfunktionen vermittelten Rechte gleichrangig ableiten sollen. Vom systematischen Vorrang des grundrechtlichen Abwehrrechts, wie er vom Bundesverfassungsgericht stets betont worden ist, ist hier keine Rede mehr. Anders demgegenüber *H. Jarras*, AöR 110 (1985), 366 (den

geschriebenen verfassungsrechtlichen Konsequenzen betrifft. *Gellermann* erschließt der Figur Felder, die herkömmlich zumindest in Teilen eingriffsdogmatisch belegt sind. Dies gilt auch, wie sogleich näher ausgeführt werden soll, für die Vertragsfreiheit. Dabei will *Gellermann* den in seinem expansiven Ausgestaltungsbegriff angelegten Freiheitsgefahren dadurch vorbeugen, daß er den ausgestaltenden Gesetzgeber spezifischen verfassungsrechtlichen Ausgestaltungsdirektiven unterwirft[268]. Der ausgestaltende Gesetzgeber müsse sich als „Weiterdenker verfassungsrechtlicher Impulse" betätigen, was etwa im Falle des Art. 14 GG bedeutet, daß er das Eigentum unter Beachtung der Prinzipien der Privatnützigkeit und der freien privaten Vergügungsbefugnis auszugestalten habe[269]. Der Ausgestaltungsgesetzgeber steht bei *Gellermann* (im Unterschied zu anderen Autoren[270]) somit nicht außerhalb verfassungsrechtlicher Bindungen. Mit den Ausgestaltungsdirektiven schafft *Gellermann* Ersatz für die eingriffsdogmatischen Verfassungsbindungen (v. a. das Verhältnismäßigkeitsprinzip), deren praktischer Stellenwert in seinem System wegen der reduzierten Einsatzreichweite des Eingriffsbegriffs sinkt[271].

Die Vertragsfreiheit will *Gellermann* entgegen der herkömmlichen Auffassung nicht in ein ausgestaltungsdogmatisches und ein eingriffsdogmatisches Segment unterteilen, sondern vollständig der Ausgestaltungsseite zuschlagen[272]. Vertragsrelevante Normen könnten auch dann nicht eingreifend sein, wenn sie theoretisch denkbare Möglichkeiten freier Rechtsgestaltung beschränken; ihnen liege „keine eingriffsfähige grundrechtliche Substanz voraus"[273]. Daher seien sie „grundrechtsermöglichender Art auch dann, wenn sie der Freiheit Grenzen setzen"[274](!). Jegliche Differenzierungsversuche in dieser Hinsicht hält *Gellermann* für künstlich: „Denn es läßt sich schlechterdings nicht feststellen, was als eingeschränktes Geben und was als Nehmen nach vorherigem Geben zu begreifen ist"[275]. Weiter heißt es bei ihm: „Angesichts dessen konstituieren vertragsrechtliche Vorschriften die grundrechtlich verbürgte Vertragsfreiheit selbst dann, wenn sie den Grundrechtsträgern be-

---

Abwehrrechten könnten Prinzipien entnommen werden, die dann zur Grundlage neuer Rechtsfolgen werden).

[268] Grundrechte im einfachgesetzlichen Gewand, S. 288 ff.

[269] Ebda., S. 308 ff., 320 f. Zitat auf S. 312.

[270] Etwa *W. Höfling*, Vertragsfreiheit, S. 32 ff. und *R. Alexy*, Theorie der Grundrechte, S. 306/307, die bezeichnenderweise zur Vermeidung grundrechtlicher Schutzlücken die Einsatzreichweite der Figur auch auf ein Minimum reduzieren.

[271] An dieser Stelle setzt zentral die Kritik von *M. Cornils*, Die Ausgestaltung der Grundrechte, S. 20 ff., an, der für eine Verkopplung von Ausgestaltung und negatorischen Grundrechtsbindungen des Gesetzgebers eintritt.

[272] Grundrechte im einfachgesetzlichen Gewand, S. 131 ff.

[273] Ebda., S. 137.

[274] Ebda., S. 143.

[275] Ebda., S. 279 unter Verweis auf *G. Manssen*, Privatrechtsgestaltung durch Hoheitsakt, S. 258.

stimmte vertragliche Gestaltungen untersagen. Bestimmungen nach Art der §§ 138, 242 BGB, 9 ff. AGBG *oder Regelungen der Wettbewerbsordnung* unterliegen daher grundsätzlich keinen anderen verfassungsrechtlichen Anforderungen als sie etwa für die §§ 241, 305 BGB gelten"[276] (Herv.v.Verf.). Auch die Eigentumsgarantie des Art. 14 GG nimmt *Gellermann* vollständig für die Ausgestaltungsdogmatik in Anspruch[277] und wendet sich dementsprechend auch gegen die von anderen Autoren[278] verfochtene Unterscheidung zwischen Inhaltsbestimmungen (Ausgestaltung) und Eingriffsbestimmungen (Schranken). Eine Beurteilung als Eingriff käme, würde man *Gellermanns* Ansatz folgen, für marktoptimierende Aufsichtsnormen weder bei der Vertragsfreiheit noch bei Art. 14 GG in Betracht.

Eine Ausnahme sieht *Gellermann* lediglich für sog. „umgestaltende Ausgestaltungen" vor, worunter er die Konstellation faßt, daß der Gesetzgeber den Einzelnen belastende Änderungen ausgestaltenden Rechts vornimmt. *Gellermann* will umgestaltende Ausgestaltungen den Regeln der Eingriffsdogmatik unterwerfen. Für den Bereich der Vertragsfreiheit solle dies jedoch nur dann gelten, soweit sich Rechtsänderungen auf Existenz und Wirksamkeit einer im Einzelfall getroffenen vertraglichen Vereinbarung auswirken[279]. Im Falle von Änderungen der Eigentumsordnung beschränkt *Gellermann* die Figur der „umgestaltenden Ausgestaltung" auf den (von ihm etwas vage umschriebenen) Bereich solcher Fälle, in denen „eine abstrakte Position in der Sphäre der Grundrechtsträger eine Verdichtung erfahren hat und zur konkreten Rechtsposition des einzelnen erstarkt ist"[280].

(bb) Zur Entwicklung der Eingriffsdogmatik

Ist der Erlaß marktoptimierender Aufsichtsnormen demnach bei Zugrundelegung des Ansatzes von *Gellermann* überwiegend als Beispiel grundrechtsausgestaltender Gesetzgebung einzustufen, so gelangt man auf der Basis neuerer eingriffsdogmatischer Konzeptionen zu einem genau gegenteiligen Ergebnis. Dies gilt insbesondere für den Ansatz von *Lübbe-Wolff*, die mit ihrer Habilitationsschrift über „Grundrechte als Eingriffsabwehrrechte" aus dem Jahr 1988 für einen gewissen Trend zur Konsolidierung und Weiterung des Eingriffsdenkens[281] steht. Nachdem bereits früher in Arbeiten von *Schwabe* und *Murs-*

---

[276] Ebda. S. 279.
[277] Ebda., S. 92 ff., 96 ff. 124 f.
[278] Etwa *R. Wendt*, Eigentum und Gesetzgebung, S. 147 ff.; *W. Leisner*, HStR VI, S. 1075 ff.
[279] Grundrechte im einfachgesetzlichen Gewand, S. 430.
[280] Ebda., S. 429.
[281] Vgl. daneben etwa *H. Bethge*, VVDStRL 57 (1998), 7 ff.; *W. Roth*, Faktische Eingriffe in Freiheit und Eigentum; *R. Eckhoff*, Der Grundrechtseingriff; *B. Schlink*, EuGRZ 1984, 457 ff.

wiek[282] für die Probleme der Drittwirkung und der grundrechtlichen Konflikte im privaten Horizontalverhältnis eingriffsdogmatische Lösungsmuster entwickelt worden sind, unternimmt es *Lübbe-Wolff*, den Bereich staatlicher Leistungen[283] sowie auch das Feld staatlich konstituierter Rechtspositionen[284] eingriffsdogmatisch zu erschließen. Ihr erklärtes Ziel ist es, die Eingriffsdogmatik auch für Konstellationen fruchtbar zu machen, die sich mit dem herkömmlichen Verständnis der Grundrechte als staatsausgrenzende Eingriffsabwehrrechte nicht erfassen lassen[285]. Es geht ihr gleichsam um eine Mobilisierung der Eingriffsdogmatik, die sich gerade auch auf dasjenige Terrain ausweiten soll, das *Gellermann* später ausgestaltungsdogmatisch belegt hat. Erfaßt von dieser Mobilisierungstendenz ist auch das allgemeine Verhältnis zwischen Grundrechtsdogmatik und Grundrechtstheorie. *Lübbe-Wolff* plädiert vor dem Hintergrund einer von ihr diagnostizierten „Überproduktionskrise" und „dogmatischen Insuffizienz" der Grundrechtstheorie[286] für eine Abkoppelung beider Ebenen. Für ihren eigenen eingriffsdogmatischen Ansatz nimmt sie eine Kompatibilität mit ganz unterschiedlichen grundrechtstheoretischen Konzeptionen einschließlich der institutionellen Grundrechtstheorie *Häberles* in Anspruch[287].

Im vorliegenden Zusammenhang ist von Interesse, daß bei *Lübbe-Wolff* der Eingriffsbegriff nicht nur Beschränkungen natürlicher Freiheiten umfassen soll, sondern auch Beschränkungen normativ konstituierter Positionen. Der negatorische Grundrechtsschutz wird bei ihr um „vorgeschobene Rechtssphären"[288] erweitert, die Normbestandsschutz in dem Sinne genießen sollen, daß bei restriktiven Normänderungen die formellen und materiellen Schutzfunktionen der Grundrechte aktiviert werden (Geltung von Gesetzesvorbehalt, Übermaßverbot etc.)[289]. Ohne daß *Lübbe-Wolff* sich hierzu im Detail äußert, ist nach der Logik ihres Ansatzes davon auszugehen, daß als restriktive Normänderung auch Regelungen gelten sollen, die aufgrund anderer Regelungen eröffnete Handlungsmöglichkeiten im Ergebnis wieder einschränken.

Lübbe-Wolff kommt zu dem Ergebnis, daß jede Regelung, die *privatrechtliche* Handlungsmöglichkeiten beschränkt oder vorenthält, „als Beschränkung der natürlichen Willkürfreiheit notwendig, nämlich zumindest im Hinblick auf Art. 2 Abs. 1 GG, grundrechtseingreifenden Charakter hat"[290]. Daran „än-

---

[282] *D. Murswiek*, Staatliche Verantwortung für Risiken der Technik; *J. Schwabe*, Probleme der Grundrechtsdogmatik.
[283] Grundrechte als Eingriffsabwehrrechte, S. 205 ff.
[284] Ebda., S. 75 ff.
[285] Ebda., S. 21.
[286] Ebd., S. 13, 29
[287] Ebda., S. 63 ff.
[288] Ebda., S. 103.
[289] Ebda., S. 125 ff.
[290] Ebda., S. 163.

dert die Tatsache nichts, daß wesentliche Gegenstände grundrechtlicher Gewährleistungen, -Eigentum, Vertrag usw.-, durch die hier als freiheits- oder willkürbeschränkend charakterisierte Privatrechtssetzung überhaupt erst institutionalisiert werden"[291].

Somit kann festgehalten werden, daß bei Zugrundelegung des Ansatzes von *Lübbe-Wolff* marktoptimierende Normen generell als Eingriffe einzustufen wären. Für ein ausgestaltungsdogmatisch zu konstruierendes Grundsegment beispielsweise bei der Eigentumgsgarantie oder der Vertragsfreiheit bleibt bei ihr kein Raum[292]. Beide Grundrechte werden vollständig eingriffsdogmatisch belegt, so wie umgekehrt *Gellermann* sie vollständig ausgestaltungsdogmatisch belegt. Wie *Gellermann* lehnt auch *Lübbe-Wolff* differenzierende Lösungen ab. Die Figur der Ausgestaltung wird von ihr ausdrücklich als dogmatisch funktionslos verworfen[293].

(cc) Mittlere grundrechtsdogmatische Positionen

Zwischen den extremen, durch die Ansätze *Gellermanns* und *Lübbe-Wolffs* markierten Polen bewegt sich eine Reihe mittlerer Ansätze, die im Sinne des oben aufgezeigten Aufteilungsschemas anerkennen, daß bei der Vertragsfreiheit wie auch bei der Eigentumsgarantie ausgestaltungs- und eingriffsdogmatische Segmente nebeneinander bestehen. Zu nennen sind beispielsweise *Alexy*[294] und *Höfling*[295], die freilich beide der Figur der Ausgestaltung ein recht schmales Einsatzfeld zuweisen. *Alexy* nimmt Ge- und Verbotsnormen generell von ihr aus und will ferner einen Eingriff („Einschränkung") immer dann annehmen, wenn eine Regelung ein möglichst hohes Maß an Realisierung eines grundrechtlichen Prinzips (z.B. des Privateigentums) vereitelt[296]. Im Ergebnis wäre danach wohl praktisch jede marktoptimierende Aufsichtsnorm als Eingriff einzustufen. *Höfling*, der *Alexys* Ansatz übernimmt und speziell auf die Vertragsfreiheit hin entfaltet, ordnet die „Wettbewerbsordnung" ausdrücklich als eine ihrer Schranken ein, und zwar als „inhaltlich-materiale" im Unterschied zur „rechtstechnisch-formalen" Schranke[297].

(dd) Grundrechtstheoretische Positionen

Daß sich (erst recht) auch auf grundrechtstheoretischer Ebene Möglichkeiten ergeben, die Frage nach der Eingriffsqualität marktoptimierender Aufsichts-

---

[291] Ebda., S. 164.
[292] So nunmehr auch *R. Poscher*, Grundrechte als Abwehrrechte, S. 356 ff. auf der Basis einer Differenzierung zwischen unterschiedlichen Freiheitsaspekten eigentums- und vertragsrelevanter Normen.
[293] Ebda., S. 59 ff.
[294] Theorie der Grundrechte, S. 300 ff.
[295] Vertragsfreiheit, S. 20 ff.
[296] Theorie der Grundrechte, S. 303, 304.
[297] Vertragsfreiheit, S. 41 f.

normen unterschiedlich zu beantworten, ist weiter oben bereits angemerkt worden. Dabei wurde auch angesprochen, daß speziell die institutionelle Grundrechtstheorie *Häberles* wie auch der kommunitaristisch-wertorientierte Ansatz in *Morgenthalers* Habilitationsschrift über „Freiheit durch Gesetz" Anknüpfungspunkte dafür bieten, marktoptimierenden Aufsichtsnormen eine Eingriffsqualität abzusprechen. Daß demgegenüber ein liberales, strikt dem Gedanken der Staatsausgrenzung verpflichtetes Grundrechtsverständnis zu einem gegenteiligen Ergebnis gelangt, versteht sich von selbst und bedarf keiner näheren Darlegung. Wohl aber ist an dieser Stelle etwas näher auszuführen, in welchem Verhältnis die grundrechtstheoretisch begründeten Positionen *Häberles* und *Morgenthalers* zu der oben skizzierten Position *Gellermanns* stehen, der sich (ebenso wie *Lübbe-Wolff*) auf einer rein grundrechtsdogmatischen Argumentationsebene bewegt[298].

(1) Marktoptimierende Wirtschaftsaufsicht im Lichte der institutionellen Grundrechtstheorie Häberles. Daß mit der institutionellen Grundrechtstheorie *Häberles* noch weiterreichende Konsequenzen für die grundrechtliche Einordnung der marktoptimierenden Wirtschaftsaufsicht verbunden sind als mit der Ausgestaltungsdogmatik *Gellermanns*, folgt bereits aus dem präformierten Freiheitsbegriff, den *Häberle* in der Tradition *Hegels* seinen Überlegungen zugrundelegt. Nach *Häberle* kann Freiheit nicht als grenzenlose Willkür des Einzelnen im vorstaatlichen Raum, sondern nur als rechtliche umgrenzte Freiheit im Staat Wirklichkeit gewinnen[299]. Freiheit wird somit *dem Prinzip nach* als herstellungsbedürftig aufgefaßt. Folglich erscheint staatliche Gesetzgebung schon im Grundansatz nicht als Schmälerung, sondern als Bedingung grundrechtlicher Freiheit[300]. In ihr entfalte und verwirkliche sich das Grundrecht, das in der institutionellen Grundrechtstheorie primär als ein objektives Ordnungsprinzip für den jeweiligen Lebensbereich fungiert[301], aus dem sich Grundregelungen gewisser Ordnungen des Gemeinschaftslebens ableiten[302].

Schon aus diesen hier nur skizzenhaft markierten Eckpunkten der Lehre *Häberles* erschließt sich, daß auf ihrer Basis die Vorstellung einer freiheitskonstituierenden Funktion marktoptimierender Aufsichtsnormen eine weit fundamentalere Tragweite besitzt als in dem dogmatischen Konzept *Gellermanns*. Zum einen wird die Qualifizierung eines Gesetzes als inhaltbestimmend oder ausgestaltend für jedes denkbare Grundrecht eröffnet[303], wohingegen *Geller-*

---

[298] Grundrechte im einfachgesetzlichen Gewand, S. 10.
[299] Die Wesensgehaltgarantie des Art. 19 Abs. 2 GG, v.a. S. 98, 152.
[300] Ebda., S. 99.
[301] Siehe *E.-W. Böckenförde*, NJW 1974, 1532.
[302] Siehe *A. Bleckmann*, Staatsrecht II – Die Grundrechte, S. 287.
[303] Die Wesensgehaltgarantie des Art. 19 Abs. 2 GG, S. 181. Vgl. *E.-W. Böckenförde*, NJW 1974, 1532.

mann sie auf bestimmte Typen grundrechtlicher Freiheit, in denen aus konkret sachbezogenen Gründen „grundrechtliche Substanz" staatlicherseits erst hergestellt bzw. aufbereitet werden muß, beschränkt. Von einer *generellen* Herstellungs- bzw. Aufbereitungsbedürftigkeit grundrechtlicher Freiheit geht die Ausgestaltungsdogmatik *Gellermanns* im Unterschied zur institutionellen Grundrechtstheorie *Häberles* nicht aus. Letztere bietet einen Ansatz, etwa auch solche marktoptimierenden Aufsichtsnormen als ausgestaltend einzustufen, die für sich keine normgeprägten bzw. institutsbezogenen Freiheiten reglementieren. Als Beispiel hierfür kann die ad-hoc-Meldepflicht nach § 15 WpHG genannt werden, von der man aus Sicht der institutionellen Grundrechtstheorie sagen müßte, daß sie mit zu denjenigen Regelungen zählt, deren Existenz die Grundlage eines „Freiheitssystems Wertpapierhandel" bildet. Zum zweiten kann der fundamentalere Charakter des *Häberleschen* Ansatzes daran festgemacht werden, daß die institutionelle Grundrechtstheorie durch ihre Fixierung auf objektive grundrechtliche Ordnungsideen dazu tendiert, den Freiheitscharakter des Gesetzes nicht mit Blick auf das Individuum, sondern mit Blick auf die Gesamtheit eines jeweiligen Lebensverhältnisses zu beurteilen, das eben mit zum „Inhalt" der institutionellen Freiheit gehört[304]. Damit wird primär maßgeblich, ob ein bestimmtes Handlungssystem vom staatlichen Gesetzgeber *insgesamt* – nicht in Bezug auf den Einzelnen bzw. individuelle Handlungsmöglichkeiten – freiheitskonform (im Sinne der grundrechtlichen Ordnungsidee) eingerichtet ist. Gerade im Kontext der marktoptimierenden Wirtschaftsaufsicht gewinnt dies praktische Bedeutung zu, eröffnet sich hiermit doch die Möglichkeit, Aufsichtsgesetze schon wegen ihrer allgemein stabilisierenden Wirkung auf den Markt (Kartellrecht) oder einzelne Marktbereiche (Wertpapierhandelsrecht, Telekommunikationsrecht) als grundrechtsausgestaltend anzusehen. Auch die Überlegung, daß infolge der funktionssteigernden Wirkung marktoptimierender Aufsichtsnormen die betreffenden freiheitlichen Handlungssysteme ihrem (Markt-)Volumen nach vergrößert werden – mit anderen Worten also Partizipationsmöglichkeiten verbreitet werden –, gewinnt so konkrete grundrechtliche Erheblichkeit. Der für die institutionelle Grundrechtstheorie kennzeichnende Blick auf das Ganze einzelner Lebensordnungen bietet eine ideale Grundlage, um den ordnungsoptimierenden, funktionssteigernden Effekt staatlicher Regelungen als grundrechtlichen Freiheitsgewinn verbuchen zu können.

(2) Marktoptimierende Wirtschaftsaufsicht im Lichte des kommunitaristisch-wertbestimmten Freiheitsbegriffs Morgenthalers. Morgenthaler geht wie *Häberle* davon aus, daß – sämtliche – Grundrechte vom Gesetzgeber nicht ledig-

---

[304] Vgl. *E.-W. Böckenförde*, NJW 1974, 1533. Siehe auch *A. Bleckmann*, Staatsrecht II – Die Grundrechte, S. 287.

lich ein Unterlassen unverhältnismäßiger Eingriffe, sondern auch eine aktive Sicherung und Ordnung der Freiheit *durch* Gesetz verlangen[305]. Ohne gesetzliche Vermittlungsleistung seien die Grundrechtsvorschriften des Grundgesetzes auf einzelne Rechtsverhältnisse vielfach nicht unmittelbar anwendbar. *Morgenthaler* nimmt dabei an, daß die gesetzliche Grundrechtsverwirklichung von einem mit den Grundrechten positivierten wertbestimmten Freiheitskonzept dirigiert wird, mit dem die Verfassung an die ideengeschichtliche Tradition des historischen Naturrechts anküpfe. Im Mittelpunkt dieses Konzepts steht nach Meinung *Morgenthalers* die „Geselligkeit" als eine Freiheitsvision, die Freiheit auf die Koexistenz der Individuen bezieht – und zwar einer durch selbstbestimmtes Einwirken auf andere, Gleichgewichtigkeit und Wechselseitigkeit der Befugnisse, Verantwortlichkeit für die Folgen eigenen Handelns durch entsprechende Rückbindung bestimmten Koexistenz[306]. Freiheitsherstellung durch Gesetz bedeutet daher für *Morgenthaler* auch, daß der Gesetzgeber die „sittliche Fähigkeit" des Einzelnen zur Geselligkeit zu fördern hat. Die Grenze zur Freiheits*einschränkung* werde erst dort überschritten, wo der Bereich in diesem Sinne bewußtseinsfördernder Ordnung verlassen wird und die inhaltliche Determinierung individuellen Verhaltens beginnt[307].

Die Wertbestimmtheit des grundgesetzlichen Freiheitsbegriffs äußert sich nach Auffassung *Morgenthalers* in der Existenz komplexer grundrechtlicher Ordnungsbilder für u. a. Familie, Beruf, Kultur sowie – im vorliegenden Zusammenhang von besonderem Interesse – Wirtschaft. Die „Freiheit des Austauschs von Gütern und Leistungen" fordere vom Gesetzgeber, „die Märkte als Institutionen mit persönlichkeitsprägendem Charakter zu ordnen"[308]. Daraus folgt für *Morgenthaler*: „Die Rechtsbeziehungen unter den Marktteilnehmern sind zu diesem Zweck im Sinne der Prinzipien der Gleichgewichtigkeit, Wechselseitigkeit und Verantwortlichkeit auszugestalten, damit sich jeder Marktteilnehmer bei der legitimen Verfolgung seiner eigenen Interessen unter dem Druck des Wettbewerbs immer zugleich gedanklich in den Tauschpartner hineinversetzen, sich nach ihm richten und ihm einen Vorteil verschaffen muß. Weil dieser Prozeß ohne freiheitssichernde allgemeingültige Spielregeln des Gesetzes nicht denkbar ist, muß das Parlament das Informations-, Such-, Entdeckungs- und Lernverfahren gegenseitiger Koordination rechtlich ordnen, damit erwartungsgemäß alle Teilnehmer am wirtschaftlichen Verkehr durch die Marktmechanismen dahin gebracht werden, aus eigener Initiative und ohne staatliche Bevormundung das wirtschaftliche Wohl aller zu fördern"[309].

---

[305] Hierzu und zum folgenden: Freiheit durch Gesetz, insbes. S. 2 ff., 244 ff.
[306] An dieser Stelle ähnelt der Ansatz *Morgenthalers* demjenigen von *D. Suhr*, EuGRZ 1984, 529 ff.
[307] Freiheit durch Gesetz, S. 246.
[308] Ebda., S. 297
[309] Ebda.

Auch *Morgenthalers* Ansatz operiert, wie diese Worte hervortreten lassen, auf einer im Vergleich zu *Gellermann* fundamentaleren Ebene. Ebenso wie bei *Häberle* wird eine Ausgestaltungsaufgabe des Gesetzgebers bezüglich *sämtlicher* Grundrechte bejaht[310]. Ebenso wie bei *Häberle* ist die Grundtendenz anti-individualistisch insofern, als es nicht die „natürliche", inhaltlich ungebundene Willkür des Einzelnen ist, die als Leitbild grundrechtlicher Freiheit fungiert, sondern eine sich nach Maßgabe verfassungsrechtlicher Ordnungsvorstellungen bildende (und insofern entgegen eigenem Bekunden *Morgenthalers* wohl doch determinierte) Freiheit. Ausgestaltung bedeutet für *Morgenthaler* Umsetzung eines materiellen verfassungsrechtlichen Ordnungsprogramms in konkreten Lebensverhältnissen, wohingegen die Frage nach der inhaltlichen Qualität des grundrechtlichen Freiheitsbegriffs bei *Gellermann*, dessen Entwurf sich bewußt auf Grundrechts*dogmatik* beschränkt, offen bleibt.

Der Versuch einer Einordnung der marktoptimierenden Wirtschaftsaufsicht aus dem Blickwinkel des *Morgenthalerschen* Freiheitsbegriffs führt allerdings zu keinem ganz eindeutigen Ergebnis. Auf der einen Seite scheint *Morgenthaler*, wie das oben aufgeführte Zitat nahelegt, die Erreichung eines höchstmöglich wohlstandsförderlichen Funktionsoptimums des Marktes als Bestandteil der gesetzgeberischen Ausgestaltungsaufgabe anzusehen. Auf der anderen Seite nimmt sein Freiheitsbegriff von einer pädagogisch durchwirkten Gemeinschaftsidee seinen Ausgang, was darauf hindeutet, daß aus seiner Sicht Regelungen, die zwar funktionsoptimierend, nicht aber zugleich „bewußtseinsfördernd" sind, dem freiheitseinschränkenden Bereich zuzuordnen wären.

(ee) Maßgaben für den weiteren Untersuchungsgang

Die Durchsicht des allgemeinen grundrechtsdogmatischen und grundrechtstheoretischen Problemhintergrunds kann auf den ersten Blick nicht sonderlich ermutigen. Es existiert zu den Begriffen Eingriff und Ausgestaltung eine (hier noch nicht einmal in voller Breite illustrierte) Vielzahl an Konzepten, die in Bezug auf die marktoptimierende Wirtschaftsaufsicht zwar zahlreiche Argumentationsmöglichkeiten eröffnen, sich jedoch nicht zu einem homogenen Gesamtbefund zusammenfügen. Es fehlen fest umrissene, allseits konsentierte rechtliche Maßstäbe, die die grundrechtliche Standortbestimmung der marktoptimierenden Wirtschaftsaufsicht zur bloßen Subsumtionsfrage machen würden. Stattdessen kursieren unterschiedliche, miteinander konkurrierende Maßstabs*entwürf*e, was die Gefahr hervorruft, daß die Untersuchung auf vorgreiflicher Ebene versandet. – Bei näherer Betrachtung zeigt sich aber doch ein Weg für einen strukturierten, unmittelbar auf das hier interessierende Problemfeld konzentrierten Lösungsversuch. Hierfür werden folgende allgemeine Maßgaben zugrundegelegt:

---

[310] Ebda., S. 247.

(1) Einbezug der grundrechtstheoretischen Argumentationsebene. Eine erste für den weiteren Untersuchungsgang wichtige Maßgabe besteht darin, die *grundrechtstheoretische Argumentationsebene* in die Erwägungen einzubeziehen. Die Frage nach dem Freiheitsverständnis des Grundrechteteils der Verfassung, nach dem allgemeinen Charakter, der normativen Zielrichtung und der inhaltlichen Reichweite der Grundrechte mag bis zu einem gewissen Grad dahinstehen können, wenn es – wie in den Arbeiten *Gellermanns* und vor allem *Lübbe-Wolffs* - primär darum geht, ein in sich stimmiges dogmatisches Regelsystem zu entwerfen, das den Anspruch logischer Operationsfähigkeit erfüllen soll[311]. Geht es indes um die grundrechtliche Analyse eines konkreten staatlichen Handlungsregimes, um die Erfassung der hierfür im einzelnen geltenden verfassungsrechtlichen Handlungsvoraussetzungen und -grenzen, so darf sie nicht außen vor bleiben. Denn die grundrechtstheoretischen Prämissen besitzen, wie oben anhand der Wiedergabe der Positionen *Häberles* und *Morgenthalers* deutlich geworden sein dürfte, durchaus normative Erheblichkeit, determinieren Recht*sinhalte*[312].

Gerade deshalb sollte allerdings auch zum Tragen kommen, daß die Verfassung – wie oben unter *I.* herausgearbeitet – über eine spezifische Vor-Einstellung zum Staat-Wirtschaft-Verhältnis verfügt. Eine Aussage zum Charakter, zur normativen Zielrichtung und zur inhaltlichen Reichweite der Grundrechte, soweit sie sich auf wirtschaftspolitisches Staatshandeln bezieht, muß mit dieser Vor-Einstellung kompatibel sein, will sie dem Anspruch normativer Verbindlichkeit genügen. Zwar kann dies in letzter Konsequenz zu grundrechtstheoretischen Aussagen führen, die lediglich sektorweise, im vorliegenden Fall nur für den Bereich *wirtschaftspolitischen* Staatshandelns Gültigkeit besitzen. Dagegen erheben sich jedoch keine durchgreifenden Bedenken. Denn nichts deutet darauf hin, daß die in den Grundrechten verankerten Leitbilder über die Stellung des einzelnen im und zum politischen Gemeinwesen für alle denkbaren Felder des Staatshandelns zwingend identisch sein müssen[313].

(2) Prinzipielle Berechtigung der dogmatischen Figur der Ausgestaltung. Die weiteren Überlegungen müssen zum zweiten davon ausgehen, daß mit der dogmatischen Figur des Eingriffs und der an sie anknüpfenden Eingriffsdogmatik das Beziehungsgeflecht zwischen Grundrecht und Gesetz nicht in seiner vol-

---

[311] Siehe *M. Gellermann*, Grundrechte im einfachgesetzlichen Gewand, S. 10; *G. Lübbe-Wolff*, Grundrechte als Eingriffsabwehrrechte, S. 13 ff. Vgl. auch *M. Cornils*, Die Ausgestaltung der Grundrechte, S. 35.
[312] Hierzu und noch weitergend *M. Jestaedt*, Grundrechtsentfaltung im Gesetz, S. 72 ff. Siehe in diesem Zusammenhang auch *E. Schmidt-Aßmann*, Das Allgemeine Verwaltungsrecht als Ordnungsidee, S. 5 und *W. Cremer*, Freiheitsgrundrechte, S. 64 ff.
[313] So wohl auch *R. Poscher*, Grundrechte als Abwehrrechte, S. 143.

len Breite erfaßt wird[314]. Die Figur der Ausgestaltung hat nach hier vertretener Auffassung ihre prinzipielle Berechtigung. Die Notwendigkeit zur Einordnung der marktoptimierenden Wirtschaftsaufsicht zwischen den Polen Eingriff und Ausgestaltung ist demnach tatsächlich gegeben. Die Figur der Ausgestaltung reagiert auf den evidenten Umstand, daß individuelles Handlungsvermögen je nach den äußeren Gegebenheiten in unterschiedlichem Maße von staatlichen Vermittlungsbeiträgen abhängt und damit, wie oben insbesondere bei Erörterung der Vertragsfreiheit auch beispielhaft hervorgetreten ist, legislatives Handeln zwischen Freiheitskonstituierung und Freiheitsbeschneidung variieren kann. Ist dies aber der Fall, dann ergeben sich hieraus Konsequenzen für die dogmatische Konstruktion der verfassungsrechtlichen Bindungen. Sie kann nicht unabhängig vom jeweiligen Freiheitsbezug – und damit vom jeweiligen rechtsstaatlichen Gefährdungspotential – des legislativen Handelns bestimmt werden, wenn man es wie hier als Aufgabe der Grundrechtsdogmatik auffaßt, deskriptive Speicherbegriffe zu normativen Befunden zu bilden, also *normative* Lehrsätze zu entwickeln[315].

(3) Zu den Entwürfen von Lübbe-Wolff und Gellermann. Mit der prinzipiellen Anerkennung der Figur der Ausgestaltung ist noch nichts darüber ausgesagt, wo im einzelnen ihr Einsatzfeld beginnt und gegen dasjenige des Eingriffs abzustecken ist. Jedoch ist damit eine Entscheidung gegen eine vollumfängliche Übernahme der Eingriffsdogmatik von *Lübbe-Wolff* gefällt, welche der Figur der Ausgestaltung schlechthin ihre Berechtigung bestreitet. Der gegen ihren Entwurf zu erhebende Einwand lautet, daß er die Eingriffsdogmatik zu weit formalisiert und von realen normativen Befunden abkoppelt.

Die Eingriffsdogmatik *Lübbe-Wolffs* schert normative Akte mit ganz unterschiedlichem Freiheitsbezug über einen Kamm. Auch solche vertragsrechtlichen Bestimmungen, die wie diejenigen über das Verfahren des Vertragsschlusses (§§ 145 ff. BGB) reale Handlungsmöglichkeiten begründen, lösen nach ihrem Ansatz die materiellen Schutzfunktionen der Grundrechte aus, wären also einer Verhältnismäßigkeitsprüfung zu unterwerfen. Der wohl unbestreitbare Umstand, daß der Gesetzgeber in einem Fall wie diesem über sehr weitgehende Gestaltungsfreiheit verfügt und verfassungsrechtliche Bindungen weniger in den Grundsätzen der Geeignetheit, Erforderlichkeit und Angemessenheit, als vielmehr in dem überlieferten Fundus historischer vertragsrechtlicher Leitbilder sowie möglicherweise auch bestimmter sachstruktureller Gegebenheiten zu suchen sind, tritt so nicht zu Tage. Der Rechtsanwender kann diesen Be-

---

[314] So mit unterschiedlichen Akzentsetzungen *M. Ruffert*, Vorrang der Verfassung und Eigenständigkeit des Privatrechts, S. 106, 117 f.; *H. Bethge*, VVDStrL 57 (1998), 28; *J. Ipsen*, JZ 1997, 479; *H. Jarras*, AöR 120 (1995), 368; *P. Lerche*, HStR V, S. 747.

[315] Vgl. *M. Jestaedt*, Grundrechtsentfaltung im Gesetz, S. 2/3. Siehe auch *H. Jarras*, AöR 120 (1995), 346.

fund nur durch zusätzliche Gedankenschritte erschließen, auf die ihn aber die Eingriffsdogmatik in keiner Weise hinleitet, sondern die durch sie eher vernebelt werden. Die Eingriffsdogmatik bei *Lübbe-Wolff* speichert somit für diesen ebenso wie für andere Fälle nicht oder jedenfalls nicht vollständig den realen normativen Befund. Sie setzt nicht bei der Qualität des Freiheitsbezugs des normativen Akts an und ist insofern – als Preis für ihre unbegrenzte Einsatzreichweite – inhaltsleer[316]. Nur so erklärt sich auch, warum *Lübbe-Wolff* (für sich genommen zu Recht) davon ausgehen kann, ihr Entwurf sei u. a. auch mit der institutionellen Grundrechtstheorie *Häberles* kompatibel[317].

Der Vorwurf einer normativ entleerten Dogmatik, mit der die realen grundrechtlichen Befunde nicht vollständig wiedergespiegelt werden, ist aber auch gegen *Gellermanns* Ausgestaltungsdogmatik zu erheben. Sie verfällt ins gegenteilige Extrem, wenn sie *sämtliche* vertraglichen Abschluß- oder Inhaltbeschränkungen für die Ausgestaltungsdogmatik vereinnahmt, darunter auch solche, die, wie etwa steuerpolitisch oder sicherheitspolitisch begründete Beschränkungen, evidentermaßen nicht als Freiheitskonstituierung ausgegeben werden können. Wenn Gellermann vertragsrechtliche Bestimmungen trotz des Umstands, daß sie nach seiner eigenen Einlassung „freiheitsbegrenzend" sind, dennoch als „grundrechtsermöglichend" einstuft[318], räumt er die normative Indifferenz seines Entwurfs im Grunde selbst ein[319]. Sie kommt indirekt auch darin zum Ausdruck, daß *Gellermann* (notgedrungen) für die Fälle der „umgestaltenden Ausgestaltung" doch noch in die Eingriffsdogmatik zurückfallen will (dann allerdings bei der Formulierung der hierfür einschlägigen Anwendungskriterien zu kurz greift).

(4) Konsequenzen für das weitere Vorgehen. Die dogmatischen Entwürfe *Gellermanns* und *Lübbe-Wolffs* bilden ungeachtet dieser Angriffsflächen wertvolle Stützen für die grundrechtliche Untersuchung der marktoptimierenden Wirtschaftsaufsicht. Denn sie können beanspruchen, in sich stimmige dogmatische Systeme für entgegengesetzte Typen legislativen Handelns, genauer: für die nach ihrem jeweiligen tatsächlichen Freiheitsbezug entgegengesetzten Typen legislativen Handelns zu bilden. Der beiden Entwürfen gleichermaßen anhaftende Mangel besteht lediglich darin, daß sie durch Abkopplung der dogmatischen Konstruktion vom Grundrechtsinhalt die Anwendungsreichweite ihrer dogmatischen Schlüsselbegriffe überdehnen. Damit wird der tatsächliche Freiheitsbezug staatlichen Handelns zu einer grundrechtsdogmatisch irrelevanten Größe – insoweit rächt sich die von beiden Autoren bewußt

---

[316] Ebenso *K. Stern*, Staatsrecht III/2, S. 156.
[317] Grundrechte als Eingriffsabwehrrechte, S. 63 ff.
[318] Grundrechte im einfachgesetzlichen Gewand, S. 143.
[319] Vgl. auch *M. Cornils*, Die Ausgestaltung der Grundrechte, S. 23 („schablonenhafte Kategorienbildung").

vorgenommene Abnabelung ihrer Entwürfe von der Ebene der Grundrechtstheorie.

Der nachfolgende Lösungsversuch muß sich daher in einem ersten Schritt von den Entwürfen *Gellermanns* und *Lübbe-Wolffs* lösen und die Figuren Eingriff und Ausgestaltung auf ihren jeweiligen elementaren Kern zurückführen.

c) Eigener Lösungsansatz

(aa) Der unterschiedliche Freiheitsbezug von Eingriff und Ausgestaltung

Eingriff und Ausgestaltung besitzen ihre normative Verankerung und ihre dogmatische Funktion darin, daß sie unterschiedlichen Freiheitsbezügen grundrechtsrelevanten Staatshandelns Ausdruck verleihen[320]. Eingriff steht für solches Staatshandeln, das grundrechtlich geschützte Freiheiten einschränkt, Ausgestaltung für solches Staatshandeln, das sie herstellt. Mit der Kennzeichnung eines Aktes als Eingriff oder Ausgestaltung sind noch keine *abschließenden* normativen Bewertungen verbunden. Der rechtspraktische Ertrag sowohl der Eingriffs- wie der Ausgestaltungsdogmatik beruht gerade auf einer diesbezüglichen Perspektiventrennung. Die dogmatische Unterscheidung eines Grundrechtstatbestands[321] von seiner normativen Bewertung ermöglicht rationale Problemabschichtungen und reduziert im Interesse zügiger Prüfung die normative Komplexität des Grundrechts. Für den Eingriff ist diese Perspektiventrennung seit jeher anerkannt und findet ihren Ausdruck in dem Bild des effektiven grundrechtlichen Garantiebereichs, das denjenigen Ausschnitt von möglichen Eingriffen angibt, die zugleich (wegen Fehlens einer hinreichenden Rechtfertigung) grundrecht*sverletzend* sind[322]. Für die Ausgestaltungsdogmatik hat *Gellermann* überzeugend dargestellt, daß eine normative Bindungslosigkeit des ausgestaltend tätig werdenden Gesetzgebers im Widerspruch zu Art. 1 Abs. 3 GG stünde[323]. Gibt es aber normative Bindungen auch des ausgestaltenden Gesetzgebers, so ist die Möglichkeit inbegriffen, daß Ausgestaltungen entweder rechtmäßig oder rechtswidrig sind. Hierin liegt eine Gemeinsamkeit zwischen Eingriffs- und Ausgestaltungsdogmatik, die sie glei-

---

[320] Plastisch in Bezug auf den Eingriff *H. Bethge*, VVDStRL 57 (1998), S. 16 („Der Grundrechtseingriff markiert die Reduktion des Freiheitsbereichs durch den Staat").

[321] Zum Einbezug des Eingriffs in den Grundrechtstatbestand siehe *R. Eckhoff*, Der Grundrechtseingriff, S. 19 ff. A. A. *K. Stern*, Staatsrecht III/2, S. 38 ff. Vgl. auch *R. Alexy*, Theorie der Grundrechte, S. 275 ff. mit der Unterscheidung zwischen „Schutzgut-Tatbestand" und „Schutzgut/Eingriff-Tatbestand".

[322] *G. Lübbe-Wolff*, Grundrechte als Eingriffsabwehrrechte, S. 25 f.; vergleichbar die Unterscheidung zwischen prima-facie und definitiven Grundrechtspositionen bei *R. Alexy*, Theorie der Grundrechte, S. 251 ff.

[323] *M. Gellermann*, Grundrechte im einfachgesetzlichen Gewand, S. 29 ff., 74 ff., 288 ff. Siehe auch bereits *M. Nierhaus*, AöR 116 (1991), 72 ff.; *P. Lerche*, HStR V, S. 741.

chermaßen vom Modell des „präformierten" Grundrechtsschutzes trennt, wie es etwa für grundrechtliche Leistungsansprüche kennzeichnend ist[324].

Stellt staatliches Handeln einen Eingriff dar, so heißt dies, daß die betroffene grundrechtliche Freiheit perfekt ist, d.h. aus Sicht der Verfassung nicht auf staatliche Vermittlungsbeiträge angewiesen. Hingegen zielt Ausgestaltung auf die Ermöglichung der Ausübung einer Freiheit, die aus Sicht der Verfassung ohne den Staat nicht oder nicht im grundrechtlich vorgezeichneten Umfang bestünde oder ausgeübt werden könnte. Der Staat ist bei ihr in der Rolle des Aktivierenden gefragt, wohingegen die perfekten grundrechtlichen Freiheiten staatliche Abstinenz verlangen. Alles dies kann gesagt werden, ohne sich abstrakt in der Frage festzulegen, *wo* staatliches Handeln einen Eingriff, *wo* es eine Ausgestaltung darstellt. Eingriff und Ausgestaltung bilden *als solche* in der Tat zunächst nur dogmatische Hülsen, die mit unterschiedlichem Inhalt gefüllt werden können. Sie haben daher auch unabhängig von philosophischen Einsichten in die substantielle Bedingtheit oder Unbedingtheit menschlicher Freiheit Bestand[325].

Ohne zusätzliche Kriterien führt der Versuch, staatliche Akte als eingreifend oder ausgestaltend zu qualifizieren, jedenfalls dann ins Leere, wenn die Identifizierung des Aktes als freiheitseinschränkend oder -herstellend nicht aus sich heraus evident ist. Bei rein rechtstechnischer Betrachtung können viele Beschränkungen als Regelung und viele Regelungen als Beschränkung ausgegeben werden[326]. Der Erlaß einer mietrechtlichen Kündigungsbestimmung beispielsweise läßt sich mit guten Argumenten in beide Richtungen deuten: Von einem Eingriff könnte die Rede sein, weil jede Kündigungsbestimmung durch den Ausschluß bestimmter alternativer Kündigungsmöglichkeiten ein einschränkendes Moment enthält. Von einer Ausgestaltung könnte die Rede sein, weil die Bestimmung individuelle Handlungsräume begründet, die zuvor nicht bestanden (nämlich die Erklärung einer Kündigung gemäß den in der Bestimmung festgeschriebenen Modalitäten, mit der Folge, daß sich an die Erklärung gesetzliche Rechtsfolgen knüpfen, die gerichtlich eingeklagt werden können). Noch weitere Variationsmöglichkeiten ergeben sich, wenn man unterstellt, daß die Kündigungsbestimmung eine vorangehende Rechtslage in die eine oder andere Richtung verändert oder von ihr eine bestimmte gesellschaftspolitische Wirkung im Sinne eines Mehr oder Weniger an faktischen Dispositionsmöglichkeiten für bestimmte soziale Gruppen oder einzelne Individuen ausgeht.

---

[324] Siehe G. *Lübbe-Wolff*, Grundrechte als Eingriffsabwehrrechte, S. 14 ff.
[325] G. *Lübbe-Wolff*, Grundrechte als Eingriffsabwehrrechte, S. 87 ff.
[326] J. *Ipsen*, JZ 1997, 479. Siehe auch am Beispiel des Asylrechts H. *Jarras*, AöR 120 (1995), S. 369/370.

(bb) Erste Annäherung an die Lösung des Zuordnungsproblems

Das vorgenannte Beispiel deutet darauf hin, daß die Qualifizierung konkreter Staatsakte als Eingriff oder Ausgestaltung vom *Inhalt des jeweiligen grundrechtlichen Freiheitsverständnisses* abhängig gemacht werden muß, woran sich nochmals zeigt, daß Eingriffs- und Ausgestaltungsdogmatik der grundrechtstheoretischen Unterlegung bedürfen, um zu normativ haltbaren Ergebnissen zu führen[327]. Freilich ist das Zuordnungsproblem damit nicht gelöst, sondern nur präziser umschrieben und auf die Frage verlagert, auf welche Weise das grundrechtliche Freiheitsverständnis ermittelt und so die jeweiligen Anwendungsfelder von Eingriff und Ausgestaltung festgelegt werden können.

Eine wichtige indizielle Bedeutung kommt zunächst dem Kriterium der *natürlichen Handlungsmacht* zu[328]. Ist ein Grundrechtsträger zu einem bestimmten Verhalten kraft seiner natürlichen Anlagen imstande, stellt ein staatlicher Akt, der das Verhalten reglementiert, im Regelfall einen Eingriff dar. Das Kriterium der natürlichen Handlungsmacht ist aussagekräftig vor allem in Zusammenhängen, die in keiner Weise auf staatliche Vorleistungen angewiesen sind (Meinungsäußerung im unmittelbaren persönlichen Umfeld, Fortbewegung vor Ort etc.). Hier ist offensichtlich, daß das Grundgesetz von einer perfekten, keiner weiteren staatlichen Vermittlung bedürftigen Freiheit ausgeht. Jeder Versuch, staatlichen Reglementierungen in diesem Feld freiheitsherstellende Wirkung zuzusprechen, kann nur auf einem antiliberalen Freiheitsverständnis beruhen, das dem Grundgesetz ohne weitere Überlegungen abgesprochen werden kann.

Je mehr indes der fragliche Lebensbereich aufgrund seiner sachlichen Gegebenheiten von normativer oder anderweitiger staatlicher Vorstrukturierung abhängig ist, umso geringer wird die Indizwirkung des Kriteriums der natürlichen Handlungsmacht. Dies bedeutet jedoch nicht zwangsläufig, daß kein Raum für ein negatorisches Freiheitsverständnis bliebe. Andernfalls müßte mit zunehmendem technischen und wirtschaftlichem Fortschritt und damit einhergehender steigender Abhängigkeit von staatlichen Ordnungsbeiträgen eine stetige Veränderung des grundgesetzlichen Freiheitsbildes und eine fortlaufende ·Gewichtsverschiebung hin zur Ausgestaltungsdogmatik eintreten müßte. Vielmehr ist als Möglichkeit in Betracht zu ziehen, daß auf staatlich vorstrukturiertem Boden Positionen entstehen, die – durchaus im Sinne eines dogmatischen Kunstgriffs – verfassungsseitig ihrerseits als perfekt im oben umschriebenen Sinne angesehen werden. Daher ergibt der Umstand, daß mit marktoptimierenden Aufsichtsnormen vielfach Verhalten reglementiert wird, das ohne mittelbare legislatorische Vorleistungen des Staates so nicht denkbar

---

[327] *D. Suhr*, EuGRZ 1984, 529 ff.
[328] Siehe nur die Ausführungen von *M. Gellermann*, Grundrechte im einfachgesetzlichen Gewand, S. 94 sowie von *W. Höfling*, Vertragsfreiheit, S. 21.

wäre, noch keinen zwingenden Schluß in Richtung Ausgestaltung. Ein zu bildhaftes Denken, das grundrechtliche Freiheit alternativ als entweder bereits existente oder noch zu schaffende „Substanz" betrachtet[329], verstellt hierfür den Blick. Entscheidend kann nur sein, ob die Verfassung die weitere staatliche Ordnung eines Lebensbereichs als Vorbedingung individueller Freiheitsbetätigung ansieht, was seinerseits im Kern von der Gemeinschaftsbezogenheit des verfassungsrechtlichen Menschenbilds abhängt. Geht die Verfassung in einem bestimmten Bereich davon aus, daß Freiheit nicht im ungesteuerten „Wildwuchs" entstehen soll, sondern zu ihrer verfassungsverträglichen Entfaltung eines staatlich gesetzten Ordnungsrahmens bedarf (wie es vielfach für die grundrechtliche Rundfunkfreiheit angenommen wird[330]), so sind staatliche Reglementierungen als ausgestaltend, andernfalls als eingreifend anzusehen.

Auch dem Kriterium der *Belastung* des Einzelnen durch einen staatlichen Akt kommt Indizwirkung zu, die wiederum aber noch nicht zu einer definitiven Zuordnung hinreicht. Denn bedarf die grundrechtliche Freiheit aus Verfassungssicht zu ihrer Entfaltung der staatlichen Ordnung, so kann die mit einer solchen Ordnung möglicherweise einhergehende Belastung Einzelner nichts am Ausgestaltungscharakter ändern. Freilich zeigt sich in diesem Zusammenhang in besonderer Schärfe die nicht genug hervorzuhebende Gefahr einer im Namen der Freiheit (aller) betriebenen Freiheitsbeschränkung (Einzelner)[331]. Sie kann nur dadurch gebannt werden, daß die Annahme einer Ausgestaltungsqualität individuell belastender Reglementierungen einem besonderen Begründungszwang unterworfen wird. In dieser Beziehung weitaus unproblematischer ist hingegen das Kriterium des „generellen" und „pflichtenneutralen" Zuschnitts einer staatlichen Regelung, wie es vor allem zur Abgrenzung inhaltsbestimmender von schrankenziehenden Eigentumsregelungen i. S. v. Art. 14 Abs. 1 Satz 2 GG vorgeschlagen worden ist[332].

Daß auf Basis dieser Kriterien nicht stets eindeutige, widerspruchsfreie Abgrenzungen möglich sind[333] bedarf an dieser Stelle ebensowenig der Vertiefung wie die wohl zu Recht geäußerte Auffassung, zwischen Eingriff und Ausgestaltung existierten ungeachtet der prinzipiellen Notwendigkeit ihrer Unterscheidung in manchen Fällen Verbindungen und Überlagerungen[334]. Bevor in einem abschließenden Schritt definitiv über die Zuordnung der marktoptimie-

---

[329] So *M. Gellermann*, Grundrechte im einfachgesetzlichen Gewand, S. 90 (Gesetzgeber trete „als Schöpfer der grundrechtlichen Substanz in Erscheinung"). Ähnlich bereits *P. Lerche*, HStR V, S. 766.

[330] Etwa *M. Gellermann*, Grundrechte im einfachgesetzlichen Gewand, S. 184 ff., der allerdings die Rundfunkfreiheit der Untergruppe der „normativen Konturierung" zuordnet.

[331] Siehe *H. Jarras*, AöR 120 (1995), 368; *ders.*, AöR 110 (1985), 392.

[332] *Sachs-Wendt*, Art. 14 Rn. 55.

[333] Siehe *M. Nierhaus*, AöR 116 (1991), 82.

[334] *M. Ruffert*, Vorrang der Verfassung und Eigenständigkeit des Privatrechts, S. 117 f.; *P. Lerche*, HStR V, S. 746.

renden Wirtschaftsaufsicht entschieden wird, soll aber auf die Frage eingegangen werden, welche *verfassungsrechtlichen Anforderungen* an staatliches Handeln jeweils dem Eingriff und der Ausgestaltung korrespondieren. Dies wird zu der Überlegung hinführen, daß die Zuordnung eines bestimmten staatlichen Handelns zu den Polen Eingriff oder Ausgestaltung nicht ohne Seitenblick auf die strukturellen Möglichkeiten zur verfassungsrechtlichen Steuerung und Einbindung dieses Handelns erfolgen darf, woraus sich ein weiteres Zuordnungskriterium zusätzlich zu den bis hierher genannten ergibt.

(cc) Zur Struktur des verfassungsrechtlichen Steuerungsmechanismus

Bereits aus sachlogischen Gründen kann gefolgert werden, daß die verfassungsrechtlichen Anforderungen an die Rechtfertigung des Staatshandelns im Falle des Eingriffs andere als im Falle der Ausgestaltung sein müssen:

Stuft die Verfassung grundrechtliche Freiheit als perfekt ein und erlegt dem Staat damit Abstinenz als vorgeschriebenen Regelmodus seines Verhaltens auf, so ist damit vorgezeichnet, daß der effektive grundrechtliche Garantiebereich unter Orientierung an den äußeren Merkmalen des grundrechtsbezogenen Staatshandelns zu bestimmen ist. Es müssen Zulässigkeitsbedingungen für staatliche Akte formuliert werden, zum einen was die Legitimität ihres Ziels, zum anderen was die Intensität betrifft, mit der sie die grundrechtlich geschützte Freiheit beschneiden dürfen. Damit ergibt sich automatisch, daß der verfassungsrechtliche Steuerungsmechanismus im Bereich des negatorischen Grundrechtsschutzes auf den Kategorien des Eingriffszwecks, der Eingriffsmittel und der Zweck-Mittel-Relation aufbauen muß. Freiheitsverkürzung kann nur verfassungskonform sein, wenn sie zu einem legitimen Zweck erfolgt, diesen Zweck auch tatsächlich verwirklicht (d. h. geeignet ist), keine unnötigen Belastungen mit sich bringt (d. h. erforderlich ist) und zudem Maß wahrt.

Ist dem Staat hingegen aufgegeben, Freiheit zu aktivieren, liegt die verfassungsrechtlich zu bändigende Freiheitsgefahr vor allem darin, daß der Staat in seinem grundrechtsbezogenen Handeln das grundrechtliche Freiheitsbild verfehlt, d. h. eine andere als diejenige Freiheitsordnung verwirklicht, die der Verfassung vorschwebt. Dementsprechend muß die verfassungsrechtliche Kontrolle primär auf einen *Vergleich* der staatlichen Regelung mit der grundrechtlichen Ordnungsvorstellung gerichtet sein. Dabei kann es sich nur um einen relativ groben Richtungsvergleich handeln. Denn die Verfassung formuliert grundrechtliche Freiheitsbilder zwangsläufig auf hoher Abstraktionsebene. Die verfassungsrechtliche Kontrolle ist daher im Falle der Ausgestaltung notgedrungen weitmaschiger als im Falle des Eingriffs. Sie hat zu respektieren, daß die Verwirklichung der abstrakten grundrechtlichen Ordnungsvorstellung auf verschiedenen Wegen erfolgen kann, der Gesetzgeber über mehrere Dispositionsmöglichkeiten verfügt und damit notgedrungen einem schwächerem Begründungszwang unterliegt. Anders als beim Eingriff hat die verfassungsrechtliche Kontrolle der Ausgestaltung keine kompensatorische Struktur (Ausgleich eines individuellen Freiheitsverlusts durch Förderung eines Gemeinschaftswerts).

Der unterschiedliche Zuschnitt beider verfassungsrechtlichen Steuerungsmechanismen muß bei der Zuordnung eines konkreten Staatshandelns zu den Polen Eingriff oder Ausgestaltung mitberücksichtigt werden. Jedenfalls in Fällen, in denen andere Zuordnungskriterien zu keinen eindeutigen Ergebnissen führen, muß die Frage, inwiefern das betreffende Staatshandeln durch den einen oder anderen verfassungsrechtlichen Steuerungsmechanismus in seinen Eigenarten, in seiner tatsächlichen Problemstruktur und in seinem Gefahrenpotential besser erfaßt und widergespiegelt wird, besser *steuerbar* ist, eine gewichtige Rolle spielen. Hierin liegt kein Widerspruch zu dem oben umschriebenen Ausgangspunkt, wonach Eingriff und Ausgestaltung Chiffren für einen unterschiedlichen Freiheitsbezug grundrechtsrelevanten Staatshandelns darstellen und sich ihre Einsatzbereiche folglich primär nach dem im jeweiligen Einzelfall vorgegebenen Freiheitsbild der Verfassung bestimmen müssen. Denn es kann angenommen werden, daß der Verfassungsgeber grundrechtliche Freiheitsbilder *auch* unter Berücksichtigung der jeweiligen Möglichkeiten, ihnen in der Rechtspraxis zu tatsächlicher Wirksamkeit zu verschaffen, gebildet hat.

Mit der letztgenannten Annahme wird der Einsicht Rechnung getragen, daß Rechtsinhalte vom jeweiligen Rechtssetzer unter anderem auch unter Inbetrachtnahme ihrer jeweiligen rechtspraktischen Realisierbarkeit fixiert werden. Das *Kriterium der verfassungsrechtlichen Steuerbarkeit* besitzt insofern ein durchaus tragfähiges normatives Fundament. Es nimmt das von Anhängern eingriffsdogmatischen Denkens[335] verschiedentlich herausgestrichene Postulat einer rechtstechnisch griffigen, den Gesetzgeber unter Begründungsdruck setzenden Grundrechtsdogmatik auf – ohne diesen Aspekt indes zu verabsolutieren. Der normativen Analyse des jeweiligen grundgesetzlichen Freiheitsverständnisses gebührt der Vortritt. Erst wenn sie nicht zu eindeutigen Ergebnissen führt, tritt das Kriterium der verfassungsrechtlichen Steuerbarkeit auf den Plan, mit dem bestimmte Steuerungsüberlegungen des Verfassungsgebers rekonstruiert werden und das insofern die Grundrechtsdogmatik nicht aus ihrer gebotenen normativen Verankerung löst.

Dem Kriterium der verfassungsrechtlichen Steuerbarkeit liegt letztlich die Unterstellung zugrunde, daß die Verfassung Freiheit nur dort als vermitt-

---

[335] Siehe vor allem *B. Schlink*, EuGRZ 1984, 466ff.; *H. Bethge*, VVDStrL 57 (1998), 10f. Siehe ferner *R. Alexy*, Theorie der Grundrechte, S. 306, der sich deutlich in die Nähe einer steuerungsorientierten Sichtweise begibt, wenn er meint, daß „immer dann, wenn eine am Verhältnismäßigkeitsgrundsatz orientierte Abwägung erforderlich ... oder auch bloß möglich ... ist, keine Ausgestaltung, sondern eine Einschränkung vorgenommen werden muß".

lungsbedürftig (ausgestaltungsbedürftig) einstuft, wo es auch realistisch ist, über die Formulierung einer bestimmten Ordnungsvorstellung den Prozeß der legislatorischen Freiheitsherstellung verfassungsrechtlich zu binden und zu kontrollieren. Es nimmt damit die Normaussage des Art. 1 Abs. 3 GG ernst, mit der die Vorstellung einer ungebundenen, verfassungsrechtlich nicht kontrollierbaren staatlichen Gesetzgebung nicht in Einklang zu bringen wäre[336]. Aus Art. 1 Abs. 3 GG wurde in der Literatur zu Recht auch abgeleitet, daß „jede einzelne Grundrechtsbestimmung .... so ausgelegt werden (muß), daß sie sich als aktueller Rechtssatz unmittelbare Rechtswirkung entfalten kann und justitiabel ist"[337].

(dd) Zuordnung marktoptimierender Aufsichtsnormen

Bei der Zuordnung marktoptimierender Aufsichtsnormen muß zunächst Berücksichtigung finden, daß durch sie bei den Aufsichtsadressaten *Belastungen* hervorrufen werden. Marktoptimierende Aufsichtsnormen betreffen zumeist wichtige und zentrale Felder unternehmerischen Handelns. Einige von ihnen reglementieren gar unternehmerische Strukturentscheidungen (v. a. die Vorschriften über die Zusammenschlußkontrolle). Die unternehmerische Disposition wird durch sie vielfach erheblich und mit spürbaren Kostenwirkungen eingeschränkt. Alles dies ergibt ein erstes Indiz für die Eingriffsqualität marktoptimierender Aufsichtsnormen. Es kommt hinzu, daß die Belastung der Normadressaten sich in einem korrespondierendem Vorteil der Allgemeinheit niederschlägt (Wohlstandsgewinn aller durch erhöhte Marktfunktionalität) und so das eingriffstypische Gepräge eines individuellen „Opfers" im Dienste der Allgemeinheit aufweist, mag es auch ein Stück weniger plastisch hervortreten als bei (außerökonomisch begründeten) marktkorrigierenden Aufsichtsnormen.

Das *Kriterium der natürlichen Handlungsmacht* führt, wie sich oben bereits abzeichnete[338], im vorliegenden Kontext nicht wesentlich weiter. Einerseits basieren sämtliche aufsichtsrechtlich normierten Handlungszusammenhänge in irgendeiner Weise auf staatlichen Konstituierungsbeiträgen. Besonders anschaulich wird dies bei Aufsichtsnormen, die den Inhalt von Vertragsschlüssen reglementieren. Im Falle der Telekommunikationsaufsicht und der Wertpapierhandelsaufsicht bauen gar die Sektoren als solche bis zu einem gewissen Grad auf staatlich bereitgestellten Ordnungsstrukturen auf (z. B. hoheitliche Frequenzordnung, Einrichtung von Wertpapierbörsen). Andererseits können nahezu sämtliche Aufsichtsnormen hinweggedacht werden, ohne daß individuelles Handlungsvermögen entfiele oder der Markt bzw. der entsprechende

---

[336] *P. Lerche*, HStR V, S. 741; *M. Nierhaus*, AöR 116 (1991), 76.
[337] *M. Nierhaus*, AöR 116 (1991), 102 unter Hinweis auf *Zeidler*, DÖV 1952, 4.
[338] Oben b. aa) (2).

Marktsektor in seiner Existenz (statt nur im *Grad* seiner Funktionsfähigkeit) betroffen wäre. Folglich besteht durchaus Raum für die eingriffsdogmatische Sichtweise, daß marktoptimierende Aufsichtsnormen zu einer Verkürzung von persönlicher Handlungsfreiheit führen.

Das letztlich durchschlagende Argument für die Bejahung der Eingriffsqualität marktoptimierender Aufsichtsnormen folgt aus dem Kriterium der verfassungsrechtlichen Steuerbarkeit. Die hauptsächliche verfassungsrechtliche Gefahr im Zusammenhang mit dem Erlaß marktoptimierender Aufsichtsnormen liegt ganz offenkundig darin, daß der Gesetzgeber ökonomischen Fehlurteilen erliegt und das Aufsichtsinstrumentarium damit ungeeignet oder nicht erforderlich bzw. gemessen am möglichen Funktionsgewinn disproportional ist. Genau auf diese Gefahrenlage ist die Eingriffsdogmatik zugeschnitten. Sie formuliert Bedingungen, die, wenn sie beim Erlaß von Aufsichtsnormen erfüllt werden, den Eintritt eben dieser Gefahren verhindern. Die Eingriffsdogmatik „trifft" so exakt die tatsächliche Problemstruktur und Gefahrenlage der marktoptimierenden Wirtschaftsaufsicht.

Umgekehrt stößt sich die Annahme eines ausgestaltenden Charakters marktoptimierender Aufsichtsnormen daran, daß den Grundrechten für ihren Fall keine ausgestaltungsspezifischen Verfassungsbindungen zu entnehmen sind. Es existiert nach dem oben unter I. Gesagten kein verfassungsrechtliches Leitbild über die Ordnungsstruktur der Wirtschaft, aus dem sich inhaltliche Direktiven für die Aufsichtsgesetzgebung ergeben würden. Marktoptimierende Aufsichtsnormen, indem sie Gestaltungen im Staat-Wirtschaft-Verhältnis und zur funktionellen Binnenorganisation der wirtschaftlichen Lebenssphäre vornehmen, bewegen sich in einem Regelungsfeld, zu dem die Verfassung (anders als etwa zur Rundfunkordnung[339]) keine bestimmten Vor-Einstellungen erkennen läßt. Im Gegenteil konnte oben sogar festgestellt werden[340], daß dem Grundgesetz insoweit eine bewußte Nichtfestlegung zugrundeliegt und es von der alleinigen Entscheidungsverantwortlichkeit des (einfachgesetzlichen) politischen Prozesses ausgeht.

Diese wirtschaftsverfassungsrechtlichen Rahmendaten dürfen durch grundrechtstheoretische Argumentationsmuster wie diejenigen *Häberles* oder *Morgenthalers* nicht überspielt werden, will Grundrechtstheorie das Gebot der Verfassungskonformität ernst nehmen[341]. Inwieweit das institutionelle Freiheitsverständnis *Häberles* bzw. das wertbestimmt-kommunitaristische Frei-

---

[339] Bezüglich ihrer Ordnung lassen sich immerhin gewisse verfassungsrechtliche Vorstellungen (z. B. Notwendigkeit einer Gewährleistung von Meinungspluralität) aus dem grundgesetzlichen Demokratiebild ableiten. Ob dies ausreicht, um die Rundfunkfreiheit in wesentlichen Teilen dem negatorischen Grundrechtsschutz zu entziehen, sei freilich dahingestellt.

[340] Oben I.

[341] Hierzu *E.-W. Böckenförde*, NJW 1974, 1537.

heitsverständnis *Morgenthalers* in anderen Regelungszusammenhängen plausibel sind, bedarf an dieser Stelle keiner Klärung. Jedenfalls können sie nicht an der Einsicht vorbei führen, daß das Grundgesetz die Entscheidung speziell über die Wirtschaftsordnung, ihre innere Ausgestaltung sowie über Art und Maß der Gemeinschaftsgebundenheit der Wirtschaftsakteure dem Gesetzgeber überantwortet hat.

Daher würde bei Annahme einer Ausgestaltungsqualität marktoptimierender Aufsichtsnormen die verfassungsrechtliche Kontrolle des Staatshandelns ins Leere laufen. Sie wäre eine Kontrolle ohne Kontrollmaßstab – mit der Konsequenz, daß der Gesetzgeber im wesentlichen frei von Bindungen agieren könnte (oder aber an prätorisch geschaffene Leitbilder gebunden würde, womit die wirtschaftsverfassungsrechtlich intendierte Gewichtsverteilung zwischen Verfassungsgerichtsbarkeit und politischem Prozeß in ihr Gegenteil verkehrt würde). Die durch das rechtstaatliche Verteilungsprinzip[342] und die grundrechtshistorische Wegmarke des Art. 1 Abs. 3 GG an sich überwundene Gefahr einer Grundrechtsgeltung nach Maßgabe der Gesetze würde damit wieder aufleben[343]. Demgegenüber setzt die Annahme einer Eingriffsqualität den Aufsichtsgesetzgeber einem paßgenau auf die tatsächlichen Freiheitsgefährdungen der Aufsichtsgesetzgebung hin konzentrierten Begründungsdruck aus. Dem in Anspruch genommenen Aufsichtsadressaten wird durch die Eingriffsdogmatik Gewähr geboten, daß seine Belastung einem legitimen Ziel dient und ihr rationale, d. h. sachlich konsistente wie maßvolle Ziel-Mittel-Abschätzungen zugrundeliegen.

Im Ergebnis kann so festgehalten werden, daß marktoptimierende Aufsichtsnormen, mit denen die unternehmerische Disposition der Aufsichtsadressaten eingeschränkt wird, ungeachtet ihrer ordnungsstabilisierenden Wirkung als Grundrechtseingriffe zu werten sind. Die aus wirtschaftstheoretischer Sicht zutreffende Beobachtung, daß marktoptimierende Wirtschaftsaufsicht einem „Marktversagen" entgegenwirkt und unter diesem Aspekt systematisch auf einer Stufe mit „infrastrukturellen" Regelungen nach Art des staatlichen Vertragsrechts, Prozeßrechts, Zwangsvollstreckungsrechts usf. steht[344], findet grundrechtsdogmatisch keine Entsprechung.

---

[342] *C. Schmitt*, Verfassungslehre, S. 126 f.
[343] Allgemein zu den diesbezüglichen Gefahren der Ausgestaltungsdogmatik *M. Nierhaus*, AöR 116 (1991), 76.
[344] Siehe *M. Fritsch/Th. Wein/H.-J. Ewers*, Marktversagen und Wirtschaftspolitik, S. 9 ff.

5. Marktoptimierende Wirtschaftsaufsicht und Grundrechte Drittbetroffener

a) Fragestellung

Marktoptimierende Wirtschaftsaufsicht interveniert in interdependente wirtschaftliche Abläufe. Sie entfaltet daher automatisch (wie vielfach auch andere Maßnahmen der staatlichen Wirtschaftsverwaltung[345]) *Drittwirkungen*. Nicht nur die jeweiligen Aufsichtsadressaten, sondern zugleich auch sonstige Marktakteure werden von ihr tangiert. In besonderem Maße gilt dies in Bezug auf Marktakteure, die mit dem Aufsichtsadressaten in einer unmittelbaren Nähebeziehung stehen, wie v.a. seine Konkurrenten oder Austauchpartner. Die beim Aufsichtsadressaten eintretende Belastung bedeutet für sie in der Regel eine Begünstigung. So bringen etwa Kartellverbot, Zusammenschlußkontrolle, Entgeltregulierung oder wertpapierhandelsrechtliche Wohlverhaltenspflichten für Marktakteure, die mit den Aufsichtsadressaten im Wettbewerb oder in Austauschbeziehungen stehen, wirtschaftliche Vorteile mit sich. Fälle, in denen marktoptimierende Wirtschaftsaufsicht dritt*belastend* wirkt, kommen hingegen selten vor und werfen zudem keine besonderen grundrechtlichen Probleme auf[346].

Die konkrete grundrechtliche Bedeutung der Drittwirkung (Drittbegünstigung) erschließt sich bei einem Blick auf die Konsequenzen, die das untersagte bzw. durch die Aufsichtsbehörde in eine bestimmte Richtung abgeänderte Verhalten des Aufsichtsadressaten bei Dritten auslösen würde. Kartellbildungen, Unternehmenszusammenschlusse usf. könnten, würden sie *nicht* durch Aufsichtsmaßnahmen unterbunden werden, Positionen Dritter beeinträchtigen, die ihrerseits gegenüber dem Staat Grundrechtsschutz genießen. Sie könnten die wirtschaftliche Entfaltungsfreiheit Dritter schmälern, wie sie im Staat-Bürger-Verhältnis durch Art. 12, 14, 2 Abs. 1 GG garantiert ist. Andererseits stellt aber auch das aufsichtsbehördlich reglementierte Verhalten des Aufsichtsadressaten eine Ausübung grundrechtlich geschützter Freiheit dar. Daher kann gesagt werden, daß marktoptimierende Wirtschaftsaufsicht de facto *Grundrechtskollisionen* oder präziser: *Konflikte grundrechtlicher Schutzgüter*[347] regelt. Für die rechtliche Binnenbeziehung zwischen Aufsichtsadressat und Drittem bleibt dies zwar ohne Belang. Die Grundrechte als staatsgerichtete

---

[345] Vgl. *F. Ossenbühl*, AöR 115 (1990), 8.

[346] Drittbelastende Wirkungen können z.B. bei Arbeitnehmern oder Kapitalgebern von Aufsichtsadressaten auftreten. Sie werden hier als grundrechtlich problemlos deshalb angesehen, weil kaum vorstellbar ist, daß gerade die drittbelastende Wirkung den Ausschlag dafür geben könnte, eine marktoptimierende Aufsichtsnorm als grundrechtswidrig zu beurteilen.

[347] Zur Terminologie *J. Ipsen*, JZ 1997, 473 ff.

Rechte[348] binden Private nicht; inwiefern ihnen in Konfliktlagen der hier in Rede stehenden Art eine sog. mittelbare Drittwirkung zukommt, kann im Rahmen dieser Arbeit, die die verfassungsrechtliche Bindung der staatlichen Aufsichtsgewalt thematisiert, außer Betracht bleiben[349]. Von Interesse ist jedoch, *inwiefern der faktisch konfliktregelnde Charakter marktoptimierender Aufsichtsmaßnahmen eine Resonanz in den grundrechtlichen Vertikalbeziehungen zwischen Aufsichtsadressaten und dem Staat auslöst.* Die Frage ist, ob die begünstigende Wirkung marktoptimierender Aufsichtsnormen auf grundrechtliche Schutzgüter Dritter den staatlichen Zugriff auf Aufsichtsadressaten in einer bestimmten Weise grundrechtlich legitimiert, sei es, daß ihretwegen ausnahmsweise doch die Eingriffsqualität im Verhältnis zum Aufsichtsadressaten entfällt, sei es, daß sich ihretwegen im Rahmen der Grundrechtsprüfung die Rechtfertigungslast abmildert. Träfe dies zu, so würden sich hierdurch die Möglichkeiten des Aufsichtsgesetzgebers zu einer grundrechtskonformen Inanspruchnahme von Aufsichtsadressaten deutlich erweitern.

b) Keine Änderung der Eingriffsqualität marktoptimierender Aufsichtsnormen

Die Überlegung, die konfliktregelnde Wirkung staatlicher Akte könnte ihre Eingriffsqualität entfallen lassen, wird in der Literatur selten angestellt. Noch am ehesten ist sie in Bezug auf vorbehaltlos gewährte bzw. unter qualifiziertem Gesetzesvorbehalt stehende Grundrechte anzutreffen[350]. Im Zuge seiner Bemühungen um eine möglichst breit ausgreifende Ausgestaltungsdogmatik hat nunmehr allerdings *Gellermann* mit der *„normativen Konturierung"* ein dogmatisches Modell in die Diskussion gebracht, das – als eine weitere Variante der Ausgestaltung neben der oben bereits angesprochenen „normativen Konstituierung" – speziell darauf abzielt, gesetzliche Regelungen zum Ausgleich kollidierender grundrechtlicher Schutzgüter dem System des negatorischen Grundrechtsschutzes zu entziehen und stattdessen ausgestaltungsdogmatisch zu erfassen[351]. Konfliktschlichtungsregelungen mindern nach Auffassung *Gellermanns* keine grundrechtliche Gewährleistungssubstanz, sondern aktualisieren und präzisieren („konturieren") lediglich Begrenzungen der Grundrechte, die bereits „in der Verfassung angelegt" sind[352]. Die Verfassung gebe

---

[348] Siehe nur *K. Stern*, Staatsrecht III/1, S. 1553.

[349] Die Figur der mittelbaren Drittwirkung beansprucht nicht, Aussagen über die Verfassungsbindung des Gesetzgebers zu machen, sondern einen bestimmten Bindungsmodus der Grundrechte in privatrechtlichen Rechtsbeziehungen zu beschreiben, der insbesondere im Falle einer zivilgerichtlichen Entscheidung praktische Bedeutung gewinnt.

[350] Hierfür steht insbesondere die Figur einer „Schutzbereichsbegrenzung durch kollidierendes Verfassungsrecht"; hierzu (abl.) *B. Pieroth/B. Schlink*, Grundrechte, S. 773 f.

[351] Grundrechte im einfachgesetzlichen Gewand, S. 177 ff., 207 ff.

[352] Ebda., S. 181, 177.

hierfür dem Gesetzgeber „gewisse Direktiven und Handlungsanleitungen" an die Hand[353]. Die Figur der normativen Konturierung soll nach Gellermann über den Bereich der vorbehaltlos gewährten bzw. mit qualifiziertem Gesetzesvorbehalt versehenen Grundrechte hinausgehen[354].

Gegen die Figur der normativen Konturierung lassen sich ähnliche Einwände vorbringen, wie sie oben bereits gegen eine generelle ausgestaltungsdogmatische Einordnung marktoptimierender Aufsichtsnormen ins Feld geführt worden sind. Auch sie erklärt die staatliche Aufsichtsgesetzgebung letztlich zum Nachvollzug einer bereits auf konstitutioneller Ebene getroffenen Vorentscheidung und legt den Grundrechten damit eine Ordnungsvorstellung – d.h. eine Vorstellung über die Absteckung kollidierender Entfaltungsfreiheiten – bei, die ihr jedenfalls auf ökonomischem Feld nicht entnommen werden kann. Wiederum wird durch sie die Grundrechtsdogmatik aus ihrer erforderlichen verfassungsnormativen Verankerung gelöst, wird die staatliche Gesetzgebung aus eingriffsdogmatischen Bindungen freigesetzt, ohne daß die an ihre Stelle tretenden, inhaltlich vagen Ausgestaltungsdirektiven („Direktiven und Handlungsanleitungen") einen vergleichbar substantiellen Ersatz böten. Die legislatorische Zuteilung von Freiheitsräumen, die vermeintlich eine Verfassungskonkretisierung bildet, wird so tatsächlich einer verfassungsrechtlich weitgehend ungebundenen Willkür der jeweiligen politischen Mehrheit anheimgegeben.

Allerdings ist Gellermann zugute zu halten, daß er der ausgestaltungsdogmatischen Deutung kollisionslösender Gesetze dort eine Grenze setzt, wo diese eindeutig in Verfolgung „anderweitiger" Ziele erlassen werden[355]. Bildet mit anderen Worten der Ausgleich kollidierender Privatpositionen nur den Nebeneffekt eines Gesetzes, das – wie eben auch marktoptimierende Aufsichtsgesetze[356] – überindividuellen Ordnungszielen dient, so muß dieses Gesetz auch in den Augen *Gellermanns* nach eingriffsdogmatischen Grundsätzen behandelt werden[357].

c) Grundrechtliche Schutzpflichten zugunsten Drittbetroffener?

Somit kann festgehalten werden, daß selbst aus der ausgestaltungsdogmatischen Warte *Gellermanns* heraus das Vorliegen einer Drittwirkung bei marktoptimierenden Aufsichtsnormen nicht von den bewährten Regeln der Eingriffsdogmatik dispensiert, keinen Grund liefert, sich auf eine mehr oder minder spekulative Suche nach einer im Grundrechteteil der Verfassung ver-

---

[353] Ebda., S. 177.
[354] Ebda., S. 207f.
[355] Ebda., S. 282ff.
[356] Oben § 2 III.
[357] Vergleichbar auch bereits der Ansatz von *E. Grabitz*, ZHR 149 (1985), S. 271f. Im Ergebnis ebenso *R. Poscher*, Grundrechte als Abwehrrechte, S. 226.

meintlich enthaltenen Ordnungsvision über die horizontale Zuordnung und Abgrenzung individueller ökonomischer Entfaltungsräume zu begeben. Dieses Zwischenergebnis steht im Einklang mit der im Schrifttum generell verbreiteten Zurückhaltung gegenüber der denkbaren Verselbständigung einer eigenständigen „Kollisionsdogmatik"[358], mit welcher der Befund negiert würde, daß die Ordnung des Gemeinschaftslebens – auch was das Horizontalverhältnis der Grundrechtsträger untereinander betrifft – im Prinzip dem freien politischen Prozeß überantwortet ist, statt durch die Verfassung selbst vorherbestimmt zu sein[359].

Noch nicht geklärt ist damit jedoch die Frage, welche Bedeutung der Drittwirkung marktoptimierender Aufsichtsnormen bei Zugrundelegung eingriffsdogmatischer Regeln zukommt, d.h. ob von ihr nicht zumindest eine andere Rückwirkung als die gerade ausgeschlossene auf die grundrechtliche Vertikalbeziehung zwischen Staat und Aufsichtsadressat ausgeht. Aufschluß hierüber könnte die Figur der *grundrechtlichen Schutzpflichten* bringen, die dem Gesetzgeber aufträgt, bestimmten Gefahren für grundrechtliche Schutzgüter aktiv entgegenzuwirken[360]. Es ist anerkannt, daß grundrechtliche Schutzpflichten bei sämtlichen Grundrechten in Frage kommen und auch in Ansehung solcher Gefahren gegeben sein können, die von privater Seite ausgehen[361].

---

[358] Als Autoren, die Fälle der staatlichen Regulierung privater Interessenskonflikte zuvorderst nach eingriffsdogmatischen Grundsätzen behandeln und grundrechtsdogmatisch freischwebende „Kollisionslösungen" allenfalls für vorbehaltlos gewährte Grundrechte in Erwägung ziehen, sind etwa zu nennen: *P. Lerche*, HStR V, S. 789; *K. Stern*, Staatsrecht III/2, S. 602 ff. Vgl. in diesem Zusammenhang auch *J. Ipsen*, JZ 1997, 476: es sei seit jeher Aufgabe einfachen Rechts, Kollisionen von Handlungen bzw. Gütern zu lösen, wobei „dessen Konfliktlösungspotential nicht dadurch erweitert wird, daß man menschliches Handeln als Grundrechtsgebrauch mißversteht". Ähnlich auch *W. Roth*, Faktische Eingriffe in Freiheit und Eigentum, S. 462, der dafür plädiert, den Begriff Grundrechtskollisionen auf Fälle zu beschränken, in denen „dem Staat die gleichzeitige Befriedigung geltend gemachter Grundrechte auf Achtung, Schutz, Beistand oder Förderung der auf dem Spiel stehenden Grundrechtsgüter unmöglich ist".

[359] Siehe *M. Ruffert*, Vorrang der Verfassung und Eigenständigkeit des Privatrechts, S. 207: „Die Verfassung enthält die Entscheidung der jeweiligen Grundrechtskonflikte nicht".

[360] Allgemein zu ihrer Begründung *P. Unruh*, Zur Dogmatik der grundrechtlichen Schutzpflichten; *J. Dietlein*, Die Lehre zu den grundrechtlichen Schutzpflichten; *K. Stern*, Staatsrecht III/1, S. 931 ff. Aus der Judikatur BVerfGE 39, 1, 45; 88, 203, 251 f. Die Lehre von grundrechtlichen Schutzpflichten wird zunehmend auch als passende grundrechtsdogmatische Basis für die Lösung der Drittwirkungsproblematik angesehen; siehe *M. Ruffert*, Vorrang der Verfassung und Eigenständigkeit des Privatrechts, S. 21 f. m.w.N. Zur Ablehnung von Versuchen *Schwabes* und *Murswieks*, die verfassungsrechtliche Problematik staatlichen Verhaltens gegenüber privaten Interessenskonflikten über den Eingriffsbegriff zu erfassen, siehe *M. Gellermann*, Grundrechte im einfachgesetzlichen Gewand, S. 232 ff.; *R. Alexy*, Theorie der Grundrechte, S. 416 ff.; *P. Huber*, Konkurrenzschutz im Verwaltungsrecht, S. 245 ff.

[361] Siehe *P. Unruh*, Zur Dogmatik der grundrechtlichen Schutzpflichten, S. 75/76; *J. Dietlein*, Die Lehre zu den grundrechtlichen Schutzpflichten, S. 81.

Theoretisch könnte daher auch (drohendes) Verhalten von Aufsichtsadressaten legislatorische Schutzpflichten zugunsten der von diesem Verhalten negativ betroffenem Drittbetroffenen auslösen. Unterstellt, es bestünden solche Schutzpflichten, so könnten sie im Verhältnis zum Aufsichtsadressaten *eingriffsrechtfertigend* wirken[362].

Die Existenz grundrechtlicher Pflichten zum Schutz einzelner (schwächerer) Marktteilnehmer gegen Verhaltensweisen anderer (stärkerer) Marktteilnehmer kann nicht generell ausgeschlossen werden. Es ist jedoch auf zwei Umstände hinzuweisen, die dafür sprechen, daß solche Pflichten nur für außergewöhnliche Konstellationen in Betracht kommen. Zum einen existieren grundrechtliche Schutzpflichten generell nur unter sehr engen Vorraussetzungen. Grundrechtliche Schutzpflichten sind konkretisierungsbedürftig und lassen dem Gesetzgeber weite Gestaltungsspielräume[363]. Eine Verdichtung zu konkreten legislatorischen Handlungspflichten wird allgemein nur für Ausnahmefälle, insbesondere bei Bedrohungen höchstwertiger Rechtsgüter wie Leben und Gesundheit angenommen[364]. Zum anderen widersprächen grundrechtliche Schutzpflichten zugunsten einzelner Marktteilnehmer der auf Dezentralität, Eigenverantwortung und Selektion ausgerichteten Funktionsweise des Marktes, was insofern verfassungsrechtlich von Belang ist, als der Verfassungsgeber eine marktwirtschaftliche Ordnung des Wirtschaftslebens gestattet hat, und zwar, wie unterstellt werden darf, in Kenntnis ihrer Funktionsmerkmale. Zwar gesteht die Verfassung dem Gesetzgeber zu, unter bewußter Relativierung dieser Funktionsmerkmale in freier politischer Entscheidung Schutzregelungen zugunsten einzelner Gruppen bzw. Individuen zu erlassen. Jedoch ist die Vorstellung, er wäre zum Schutze schwächerer Marktteilnehmer verfassungsrechtlich *verpflichtet*, mit der ordnungsstrukturellen Indifferenz des Grundgesetzes, die eben auch eine Absage an verbindliche soziale Schutzkonzepte in Bezug auf das Wirtschaftsleben bedeutet, schwerlich in Einklang zu bringen.

---

[362] Vgl. am Beispiel von Regelungen zum Schutz des ungeborenen Lebens *H. Bethge*, VVDStRL 57 (1998), S. 24; ferner *R. Wahl/J. Masing*, JZ 90, 560. Daß eine Regelung, die der Gesetzgeber zur Erfüllung einer einem Dritten gegenüber bestehenden Schutzpflicht trifft, im Verhältnis zum Regelungsadressaten einen Eingriff bilden kann, ist unbestritten; siehe *P. Unruh*, Zur Dogmatik der grundrechtlichen Schutzpflichten, S. 23; *J. Dietlein*, Die Lehre zu den grundrechtlichen Schutzpflichten, S. 69; *P. Huber*, Konkurrenzschutz im Verwaltungsrecht, S. 200; *W. Höfling*, Vertragsfreiheit, S. 54.

[363] *P. Unruh*, Zur Dogmatik der grundrechtlichen Schutzpflichten, S. 24; *K. Stern*, Staatsrecht III/1, S. 950; *M. Ruffert*, Vorrang der Verfassung und Eigenständigkeit des Privatrechts, S. 201 ff.

[364] *K. Stern*, Staatsrecht III/1, S. 1576; *J. Dietlein*, Die Lehre zu den grundrechtlichen Schutzpflichten, S. 114; *R. Wahl/J. Masing*, JZ 1990, 559.

d) Wirkung der Interessen Drittbetroffener im Rahmen der grundrechtlichen Verhältnismäßigkeitsprüfung?

Übrig bleibt damit noch die Möglichkeit, daß die Grundrechtsbetroffenheit Dritter im Rahmen der grundrechtlichen *Verhältnismäßigkeitsprüfung* zu Buche schlägt. Und zwar wäre denkbar, daß der drittbegünstigende Effekt marktoptimierender Aufsichtsnormen auf Ebene der Angemessenheitsprüfung zu berücksichtigen ist, im Extremfall dergestalt, daß dieses Effektes wegen ein für sich genommen gegen das Übermaßverbot verstoßender Eingriff in Grundrechte des Aufsichtsadressaten „geheilt" wird – auch dort, wo keine grundrechtliche Pflicht zum Schutz der Grundrechtsgüter des Dritten besteht.

Auch gegen diese Annahme ergeben sich jedoch Bedenken[365]. Die Positionsverbesserung Dritter im Rahmen der Verhältnismäßigkeitsprüfung mit in die Wagschaale zu werfen, würde einem Faktor eingriffslegitimierende Wirkung zuerkennen, der außerhalb der Regelungsintention des Aufsichtsgesetzgebers liegt. Der Aufsichtsgesetzgeber würde damit nicht ausschließlich an seinen eigenen Absichten gemessen werden, die eben (zumindest im Regelfall marktoptimierender Wirtschaftsaufsicht) auf eine Verbesserung der Marktfunktionalität statt auf den Schutz individueller Dritter gerichtet sind. Eine im Verhältnis zum Eingriffszweck der Marktoptimierung unmäßige Eingriffsnorm könnte auf diese Weise mit Erwägungen gerechtfertigt werden, aus denen sie vom Gesetzgeber gar nicht erlassen wurde. Die Verhältnismäßigkeitsprüfung verlöre hierdurch ihre rationalisierende Wirkung, die darauf basiert, daß die Eingriffswirkung zu dem tatsächlich verfolgten Eingriffszweck und nicht zusätzlich noch zu theoretisch denkbaren weiteren Eingriffszwecken in Bezug gesetzt wird. Sie zerliefe in einen unstrukturierten, formlosen Abwägungsprozeß, in dem ganz unterschiedliche Legitimationsmuster nach Belieben kombiniert würden[366]. Diese Gesichtspunkte sprechen dafür, die Wirkung auf die grundrechtsgeschützte Positionen Dritter nur bei den (seltenen) marktoptimierenden Aufsichtsnormen in die Verhältnismäßigkeitsprüfung einzustellen, die nach dem Willen des Gesetzgebers *auch* den Schutz eben dieser Positionen bezwecken.

---

[365] Wie hier etwa *P. Selmer*, Unternehmensentflechtung und Grundgesetz, S. 30 f., der in Bezug auf Entflechtungsregelungen davor warnt, ihre positive Wirkung auf Dritte „als eingriffslegitimierend zu überdehnen". Zutreffend auch *K. Duden*, FS Böhm, S. 16, der Entflechtungsregelungen ausschließlich daraufhin problematisiert, ob sie „zum Schutze des Marktes" notwendig sind. Der gegenteilige Ansatz von *R. Scholz* (u. a. Grundgesetz und Konzentrationskontrolle, S. 38 ff.), erklärt sich daraus, daß er dem Kartellrecht ingesamt eine Drittschutzfunktion beimißt.

[366] Ähnlich *H. Bethge*, Zur Problematik von Grundrechtskollisionen, S. 323; *M. Ruffert*, Vorrang der Verfassung und Eigenständigkeit des Privatrechts, S. 207.

6. Marktoptimierende Aufsichtsnormen und der Grundsatz der Verhältnismäßigkeit

a) Fragestellungen

Als letzter grundrechtlicher Problemschwerpunkt der marktoptimierenden Wirtschaftsaufsicht ist der Grundsatz der Verhältnismäßigkeit[367] zur Sprache zu bringen, der seine normative Verankerung freilich nicht ausschließlich in den Grundrechten, sondern zusätzlich und historisch vorrangig im grundgesetzlichen Rechtstaatsprinzip besitzt[368]. Der Verhältnismäßigkeitsgrundsatz bildet ein zentrales Steuerungselement im verfassungsrechtlichen Mechanismus der Bindung der Aufsichtsgesetzgebung. Die konkrete Reichweite der Regelungsmöglichkeiten des Aufsichtsgesetzgebers wird ganz wesentlich durch die von ihm umfaßten Gebote der Geeignetheit, der Erforderlichkeit und der Angemessenheit (Verhältnismäßigkeit im engeren Sinne) des Grundrechtseingriffs bestimmt.

Der Verhältnismäßigkeitsgrundsatz soll hier nicht durch enzyklopädische Aufzählung sämtlicher in ihm enthaltener und demnach auch beim Erlaß marktoptimierender Aufsichtsgesetze zu beachtender Einzelkautelen abgehandelt werden. Von Interesse ist lediglich sein *marktoptimierungsspezifischer* Problemgehalt, also die Frage, inwieweit bestimmte seiner Normaussagen im Falle marktoptimierender Aufsichtsgesetze in spezieller Weise zum Tragen kommen und hierdurch der Verhältnismäßigkeitskontrolle ein besonderes Gepräge geben. Aufschluß soll dabei vor allem mittels der Fragen gewonnen werden (unten b und c), wie sich das normative Bindungspotential des Verhältnismäßigkeitsgrundsatzes zwischen den zweckrationalen und den weltanschaulichen Begründungselementen von Wirtschaftsgesetzen verteilt und ob diesbezüglich bei den marktoptimierenden Aufsichtsgesetzen ein charakteristisches Verteilungsverhältnis zu Tage tritt. Damit wird zugleich zur Klärung gebracht, ob die gelegentlich vertretene Auffassung, eine intensive Verfassungskontrolle der Wirtschaftsrechtsrechtssetzung berge die Gefahr verfassungsgerichtlicher Intervention in gesellschaftspolitische, letztlich weltanschaulich motivierte Entscheidungen[369], im Falle der marktoptimierenden Wirtschaftsaufsicht ihre Berechtigung hat. Als ein im Zusammenhang mit der Verhältnismäßigkeitskontrolle marktoptimierender Aufsichtsgesetze prak-

---

[367] Zu den unterschiedlichen terminologischen Varianten (Übermaßverbot, Verhältnismäßigkeitsgebot etc.) siehe *K. Stern*, Staatsrecht III/2, S. 763.

[368] *B. Schlink*, FS 50 Jahre BVerfG II, S. 448; *F. Stern*, FS Lerche, S. 165 ff.; *R. Alexy*, Theorie der Grundrechte, S. 100; *F. Schnapp*, JuS 1983, 852 f. Verfassungsgerichtliche Leitentscheidung ist E 19, 342, 348 f. („ergibt sich aus dem Rechtsstaatsprinzip, im Grunde aus dem Wesen der Grundrechte selbst").

[369] Siehe etwa *H. Krüger*, DÖV 1971, 289 ff.; *P. Badura*, AöR 92 (1967), 382 ff. Rechtsvergleichend *A. v. Brünneck*, Verfassungsgerichtsbarkeit in den westlichen Demokratien, S. 126, 165.

tisch bedeutsames Thema soll ferner (unten d) der gesetzgeberische Einschätzungsspielraum bei empirischer Unsicherheit über die ökonomischen Prämissen der Aufsichtsregelungen zur Sprache kommen.

Voranzuschicken ist der Hinweis, daß der Grundsatz der Verhältnismäßigkeit, wiewohl er nachfolgend als Anforderung an den *Aufsichtsgesetzgeber* erörtert wird, selbstverständlich auch die *Aufsichtsbehörden* in ihrer Vollzugspraxis verpflichtet. Der Verpflichtungsgehalt ist freilich auf beiden Ebenen verschieden. Die von den Aufsichtsbehörden wie von jeder Verwaltungsbehörde vor dem Gesetzesvollzug vorzunehmende Verhältnismäßigkeitsprüfung darf nicht die legislatorisch getroffenen Einschätzungen und Abwägungen übergehen, andernfalls die grundgesetzliche Funktionsordnung verletzt würde[370]. Beispielsweise darf eine Kartellbehörde die Anwendung des Kartellverbots gemäß § 1 GWB nicht mit der Begründung aussetzen, dieses sei – schlechthin – nicht geeignet, nicht erforderlich oder unverhältnismäßig im engeren Sinne. Die Auffassung des Gesetzgebers, das Kartellverbot genüge in abstracto dem Verhältnismäßigkeitsgrundsatz, darf nur durch das Bundesverfassungsgericht korrigiert werden. In der Gesetzesanwendung bzw. fachgerichtlichen Rechtsprechung kommt der Verhältnismäßigkeitsgrundsatz aber dann zum Tragen, wenn der in Frage stehende Vollzugsakt nicht in allen Facetten durch das Aufsichtsgesetz vorgegeben und der jeweilige Anwendungsfall durch Umstände geprägt ist, die bei Abfassen des Gesetzes nicht im Blickfeld des Gesetzgebers gestanden haben (stehen konnten). Dies ist freilich bei marktoptimierenden Aufsichtsgesetzen wegen ihrer tatbestandlichen Unbestimmtheit häufig der Fall. Je unbestimmter eine marktoptimierende Aufsichtsnorm ausfällt, umso größeres Gewicht gewinnt die Verhältnismäßigkeitsprüfung des Vollzugsakts und um so mehr werden bei ihr Erwägungen der grundrechtlichen Geeignetheit, Erforderlichkeit und Angemessenheit auf die Ebene der Rechtsanwendung verlagert.

b) Bindungsstruktur des Verhältnismäßigkeitsgrundsatzes

(aa) Geeignetheits- und Erforderlichkeitsgebot

Das aus dem Verhältnismäßigkeitsgrundsatz abgeleitete Gebot der Geeignetheit des Grundrechtseingriffs stellt die Forderung nach (im Zeitpunkt des Normerlasses: hypothetischer) Kausalität zwischen Eingriffsmittel und Eingriffszweck auf[371]. Geeignetheit bedeutet Zwecktauglichkeit des Gesetzes[372]. Es

---

370 Hierzu allgemein *H. Schneider*, FG BVerfG II, S. 390 ff.

371 *L. Hirschberg*, Der Grundsatz der Verhältnismäßigkeit, S. 50. Siehe auch die bekannte Formulierung im Grundrechtslehrbuch von *B. Pieroth* und *B. Schlink*, wonach Maßnahme und Zweck „in einem durch bewährte Hypothesen über die Wirklichkeit vermittelten Zusammenhang" zu stehen haben.

372 *P. Lerche*, HStR V, S. 783.

wird mit ihr ein *technokratisches Qualitätsmerkmal* ins Visier genommen. Entsprechendes gilt zum Teil auch für das Erforderlichkeitsgebot als weitere Ableitung aus dem Verhältnismäßigkeitsgrundsatz. Mit ihm ist gefragt, ob weniger eingriffsintensive Mittel existieren, die indes mindestens *ebenso geeignet* wie das vom Gesetzgeber tatsächlich gewählte Mittel sein müssen, um als Alternative in Betracht zu kommen[373]. Geeignetheits- und Erforderlichkeitsgebot verschaffen so Kriterien der *Zweckrationalität* eine verfassungsrechtliche Grundlage[374]. Sie formulieren verbindliche Mindeststandards für technokratisch-qualitätsgerechte gesetzgeberische Entscheidungen[375]. Gefordert ist freilich keine *absolute* technokratische Qualität in dem Sinne, daß die vom Gesetzgeber gewählte Maßnahme unter fachwissenschaftlichen Gesichtspunkten die *optimale* Form der Zweckverwirklichung darstellt: Die Maßnahme darf nicht untauglich sein, muß aber nicht das am besten geeignete Eingriffsmittel darstellen, um dem Verhältnismäßigkeitsgrundsatz Genüge zu tun[376].

Allerdings wird gelegentlich für weitergehende Relativierungen beider Gebote plädiert, insbesondere für eine Rücknahme des Geeignetheitsgebots auf ein bloßes Verbot „objektiv" oder „schlechthin" ungeeigneter Mittel[377]. Soweit mit solchen Forderungen in Wahrheit nur einer Lockerung der verfassungsrechtlichen Bindungen im Falle prognostischer Unsicherheiten beim Normerlaß das Wort geredet wird[378], erheben sich hiergegen keine prinzipiellen Bedenken[379]. Für eine *generelle* Abstufung des Geeignetheitsgebots auf lediglich ein Verbot von *qualifiziert untauglichen* Maßnahmen bietet die Verfassung hingegen keinen Ansatzpunkt. Auch die (für sich genommen zutreffende) Aussage, der Gesetzgeber hätte sich anstelle eines tatsächlich verfehlten Ziels schließlich auch von vornherein ein weniger weitgehendes Ziel stecken dürfen[380], kann keine Absenkung des rechtlich geforderten Tauglichkeitsgrads rechtfertigen. Die Entscheidung, sich mit einem weniger weitgesteckten Ziel

---

[373] *L. Hirschberg*, Der Grundsatz der Verhältnismäßigkeit, S. 59. Das Bundesverfassungsgericht integriert häufig die Geeignetheitsprüfung in die Erforderlichkeitsprüfung; siehe *P. Lerche*, HStR V, S. 784.

[374] *R. Wendt*, AöR 104 (1979), 455; *P. Lerche*, FS Ipsen, S. 437; *M. Kloepfer*, NJW 1971, 1576; *H.-D. Horn*, Experimentelle Gesetzgebung, 214; *M. Raabe*, Grundrechte und Erkenntnis, S. 22.

[375] *K. Meßerschmidt*, Gesetzgebungsermessen, S. 793. Siehe auch *ders.*, S. 931 („Kooptation des Verlangens nach sachangemessenen gesetzgeberischen Lösungen in den Kreis der verfassungsrechtlichen Normenkontrollkriterien").

[376] Siehe BVerfGE 19, 119, 127; *E. Grabitz*, AöR 98 (1973), 572; *L. Michael*, JuS 2001, 149; *K. Stern*, Staatsrecht III/2, S. 776/777.

[377] Etwa *E. Grabitz*, AöR 98 (1973), 572; *R. Schmidt*, Öffentliches Wirtschaftsrecht-AT, S. 181.

[378] *R. Schmidt*, ebda.

[379] Näheres unter d.

[380] Siehe *L. Hirschberg*, Der Grundsatz der Verhältnismäßigkeit, S. 52.

zu begnügen, muß beim Gesetzgeber verbleiben[381]. Es ist praktisch niemals auszuschließen, daß der Gesetzgeber ein weniger weitgestecktes Ziel als nicht ausreichend gewichtig (angemessen) eingestuft hätte, um den fraglichen Eingriff zu legitimieren.

Geeignetheits- und Erforderlichkeitsgebot führen, indem sie die Gesetzgebung der Forderung nach Zweckrationalität unterwerfen, zu einer vergleichsweise *engen verfassungsrechtlichen Bindung*. Die Prüfung, ob ein Gesetz dieser Forderung genügt, ist vom Prinzip her voll *objektivierbar*. Sie kann, sieht man vom Sonderproblem des Umgangs mit Prognoseunsicherheiten an dieser Stelle ab, ohne einen Rückgriff auf *Werturteile* durchgeführt werden. Die Aussage, eine Maßnahme sei zur Verwirklichung des mit dem Gesetz verfolgten Zwecks geeignet bzw. eine andere, mildere Maßnahme sei ebenso geeignet wie die tatsächlich getroffene, ist eine Aussage über die Wirklichkeit und kann somit von jedermann (auch von einem Gericht) einer Beurteilung daraufhin unterzogen werden, ob sie wahr oder falsch ist[382].

(bb) Gebote der Legitimität des Eingriffszwecks und der Angemessenheit

Beim Gebot der Angemessenheit ist demgegenüber die Bindung des Geesetzgebers strukturell lockerer. Gleiches gilt für das Gebot der Legitimität des Eingriffszwecks, dessen Nachprüfung der eigentlichen Verhältnismäßigkeitsprüfung voranzustellen ist. Die Festlegung von Eingriffszwecken steht weitgehend im diskretionären Ermessen des Gesetzgebers, der hierbei nicht auf die von der Verfassung positiv vorgegebenen Zielwerte beschränkt ist[383]. Das Gebot der Legitimität des Eingriffszwecks bildet daher nicht mehr als einen groben *Filter*, der die gesetzgeberische Entscheidungsfreiheit nur in äußersten Fällen beschränkt. Ähnlich verhält es sich beim Angemessenheitsgebot, das bekanntermaßen einen weitgehend offenen Maßstab installiert[384] und gleichfalls nur in extrem gelagerten Fällen, in denen ultimative Wertungsstandards verletzt werden, eine Verwerfung der vom Gesetzgeber vorgenommenen Zweck-Mittel-Abwägung erlaubt.

Die geringere Bindungsdichte beider Gebote ist Ausfluß des Umstands, daß sie auf nicht oder nur begrenzt objektivierbare Kriterien verweisen. Die Legitimität eines Eingriffszwecks sowie die Angemessenheit einer Zweck-Mittel-Relation lassen sich vielfach nur *unter Rekurs auf weltanschauliche Prämissen*,

---

[381] Siehe *U. Kischel*, Die Begründung, S. 281.

[382] Hierzu und zur Einordnung von Bewertungen als Entscheidungen, mit denen von zwei Größen die eine der anderen vorgezogen wird, *B. Schlink*, FS 50 Jahre BVerfG II, S. 455.

[383] BVerfGE 33, 125, 159; *K. Stern*, Staatsrecht III/2, S. 824; *P. Lerche*, HStR V, S. 782; *P. Badura*, FS Fröhler, S. 340/341; *B. Schlink*, FS 50 Jahre BVerfG II, S. 450.

[384] *K. Stern*, Staatsrecht III/2, S. 777.

also nur unter Rückgriff auf *Werturteile* kontrollieren[385]. Daß hierbei nicht nachprüfbare, diskretionäre gesetzgeberische Ermessensspielräume zugestanden werden müssen, folgt zwingend aus übergeordneten Strukturmerkmalen der Verfassung. Verwehrte man sie dem Gesetzgeber, würde die Normenkontrolle auf der Basis nicht-objektivierbarer Kriterien betrieben werden müssen und fiele so der Beliebigkeit subjektiver richterlicher Wertungen anheim.

(cc) Vergleich und Folgerungen für die Verhältnismäßigkeitskontrolle der Wirtschaftsgesetzgebung

Den weiteren Überlegungen kann somit zugrundegelegt werden, daß der Verhältnismäßigkeitsgrundsatz zwei strukturell unterschiedliche Bindungsmechanismen vereint: Eine rigide Bindung an Standards technokratischer Qualität auf Ebene des Geeignetheits- und des Erforderlichkeitsgebots sowie eine lockerere Bindung an bestimmte ultimative Wertungsstandards auf Ebene des Angemessenheitsgebots sowie des Gebots der Legitimität des Eingriffszwecks[386]. Dieser Unterschied im Grad der Bindungsdichte korrespondiert mit (und rechtfertigt sich aus) dem unterschiedlichen Grad an Objektivierbarkeit der den Geboten jeweils zugrundeliegenden Prüfungskriterien.

Übertragen auf die Wirtschaftsgesetzgebung bedeutet dies, daß wirtschaftspolitische Gestaltungsfreiheit, die nicht durch Vorgaben des grundrechtlichen Verhältnismäßigkeitsprinzips eingeschränkt wird, vor allem insoweit gegeben ist, als gesetzliche Regelungen weltanschauliche Ziele verwirklichen sollen, beispielsweise ein bestimmtes vom Gesetzgeber für erstrebenswert erachtetes Gesellschaftsideal. Wirtschaftspolitische Gestaltungsfreiheit heißt zuvorderst Entscheidungsfreiheit in weltanschaulich zu entscheidenden Fragen. Hingegen ist die Wirtschaftsgesetzgebung nicht von der Beachtung technokratischer Qualitätsstandards dispensiert. Es besteht – vermittelt durch die Gebote der Geeignetheit und Erforderlichkeit – eine wirtschaftspolitische Rationalitätsverpflichtung im Hinblick auf diejenigen Merkmale eines Gesetzes, die einer Rationalitätskontrolle tatsächlich zugänglich sind. Der Verhältnismäßigkeitsgrundsatz balanciert mithin Freiheitsschutz und wirtschaftspolitische Gestaltungsfreiheit entlang der Grenzlinie zwischen technokratisch-kognitiven und weltanschaulich-volitiven Elementen wirtschaftspolitischer Entscheidungen aus. Der Bürger muß weltanschauliche Wertungen des Gesetzgebers hinnehmen, hat aber einen grundrechtlich verbürgten Anspruch darauf, von Belastungen verschont zu werden, mit denen der Gesetzgeber (bei der praktischen

---

[385] Siehe – in Bezug auf das Gebot der Zwecklegitimität – *P. Badura*, FS Fröhler, S. 341 und – in Bezug auf das Angemessenheitsgebot – *L. Hirschberg*, Der Grundsatz der Verhältnismäßigkeit, S. 148; *B. Schlink*, FS 50 Jahre BVerfG II, S. 450.

[386] Ähnlich die Unterscheidung zwischen der „empirischen" und der „wertmäßigen" Seite des Verhältnismäßigkeitsgrundsatzes bei *L. Hirschberg*, Der Grundsatz der Verhältnismäßigkeit, S. 44.

Umsetzung weltanschaulicher Wertungen) technokratische Qualitätsstandards mißachtet.

Für die Verhältnismäßigkeitsprüfung der Wirtschaftsrechtsetzung ist es daher von eminenter Bedeutung, weltanschaulich-volitive und technokratisch-kognitive Elemente von Gesetzen auseinanderzuhalten. Nur so kann die im Verhältnismäßigkeitsgrundsatz angelegte Doppelstrategie der Toleranz gegenüber weltanschaulichen Festlegungen unter gleichzeitiger Strenge hinsichtlich der technokratischen Qualität ihrer Realisierung Genüge getan werden. Es bedarf stets der sorgfältigen Prüfung, was als bloße technokratische Umsetzungsmodalität einer Rationalitätskontrolle unter Geeignetheits- und Erforderlichkeitsaspekten und was als weltanschaulich-volitiv bestimmter Maßnahmenzweck bzw. als weltanschaulich-volitiv bestimmte Zweck-Mittel-Relation lediglich einer Prüfung auf die Einhaltung gewisser äußerster Wertungsstandards zuzuführen ist.

Dabei ist der Gefahr zu entgehen, eine bloße Umsetzungsmodalität zum Maßnahmenzweck zu erheben und so die Geeignetheits- bzw. Erforderlichkeitsprüfung zu unterlaufen[387]. Beispielsweise darf als Zweck eines kartellrechtlichen Eingriffs nicht die Verhütung von Wettbewerbsbeschränkungen angesehen werden. Der (weltanschaulich begründete) Zweck kartellrechtlicher Eingriffe, der als Ausfluß einer gesetzgeberischen Wertungsentscheidung lediglich einer lockeren Legitimitätskontrolle zu unterwerfen ist, besteht in der allgemeinen Wohlstandsförderung. Die Verhütung von Wettbewerbsbeschränkungen durch bestimmte kartellrechtliche Maßnahmen hingegen ist als bloße Umsetzungsmodalität – als eingesetztes *Mittel* zur Wohlstandsförderung – einer Prüfung daraufhin zu unterziehen, ob sie diesen Zweck zu verwirklichen geeignet sind. Sähe man die Verhütung von Wettbewerbsbeschränkungen selbst als Maßnahmenzweck an, ergäbe sich die Geeignetheit der im GWB vorgesehenen Eingriffe in Grundrechte der Aufsichtsadressaten vielfach von selbst und liefe die mit dem Verhältnismäßigkeitsgrundsatz intendierte enge Bindung an das Gebot technokratischer Qualität weitgehend leer.

c) Marktoptimierende Aufsichtsnormen in der Verhältnismäßigkeitsprüfung

(aa) Allgemeines

Die allgemeine Wohlstandsförderung als Eingriffszweck marktoptimierender Aufsichtsgesetze bildet somit das „oberste", nicht in einem weiteren Ableitungszusammenhang stehende, rein weltanschaulich begründete Element

---

[387] Vgl. hierzu allgemein *L. Hirschberg*, Der Grundsatz der Verhältnismäßigkeit, S. 158, 162; *K. Stern*, Staatsrecht III/2, S. 811; *L. Clerico*, Die Struktur der Verhältnismäßigkeit, S. 30; *P. Lerche*, HStR V, S. 784; *B. Schlink*, FS 50 Jahre BVerfG II, S. 450; *E. Grabitz*, AöR 98 (1973), 601 f. Speziell bezogen auf kartellrechtliche Entflechtungsinstrumente *P. Selmer*, Unternehmensentflechtung und Grundgesetz, S. 54.

marktoptimierender Aufsichtsnormen. Auf den sich anschließenden Begründungsetappen (beispielsweise: Wohlstandsförderung durch Marktoptimierung; Marktoptimierung durch Wettbewerbsschutz; Wettbewerbsschutz durch Erlaß eines Kartellverbots) werden vom Gesetzgeber objektiv nachprüfbare Kausalitätsbehauptungen hintereinander gereiht, die jeweils daraufhin kontrolliert werden können und müssen, ob sie der Forderung nach technokratisch-qualitätsgerechter Gesetzgebung genügen.

Die Geeignetheits- und Erforderlichkeitskontrolle marktoptimierender Aufsichtsgesetze darf dabei nicht unter allfälligen Verweisen auf eine vermeintlich unbegrenzte wirtschaftspolitische Gestaltungsfreiheit des Gesetzgebers ausgedünnt werden. Sondern es ist im Rahmen der Normenkontrolle die wirtschaftstheoretische Plausibilität der jeweiligen Interventionskonzepte vollumfänglich nachzuprüfen, soweit sich nicht speziell im Hinblick auf empirische Unsicherheiten, mit denen eine solche Nachprüfung zuweilen konfrontiert ist, etwas anderes ergibt (hierzu sogleich unter d). Die Geeignetheitsprüfung hat sich insbesondere der Frage zuzuwenden, ob das Interventionskonzept auf einer zutreffenden Analyse der Funktionsgesetze des Marktes beruht, ob das tatsächliche Marktgeschehen als funktionsdefizitär einzustufen ist und ob die vom Gesetzgeber ausgewählten Aufsichtsinstrumente diese Diskrepanz zwischen „Soll" und „Ist" zu schließen vermögen, was auch einschließt, daß der Funktionsgewinn nicht durch kontraproduktive Effekte der Markteingriffe wieder aufgezehrt wird. Unter Erforderlichkeitsaspekten ist vor allem zu prüfen, ob nicht indikative oder influeszierende Maßnahmen[388] oder ein Einsatz privatrechtlicher Instrumente als weniger eingriffsintensive Alternativen bereits ausreichend wären. Der Gesetzgeber ist hierbei gehalten, steuerungssystematische Zusammenhänge zu prüfen, wie sie oben in § 3 I besprochen worden sind.

Weniger rigide verläuft hingegen die Prüfung, ob die vom Aufsichtsgesetzgeber zugrundegelegte Zweck-Mittel-Relation das Gebot der Angemessenheit (Verhältnismäßigkeit im engeren Sinne) des Grundrechtseingriffs beachtet. Diese Frage kann nur anhand nicht oder jedenfalls nur sehr begrenzt objektivierbarer *Wertungen* beurteilt werden. Demzufolge beschränkt sich die Nachprüfung im Rahmen der Normenkontrolle darauf, ob gewisse äußerste Wertungsstandards eingehalten werden (Vermeidung eines *groben* Mißverhältnisses zwischen Belastung des Aufsichtsadressaten und verfolgtem Zweck). An dieser Stelle kommt somit die wirtschaftspolitische Gestaltungsfreiheit des Gesetzgebers zum Tragen, der ohne allzu weite Einschränkungen darüber befinden kann, welches Maß an kollektivem Wohlstandsgewinn den individuel-

---

[388] Vgl. *P. Selmer*, Unternehmensentflechtung und Grundgesetz, S. 44, der zu Recht die Frage stellt, ob wirtschaftlichen Konzentrationen nicht statt durch Entflechtungsmaßnahmen ebensogut durch Setzung steuerlicher Anreize entgegengewirkt werden könnte.

len Verlust an wirtschaftlicher Dispositionsfreiheit des Aufsichtsadressaten legitimiert. Diese nur unter Rekurs auf weltanschauliche Prämissen zu treffende Festlegung steht ebenso in seinem weitgehend ungebundenen Ermessen wie – auf Ebene der Legitimität des Eingriffszwecks – die gleichfalls nur weltanschaulich begründbare Festlegung, daß Wohlstandsförderung überhaupt ein erstrebenswertes Ziel staatlicher Wirtschaftspolitik ist.

(bb) Einzelheiten

Bei der Verhältnismäßigkeitsprüfung marktoptimierender Aufsichtsgesetze und der hierbei erforderlichen Analyse der Aufsichtswirkungen ist die Warnung vor einem allzu linearen Maßnahme-Folge-Denken[389] in besonderem Maße angebracht. Wegen der Komplexität des Marktgeschehens muß stets als Möglichkeit in Betracht gezogen werden, daß staatliche Aufsichtsakte Folgewirkungen in unvermuteten, entfernt liegenden Zusammenhängen hervorrufen, die im Ergebnis den erstrebten Funktionsgewinn mindern oder gar aufheben können[390].

Korrespondierend zur Komplexität des Marktes sind im Regelfall auch die marktoptimierenden Interventionskonzepte relativ komplex. Dies stellt die Geeignetheits- und Erforderlichkeitsprüfung zwangsläufig vor Herausforderungen, denen indes nicht ausgewichen werden darf, soll nicht der Steuerungsanspruch des Verfassungsrecht auf der Strecke bleiben[391]. Die Geeignetheits- bzw. Erforderlichkeitsprüfung muß in die *jeweiligen Details der Materie* vorstoßen und die Aufsichtsinstrumente in ihrer konkreten tatbestandlichen Ausrichtung unter die Lupe nehmen[392], wobei freilich legislative *Typisierungsspielräume* akzeptiert werden müssen[393]. Sie muß zudem die *verschiedenen Begründungsstufen der Interventionskonzepte* sorgfältig aufarbeiten und die maßnahmenbezogene Rationalitätskontrolle auf jeder Stufe gesondert durchführen. Die Geeignetheit und Erforderlichkeit von vorgesehenen Maßnahmen der Zusammen-

---

[389] Allgemein *F. Hufen*, NJW 1994, 2919.

[390] Vgl. *H. H. Rupp*, Fusionskontrolle als Verfassungsauftrag, S. 113, der davor warnt, daß staatliche Wettbewerbsregelungen das „feinnervige Selbststeuerungssystem des Wettbewerbs" zerreißen.

[391] Insofern überzeugend die Kritik von *M. Kloepfer*, NJW 1971, 1585 ff. sowie von *F. Hufen*, NJW 1994, 2918 an der häufig recht oberflächlichen verfassungsgerichtlichen Geeignetheitsprüfung von Wirtschaftsgesetzen durch das BVerfG. Gleiche Analyse ohne entsprechende Bewertung bei *L. Hirschberg*, Der Grundsatz der Verhältnismäßigkeit, S. 54 und bei *K. Stern*, Staatsrecht III/2, S. 778.

[392] Vgl. *P. Selmer*, Unternehmensentflechtung und Grundgesetz, S. 31.

[393] Hierzu *P. Lerche*, HStR V, S. 785. Zum Tragen kommt die Typisierungsbefugnis etwa bei numerischen Festlegungen im Rahmen der Definition von Aufsichtstatbeständen. So ist es beispielsweise unbedenklich, wenn für die Fusionskontrolle Schwellenwerte unabhängig von der Größe der jeweiligen Märkte und dementsprechend auch unabhängig vom Ausmaß der Funktionsgefahren, die durch Zusammenschlüsse hervorgerufen werden können, festgelegt werden.

schlußkontrolle beispielsweise ist auf verschiedenen Abstraktionsstufen zu prüfen (Zusammenschlußverbot geeignet und erforderlich zur Konzentrationsverhinderung? Konzentrationsverhinderung geeignet und erforderlich zum Wettbewerbsschutz? Wettbewerbsschutz geeignet und erforderlich zur Marktoptimierung? etc.).

Speziell im Hinblick auf die *Angemessenheitsprüfung* ist zu beachten, daß marktoptimierende Aufsichtsgesetze lediglich darauf gerichtet sind, denjenigen Marktbedingungen Geltung zu verschaffen, die ohnehin vorherrschen würden, wäre der Markt in einem bestimmten Bereich nicht aufgrund besonderer Umstände (beispielsweise wirtschaftlichen Vermachtungserscheinungen) in seiner Funktionsweise gestört. Vor diesem Hintergrund beteht nur in seltenen Fällen Raum für die Annahme, daß marktoptimierende Aufsichtsgesetze (so sie geeignet und erforderlich sind) unverhältnismäßig im engeren Sinne sind. Die durch sie beim Aufsichtsadressaten hervorgerufene Belastung stellt nichts anderes dar als die Aktualisierung einer dem Markt systemimmanenten Belastung, wie sie der Aufsichtsadressat mit der Entscheidung zur Marktteilnahme aus freien Stücken auf sich nimmt. Wenig überzeugend ist es daher, wenn *Hans-Peter Ipsen* die Praxis des Bundeskartellamts, in Preismißbrauchsfällen Unternehmen auf der Basis von Vergleichsmarktanalysen notfalls auch nicht-kostendeckende Preise vorzugeben, wegen ihrer schwerwiegenden Auswirkungen auf die Ertragssituation der Adressaten als eine unverhältnismäßige Auslegung des kartellrechtlichen Mißbrauchsverbots eingestuft hat[394]. Die Vergleichsmarktmethode simuliert lediglich Marktbedingungen, wie sie vorherrschen würden, wäre im konkreten Einzelfall nicht ausnahmsweise die Funktionsweise des Marktes gestört. Sie für unverhältnismäßig zu erachten, läuft auf die absurde Konsequenz hinaus, den Grundrechten einen Anspruch auf den Erhalt funktionsdefizitärer Marktzustände zu entnehmen.

d) Der gesetzgeberische Einschätzungsspielraum beim Erlaß marktoptimierender Aufsichtsnormen

Die Frage nach den Konsequenzen *empirischer Unsicherheit* für die Befugnis des Gesetzgebers zum Grundrechtseingriff sowie für den Umfang der verfassungsgerichtlichen Kontrolltätigkeit ist im Falle marktoptimierender Aufsichtsgesetze von hoher praktischer Bedeutung. Der marktoptimierende Aufsichtsgesetzgeber ist nahezu immer mit dem Problem konfrontiert, daß die „legislative facts"[395], auf denen die gesetzlichen Vorschriften fußen, nicht voll-

---

[394] *H.-P. Ipsen*, Kartellrechtliche Preiskontrolle als Verfassungsfrage S. 83 ff. Siehe auch W. *Thiele*, JR 1977, 361; *H. H. Rupp*, NJW 1976, 2001; *R. Scholz*, ZHR 141 (1977), 536 f.
[395] Zu diesem Begriff W. *Kluth*, NJW 1999, 3515; *B.-O. Bryde*, FS 50 Jahre BVerfG II, S. 533; *J. Kokott*, Beweislastentscheidungen und Prognoseentscheidungen bei der Inanspruchnahme von Grund- und Menschenrechten, S. 40 ff.

ständig sicher feststehen, sondern mit Schätzungen, Vermutungen und Wahrscheinlichkeitsurteilen durchsetzt sind. Dies gilt nicht nur im Hinblick auf empirische Annahmen über das *Marktgeschehen*, sondern auch im Hinblick auf die aus solchen Annahmen abgeleiteten wirtschaftstheoretischen *Funktionsmodelle* und *Prognosen*, die über den konkreten Zuschnitt der Aufsichtsinstrumente entscheiden. Die Frage der verfassungsrechtlichen Behandlung empirischer Unsicherheit ist sinnvollerweise sowohl auf Tatsachen im engeren Sinne als auch auf die fachliche Würdigung und theoretische Verarbeitung von Tatsachen zu Aussagen über Funktionsgesetze der Wirklichkeit zu beziehen[396]. Sie umschließt also Fälle begrenzten *Beobachtungsvermögens* ebenso wie Fälle eines begrenzten *fachwissenschaftlichen Vermögens der Interpretation von Beobachtungen*. Beides ist vielfach gar nicht eindeutig voneinander zu trennen.

Klärungsbedarf besteht hinsichtlich der *Reichweite der gesetzgeberischen Befugnis, Grundrechtseingriffe durch Erlaß marktoptimierender Aufsichtsnormen überhaupt auf bloße empirische Annahmen statt auf empirische Gewißheiten zu stützen.* Zum zweiten ist zu klären, wie sich im Falle empirischer Unsicherheiten die diesbezügliche *Einschätzungszuständigkeit zwischen Gesetzgeber und Verfassungsgerichtsbarkeit verteilt* und welche Konsequenzen daraus für Zuschnitt und Gegenstand der Normenkontrolle folgen[397]. Diesen Fragen ist nachfolgend vor allem im Hinblick auf Besonderheiten nachzugehen, die sich speziell beim Erlaß marktoptimierender Aufsichtsgesetze ergeben.

(aa) Keine Differenzierung zwischen gegenwärtigen und künftigen Tatsachen

In der Diskussion über den gesetzgeberischen Einschätzungsspielraum wurde zunächst gefordert, es sei danach zu differenzieren, ob sich eine empirische Unsicherheit auf *gegenwärtig bereits existente* Tatsachen oder auf *zukünftig eintretende* Tatsachen bezieht[398]. Daß eine solche Differenzierung indes wenig taugt[399], tritt am Beispiel der marktoptimierenden Aufsichtsgesetze schon darin zutage, daß hier die Zuordnung zu einer der beiden Kategorien vielfach auf kaum überwindbare praktische Schwierigkeiten stößt. Marktoptimierende Aufsichtsnormen fußen auf unsicheren Einschätzungen über *künftige Markt-*

---

[396] So wohl auch *R. Breuer*, Der Staat 16 (1977), S. 35.

[397] Es handelt sich beim gesetzgeberischen Einschätzungsspielraum um eine Figur, bei der materielle-grundrechtliche Erwägungen mit kompetentiellen und funktionell-rechtlichen Erwägungen zusammenfließen. Insofern erscheint bedenkenswert, wenn *M. Raabe*, Grundrechte und Erkenntnis, S. 207 ff. das Problemfeld als Kollision grundrechtlicher und demokratischer Prinzipien konstruiert. Unterscheidung zwischen beiden Erwägungsebenen auch bereits in der Besprechung des Mitbestimmungs-Urteils von *H.-J. Papier*, ZGR 8 (1979), S. 449 ff.

[398] *F. Ossenbühl*, FG BVerfG I, S. 458 ff.

[399] *M. Raabe*, Grundrechte und Erkenntnis, S. 115 ff.; *K. Meßerschmidt*, Gesetzgebungsermessen, S. 941 ff.; *A. Gerontos*, BayVBl. 1981, 618.

entwicklungen, die jedoch über eine Sichtung und Würdigung *bereits abge-schlossener* Marktentwicklungen gewonnen werden. Für den Umfang des ge-setzgeberischen Einschätzungsspielraums bzw. die verfassungsgerichtliche Kontrollbefugnis kann es keinen Unterschied machen, auf welcher der beiden Stufen Unsicherheiten in der Einschätzung bestehen.

(bb) Auftreten empirischer Unsicherheiten

Gesetzgeber und Bundesverfassungsgericht sind vor allem auf den technokra-tisch-kognitiven Ebenen der Geeignetheit und der Erforderlichkeit mit dem Problem empirischer Unsicherheiten konfrontiert[400]. Die auf diesen Ebenen zu hinterfragende wirtschaftstheoretische Plausibilität des Interventionskonzepts hängt mit von empirischen Gegebenheiten ab, die der Gesetzgeber häufig nicht vollständig bzw. nicht mit absoluter Sicherheit richtig erfassen kann (Analyse der Funktionsweise des Marktes – Analyse des Funktionsdefizits bzw. der Funktionsgefahr in Bezug auf das tatsächliche Marktgeschehen – Beurteilung der Eignung des Aufsichtsinstrumentariums zur Behebung des Funktionsdefi-zits). Aber auch die Ermittlung der Angemessenheit (Verhältnismäßigkeit i. e. S.) marktoptimierender Aufsichtsnormen kann mit – im Regelfall aller-dings geringeren – empirischen Unsicherheiten behaftet sein, beispielsweise soweit es um die Klärung des Umfangs der tatsächlichen Belastungswirkung für den Aufsichtsadressaten geht, die für die Bewertung der Zweck-Mittel-Re-lation von Belang ist[401].

(cc) Reichweite des gesetzgeberischen Einschätzungsspielraums

Daß überhaupt dem marktoptimierenden Aufsichtsgesetzgeber ein gewisser Einschätzungsspielraum zusteht, kann nicht zweifelhaft sein[402]. Der Auf-sichtsgesetzgeber darf im Grundsatz trotz gegebener Unsicherheiten über die empirischen Prämissen der einschlägigen Interventionskonzepte in Grund-rechte der Aufsichtsadressaten eingreifen *und* ist dabei innerhalb bestimmter Grenzen auch davor geschützt, daß seine eigenen Annahmen durch diejenigen des Bundesverfassungsgericht ersetzt werden. Ohne eine Zulässigkeit von Ein-griffen auf unsicherer empirischer Grundlage wäre praktisch jede staatliche Wirtschaftspolitik zum Stillstand verurteilt[403]. Ohne eine gesetzgeberische Einschätzungsprärogative würde das Bundesverfassungsgericht in Anbetracht

---

[400] Allgemein *R. Dechsling,* Das Verhältnismäßigkeitsgebot, S. 75; *L. Hirschberg,* Der Grundsatz der Verhältnismäßigkeit, S. 62; *K. Meßerschmidt,* Gesetzgebungsermessen, S. 931.

[401] Allgemein *M. Raabe,* Grundrechte und Erkenntnis, S. 21 f.

[402] Siehe in Bezug auf die Kartellgesetzgebung *P. Selmer,* Unternehmensentflechtung und Grundgesetz, S. 56; *R. Scholz,* Entflechtung und Verfassung, S. 121.

[403] Vgl. BVerfG 50, 290, 332/333 (Unsicherheit dürfe nicht die Befugnis zum Erlaß von Gesetzen ausschließen, auch nicht solcher von großer Tragweite).

des Umstands, daß ab einer gewissen Schwelle die Objektivierbarkeit von Einschätzungen (Wahrscheinlichkeitsurteilen) drastisch abnimmt, seine judikative Funktion überdehnen[404], die gerade im ökonomischen Kontext strikten Begrenzungen unterworfen ist[405]. Auf der anderen Seite ist aber auch klar, daß ein gesetzgeberischer Einschätzungsspielraum *nicht unbegrenzt* bestehen kann. Eine unbegrenzte Zulässigkeit von Eingriffen trotz Unsicherheiten über die Eingriffswirksamkeit würde die Grundrechte vollständig zur Disposition des Gesetzgebers stellen[406]. Die Frage ist daher nicht, ob überhaupt dem gesetzgeberischen Einschätzungsspielraum Grenzen gesetzt sind, sondern wo die Grenzlinien verlaufen.

In Anbetracht der Vielzahl der mit dieser Frage berührten verfassungsrechtlichen Problemstellungen ist es keine Überraschung, daß sich in Rechtsprechung und Literatur kein abgeschlossenes dogmatisches System herausgebildet hat, unter das sich jedwede Fallkonstallation mühelos subsumieren ließe. Vielmehr existiert ein „topisches Knäuel"[407] abstrakter Gesichtspunkte, denen je nach Lage der Umstände unterschiedliches Gewicht zukommt. Als allgemein bedeutsam angesehen werden insbesondere die sachliche Eigenart des betroffenen Regelungsfeldes[408], die bestehenden Möglichkeiten, sich ein hinreichend sicheres Urteil zu bilden[409], die Art der Betroffenheit von grundrechtlich geschützten Rechtsgütern (grundrechtliche Trageweite und Intensität des Eingriffs)[410] sowie die Reversibilität des fraglichen Eingriffs[411]. Das Bundesverfassungsgericht hat im Mitbestimmungsurteil ausdrücklich die ersten drei dieser Topoi für die Bestimmung des justitiellen Kontrollumfangs herangezogen[412]. Unternimmt man es, sie auf die speziellen Umstände im Falle marktoptimierender Aufsichtsgesetze zu beziehen, so ergeben sich folgende Tendenzen:

– In einigen Fällen reglementieren marktoptimierende Aufsichtsnormen Einzelaspekte unternehmerischen Verhaltens und weisen insofern eine vergleichsweise geringe *Eingriffsintensität* auf. Die Eingriffsintensität nimmt zu, wenn (wie häufig) zentrale unternehmerische Aktionsparameter wie beispielsweise die Preisfestsetzung betroffen sind (so etwa im Fall der telekommunika-

---

[404] Siehe *F. Ossenbühl*, FG BVerfG I, S. 501 ff.; *R. Breuer*, Der Staat 16 (1977), S. 38/39.

[405] Siehe oben § 4 I.

[406] *M. Raabe*, Grundrechte und Erkenntnis, S. 208.

[407] *P. Badura*, FS Fröhler, S. 346.

[408] BVerfGE 50, 290, 333; *G. F. Schuppert*, DVBl. 1988, 1195 f.; *B. Stüer*, DVBl. 1974, 316 ff.; *W.-R. Schenke*, NJW 1979, 1326; *F. Ossenbühl*, FG BVerfG I, S. 505 f.

[409] BVerfGE 50, 290, 333; *M. Raabe*, Grundrechte und Erkenntnis, S. 414 ff.

[410] BVerfGE 50, 290, 333; *F. Ossenbühl*, FG BVerfG I, S. 506 f.; *E. Klein*, AöR 108 (1983), 427. Ähnlich das Kriterium der „Personennähe" bei *M. Kriele*, HStR V, 1992, S. 124 ff.

[411] *F. Ossenbühl*, FG BVerfG I, S. 511 ff.; *W.-R. Schenke*, NJW 1979, 1326.

[412] BVerfGE 50, 290, 332/333 mit der Unterscheidung von Evidenzkontrolle, Vertretbarkeitskontrolle und intensivierter inhaltlicher Kontrolle. Dazu, daß das Gericht zuweilen selbst von diesem Schema abweicht, *K. Schlaich/S. Korioth*, Das Bundesverfassungsgericht, S. 356 f.

tionsrechtlichen Entgeltregulierung) oder wenn gar Strukturvorgaben (z. B. Fusionsverbot) bzw. -eingriffe (z. B. Entflechtung) in Rede stehen. In solchen Fällen steigen die Anforderungen an den zur Zulässigkeit des Eingriffs notwendigen Gewißheitsgrad der „legislative facts"[413]. Je größer die Belastung des Grundrechtsträgers, umso gewichtiger ist sein Anspruch darauf, daß das Interventionsinstrumentarium in wirtschaftstheoretischer Hinsicht auch wirklich ausgereift ist[414].

– Generell sind im Falle marktoptimierender Aufsichtsgesetze die *Möglichkeiten, sich über die empirischen Prämissen der Normen ein hinreichend sicheres Urteil zu bilden,* im Vergleich zu vielen anderen Gebieten gering. Die Komplexität der Materie eröffnet eine hohe wirtschaftstheoretische Deutungsvielfalt (was durch die zahlreichen wirtschaftswissenschaftlichen Auffassungsunterschiede in Fragen der Marktversagenstheorie eindrucksvoll illustriert wird). Dieser Umstand wirkt sich einerseits tendenziell hemmend auf die Eingriffsbefugnis des Gesetzgebers aus. Einer regelrechten „Verdachtspolitik"[415] gegenüber sind die Grundrechte weitgehend resistent. Andererseits ergeben sich an dieser Stelle aber auch Argumente für eine Beschränkung der verfassungsgerichtlichen Nachprüfung auf eine bloße Evidenz- oder Vertretbarkeitskontrolle. Ist nämlich die Festlegung auf bestimmte empirische Grundannahmen letztlich nicht mehr objektivierbar, so schwindet zwangsläufig die rationalisierende Wirkung einer vollen inhaltlichen Kontrolle durch das Bundesverfassungsgericht und wird diese damit stärker verzichtbar[416].

– Zugunsten des Einschätzungsspielraums des Gesetzgebers schlägt zu Buche, wenn – was meist der Fall ist – die Durchsetzung der marktoptimierenden Aufsichtsnormen *keine irreversiblen Zustände* schafft. Damit kommt zum Tragen, daß die marktoptimierende Wirtschaftsaufsicht grundsätzlich auf die situative Steuerung konkreter Marktabläufe und (anders als beispielsweise das Mitbestimmungsgesetz) nicht auf eine dauerhafte Zementierung bestimmter Ordnungsstrukturen angelegt ist.

– Als prinzipiell hemmender Faktor für die Befugnis des Gesetzgebers, Eingriffe auf der Basis unsicherer empirischer Prämissen zu tätigen, ist schließlich der Umstand zu berücksichtigen, daß die marktoptimierende Wirtschaftsaufsicht nicht akut drohenden Verletzungen konkreter Rechtsgüter Einzelner

---

[413] Nicht überzeugend insofern *R. Scholz,* Entflechtung und Verfassung, S. 121, der für Entflechtungsregelungen allenfalls verfassungsgerichtliche Vertretbarkeitskontrollen zulassen will.

[414] Vgl. *P. Selmer,* Unternehmensentflechtung und Grundgesetz, S. 57.

[415] *P. Selmer,* Unternehmensentflechtung und Grundgesetz, S. 56 mit kritischer Blickrichtung auf die wirtschaftstheoretische Plausibilität der zeitgenössischen Überlegungen zur Einführung einer allgemeinen kartellrechtlichen Entflechtungsermächtigung.

[416] Freilich bleibt ein Bedürfnis, als Kompensation das *Verfahren* der legislativen Entscheidungsfindung auf die Einhaltung gewisser Sorgfaltstandards zu kontrollieren; hierzu sogleich.

vorbeugen soll. Die allgemeine Faustregel, daß in Fällen akuter, Gegenmaß-
nahmen fordernder Bedrohungen Ungewißheit über die Eingriffseignung eher
hinnehmbar ist[417], kommt bei ihr daher nicht zur Anwendung. Es geht bei der
marktoptimierenden Wirtschaftsaufsicht um zukunftsgerichtete Wohlstands-
förderung, um eine *Verbesserung des status quo*. Dies schließt die Zulässigkeit
von Eingriffen auf unsicherer empirischer Grundlage nicht prinzipiell aus, verleiht aber doch der Forderung nach Einsatz ausgereifter Instrumente einen höheren grundrechtlichen Stellenwert[418].

(dd) Kontrolle von Verfahrenspflichten des Aufsichtsgesetzgebers

Ist hinsichtlich der objektiven Eingriffstauglichkeit marktoptimierender Aufsichtsnormen keine vollständige Erkenntnis- bzw. Prognosesicherheit erreich-
bar und kommt es demzufolge zur Auflockerung der inhaltlichen Verfassungs-
mäßigkeitskontrolle, so steigt das Bedürfnis nach einer Kompensation in Gestalt einer verstärkten richterlichen Kontrolle der verfahrensmäßigen Qualität
der legislativen Entscheidungsfindung[419], genauer: einer Kontrolle ihrer Methodik[420], der sog. „inneren" Aspekte des Gesetzgebungsverfahrens[421]. In diesem Sinne hat das Bundesverfassungsgericht im Mitbestimmungsurteil formuliert, daß im Falle der bloßen *Vertretbarkeitskontrolle* das richterliche Augenmerk sich stärker der Einhaltung von „Anforderungen des Verfahrens"
zuzuwenden habe. Konkret sei zu prüfen, ob der Gesetzgeber „die ihm zu-
gänglichen Erkenntnisquellen ausgeschöpft (hat), um die voraussichtlichen
Auswirkungen seiner Regelung so zuverlässig wie möglich abschätzen zu können"[422].

„Ausschöpfung" von „Erkenntnisquellen" bedeutet, daß der marktoptimierende Aufsichtsgesetzgeber den einschlägigen wirtschaftstheoretischen Dis-
kussions- und Streitstand zur Kenntnis nimmt, durchdenkt und zu einer rationalen, methodisch seriösen Beurteilung gelangt. Es bedeutet ferner, sich mit
Erfahrungen, die in anderen Staaten gewonnen wurden, vertraut zu machen.
Zu beachten ist dabei, daß die Einhaltung solcher Sorgfaltsstandards nur dann
zugunsten des Gesetzgebers Berücksichtigung finden kann, wenn sie in den
Gesetzgebungsmaterialien auch *dokumentiert* ist. Ohne eine Dokumentation
des Entscheidungsverfahrens und der hierbei verarbeiteten Erkenntnisquellen
ist die kompensatorische verfassungsgerichtliche Verfahrenskontrolle praktisch unmöglich. Diese Dokumentationspflicht ist nicht als Ausfluß der allge-

---

[417] *R. Stettner*, NVwZ 1989, 808; *M. Raabe*, Grundrechte und Erkenntnis, S. 419.
[418] So wohl auch *U. Seetzen*, NJW 1975, 430/431.
[419] Siehe *H.-J. Papier*, HdBVerfR, S. 836; *F. Ossenbühl*, FG BVerfG I, S. 513 f.
[420] *M. Raabe*, Grundrechte und Erkenntnis, S. 368.
[421] Vgl. *G. Hoffmann*, ZG 2000, 97 ff.; *H.-J. Mengel*, ZG 1990, 193 ff.; *M. Kloepfer*, DVBl.
1995, 441 ff.
[422] BVerfGE 50, 290, 333.

meinen legislatorischen Begründungspflicht aufzufassen. Vielmehr handelt es sich um eine spezielle, aus dem besonderen Kontext des gesetzgeberischen Einschätzungsspielraums begründete Pflicht.

Zu den legislatorischen Verfahrenspflichten im weiteren Sinne zählt auch die Pflicht zur *nachträglichen Beobachtung* der Wirksamkeit der eingesetzten Instrumente mit dem Ziel einer nachträglichen Verringerung der empirischen Unsicherheit über die Eingriffsprämissen und ggfs. einer nachsteuernden Vornahme von Korrekturen[423]. Gerade vor diesem Hintergrund ist es von Bedeutung, daß der Aufsichtsgesetzgeber den Aufsichtsbehörden Berichtspflichten über die Vollzugspraxis aufgibt, so daß vom Parlament nachträglich etwaige Defizite des Gesetzes erkannt werden können. Durch den Kreislauf von Beobachtung und Nachsteuerung kann es dazu kommen, daß marktoptimierende Aufsichtsgesetze das Gepräge von „Experimentalgesetzen"[424] gewinnen. Die Frage, ob es sich bei dieser Kategorie um eine eigenständige, systematische plausibel abgrenzbare Legislativform handelt, braucht hier nicht entschieden zu werden[425]. Festzuhalten ist jedoch, daß sich aus ihr kein Titel zum Abstreifen der grundrechtlichen Verfassungsbindungen ergibt, wie sie im Hinblick auf das legislative Handeln auf unsicherer empirischer Grundlage bestehen[426]. Eher noch kann sich in besonderen Fällen eine Verpflichtung ergeben, das Gesetz mit einem speziellen „Experimentaldesign" zu versehen (Befristungs- und Evaluationsklauseln)[427]. Von dieser Möglichkeit ist im Falle marktoptimierender Aufsichtsgesetze freilich bislang noch kein Gebrauch gemacht worden.

III. Marktoptimierende Wirtschaftsaufsicht und Bestimmtheitsgrundsatz

1. Vorbemerkung

Es ist eine unausweichliche Folge der sprachlichen und regelungstechnischen Leistungsgrenzen abstrakt-genereller Sätze[428], daß nahezu jede Gesetzesnorm in einem gewissen Maße unbestimmt ist und das Bemühen um eine möglichst präzise gesetzliche Steuerung hierdurch auf Schranken stößt. Daß dies auch für zahlreiche marktoptimierende Aufsichtsnormen gilt, hat in der vorliegenden Arbeit bereits in § 3 Erwähnung gefunden. In der Literatur ist insbesondere die Unbestimmtheit vieler Kartellrechtsvorschriften immer wieder hervor-

---

[423] BVerfGE 50, 290, 335; *F. Ossenbühl,* FG BVerfG I, S. 518; *F. Hufen,* NJW 1994, 2919.
[424] Vgl. *H.-D. Horn,* Experimentelle Gesetzgebung unter dem Grundgesetz.
[425] Vgl. einerseits *R. Stettner,* NVwZ 1989, 806 ff. und andererseits *W. Hoffmann-Riem,* FS Thieme, S. 69.
[426] Siehe *W. Hoffmann-Riem,* FS Thieme, S. 66; *M. Kloepfer,* VVDStrL 40 (1982), 93 ff.
[427] Siehe *W. Hoffmann-Riem,* FS Thieme, S. 69.
[428] Siehe *E. Schmidt-Aßmann,* HStR I, S. 1018.

gehoben und gelegentlich auch als rechtsstaatlich problematisch hingestellt worden[429]. Man kann bei ihnen wie auch bei den Vorschriften aus dem TKG sowie aus dem WpHG im wesentlichen zwei Arten der Unbestimmtheit unterscheiden: Eine Unbestimmtheit in *qualitativer* Hinsicht, insofern einzelne Normen abstrakte ökonomische Begriffe inkorporieren[430]; eine Unbestimmtheit in *quantitativer* Hinsicht, wie sie etwa bei § 15 Abs. 1 i.V.m. § 13 WpHG festzustellen ist, der die Mitteilungspflicht des Wertpapieremittenten daran knüpft, dass eine Tatsache den Börsenpreis „erheblich" zu beeinflussen imstande ist.

Die Bestimmtheitsthematik soll im folgenden ebensowenig wie die im vorherigen Abschnitt behandelte Thematik der Verhältnismäßigkeit in allgemeiner Form zur Sprache kommen, sondern nur im Hinblick auf einige Besonderheiten, die speziell bei der marktoptimierenden Wirtschaftsaufsicht auftreten. Zum einen sollen Gesichtspunkte erörtert werden, die gerade bei der marktoptimierenden Wirtschaftsaufsicht ein Herunterschrauben der – sowohl rechtsstaatlich wie demokratiestaatlich begründeten[431] – verfassungsrechtlichen Bestimmtheitsanforderungen an Rechtsnormen zu rechtfertigen vermögen (unten 2.). Zum zweiten ist von Interesse, welche rechtlichen Konsequenzen der Erlaß unbestimmter Aufsichtsnormen für die Gesetzesanwendung durch die Aufsichtsbehörden mit sich bringt (unten 3.).

Nicht als Problem der Normbestimmtheit aufgefaßt werden darf der bereits zur Sprache gekommene Umstand, daß vielfach die Richtigkeit der einzelnen Normen zugrundeliegenden ökonomischen Annahmen nicht mit Sicherheit feststeht. Der verfassungsrechtliche Bestimmtheitsgrundsatz thematisiert die Verteilung rechtlicher Bestimmungsmacht zwischen Gesetzgeber und Verwaltung. Er schützt den Bürger vor einer Unterschreitung des an sich möglichen Maßes an legislativer Steuerungspräzision, deren rechtliche Problematik darin liegt, daß über den konkreten Grund der Inanspruchnahme erst im Moment der Rechtsanwendung und durch eine hierfür nicht hinreichend legitimierte Instanz entschieden würde. Der verfassungsrechtliche Schutz vor einer Inanspruchnahme aufgrund unzutreffender oder unsicherer ökonomischer Beurteilungen und Annahmen wird hingegen nicht durch den Bestimmtheitsgrundsatz, sondern durch das Gebot der Geeignetheit (Zwecktauglichkeit) des Grundrechtseingriffs geleistet. Schon von daher kann es nicht überzeugen,

---

[429] *A. Süsterhenn*, Unternehmensfreiheit und Mißbrauchsaufsicht, 36 ff.; *H. H. Rupp*, Fusionskontrolle als Verfassungsauftrag, S. 113; *R. Knöpfle*, BB 1970, 717 ff.; *H.-Chr. Leo*, WRP 1970, 197 ff.; *E. Steindorff*, BB 1970, 824 ff.; *H.-P. Ipsen*, Kartellrechtliche Preisaufsicht als Verfassungsfrage, S. 47 ff. *E. Grabitz*, ZHR 149 (1985), 273.

[430] Beispiele: „Wettbewerb", „marktbeherrschende Stellung" (zahlreiche GWB-Vorschriften); „Kosten der effizienten Leistungsbereitstellung" (§ 31 Abs. 1 TKG).

[431] *H.-J. Papier/J. Möller*, AöR 122 (1997), 181; *K. Stern*, Staatsrecht I, 806; *R. Stober*, Allgemeines Wirtschaftsverwaltungsrecht, S. 99.

wenn in *Hans-Peter Ipsens* Schrift über „Kartellrechtliche Preiskontrolle als Verfassungsfrage" auf die Ungenauigkeit und vermeintliche wirtschaftstheoretische Mangelhaftigkeit der sog. Vergleichsmarktmethode abgehoben wird, um zu begründen, daß die Vorschrift des § 19 Abs. 4, 5 GWB a. F. für den Erlaß kartellamtlicher Preismißbrauchsverfügungen zu unbestimmt sei. Eine Ungenauigkeit der Vergleichsmarktmethode macht eine Norm wie § 19 Abs. 4, 5 GWB a. F. nicht unbestimmt, sondern stellt lediglich die Geeignetheit des Grundrechtseingriffs in Frage.

2. Marktoptimierungsspezifische Gesichtspunkte für ein Herunterschrauben der verfassungsrechtlichen Bestimmtheitsanforderungen

Es darf als selbstverständlich vorausgesetzt werden, daß die Verfassung keine *vollkommene* Bestimmtheit von Rechtsnormen fordert, die in Anbetracht der erwähnten Grenzen sprachlichen Ausdrucksvermögens auch gar nicht realisierbar ist. Ebenso ist klar, daß der Bestimmtheitsgrundsatz keine starren und für alle Felder staatlichen Handelns identischen Vorgaben macht. Es ist im Gegenteil anerkannt, daß auf die besonderen Merkmale des jeweiligen Sachbereichs Rücksicht genommen werden[432] und der Verwaltung eine „situationsgerechte Applikation des Rechtssatzes"[433] möglich sein muß. Das Bundesverfassungsgericht faßt dies in die Worte, das Bestimmtheitsgebot zwinge den Gesetzgeber nicht dazu, „einen Tatbestand mit genau erfaßbaren Merkmalen zu umschreiben". Gesetze müßten „nur so bestimmt sein, wie dies nach der Eigenart der zu regelnden Sachverhalte mit Rücksicht auf den Normzweck möglich ist"[434].

Diese Umstände kommen gerade auch bei wirtschaftsrechtlichen Normen zum Tragen und schrauben für sie den Grad der verfassungsrechtlich geforderten Bestimmtheit herunter. Eine charakteristische Eigenart des Wirtschaftslebens liegt in der *Vielgestaltigkeit der möglichen Verhaltenskonstellationen*, die sich regelungstechnisch ohne sprachliche Abstraktionen und damit ohne unbestimmte Gesetzesbegriffe nicht bewältigen läßt. Dies erkennt auch das Bundesverfassungsgericht an, wenn es im Hinblick auf § 1 UWG feststellt, daß „die unübersehbare Vielfalt möglicher Verhaltensweisen im geschäftlichen Wettbewerb die Bildung eines erschöpfenden Katalogs von Einzeltatbeständen nicht zuläßt"[435]. Als eine zweite Eigenart, die Einbußen bei der Normbe-

---

[432] *H.-J. Papier/J. Möller*, AöR 122 (1997), 185 f.; *E. Schmidt-Aßmann*, HStR I, S. 1019.

[433] *E. Schmidt-Aßmann*, HStR I, S. 1018.

[434] BVerfGE 87, 234, 263.

[435] BVerfGE 32, 311, 317. Ähnlich *E. Grabitz*, ZHR 149 (1985), 273 f.; *R. Schmidt*, Kompendium Öffentliches Wirtschaftsrecht, S. 44 f.; *U. Schließky*, Öffentliches Wirtschaftsrecht, S. 89.

stimmtheit rechtfertigt, ist der hohe Veränderungsrythmus wirtschaftlicher Verhältnisse anzuführen. Auch er zwingt den Gesetzgeber zum Einsatz unbestimmter, *zukunftsoffen* gestalteter Begriffe[436], mit denen sichergestellt wird, daß Wirtschaftsgesetze nicht ständig neu unter Novellierungsdruck geraten. Auch dieser Gesichtspunkt hat in der verfassungsgerichtlichen Judikatur Niederschlag gefunden, etwa wenn ausdrücklich betont wurde, die Wirtschaftsverwaltung müsse „den schnell wechselnden Situationen des wirtschaftlichen Lebens gerecht" werden können[437].

Die Merkmale der Vielgestaltigkeit sowie der Wandelbarkeit der normativ zu erfassenden Sachverhalte liegen naturgemäß auch bei der marktoptimierenden Wirtschaftsaufsicht vor. Sie rechtfertigen die Verwendung abstrakter wirtschaftlicher Begriffe durch den Aufsichtsgesetzgeber, die den Aufsichtsbehörden ein erhöhtes Maß an Flexibilität beim Gesetzesvollzug und ihnen (sowie auch den Gerichten) unter dem Strich mehr rechtliche Bestimmungsmacht, mehr Konkretisierungsspielräume als anderen Verwaltungsbehörden verleihen. *Schmidt-Aßmanns* Wort von der „gewaltenpluralen Arbeit am Gesetz"[438] bringt diese Umstände gerade für den Fall der marktoptimierenden Wirtschaftsaufsicht zutreffend zum Ausdruck. Zwei weitere, *marktoptimierungsspezifische* Gesichtspunkte treten hinzu. Der Einsatz abstrakter ökonomischer Begriffe ist zum einen in besonderer Weise geeignet, *wirtschaftswissenschaftliche Erkenntnisfortschritte in die Rechtsdurchsetzung einfließen* zu lassen. Je größer die administrativen Konkretisierungsspielräume infolge unbestimmter Gesetzesbegriffe ausfallen, desto mehr Möglichkeiten besitzen die Aufsichtsbehörden (und Gerichte), die Gesetzesauslegung auf den jeweils aktuellen Stand der wirtschaftswissenschaftlichen Forschung zu bringen und bei Bedarf Umorientierungen vorzunehmen. Dies ist vor dem Hintergrund des Umstands, daß marktoptimierende Aufsichtsnormen im Kern nichts anderes als in normatives Gewand gehüllte wirtschaftswissenschaftliche Lehrsätze bzw. Handlungsanweisungen darstellen[439], von besonderer Bedeutung. Ohne den Einsatz unbestimmter Gesetzesbegriffe ließe sich die Absicht des Aufsichtsgesetzgebers, wissenschaftlichen Sachverstand zu normieren, nur in sehr statischer und damit unzulänglicher Form verwirklichen. Auch unter grundrechtlichen Aspekten ist dieser Punkt übrigens von Belang: Wären die Aufsichtsbehörden infolge eines zu hohen Bestimmtheitsgrads von Aufsichtsnormen gehindert, wirtschaftswissenschaftlichen Auffassungswandel nachzuvollziehen und sich von wissenschaftlich überholten Prämissen zu lösen, wie sie im Zeitpunkt des

---

[436] Vgl. *R. Scholz*, Konzentrationskontrolle und Grundgesetz, S. 92 („der zukünftigen Entwicklung prognostisch zugewandt").

[437] BVerfGE 8, 274, 326. Siehe auch BVerfGE 20, 296, 308 f.; 33, 358, 366 f.; *P. Selmer*, Unternehmensentflechtung und Grundgesetz, S. 59.

[438] HStR I, S. 1018.

[439] Siehe oben § 3 II.

Normerlasses vorherrschend gewesen sein mögen, so wäre hierdurch die Geeignetheit der von ihnen getätigten Grundrechtseingriffe massiv in Frage gestellt. Für Normen, die technische bzw. naturwissenschaftliche Lehrsätze bzw. Handlungsanweisungen verrechtlichen, ist dieser Zusammenhang bereits erkannt worden. Bezogen auf sie wurde zu Recht festgestellt, daß in Fällen, wo die „geregelte Materie besonders schnellen oder gänzlich unvorhersehbaren Änderungen unterliegt, ... unbestimmte Rechtsbegriffe zulässig, *ja durch das Gebot des dynamischen Grundrechtsschutzes sogar geboten sein (können)"*[440] (Herv. v. Verf.).

Zum zweiten hilft die Verwendung unbestimmter Gesetzesbegriffe, einem *interventionistischen Übermaß entgegenzuwirken,* an dessen Vermeidung im Falle der marktoptimierenden Wirtschaftsaufsicht ein besonders hohes Interesse besteht. Die Aufsichtsbehörden sind durch die ihnen eröffneten Konkretisierungsspielräume leichter in der Lage, vom Einsatz des Aufsichtsinstrumentarium in Fällen abzusehen, in denen die Intervention unnötig oder sogar schädlich für die Funktionsabläufe des Marktes wäre. Sie sind hierdurch in der Lage, in ihrer Aufsichtspraxis das richtige Mittelmaß zwischen einem funktionsschädlichen Unter-Engagement und einem – unter Umständen ebenso funktionsschädlichen – Über-Engagement zu finden. Die Verlagerung rechtlicher Bestimmungsmacht auf die rechtsanwendenden Instanzen bildet so ein probates Mittel, die im Falle der marktoptimierenden Wirtschaftsaufsicht besonders virulente Gefahr einer regelrecht kontraproduktiven Handhabung der gesetzlichen Handlungsmöglichkeiten zu verringern[441].

Die tiefere *normative Legitimation* für die Relativierung der Bestimmtheitsforderungen nach Maßgabe der Eigenarten und Sachzwänge des betroffenen Regelungsbereichs folgt aus dem verfassungsrechtlichen Sozialstaatsprinzip[442]. Das Sozialstaatsprinzip fordert und stützt ein aktiv-gestalterisches Bemühen des Gesetzgebers um Verbesserung der ökonomischen Rahmenbedingungen. Die aus dem Bestimmtheitsgebot fließenden Vorgaben müssen im Interesse kohärenter Verfassungsauslegung in einer Weise konkretisiert werden, die diesem Bemühen in praktischer Hinsicht den Weg ebnet. Die demokratiestaatlich und rechtsstaatlich geforderte Bestimmtheit ist auf einem Niveau zu justieren, das mit dem sozialstaatlichen Anliegen einer funktionsgerecht betriebenen allgemeinen Wohlstandssicherung in Einklang gebracht werden kann. Hinzu kommen ergänzend *weitere Variablen* ins Spiel. So hängt das Maß der verfassungsrechtlich geforderten Bestimmtheit im einzelnen auch davon ab, wie gewichtig die durch die fraglichen Normen ermöglichten Grundrechtseingriffe

---

[440] *H.-J. Papier/J. Möller,* AöR 122 (1997), 185/186.
[441] Ähnlich der am Beispiel der Fusionskontrolle entwickelte Gedankengang bei *H. H. Rupp,* Fusionskontrolle als Verfassungsauftrag, S. 114.
[442] Überzeugend insoweit *J. Gotthold,* WRP 1978, 606 in Auseinandersetzung mit *H.-P. Ipsen,* Kartellrechtliche Preiskontrolle als Verfassungsfrage.

sind[443]. Weiter wird darauf verwiesen, daß der Bestimmtheitsgrad von Normen im Laufe der Zeit durch ständige Verwaltungshandhabung und Rechtsprechung gesteigert werden kann[444], wobei der Stellenwert dieses Aspekts allerdings mit Rücksicht auf das demokratiestaatliche Begründungselement der Bestimmtheitsheitsforderung begrenzt bleibt[445].

Die verfassungsrechtlich eröffnete Flexibilität bei der Handhabung des Bestimmtheitsgebots bedeutet nicht, daß vorhandene regelungstechnische Möglichkeiten, wenigstens partiell den Bestimmtheitsgrad zu erhöhen, vom Gesetzgeber nicht auch konsequent genutzt werden müßten. Wenn daher etwa § 37 Abs. 1 Nr. 4 GWB in denkbar unbestimmter Weise solche Unternehmensverbindungen als Zusammenschluß definiert, „auf Grund deren ein oder mehrere Unternehmen unmittelbar oder mittelbar einen wettbewerblich erheblichen Einfluß auf andere Unternehmen ausüben können", so erheben sich hiergegen nur deshalb keine verfassungsrechtlichen Bedenken, weil der Gesetzgeber dieser Auffangklausel drei weitaus präziser umrissene Zusammenschlußtatbestände vorangestellt hat (in § 37 Abs. 1 Nr. 1–3 GWB)[446]. Der Einsatz solcher gesetzestechnischen Instrumente entspricht aber nicht nur einem rechtlichen Gebot, sondern trägt auch zur Effektivität der marktoptimierenden Wirtschaftsaufsicht bei, legt man zugrunde, daß die verhaltenssteuernde Wirkung des Aufsichtsrechts umso größer ist, je bestimmter Aufsichtsnormen abgefaßt sind[447].

3. Verfassungsorientierte Konkretisierung
unbestimmter Aufsichtsnormen

Je unbestimmter Gesetzesbegriffe sind, desto größere Relevanz gewinnt aus verfassungsrechtlicher Sicht die Handhabung des Gesetzes durch die rechtsanwendenden Instanzen[448]. Eine professionalitäts- und objektivitätsfördernde Ausgestaltung von Verwaltungsverfahren und Verwaltungsorganisation, wie sie vor allem in Bezug auf das Bundeskartellamt und die Bundesnetzagentur anzutreffen ist, ist durchaus geeignet, rechtsstaatliche Bedenken abzumildern, die aus der Verwendung unbestimmter Gesetzesbegriffe entstehen können. Entsprechendes gilt im Hinblick auf die Veröffentlichung von Anwendungsgrundsätzen, -leitlinien u.ä., welche die Vorhersehbarkeit aufsichtsbehördli-

---

[443] *P. Selmer*, Unternehmensentflechtung und Grundgesetz, S. 59; *H.-J. Papier/J. Möller*, AöR 122 (1997), 187; *R. Stober*, Allgemeines Wirtschaftsverwaltungsrecht, S. 100; *E. Schmidt-Aßmann*, HStR I, S. 1019.

[444] *Dreier – Schultze-Fielitz*, Art. 20 (Rechtsstaat), Rn. 121; siehe auch BVerfGE 90, 145, 191.

[445] *H.-J. Papier/J. Möller*, AöR 122 (1997), 190.

[446] Ebenso *R. Scholz*, Konzentrationskontrolle und Grundgesetz, S. 93.

[447] Allgemein *R. Schmidt*, Öffentliches Wirtschaftsrecht-AT, S. 175.

[448] Siehe *R. Scholz*, Konzentrationskontrolle und Grundgesetz, S. 101.

cher Entscheidungen erhöhen. Unter speziell demokratiestaatlichen Gesichtspunkten bedeutsam erscheint die Beobachtung und ggfs. Korrektur der administrativen Entscheidungspraxis durch den Gesetzgeber, wie sie durch bestimmte institutionelle Vorkehrungen (beispielsweise periodische aufsichtsbehördliche Berichtspflichten) gesichert werden kann.

Vorkehrungen dieser Art haben einen kompensatorischen Charakter. Sie gleichen auf Ebene der Rechtsanwendung bestimmte rechtsstaatliche und demokratiestaatliche Schwachstellen aus, die auf Ebene der Rechtssetzung durch die Verwendung unbestimmter Gesetzesbegriffe entstanden sind. An ihnen zeigt sich, daß der verfassungsrechtliche Bestimmtheitsgrundsatz beide Ebenen nicht isoliert betrachtet, sondern sie in ihren Verschränkungen wahrnimmt. Es ist diese Ebenenverschränkung, die *Eberhard Grabitz'* bei seiner Forderung nach einer *verfassungsorientierten Konkretisierung* wettbewerblicher Generalklauseln[449] vor Augen hatte, worunter er vor allem die strikte Bindung der aufsichtsbehördlichen Gesetzesdurchführung an den Gesetzeszweck verstand. In der Tat hat das schon einfachgesetzlich begründbare Gebot der Zweckbindung des Gesetzesvollzugs im Falle unbestimmter Gesetzesbegriffe auch einen besonderen verfassungsrechtlichen Hintergrund. Nur bei Gewähr strikter Zweckbindung des Verwaltungshandelns ist es vertretbar, unbestimmte Gesetzesbegriffe zu verwenden und hiermit die Entscheidungsspielräume der Rechtsanwendungsebene zu erhöhen. Werden bei Anwendung des GWB durch die rechtsanwendenden Instanzen außerwettbewerbliche Zwecksetzungen verfolgt, so ist hierfür keine demokratische Legitimation gegeben und ist der Gesetzesverstoß zugleich auch unter spezifisch verfassungsrechtlichen Gesichtspunkten bedenklich[450]. Daher überzeugt auch die Kritik, die *Cornils*[451] daran geübt hat, daß von Seiten des Bundeskartellamts und des Bundesgerichtshofs die gegenüber dem Pharmagroßhandel auf Basis von § 26 Abs. 2 GWB a. F. auferlegte Bezugsverpflichtung für Importarzneimittel mit Erwägungen der Kostendämpfung im Gesundheitswesen begründet worden ist.

Das somit auch im Bestimmtheitsgrundsatz verortete Verbot der Instrumentalisierung unbestimmter Aufsichtsnormen zu anderen als den legislativ vorgegebenen Zwecken darf freilich nicht in ein Verbot interpretativer Festlegungen von administrativer und judikativer Seite übersteigert werden. Unzulässig sind *Umdeutungen*, nicht *Ausdeutungen*, mögen die Grenzen zwischen ihnen auch zuweilen fließend sein. Lediglich um eine (zulässige)Ausdeutung handelt es sich entgegen *Grabitz*[452] dann, wenn Aufsichtsbehörden bzw. Gerichte sich bei der Anwendung von Aufsichtsnormen auf bestimmte wirtschaftstheoretische Konzeptionen festlegen, selbst wenn der Gesetzgeber eine

---

[449] ZHR 149 (1985), S. 263 ff.
[450] *E. Grabitz*, ZHR 149 (1985), 289.
[451] NJW 2001, 3758 f.
[452] ZHR 149 (1985), 280 ff.

vergleichbare Festlegung vermieden hat. Verwendet der Aufsichtsgesetzgeber unbestimmte Gesetzesbegriffe, die je nach wirtschaftstheoretischem Ausgangspunkt in unterschiedlicher Weise konkretisiert werden können, so käme ein entsprechendes Festlegungsverbot gegenüber der Exekutive letztlich einem Konkretisierungsverbot gleich. Aus dem legislatorischen Verzicht auf die Festlegung einer die Gesetzeskonkretisierung leitenden wirtschaftstheoretischen Konzeption darf aber im Regelfall nur geschlossen werden, daß die diesbezügliche Entscheidung nach dem Willen des Gesetzgebers durch Aufsichtsbehörden bzw. Gerichte vorgenommen werden soll. Daß eine solche Entscheidungsdelegation im Lichte der Regelungszwecke des Aufsichtszwecks durchaus funktionsgerecht und daher verfassungsrechtlich gerechtfertigt sein kann, wurde bereits erwähnt.

§ 5 Verwaltungsrechtliche Fragen der marktoptimierenden Wirtschaftsaufsicht

Das Recht der marktoptimierenden Wirtschaftsaufsicht zählt trotz des Umstands, daß einige Aufsichtsnormen auch auf privatrechtlichem Wege durchgesetzt werden können[1], mit zum *Verwaltungsrecht*. Dies gilt auch für das Kartellrecht[2], das freilich eine Besonderheit insofern aufweist, als Beschwerden gegen kartellbehördliche Verfügungen vor einem ordentlichen Gericht einzulegen sind (§ 63 Abs. 4 GWB). Dennoch ist das kartellgerichtliche Beschwerdeverfahren nach §§ 63 ff. GWB als Verwaltungsprozeß einzuordnen[3], in dem folgerichtig auch der Untersuchungsgrundsatz Anwendung findet (§ 70 GWB).

Die Aufsichtsbehörden unterliegen wie andere Verwaltungsbehörden denjenigen Rechtsbindungen, die das allgemeine Verwaltungsrecht im Verwaltungsverfahrensgesetz[4] sowie in seinen nicht gesetzlich normierten allgemeinen Rechtsgrundsätzen für administratives Handeln aufstellt, soweit nicht die Aufsichtsgesetze speziellere Bestimmungen treffen. Die Aufsichtsgesetze und ihre Regelungen bieten, was eingangs des verwaltungsrechtlichen Untersuchungsabschnittes der Hervorhebung bedarf, keine hinreichende Grundlage für die Entwicklung einer *„bereichsspezifischen Verwaltungsrechtsdogmatik"*[5], für die nach dem Vorbild des Sozialrechts, des Abgabenrechts oder des Umweltrechts verschiedene Rechtsinstitute aus den Einzelgesetzen herauszugreifen wären, um aus ihnen ein Normativsystem auf „mittlerer Ebene" zu bilden. Ein solches Unterfangen wäre nur dann erfolgversprechend, wenn sich eine Reihe gleichartiger Regelungsmuster durch sämtliche Aufsichtsgesetze hindurch zöge, aufgrund derer sich das rechtliche Vorgehen der Aufsichtsbehörden vom Standardtypus des Verwaltungshandelns prägnant abheben würde –

---

[1] Oben § 3 I.1.

[2] *M. Ibler*, Rechtspflegender Rechtsschutz im Verwaltungsrecht, S. 99 (GWB enthalte „materielles Verwaltungsrecht"); *K. Schmidt*, FS Selmer, S. 500.

[3] *M. Ibler*, ebda., S. 100; *V. Emmerich*, Kartellrecht, S. 367; *K. Schmidt*, Gerichtsschutz in Kartellverwaltungssachen, S. 3 ff.; *H. Halbey*, WRP 1968, 349; *M.-G. Kremer*, Die kartellverwaltungsrechtliche Beschwerde, S. 28.

[4] Auch für das Kartellverwaltungsverfahren gilt subsidiär das VwVfG; *V. Emmerich*, Kartellrecht, S. 492.

[5] Siehe *E. Schmidt-Aßmann*, Das allgemeine Verwaltungsrecht als Ordnungsidee, S. 10.

sei es im Hinblick auf die Verfahrensgestaltung, die administrativen Handlungsformen oder die Konstruktion der materiellen Eingriffstatbestände und ihrer normativen Grundprinzipien. Diese Voraussetzung ist jedoch nicht gegeben. Die bisherige Untersuchung hat zwar durchaus bestimmte Gemeinsamkeiten zwischen den Aufsichtsgesetzen hervortreten lassen, insbesondere im Hinblick auf den Zuschnitt des Gesetzeszwecks und, damit jeweils in besonderer Weise zusammenhängend, im Hinblick auf verschiedene steuerungssystematische, normstrukturelle und rechtsgütersystematische Merkmale[6]. Auch hat sich gezeigt[7], daß einige verfassungsrechtliche Problemlagen für TKG, GWB und WpHG gleichermaßen virulent sind, so dass ihre Erörterung auf übergeordneter Ebene sinnvoll erschien. Was jedoch den im engeren Sinne *normativen Regelungsbestand* der Aufsichtsgesetze betrifft, so zeigt sich kein hinreichender Fundus an gemeinsamen Eigenarten, der zu einer *dogmatischen* Systembildung Anlaß geben müßte: Hinsichtlich der *Verfahrensbestimmungen* sowie der aufsichtsbehördlichen *Handlungsformen* existieren bereits keine hinreichend charakteristischen rechtlichen Unterschiede zu anderen Bereichen des Verwaltungshandelns; was die materiellen *Eingriffstatbestände* betrifft, so sind diese so weitgehend durch Sachgegebenheiten des jeweiligen einzelnen Aufsichtsgesetzes geprägt, daß für eine gesetzesübergreifende Abstraktion keine hinreichende Substanz ersichtlich ist.

Das verwaltungsrechtliche Untersuchungsinteresse kann sich daher – ähnlich wie im vorangegangenen verfassungsrechtlichen Untersuchungsabschnitt – nur darauf richten, die marktoptimierende Wirtschaftsaufsicht in Verbindung zu bestimmten „klassischen" juristischen Problemstellungen zu bringen und danach zu fragen, ob hier Raum für bereichsspezifische, d. h. für marktoptimierungsspezifische *juristische Argumentations- und Lösungsmuster* besteht. Aus der Fülle der „klassischen" verwaltungsrechtlichen Probleme sollen dabei zwei herausgegriffen werden, bei denen sich schon auf den ersten Blick marktoptimierungsspezifische Argumentationsmöglichkeiten abzeichnen: Zum einen das Problem der gerichtlichen Kontrolldichte (unten I.), das deshalb naheliegt, weil die in dieser Arbeit behandelten Aufsichtsgesetze – wie auch andere Teile des öffentlichen Wirtschaftsrechts[8] – eine Fülle unbestimmter Rechtsbegriffe aufweisen[9]; zum zweiten das Problem der Handhabung des verwaltungsprozessualen Untersuchungsgrundsatzes (unten II.), hinsichtlich dessen fraglich ist, ob er in Anbetracht der typischerweise gegebenen Informationsvorsprünge der Aufsichtsadressaten wie auch einiger weiterer Besonderheiten der

---

[6] Siehe oben §§ 1–3.
[7] Siehe oben § 4.
[8] *R. Schmidt*, Öffentliches Wirtschaftsrecht-AT, S. 443.
[9] Näher im Hinblick auf das GWB *E. Schmidt-Aßmann* in: J.Schwarze/ders. (Hrsg.), Das Ausmaß der gerichtlichen Kontrolle im Wirtschafts- und Verwaltungsrecht, S. 19 f.

marktoptimierenden Wirtschaftsaufsicht einer bereichsspezifischen Modifizierung bedarf.

I. Gerichtliche Kontrolldichte bei unbestimmten Rechtsbegriffen der Aufsichtsgesetze

1. Bestandsaufnahme der bisherigen Diskussion

a) Kartellaufsicht

Die von einem vormaligen Präsidenten des Bundeskartellamts vertretene Auffassung, das GWB weise an verschiedenen Stellen den Kartellbehörden eine „Funktion der Normsetzung" zu, deren Ausübung gerichtlicherseits nur auf die Einhaltung gewisser äußerster Grenzen nachgeprüft werden sollte[10], hat lediglich früher vereinzelt Gefolgschaft gefunden[11]. Inzwischen gehen Rechtsprechung und Literatur nahezu einhellig davon aus, daß das Gericht im Kartellbeschwerdeverfahren über eine uneingeschränkte Nachprüfungsbefugnis bei der Anwendung unbestimmter Kartellrechtsbegriffe verfügt[12]. Es soll eine eigenständige Beurteilung des vorgelegten Falls vornehmen und diese vollumfänglich an die Stelle derjenigen der Kartellbehörde setzen dürfen[13].

Ein unmittelbarer gesetzlicher Anknüpfungspunkt für die Frage der beschwerdegerichtlichen Kontrollbefugnis findet sich in § 71 Abs. 5 GWB. Die Vorschrift entzieht in ihrem Satz 2 den speziellen Fall der „Würdigung der gesamtwirtschaftlichen Lage und Entwicklung" der „Nachprüfung des Gerichts". Der Fall sonstiger unbestimmter Begriffe in kartellrechtlichen Normen ist in der Vorschrift nicht ausdrücklich angesprochen. Hingegen bestimmt ihr Satz 1, daß aufsichtsbehördliche Verfügungen auch dann „unzulässig oder unbegründet" sind, „wenn die Kartellbehörde von ihrem Ermessen fehlsamen Gebrauch gemacht hat, insbesondere wenn sie die gesetzlichen Grenzen des Ermessens überschritten oder durch die Ermessensentscheidung Sinn und Zweck des Gesetzes verletzt hat".

---

[10] *E. Günther*, FS G. Hartmann, S. 125.

[11] *G. Pickel*, Urteilsanmerkung, WuW/E BGH 930; *R. Scholz*, ZHR 141 (1977), 533; *M. Hoffmann-Becking*, NJW 1971, 2210. Unmittelbar nach Erlaß des Gesetzes auch *H. Würdinger*, WuW 1958, 407; *G. Benckendorff*, WuW 1958, 743.

[12] WuW/E BGH 907; 1717; KG WuW/E OLG 3137; I/M-*Schmidt*, § 71 Rn. 36, 39, 43; GK-*Hinz*, § 70 Rn. 22; *R. Bechtold*, GWB, § 71 Rn. 13; FK-*Quack*, § 70 Rn. 33; Langen/Bunte-*Schultz*, § 71 Rn. 44; Westrick/Loewenheim-*Westrick*, § 70 Rn. 25; *Werner* in Wiedemann (Hrsg.), Handbuch des Kartellrechts, S. 1583; *M-G. Kremer*, Die kartellverwaltungsrechtliche Beschwerde, S. 64; *H. Soell*, Das Ermessen der Eingriffsverwaltung, S. 54 ff.

[13] Vgl. die Tätigkeitsberichte des Bundeskartellamts 1967, S. 22 und 1970, S. 25, die genau gegen diese Konsequenz deutliche Vorbehalte äußerten.

Es ist freilich weniger dieser – ja auch nicht vollkommen eindeutige – *textliche* Befund, als vielmehr die *Entstehungsgeschichte* der Vorschrift[14], auf die sich die herrschende Auffassung von der unbeschränkten gerichtlichen Nachprüfungsbefugnis im Kartellbeschwerdeverfahren maßgeblich stützt. Und zwar wird aus Äußerungen im Gesetzgebungsverfahren geschlossen, daß der Gesetzgeber auf eine umfassende Verrechtlichung des Kartellbeschwerdeverfahrens gezielt habe[15], gerade auch hinsichtlich der Tatbestandsseite, die – so die gängige Erklärung – nur deshalb im Wortlaut des § 71 Abs. 5 Satz 1 GWB keine ausdrückliche Erwähnung finde, weil zur Zeit des Gesetzeserlasses die dogmatische Unterscheidung zwischen Ermessens- und Beurteilungsspielräumen noch nicht hinreichend geläufig gewesen sei[16].

§ 71 Abs. 5 GWB geht zurück auf einen Antrag des Wirtschaftsausschusses während der parlamentarischen Verhandlungen zum Erlaß des GWB. Im Wirtschaftsausschuß hatte eine eingehende Diskussion über die „Funktionsteilung" zwischen Kartellbehörde und Gerichtsbarkeit stattgefunden[17] (wohingegen die Begründung des Regierungsentwurfs hierauf noch nicht näher eingegangen war[18]). Ausweislich des Berichts über die Ausschußberatungen hatten einige Abgeordnete vorgeschlagen, der Kartellbehörde lediglich eine Antragsbefugnis zuzugestehen und die eigentliche Entscheidung über den Erlaß von Aufsichtsakten dem Gericht zu übertragen; für ein solches Antragsmodell war angeführt worden, es eröffne „die Chance …, daß die Gerichte wie schon oft unbestimmte Rechtsbegriffe mit konkretem Inhalt erfüllen und damit aus den zum Teil sehr schwer faßbaren Formulierungen des materiellrechtlichen Teils des Kartellgesetzentwurfs gewohnheitsrechtliche Sätze bestimmten Inhalts entwickeln"[19]. Von anderer Seite war in den Ausschußberatungen demgegenüber vorgebracht worden, „daß die Maßnahmen der Kartellbehörde der dynamischen Wirtschaftsentwicklung angepaßt werden müßten, und daß es nicht angehe, den Gerichten eine Aufgabe anzuvertrauen, die wegen des wirtschaftspolitischen Einschlags mit der normalen Funktion der Rechtsetzung nicht ohne weiteres gleichgesetzt werden könnte"[20]. Der

---

[14] Ausführliche Analyse bei *H. Soell*, Das Ermessen der Eingriffsverwaltung, S. 50 ff.

[15] GK-*Hinz*, § 70 Rn. 22; *R. Bechtold*, GWB, § 71 Rn. 13; FK-*Quack*, § 70 Rn. 33; Westrick/ Loewenheim-*Westrick*, § 70 Rn. 25; *Werner* in Wiedemann (Hrsg.), Handbuch des Kartellrechts, S. 1583; *M-G. Kremer*, Die kartellverwaltungsrechtliche Beschwerde, S. 64; *H. Soell*, Das Ermessen der Eingriffsverwaltung, S. 54 ff.

[16] *R. Bechtold*, GWB, § 71 Rn. 13; *M-G. Kremer*, Die kartellverwaltungsrechtliche Beschwerde, S. 63; *E. Kull*, JZ 1961, 683; *H. Halbey*, WRP 1968, 350.

[17] BT-Drs. II/3644, S. 12.

[18] BT-Drs. II/1158, S. 28. Es wird dort lediglich erwähnt, daß anders als nach der Kartellverordnung von 1923 der Erlaß von Aufsichtsakten nicht einem Gericht, sondern einer Verwaltungsbehörde übertragen werde; für diese Trennung beruft sich die Entwurfsbegründung auf – nicht näher spezifizierte – „verfassungsrechtliche Gründe".

[19] BT-Drs. II/3644, S. 13.

[20] Ebda.

Ausschußbericht bezeichnet die schließlich in § 71 Abs. 5 GWB realisierte Lösung als einen „Kompromiß, der darin gefunden wurde, daß die Kartellbehörde die Maßnahme nicht nur bei Gericht beantragt, sondern selbst beschließt, daß aber das Gericht die Nachprüfung der Entscheidungen der Kartellbehörde in weiterem Umfange vornimmt als gegenüber den normalen Verwaltungsbehörden"[21].

Vor dem Hintergrund dieser Äußerungen kann in der Tat nicht zweifelhaft sein, daß der Gesetzgeber mit der Vorschrift des § 71 Abs. 5 Satz 1 GWB auch eine Regelung zur beschwerdegerichtlichen Kontrolle auf *Tatbestandsseite* beabsichtigt hat. Die Diskussionen im Ausschuß drehten sich, wie die zitierten Passagen eindeutig belegen, nicht nur um aufsichtsbehördliche Entscheidungsspielräume auf Rechtsfolgenseite, sondern auch oder sogar vorrangig um das Problem der Anwendung und Konkretisierung unbestimmter Rechtsbegriffe. Allerdings erscheint es nicht unbedingt zwingend, die Ausschußberatungen deshalb gleich dafür in Anspruch zu nehmen, daß der Gesetzgeber auf eine *vollkommen* uneingeschränkte Kontrolle der aufsichtsbehördlichen Anwendung unbestimmter Kartellrechtsbegriffe hinaus wollte. Der Ausschußbericht spricht jedenfalls nur von *weitergehender* Kontrolle als im Normalfall, nicht aber von *vollständiger* oder *lückenloser* Kontrolle. Hiermit korrespondiert, daß die Vorschrift vom Ausschußbericht als *Kompromißlösung* bezeichnet wird – was nämlich dahingehend interpretiert werden kann, daß mit ihr zugleich Abstand von der (mit dem Antragsmodell von seiten seiner Befürworter verknüpften) Forderung genommen werden sollte, die Deutungshoheit für unbestimmte Kartellrechtsbegriffe *exklusiv* bei den Gerichten anzusiedeln. Mit anderen Worten: Mag auch der Gang der Ausschußberatungen eine gesetzgeberische Entscheidung für *irgendeine* Form der gerichtlichen Kontrolle hinsichtlich der Anwendung unbestimmter Kartellrechtsbegriffe belegen, so läßt er doch in Bezug auf das konkrete Maß der gerichtlichen Kontrolldichte, auf die näheren Details der Rollenverteilung zwischen Aufsichtsbehörde und Beschwerdegericht manches offen. Er erübrigt keinesfalls eine vertiefende, verwaltungsrechtsdogmatische Überlegungen einbeziehende Auseinandersetzung, die im übrigen auch deshalb angezeigt ist, weil die Überzeugungskraft des entstehungsgeschichtlichen Arguments mit der Zeit immer stärker nachlassen muß.

An einer dogmatischen Ansprüchen vollauf genügenden Problembehandlung läßt es die vorliegende *Kartellrechtsjudikatur* missen. Dies bezeugt bereits die in mehreren Urteilen des Kammergerichts Berlin anzutreffende Aussage, das GWB gebiete dem Beschwerdegericht nicht nur eine Rechtmäßigkeitskontrolle, sondern auch eine „Zweckmäßigkeitskontrolle"[22]. Aber auch die ein-

---

[21] Ebda.
[22] WuW/E OLG 334, 339; 392, 393; 964, 968; 1033, 1036; 2021, 2022. Siehe auch WuW/E

schlägige Leitentscheidung des BGH aus dem Jahr 1968[23] ist in ihrem Begründungsgang eher oberflächlich[24]. Sie stützt sich zur Verneinung eines kartellbehördlichen Beurteilungsspielraums im Wesentlichen nur auf die Entstehungsgeschichte von § 71 Abs. 5 Satz 1 GWB[25]. Zu ihrem zeitgenössischen verwaltungsrechtsdogmatischen Diskussionsstand schließt sie nur insofern auf, als sie die (eigentlich abwegige) Übertragbarkeit der bundesverwaltungsgerichtlichen Judikatur zu Beurteilungsspielräumen bei beamtenrechtlichen Befähigungsnachweisen knapp erörtert und verneint[26]; weitere der (bereits damals) diskutierten Fallgruppen verwaltungsbehördlicher Beurteilungsspielräume blieben unerwähnt. Ähnlich oberflächlich verfuhr das Kammergericht Berlin in einer Entscheidung von 1983[27], in der es sich gleichfalls nur mit einer einzigen (und ähnlich fernliegenden) der gängigen Fallgruppen auseinandersetzte (Indizierung jugendgefährdender Schriften). Im Übrigen erschöpft sich die Judikatur weitgehend in Zitaten bzw. Paraphrasierungen der erwähnten Leitentscheidung des BGH aus dem Jahr 1968[28]. – In ihrer *tatsächlichen Entscheidungspraxis* lösen die Kartellgerichte den von ihnen erhobenen Anspruch uneingeschränkter Nachprüfbarkeit der aufsichtsbehördlichen Entscheidungen durchaus ein. Überprüft man stichprobenweise obergerichtliche Entscheidungen seit 1995 in den Bereichen Mißbrauchsaufsicht, Kartellverbot und Fusionskontrolle, so zeigt sich durchgängig ein betont ausgreifender Kontrollansatz, sowohl bei der Auslegung unbestimmter Rechtsbegriffe, als auch im Hinblick auf die Erfassung und Subsumtion komplexer, oftmals schwierige Prognosen erfordernder wirtschaftlicher Sachverhalte[29]. Die Gerichte beschränken sich keineswegs auf eine bloß nachvollziehende oder die kartellbehördlichen Entscheidungserwägungen lediglich auf ihre Plausibilität hin hinterfragende Kontrolle, sondern prüfen die vorgelegten Fälle von Grund auf selbst durch, setzen sich – auch hinsichtlich ökonomischer Einschätzungen – vollständig an die Stelle des Bundeskartellamts.

Das kartellrechtliche *Schrifttum* erörtert die Frage der beschwerdegerichtlichen Kontrollbefugnis etwas differenzierter als die Rechtsprechung. Jedoch ist

---

OLG 781, 784, wo davon gesprochen wird, § 1 GWB gewähre der Kartellbehörde einen Beurteilungsspielraum, obwohl aus dem Kontext eindeutig ersichtlich wird, daß ein Rechtsfolgeermessen gemeint ist.

[23] WuW/E BGH 907, 908 ff.

[24] Siehe auch die Kritik bei *N. Nolte*, Beurteilungsspielräume im Kartellrecht der Europäischen Gemeinschaft und der Bundesrepublik Deutschland, S. 147 („laienhaft“).

[25] WuW/E BGH 907, 911.

[26] Ebda., S. 910.

[27] WuW/E OLG 3237, 3141.

[28] Siehe nur BGHZ 67, 104, 111; BGHZ 142, 239, 247.

[29] Siehe WuW/E OLG 5642, WuW/E OLG 5926, WuW/E D-R 699 (Mißbrauchsaufsicht); WuW/E OLG 5450, WuW/E 5821, WuW/E D-R 628 (Verbot horizontaler und vertikaler Wettbewerbsbeschränkungen); AG 1996, 268, 518, 569; 1998, 234, 483; 1999, 524; 2000, 46; 2001, 527 (Fusionskontrolle).

auch hier festzustellen, daß die Diskussion nicht immer unter vollständiger Berücksichtigung des jeweils vorherrschenden Standes der allgemeinen Verwaltungsrechtsdogmatik geführt wird. So wird beispielsweise von verschiedenen Autoren zwar (zu Recht) ein Bezug zwischen gerichtlicher Kontrolldichte und dem im Kartellrecht überproportional niedrigen Niveau der gesetzlichen Steuerungsintensität hergestellt[30]. Daß man sich hiermit aber nicht alleine in einem rechtstaatlichen, sondern – zumal in Anbetracht der faktischen Weisungsfreiheit der kartellamtlichen Spruchkörper[31] – auch in einem demokratiestaatlichen Problemfeld bewegt, wird nur von einem Autor angedeutet[32]. Ähnliches gilt im Hinblick auf den Umstand, daß die Annahme eines kartellbehördlichen Beurteilungsspielraums jedenfalls bei solchen Normen Schwierigkeiten hervorrufen muß, die auch Gegenstand zivilrechtlicher Erkenntnis in privaten Kartellrechtsstreitigkeiten sein können. Dieser Überlegung (mit der eine der oben in § 3 herausgearbeiteten steuerungssystematischen Eigenarten der marktoptimierenden Wirtschaftsaufsicht ins Spiel gerät) wird eingehender nur von *Karsten Schmidt* nachgegangen[33]. Zu bemängeln ist vor allem auch die weitgehende Ausblendung der bundesverwaltungsgerichtlichen Rechtsprechung zu verwaltungsbehördlichen Beurteilungsspielräumen. Die durchaus naheliegende Frage etwa, inwieweit kartellbehördliche Entscheidungen ihren besonderen Merkmalen nach Parallelen zu denjenigen (auch wirtschaftsverwaltungsrechtlichen!) Entscheidungstypen erkennen lassen, in denen nach ständiger Rechtsprechung des Bundesverwaltungsgerichts die gerichtliche Kontrolldichte zurückzunehmen ist, wird in der Kartellrechtsliteratur nur in ganz bescheidenem Umfang systematisch untersucht[34].

b) Wertpapierhandelsaufsicht

Keine Erörterungen zur gerichtlichen Kontrolldichte finden sich in der (bislang nur spärlich vorliegenden) Verwaltungsjudikatur zur Wertpapierhandelsaufsicht[35]. Auch in der wertpapierhandelsrechtlichen Literatur wird die Frage so gut wie nicht problematisiert. Einige Autoren sprechen sich ohne nähere

---

[30] GK-Hinz, § 70 Rn. 22; I/M-Schmidt, § 71 Rn. 31; *K. Schmidt*, Kartellverfahrensrecht, S. 565; *F. Rittner*, FS H. Kaufmann, S. 316.

[31] Siehe oben § 3 I.3.b.

[32] *F. Rittner*, ebda. („Die gerichtliche Kontrolle hat die insoweit fehlende Kontrolle durch den pralamentarisch verantwortlichen Minister zu ersetzen").

[33] Kartellverfahrensrecht S. 564 sowie in I/M, § 71 Rn. 36 ff. Ansatzweise noch bei *M-G. Kremer*, Die kartellverwaltungsrechtliche Beschwerde, S. 22 ff. Die umfangreiche Untersuchung von *N. Nolte*, (Beurteilungsspielraum im Kartellrecht der Europäischen Gemeinschaft und der Bundesrepublik Deutschland) geht auf diesen Gesichtspunkt mit keinem Wort ein!

[34] *F. Rittner*, FS H. Kaufmann, S. 324; *A. Gleiss*, WuW 1970, 40.

[35] HessVGH BB 1999, 75 f.; VG Frankfurt a. M., DÖV 2002, 920; BVerwGE 116, 198 ff.

Begründungen gegen die Existenz aufsichtsbehördlicher Beurteilungsspielräume aus[36].

c) Telekommunikationsaufsicht

Stärkere Aufmerksamkeit zieht die Frage demgegenüber im Telekommunikationsrecht auf sich. Die Literatur geht im Hinblick auf das regulierungsrechtliche Zentralkriterium der „Kosten der effizienten Leistungsbereitstellung" im Einklang mit der RegTP[37] mehrheitlich von der Existenz aufsichtsbehördlicher Beurteilungsspielräume aus, wobei die dafür aufgebotenen Begründungen allerdings recht spärlich ausfallen[38]. Auch in Bezug auf sonstige unbestimmte Rechtsbegriffe im TKG wird die Existenz aufsichtsbehördlicher Beurteilungsspielräume erörtert und teilweise bejaht[39]. Im Rahmen des durch die TKG-Novelle aus dem Jahr 2004 neu eingeführten Verfahrens der Marktregulierung nach §§ 9 ff. TKG spricht § 10 Abs. 2 Satz 2 TKG der Bundesnetzagentur ausdrücklich einen Beurteilungsspielraum bei der Bestimmung regulierungsbedürftiger Märkte im Sinne von § 10 Abs. 2 Satz 1 TKG zu[40].

Von gerichtlicher Seite ist die Frage der Kontrolldichte insbesondere in einem Urteil des VG Köln von Anfang 2003 ausführlich erörtert worden[41]. Das VG Köln kommt hierin zu dem Ergebnis, daß der RegTP (nunmehr Bundesnetzagentur) im Rahmen der Prüfung der Kosten der effizienten Leistungsbereitstellung i. S. v. § 24 Abs. 1 Satz 1 TKG a. F. (nunmehr § 31 Abs. 5 TKG) bei der Bestimmung der Angemessenheit der in Ansatz gebrachten Kapitalverzinsung ein verfassungsrechtlich nicht zu beanstandender Beurteilungsspielraum zustehe. Zur Begründung hebt es maßgeblich darauf ab, daß von der Regulierungsbehörde bei dieser Prüfung Prognosen abverlangt werden, die in hohem Maße wertenden Charakter aufweisen und planerische Elemente enthalten; würden diese Prognosen ohne Einschränkung gerichtlich überprüft werden müssen, stieße der Rechtsschutz an seine Funktionsgrenzen[42]. Das Gericht zog

---

[36] *A. Cahn*, WM 1998, 272; *Geibel* in Schäfer, WpHG, § 4 Rn. 16, § 15 Rn 116; *D. Bliesener*, Aufsichtsrechtliche Verhaltenspflichten beim Wertpapierhandel, S. 122; *Kümpel* in Assmann/Schneider, WpHG, § 15 Rn. 94; *J. Fürhoff/A. Woelk*, WM 1998, 457.

[37] Siehe v. a. den EBC-Beschluß vom 12. 10. 2001, K&R 2002, 104 und hierzu *G. Nacimiento*, K&R 2002, 195.

[38] Siehe *B. Stamm*, Die Entgeltregulierung im Telekommunikationsgesetz, S. 233; *W. Spoerr* in Trute/ders./Bosch, TKG, § 24 Rn. 41, 55 f.; *H.-H. Trute*, FG 50 Jahre BVerwG, S. 866 ff.; *G. Manssen* in ders., Telekommunikations- und Multimediarecht, § 24 TKG Rn. 7 ff.; *Ch. Koenig/J.-D. Braun*, MMR 2001, 568. Zurückhaltend S. *Gerstner*, WuW 2002, 141.

[39] Etwa *U. Ellinghaus*, MMR 2004, 293; *P. Helmes*, CR 2006, 293; *K.-H. Ladeur/C. Möllers*, DVBl. 2005, 525 ff.

[40] Hierzu VG Köln, CR 2006, 35 ff.

[41] Urteil vom 13.2. 2003, AZ 1 K 8003/98. Siehe auch bereits zur Frage eines aufsichtsbehördlichen Beurteilungsspielraums bei Zusammenschaltungsanordnungen nach § 37 TKG i. V. m. § 9 NZV VG Köln vom 24. 1. 2002, AZ 1 L 2574/01.

[42] Ziff. 2.3.2.1. der Entscheidungsgründe.

an dieser Stelle Parallelen zur bundesverwaltungsgerichtlichen Rechtsprechung zu fachplanerischen Abwägungsentscheidungen, der es schließlich auch
bestimmte Grenzen des zugestandenen aufsichtsbehördlichen Entscheidungs-
spielraums entlehnte (Einhaltung der Verfahrensbestimmungen; zutreffende
und vollständige Sachverhaltsermittlung; Einhaltung allgemeingültiger Be-
wertungsgrundsätze und -maßstäbe; keine krasse Fehlgewichtung der betroffenen Belange; Zugrundlegung objektiver Kriterien; ausführliche Entscheidungsbegründung, die eine gerichtliche Nachprüfung ermöglicht). Auf die
sich aufdrängende Frage, womit sich diese Abweichung vom gerichtlichen
Kontrollansatz gegenüber kartellbehördlichen Preismißbrauchsverfügungen
rechtfertigen läßt, ging das VG Köln nicht ein[43]. Das OVG Münster schloss
sich im Berufungsverfahren dem VG Köln nicht an, sondern unterwarf die
Frage der Angemessenheit der in Ansatz gebrachten Kapitalverzinsung der un-
eingeschränkten gerichtlichen Nachprüfung; ob an anderen Stellen der Entgeltregulierung behördliche Beurteilungsspielräume gegeben sein könnten, ließ
das OVG allerdings offen[44].

2. Marktoptimierende Aufsichtsentscheidungen im Lichte der verwaltungsrechtlichen Dogmatik des Beurteilungsspielraumes

a) Zum allgemeinen Stand der Dogmatik des Beurteilungsspielraums

Grundsätzlich sind verwaltungsbehördliche Normauslegung, Sachverhalts-
feststellung und Normanwendung (Subsumtion) von gerichtlicher Seite unein-
geschränkt überprüfbar. Eine Bindung der Gerichte an Feststellungen und
Wertungen, die im Verwaltungsverfahren getroffen werden, kommt im Rechtsstaat des Grundgesetzes (Art. 20 Abs. 3, 19 Abs. 4 GG) anerkanntenmaßen nur
als Ausnahme in Betracht[45]. Die Unbestimmtheit eines Rechtsbegriffs kann
ebensowenig wie eine besondere Dynamik oder Komplexität der in Frage stehenden Regelungsmaterie schon für sich genommen das Vorliegen einer solchen Ausnahme begründen[46]. Dies gilt auch im Falle unbestimmter Rechtsbegriffe mit ökonomischem Gehalt[47]. Hier wie andernorts müssen *zusätzliche
Merkmale* vorliegen, um eine Modifikation des gerichtlichen Kontrollansatzes
in Richtung einer stärker verfahrensbezogenen, in materieller Hinsicht auf die

---

[43] Kritisch hierzu *Th. v. Danwitz*, DVBl. 2003, 1405 ff., der entgegen der Mehrheitsauffas-
sung in der Literatur für eine volle gerichtliche Nachprüfung der Entgeltregulierungsent-
scheidungen plädiert.

[44] Urteil vom 19. 8. 2005, CR 2006, 101 ff.

[45] Vgl. nur BVerwGE 94, 307, 309.

[46] *K. Grupp*, FS Blümel, S. 145. BVerwGE 62, 86, 101 f.; 81, 12, 17; 91, 211, 217; 94, 307, 311;
100, 221, 228.

[47] *E. Schmidt-Aßmann*, in J. Schwarze/ders. (Hrsg.), Das Ausmaß der gerichtlichen Kontrolle im Wirtschaftsverwaltungs- und Umweltrecht, S. 31.

Einhaltung gewisser äußerster Grenzen (Willkürfreiheit, denklogische Vertretbarkeit usf.) reduzierten Überprüfung der Verwaltungsentscheidung zu rechtfertigen.

Jenseits dieses unstreitigen Ausgangsbefundes besteht bis heute eine Fülle offener oder jedenfalls in der Verwaltungsrechtslehre nicht vollends einvernehmlich geklärter Fragen. Bereits die dogmatische Stimmigkeit der Unterscheidung des Beurteilungsspielraums von denjenigen Entscheidungsfreiräumen, wie sie der Verwaltung aufgrund der Zuerkennung eines Rechtsfolgenermessens zustehen, wird bekanntlich stets von neuem in Zweifel gezogen[48]. Als gesicherten Ertrag aus einer mittlerweile über nahezu fünf Jahrzehnte währenden wissenschaftlichen Diskussion[49] wird man allerdings die Einsicht verbuchen können, daß die gerichtliche Überprüfbarkeit der Anwendung unbestimmter Rechtsbegriffe weniger ein Problem der *Erkenntnis*, als vielmehr ein Problem der *administrativen Entscheidungsfreiheit*, d.h. der Kompetenzverteilung zwischen Verwaltung und Gerichtsbarkeit darstellt[50], bei dem als Argumentationstopoi insbesondere die Prinzipien der Eigenständigkeit der Verwaltung, der Gesetzmäßigkeit der Verwaltung sowie der Funktionstrennung zwischen Verwaltung und Verwaltungsgerichtsbarkeit eine Rolle spielen[51]. Die hierin zum Ausdruck kommende *Verfassungsorientierung* der heutigen Dogmatik tritt auch in der maßgeblich von *Schmidt-Aßmann* beförderten[52], mittlerweile breit akzeptierten[53] normativen Ermächtigungslehre zu Tage, wonach sich administrative Letztentscheidungsbefugnisse auf eine entsprechende (verfassungskonforme) Zuweisung im Gesetzesrecht stützen lassen müssen und nicht ohne weiteres aus generellen, gesetzesnormativ nicht näher verankerten Erwägungen der Funktionsgerechtigkeit, der Typik des in Frage stehenden Entscheidungsfeldes o.ä. abgeleitet werden dürfen. Mit der normativen Ermächtigungslehre wird das Problem freilich nur in den richtigen juristischen Kontext gerückt, jedoch nicht in sämtlichen praktischen Zweifelsfällen einer sicheren Lösung zugeführt. Ausdrückliche Zuweisungen administrativer Letztentscheidungsbefugnisse nach dem oben erwähnten Beispiel von §71 Abs. 5 Satz 2 GWB oder von §10 Abs. 2 Satz 2 TKG sind selten. Wann der

---

[48] Aus jüngerer Zeit etwa *M. Herdegen*, JZ 1991, 747 ff.; *Smeddinck*, DÖB 1998, 370 ff.; *E. Pache*, Tatbestandliche Abwägung und Beurteilungsspielraum, S. 453 ff.

[49] Überblick über ihren Ausgangspunkt in Gestalt insbesondere der Beiträge von *Bachof* und *Ule* aus dem Jahr 1955 bei *E. Pache*, Tatbestandliche Abwägung und Beurteilungsspielraum, S. 52 ff.

[50] Statt aller *F. Ossenbühl* in H.U. Erichsen (Hrsg.), Allgemeines Verwaltungsrecht, S. 211 ff.

[51] Siehe *E. Pache*, Tatbestandliche Abwägung und Beurteilungsspielraum, S. 2; *H.-H. Rupp*, FS Zeidler I, S. 456; *E. Schmidt-Aßmann* in M/D, Art. 19 IV, Rn. 180.

[52] M/D, Art. 19 IV, Rn. 185 ff.

[53] BVerwG 72, 195, 200; 94, 307, 309; 100, 221, 225; BVerfG 61, 82, 111. Aus der Literatur neben anderen *H. Hill*, NVwZ 1989, 401 ff.; *R. Wahl*, NVwZ 1991, 410; *H.-J. Papier*, DÖV 1986, 621; *F.-J. Peine*, Allgemeines Verwaltungsrecht, S. 53.

Gesetzgeber indes bei Fehlen einer solchen Zuweisung von einer Einschränkung der verwaltungsgerichtlichen Kontrollbefugnis ausgeht, ist in aller Regel außerordentlich schwer zu ermitteln[54].

Die Lehre vom Beurteilungsspielraum ist daher nach wie vor auf die Sichtung und Systematisierung der in der verwaltungsgerichtlichen Spruchpraxis entstandenen und ausgeformten Fallgruppen angewiesen. Die auf dieser Basis entwickelten Kriterienkataloge[55] können indes nicht beanspruchen, wesentlich mehr zu leisten, als höchstrichterlich entschiedene Einzelfälle zu erfassen, zu ordnen und auf einige wenige abstrakte gedankliche Ansatzpunkte zurückzuführen, die der Verwaltungsjudikatur mehr oder minder konsistent zugrundeliegen[56].

Auch die hier angestellten Überlegungen zur Frage von Beurteilungsspielräumen der Aufsichtsbehörden beim Erlaß marktoptimierender Aufsichtsakte sollten zweckmäßigerweise jedenfalls ihren *Ausgangspunkt* bei den in der Judikatur anerkannten Fallgruppen nehmen. Die Frage ist also zunächst, inwieweit marktoptimierende Aufsichtsakte ihren spezifischen Merkmalen nach mit richterrechtlich anerkannten Fallgruppen verwaltungsbehördlicher Beurteilungsspielräume vergleichbar sind?

b) Vergleich mit den in der Judikatur anerkannten Fallgruppen verwaltungsbehördlicher Beurteilungsspielräume

Es liegt auf der Hand, daß Vergleiche zu denjenigen Fällen, in denen Beurteilungsspielräume mit der *Höchstpersönlichkeit* bzw. *Unwiederholbarkeit* der verwaltungsbehördlichen Entscheidung begründet werden (insbes. Prüfungs- und Beurteilungsentscheidungen), im vorliegenden Zusammenhang nicht weiter führen können. Entsprechendes gilt für die Fallgruppe der wegen ihres *künstlerischen oder weltanschaulichen Einschlags nur begrenzt objektivierbaren Wert- oder Eignungsurteile*[57]. Marktoptimierende Aufsichtsbehörden mögen zwar bei ihrer Entscheidungstätigkeit häufig mit einem beträchtlichen Grad an Unsicherheiten konfrontiert sein, sowohl im Hinblick auf den Entscheidungsmaßstab (Normauslegung), als auch im Hinblick auf die Einordnung der konkreten Fallumstände und ihre Subsumtion unter die jeweils maßgebliche Entscheidungsnorm. Unter diesem Aspekt kann auch bei ihnen mit Recht die Frage nach der Objektivierbarkeit der Normanwendung – und damit

---

[54] Siehe *K. Redeker*, DÖV 1993, 12.

[55] *D. Lorenz*, Verwaltungsprozeßrecht, S. 59 ff.; *J.-R. Sieckmann*, DVBl. 1997, 102; *Wolff-Bachof-Stober*, Verwaltungsrecht I, S. 449 ff.; *H. Maurer*, Allgemeines Verwaltungsrecht, S. 138 ff.

[56] Vgl. *R. Schulze-Fielitz*, JZ 1993, 773; *K. Grupp*, FS Blümel, S. 146, die Inkonsistenzen und Widersprüchlichkeiten in der Rechtsprechung konstatieren.

[57] BVerwGE 59, 213, 215 ff. (Eintragung in Architektenliste), BVerwGE 77, 75, 78 (Eignung zur Jugendgefährdung).

auch nach dem Sinn gerichtlicher Überprüfung – gestellt werden. Im Unterschied zur Fallgruppe der künstlerischen oder weltanschaulichen Wert- bzw. Eignungsurteile sind die Objektivierbarkeitsprobleme bei der marktoptimierenden Wirtschaftsaufsicht jedoch nicht bereits in der Eigenart der Entscheidungsmaterie angelegt. Während sich etwa die Eignung einer Schrift zur Jugendgefährdung in Zweifelsfällen nur unter Rekurs auf weltanschauliche Prämissen begründen läßt, bewegen sich marktoptimierende Aufsichtsbehörden auf einem Feld, das rationalen, objektivierbaren Aussagen prinzipiell zugänglich ist, mag es auch in Teilen mangels einer abschließend konsolidierten wissenschaftlichen Erkenntnislage kognitiv noch nicht vollauf erschlossen sein. Werturteile im eigentlichen Sinne werden den Aufsichtsbehörden nicht abverlangt[58].

Naheliegender erscheint es demgegenüber, einen Vergleich zu denjenigen Fällen zu ziehen, in denen die Verwaltungsgerichte einen nur beschränkt überprüfbaren Beurteilungsspielraum aus der *Zusammensetzung oder Stellung der administrativen Entscheidungsinstanz* sowie aus den *Besonderheiten der Beschlußfassung und des vorgelagerten Verwaltungsverfahrens* ableiten. Es ist oben[59] als typisches Merkmal marktoptimierender Wirtschaftsaufsicht aufgezeigt worden, daß Aufsichtsakte jedenfalls des Bundeskartellamts und der Bundesnetzagentur durch weisungsfrei handelnde Kollegialorgane in einem durch besondere Förmlichkeit gekennzeichneten Verfahren erlassen werden. Bei Vorliegen eben dieser Voraussetzungen kommt nach der Verwaltungsrechtsprechung ein Beurteilungsspielraum in Betracht[60]. Es bedarf insoweit freilich einer Differenzierung. Zur Begründung der Beschränkung gerichtlicher Kontrolle wird in der Verwaltungsrechtsprechung zum Teil auf den gesellschaftlich-repräsentativen Zuschnitt des Gremiums abgestellt[61]. Dieser Ansatz kann im Falle marktoptimierender Aufsichtsbehörden, deren Entscheidungsgremien (Beschlußabteilungen des BKartA; Beschlußkammern der Bundesnetzagentur) mit Fachbeamten besetzt sind, naturgemäß nicht zum Tragen kommen. Anders liegen die Dinge hingegen, soweit die Verwaltungsgerichte mit der besonderen, institutionell abgesicherten Sachkunde der Gremienmitglieder argumentieren und hieraus wie aus bestimmten Merkmalem der gremieninternen Meinungsbildung (Mehrheitsentscheidung; Unabhängigkeit bei der Stimmabgabe) auf eine erhöhte Richtigkeitsgewähr der Verwaltungsentscheidung schließen, die eine Beschränkung gerichtlicher Kontrolle hinnehmbar erscheinen lasse[62]. Dieser Ansatz läßt sich ohne weiteres auch auf die kartellamtlichen Beschlußabteilungen sowie die Beschlußkammern der Bundes-

---

[58] Zutreffend für die Kartellaufsicht BGH WuW/E BGH 907, 910.
[59] § 3 I.3.
[60] BVerwGE 59, 213, 216 ff.; 62, 330, 339; 72, 195, 200; 77, 75, 80; 99, 371, 377 f.
[61] BVerwGE 77, 75, 80; 99, 371, 378.
[62] BVerwGE 59, 213, 216 ff.; 62, 330, 339; 72, 195, 200; 77, 75, 78; 99, 371, 377 f.

netzagentur übertragen. Zwischen ihnen und den Eintragungsausschüssen für Architektenlisten[63], den Sortenausschüssen des Bundessortenamtes[64] oder den Vorständen von Wertpapierbörsen[65] zeigen sich unter diesen Aspekten deutliche Parallelen.

Keine hinreichenden Parallelen offenbaren sich demgegenüber zur Fallgruppe der verwaltungsbehördlichen *Planungsakte*, denen durch die Rechtsprechung solche Entscheidungen gleichgestellt werden, die, obwohl für sich genommen kein Planungsakt, von der Verwaltung unter enger Rückkopplung an zuvor entwickelte Grundkonzeptionen verkehrspolitischer, strukturpolitischer, versorgungspolitischer oder raumordnungspolitischer Art getroffen werden[66]. Marktoptimierende Aufsichtsakte enthalten keine planerischen Elemente. Auch steht den Aufsichtsbehörden nach den Aufsichtsgesetzen kein Mandat zu, im Gewande von Einzelentscheidungen bestimmte wirtschaftsgestaltende Zielsetzungen zu verfolgen, zu deren Realisierung es einer planerischen Abwägungsfreiheit bedürfte. Unter diesem Gesichtspunkt ergeben sich denn auch erhebliche Bedenken gegen das oben erwähnte Urteil des VG Köln vom 24. 1. 2003[67], in dem der RegTP (heute Bundesnetzagentur) bei der Bestimmung der Angemessenheit der Kapitalverzinsung, wie sie im Rahmen der Prüfung der Kosten der effizienten Leistungsbereitstellung nach § 24 Abs. 1 Satz 1 TKG a. F. (nunmehr § 31 Abs. 1 TKG) vorzunehmen ist, ein Beurteilungsspielraum zuerkannt wurde. Dem Urteil des VG Köln liegt die Vorstellung zugrunde, der Aufsichtsbehörde sei bei der Entgeltregulierung gesetzlich aufgegeben, im Wege planungsähnlicher Abwägungsentscheidungen einen Ausgleich zwischen den Renditeerwartungen des marktbeherrschenden Unternehmens und dem öffentlichen Interesse an der Herstellung eines funktionsfähigen Wettbewerbs in einem vormals monopolistisch strukturierten Markt herbeizuführen[68]. Es ist bereits von anderer Seite überzeugend dargelegt worden[69], daß das TKG ausweislich seiner Gesetzesmaterialien die Entgeltregulierung dem Modell der kartellrechtlichen Mißbrauchsaufsicht nachgeformt hat; die Entgeltregulierung muß sich somit, anders als das VG Köln meint, allein unter Orientierung am hypothetischen Wettbewerbspreis vollziehen, der

---

[63] BVerwGE 59, 213, 216ff.
[64] BVerwGE 62, 330, 3339.
[65] BVerwGE 72, 195, 200.
[66] BVerwG DÖV 1979, 716, 717; BVerwGE 82, 260, 265.
[67] Urteil vom 13.2. 2003, AZ 1 K 8003/98.
[68] „Aus dieser wettbewerbsfördernden Aufgabe der Entgeltregulierung folgt, daß angemessen nur eine solche Verzinsung des Kapitals sein kann, die nicht nur die – aus der notwendig einseitigen Sicht des marktbeherrschenden Unternehmens bestehenden – Gewinnerwartungen im Blick hat, sondern dabei – gleichsam korrigierend – auch dem öffentlichen Interesse an der Herstellung chancengleichen und funktionsfähigen Wettbewerbs Rechnung trägt".
[69] *Th. v. Danwitz*, DVBl. 2003, 1405ff.

vor allem anhand des Vergleichsmarktkonzepts – mithin keinesfalls über einen planerischen Abwägungsprozeß – zu ermitteln ist. Anderes hieße, die Telekommunikationsaufsicht in ihrer grundsätzlichen Zielrichtung zu verkennen und ein Mandat zur Wirtschaftsgestaltung in sie hineinzudeuten, bei der das ideale Funktionsmodell des Marktes nur einen neben anderen Bezugspunkten bilden würde.

Eine weitere Fallgruppe, die wiederum deutliche Parallelen zur marktoptimierenden Wirtschaftsaufsicht aufweist, ist diejenige der administrativen *Prognoseentscheidungen*. Zahlreiche marktoptimierende Aufsichtsnormen verlangen den Aufsichtsbehörden prognostische Schätzungen ab, so etwa § 1 GWB (Beurteilung, ob eine Vereinbarung wettbewerbsbeschränkend wirken würde), § 36 Abs. 1 GWB (Beurteilung, ob Zusammenschluß zur Begründung oder Entstehung einer marktbeherrschenden Stellung führen würde), § 28 Abs. 1 Nr. 2 TKG (Beurteilung, ob Entgeltabschläge die Wettbewerbsmöglichkeiten anderer Unternehmen beeinträchtigen würden), § 15 Abs. 1 i. V. m. § 13 Abs. 1 WpHG (Beurteilung, ob eine Tatsache den Börsenpreis erheblich beeinflussen würde). Im Hinblick darauf, daß die Richtigkeit einer Prognoseentscheidung sich häufig der exakten Tatsachenfeststellung entzieht und meist „unterschiedliche Auffassungen zuläßt"[70], neigt die Verwaltungsrechtsprechung bei administrativen Prognoseentscheidungen allgemein zu einer recht großzügigen Zuerkennung von verwaltungsbehördlichen Beurteilungsspielräumen[71]; die gerichtliche Überprüfung wird meist darauf beschränkt, ob seitens der Behörde zutreffende Ausgangstatsachen zugrundegelegt wurden und die Prognose in methodischer Hinsicht korrekt erfolgte[72]. Wie bei den oben erwähnten Verwaltungentscheidungen weisungsfreier Kollegialgremien ist zu konstatieren, daß auch diese Rechtsprechung sich auf den Fall marktoptimierender Ausfsichtsakte übertragen lässt, wobei freilich in Rechnung zu stellen, daß in mehreren der oben zitierten Judikate neben dem prognostischen Charakter der Verwaltungsentscheidung jeweils noch ein weiteres Merkmal vorlag, das vom Bundesverwaltungsgericht zusätzlich zur Begründung eines verwaltungsbehördlichen Beurteilungsspielraums herangezogen wurde[73].

---

[70] BVerwGE 62, 330, 338/339.

[71] BVerwGE 62, 86, 101 f.; 62, 330, 338/9; 64, 238, 242; 72, 195, 200; 75, 214, 234; 79, 208, 213; 80, 113, 120; 80, 270, 275; 81, 185, 192; 82, 260, 265; 82, 295, 299, 301; 99, 371, 377.

[72] Siehe BVerwGE 62, 86, 108; 64, 238, 242; 75, 214, 234; 79, 208, 213.

[73] Besonders deutlich in BVerwGE 62, 330; 72, 195. Siehe auch *K. Grupp*, FS Blümel, S. 153, nach dem generell der prognostische Charakter einer Verwaltungsentscheidung nur in Kombination mit weiteren Merkmalen einen Beurteilungsspielraum rechtfertigt. Noch enger *P. Tettinger*, DVBl. 1982, 425 f., der eine reduzierte gerichtliche Kontrolle von Prognoseentscheidungen nur dann für zulässig hält, wenn der Entscheidung zusätzlich ein „planerisch-programmatischer Gehalt" zukommt und sie eine „besondere Affinität zur Sphäre des Politischen" aufweist.

Einen weiteren Ansatzpunkt zur Entlehnung von Kontrollgrundsätzen aus anderen Feldern des Verwaltungshandelns bietet schließlich die Verwaltungsrechtsprechung zu Beurteilungsspielräumen bei § 7 Abs. 2 Nr. 3, 5 AtomG und § 11 Abs. 1 Nr. 4 GenTechnikG, die mit der Whyl-Entscheidung des Bundesverwaltungsgerichts von 1985 initiiert worden ist[74]. Der Whyl-Doktrin, die über die Gewährung einer bloßen Subsumtionsfreiheit hinausgeht und den Beurteilungsspielraum der Genehmigungsbehörde auch auf den Bereich der Normkonkretisierung erstreckt[75] – auch für Einzelfallentscheidungen[76] –, ist von Beginn an Ausstrahlungswirkung auf weitere Verwaltungsbereiche attestiert worden[77]. Sie fußt auf der Überlegung, daß der Verwaltung in der Atomaufsicht Entscheidungen aufgegeben sind, die „konzeptionell die Grenzen auch wissenschaftlich-technischer Systembildung erreichen und deshalb nicht durch Rechtsbegriffe hinreichend gesteuert werden können"[78]. Hiermit ist eine Besonderheit angesprochen, die auch in einigen anderen (nicht-technischen) komplexen administrativen Handlungszusammenhängen vorkommt, die nicht minder durch Schwankungen und Unsicherheiten hinsichtlich der theoretisch-wissenschaftlichen Prämissen des Verwaltungshandelns geprägt sind[79]. Auch in Bezug auf marktoptimierende Aufsichtsentscheidungen läßt sich das feststellen, was vom Bundesverwaltungsgericht als tragender Grund für die Beschränkung gerichtlicher Überprüfbarkeit von Maßnahmen zur Vorsorge gegen Schäden iSv § 7 Abs. 2 Nr. 3 AtomG anerkannt worden ist[80]: Bestimmte Ursachenzusammenhänge, die bei der Verwaltungsentscheidung in Betracht zu ziehen sind, können nach dem jeweiligen Wissensstand weder sicher bejaht noch sicher verneint werden; die Verwaltungsbehörde ist vielfach darauf angewiesen, auf rein theoretische Überlegungen und Berechnungen zurückzugreifen, da empirisch erhärtetes (verifiziertes) Erfahrungswissen fehlt; die Verwaltungsentscheidung läuft so letzten Endes auf eine Gewichtung und Bewertung wissenschaftlicher Streitfragen hinaus.

Auch im Falle der marktoptimierenden Wirtschaftsaufsicht fehlt – wie in der Atomaufsicht – vielfach eine homogene und stabile wissenschaftliche Erkenntnislage[81]. Die marktoptimierenden Aufsichtsbehörden werden ähnlich wie die

---

[74] BVerwGE 72, 300, 315ff. Übernommen in BVerwGE 81, 185, 191ff.; DVBl. 1999, 1138.

[75] *K. Redeker*, DÖV 1993, 11.

[76] *H. Sendler*, UPR 1993, 324; *W. Rengeling*, DVBl. 1986, 269.

[77] Siehe *Chr. Gusy*, DVBl. 1987, 497; *H. Sendler*, DVBl. 1994, 1093; *E. Pache*, Tatbestandliche Abwägung und Beurteilungsspielraum, S. 81; *R. Kroh*, DVBl. 2000, 102. Siehe aber auch *G. Beaucamp*, DÖV 2002, 27.

[78] *U. Di Fabio*, DVBl. 1992, 1338/1339.

[79] Vgl. die Hinweise bei *Gerhardt* in Schoch/Schmidt-Aßmann/Pietzner (Hrsg.), VwGO, § 114 Rn. 58 sowie bei *H. Schulze-Fielitz*, JZ 1993, 772f., die in diesem Zusammenhang ausdrücklich Parallelen zwischen Atomaufsicht und Wirtschaftsverwaltung ziehen.

[80] Siehe BVerwGE 72, 300, 315f.

[81] Vgl. *U. Di Fabio*, DVBl. 1992, 1339.

Behörden der Atomaufsicht in den „ungeklärten Bereich des auch noch wissenschaftlich Ungewissen" geführt[82], sind gezwungen, gedanklich mit hypothetischen Fällen und Kausalverläufen, auf metajuristischem Terrain zu operieren[83]. Inbesondere bei der Kartellaufsicht kann beobachtet werden, wie sich die Spruchpraxis der Behörden vielfach an rein hypothetischen wirtschaftswissenschaftlichen Modellvorstellungen orientiert und dabei auch wirtschaftstheoretische Paradigmenwechsel (auch grundlegender Art) jeweils nahtlos nachvollzieht[84]. *Gegen* eine Übertragbarkeit der Whyl-Doktrin lassen sich allenfalls gewisse normstrukturelle Unterschiede zwischen den einschlägigen atom- bzw. gentechnikrechtlichen Vorschriften auf der einen und den Eingriffsnormen der marktoptimierenden Wirtschaftsaufsicht auf der anderen Seite anführen. Während letztere häufig nach dem herkömmlichen Modell des Gefahrenabwehrtatbestandes konstruiert sind, treibt im erstgenannten Bereich das Gesetz die Genehmigungsbehörde durch den atom- bzw. gentechnikrechtlichen *Vorsorgebegriff* mit voller Absicht in das Feld der rein hypothetischen, unerwiesenen Gefahrenzusammenhänge hinein, fordert ihr ein Herabschrauben der Gewißheitsschwelle bewußt ab. Ob allerdings diesen normstrukturellen Unterschieden entscheidendes Gewicht beigemessen werden sollte, mag durchaus bezweifelt werden, auch in Anbetracht dessen, daß die aus dem Gefahrenabwehrrecht geläufigen Anforderungen an die Kausalgewißheit einer Eingriffsmaßnahme in der Praxis der marktoptimierenden Wirtschaftsaufsicht konstant unterschritten werden.

c) Einbeziehung weiterer normativ erheblicher Umstände

Es kann somit festgehalten werden, daß marktoptimierende Aufsichtsentscheidungen bei pauschaler Betrachtung gleich unter mehreren Gesichtspunkten Parallelen zu solchen Fallgruppen aufweisen, bei denen die Verwaltungsrechtsprechung die Nachprüfung der Anwendung unbestimmter Rechtsbegriffe einschränkt und verwaltungsbehördliche Beurteilungsspielräume bei der Subsumtion oder sogar bei der Gesetzesauslegung (Begriffskonkretisierung) anerkennt. Damit ist indes nur ein Zwischenbefund markiert. Um zu einer abschließenden Beurteilung zu gelangen, muß weiter auch das *normative Umfeld* der marktoptimierenden Wirtschaftsaufsicht einbezogen werden. Gerade weil die Frage nach der Rechtfertigung verwaltungsbehördlicher Beurteilungsspielräume im Schnittfeld unterschiedlicher Strukturentscheidungen der Verfassung steht[85], das gesamte Beziehungsdreieck von Legislative, Exekutive und

---

[82] Vgl. Ebda.
[83] Vgl. *R. Wahl*, NVwZ 1991, 410; *K. Grupp*, FS Blümel, S. 148 ff.; *E. Stein*, FS Maurer, S. 810.
[84] Vgl. etwa zum Wechsel der für die Kartellrechtspraxis maßgeblichen wettbewerbstheoretischer Leitbilder *V. Emmerich*, Kartellrecht, S. 6 ff.; *K. H. Fezer*, JuS 1991, 889 ff.
[85] *E. Pache*, Tatbestandliche Abwägung und Beurteilungsspielraum, S. 2.

Judikative abschreitet[86], darf die Betrachtung nicht bei der isolierten Analyse der äußeren Struktur des Entscheidungstyps stehen bleiben. In den Blick zu nehmen sind auch die jeweiligen *bereichsspezifischen* Merkmale des Verwaltungshandelns, soweit ihnen im Lichte verfassungsrechtlicher Strukturentscheidungen eine besondere Relevanz zukommt[87]. Als solche bereichsspezifischen Merkmale der marktoptimierenden Wirtschaftsaufsicht sind im Folgenden anzusprechen: Die erhöhte Grundrechtsrelevanz der marktoptimierenden Wirtschaftsaufsicht; das demokratische Legitimationsdefizit von Aufsichtsbehörden; die gesetzlich vorgesehene Zweispurigkeit der Rechtsdurchsetzung. Aus diesen Merkmalen ergeben sich Argumente, die im Rahmen der Analyse einzelner Aufsichtsnormen (soweit ausdrückliche gesetzliche Festlegungen nach Art des § 10 Abs. 2 Satz 2 TKG oder sonstige spezifische Gründe des Einzelfalls[88] nicht entgegenstehen) den Ausschlag gegen die Annahme aufsichtsbehördlicher Beurteilungsspielräume geben können.

(aa) Grundrechtsrelevanz der marktoptimierenden Wirtschaftsaufsicht

Daß die Grundrechtsrelevanz administrativer Eingriffsmaßnahmen ein wichtiges Kriterium für die Bestimmung der gerichtlichen Kontrolldichte bilden muß, ist vom Bundesverfassungsgericht in den neunziger Jahren in einer Reihe von Entscheidungen zur Indizierung jugendgefährdender Schriften, zum Prüfungsrecht sowie zur Privatschulzulassung eindringlich in den Vordergrund gerückt worden[89]. Das Bundesverwaltungsgericht hat sich in der Folge veranlaßt gesehen, seine eigene Rechtsprechung in Teilbereichen zu überprüfen und eine insgesamt restriktivere Haltung gegenüber der Zuerkennung verwaltungsbehördlicher Beurteilungssspielräume einzunehmen[90]. In der Literatur wird angenommen, daß die verfassungsgerichtliche Linie auch in Bezug auf administrative Prognoseentscheidungen im Wirtschaftsrecht zu einem Überdenken der bisherigen, im Ganzen recht kontrollrestriktiven Ansätze führen muß[91].

---

[86] *H.-H. Rupp*, FS Zeidler I, S. 456. Ähnlich M/D-*E. Schmidt-Aßmann*, Grundgesetz, Art. 19 IV, Rn. 180 („dreipoliges Kompetenzproblem").

[87] *E. Schmidt-Aßmann*, VVDStrL 34 (1975), 253; *R. Wahl*, NVwZ 1991, 409 f.; *G. F. Schuppert*, DVBl. 1988, 1197. Speziell zum Kartellrecht *N. Nolte*, Beurteilungsspielräume im Kartellrecht der Europäischen Gemeinschaft und der Bundesrepublik Deutschland, S. 9.

[88] Vgl. etwa den Hinweis von *K.-H. Ladeur/C. Möllers*, DVBl. 2005, 525 ff. 534 auf das Gebot zur „weitestgehenden" Berücksichtigung der Stellungnahmen der Kommission und der Regulierungsbehörden der anderen EU-Mitgliedstaaten im Rahmen des Verfahrens der Marktregulierung nach §§ 9 ff. TKG, dem die Bundesnetzagentur nach Auffassung der Autoren nur bei Beanspruchung eines Beurteilungsspielraums entsprechen kann.

[89] BVerfG 83, 130 ff.; 84, 34 ff.; 84, 59 ff.; 85, 36 ff.; JZ 1993, 784 ff. Analysen bei *W. Brohm*, JZ 1995, 369 ff.; *M.-E. Geis* in Ziekow (Hrsg.), Handlungsspielräume der Verwaltung, S. 98 ff.; *H. Sendler*, DVBl. 1994, 1090 ff.

[90] Etwa BVerwG NVwZ 1999, 74; NVwZ 2000, 915.

[91] *H. Schulze-Fielitz*, JZ 1993, 776. Vgl. auch *M.-E. Geis*, NVwZ 1992, 29.

Kern der verfassungsgerichtlichen Linie[92] ist es, bei der Frage nach der Reichweite verwaltungsbehördlicher Beurteilungsspielräume stärker die Auswirkungen des Verwaltungshandelns beim Adressaten zu berücksichtigen, statt die Entscheidungssituation aus Perspektive der Behörde in den Vordergrund zu stellen. Im Sinne einer Faustformel kommt es danach darauf an, wie bedeutend das jeweils betroffene Rechtsgut ist und wie stark es durch das Verwaltungshandeln beeinträchtigt wird: Je fundamentaler das betroffene Rechtsgut und je größer die Beeinträchtigung, desto stärker und dichter muß die gerichtliche Kontrolle sein[93]. Damit ist eine Verschiebung des grundrechtlichen Bezugspunktes hin zu den Einzelgrundrechten verbunden, mit der das Problem der Kontrolldichte von seiner Fixierung auf Art. 19 Abs. 4 GG gelöst wird[94].

Ähnlich wie auf anderen Feldern des Verwaltungshandelns fällt es naturgemäß auch in Bezug auf die marktoptimierende Wirtschaftsaufsicht schwer, allgemeingültige Aussagen zum grundrechtlichen Belastungsgehalt der verwaltungsbehördlichen Eingriffsmaßnahmen zu treffen. Die Frage läßt sich nur auf der Basis gewisser Typisierungen beantworten, die freilich auch gerechtfertigt sind, will man das praktisch unhaltbare Ergebnis vermeiden, daß die gerichtliche Kontrolldichte von Fall zu Fall nach Maßgabe der näheren Einzelumstände jeweils neu und anders justiert werden muß. – Dies vorangeschickt, ist zum einen hervorzuheben, daß in einer Reihe von Fällen marktoptimierende Aufsichtsmaßnahmen die Verfügungsbefugnis über das Eigentum bzw. eigentumsgleiche Rechte aufheben, so bei der kartellrechtlichen Fusionskontrolle, aber etwa auch im Rahmen des Insiderhandelsverbots (Verbot, unter bestimmten Modalitäten – nämlich bei Kenntnis von Insidertatsachen – über Wertpapiere zu verfügen). Zum anderen ist darauf hinzuweisen, daß dort, wo Aufsichtsbehörden bloße Nutzungsbeschränkungen auferlegen, diese doch häufig in den Kernbereich unternehmerischer Disposition eingreifen und weitreichende wirtschaftliche Folgen für den Aufsichtsadressaten nach sich ziehen können[95]. Insbesondere gilt dies für Fälle, in denen bedeutsame geschäftliche Transaktionen untersagt werden (z. B. Verbot, Vereinbarungen i. S. v. § 1 GWB zu schließen) oder mit der Preisbildung *das* zentrale unternehmerische Akti-

---

[92] Sie wird ignoriert von *N. Nolte*, Beurteilungsspielräume im Kartellrecht der Europäischen Gemeinschaft und der Bundesrepublik Deutschland; auf S. 183 behauptet *Nolte* sogar, „der Topos der Auswirkungsschwere oder Auswirkungsintensität behördlicher Verfügungen ist als Kontrolldichtebestimmungsmaßstab der allgemeinen Dogmatik fremd".

[93] *W. Brohm*, JZ 1995, 370. Siehe auch *M.-E. Geis* in Ziekow (Hrsg.), Handlungsspielräume der Verwaltung, S. 100; *ders.*, NVwZ 1992, 29; *Smeddinck*, DÖV 1998, 375; *Chr. Hofmann*, NVwZ 1995, 740ff.; *J.-R. Sieckmann*, DVBl. 1997, 103. Früher bereits *P. Tettinger*, DVBl. 1982, 432.

[94] *H. Schulze-Fielitz*, JZ 1993, 776. Kritisch hierzu *E. Schmidt-Aßmann*, DVBl. 1997, 103.

[95] So auch für die Kartellaufsicht *H. Soell*, Das Ermessen der Eingriffsverwaltung, S. 377.

onsparameter reglementiert wird (telekommunikationsrechtliche Entgeltregulierung; kartellrechtliche Mißbrauchsaufsicht). Insgesamt kann daher festgehalten werden, daß mit marktoptimierenden Aufsichtsmaßnahmen häufig gravierende Eingriffe in Grundrechtspositionen, insbesondere solche nach Art. 14 und Art. 12 GG, verbunden sind. Die Vorstellung, daß die – schon von legislativer Ebene her nur schwach gesteuerte – Verwaltung hierbei in wesentlichen Bereichen gerichtlicher Kontrolle enthoben sein sollte, stößt demzufolge auf erhebliche Bedenken. Daß das VG Köln in seinem oben erwähnten Urteil von Anfang 2003[96] einen Beurteilungsspielraum der RegTP im Rahmen der telekommunikationsrechtlichen Entgeltregulierung angenommen hat, ohne näher auf diese grundrechtlichen Implikationen einzugehen, erscheint schwer verständlich.

(bb) Demokratisches Legitimationsniveau der Aufsichtsbehörden

Gewichtige verfassungsrechtliche Bedenken gegen aufsichtsbehördliche Beurteilungsspielräume treten zum zweiten unter demokratiestaatlichen Gesichtspunkten zu Tage, insbesondere in Ansehung der weisungsfrei agierenden, de facto weithin „ministerialfreien" Spruchkörper des Bundeskartellamts und der Bundesnetzagentur. Ihre teilweise Herauslösung aus der hin zum parlamentarisch verantwortlichen Minister verlaufenden Verwaltungshierarchie führt zu einem Defizit an demokratischer Legitimation[97], das umso schwerer wiegt, als wegen der marktoptimierungstypischen Vagheit der legislativen Programmierung[98] das Legitimationsniveau ohnehin schon niedriger als im Normalfall ist[99]. Dieser Umstand verdient auch insofern besondere Erwähnung, weil in der verwaltungsrechtlichen Diskussion als ein Argument *für* administrative Letztentscheidungsbefugnisse zuweilen ins Feld geführt wird, die Verwaltungsbehörden würden wegen ihrer Unterordnung unter parlamentarisch verantwortliche Minister im Vergleich zur unabhängigen Gerichtsbarkeit über ein höheres Maß an demokratischer Legitimation verfügen[100]. So richtig dieser Befund im allgemeinen und auch im Hinblick auf zahlreiche Wirtschaftsverwaltungsbehörden sein mag – in Bezug auf die Spruchkörper von Bundeskartellamt und Bundesnetzagentur ist er es gerade nicht.

---

[96] Urteil vom 13.2. 2003, AZ 1 K 8003/98.

[97] Vgl. nur *E. W. Böckenförde*, HStR I, S. 887 ff.

[98] Siehe oben § 3 II.3.

[99] In diese Richtung bereits in Bezug auf das Bundeskartellamt *F. Rittner*, FS H. Kaufmann, S. 320. In allgemeiner Hinsicht *E. Pache*, Tatbestandliche Abwägung und Beurteilungsspielraum, S. 139; *H. Maurer*, Allgemeines Verwaltungsrecht, S. 141.

[100] Etwa *W. Brohm*, DVBl. 1986, 329 f.

(cc) Zweispurigkeit der Rechtsdurchsetzung

Als dritte bereichsspezifische Gegebenheit, die gegen eine Abweichung vom Standardmodell der vollständigen gerichtlichen Überprüfbarkeit spricht, kommt schließlich die aufsichtsgesetzlich vorgesehene zweispurige Rechtsdurchsetzung durch Zivilgerichte und Verwaltungsgerichte (oder, was das Kartellbeschwerdeverfahren betrifft, funktionell als Verwaltungsgerichte urteilende Zivilgerichte) hinzu.

Soweit marktoptimierende Aufsichtsnormen zivilgerichtlich durchgesetzt werden[101], sind die Aufsichtsbehörden an den streitbefangenen Rechtsverhältnissen nicht beteiligt. Die Frage einer administrativen Letztentscheidungsbefugnis kann sich insoweit nicht stellen. Die unbeschränkte (zivil-)gerichtliche Entscheidung über die Auslegung der Norm und ihre Anwendung auf den Einzelfall ist unausweichlich, andernfalls der Kläger den Vorwurf der Rechtsverweigerung erheben könnte[102]. Wollte man in Bezug auf auch zivilgerichtlich durchsetzbare Aufsichtsnormen dann, wenn in einem Einzelfall ihre verwaltungsgerichtliche Durchsetzung in Frage steht, eine aufsichtsbehördliche Letztentscheidungsbefugnis annehmen, würde im Hinblick auf die gerichtliche Kontrolldichte eine kaum nachvollziehbare Spaltung eintreten. Die Überprüfungsbefugnis der Gerichtsbarkeit würde – in Bezug auf ein- und dieselbe Aufsichtsnorm – nach Maßgabe des (vielfach zufälligen) Umstandes variieren, ob ein gerichtliches Verfahren aus Anlaß einer behördlichen Aufsichtsmaßnahme oder durch eine private Klage angestrengt wird. Die im verwaltungsgerichtlichen Verfahren vom Gericht zu respektierende administrative Letztentscheidungskompetenz könnte ohne weiteres mit privatrechtlichen Mitteln im Zivilprozeß überspielt werden[103].

Ein solches – rechtsdogmatisch wie rechtspraktisch unbefriedigendes – Ergebnis wäre nur zu vermeiden, würde man aufsichtsbehördliche Beurteilungsspielräume von vorneherein auf solche Aufsichtsnormen begrenzen, die ausschließlich durch gesetzeskonkretisierende administrative Vollzugsakte und nicht auf Grund von Zivilklagen durchgesetzt werden können, wie beispielsweise das kartellrechtliche Mißbrauchsverbot (Rechtsfolgenanordnungen kraft Verfahrens im Unterschied zu eo ipse geltenden Rechtsfolgenanordnungen[104]). Für eine solche Differenzierung ergeben sich allerdings keine stichhaltigen sachlichen Argumente. Zwischen denjenigen Aufsichtsnormen, die eo ipse geltende (auch zivilgerichtlich durchsetzbare) Rechtsfolgenanordnungen treffen, und solchen, die nur im Wege gesetzeskonkretisierender behördlicher Aufsichtsakte durchsetzbar sind, lassen sich keine normstrukturell bedeutsamen

---

[101] Siehe oben § 3 I.1.
[102] Vgl. allgemein *Chr. Gusy*, DVBl. 1997, 505.
[103] Vgl. I/M-*Schmidt*, § 71 Rn. 37.
[104] *K. Schmidt*, Kartellverfahrensrecht, S. 564.

Unterschiede ausmachen. Insbesondere kann nicht gesagt werden, daß letztere typischerweise einen höheren Grad an Unbestimmtheit aufwiesen, ein höhere Unsicherheit hinsichtlich ihrer wirtschaftstheoretischen Prämissen vorläge oder bei ihrer Anwendung das Prognoseelement eine größere Rolle spielen würde. Irgendwelche Anhaltspunkte dafür, daß bezüglich ihrer eine administrative Letztentscheidungsbefugnis funktionsgerechter als bei der erstgenannten Normengruppe wäre, sind nicht ersichtlich.

Vor diesem Hintergrund ist der Schluß naheliegend, daß den Eigenheiten eines dualen, die Grenzen zwischen den Teilrechtsordnungen überspannenden Rechtsimplementierungsverbundes nur eine solche Kontrolldoktrin adäquat ist, die keine Ausnahmen vom Grundsatz uneingeschränkter gerichtlicher Überprüfungsbefugnis im Hinblick auf unbestimmte Rechtsbegriffe zuläßt. Den Gerichten wird damit *durchgängig* die Aufgabe zugewiesen, letztverbindliche Entscheidungen über Normauslegung und -anwendung im Einzelfall zu treffen. Bemerkenswerterweise hat der Gesetzgeber im Bereich der marktoptimierenden Wirtschaftsaufsicht mit verschiedenen Vorkehrungen dafür gesorgt, daß diese Aufgabe von den Gerichten tatsächlich *qualitätsgerecht* wahrgenommen werden kann. Zu nennen ist insoweit die Möglichkeit zur Konzentration gerichtlicher Zuständigkeiten bzw. Einrichtung spezialisierter gerichtlicher Spruchkörper (§§ 89, 91, 92, 94 GWB[105]) sowie die Aktivierung aufsichtsbehördlicher Expertise auch für Zivilstreitigkeiten (§ 90 GWB, § 139 TKG). Hierdurch wird einem drohenden Wissensgefälle zwischen Gerichtsbarkeit und Verwaltung entgegengewirkt – und damit auch einer Kritik der Boden entzogen, die (ob berechtigt oder unberechtigt) im allgemeinen häufiger zur Begründung für administrative Letztentscheidungsbefugnisse herhalten muß[106]. Die gerichtlichen Zuständigkeitskonzentrationen sichern zudem die Einheitlichkeit der Rechtsfortbildung. Auch unter diesem Aspekt kann folglich nicht behauptet werden, daß die Zuerkennung administrativer Entscheidungsreservate an Bundeskartellamt, Bundesnetzagentur oder BAFin als Bundesoberbehörden Funktionsvorteile mit sich brächte (was im Falle der beiden erstgenannten Behörden übrigens auch schon deshalb in Frage zu stellen wäre, weil die dortigen Spruchkörper unabhängig voneinander entscheiden und keine formalisierten behördeninternen Verfahren zur Vermeidung einer divergenten Spruchpraxis existieren). Schließlich fördern die gerichtlichen Zuständigkeitskonzentrationen auch den verfahrensimmanenten wie -übergreifenden

---

[105] Siehe in diesem Zusammenhang auch § 52 Nr. 2 VwGO (örtliche Zuständigkeit eines Gerichts bei Anfechtungsklagen gegen Bundesbehörden), der für die RegTP sowie die BAFin zur Anwendung kommt.

[106] Kritisch hierzu *H.-J. Koch*, ZUR 1993, 106. Gegen „blauäugige Sachkundevergleiche" auch *P. Tettinger*, DVBl. 1982, 432.

Dialog zwischen Exekutive und Judikative[107]: Sie erleichtern die Herausbildung auf Dauer angelegter Kommunikationsstrukturen zwischen zuständigen Richtern und Aufsichtsbeamten und schaffen hierdurch die Voraussetzung, daß Exekutive und Judikative, wenn auch mit mit verteilten Rollen, gemeinschaftlich (dialogisch) den Prozeß der Konkretisierung und Fortentwicklung des Aufsichtsrechts vorantreiben[108].

II. Marktoptimierende Wirtschaftsaufsicht und verwaltungsgerichtlicher Untersuchungsgrundsatz

1. Geltung des Untersuchungsgrundsatzes bei gerichtlichen Verfahren im Bereich der marktoptimierenden Wirtschaftsaufsicht

Auf verwaltungsgerichtliche Verfahren, in denen über Aufsichtsakte nach dem *TKG* oder dem *WpHG* entschieden wird, findet die Verwaltungsgerichtsordnung (VwGO) und mit ihr die Vorschrift des § 86 VwGO Anwendung. Danach erforscht das Gericht den Sachverhalt von Amts wegen (§ 86 Abs. 1 Satz 1 VwGO), ohne an das Vorbringen und die Beweisanträge der Parteien gebunden zu sein (§ 86 Abs. 1 Satz 2 VwGO). Die Verantwortlichkeit des Gerichts für die Ermittlung der entscheidungserheblichen Tatsachen wird gängigerweise mit dem Begriff des *Untersuchungsgrundsatzes*[109] bezeichnet[110]. Das Gegenstück hierzu bildet die im Zivilprozeß geltende *Verhandlungsmaxime*[111]. Sie besagt, daß die Beschaffung des Tatsachenstoffs sowie der Beweismittel den Parteien obliegt; dem Urteil dürfen nur solche Tatsachen zugrundegelegt werden, die von den Parteien vorgebracht worden sind[112].

Auch im *kartellverwaltungsrechtlichen Beschwerdeverfahren*, wiewohl dieses vor einem ordentlichen Gericht durchgeführt wird (§ 63 Abs. 4 GWB), schreibt das Gesetz den Untersuchungsgrundsatz vor (§ 70 Abs. 1 GWB). Weitere kartellgesetzliche Vorschriften, die die richterliche Amtsermittlung näher

---

[107] Als Topos in die Kontrolldichtedebatte eingeführt von *E. Schmidt-Aßmann*, DVBl. 1997, 288.

[108] Siehe *K. Schmidt*, Gerichtsschutz in Kartellverwaltungssachen, S. 292 („ständiges Gespräch mit Gerichten"); *ders.*, Kartellverfahrensrecht, S. 563 („Kartellrechtspflege durch ein von Verwaltungsbehörden und Gerichten zu konkretisierendes GWB").

[109] Synonym: Untersuchungsmaxime, Inquisitionsmaxime.

[110] Siehe nur *M. Dawin* in Schoch/Schmidt-Aßmann/Pietzner, VwGO, § 86 Rn. 7. Dazu, daß dem Untersuchungsgrundsatz als solchem nicht der Charakter eines positiven Rechtssatzes zukommt, sondern sein konkreter normativer Gehalt den einschlägigen prozeßgesetzlichen Einzelbestimmungen zu entnehmen ist, siehe *M. Kaufmann*, Untersuchungsgrundsatz und Verwaltungsgerichtsbarkeit, S. 337 ff.

[111] Synonym: Beibringungsgrundsatz, Verhandlungsgrundsatz.

[112] *D. Leipold* in Stein-Jonas, ZPO, vor § 128, Rn. 75 ff.

ausformen, sind weitgehend deckungsgleich mit parallelen Bestimmungen aus der VwGO[113].

2. Handhabung des Untersuchungsgrundatzes in der Rechtspraxis

Herrscht somit im Hinblick auf die gesetzlichen Grundlagen weitgehender Gleichklang zwischen marktoptimierender Wirtschaftsaufsicht und anderen Verwaltungsbereichen, so gilt entsprechendes auch für die Handhabung der richterlichen Amtsermittlung in der Rechtspraxis[114]:

Dies gilt zum einen für die *Beteiligtenmitwirkung* an der Sachverhaltsermittlung (§§ 86 Abs. 1 Satz 1 HS. 2, 87 b VwGO, § 70 Abs. 3 GWB). Nach herrschendem Verständnis im allgemeinen Verwaltungsprozeßrecht stellt sie ein Mittel der amtswegen Sachaufklärung dar, dessen sich das Gericht bedient, um seine eigene Ermittlungspflicht zu erfüllen[115]. Daher könne sie nicht unabhängig von der richterlichen Ermittlungsaufgabe konstruiert werden, sondern sei dogmatisch innerhalb dieser zu verorten[116], bilde ein „Derivat der Amtsermittlung"[117]. Im kartellrechtlichen Schrifttum finden sich ähnliche Aussagen in Bezug auf die Beteiligtenmitwirkung im kartellgerichtlichen Beschwerdeverfahren[118]. Einige kartellrechtliche Autoren betonen, daß sie dort weiter als in anderen Feldern reiche, ohne allerdings damit den eben genannten dogmatischen Ausgangspunkt in Zweifel zu ziehen[119].

Mit dieser rechtsdogmatischen Nachordnung der Beteiligtenmitwirkung hinter die gerichtliche Amtsermittlung ist der Übergang zu einem System risikozuweisender prozessualer Parteilasten versperrt, das an die Nichterfüllung von Darlegungs-, Substantiierungs- und Beweisobliegenheiten unmittelbar prozessuale Sanktionen (nach der Art der §§ 288, 138 Abs. 3 ZPO) knüpfen würde. Nach der Logik des herrschenden dogmatischen Ansatzes dürfte selbst eine vollkommen fehlende Aufklärungsbereitschaft der Beteiligten nichts an Bestand und Umfang der richterlichen Amtsermittlungspflicht ändern. Bis zu

---

[113] Vgl. § 70 Absätze 2–4 GWB einerseits und § 86 Absatz 3, § 87 b VwGO andererseits.

[114] Zugrundegelegt wird nachfolgend vor allem die Handhabung im kartellrechtlichen Beschwerdeverfahren. Bei der Anwendung des WpHG und des TKG sind bislang im Zusammenhang mit dem prozessualen Untersuchungsgrundsatz kaum Zweifelsfragen aufgetreten.

[115] *W. Höfling/ V. Breustedt* in Sodan/Ziekow, VwGO, Bd. II, § 86 108.; *M. Dawin* in Schoch/Schmidt-Aßmann/Pietzner, VwGO, § 86 Rn. 69; *M. Nierhaus*, Beweismaß und Beweislast, S. 277 ff.

[116] Vgl. *M. Nierhaus*, ebda., S. 280; *W. Höfling/ V. Breustedt*, ebda., Rn. 107; *M. Pfeifer*, Der Untersuchungsgrundsatz und die Offizialmaxime im Verwaltungsverfahren, S. 124, 153.

[117] *M. Kaufmann*, Untersuchungsgrundsatz und Verwaltungsgerichtsbarkeit, S. 390, der selbst allerdings gegen dieses Verständnis Stellung bezieht (S. 367 ff., insbes. S. 377 ff.).

[118] GK-*Hinz*, § 69 Rn. 8; *R. Bechtold*, § 70 Rn. 9; *D. Ittner*, Die Vermutungen des GWB, S. 138 f.

[119] Lange/Bunte-*Kollmorgen*, § 80 Rn. 9; siehe auch FK-*Meyer-Lindemann*, § 70 Rn. 9 und WuW/E BGH 1283, 1287.

dieser extremen Konsequenz kann der herrschende Ansatz in der Praxis freilich nicht durchgehalten werden. Die unabweisbar auch im Verwaltungsprozeß bestehende Abhängigkeit des Gerichts von parteilichen Informationsbeiträgen führt in der Praxis zu faktischen *Durchbrechungen* des Untersuchungsgrundsatzes[120] – und setzt damit die dogmatische Grundkonstruktion unter eine Spannung, die mindestens in Bezug auf die marktoptimierende Wirtschaftsaufsicht zu der Frage führen muß, ob nicht sachgerechtere Ergebnisse über eine Modifizierung der tradierten dogmatischen Vorzeichen erzielt werden können (unten 4.).

Die faktischen Durchbrechungen des Untersuchungsgrundsatzes in der Rechtspraxis werden anschaulich in einer Reihe von Judikaten des Bundesverwaltungsgerichts, deren gemeinsamer Nenner darin liegt, daß sie die Beteiligtenmitwirkung zu einer faktisch *begrenzenden Variable der gerichtlichen Amtsermittlung* erheben. So soll nach einer bekannten Formel die Pflicht des Gerichts zur Erforschung des Sachverhalts dort enden, wo die Mitwirkungspflicht der Parteien beginnt[121]. Das Gericht müsse nur bei entsprechendem Vorbringen der Parteien oder konkreten Anhaltspunkten nachforschen, ob ein bisher nicht hervorgetretener Umstand auf die Rechtmäßigkeit des Verwaltungshandelns von Einfluß sein könnte[122]. Das Gericht dürfe sich auf die Überprüfung derjenigen Punkte beschränken, die vom Kläger gerügt werden oder die sich dem Gericht aufdrängen; die Aufklärungspflicht finde dort eine Grenze, wo das Klagevorbringen keinen Anlaß zur weiteren Sachaufklärung bietet[123]. Das Gericht könne von einem zwischen den Parteien unstreitigen Sachverhalt ausgehen, soweit sich die Unrichtigkeit der Vorstellungen der Parteien nicht geradezu aufdrängt; auch bestrittenes Vorbringen einer Partei könne der Entscheidung zugrundegelegt werden, wenn der Prozeßgegner eine substantiierte Erklärung hierzu unterläßt, insbesondere wenn es sich um Umstände aus dessen eigenem Lebensbereich handelt[124]. Eine Behauptung dürfe als unerheblich behandelt werden, wenn sie ohne Auseinandersetzung mit Gegenargumenten gewissermaßen „ins Blaue hinein" aufgestellt wird[125].

Die in diesen Festlegungen zutage tretende Anbindung der Amtsermittlungspflicht an Umfang und Gehalt des Parteivorbringen, die den Verwaltungsprozeß von seinem *tatsächlichen Ablauf* her letztlich doch dem Zivilpro-

---

[120] *G. Manssen*, FS Haack, S. 64; *K. Redeker*, DVBl. 1981, 83 ff.; *F. Hufen*, Fehler im Verwaltungsverfahren, S. 100; *ders.*, Verwaltungsprozeßrecht, S. 575. Zur höchstrichterlichen Spruchpraxis weiter unten.
[121] BVerwG NJW 1964, 786; NVwZ-RR 1991, 587.
[122] BVerwG DVBl. 1984, 1006.
[123] BVerwG NVwZ-RR 1991, 587 f.
[124] BVerwG Buchholz 310 zu § 86 Abs. 1 VwGO, Nr. 40.
[125] BVerwG v. 28. 11. 2002 – AZ 9 B 77/02.

zeß annähert[126], wird von den Gerichten in ähnlicher Weise auch im kartellgerichtlichen Beschwerdeverfahren vorgenommen. Auch für dieses wird die Pflicht der Parteien betont, den Sachverhalt darzulegen und Beweismittel anzugeben; das Gericht „muß nicht allen denkbaren Möglichkeiten von Amts wegen nachgehen", eine Aufklärungspflicht obliege ihm nur insoweit, „als der Vortrag der Beteiligten oder der Sachverhalt als solcher bei sorgfältiger Überlegung der sich aufdrängenden Gestaltungsmöglichkeiten dazu Anlaß gibt"[127]. Sieht im kartellgerichtlichen Beschwerdeverfahren ein Beteiligter von substantiiertem Vortrag ab, bestehe keine Veranlassung zu weiterer Sachaufklärung[128]. Der Untersuchungsgrundsatz nehme den Beteiligten des kartellgerichtlichen Beschwerdeverfahrens nicht die Last, den Tatbestand zu substantiieren[129].

Unterlassen Beteiligte eine zur Aufklärung des Sachverhalts erforderlich erscheinende Mitwirkung, laufen sie demnach sowohl vor den Verwaltungsgerichten als auch im kartellgerichtlichen Beschwerdeverfahren Gefahr, daß das Gericht von weiteren Ermittlungen abläßt und eine für sie negative Sachentscheidung trifft[130]. In Fällen, in denen diese Gefahr ausnahmsweise nicht bestünde – etwa weil das objektive Beweisrisiko[131] bei der Gegenseite liegt –, zwingt die herrschende dogmatische Grundkonstruktion die Gerichte zu einem Kunstgriff: Die Mitwirkungsbereitschaft der Partei wird dann über die Androhung stimuliert, Darlegungsmängel im Rahmen der Beweiswürdigung (negativ) zu verwerten[132]. Diese Lösung wird ebenso auch für das kartellverwaltungsrechtliche Beschwerdeverfahren befürwortet[133].

Nach herrschendem Verständnis kommt ungeachtet dessen selbst dort keine echte prozessuale Darlegungs- und Beweislast im Rechtssinne in Betracht, wo das materielle Recht einem Beteiligten konkrete Auskunfts-, Nachweis- oder Ermittlungspflichten auferlegt, sofern diese nicht durch eine entsprechende gesetzliche Anordnung ausdrücklich in das Gerichtsverfahren transformiert werden[134]. Das Telekommunikationsrecht enthält in Gestalt von § 33 TKG ein Beispiel für eine solche materiell-rechtliche Auskunftspflicht. Danach sind bei Beantragung einer Entgeltgenehmigung durch den Antragsteller gemeinsam mit dem Genehmigungsantrag diverse Unterlagen und Kostennachweise vor-

---

[126] *W. Berg*, FS C. F. Menger, S. 539 f.; *K. Redeker/H.-J. v. Oertzen*, VwGO, § 61 Rn. 1; *C. H. Ule*, Verwaltungsprozeßrecht, S. 134.

[127] WuW/E BGH 990, 993; 1283, 1287; 2990, 2993.

[128] WuW/E BGH 1269, 1275.

[129] WuW/E OLG 813.

[130] Speziell für das Kartellbeschwereverfahren betont von *D. v. Renthe*, WuW 1967, 572.

[131] Ein objektives Beweisrisiko existiert auch im Verwaltungsprozeß – es trifft diejenige Partei, zu deren Nachteil sich de facto die Unaufklärbarkeit einer Tatsachenlage auswirkt; vgl. nur *M. Kaufmann*, Untersuchungsgrundsatz und Verwaltungsgerichtsbarkeit, S. 391 f.

[132] BVerwGE 11, 274 f.; *K. Redeker*, DVBl. 1981, 85 f.

[133] Siehe *D. Ittner*, Die Vermutungen des GWB, S. 140.

[134] *M. Nierhaus*, Beweismaß und Beweislast, S. 310 ff., dort auch Nachweise zur Gegenauffassung.

zulegen, die es der Regulierungsbehörde ermöglichen, das beanspruchte Entgelt am gesetzlich vorgebenenen Maßstab der „Kosten der effizienten Leistungsbereitstellung" zu prüfen. Das OVG Münster hat in einem Beschluß vom 15. August 2003[135] vergleichbaren Vorlagepflichten allerdings doch eine prozessuale Wirkung zuerkannt, obwohl das Gesetz zur Frage ihrer Wirkungen im Gerichtsverfahren keine Aussagen trifft. Bezogen auf den Fall, daß vom Antragsteller die rechtlich geforderten Unterlagen nicht vorgelegt werden, führt das OVG aus: „Sind im Rahmen der Amtsermittlung die anspruchsbegründenden Tatsachen nicht feststellbar, so ist es Sache der Klägerin, diese darzulegen und nachzuweisen. Das ergibt sich zum einen aus den … materiellrechtlichen Vorschriften *sowie aus der allgemeinen prozessualen Regel, nach der diejenige Partei die Darlegungs- und Beweislast trägt, die sich auf ihr günstige anspruchsbegründende Tatsachen beruft"* (Herv. v. Verf.).

Man wird diese Passage wohl so verstehen müssen, daß das OVG Münster mit ihr die herrschende dogmatische Konstruktion des verwaltungsprozessualen Untersuchungsgrundsatzes nicht nur in einem Einzelfall außer Acht lassen, sondern sich grundsätzlich von ihr lösen wollte. Indem das OVG Münster den Antragsteller hinsichtlich der Kostenunterlagen in ein formelles System risikozuweisender Darlegungs- und Beweislasten zwang, zog es die naheliegende Konequenz aus dem Umstand, daß dieser insoweit über uneinholbare Wissensvorsprünge gegenüber Gericht und Aufsichtsbehörde verfügt. Eine gerichtliche Amtsermittlungspflicht wäre vor diesem Hintergrund auch schlechterdings nicht mehr haltbar gewesen. Die Frage ist, inwieweit dieser gedankliche Ansatz in Bezug auf die marktoptimierende Wirtschaftsaufsicht verallgemeinert werden kann. Um die diesbezüglichen Überlegungen auf breiterer Untergrund zu stellen, soll zunächst noch etwas näher auf die Problematik des tradierten Ansatzes eingegangen werden, die im Anschluß an eine jüngere literarische Diskussion zuletzt in der Habilitationsschrift von *Marcel Kaufmann*[136] umfassend durchdrungen worden ist.

3. Problematik des tradierten Verständnisses des Untersuchungsgrundsatzes

Die Überlegungen von *Kaufmann* können vier verschiedenen Argumentationsebenen zugeordnet werden[137]:

Auf einer rein *analytischen* Argumentationsebene arbeitet *Kaufmann* heraus, daß sich die Handhabung des Untersuchungsgrundsatzes in der verwaltungsprozessualen Praxis von den dogmatischen Prämissen des tradierten An-

---

[135] MMR 2003, 808 ff.
[136] Untersuchungsgrundsatz und Verwaltungsgerichtsbarkeit, 2002.
[137] Ausgeklammert bleibt hierbei der historische Rückblick auf S. 19–172.

satzes mittlerweile so weit gelöst hat, daß die Stimmigkeit der gesamten rechtlichen Konstruktion erschüttert ist[138]. Er bezieht sich dabei insbesondere auf die Darlegungsobliegenheiten der Beteiligten, die in der Rechtsprechung des Bundesverwaltungsgerichts – wie oben bereits dargestellt – letztlich doch zu einer *normativen* Determinante der gerichtlichen Amtsermittlungspflicht mutiert sind und eine Quasi-Dispositionsmacht der Parteien über den Tatsachenstoff begründen, die mit der tradierten Konzeption des Untersuchungsgrundsatzes kaum noch in Einklang gebracht werden kann[139]. Als einen entscheidenden praktischen Nachteil der etablierten Praxis identifiziert *Kaufmann* die durch sie hervorgerufene Kluft zwischen Amtsermittlungs*pflicht* und Amtsermittlungs*befugnis*: Bei defizitärer Parteienmitwirkung entfällt nach der Rechtsprechung eine gerichtliche Ermittlungspflicht, ohne daß zugleich die entsprechende gerichtliche Befugnis erlöschen kann (andernfalls die dogmatischen Prämissen des tradierten Ansatzes – Parteienmitwirkung als Derivat der Amtsermittlung – vollends gesprengt würden). Für die Ausübung des demnach auch bei defizitärer Parteienmitwirkung verbleibenden Ermittlungsermessens seien dem Gericht aber, so *Kaufmann*, durch das Gesetz keinerlei Maßstäbe an die Hand gegeben[140].

Auf einer zweiten Argumentationsebene beleuchtet *Kaufmann* verschiedene der herrschenden rechtlichen Konstruktion *inhärente* dogmatische Antinomien[141], zuvorderst den von ihm konstatierten Wertungswiderspruch zwischen Untersuchungsgrundsatz und (der auch im Verwaltungsprozeß geltenden) Dispositionsmaxime. In Anbetracht der „Ergebnisäquivalenz von Anspruchs- und Tatsachendisposition"[142] wie auch der praktischen Unmöglichkeit, die Pflicht zur Bezeichnung des Klagebegehrens nach § 82 Abs. 1 VwGO (Ausfluß der Dispositionsmaxime) trennscharf von sonstigem Tatsachenvortrag zu unterscheiden[143], konstatiert *Kaufmann* eine „konzeptionelle Ungereimtheit"[144]; es sei, wie sich anhand § 82 Abs. 1 VwGO zeige, letztlich bereits im geltenden Prozeßrecht eine Vorstellung vom Informationstransfer in den Prozeß verankert, die im Untersuchungsgrundsatz herkömmlichen Verständnisses keinen angemessenen dogmatischen Ausdruck finde[145]. Eine weitere dogmatische Antinomie sieht *Kaufmann* durch die Einführung der Präklusionsregel des § 87 b

---

[138] Untersuchungsgrundsatz und Verwaltungsgerichtsbarkeit, S. 345 ff.

[139] Ebda., S. 361 ff. Siehe auch das Resumee auf S. 412: „Während die Theorie des Verwaltungsprozesses die Blaupause eines überkommenen Modells ausmalt, werden dessen Trümmer in der Praxis vom ubiquitären Wildwuchs funktionaler Notwendigkeiten überwuchert".

[140] Ebda., S. 403 f.

[141] Ebda.„ S. 367 ff.

[142] Ebda., S. 374.

[143] Ebda., S. 377 ff.

[144] Ebda., S. 372.

[145] Ebda., S. 374.

VwGO entstanden[146] (die in § 70 Abs. 3 GWB ein kartellprozeßrechtliches Pendant hat).

Im Sinne einer dogmatischen Frontbegradigung, die die rechtliche Konzeption des Untersuchungsgrundsatzes besser auf die prozeßpraktische Wirklichkeit wie auch auf die im geltenden Verwaltungsprozeßrecht bereits verankerten Fragmente der Verhandlungsmaxime hin abstimmt, entwirft *Kaufmann* auf einer dritten Argumentationsebene ein neuartiges Modell der Risikoverteilung[147]. Danach sollen auf Grundlage einer Gesamtanalogie zum Zivilprozeß (§ 173 VwGO) den Parteien auch im Verwaltungsprozeß echte prozessuale Darlegungs- und Beweisobliegenheiten nach Maßgabe der Günstigkeitsregel und des Gedankens der Sphärenverantwortung aufgetragen sein. Die gerichtliche Amtsermittlungspflicht nach § 86 VwGO schraubt *Kaufmann* auf eine „Reservekompetenz" herunter, die für „kritische Situationen des lastenbasierten Modells vorgesehen ist (z. B. Eintritt einer Geständniswirkung über § 173 VwGO i. V. m. § 138 Abs. 3 ZPO), sich jedoch nur unter klar definierten tatbestandlichen Voraussetzungen aktualisieren soll, wobei diese sich teils auf Umstände des Prozeßverlaufs beziehen müßten (z. B. ernstliche Möglichkeit eines abweichenden Geschehensablaufs drängt sich auf und wäre mit verhältnismäßigem Aufwand ermittelbar), teils an materielle Gegebenheiten anknüpfen (z. B. Art und Gewicht der betroffenen Interessen; Intensität eines in Frage stehenden Grundrechtseingriffs).

Kaufmann sieht im Ergebnis keine *verfassungsrechtlichen* Hindernisse gegenüber einer derartigen Aufspaltung des Verwaltungsprozesses in ein verhandlungsorientiertes und ein (subsidiäres) untersuchungsorientiertes Segment der Informationseinbringung (vierte Argumentationsebene[148]). Dies gelte auch in Ansehung von Art. 19 Abs. 4 GG und Art. 20 Abs. 3 GG, die nach verbreiteter Lesart einen Verfassungsrang des verwaltungsgerichtlichen Untersuchungsgrundsatzes begründen[149]. *Kaufmann* wendet sich aus grundlegenden verfassungsdogmatischen wie rechtstheoretischen Erwägungen gegen das mit dieser Lesart implizierte grundgesetzliche Bild der Rechtsprechung, das sich nach seiner eigenen Auffassung in der formalen Gewährleistung einer unparteiischen Entscheidung von Streitigkeiten erschöpft[150]. Unabhängig davon stellt *Kaufmann* – für den hiesigen Untersuchungskontext besonders interessant – bestimmte prozeßtheoretische und -soziologische Prämissen des verfassungsrechtlichen Argumentationsansatzes in Frage. So hält er in Anbe-

---

[146] Ebda., S. 398 ff.

[147] Ebda., S. 413 ff.

[148] Ebda., S. 183 ff.

[149] *M. Nierhaus*, Beweismaß und Beweislast, S. 329; *R. Schenke* in BK, Art. 19 Abs. 4, Rn. 86 f.; *D. Lorenz*, Der Rechtsschutz des Bürgers und die Rechtsweggarantie, S. 271; *H. Bauer*, Gerichtsschutz als Verfassungsgarantie, S. 89.

[150] Ebda., S. 192 ff.

tracht der typischerweise bestehenden Informationsvorsprünge des Klägers sowie der umfangreichen Möglichkeiten des Bürgers zur Rechtsverteidigung gegenüber der öffentlichen Verwaltung die Vorstellung für verfehlt, es bestehe ein tatsächliches (in Art. 19 Abs. 4 GG verfassungsnormativ eingearbeitetes) Bedürfnis nach gesteigerter richterlicher Fürsorge, dem zwingend über eine Pflicht zur amtswegigen Informationsbeschaffung Rechnung getragen werden müßte[151]. Im übrigen stellt er zur Erwägung, ob das gängigerweise in Art. 20 Abs. 3 GG verortete, um des Prinzips der Gesetzmäßigkeit der Verwaltung willen bestehende öffentliche Interesse an der Erforschung der „materiellen Wahrheit" im Verwaltungsprozeß nicht ohnehin besser über eine konsequente Mobilisierung der Verfahrensbeteiligten mittels des Beibringungsgrundsatzes als über den Richter erfüllt werden kann, der in einer strukturell begründeten Distanz zum Tatsachenstoff steht[152].

4. Berücksichtigung bereichsspezifischer Gegebenheiten der marktoptimierenden Wirtschaftsaufsicht

Es würde naturgemäß den vorliegenden Rahmen sprengen, die Kritik *Kaufmanns* an der herrschenden Konstruktion der gerichtlichen Amtsermittlung sowie seinen eigenen Gegenentwurf einer umfassenden Würdigung zu unterziehen. Wohl aber ist festzuhalten, daß sein Ansatz sich gerade in Bezug auf die marktoptimierende Wirtschaftsaufsicht als rezeptionsfähig erweist. Die marktoptimierende Wirtschaftsaufsicht ist an verschiedenen Stellen durch bereichsspezifische Besonderheiten gekennzeichnet, die jedenfalls für sie die Abkehr vom traditionellen Verständnis und den Übergang zu einem konsequent segmentierten System der prozessualen Informationseinbringung im Sinne des *Kaufmannschen* Ansatzes nahelegen:

So ist hervorzuheben, daß bei ihr von einer typischen strukturellen Unterlegenheit des privaten Verfahrensbeteiligten gegenüber der von staatlicher Seite beteiligten Aufsichtsbehörde keine Rede sein kann. Die Annahme einer besonderen Schutzbedürftigkeit des Bürgers, die einen der ideellen Begründungsstränge für die Forderung nach einer aktiven Rolle des Richters in der verwaltungsprozessualen Tatsachenermittlung bildet[153], geht jedenfalls bei ihr an den tatsächlichen Verhältnissen vorbei. Bei den Aufsichtsadressaten handelt es sich in aller Regel um erfahrene Wirtschaftsakteure, die hinsichtlich der Professionalität der von ihnen mobilisierbaren Rechts- und Wirtschaftsberatung den Aufsichtsbehörden in nichts nachstehen. Sie verfügen zudem meist auch über

---

[151] Ebda., S. 254 ff., insbes. S. 280 f.
[152] Ebda., S. 286 ff.
[153] Siehe *M. Kaufmann*, Untersuchungsgrundsatz und Verwaltungsgerichtsbarkeit, S. 254 ff.

die mit Abstand besten Kenntnisse des für die gerichtliche Entscheidung relevanten Tatsachenstoffs. Soweit der Tatbestand marktoptimierender Aufsichtsnormen – wie im Regelfall – aus einer Kombination unternehmensbezogener (adressatenbezogener) und marktbezogener Tatbestandselemente zusammengesetzt ist, sind naturgemäß sie selbst am ehesten in der Lage, die für sie günstigen und zu ihrer Rechtsverteidigung notwendigen Sachverhalte zu identifizieren und in das Verfahren einzubringen[154].

In Anbetracht dieser strukturellen, bereits im normativen Zuschnitt der Aufsichtsnormen angelegten Informationsvorsprünge der Aufsichtsadressaten gegenüber einerseits dem Richter und andererseits auch der staatlichen Aufsichtsbehörde kommt es darauf an, die Aufsichtsadressaten für den Prozeß möglichst umfassend als Informationsträger zu aktivieren, um so – im Interesse der Gesetzmäßigkeit der Verwaltung und damit auch im Interesse der praktischen Effektivität des Aufsichtsrechts – die Vollständigkeit und Richtigkeit des prozessualen Tatsachenstoffs zu gewährleisten. Daß das Wissensgefälle gegenüber den Aufsichtsadressaten besser durch eine gerichtliche Amtsermittlung als durch ein dezentrales System risikozuweisender, mit der Androhung unabwendbarer prozessualer Sanktionen operierendes System echter Darlegungs- und Beweislasten abgebaut werden könnte, muß bezweifelt werden. Auch bei Berücksichtigung der durch die Rechtspraxis bereits entwickelten Modifizierungen in Richtung Beibringungsmaxime ist die Wahrscheinlichkeit, daß der gerichtlichen Amtsermittlung entscheidungsrelevante Sachverhaltselemente nicht hinreichend transparent werden, jedenfalls im Bereich der marktoptimierenden Wirtschaftsaufsicht größer als bei Praktizierung eines Systems, das konsequent die Eigenmotivation der Beteiligten zur Informationspreisgabe stimuliert.

Schließlich gilt es zu berücksichtigen: Soweit marktoptimierende Aufsichtsnormen auch mit privatrechtlichen Mitteln durchsetzbar sind, ist die Durchführung der prozessualen Sachverhaltsermittlung nach Maßgabe des Beibringungsgrundsatzes bereits geübte Praxis! Dies entkräftet nicht nur nochmals die Annahme einer besonderen Schutzbedürftigkeit der Normadressaten, der angeblich nur über eine gerichtliche Amtsermittlung abgeholfen werden könne. Sondern es gewinnt damit wiederum der Umstand Bedeutung, daß die marktoptimierende Wirtschaftsaufsicht Teil eines dualen, die Grenzen zwischen öffentlich-rechtlicher und privatrechtlicher Teilrechtsordnung überspannenden Implementierungsverbundes ist. Der – häufig rein zufällige – Umstand, unter welchem Rechtsregime Marktoptimierung in der Rechtspraxis

---

[154] Mit Bezug auf das Kartellbeschwerdeverfahren wird denn auch vielerorts betont, daß die Unternehmen gegenüber Gericht und Kartellbehörde über Wissensvorsprünge verfügen; siehe I/M-*K. Schmidt*, § 57 Rn. 9; *K. Schmidt* in Schwerpunkte des Kartellrechts 1982/1983, S. 55; *Werner* in Wiedemann (Hrsg.), Handbuch des Kartellrechts, S. 1549; Langen-Bunte-*Kollmorgen*, § 70 Rn. 9.

bewerkstelligt wird, kann nicht ausschlaggebend für das Maß der prozessualen Verantwortlichkeiten des Normadressaten sein. Es wäre wenig plausibel und der Effektivität des dualen Implementierungsverbundes abträglich, wenn der Adressat marktoptimierender Aufsichtsnormen im Zivilprozeß nach anderen Maximen behandelt würde als im Verwaltungsprozeß.

Als *Fazit* ist somit festzuhalten, daß die tradierte Konzeption des verwaltungsgerichtlichen Untersuchungsgrundsatzes auf die besonderen Sachstrukturen der marktoptimierenden Wirtschaftsaufsicht unzureichend abgestimmt ist und mindestens für diesen Bereich der Übergang zu einem lastenbasierten System der prozessualen Informationseinbringung nahe liegt.

Ergebnisse

1. Wirtschaftsaufsicht stellt einen administrativen, imperativen Wirkungsmodus dar, mit dem rechtliche Maßgaben gegenüber selbstverantwortlichen Wirtschaftssubjekten durchgesetzt werden. Die Verselbständigung einer eigenen Kategorie der „Wirtschaftslenkung" erweist sich nicht als sinnvoll. Weder aus dem Grad der Normbestimmtheit, noch aus der Interventionsrichtung der staatlichen Einwirkung ergeben sich praktikable Abgrenzungskriterien. Rechtsdogmatisch begründete Abgrenzungsversuche (Gröschner, Koenig) erscheinen jedenfalls nicht zwingend (§ 1 I).

2. Marktoptimierende Wirtschaftsaufsicht ist durch eine spezifische Regelungsperspektive auf den Markt gekennzeichnet. Der Staat will mit ihr die Funktionsfähigkeit des Marktmechanismus steigern. Es sollen tatsächliche Marktzustände auf ein anhand wirtschaftstheoretischer Überlegungen entwickeltes Idealbild des Marktes hin orientiert werden. Richtpunkt und Handlungsmaßstäbe der marktoptimierenden Einwirkung werden aus dem Markt selbst (Markt im Sinne eines idealen Geschehensablaufs) bezogen. Marktoptimierende Wirtschaftsaufsicht ist verteilungsindifferent (§ 1 II, § 2 II).

3. Kartellaufsicht, Telekommunikationsaufsicht und Wertpapierhandelsaufsicht lassen sich, wie eine Analyse der einschlägigen Gesetzesmaterialen ergibt, als Beispielsfälle marktoptimierender Wirtschaftsaufsicht einordnen (§ 2 I).

4. Marktoptimierende Wirtschaftsaufsicht stellt eine staatliche Reaktion auf angenommenes Marktversagen dar. Die (in sich uneinheitliche) ökonomische Theorie erstreckt das Konzept des Marktversagens auf soziale Tatbestände jeglicher, auch nichtwirtschaftlicher Art. In dieser weiten Fassung ist das Konzept des Marktversagens juristisch nicht handhabbar (§ 1 III).

5. Die marktfunktionale Perspektive ist bislang nur in der Zivilrechtswissenschaft stärker verbreitet. Sie wird hier vor allem eingesetzt, um theoretische Konsequenzen der Europäisierung des Privatrechts sichtbar zu machen, zunehmend aber auch in rechtspolitischen Argumentationszusammenhängen sowie im Rahmen der Normauslegung (§ 1 III).

6. Die Einstufung einer Aufsichtsnorm als marktoptimierend schließt nicht aus, daß diese zugleich einen drittschützenden Charakter aufweist (§ 2 III).

7. Marktoptimierende Wirtschaftsaufsicht ist steuerungssystematisch durch eine enge Verzahnung in das Privatrecht gekennzeichnet. Marktoptimierende

Aufsichtsnormen enthalten vielfach Begriffe privatrechtlicher Herkunft. Sie erzeugen vielfach privatrechtsgestaltende Wirkungen. Durch die Anordnung privatrechtlicher Implementierbarkeit marktoptimierender Aufsichtsnormen kumuliert der Aufsichtsgesetzgeber im Interesse einer möglichst effektiven Durchsetzung des Aufsichtsrechts die Steuerungskräfte beider Teilrechtsordnungen. Umfang und Grenzen der steuerungssystematischen Verzahnung in das Privatrecht lassen sich ebenso wie die Charakteristika des eingesetzten öffentlich-rechtlichen Instrumentariums mit aufgabenspezifischen Steuerungserfordernissen erklären. Entsprechendes gilt auch für die Ausgestaltung des Organisations- und Verfahrensrechts der marktoptimierenden Wirtschaftsaufsicht (§ 3 I).

8. Marktoptimierende Aufsichtsnormen sind durch tatbestandliche Offenheit und einen hohen Grad normativer Unbestimmtheit gekennzeichnet. Sie rezipieren ökonomische Erkenntnisstände. Die Direktionsschwächen des Aufsichtsrechts werden durch Mechanismen kompensiert, welche die Vorhersehbarkeit des behördlichen Aufsichtshandelns steigern (Bekanntmachungen behördlicher Anwendungs- und Auslegungsgrundsätze) bzw. dem Gesetzgeber Nach- und Feinsteuerungsbedarf aufzeigen sollen (periodische Tätigkeitsberichte der Aufsichtsbehörden) (§ 3 II).

9. Unmittelbares Schutzgut der marktoptimierenden Wirtschaftsaufsicht ist die Funktionsfähigkeit des Marktmechanismus. Ihr mittelbares Schutzgut ist die gesamtwirtschaftliche Wohlfahrt. Begünstigter der marktoptimierenden Wirtschaftsaufsicht ist die Allgemeinheit, keine nach bestimmten Merkmalen abgegrenzte Gruppe von Individuen (§ 3 III).

10. Dem Grundgesetz können – außer aus Art. 87 f GG – keine ökonomisch-konzeptionellen Vorgaben entnommen werden, denen sich der Aufsichtsgesetzgeber zu fügen hätte. Die „Wirtschaftsverfassung" des Grundgesetzs ist ordnungsstrukturell indeterminiert. Deutungen, die auf eine Konstitutionalisierung ökonomischer Ordnungspostulate zielen, schwächen die Normativität der Verfassung, überfordern die Verfassungsgerichtsbarkeit und schränken unzulässigerweise die Freiheit des politischen Prozesses ein (§ 4 I).

11. Hinsichtlich der Intensität des Grundrechtsschutzes der Adressaten marktoptimierender Wirtschaftsaufsicht ist eine Differenzierung rein nach der Unternehmensgröße unzulässig. Maßgeblich ist alleine der Grad der von einem Unternehmen ausgehenden Funktionsgefahr (§ 4 II.3).

12. Ungeachtet ihrer ordnungsstabilisierenden Wirkung sind marktoptimierende Ausfichtsnormen als Grundrechtseingriffe zu qualifizieren. Ihrer Qualifizierung als grundrechtsausgestaltend steht entgegen, daß hierbei wegen des Fehlens grundgesetzlicher ökonomischer Ordnungsvorstellungen die Grundrechtsbindung der staatlichen Gewalt leerliefe (§ 4 II.4).

13. Die drittbegünstigende Wirkung marktoptimierender Aufsichtsnormen läßt deren Eingriffsqualität nicht entfallen und kann zur Eingriffsrechtferti-

gung nur in den seltenen Fällen herangezogen werden, in denen der Aufsichtsgesetzgeber grundrechtlichen Schutzpflichten unterliegt oder der Drittschutz
von der Regelungsintention des Aufsichtsgesetzgebers mitumschlossen ist (§ 4
II.5).

14. Der Schwerpunkt der grundrechtlichen Verhältnismäßigkeitsprüfung
marktoptimierender Aufsichtsnormen liegt bei den Geboten der Geeignetheit
und der Erforderlichkeit, aus denen verbindliche Mindeststandards technokratisch-qualitätsgerechter legislativer Entscheidungen abzuleiten sind. Der Aufsichtsgesetzgeber unterliegt strengen Anforderungen im Hinblick auf die wirtschaftstheoretische Konsistenz des Interventionskonzepts. Eine gewisse Lok-
kerung der grundrechtlichen Bindungen ergibt sich allerdings im Falle
empirischer Unsicherheiten, sofern der Gesetzgeber den einschlägigen wirtschaftstheoretischen Erkenntnisstand sorgfältig verarbeitet hat (§ 4 II.6).

15. Bestimmte aufgabenspezifische Umstände der marktoptimierenden
Wirtschaftsaufsicht rechtfertigen eine Absenkung der verfassungsrechtlichen
Anforderungen an die Normbestimmtheit (§ 4 III).

16. Die Entscheidungen marktoptimierender Aufsichtsbehörden weisen unter verschiedenen Aspekten Parallelen zu denjenigen Fallgruppen auf, in denen
die Rechtsprechung administrative Beurteilungsspielräume bei der Anwendung unbestimmter Rechtsbegriffe zugesteht. Im Lichte der Grundrechtsrelevanz marktoptimierender Aufsichtsakte, des geringen demokratischen Legiti-
mationsniveaus kollegial organisierter aufsichtsbehördlicher Beschlusskörper
sowie der aufsichtsgesetzlich vorgegebenen Zweispurigkeit der Rechtsdurchsetzung ergeben sich allerdings Argumente, die im Rahmen der Analyse einzelner Aufsichtsnormen (soweit ausdrückliche gesetzliche Festlegungen nach
Art des § 10 Abs. 2 Satz 2 TKG oder sonstige spezifische Gründe des Einzelfalls nicht entgegenstehen) den Ausschlag gegen die Annahme aufsichtsbehördlicher Beurteilungsspielräume geben können.

17. Die Problematik des tradierten Verständnisses des verwaltungsgerichtlichen Untersuchungsgrundsatzes tritt bei der marktoptimierenden Wirtschaftsaufsicht exemplarisch hervor. Bereichsspezifische Eigenheiten der marktoptimierenden Wirtschaftsaufsicht sprechen für einen Übergang zu einem risiko-
zuweisenden System der prozessualen Informationseinbringung, das an
Mitwirkungsdefizite der Beteiligten echte prozessuale Sanktionen knüpft.

Literaturverzeichnis

Adams, Michael/Tolkemitt, Till: Das staatliche Lotterieunwesen. Eine wirtschaftswissenschaftliche und rechtspolitische Analyse des Deutschen Toto-Lotto-Blocks, ZRP 2001, 511 ff.

Alexy, Robert: Theorie der Grundrechte. Frankfurt a. M., 1985.

Assmann, Heinz-Dieter: Das neue deutsche Insiderrecht, ZGR 1994, 494 ff.

–: Das künftige deutsche Insiderrecht, AG 1994, 196 ff.

–: § 1 – Kapitalmarkt, Kapitalmarktrecht, Kapitalanlagerecht, in ders./Rolf A. Schütze, Handbuch des Kapitalanlagerechts. München, 2. Aufl., 1997, S. 1 ff.

Assmann, Heinz-Dieter/Kirchner, Christian/Schanze, Erich (Hrsg.), Ökonomische Analyse des Rechts. Tübingen, 2. Aufl., 1993.

Assmann, Heinz-Dieter/Schneider, Uwe H., Wertpapierhandelsgesetz. Kommentar, 2. Aufl., 1999.

Axer, Peter: Eigentumsschutz für wirtschaftliche Betätigung. Zum Grundrechtsschutz von Unternehmen gegen staatliche Wirtschaftsregulierung. In: Otto Depenheuer u. a. (Hrsg.), Nomos und Ethos. Hommage an Josef Isensee zum 65. Geburtstag von seinen Schülern. Berlin 2002, S. 121 ff.

Badura, Peter: Die Rechtsprechung des Bundesverfassungsgerichts zu den verfassungsrechtlichen Grenzen wirtschaftspolitischer Gesetzgebung im sozialen Rechtsstaat, AöR 92 (1967), 382 ff.

–: Wirtschaftsverfassung und Wirtschaftsverwaltung. Ein exemplarischer Leitfaden. Frankfurt a. M., 1971.

–: Grundprobleme des Wirtschaftsverfassungsrechts, JuS 1976, 205 ff.

–: Richterliches Prüfungsrecht und Wirtschaftspolitik, in: Peter Oberndörfer u. a. (Hrsg.), Verwaltung im Dienst von Wirtschaft und Gesellschaft.. Festschrift für Ludwig Fröhler zum 60. Geburtstag. Berlin, 1980, 321 ff.

–: Arbeit als Beruf (Art. 12 Abs. 1 GG), in: Peter Hanau u. a. (Hrsg.), Festschrift für Wilhelm Herschel. München, 1982, S. 21 ff.

–: Paritätische Mitbestimmung und Verfassung, 1985.

–: Staatsrecht. Systematische Erläuterung des Grundgesetzes für die Bundesrepublik Deutschland, 2. Aufl., 1996.

–: Staatsziele und Garantien der Wirtschaftsverfassung in Deutschland und Europa, in: Joachim Burmeister u. a. (Hrsg.), Verfassungsstaatlichkeit. Festschrift für Klaus Stern zum 65. Geburtstag. München, 1997, S. 409 ff.

–: Wirtschaftsverfassung und Grundgesetz nach Maastricht. Umfang und Grenzen der verfassungsrechtlich garantierten Unternehmensfreiheit, in: Brennpunkte des Arbeitsrechts, 1997, 15 ff.

–: Wirtschaftsverwaltungsrecht, in: Eberhard Schmidt-Aßmann (Hrsg.), Besonderes Verwaltungsrecht. Berlin u. a., 11. Aufl., 1999, S. 219 ff.

–: Grundrechte als Ordnung für Staat und Gesellschaft, in: D. Merten/H.-J. Papier

(Hrsg.), Handbuch der Grundrechte in Deutschland und Europa, Bd. 1. Heidelberg, 2004, S. 783 ff.

Badura, Peter/Rittner, Fritz/Rüthers, Bernd: Mitbestimmungsgesetz 1976 und Grundgesetz. Gemeinschaftsgutachten. München, 1977.

Bähr, Gunne W.: Das Generalklausel- und Aufsichtssystem des VAG im Strukturwandel. Eine öffentlich-rechtliche Studie zur Standortbestimmung der deutschen Versicherungsaufsicht im europäischen Binnenmarkt. Karlsruhe, 2000.

Baldwin, Robert/Cave, Martin: Understanding Regulation – Theory, Strategy and Practice. Oxford, 1999.

Basedow, Jürgen: Von der deutschen zur europäischen Wirtschaftsverfassung. Tübingen, 1992.

–: Das BGB im künftigen europäischen Privatrecht: Der hybride Kodex, AcP 200 (2000), 445 ff.

–: *Battis, Ulrich/Gusy, Christoph*: Öffentliches Wirtschaftsrecht. Heidelberg, 1983.

Bauer, Hartmut: Geschichtliche Grundlagen der Lehre vom subjektiven öffentlichen Recht. Berlin, 1986

–: Altes und neues zur Schutznormtheorie, AöR 113 (1988), 582 ff.

Bauer, Horst: Gerichtsschutz als Verfassungsgarantie. Zur Auslegung des Art. 19 Abs. 4 GG. Berlin, 1973.

Bäuerle, Michael: Vertragsfreiheit und Grundgesetz. Normativität und Faktizität individueller Vertragsfreiheit in verfassungsrechtlicher Perspektive. Baden-Baden, 2001.

Bäumler, Helmut: Abschied von der grundgesetzlichen „Wirtschaftsverfassung", DÖV 1979, 325 ff.

Beucamp, Guy: Zum Beurteilungsspielraum im Gentechnikrecht, DÖV 2002, 24 ff.

Bechtold, Rainer, Gesetz gegen Wettbewerbsbeschränkungen. 2. Aufl., München,1999.

Beck, Heinz/Samm, Carl-Theodor: Gesetz über das Kreditwesen. Kommentar nebst Materialien und ergänzenden Vorschriften. Heidelberg, Losebl.

Beckscher TKG-Kommentar (hrsg. v. Wolfgang Büchner u. a.). München, 2000.

Behrens, Peter: Die ökonomischen Grundlagen des Rechts. Politische Ökonomie als rationale Jurisprudenz. Tübingen, 1986.

Benda, Ernst: Wirtschaftsordnung und Grundgesetz, in: Bodo B. Gemper (Hrsg.), Marktwirtschaft und Soziale Verantwortung. Referate und Beiträge der Tagung 1972 der Evangelischen Akademie Loccum. Köln 1973, S. 185 ff.

Benckendorff, Gerhard: Nochmals: Rechtskontrolle der Verfügungen der Kartellbehörden durch die Gerichte, WuW 1959, 740 ff.

Benisch, Werner: Kartellrecht und Schutz der individuellen Freiheit, WuW 1961, 764 ff.

–: Private Verfolgung von Wettbewerbsbeschränkungen und Allgemeininteresse, in: Forschungsinstitut für Wirtschaftsverfassung und Wettbewerb (Hrsg.), Wettbewerbsordnung im Spannungsfeld von Wirtschafts- und Rechtswissenschaft. Festschrift für Gunther Hartmann. Köln 1976, S. 37 ff.

Berg, Wielfried: Grundsätze des verwaltungsgerichtlichen Verfahrens, in: Hans-Uwe Erichsen u. a. (Hrsg.), System des verwaltungsgerichtlichen Rechtsschutzes. Festschrift für Christian-Friedrich Menger. Köln u. a., 1985, S. 537 ff.

–: (Hrsg.), Regulierte Selbstregulierung als Steuerungskonzept des Gewährleistungsstaats. Ergebnisse des Symposiums aus Anlass des 60. Geburtstages von Wolfgang Hoffmann-Riem. Berlin, 2001

–: Die Verwaltung und ihre Richter. Bindungswirkungen von Verwaltungsentscheidungen im Prozeß, in: Max-Emanuel Geis u.a. (Hrsg.), Staat, Kirche, Verwaltung. Festschrift für Hartmut Maurer zum 70. Geburtstag. München, 2001, S. 529 ff.

Bethge, Herbert: Zur Problematik von Grundrechtskollisionen. München, 1977.

–: Der Grundrechtseingriff, VVDStrL 57 (1998), 7 ff.

Biedenkopf, Kurt: Die Verfassungsproblematik eines Kartellverbots. Stellungnahme zu einem Gutachten von Prof. Dr. E. R. Huber, BB 1956, 473 ff.

Blankart, Charles Beat: Öffentliche Finanzen in der Demokratie. Eine Einführung in die Finanzwissenschaft. München, 3. Aufl., 1998.

Bleckmann, Albert: Grundzüge des Wirtschaftsverfassungsrechts der Bundesrepublik Deutschland, JuS 1991, 537 ff.

–: Staatsrecht II – Die Grundrechte. Köln u. a., 4. Aufl., 1996.

Bliesener, Dirk H.: Aufsichtsrechtliche Verhaltenspflichten beim Wertpapierhandel. Berlin u. a., 1998.

Böckenförde, Ernst-Wolfgang: Die Bedeutung der Unterscheidung von Staat und Gesellschaft im demokratischen Sozialstaat der Gegenwart, in: Rechtsfragen der Gegenwart. Festgabe für Wolfgang Hefermehl zum 65. Geburtstag. Stuttgart u. a., 1972, S. 11 ff.

–: Grundrechtstheorie und Grundrechtsinterpretation, NJW 1974, 1529 ff.

–: Die Methoden der Verfassungsinterpretation: Bestandsaufnahme und Kritik, NJW 1976, 2089 ff.

–: Demokratie als Verfassungsrecht, in: Josef Isensee/Paul Kirchhof (Hrsg.), Handbuch des Staatsrechts der Bundesrepublik Deutschland, Bd. I. Heidelberg, 1987, S. 887 ff.

Böhm, Franz: Wettbewerb und Monopolkampf. Eine Untersuchung ur Frage des wirtschaftlichen Kampfrechts und zur Frage der rechtlichen Struktur der geltenden Wirtschaftsordnung. Berlin, 1933.

–: Die Bedeutung der Wirtschaftsordnung für die politische Verfassung, SJZ 1946, 141.

–: Wirtschaftsordnung und Staatsverfassung. Tübingen, 1950.

–: Verstößt ein gesetzliches Kartellverbot gegen das Grundgesetz?, WuW 1956, 173 ff.

Braun, Thomas: Die Marktbeherrschungsvermutungen und die Amtsuntersuchungspflicht des Bundeskartellamts. München, 1986.

Breuer, Rüdiger: Legislative und administrative Prognoseentscheidungen, Der Staat 16 (1977), 21 ff.

–: Freiheit des Berufs, in: Josef Isensee/Paul Kirchhof, Handbuch des Staatsrechts der Bundesrepublik Deutschland, Band VI. Heidelberg, 1989, S. 877 ff.

–: Die staatliche Berufsregelung und Wirtschaftslenkung, in: Josef Isensee/Paul Kirchhof (Hrsg.), Handbuch des Staatsrechts der Bundesrepublik Deutschland, Band VI. Heidelberg, 1989, S. 1279 ff.

Breyer, Stephen: Regulation and its Reform. Cambridge/Mass., 1982.

–: Administrative Law and Regulatory Policy. New York, 5. Aufl., 2002.

Brinktrine, Ralf: Verwaltungsermessen in Deutschland und England. Eine rechtsvergleichende Untersuchung von Entscheidungsspielräumen der Verwaltung im deutschen und englischen Verwaltungsrecht. Heidelberg, 1997.

Brohm, Winfried: Strukturen der Wirtschaftsverwaltung. Organisationsformen und Gestaltungsmöglichkeiten im Wirtschaftsverwaltungsrecht. Stuttgart u. a., 1969.

–: Wirtschaftsrecht – Anrecht und Aufgabe, DÖV 1979, 18 ff.

–: Die staatliche Verwaltung als eigenständige Gewalt und die Grenzen der Verwaltungsgerichtsbarkeit, DVBl. 1986, 321 ff.

–: Ermessen und Beurteilungsspielraum im Grundrechtsbereich, JZ 1995, 369 ff.

Brugger, Winfried: Gemeinwohl als Ziel von Staat und Recht, in: Dietrich Murswiek u.a. (Hrsg.), Staat – Souveränität – Verfassung. Festschrift für Helmut Quaritsch zum 70. Geburtstag. Berlin, 1990, S.45.

Brünneck, Alexander von: Verfassungsgerichtsbarkeit in den westlichen Demokratien. Ein systematischer Verfassungsvergleich. Baden-Baden, 1992.

Bryde, Brun-Otto: Tatsachenfeststellungen und soziale Wirklichkeit in der Rechtsprechung des Bundesverfassungsgerichts, in: Peter Badura u.a. (Hrsg.), Festschrift 50 Jahre Bundesverfassungsgericht, Bd. I. Tübingen, 2001, S.533 ff.

Büdenbender, Ulrich: Verfassungsrechtliche Bedenken gegen die 4. Kartellgesetznovelle, BB 1978, 1073 ff.

–: Schwerpunkte der Energierechtsreform. Köln, 1998.

–: Durchleitungen in der Elektrizitätswirtschaft und Eigentumsschutz, WuW 2000, 119 ff.

–: Die Entwicklung des Energierechts seit Inkrafttreten der Energierechtsreform von 1998, DVBl. 2001, 952 ff.

Bullinger, Martin: Staatsaufsicht in der Wirtschaft, VVDStRL 22 (1965), S.264.

–: Öffentliches und privates Recht in Geschichte und Gegenwart, in: Manfred Löwisch u.a. (Hrsg.), Beiträge zum Handels- und Wirtschaftsrecht. Festschrift für Fritz Rittner zum 70. Geburtstag. München, 1991, S.69 ff.

–: Flexibilität moderner Verwaltung und Gerichtsschutz des Bürgers, in: Max-Emanuel Geis u.a. (Hrsg.), Staat, Kirche, Verwaltung. Festschrift für Hartmut Maurer zum 70. Geburtstag. München, 2001, S.565 ff.

–: Regulierung als modernes Instrument zur Ordnung liberalisierter Wirtschaftszweige, DVBl. 2003, 1355 ff.

Bungenberg, Marc u.a. (Hrsg.), Recht und Ökonomik, 44. Assistententagung Öffentliches Recht, München 2004.

Burghof, Hans-Peter/Rudolph, Bernd: Bankenaufsicht. Theorie und Praxis der Regulierung. Wiesbaden, 1996.

Burgi, Martin: Das subjektive Recht im Energie-Regulierungsverwaltungsrecht, DVBl. 2006, 269 ff.

Cahn, Andreas: Grenzen des Markt- und Anlegerschutzes durch das WpHG, ZHR 162 (1998), 1 ff.

–: Entscheidungen des Bundesaufsichtsamtes für den Wertpapierhandel nach § 15 Abs. 1 Satz 2 WpHG, WM 1998, 272 ff.

Callies, Christian: Öffentliches und privates Nachbarrecht als wechselseitige Auffangordnungen. Überlegungen am Beispiel der Genehmigungsfreistellung im Bauordnungsrecht, Die Verwaltung 34 (2001), 179 ff.

Caspari, Karl-Burkhard: Das geplante Insiderrecht in der Praxis, ZGR 1994, 530 ff.

Clerico, Laura: Die Struktur der Verhältnismäßigkeit. Baden-Baden, 2001.

Cooter, Robert/Ulen, Thomas: Law and Economics. Reading/Mass., 4.Aufl., 2003.

Cornils, Matthias: Vertragsfreiheit und kartellrechtlicher Kontrahierungszwang, NJW 2001, 3758 ff.

–: Die Ausgestaltung der Grundrechte. Untersuchungen zur Grundrechtsbindung des Ausgestaltungsgesetzgebers. Tübingen, 2005.

Cremer, Wolfram: Freiheitsgrundrechte. Funktionen und Strukturen. Tübingen, 2003.

Dagtoglou, Prodromos: Kollegialorgane und Kollegialakte der Verwaltung. Stuttgart, 1960.

Danwitz, Thomas von: Zur Grundlegung einer Theorie der subjektiv-öffentlichen Gemeinschaftsrechte, DÖV 1996, 481 ff.

–: Die Universaldienstfinanzierungsabgaben im Telekommunikationsgesetz und im Postgesetz als verfassungswidrige Sonderabgaben, NVwZ 2000, 615 ff.

–: Die gerichtliche Kontrolle der Entgeltregulierung im Post- und Telekommunikationsrecht, DVBl. 2003, 1405 ff,

–: Was ist eigentlich Refulierung?, DÖV 2004, 977 ff.

De Wall, Heinrich: Die Einrichtungsgarantien des Grundgesetzes als Grundlagen subjektiver Rechte, Der Staat 38 (1999), 377 ff.

Dechsling, Rainer: Das Verhältnismäßigkeitsgebot. Eine Bestandsaufnahme der Literatur zur Verhältnismäßigkeit staatlichen Handelns. München, 1989.

Di Fabio, Udo: Verwaltungsentscheidung durch externen Sachverstand. Am Beispiel des arzneimittelrechtlichen Zulassungs- und Überwachungsverfahrens, VerwArch 81 (1990), 193 ff.

–: Verwaltungsvorschriften als ausgeübte Beurteilungsermächtigung, DVBl. 1992, 1338 ff.

–: Risikoentscheidungen im Rechtsstaat. Zum Wandel der Dogmatik im öffentlichen Recht, insbesondere am Beispiel der Arzneimittelüberwachung, 1994.

–: Der offene Staat in der Wirtschaftsgesellschaft, in: Paul Kirchhof u.a. (Hrsg.), Staaten und Steuern. Festschrift für Klaus Vogel zum 70. Geburtstag. Heidelberg, 2000, S. 3 ff.

Dietlein, Johannes: Die Lehre von den grundrechtlichen Schutzpflichten. Berlin, 1992.

Dormann, Ulrike: Drittklagen im Recht der Zusammenschlusskontrolle. Köln, 2000.

Dreher, Meinhard: Wirtschaftsrecht und Wirtschaftsaufsicht, in: Claus-Wilhelm Canaris u.a. (Hrsg.), 50 Jahre Bundesgerichtshof, Festgabe aus der Wissenschaft, Bd. II. München, 1990, S. 712.

Dreier, Horst: Grundgesetz-Kommentar, Bd. 1 (Art. 1–19), 1996, 2. Aufl. 2004; Bd. 2 (Art. 20–82), 1998; Bd. 3 (Art. 83–146), 2000.

Duden, Konrad: Entflechtung und Grundgesetz, in: Helmut Coing u.a. (Hrsg.), Wirtschaftsordnung und Rechtsordnung. Festschrift zum 70. Geburtstag von Franz Böhm am 16. Februar 1965. Karlsruhe, 1965, S. 3 ff.

Dürig, Günter: Art. 9 Grundgesetz in der Kartellproblematik, NJW 1955, 729 ff.

Ebel, Hans-Rudolf: Kartellrecht. GWB und EG-Vertrag. Kommentar. Frankfurt a. M., Losebl.

–: Marktbeherrschungsvermutungen im Gesetz gegen Wettbewerbsbeschränkungen, NJW 1981, 1763 ff.

Eckhoff, Rolf: Der Grundrechtseingriff. Köln u.a., 1992.

Ehlers, Dirk: Ziele der Wirtschaftsaufsicht. Köln u.a., 1997.

Ehmke, Horst: Wirtschaft und Verfassung. Die Verfassungsrechtsprechung des Supreme Court zur Wirtschaftsregulierung. Karlsruhe, 1961.

Eickhof, Norbert: Theorien des Markt- und Wettbewerbsversagens, Wirtschaftsdienst 66 (1986), 468.

Eidenmüller, Horst: Effizienz als Rechtsprinzip. Möglichkeiten und Grenzen der ökonomischen Analyse des Rechts. Tübingen, 3. Aufl., 1997.

Ekkenga, Jens: Die Ad hoc-Publizität im System der Marktordnungen, ZGR 1999, 165 ff.

Ellinghaus, Ulrich: Regulierungsverfahren, gerichtlicher Rechtsschutz und richterliche Kontrolldichte im neuen TKG, MMR 2004, 293 ff.

Emmerich, Volker: Kartellrecht. München, 7. Aufl., 1994.

Engel, Christoph: Zivilrecht als Fortsetzung des Wirtschaftsrechts mit anderen Mitteln. Rechtspolitische und verfassungsrechtliche Überlegungen am Beispiel des Haftungsrechts, JZ 1995, 213 ff.

Engel, Ronald: Das neue deutsche Insiderrecht, JA 1996, 510 ff.

Engisch, Karl: Einführung in das juristische Denken. Stuttgart, 1. Aufl., 1956

Erbel, Günter: Verfassung und Ökonomie – Grundgesetz und Wirtschaftsordnung, RiA 1991, 18 ff.

Eucken, Walter: Die Grundlagen der Nationalökonomie. Heidelberg, 6. Aufl., 1950.

Everling, Ulrich: Wirtschaftsverfassung und Richterrecht in der Europäischen Gemeinschaft, in: Ulrich Immenga u. a. (Hrsg.), Festschrift für Ernst-Joachim Mestmäcker zum 70. Geburtstag. Baden-Baden, 1996, S. 365 ff.

Fehling, Michael: Mitbenutzungsrechte Dritter bei Schienenwegen, Energieversorgungs- und Telekommunikationsleitungen vor dem Hintergrund staatlicher Infrastrukturverantwortung, AöR 121 (1996), 59 ff.

Fezer, Karl-Heinz: Homo Constitutionis – Über das Verhältnis von Wirtschaft und Verfassung, JuS 1991, 889 ff.

Fikentscher, Wolfgang, Die deutsche Kartellrechtswissenschaft 1945–1954. Eine kritische Übersicht, WuW 1955, 205 ff.

Franke, Jörg: § 2 – Die rechtliche Ordnung des geregelten Kapitalmarkts, in Heinz-Dieter Assmann/Rolf A. Schütze, Handbuch des Kapitalanlagerechts. München, 2. Aufl., 1997, S. 57 ff.

Frankfurter Kommentar zum Kartellrecht. Mit Kommentierung des GWB, des EG-Kartellrechts und einer Darstellung ausländischer Kartellrechtsordnungen. Hrsg. von Helmuth v. Hahn u. a. Köln, Losebl.

Fritsch, Michael/Wein, Thomas/Ewers, Hans-Jürgen: Marktversagen und Wirtschaftspolitik. Mikroökonomische Grundlagen staatlichen Handelns. München, 4. Aufl., 2001.

Frotscher, Werner: Wirtschaftsverfassungs- und Wirtschaftsverwaltungsrecht, 3. Aufl., 1999.

Fürhoff, J./Woelk, A.: Aktuelle Fragen zur Ad-hoc-Publizität, WM 1998, 457 ff.

Gabler Wirtschaftslexikon. Wiesbaden, 15. Aufl., 2000.

Geiger, Willi: Grundgesetzliche Schranken für eine Kartellgesetzgebung. Köln, 1955.

Geis, Max-Emanuel: Josefine Mutzenbacher und die Kontrolle der Verwaltung, NVwZ 1992, 25 ff.

–: Mehr Handlungsfreiheit durch Rücknahme der verwaltungsrechtlichen Kontrolldichte?, in: Ziekow, Jan (Hrsg.), Handlungsspielräume der Verwaltung. Vorträge und Diskussionsbeiträge auf dem gleichnamigen Forum vom 30. September bis 2. Oktober 1998 an der Deutschen Hochschule für Verwaltungswissenschaften Speyer. 1999, S. 97 ff.

Gellermann, Martin: Grundrechte im einfachgesetzlichen Gewande. Untersuchung zur normativen Ausgestaltung der Freiheitsrechte. Tübingen, 2000.

Geppert, Martin/Ruhle, Ernst-Olav/Schuster, Fabian: Handbuch Recht und Praxis der Telekommunikation, 1998.

Gerontos, Apostolos: Die Bindung des Bundesverfassungsgerichts an Prognosen des Parlaments, BayVbl. 1981, 618 ff.

Gerstner, Stephan: Preiskontrolle beim Infrastrukturzugang, WuW 2002, 131 ff.

Giese, Friedrich: Grundrechtliche Freiheit zum Abschluß wettbewerbsbeschränkender

Vereinbarungen, in: ders./von Brunn, Johann Heinrich, Wettbewerb und Wettbewerbsbeschränkung. Frankfurt a. M., 1950, S. 9 ff.

–: Grundgesetzliche Schranken bei der Bekämpfung des Kartellmißbrauchs, NJW 1950, 336 ff.

Gleiss, Alfred: Richterliche Kontrolle bei kartellbehördlichen Entscheidungen – Wettbewerbsbegriff – Außenseiter. Eine Erwiderung auf die Anmerkung Pickels zu WuW/E BGH 929, WuW 1970, 39 ff.

Gotthold, Jürgen: Zur verfassungsrechtlichen Diskussion der Mißbrauchsaufsicht über marktbeherrschende Unternehmen. Zugleich eine Besprechung der Schrift von Hans Peter Ipsen, Kartellrechtliche Preiskontrolle als Verfassungsfrage, Baden-Baden 1976, WRP 1978, 601 ff.

Grabitz, Eberhard: Der Grundsatz der Verhältnismäßigkeit in der Rechtsprechung des Bundesverfassungsgerichts, AöR 98 (1973), 568 ff.

–: Die verfassungsorientierte Konkretisierung wettbewerbsrechtlicher Generalklauseln, ZHR 149 (1985), 263 ff.

Gramlich, Ludwig: Recht der Bankenaufsicht, in: R. Schmidt (Hrsg.), Öffentliches Wirtschaftsrecht, Besonderer Teil 1. Berlin, 1995, S. 421 ff.

–: Entwicklungen der staatlichen Wirtschaftsaufsicht: Das Telekommunikationsrecht als Modell?, VerwArch 88 (1997), 598.

Grimm, Dieter (Hrsg.), Wachsende Staatsaufgaben – sinkende Steuerungsfähigkeit des Rechts, 1991.

Gröschner, Rolf: Das Überwachungsrechtsverhältnis. Wirtschaftsüberwachung in gewerbepolizeirechtlicher Tradition und wirtschaftsverwaltungsrechtlichem Wandel. Tübingen, 1992.

–: Grundlagen des Wirtschaftsverwaltungs- und Umweltrechts, ThürVBl 1996, 217 ff., 246 ff.

Groß, Thomas: Das Kollegialprinzip in der Verwaltungsorganisation. Tübingen, 1999.

Gruber, Uta/Kleber, Michaela, Grundlagen der Volkswirtschaftslehre. München, 4. Aufl., 2000, S. 41 ff.

Grundmann, Stefan: Das Thema Systembildung im Europäischen Privatrecht – Gesellschafts-, Arbeits- und Schuldvertragsrecht, in: ders. (Hrsg.), Systembildung und Systemlücken in Kerngebieten des Europäischen Privatrechts. Tübingen, 2000, S. 53 ff.

–: Europäisches Handelsrecht, ZHR 163 (1999), 635 ff.

–: Privatautonomie im Binnenmarkt. Informationsregeln als Instrument, JZ 2000, 1133 ff.

Grupp, Klaus: Behördliche Beurteilungsspielräume im „schlanken Staat", in: Klaus Grupp u. a. (Hrsg.), Planung – Recht – Rechtsschutz. Festschrift für Willi Blümel zum 70. Geburtstag am 6. Januar 1999. Berlin, 1999, S. 139 ff.

Günther, Eberhard: Die Einschränkung der Vertragsfreiheit durch das Kartellgesetz, DB 1969, 25 ff.

–: Die Auslegung unbestimmter Rechtsbegriffe des GWB, in: Forschungsinstitut für Wirtschaftsverfassung und Wettbewerb (Hrsg.), Wettbewerbsordnung im Spannungsfeld von Wirtschafts- und Rechtswissenschaft. Festschrift für Gunther Hartmann. Köln 1976, S. 123 ff.

Gusy, Christoph: Administrativer Vollzugsauftrag und justizielle Kontrolldichte im Recht der Technik, DVBl. 1987, 497 ff.

Hablitzel, Hans: Wirtschaftsverfassung und Grundgesetz, BayVbl. 1981, 65 ff., 100 ff.

Häberle, Peter: Die Wesensgehaltgarantie des Art. 19 Abs. 2 Grundgesetz. Zugleich ein

Beitrag zum institutionellen Verständnis der Grundrechte und zur Lehre vom Gesetzesvorbehalt. Heidelberg, 3. Aufl., 1983.

–: Vielfalt der Property Rights und der verfassungsrechtliche Eigentumsbegriff, AöR 109 (1984), 36.

–: Soziale Marktwirtschaft als „Dritter Weg", ZRP 1993, 383 ff.

Haenel, Albert: Deutsches Staatsrecht, 1. (einziger) Bd. Leipzig, 1892.

Halbey, Heinrich: Kartellbehörde und richterliche Kontrolle. Zur Auslegung des § 70 Abs. 4 GWB, WRP 1968, 349 ff.

Hallenga, Reiner: Europarechtliche Vorgaben für die Liberalisierung von Telekommunikationsnetzmärkten und die Umsetzung in nationales Recht, ArchPt 1996, 239 ff.

Haverkate, Görg: Rechtsfragen des Leistungsstaats. Verhältnismäßigkeitsgebot und Freiheitsschutz im leistenden Staatshandeln. Tübingen, 1983.

–: Normtext – Begriff – Telos. Zu den drei Grundtypen des juristischen Argumentierens. Heidelberg, 1996.

Heine, Robert/Neun, Andreas: Konkurrentenklagen im Telekommunikationsrecht. Die gerichtliche Kontrolle von Entscheidungen der RegTP, MMR 2001, 352 ff.

Heinze, Christian: Grundrechtsschutz des Eigentums nach dem Mitbestimmungsurteil des Bundesverfassungsgerichts, BB 1979, 1796 ff.

Helmes, Patrick: Wirksamer und effizienter Rechtsschutz vor den Verwaltungsgerichten in Marktregulierungsverfahren? CR 2006, 583 ff.

Henke, Wilhelm: System und Institute des öffentlichen Rechts der Wirtschaft, DVBl. 1983, 982 ff.

Herdegen, Matthias: Beurteilungsspielraum und Ermessen im strukturellen Vergleich, JZ 1991, 747 ff.

–: Die Regulierung des Postuniversaldienstes: Abschied vom Markt?, ZRP 1999, 63 ff.

Herdzina, Klaus: Wettbewerbspolitik. Stutgart, 5. Aufl., 1999.

Hermes, Georg: Das Grundrecht auf Schutz von Leben und Gesundheit. Schutzpflicht und Schutzanspruch aus Art. 2 Abs. 2 Satz 1 GG. Heidelberg, 1987.

–: Staatliche Infrastrukturverantwortung. Rechtliche Grundstrukturen netzgebundener Transport- und Übertragungssysteme zwischen Daseinsvorsorge und Wettbewerbsregulierung am Beispiel der leitungsgebundenen Energieversorgung in Europa. Tübingen, 1998.

Herzog, Roman: Grundrechte aus der Hand des Gesetzgebers, in: Walther Fürst u. a. (Hrsg.), Festschrift für Wolfgang Zeidler, Bd. II. Berlin u. a., 1987, S. 1415 ff.

Hesse, Konrad: Grundzüge des Verfassungsrechts der Bundesrepublik Deutschland. Heidelberg, 20. Aufl., 1995.

Hill, Hermann: Normkonkretisierende Verwaltungsvorschriften, NVwZ 1989, 401 ff.

Hirschberg, Lothar: Der Grundsatz der Verhältnismäßigkeit. Göttingen, 1981.

Hoffmann, Gerhard: Das verfassungsrechtliche Gebot der Rationalität im Gesetzgebungsverfahren, ZG 1990, 97 ff.

Hoffmann-Becking, Michael: Noch einmal: Der Anspruch auf fehlerfreie Ermessensentscheidung im Kartellrecht, NJW 1971, 2209 ff.

Hoffmann-Riem, Wolfgang: Experimentelle Gesetzgebung, in: Bernd Becker u. a. (Hrsg.), Festschrift für Werner Thieme zum 70. Geburtstag. Köln u. a., 1993, S. 53 ff.

–: Reform des Allgemeinen Verwaltungsrechts: Vorüberlegungen, DVBl. 1994, 1381 ff.

–: Ökologisch orientiertes Verwaltungsverfahrensrecht, AöR 119 (1994), 590 ff.

–: Öffentliches Recht und Privatrecht als wechselseitige Auffangordnungen - Systematisierung und Entwicklungsperspektiven, in: ders./Schmidt-Aßmann, Eberhard

(Hrsg.): Öffentliches Recht und Privatrecht als wechselseitige Auffangordnungen. Baden-Baden, 1996, S. 261 ff.

–: Organisationsrecht als Steuerungsressource. Perspektiven der verwaltungsrechtlichen Systembildung, in: E. Schmidt-Aßmann/ ders., in E. Schmidt-Aßmann/ders. (Hrsg.), Verwaltungsorganisationsrecht als Steuerungsressource. Baden-Baden, 1997, S. 355 ff.

–: Telekommunikationsrecht als europäisiertes Verwaltungsrecht, DVBl. 1999, 125 ff.

Höfling, Wolfram: Vertragsfreiheit. Eine grundrechtsdogmatische Studie. Heidelberg, 1991.

Hofmann, Christian: Der Beitrag der neueren Rechtsprechung des BVerfG zur Dogmatik des Beurteilungsspielraums, NVwZ 1995, 740 ff.

Höger, Harro: Die Bedeutung von Zweckbestimmungen in der Gesetzgebung der Bundesrepublik Deutschland. Berlin, 1976.

Hollmann, Herrmann H.: Rechtsstaatliche Kontrolle der Globalsteuerung. Möglichkeiten und Grenzen einer normativen Kontrolle globalsteuernder Wirtschaftspolitik am Beispiel des Stabilitätsgesetzes. Baden-Baden, 1980.

Holznagel, Bernd/Enaux, Christoph/Nienhaus, Christian: Grundzüge des Telekommunikationsrechts. Rahmenbdingngen – Regulierungsfragen – Internationaler Vergleich. München, 2. Aufl., 2001.

Hoppmann, Erich: Zum Schutzobjekt des GWB, in: Ernst-Joachim Mestmäcker (Hrsg.), Wettbewerb als Aufgabe nach zehn Jahren Gesetz gegen Wettbewerbsbeschränkungen. Bad-Homburg, 1968, S. 61 ff.

Hopt, Klaus J.: Vom Aktien- und Börsenrecht zum Kapitalmarktrecht? ZHR 140 (1976), 201 ff.; 141 (1977), 389 ff.;

–: Europäisches und deutsches Insiderrecht, ZGR 1991, 17 ff.;

–: Zum neuen Wertpapierhandelsgesetz. Stellungnahme für den Finanzausschuß des Deutschen Bundestags, in: WM-Festgabe für Thorwald Hellner zum 65. Geburtstag am 9. Mai 1994. Frankfurt a. M., 1994, S. 29 ff.

–: Ökonomische Theorie und Insiderrecht, AG 1995, 353 ff;

–: Grundsatz- und Praxisprobleme nach dem Wertpapierhandelsgesetz, insbesondere Insidergeschäfte und Ad hoc-Publizität, ZHR 159 (1995), 135 ff.;

–: § 107 – Insider-Probleme, in: Herbert Schimansky/Herrmann-Josef Bunte/Hans-Jürgen Lwowski (Hrsg.), Bankrechts-Handbuch, Bd. III, 2. Aufl. München, 2001, S. 3400 ff.

Hopt, Klaus J./Baum, Harald: Börsenrechtsreform in Deutschland, in: Klaus J. Hopt/Bernd Rudolph/Harald Baum (Hrsg.), Börsenreform. Eine ökonomische, rechtsvergleichende und rechtpolitische Untersuchung. Stuttgart, 1997, S. 287 ff.

Horn, Hans-Detlef: Experimentelle Gesetzgebung unter dem Grundgesetz. Berlin, 1989.

Hösch, Ulrich: Eigentum und Freiheit. Ein Beitrag zur inhaltlichen Bestimmung der Gewährleistung des Eigentums durch Art. 14 Abs. 1 Satz 1 GG. Tübingen, 2000.

Huber, Andrea/v. Mayerhofen, Martina: „Review 1999" der EU-Kommission. Beibehaltung des status quo oder echte Reform des europäischen Regelwerks für den TK-Sektor?, MMR 1999, 593 ff.

Huber, Ernst Rudolf: Wirtschaftsverwaltungsrecht. Tübingen, 2. Aufl., 1953 (Bd. 1), 1954 (Bd. 2).

–: Der Streit um das Wirtschaftsverfassungsrecht, DÖV 1957, 97 ff., 135 ff., 172 ff., 200 ff.

Huber, Peter-Michael: Konkurrenzschutz im Verwaltungsrecht. Schutzanspruch und Rechtsschutz bei Lenkungs- und Verteilungsentscheidungen der öffentlichen Verwaltung. Tübingen, 1991.

Hufen, Friedhelm: Berufsfreiheit – Erinnerung an ein Grundrecht, NJW 1994, 2913 ff.

–: Fehler im Verwaltungsverfahren. Ein Handbuch für Ausbildung und Praxis. Baden-Baden, 4. Aufl., 2002.

–: Verwaltungsprozeßrecht, 5. Aufl., 2003

Immenga, Frank: Das neue Insiderrecht im Wertpapierhandelsgesetz, ZBB 1995, 197 ff.

Immenga, Ulrich/Mestmäcker, Ernst-Joachim (Hrsg.): Gesetz gegen Wettbewerbsbeschränkungen. Kommentar. München, 3. Aufl., 2001.

Ibler, Martin: Rechtspflegender Rechtsschutz im Verwaltungsrecht. Zur Kontrolldichten bei wertenden Behördenentscheidungen – Vom Preußischen Oberverwaltungsgericht bis zum modernen Gerichtsschutz im Prüfungsrecht. Tübingen, 1999.

Ipsen, Jörn: Die Bewältigung der wissenschaftlichen und technischen Entwicklungen durch das Verwaltungsrecht, VVDStrL 48 (1989), 177 ff.

–: Gesetzliche Einwirkungen auf grundrechtlich geschützte Rechtsgüter, JZ 1997, 471 ff.

Ipsen, Hans Peter: Kartellrechtliche Preiskontrolle als Verfassungsfrage. Baden-Baden, 1976.

Isay, Rudolf: Soziale Marktwirtschaft und Kartellgesetzgebung, WuW 1954, 557 ff.

Isensee, Josef: Grundrechtsvoraussetzungen und Verfassungserwartungen an die Grundrechtsausübung, in: ders./Paul Kirchhof (Hrsg.), Handbuch des Staatsrechts der Bundesrepublik Deutschland, Band V. Heidelberg, 1992, S. 353 ff.

–: Im Spannungsfeld: Marktwirtschaft – Moral – Recht – Verfassungsstaat, in: J. Heinz Müller/ders. (Hrsg.), Wirtschaftsethik – Wirtschaftsstrafrecht. Paderborn, 1991, 87 ff.

Ittner, Dirk: Die Vermutungen des GWB. Berlin, 1998.

Jarass, Hans D.: Grundrechte als Wertentscheidungen bzw. objektivrechtliche Prinzipien in der Rechtsprechung des Bundesverfassungsgerichts, AöR 110 (1985), 363 ff.

–: Bausteine einer umfassenden Grundrechtsdogmatik, AöR 120 (1995), 345 ff.

–: Wirtschaftsverwaltungsrecht mit Wirtschaftsverfassungsrecht. Neuwied, 3. Aufl., 1997 (mitbearbeitet von Matthias Locher, Olaf Reidt und Christian Tünnesen-Harmes).

Jestaedt, Matthias: Demokratieprinzip und Kondominialverwaltung. Entscheidungsteilhabe Privater an der öffentlichen Verwaltung auf dem Prüfstand des Verfassungsprinzips Demokratie. Berlin, 1993.

–: Grundrechtsentfaltung im Gesetz. Studien zur Interdependenz von Grundrechtsdogmatik und Rechtsgewinnungstheorie. Tübingen, 1999.

Jickeli, Joachim: Anmerkung zu BGH, Beschluß vom 11. 3. 1997 – KVR 39/95, JZ 1997, 964 f.

Kahl, Wolfgang: Die Staatsaufsicht. Entstehung, Wandel und Neubestimmung unter besonderer Berücksichtigung der Aufsicht über Gemeinden. Tübingen, 2000.

Kaiser, Joseph H.: Fusionskontrolle oder Fusionsverbot? Die Vermutungstatbestände des Entwurfs der IV. GWB-Novelle, WuW 1978, 352 ff.

Karpen, Ulrich: Soziale Marktwirtschaft und Grundgesetz. Eine Einführung in die rechtlichen Grundlagen der sozialen Marktwirtschaft. Baden-Baden, 1990.

Kaufmann, Marcel: Untersuchungsgrundsatz und Verwaltungsgerichtsbarkeit. Tübingen, 2002.

Kirchgässner, Gebhard: Homo Oeconomicus. Das ökonomische Modell individuellen Verhaltens und seine Anwendung in den Wirtschafts- und Sozialwissenschaften. Tübingen, 1991.

Kirchner, Christian: Regulierung durch öffentliches Recht und/oder Privatrecht aus der Sicht der ökonomischen Theorie, in W. Hoffmann-Riem/E. Schmidt-Aßmann (Hrsg.), Öffentliches Recht und Privatrecht als wechselseitige Auffangordnungen. Baden-Baden, 1996, S. 63 ff.

Kischel, Uwe: Die Begründung. Zur Erläuterung staatlicher Entscheidungen gegenüber dem Bürger. Tübingen, 2003.

Klein, Eckart: Verfassungsprozeßrecht. Versuch einer Systematik anhand der Rechtsprechung des Bundesverfassungsgerichts, AöR 108 (1983), 410 ff., 561 ff.

Kloepfer, Michael: Das Geeignetheitsgebot bei wirtschaftslenkenden Steuergesetzen, NJW 1971, 1585 ff.

–: Gesetzgebung im Rechtstaat, VVDStrL 40 (1982), 63 ff.

–: Abwägungsgebung bei Satzungsgebung und Gesetzgebung. Über Regelungen für den Erlaß von Rechtsnormen, DVBl. 1995, 441 ff.

Kluth, Winfried: Beweiserhebung und Beweiswürdigung durch das Bundesverfassungsgericht, NJW 1999, 3513 ff.

Knöpfle, Robert: Zur Novellierung des § 22 GWB, BB 1970, 717 ff.

–: Probleme der Vermutungen des § 23 a GWB, NJW 1988, 1116 ff.

Koch, Hans-Joachim: Unbestimmte Rechtsbegriffe und Ermessensermächtigungen im Verwaltungsrecht. Eine logische und semantische Studie zur Gesetzesbindung der Verwaltung. Frankfurt a. M., 1979.

–: Die gerichtliche Kontrolle technischer Regelwerke im Umweltrecht. Ein Plädoyer gegen die Ausdehnung administrativer Letztentscheidungskompetenzen, ZUR 1993, 103 ff.

Koch, Thorsten: Der Grundrechtsschutz des Drittbetroffenen. Zur Rekonstruktion der Grundrechte als Abwehrrechte. Tübingen, 2000.

Köhler, Karl Heinz v.: Der Anspruch auf fehlerfreie Ermessensentscheidung im Kartellrecht, NJW 1971, 1537 ff.

König, Klaus/Benz, Angelika (Hrsg.), Privatisierung und staatliche Regulierung. Bahn, Post und Telekommunikation, Rundfunk. Baden-Baden, 1997.

Koenig, Christian: Die öffentlich-rechtliche Verteilungslenkung. Grund und Grenzen einer Deregulierung am Beispiel der Vergabe von Konzessionen, Kontingenten und Genehmigungen zur unternehmerischen Nutzung öffentlich verwalteter Güter. Berlin, 1994.

Koenig, Christian/Braun, Jens-Daniel: Element Based Charging ante portas: Die Regulierung der Zusammenschlußentgelte am Scheideweg, MMR 2001, 563.

Kokott, Juliane: Beweislastverteilung und Prognoseentscheidungen bei der Inanspruchnahme von Grund- und Menschenrechten. Berlin, 1993.

Koller, Peter: Der Begriff des Gemeinwohls, in: Peter Siller/Bertram Keller (Hrsg.), Rechtsphilosophische Kontroversen der Gegenwart. Baden-Baden, 1999, S. 115 ff.

Koppensteiner, Hans-Georg: Wirtschaftsrecht. Inhalts- und funktionsbezogene Überlegungen zu einer umstrittenen Kategorie, Rechtstheorie 4 (1973), 1 ff.

Korinek, Karl/Dujmovits, Elisabeth: Grundrechtsdurchsetzung und Grundrechtsverwirklichung, in: D. Merten/H.-J. Papier (Hrsg.), Handbuch der Grundrechte in Deutschland und Europa, Bd. 1. Heidelberg, 2004, S. 909 ff.

Kötz, Hein: Der Schutzzweck der AGB-Kontrolle – eine rechtsökonomische Skizze, JuS 2003, 209 ff.

Kremer, Matthias-Gabriel: Die kartellverwaltungsrechtliche Beschwerde – Zugleich ein Beitrag zur Lehre vom subjektiven öffentlichen Recht im GWB. Berlin, 1988.

Kriele, Martin: Grundrechte und demokratischer Gestaltungsspielraum, in: Josef Isensee/Paul Kirchhof (Hrsg.), Handbuch des Staatsrechts der Bundesrepublik Deutschland, Band V. Heidelberg, 1992, S. 101 ff.

Krimphove, Dieter: Das zweite Finanzmarktförderungsgesetz. Ein Beitrag zur „Europäisierung" des Wirtschaftsrechts, JZ 1994, 23 ff.

Kroh, Ralph A.: Risikobeurteilung im Gentechnikrecht – Einschätzungsspielraum der Behörde und verwaltungsgerichtliche Kontrolle, DVBl. 2000, 102 ff.

Krüger, Herbert: Grundgesetz und Kartellgesetzgebung. Göttingen, 1950.

–: Staatsverfassung und Wirtschaftsverfassung, DVBl. 1951, 361 ff.

–: Die verfassungsgerichtliche Beurteilung wirtschaftspolitischer Entscheidungen, DÖV 1971, 289.

Kübler, Friedrich: Marktversagen und Meinungsfreiheit, in: Ulrich Immenga u. a. (Hrsg.), Festschrift für Ernst-Joachim Mestmäcker zum 70. Geburtstag. Baden-Baden, 1996, S. 243 ff.

Kull, Edgar: Zur Rechtsnatur des Verfahrens in Kartell-Verwaltungssachen, JZ 1961, 681 ff.

Kümpel, Siegfried: Die künftige Kapitalmarktaufsicht und die europäische Rechtsangleichung, WM 1994, 229 ff.

Ladeur, Karl-Heinz: Drittschutz des Entgeltregulierungsverfahrens nach §§ 23 ff. TKG, CR 2000, 433 ff.

Ladeur, Karl-Heinz/Möllers, Christoph: Der europäische Regulierungsverbund der Telekommunikation im deutschen Verwaltungsrecht, DVBl. 2005, 525 ff.

Langen/Bunte, Kommentar zum deutschen und europäischen Kartellrecht, hrsg. v. Herrmann-Josef Bunte. Neuwied u. a., 8. Aufl., 1998.

Larenz, Karl: Methodenlehre der Rechtswissenschaft. Berlin u. a., 6. Aufl., 1991.

Lecheler, Helmut: Artikel 12 GG – Freiheit des Berufs und Grundrecht der Arbeit, VVDStRL 35 (1985), 48 ff.

Lege, Joachim: Wer soll die Grundversorgung mit Post und Telefon bezahlen? Zur Verfassungsmäßigkeit der Universaldienstabgaben, DÖV 2001, 969 ff.

Leisner, Walter: Eigentum, in: Josef Isensee/Paul Kirchhof (Hrsg.), Handbuch des Staatsrechts der Bundesrepublik Deutschland, Band VI. Heidelberg, 1989, S. 1023 ff.

Leo, Hans-Christoph: Marktbeherrschende und marktstarke Unternehmen, WRP 1970, 197 ff.

Lepsius, Oliver: Die Ökonomik als neue Referenzwissenschaft für die Staatsrechtslehre, Die Verwaltung 32 (1999), 429.

–: Steuerungsdiskussion, Systemtheorie und Parlamentarismuskritik. Tübingen, 1999.

Lerche, Peter: Übermaß und Verfassungsrecht. Zur Bindung des Gesetzgebers an die Grundsätze der Verhältnismäßigkeit und der Erforderlichkeit. Köln u. a., 1961.

–: Mitbestimmungsgesetz und Rationalität, in: Rolf Stödter u. a. (Hrsg.), Hamburg, Deutschland, Europa. Beiträge zum deutschen und europäischen Verfassungs-, Verwaltung- und Wirtschaftsrecht. Festschrift für Hand Peter Ipsen zum 70. Geburtstag. Tübingen, 1977, S. 437 ff.

–: Grundrechtlicher Schutzbereich, Grundrechtsprägung und Grundrechtseingriff, in: Josef Isensee/Paul Kirchhof (Hrsg.), Handbuch des Staatsrechts der Bundesrepublik Deutschland, Band V. Heidelberg, 1992, S. 739 ff.

–: Grundrechtsschranken, in: Josef Isensee/Paul Kirchhof (Hrsg.), Handbuch des Staatsrechts der Bundesrepublik Deutschland, Band V. Heidelberg, 1992, S. 775 ff.

Lindner, Franz Josef: Zur grundrechtsdogmatischen Struktur der Wettbewerbsfreiheit, JZ 2003, 185 ff.

Lorenz, Dieter: Der Rechtsschutz des Bürgers und die Rechtsweggarantie. München, 1973.

–: Verwaltungsprozessrecht. Berlin u. a., 2000.

Lübbe-Wolff, Gertrude: Die Grundrechte als Eingriffsabwehrrechte. Struktur und Reichweite der Eingriffsdogmatik im Bereich staatlicher Leistungen. Baden-Baden, 1988.

Luhmann, Niklas: Zweckbegriff und Systemrationalität. Über die Funktion von Zwecken in sozialen Systemen. Frankfurt a. M., 1973.

Lukes, Rudolf: Der Kartellvertrag. Das Kartell als Vertrag mit Außenwirkungen. München, 1959.

Mager, Ute: Einrichtungsgarantien. Entstehung, Wurzeln, Wandlungen und grundgesetzmäßige Neubestimmung einer dogmatischen Figur des Verfassungsrechts. Tübingen, 2003.

Mangoldt, Hans v.: Grundrechte und Grundsatzfragen des Bonner Grundgesetzes, AöR 75 (1949), S. 123 ff.

Mangoldt, Herrmann v./Klein, Friedrich/Starck, Christian: Das Bonner Grundgesetz. München, 4. Aufl., 1999.

Mankiw, N. Gregory: Grundzüge der Volkswirtschaftslehre. Stuttgart„ 1999 (aus dem amerikanischen Englisch übertragen von Adolf Wagner).

Manssen, Gerrit: Privatrechtsgestaltung durch Hoheitsakt. Verfassungsrechtliche und verwaltungsrechtliche Grundfragen. Tübingen, 1994.

–: Untersuchungsgrundsatz, Aufklärungspflicht und Mitwirkungsobliegenheiten im Verwaltungsprozeß, in: Gustav-Adolf Stange u. a. (Hrsg.), Verwaltungsgerichtsbarkeit und öffentliches Recht – Aufbau und Bewährung in Mecklenburg-Vorpommern. Festgabe für Klaus Haack anlässlich seiner Versetzung in den Ruhestand. Bornheim u. a., 1997, S. 63 ff.

–: Telekommunikations- und Multimediarecht. Ergänzbarer Kommentar zum Telekommunikationsgesetz, Mediendienste-Staatsvertrag, Teledienstgesetz, Teledienstdatenschutzgesetz, Signaturgesetz, einschließlich Gesetzes- und Verordnungstexten und europäischen Vorschriften. Berlin, Loseblatt

Masing, Johannes: Die Mobilisierung des Bürgers für die Durchsetzung des Rechts. Europäische Impulse für eine Revision der Lehre vom subjektiv-öffentlichen Recht. Berlin, 1997.

–: Grundstrukturen eines Regulierungsverwaltungsrechts. Regulierung netzbezogener Märkte am Beispiel Bahn, Post, Telekommunikation und Strom, Die Verwaltung 37 (2003), S. 1 ff.

Maurer, Hartmut: Allgemeines Verwaltungsrecht. München, 13. Aufl., 2000.

–: Staatsrecht. München, 2. Aufl., 2001.

Mayen, Thomas: Verwaltung durch unabhängige Einrichtungen, DÖV 2004, 45 ff.

Meessen, Karl Matthias: Das Mitbestimmungsurteil des Bundesverfassungsgerichts. Eine erste Analyse aus verfassungsrechtlicher Sicht, NJW 1979, 833 ff.

Mengel, Hans-Joachim: Die verfahrensmäßigen Pflichten des Gesetzgebers und ihre verfassungsgerichtliche Kontrolle, ZG 1990, 193 ff.

Merkt, Hanno: Zur Entwicklung des deutschen Börsenrechts von den Anfängen bis zum Zweiten Finanzmarktförderungsgesetz, in: Klaus J. Hopt/Bernd Rudolph/Harald Baum (Hrsg.), Börsenreform. Eine ökonomische, rechtsvergleichende und rechtspolitische Untersuchung. Stuttgart, 1997, S. 17 ff.

Merz, Hans: Kartellrecht – Instrument der Wirtschaftspolitik oder Schutz der persönlichen Freiheit? in: Helmut Coing u. a. (Hrsg.), Wirtschaftsordnung und Rechtsordnung. Festschrift zum 70. Geburtstag von Franz Böhm am 16. Februar 1965. Karlsruhe, 1965, S. 227 ff.

Meßerschmidt, Klaus: Gesetzgebungsermessen. Berlin, 2000.

Mestmäcker, Ernst-Joachim: Das Verhältnis des Rechts der Wettbewerbsbeschränkungen zum Privatrecht, DB 1968, 787 ff.

–: Daseinsvorsorge und Universaldienst im europäischen Kontext, in: Franz Ruland u. a. (Hrsg.), Verfassung, Theorie und Praxis des Sozialstaats. Festschrift für Hans F. Zacher zum 70. Geburtstag. Heidelberg, 1998, S. 635.

–: Marktversagen und Staatsversagen in der Europäischen Union, in: Stefan Grundmann (Hrsg.), Systembildung und Systemlücken in Kerngebieten des Europäischen Privatrechts. Tübingen, 2000, S. 53 ff.

Meyer, Thomas: Staatsaufsicht über Private, insbesondere Wirtschaftsunternehmen. Frankfurt a. M., 1988.

Michael, Gerhard: Verfassungsrechtliche Fragen des kartellrechtlichen Aufnahmezwangs. Berlin, 1995.

Michael, Lothar: Die drei Argumentationsstrukturen des Grundsatzes der Verhältnismäßigkeit – Zur Dogmatik des Über- und Untermaßverbots und der Gleichheitssätze, JuS 2001, 148 ff.

Modlich, Joachim J.: Nationale Infrastrukturmaßnahmen unter der Beihilfeaufsicht der Art. 92 ff. EGV, GewArch 1996, 227 ff.

Morgenthaler, Gerd: Freiheit durch Gesetz. Der parlamentarische Gesetzgeber als Erstadressat der Freiheitsgrundrechte. Berlin 1999.

Morlok, Martin: Vom Reiz und vom Nutzen, von den Schwierigkeiten und den Gefahren der Ökonomischen Theorie für das Öffentliche Recht, in: Christoph Engel/ders. (Hrsg.), Öffentliches Recht als ein Gegenstand ökonomischer Forschung. Die Begegnung der deutschen Staatsrechtslehre mit der konstitutionellen politischen Ökonomie. Tübingen, 1998, S. 1 ff.

Mösbauer, Heinz: Staatsaufsicht über die Wirtschaft. Köln,, 1990.

Möschel, Wernhard: Recht der Wettbewerbsbeschränkungen. Köln, 1983.

–: Wettbewerbspolitik aus ordoliberaler Sicht, in: Otto Friedrich von Gamm u. a. (Hrsg.), Strafrecht, Unternehmensrecht, Anwaltsrecht. Festschrift für Gerd Pfeiffer zum Abschied aus dem Amt des Präsidenten des Bundesgerichtshofs. Köln u. a., 1988, S. 707 ff.

–: Tarifautonomie – ein überholtes Ordnungsmodell? WuW 1995, 704 ff.

Müller, Helmut: Kartellverbot und Grundgesetz, WuW 1953, 734 ff.

Müller-Graff, Peter-Christian: Unternehmensinvestition und Investitionssteuerung im Marktrecht. Zu Maßstäben und Schranken für die überbetriebliche Steuerung von Produktionsinvestitionen aus dem Recht des wettbewerbsverfassten Staates. Tübingen, 1984.

v. Münch, Ingo: Staatsrecht II. Stuttgart, 5. Aufl., 2002.

Murswiek, Dietrich: Die staatliche Verantwortung für Risiken der Technik. Verfassungsrechtliche Grundlagen und immissionsschutzrechtliche Ausformung. Berlin, 1985.

Nacimiento, Grace: Neue Methodik zur Ermittlung von EBC-Entgelten – Abschied vom analytischen Kostenmodell? Anmerkung zu RegTP, Beschluß vom 12. 10. 2001, K&R 2002, 104.

Nill-Theobald, Christiane/Theobald, Christian: Grundzüge des Energiewirtschaftsrechts. Die Liberalisierung der Strom- und Gaswirtschaft. München, 2001.

Nierhaus, Michael: Beweismaß und Beweislast. Untersuchungsgrundsatz und Beteiligtenmitwirkung im Verwaltungsprozeß. Müchen, 1989.

–: Grundrechte aus der Hand des Gesetzgebers? – Ein Beitrag zur Dogmatik des Art. 1 Abs. 3 GG, AöR 116 (1991), 72 ff.

Nipperdey, Hans-Carl: Die soziale Marktwirtschaft in der Verfassung der Bundesrepublik, WuW 1954, 211 ff.

–: Soziale Marktwirtschaft und Grundgesetz. Köln u. a., 3. Aufl., 1965.

Nolte, Norbert: Beurteilungsspielräume im Kartellrecht der Europäischen Gemeinschaft und der Bundesrepublik Deutschland. Frankfurt a. M., 1997.

Oebbecke, Janbernd: Weisungs- und unterrichtungsfreie Räume in der Verwaltung. Stuttgart, 1986.

Oertel, Klaus: Die Unabhängigkeit der Regulierungsbehörde nach §§ 66 ff. TKG, zur organisationsrechtlichen Verselbständigung staatlicher Verwaltungen am Beispiel der Privatisierung in der Telekommunikation. Berlin, 2000.

Oeter, Stefan: Die Kontrolldichte hinsichtlich der unbestimmten Begriffe und des Ermessens, in: Frowein, Jochen Abr. (Hrsg), Die Kontrolldichte bei der gerichtlichen Überprüfung von Handlungen der Verwaltung. Berlin, 1993, S. 266 ff.

Ogus, Anthony: Regulation: Legal Form and Economic Theory. Oxford, 1994.

–: Regulation, Economics and the Law. Cheltenham, 2001.

Ossenbühl, Fritz: Die Kontrolle von Tatsachenfeststellungen und Prognoseentscheidungen durch das Bundesverfassungsgericht, in: Christian Starck (Hrsg.), Bundesverfassungsgericht und Grundgesetz. Festgabe aus Anlass des 25jährigen Bestehens des Bundesverfassungsgerichts, Band 1. Tübingen,1976, S. 458 ff.

–: Die Freiheiten des Unternehmers nach dem Grundgesetz, AöR 115 (1990), 1 ff.

–: Gedanken zur Kontrolldichte in der verwaltungsgerichtlichen Rechtsprechung, in: Bernd Bender u. a. (Hrsg.), Rechtsstaat zwischen Sozialgestaltung und Rechtsschutz. Festschrift für Konrad Redeker zum 70. Geburtstag. München, 1993, S. 55 ff.

–: Abwägung im Verfassungsstaat, DVBl. 1995, 904 ff.

–: Rechtsquellen und Rechtsbindungen der Verwaltung, in: Erichsen, Uwe (Hrsg.), Allgemeines Verwaltungsrecht. Berlin, 11. Aufl., 1998, S. 127 ff.

Osterloh, Lerke: Steuerrecht und Privatrecht, JuS 1994, 993 ff.

Ott, Claus/Schäfer, Hans-Bernd: Ökonomische Auswirkungen der EG-Insiderregulierung in Deutschland, ZBB 1991, 226 ff.

Pache, Eckard: Tatbestandliche Abwägung und Beurteilungsspielraum. Zur Einheitlichkeit administrativer Entscheidungsfreiräume und zu deren Konsequenzen im verwaltungsgerichtlichen Verfahren – Versuch einer Modernisierung. Tübingen, 2001.

Papier, Hans-Jürgen: Unternehmen und Unternehmer in der verfassungsrechtlichen Ordnung der Wirtschaft, VVDStRL 35 (1977), 55 ff.

–: Das Mitbestimmungsurteil des Bundesverfassungsgerichts – Eine kritische Würdigung aus verfassungsrechtlicher Sicht, ZGR 8 (1979), 444 ff.

–: Art. 12 GG – Freiheit des Berufs und Grundrecht der Arbeit, DVBl. 1984, 801 ff.

–: Zur verwaltungsgerichtlichen Kontrolldichte, DÖV 1986, 621 ff.

–: Verwaltungsverantwortung und gerichtliche Kontrolle, in: Willi Blümel u. a. (Hrsg.), Verwaltung im Rechtsstaat. Festschrift für Carl-Hermann Ule zum 80. Geburtstag am 16. Februar 1987. Köln u. a., 1987, S. 235 ff.

–: Grundgesetz und Wirtschaftsordnung, in: E. Benda/W. Maihofer/H.-J. Vogel (Hrsg.), Handbuch des Verfassungsrechts der Bundesrepublik Deutschland. Berlin u. a., 2. Aufl., 1994, S. 799 ff.

–: Durchleitung und Eigentum, BB 1997, 1213 ff.

–: Der Wandel der Lehre von Ermessens- und Beurteilungsspielräumen der Verwaltung als Reaktion auf die staatliche Finanzkrise, in: Hoffmann-Riem, Wolfgang/Schmidt-Aßmann, Eberhard (Hrsg.), Effizienz als Herausforderung an das Verwaltungsrecht. Baden-Baden, 1998, S. 231 ff.

–: Wirtschaftsverfassung in der Wirtschaftsordnung der Gegenwart, in: Lerke Osterloh u. a. (Hrsg.), Staat, Wirtschaft, Finanzverfassung. Festschrift für Peter Selmer zum 70. Geb. Berlin 2004, S. 459 ff.

Papier, Hans-Jürgen/Möller, Johannes: Das Bestimmtheitsgebot und seine Durchsetzung, AöR 122 (1997), 177 ff.

Paulweber, Michael: Regulierungszuständigkeiten in der Telekommunikation. Sektorspezifische Wettbewerbsaufsicht nach dem TKG durch die Regulierungsbehörde im Verhältnis zu den allgemeinen kartellrechtlichen Kompetenzen des Bundeskartellamts und der Europäischen Kommission. Baden-Baden, 1999.

Peine, Franz-Joseph: Öffentliches Wirtschaftsrecht, in: Dieter Grimm/Hans-Jürgen Papier (Hrsg.), Nordrhein-westfälisches Staats- und Verwaltungsrecht. Frankfurt a. M., 1986, S. 568 ff.

–: Allgemeines Verwaltungsrecht. Heidelberg, 6. Aufl., 2002.

Pernice, Ingolf/Kadelbach, Stefan: Verfahren und Sanktionen im Wirtschaftsverwaltungsrecht, DVBl. 1996, 1100 ff.

Peters, Hans-Rudolf: Wirtschaftspolitik. München u. a., 3. Aufl., 2000.

Pfeifer, Michael: Der Untersuchungsgrundsatz und die Offizialmaxime im Verwaltungsverfahren. Basel, 1980.

Pickel, Gerd: Urteilsanmerkung, WuW/BGH 930

Pieper, Stefan Ulrich: Subsidiarität: Ein Beitrag zur Begrenzung der Gemeinschaftskompetenzen. Köln, 1994.

–: Aufsicht. Verfassungs- und verwaltungsrechtliche Strukturanalyse. Köln, 2006.

Pieroth, Bodo/Schlink, Bernhard: Grundrechte. Staatsrecht II. Heidelberg, 17. Aufl., 2001.

Polinsky, A. Mitchell: An introduction to Law and Economics. Gaithersburg, 3. Aufl. 2003.

Poscher, Ralf: Grundrechte als Abwehrrechte, Reflexive Regelung rechtlich geordneter Freiheit. Tübingen, 2003.

Posner, Richard A.: Economic Analysis of Law. New York, 6. Aufl. 2002.

–: Antitrust Law. Chicago, 2. Aufl. 2001.

Preu, Peter: Subjektivrechtliche Grundlagen des öffentlich-rechtlichen Drittschutzes. Berlin, 1992.

Püttner, Günter: Wirtschaftsverwaltungsrecht. Lehrbuch. Stuttgart, 1989.

Raabe, Marius: Grundrechte und Erkenntnis. Der Einschätzungsspielraum des Gesetzgebers. Baden-Baden, 1998

Raiser, Ludwig: Wirtschaftsverfassung als Rechtsproblem, in: Eberhard Schmidt u. a. (Hrsg.), Festschrift für Julius von Gierke zu seinem goldenen Doktorjubiläum am 25. Oktober 1948, dargebracht von der Rechts- und Staatswissenschaftlichen Fakultät Tübingen. Berlin, 1950, S. 181 ff.

–: Vertragsfreiheit heute, JZ 1958, 1 ff.

Rasch, Harald: Kartellverbot und Grundgesetz, WuW 1955, 667 ff.

Redeker, Konrad: Untersuchungsgrundsatz und Mitwirkung der Beteiligten im Verwaltungsprozeß, DVBl. 1981, S. 83 ff.

–: Über die Einflußmöglichkeiten des Fachgesetzgebers auf das verwaltungsgerichtliche Verfahren, DÖV 1993, 10 ff.

Redeker, Konrad/Karpenstein, Ulrich: Über Nutzen und Notwendigkeiten, Gesetze zu begründen, NJW 2001, 2825.

Redeker, Konrad/v. Ortzen, Hans-Joachim: Verwaltungsgerichtsordnung. Stuttgart, 13. Aufl., 2000.

Reinke, Peter F.: Der Zweck des Telekommunikationsgesetzes. Eine öffentlich-rechtliche Untersuchung des § 1 TKG. Frankfurt a. M., 2001.

Rengeling, Hans-Werner: Anlagenbegriff, Schadensvorsorge und Verfahrensstufung im Atomrecht. Bemerkungen zu dem Urteil des Bundesverwaltungsgerichts vom 19. 12. 1985 betreffend das Kerkraftwerk Wyhl, DVBl. 1986, 265 ff.

Renthe, Donatus v.: Wie kann man Wettbewerb beweisen?, WuW 1967, 572 ff.

Rinck, Gerd/Schwark, Eberhard, Wirtschaftsrecht. Wirtschaftsverfassung, Kartellrecht, Wettbewerbsrecht, Wirtschaftverwaltung. Köln u. a., 6. Aufl., 1986.

Rittner, Fritz: Das Ermessen der Kartellbehörde, in: Host Bartholomeyczik u. a. (Hrsg.), Beiträge zum Wirtschaftsrecht. Festschrift für Heinz Kaufmann. Köln, 1972, S. 307 ff.

–: Wirtschaftsrecht. Ein Lehrbuch. Heidelberg, 2. Aufl. 1987.

–: Die wirtschaftsrechtliche Ordnung des Grundgesetzes, in: ders., Unternehmerfreiheit und Unternehmensrecht zwischen Kapitalismus, Sozialismus und Laborismus. München, 1998, S. 25 ff.

Roth, Wolfgang: Faktische Eingriffe in Freiheit und Eigentum. Struktur und Dogmatik des Grundrechtstatbestandes und der Eingriffsrechtfertigung. Berlin, 1994.

Roxin, Claus: Strafrecht. Allgemeiner Teil, Band 1. München, 3. Aufl., 1997.

Rudolph, Bernd: Ökonomische Theorie und Insiderrecht, in: Wolfgang Ballwieser u. a. (Hrsg.), Bilanzrecht und Kapitalmarktrecht. Festschrift zum 65. Geburtstag von Prof. Dr. Dr. h.c. Dr. h.c. Adolf Moxter. Düsseldorf, 1994, S. 1333 ff.

Rudolph, Bernd/Röhrl, Heiner: Grundfragen der Börsenorganisation aus ökonomischer Sicht, in: Klaus J. Hopt/Bernd Rudolph/Harald Baum (Hrsg.), Börsenreform. Eine ökonomische, rechtsvergleichende und rechtspolitische Untersuchung. Stuttgart, 1997, S. 145 ff.

Ruffert, Matthias: Dogmatik und Praxis des subjektiv-öffentlichen Rechts unter dem Einfluß des Gemeinschaftsrechts, DVBl. 1998, 69 ff.

–: Regulierung im System des Verwaltungsrechts. Grundstrukturen des Privatisierungsfolgenrechts der Post und Telekommunikation, AöR 124 (1999), 237.

–: Vorrang der Verfassung und Eigenständigkeit des Privatrechts. Eine verfassungsrechtliche Untersuchung zur Privatrechtswirkung des Grundgesetzes. Tübingen, 2001.

Rüfner, Wolfgang: Formen öffentlicher Verwaltung im Bereich der Wirtschaft. Untersuchungen zum Problem der leistenden Verwaltung. Berlin, 1967.

–: Unternehmen und Unternehmer in der verfassungsrechtlichen Ordnung der Wirtschaft, DVBl. 1976, 689 ff.

Rupp, Hans-Heinrich: Verfassungsrecht und Kartelle, in: Mestmäcker, Ernst-Joachim (Hrsg.), Wettbewerb als Aufgabe nach zehn Jahren Gesetz gegen Wettbewerbsbeschränkungen. Bad-Homburg, 1968, S. 187 ff.

–: Fusionskontrolle als Verfassungsauftrag, in: Tuchtfeldt, Egon (Hrsg.), Soziale Marktwirtschaft im Wandel. Freiburg i. Brg., 1973, S. 91 ff.

–: „Ermessen", „unbestimmter Rechtsbegriff" und kein Ende, in: Walther Fürst u. a. (Hrsg.), Festschrift für Wolfgang Zeidler, Bd. II. Berlin u. a., 1987, S. 455 ff.

–: Die Soziale Marktwirtschaft in ihrer Verfassungsbedeutung, in: Josef Isensee/Paul Kirchhof (Hrsg.), Handbuch des Staatsrechts der Bundesrepublik Deutschland, Band IX. Heidelberg, 1997, S. 129 ff.

–: Methodenkritische Bemerkungen zum Verhältnis von tarifvertraglicher Rechtsetzung und parlamentarischer Gesetzgebungskompetenz, JZ 1998, 919 ff.

Sachs, Michael: Grundgesetz. Kommentar. München, 2. Aufl., 1999.

Säcker, Franz-Jürgen: Das Regulierungsrecht im Spannungsfeld von öffentlichem und privatem Recht, AöR 130 (2005), 180 ff.

Saladin, Peter: Unternehmen und Unternehmer in der verfassungsrechtlichen Ordnung der Wirtschaft, VVDStrL 35 (1977), 7 ff.

Samm, Carl-Theodor: Gesetz über das Kreditwesen. Kommentar nebst Materialien und ergänzenden Vorschriften. Heidelberg, Losebl.

Schäfer, Frank A.: Wertpapierhandelsgesetz, Börsengesetz mit BörsZulV, Verkaufsprospektgesetz mit VerkProsV. Suttgart u. a., 1999.

Schäfer, Hans-Bernd/Ott, Claus: Lehrbuch der ökonomischen Analyse des Zivilrechts, 3. Aufl.. Berlin, 2000.

Schenke, Wolf-Rüdiger: Der Umfang der bundesverfassungsgerichtlichen Überprüfung, NJW 1979, 1321 ff.

Scherer, Joachim: Das neue Telekommunikationsgesetz, NJW 1996, S. 2953 ff.

Scherzberg, Arno: Grundlagen und Typologie des subjektiv-öffentlichen Rechts, DVBl. 1988, 129 ff.

Scheuner, Ulrich: Einführung, in: ders. (Hrsg.), Die staatliche Einwirkung auf die Wirtschaft. Wirtschaftsrechtliche Aufsätze 1946–1970. Frankfurt a. M., 1971, S. 9 ff.

Schlaich, Klaus/Korioth/Stefan: Das Bundesverfassungsgericht. Stellung, Verfahren, Entscheidungen. München, 5. Aufl. 2001.

Schlichter, Bernhard: Die Beseitigung von Konzentration in der Wirtschaft durch Unternehmensentflechtungen als Verfassungsfrage. Münster, 1983.

Schließky, Utz: Öffentliches Wirtschaftsrecht. Paderborn, 2001.

–: Klausur Wirtschaftsverwaltungsrecht/Telekommunikationsrecht, JA 2002, 373 ff.

Schlink, Bernhard: Freiheit durch Eingriffsabwehr – Rekonstruktion der klassischen Grundrechtsfunktion, EuGRZ 1984, 457 ff.

–: Der Grundsatz der Verhältnismäßigkeit, in: Peter Badura u. a. (Hrsg.), Festschrift 50 Jahre Bundesverfassungsgericht, Band 2. Tübingen, 2001, S. 445 ff.

Schluep, Walter R.: Was ist Wirtschaftsrecht?, in: Ricardo L- Jagmetti (Hrsg.), Festschrift für Walter Hug zum 70. Geburtstag. Bern,1968, S. 25 ff.

Smeddinck, Ulrich: Der unbestimmte Rechtsbegriff – strikte Bindung oder Tatbestandsermessen? DÖV 1998, 370 ff.

Schmidt, Ingo: Wettbewerbspolitik und Kartellrecht. Stuttgart, 6. Aufl., 1999.

Schmidt, Karsten: Kartellverfahrensrecht – Kartellverwaltungsrecht – Bürgerliches Recht. Kartellrechtspflege nach deutschem Recht gegen Wettbewerbsbeschränkungen. Köln, 1977.

–: Gerichtsschutz in Kartellverwaltungssachen. Zur Fortbildung des Verwaltungsrechtsschutzes in der Wettbewerbsaufsicht. Heidelberg, 1980.

–: Waffengleichheit im Kartellverfahrensrecht?, in: Schwerpunkte des Kartellrechts 1982/1983, 1984, S. 52 ff.

–: Offenhaltung der Märkte durch private Klagen bei Kartellsachverhalten, in: Clemens August Andreae (Hrsg.), Wettbewerb als Herausforderung und Chance. Festschrift für Werner Benisch. Köln u.a., 1989, S. 293 ff.

–: Drittschutz, Akteneinsicht und Geheimnisschutz im Kartellverfahren. Köln, 1992.

–: Wirtschaftsverwaltungsrecht vor den Kartellsenaten. Die Praxis zu §§ 63 ff. GWB als Beitrag zum Verwaltungsrechtsschutz im Wirtschaftsrecht, in: Lerke Osterloh u.a. (Hrsg.), Staat, Wirtschaft, Finanzverfassung. Festschrift für Peter Selmer zum 70. Geb. Berlin 2004, S. 499 ff.

Schmidt, Reiner: Wirtschaftspolitik und Verfassung. Grundprobleme. Baden-Baden, 1971.

–: Das Mitbestimmungsgesetz auf dem verfassungsgerichtlichen Prüfstand. Bemerkungen zum Mitbestimmungsurteil des Bundesverfassungsgerichts vom 1. März 1979, Der Staat 19 (1980), 235 ff.

–: Staatliche Verantwortung für die Wirtschaft, in: Josef Isensee/Paul Kirchhof (Hrsg.), Handbuch des Staatsrechts der Bundesrepublik Deutschland, Band III. Heidelberg, 1988, S. 1141 ff.

–: Öffentliches Wirtschaftsrecht. Allgemeiner Teil. Berlin, 1990.

–: Kompendium Öffentliches Wirtschaftsrecht. Berlin, 1998.

–: Wirtschaftspolitik, Wirtschaftsverwaltungsorganisation, Wirtschaftsförderung, in: Norbert Achterberg/Günter Püttner/Thomas Würtenberger (Hrsg.), Besonderes Verwaltungsrecht, Band I. Heidelberg, 2. Aufl., 2000.

–: Die Reform von Verwaltung und Verwaltungsrecht, VerwArch 91 (2000), 149 ff.

Schmidt-Aßmann, Eberhard: Verwaltungsverantwortung und Verwaltungsgerichtsbarkeit, VVDStrL 34 (1975), 211 ff.

–: Der Rechtsstaat, in: Isensee, Josef/Kirchhof, Paul (Hrsg.), Handbuch des Staatsrechts der Bundesrepublik Deutschland, Band I. Heidelberg, 1987, S. 987 ff.

–: Die gerichtliche Kontrolle administrativer Entscheidungen im deutschen Bau-, Wirtschafts- und Umweltverwaltungsrecht, in: Jürgen Schwarze/ders. (Hrsg.), Das Ausmaß der gerichtlichen Kontrolle im Wirtschaftsverwaltungs- und Umweltrecht. Vergleichende Studie zur Rechtslage in Deutschland, Frankreich, Griechenland und in der Europäischen Gemeinschaft. Baden-Baden, 1992, S. 9 ff.

–: Öffentliches Recht und Privatrecht: Ihre Funktionen als wechselseitige Auffangordnungen. Einleitende Problemskizze, in: Wolfgang Hoffmann-Riem/ders. (Hrsg.), Öffentliches Recht und Privatrecht als wechselseitige Auffangordnungen. Baden-Baden, 1996, S. 7 ff.

–: Verwaltungsorganisationsrecht als Steuerungsressource. Einleitende Problemskizze, in: ders./Wolfgang Hoffmann-Riem (Hrsg.), Verwaltungsorganisationsrecht als Steuerungsressource. Baden-Baden, 1997, S. 9 ff.

–: Die Kontrolldichte der Verwaltungsgerichte: Verfassungsgerichtliche Vorgaben und Perspektiven, DVBl. 1997, 281 ff.

–: Das allgemeine Verwaltungsrecht als Ordnungsidee. Grundlagen und Aufgaben der verwaltungsrechtlichen Systembildung. Berlin u. a., 1998.

Schmidt-Eichstaedt, Der Konkretisierungsauftrag der Verwaltung beim Vollzug öffentlich-rechtlicher Normen, DVBl. 1985, 645 ff.

Schmidt-Preuß, Matthias: Kollidierende Privatinteressen im Verwaltungsrecht. Das subjektive öffentliche Recht im multipolaren Verwaltungsrechtsverhältnis. Berlin, 1992.

–: Soziale Marktwirtschaft und Grundgesetz vor dem Hintergrund des Staatsvertrags zur Währungs-, Wirtschafts- und Sozialunion, DVBl. 1993, 236 ff.

–: Verfassungskonflikt um die Durchleitung? – Zum Streitstand nach dem VNG-Beschluß des BGH, RdE 1996, 1 ff.

Schmitt, Carl: Verfassungslehre. Berlin, 6. Aufl. 1928 (hier zitiert nach dem unveränderten Nachdruck 1983).

Schnapp, Friedrich E.: Die Verhältnismäßigkeit des Grundrechtseingriffs, JuS 1983, 850 ff.

Schneider, Dieter: Wider Insiderhandelsverbot und die Informationsineffizienz des Kapitalmarkts, DB 1993, 1429 ff.

Schneider, Hans: Zur Verhältnismäßigkeitskontrolle, insbesondere bei Gesetzen, in: Christian Starck (Hrsg.), Bundesverfassungsgericht und Grundgesetz. Festgabe aus Anlass des 25jährigen Bestehens des Bundesverfassungsgerichts, Band II. Tübingen, 1976, S. 390 ff.

Schneider, Hans-Peter: Artikel 12 GG – Freiheit des Berufs und Grundrecht der Arbeit, VVDStRL 35 (1985), 7 ff.

Schoch, Friedrich/Schmidt-Aßmann, Eberhard/Pietzner, Rainer: Verwaltungsgerichtsordnung. Kommentar. München, Losebl.

Schockenhoff, Volker: Wirtschaftsverfassung und Grundgesetz. Die Auseinandersetzungen in den Verfassungsberatungen. Frankfurt a. M., 1986.

Scholz, Rupert: Wirtschaftsaufsicht und subjektiver Konkurrentenschutz, insbesondere dargestellt am Beispiel der Kartellaufsicht. Berlin, 1971.

–: Konzentrationskontrolle und Grundgesetz. Stuttgart, 1971.

–: Paritätische Mitbestimmung und Grundgesetz. Verfassungsrechtliche Fragen zur gesetzlichen Einführung der paritätischen Unternehmensmitbstimmung. Berlin, 1974.

–: Kartellrechtliche Preiskontrolle als Verfassungsfrage, ZHR 141 (1977), 520 ff.

–: Entflechtung und Verfassung, 1981.

–: Verfassungsrechtliche Strukturfragen der Versicherungsaufsicht, ZGVersW 73 (1984), 1 ff.

Schönke, Adolf/Schröder, Horst: Strafgesetzbuch. Kommentar (bearbeitet von Theodor Lenckner, Albin Eser u. a.). München, 26. Aufl., 2001.

Schramm, Theodor: Anmerkung zum Urteil des Bundesverfassungsgerichts vom 1. 3. 1979 – Mitbestimmungsurteil, DVBl. 1979, 413 f.

Schulze-Fielitz, Helmuth: Theorie und Praxis parlamentarischer Gesetzgebung, insbesondere des 9. Deutschen Bundestags (1980–1983). Berlin, 1988.

–: Neue Kriterien für verwaltungsgerichtliche Kontrolldichte bei der Anwendung unbestimmter Rechtsbegriffe, JZ 1993, 772 ff.

Schuppert, Gunnar Folke: Die Erfüllung öffentlicher Aufgaben durch verselbständigte Verwaltungseinheiten. Eine verwaltungswissenschaftliche Untersuchung. Göttingen, 1981.

–: Self-Restraints der Rechtsprechung. Überlegungen zur Kontrolldichte in der Verfassungs- und Verwaltungsgerichtsbarkeit, DVBl. 1988, 1191 ff.

–: Verwaltungsrecht als Steuerungswissenschaft, in: Hoffmann-Riem, Wolfgang/ Schmidt-Aßmann, Eberhard/ders. (Hrsg.), Reform des Allgemeinen Verwaltungsrechts. Baden-Baden, 1993, S. 65 ff.

–: Staatsaufsicht im Wandel, DÖV 1998, 831 ff.

–: Jenseits von Privatisierung und schlankem Staat. Verantwortungsteilung als Schlüsselbegriff eines sich verändernden Verhältnisses von öffentlichem und privatem Sektor. Baden-Baden, 1999.

–: Gemeinwohldefinition im pluralistischen Verfassungsstaat, GewArch 2004, 441 ff.

Schütz, Raimund / Cornils, Matthias: Universaldienst und Telekommunikation, DVBl. 1997, 1146 ff.

Schwabe, Jürgen: Probleme der Grundrechtsdogmatik. Darmstadt, 1977.

Schwark, Eberhard: Kapitalanlegerschutz im deutschen Gesellschaftsrecht, ZGR 1976, 271 ff.

–: Anlegerschutz durch Wirtschaftsrecht. Entwicklungslinien, Prinzipien und Fortbildung des Anlegerschutzes. Zugleich ein Beitrag zur Überlagerung bürgerlich-rechtlicher Regeln und gewerbepolizeilicher Überwachung durch Wirtschaftsaufsicht. München, 1979.

Schwintowski, Hans-Peter: Ordnung und Wettbewerb auf Telekommunikationsmärkten, CR 1997, 630 ff.

–: Ordnung und Wettbewerb auf Telekommunikationsmärkten, in: Ulrich Immenga/ Nathalie Lübben/ders. (Hrsg.), Telekommunikation: Vom Monopol zum Wettbewerb. Baden-Baden, 1998, S. 11 ff.

Seetzen, Uwe: Der Prognosespielraum des Gesetzgebers, NJW 1975, 429 ff.

Selmer, Peter: Unternehmensentflechtung und Grundgesetz. Verfassungsrechtliche Probleme einer allgemeinen Entflechtungsermächtigung. Köln, 1981.

Sendler, Horst: Normkonkretisierende Verwaltungsvorschriften im Umweltrecht, UPR 1993, 321 ff.

–: Die neue Rechtsprechung des Bundesverfassungsgerichts zu den Anforderungen an die verwaltungsgerichtliche Kontrolle, DVBl. 1994, 1089 ff.

Seyfarth, Georg: Die Wirtschaftsordnung unter dem Grundgesetz, in: M. Albers/M. Heine/ders. (Hrsg.), Beobachten – Entscheiden – Gestalten. Symposium zum Ausscheiden von Dieter Grimm aus dem Bundesverfassungsgericht. Berlin, 2000, 239 ff.

Sieckmann, Jan-R.: Beurteilungsspielraum und richterliche Kontrollkompetenzen, DVBl. 1997, 101 ff.

Sodan, Helge: Kollegiale Funktionsträger als Verfassungsproblem. Dargestellt unter besonderer Berücksichtigung der Kunststoffkommission des Bundesgesundheitsamtes und der Transparenzkommission. Baden-Baden, 1986.

–: Vorrang der Privatheit als Prinzip der Wirtschaftsverfassung, DÖV 2000, 361 ff.

Sodan, Helge/Ziekow, Jan: Nomos-Kommentar zur Verwaltungsgerichtsordnung. Baden-Baden, Losebl.

Soell, Herrmann: Das Ermessen der Eingriffsverwaltung. Zugleich eine Studie zur richterlichen Ermessenskontrolle im Kartellrecht und zur Bedeutung des détournement de pouvoir im französischen Verwaltungs- und europäischem Gemeinschaftsrecht. Heidelberg, 1973.

Spindler, Gerhard: Deregulierung des Aktienrechts? AG 1998, 53 ff.

Spoerr, Wolfgang/Deutsch, Markus: Das Wirtschaftsverwaltungsrecht der Telekommu-

nikation – Regulierung und Lizenzen als neue Schlüsselbegriffe des Verwaltungsrechts? DVBl. 1997, 300 ff.

Stamm, Barbara: Die Entgeltregulierung im Telekommunikationsgesetz. Berlin, 2001.

Stein, Ekkehart: Die Wirtschaftsaufsicht. Tübingen, 1967.

–: Methodische Probleme des Verwaltungsrechts, in: Max-Emanuel Geis u. a. (Hrsg.),
Staat, Kirche, Verwaltung. Festschrift für Hartmut Maurer zum 70. Geburtstag.
München, 2001, S. 803 ff.

Stein, Ekkehart/Frank, Götz: Staatsrecht. Tübingen, 17. Aufl., 2000.

Steindorff, Ernst: Zur Novellierung des Kartellrechts, BB 1970, 824 ff.

–: Einführung in das Wirtschaftsrecht der Bundesrepublik Deutschland, 2. Aufl.,
1985.

Stern, Klaus: Das Staatsrecht der Bundesrepublik Deutschland. München; Band I,
2. Aufl.: 1984; Band II: 1980; Band III/1: 1988; Band III/2: 1994.

–: Postreform zwischen Privatisierung und Infrastrukturgewährleistung, DVBl. 1997,
309 ff.

–: Zur Entstehung und Ableitung des Übermaßverbots, in: Peter Badura u. a. (Hrsg.),
Wege und Verfahren des Verfassungslebens. Festschrift für Peter Lerche zum 65. Geburtstag. München, 1993, S. 165 ff.

Stettner, Rupert: Verfassungsbindungen des experimentierenden Gesetzgebers, NVwZ
1989, 806 ff.

Stober, Rolf: Handbuch des Wirtschaftsverwaltungs- und Umweltrechts. Stuttgart,
1989.

–: Die Entwicklung des Wirtschaftsverwaltungsrechts, DZWir 1996, 132 ff.

–: Allgemeines Wirtschaftsverwaltungsrecht. Stuttgart, 11. Aufl. 1998.

–: Wirtschaftsverwaltungsrecht. Ein Rechtsgebiet zwischen staatlicher Steuerung und
unternehmerischer Verantwortung, in: Max-Emanuel Geis u. a. (Hrsg.), Staat – Kirche – Verwaltung. Festschrift für Hartmut Maurer zum 70. Geburtstag. München,
2001, S. 827 ff.

Stolleis, Michael: Die Entstehung des Interventionsstaats und das öffentliche Recht,
ZNR 11 (1989), S. 129 ff.

Strickrodt, Georg: Das Kartellverbot in verfassungsrechtlicher Betrachtung, NJW
1955, 1697 ff.

Stüer, Bernhard: Zum autonomen (kontrollfreien) Gestaltungsraum von Gesetzgeber
und Verwaltung, DVBl. 1974, 314 ff.

Suhr, Dieter: Entfaltung der Menschen durch die Menschen. Zur Grundrechtsdogmatik der Persönlichkeitsentfaltung, der Ausübungsgemeinschaften und des Eigentums.
Berlin, 1976.

–: Freiheit durch Geselligkeit. Institut, Teilhabe, Verfahren und Organisation im systematischen Raster eines neuen Paradigmas, EuGRZ 1984, 529 ff.

Süsterhenn, Adolf: Unternehmensfreiheit und Missbrauchsaufsicht. Eine verfassungsrechtliche Untersuchung zur Novellierung des Rechts der marktbeherrschenden Unternehmen (§§ 22–44 des Gesetzes gegen Wettbewerbsbeschränkungen). Berlin,
1965.

Tettinger, Peter J.: Rechtsanwendung und gerichtliche Kontrolle im Wirtschaftsverwaltungsrecht, 1980.

–: Überlegungen zu einem administrativen „Prognosespielraum", DVBl. 1982, 421 ff.

–: Das Grundrecht der Berufsfreiheit in der Rechtsprechung des Bundesverfassungsgerichts, AöR 108 (1983), 92 ff.

–: Verfassungsrecht und Wirtschaftsordnung. Gedanken zur Freiheitsentfaltung am Wirtschaftsstandort Deutschland, DVBl. 1999, 679ff.

Thiele, Willi: Sind preisrechtliche Kontrollen verfassungskonform? JR 1977, 359ff.

Traumann, Dodo: Die Organisationsgewalt im Bereich der bundeseigenen Verwaltung. Baden-Baden, 1998.

Triepel, Heinrich: Die Reichsaufsicht. Untersuchungen zum Staatsrecht des Deutschen Reiches, 1917.

Trute, Hans-Heinrich: Verzahnungen von öffentlichem und privatem Recht, in: Hoffmann-Riem, Wolfgang/Schmidt-Aßmann, Eberhard (Hrsg.), Öffentliches Recht und Privatrecht als wechselseitige Auffangordnungen, 1996. Baden-Baden, S. 167ff.

–: Funktionen der Organisation und ihre Abbildung im Recht, in: Schmidt-Aßmann, Eberhard/Hoffmann-Riem, Wolfgang (Hrsg.), Verwaltungsorganisationsrecht als Steuerungsressource. Baden-Baden, S. 249ff.

Trute, Hans-Heinrich/Spoerr, Wolfgang/Bosch, Wolfgang: Telekommunikationsgesetz mit FTEG. Kommentar. Berlin u.a., 2001.

Tschentscher, Axel: Der privatrechtsgestaltende Verwaltungsakt als Koordinationsinstrument zwischen öffentlichem Recht und Privatrecht, DVBl. 2003, 1424ff.

Tsiliotis, Charalambos: Der verfassungsrechtliche Schutz der Wettbewerbsfreiheit und seine Einwirkung auf die privatrechtlichen Beziehungen. Eine grundrechtliche Untersuchung im deutschen Wirtschaftsverfassungsrecht mit einer Erweiterung im Wirtschaftsverfassungsrecht der EG/EU. Berlin, 2000.

Uerpmann, Robert: Das öffentliche Interesse. Seine Bedeutung als Tatbestandsmerkmal und als dogmatischer Begriff. Tübingen, 1999.

Ule, Carl Herrmann: Verwaltungsprozeßrecht, 9. Aufl. München, 1987.

Unruh, Peter: Zur Dogmatik der grundrechtlichen Schutzpflichten. Brlin, 1996.

Vogel, Hans-Gert: Öffentliche Kreditinstitute und EU-Beihilfenrecht, ZBB 2001, 103ff.

Voßkuhle, Andreas: Schlüsselbegriffe der Verwaltungsrechtsreform, VerwArch 92 (2001), 184ff.

Wahl, Rainer: Der Vorrang der Verfassung, Der Staat 20 (1981), 485ff.

–: Risikobewertung der Exekutive und richterliche Kontrolldichte – Auswirkungen auf das Verwaltungs- und gerichtliche Verfahren, NVwZ 1991, 409ff.

–: Die Aufgabenabhängigkeit von Verwaltung und Verwaltungsrecht, in: Hoffmann-Riem, Wolfgang/Schmidt-Aßmann, Eberhard (Hrsg.), Zur Reform des Allgemeinen Verwaltungsrechts – Reformbedarf und Reformansätze. Baden-Baden, 1993, S. 177.

–: Die doppelte Abhängigkeit des subjektiven öffentlichen Rechts, DVBl. 1996, 641ff.

Wahl, Rainer/Masing, Johannes: Schutz durch Eingriff, JZ 1990, 553ff.

Wallerath, Maximilian: Öffentliche Bedarfsdeckung und Verfassungsrecht. Beschaffung und Leistungserstellung im Staat der Gegenwart. Baden-Baden, 1988.

Wank, Rolf: Die juristische Begriffsbildung. München, 1985.

Weber, Hermann: Anmerkung zum Urteil des Bundesverfassungsgerichts vom 1.3. 1979 – Mitbestimmungsurteil, JuS 1979, 897ff.

Weimar, Robert/ Schmikowski, Peter: Grundzüge des Wirtschaftsrechts. München, 2. Aufl., 1993.

Weinberger, Ota: Rechtslogik. Versuch einer Anwendung moderner Logik auf das juristische Denken. Wien u.a., 1970.

Wendt, Rudolf: Der Garantiegehalt der Grundrechte und das Übermaßverbot. Zur maßstabsetzenden Kraft der Grundrechte in der Übermaßprüfung, AöR 104 (1979), 414 ff.

–: Eigentum und Gesetzgebung. Hamburg, 1985.

Westrick, Karl/Loewenheim, Ulrich: Gesetz gegen Wettbewerbsbeschränkungen. Kommentar. Herne, 4. Aufl., 1977

Wiedemann, Gerhard (Hrsg.): Handbuch des Kartellrechts. München, 1999.

Wiedemann, Herbert: Der Kapitalanlegerschutz im deutschen Gesellschaftsrecht, BB 1975, 1591 ff.

Wille, Eberhard: Marktversagen versus Staatsversagen – ein ideologisches Karussel?, in: T. Ellwein/J. J. Hesse (Hrsg.), Staatswissenschaften: Vergessene Disziplin oder neue Herausforderung? Baden-Baden, 1990, S. 251.

Windthorst, Kai: Der Universaldienst im Bereich der Telekommunikation. Eine öffentlich-rechtliche Betrachtung unter Einbezug des amerikanischen Rechts. Berlin, 2000.

–: Zur Grundrechtsfähigkeit der Deutschen Telekom AG, VerwArch 95 (2004), 377 ff.

Wittich, Georg: Erfahrungen mit der Ad hoc-Publizität in Deutschland, AG 1997, 1 ff.

Wolf, Hans J./Bachof, Otto/Stober, Rolf: Verwaltungsrecht I. München, 10. Aufl., 1994.

Würdinger, Hans: Freiheit der persönlichen Entfaltung, Kartell- und Wettbewerbsrecht, WuW 1953, 721 ff.

–: Rechtskontrolle der Verfügungen der Kartellbehörde durch die Gerichte, WuW 1958, 392 ff.

Zuck, Rüdiger: Aktuelle Probleme der Wirtschaftspolitik und die tragenden Grundsätze der Wirtschaftsverfassung, BB 1967, 805 ff.

–: Wirtschaftsverfassung und Stabilitätsgesetz. München, 1975.

Sachregister

Jus Publicum

Beiträge zum Öffentlichen Recht – Alphabetische Übersicht

Cremer, Wolfram: Freiheitsgrundrechte. 2003. *Band 104.*

Dammann, Jens: Materielles Recht und Beweisrecht im System der Grundfreiheiten. 2007. *Band 162.*

Danwitz, Thomas von: Verwaltungsrechtliches System und Europäische Integration. 1996. *Band 17.*

Dederer, Hans-Georg: Korporative Staatsgewalt. 2004. *Band 107.*

Detterbeck, Steffen: Streitgegenstand und Entscheidungswirkungen im Öffentlichen Recht. 1995. *Band 11.*

Di Fabio, Udo: Risikoentscheidungen im Rechtsstaat. 1994. *Band 8.*

Dörr, Oliver: Der europäisierte Rechtsschutzauftrag deutscher Gerichte. 2003. *Band 96.*

Durner, Wolfgang: Konflikte räumlicher Planungen. 2005. *Band 119.*

Enders, Christoph: Die Menschenwürde in der Verfassungsordnung. 1997. *Band 27.*

Epping, Volker: Die Außenwirtschaftsfreiheit. 1998. *Band 32.*

Fassbender, Bardo: Der offene Bundesstaat. 2007. *Band 161.*

Fehling, Michael: Verwaltung zwischen Unparteilichkeit und Gestaltungsaufgabe. 2001. *Band 79.*

Felix, Dagmar: Einheit der Rechtsordnung. 1998. *Band 34.*

Fisahn, Andreas: Demokratie und Öffentlichkeitsbeteiligung. 2002. *Band 84.*

Franz, Thorsten: Gewinnerzielung durch kommunale Daseinsvorsorge. 2005. *Band 123.*

Frenz, Walter: Selbstverpflichtungen der Wirtschaft. 2001. *Band 75.*

Gaitanides, Charlotte: Das Recht der Europäischen Zentralbank. 2005. *Band 132.*

Gellermann, Martin: Grundrechte im einfachgesetzlichen Gewande. 2000. *Band 61.*

Grigoleit, Klaus Joachim: Bundesverfassungsgericht und deutsche Frage. 2004. *Band 108.*

Gröpl, Christoph: Haushaltsrecht und Reform. *2001. Band 67.*

Gröschner, Rolf: Das Überwachungsrechtsverhältnis. 1992. *Band 4.*

Groß, Thomas: Das Kollegialprinzip in der Verwaltungsorganisation. 1999. *Band 45.*

Grzeszick, Bernd: Rechte und Ansprüche. 2002. *Band 92.*

Guckelberger, Annette: Die Verjährung im Öffentlichen Recht. 2004. *Band 111.*

Gurlit, Elke: Verwaltungsvertrag und Gesetz. 2000. *Band 63.*

Haack, Stefan: Verlust der Staatlichkeit. 2007. *Band 164.*

Häde, Ulrich: Finanzausgleich. 1996. *Band 19.*

Haltern, Ulrich: Europarecht und das Politische. 2005. *Band 136.*

Hase, Friedhelm: Versicherungsprinzip und sozialer Ausgleich. 2000. *Band 64.*

Hecker, Jan: Marktoptimierende Wirtschaftsaufsicht. 2007. *Band 172.*

Heckmann, Dirk: Geltungskraft und Geltungsverlust von Rechtsnormen. 1997. *Band 28.*

Heitsch, Christian: Die Ausführung der Bundesgesetze durch die Länder. 2001. *Band 77.*

Hellermann, Johannes: Örtliche Daseinsvorsorge und gemeindliche Selbstverwaltung. 2000. *Band 54.*

Hermes, Georg: Staatliche Infrastrukturverantwortung. 1998. *Band 29.*

Hochhuth, Martin: Die Meinungsfreiheit im System des Grundgesetzes. 2007. *Band 153.*

Hösch, Ulrich: Eigentum und Freiheit. 2000. *Band 56.*

Morgenthaler, Gerd: Freiheit durch Gesetz. 1999. *Band 40.*
Morlok, Martin: Selbstverständnis als Rechtskriterium. 1993. *Band 6.*
Müller-Franken, Sebastian: Maßvolles Verwalten. 2004. *Band 105.*
Müller-Terpitz , Ralf: Der Schutz des pränatalen Lebens. 2007. *Band 165.*
Musil, Andreas: Wettbewerb in der staatlichen Verwaltung. 2005. *Band 134.*
Niedobitek, Matthias: Das Recht der grenzüberschreitenden Verträge. 2001.
    Band 66.
Odendahl, Kerstin: Kulturgüterschutz. 2005. *Band 140.*
Oeter, Stefan: Integration und Subsidiarität im deutschen Bundesstaatsrecht. 1998.
    Band 33.
Ohler, Christoph: Die Kollisionsordnung des Allgemeinen Verwaltungsrechts.
    2005. *Band 131.*
Pache, Eckhard: Tatbestandliche Abwägung und Beurteilungsspielraum. 2001.
    Band 76.
Pauly, Walter: Der Methodenwandel im deutschen Spätkonstitutionalismus. 1993.
    Band 7.
Pielow, Johann-Christian: Grundstrukturen öffentlicher Versorgung. 2001.
    Band 58.
Poscher, Ralf: Grundrechte als Abwehrrechte. 2003. *Band 98.*
Puhl, Thomas: Budgetflucht und Haushaltsverfassung. 1996. *Band 15.*
Reinhardt, Michael: Konsistente Jurisdiktion. 1997. *Band 24.*
Remmert, Barbara: Private Dienstleistungen in staatlichen Verwaltungsverfahren.
    2003. *Band 95.*
Rensmann, Thilo: Wertordnung und Verfassung. 2007. *Band 156.*
Rixen, Stephan: Sozialrecht als öffentliches Wirtschaftsrecht. 2005. *Band 130.*
Rodi, Michael: Die Subventionsrechtsordung. 2000. *Band 52.*
Röben, Volker: Außenverfassungsrecht. 2007. *Band 160.*
Rossen, Helge: Vollzug und Verhandlung. 1999. *Band 39.*
Rozek, Jochen: Die Unterscheidung von Eigentumsbindung und Enteignung. 1998.
    Band 31.
Ruffert, Matthias: Vorrang der Verfassung und Eigenständigkeit des Privatrechts.
    2001. *Band 74.*
Sacksofsky, Ute: Umweltschutz durch nicht-steuerliche Abgaben. 2000. *Band 53.*
Šarčević, Edin: Das Bundesstaatsprinzip. 2000. *Band 55.*
Schlette, Volker: Die Verwaltung als Vertragspartner. 2000. *Band 51.*
Schliesky, Utz: Souveränität und Legitimtät von Herrschaftsgewalt. 2004.
    Band 112.
Schmehl, Arndt: Das Äquivalenzprinzip im Recht der Staatsfinanzierung. 2004.
    Band 113.
Schmidt, Thorsten I.: Kommunale Kooperation. 2005. *Band 137.*
Schmidt am Busch, Birgit: Die Gesundheitssicherung im Mehrebenensystem. 2007.
    Band 168.
Schmidt-De Caluwe, Reimund: Der Verwaltungsakt in der Lehre Otto Mayers.
    1999. *Band 38.*
Schönberger, Christoph: Unionsbürger. 2006. *Band 145.*
Schorkopf, Frank: Grundgesetz und Überstaatlichkeit. 2007. *Band 167.*
Schröder, Rainer: Verwaltungsrechtsdogmatik im Wandel. 2007. *Band 166.*
Schroeder, Werner: Das Gemeinschaftrechtssystem. 2002. *Band 86.*
Schulte, Martin: Schlichtes Verwaltungshandeln. 1995. *Band 12.*

Jus Publicum – Beiträge zum Öffentlichen Recht

Schwartmann, Rolf: Private im Wirtschaftsvölkerrecht. 2005. *Band 122.*

Seiler, Christian: Der souveräne Verfassungsstaat zwischen demokratischer Rückbindung und überstaatlicher Einbindung. 2005. *Band 124.*

Sobota, Katharina: Das Prinzip Rechtsstaat. 1997. *Band 22.*

Sodan, Helge: Freie Berufe als Leistungserbringer im Recht der gesetzlichen Kran-
kenversicherung. 1997. *Band 20.*

Sommermann, Karl-Peter: Staatsziele und Staatszielbestimmungen. 1997. *Band 25.*

Stoll, Peter-Tobias: Sicherheit als Aufgabe von Staat und Gesellschaft. 2003.
Band 101.

Storr, Stefan: Der Staat als Unternehmer. 2001. *Band 78.*

Stumpf, Christoph A.: Alternative Streitbeilegung im Verwaltungsrecht. 2006.
Band 149.

Sydow, Gernot: Verwaltungskooperation in der Europäischen Union. 2004.
Band 118.

Talmon, Stefan: Kollektive Nichtanerkennung illegaler Staaten. 2006. *Band 154.*

Trute, Hans-Heinrich: Die Forschung zwischen grundrechtlicher Freiheit und
staatlicher Institutionalisierung. 1994. *Band 10.*

Tschentscher, Axel: Demokratische Legitimation der dritten Gewalt. 2006.
Band 147.

Uerpmann, Robert: Das öffentliche Interesse. 1999. *Band 47.*

Uhle, Arnd: Freiheitlicher Verfassungsstaat und kulturelle Identität. 2004.
Band 121.

Unruh, Peter: Der Verfassungsbegriff des Grundgesetzes. 2002. *Band 82.*

Volkmann, Uwe: Solidarität – Programm und Prinzip der Verfassung. 1998.
Band 35.

Voßkuhle, Andreas: Das Kompensationsprinzip. 1999. *Band 41.*

Wall, Heinrich de: Die Anwendbarkeit privatrechtlicher Vorschriften im Verwaltungsrecht. 1999. *Band 46.*

Walter, Christian: Religionsverfassungsrecht in vergleichender und internationaler
Perspektive. 2006. *Band 150.*

Weiß, Wolfgang: Privatisierung und Staatsaufgaben. 2002. *Band 88.*

Welti, Felix: Behinderung und Rehabilitation im sozialen Rechtsstaat. 2005.
Band 139.

Wernsmann, Rainer: Verhaltenslenkung in einem rationalen Steuersystem. 2005.
Band 135.

Winterhoff, Christian: Verfassung – Verfassunggebung – Verfassungsänderung.
2007. *Band 155.*

Wittreck, Fabian: Die Verwaltung der Dritten Gewalt. 2006. *Band 143.*

Wolff, Heinrich Amadeus: Ungeschriebenes Verfassungsrecht unter dem Grundgesetz. 2000. *Band 44.*

Ziekow, Jan: Über Freizügigkeit und Aufenthalt. 1997. *Band 21.*

*Einen Gesamtkatalog erhalten Sie gerne vom Verlag
Mohr Siebeck, Postfach 2040, D–72010 Tübingen.
Aktuelle Informationen im Internet unter www.mohr.de*